Impuesto sobre la Renta

Ejercicio 2025

ACCESO GRATIS *a la Lectura en la Nube + Actualizaciones*

Para visualizar el libro electrónico en la nube de lectura envíe junto a su nombre y apellidos una fotografía del código de barras situado en la contraportada del libro y otra del ticket de compra a la dirección:

ebooktirant@tirant.com

En un máximo de 72 horas laborables le enviaremos el código de acceso con sus instrucciones.

Impuesto sobre la Renta

Ejercicio 2025

18ª Edición cerrada el 25 de julio de 2025

Edición preparada por:

SERGIO M. AFCHA CHÁVEZ
RAFAEL GRANELL PÉREZ
FRANCISCO J. HIGÓN TAMARIT

Departamento de Economía Aplicada
Universidad de Valencia

tirant lo blanch
Valencia, 2025

©   Sergio M. Afcha Chávez
     Rafael Granell Pérez
     Francisco J. Higón Tamarit

©   TIRANT LO BLANCH
    EDITA: TIRANT LO BLANCH
    C/ Artes Gráficas, 14 - 46010 - Valencia
    TELFS.: 96/361 00 48 - 50
    FAX: 96/369 41 51
    Email: tlb@tirant.com
    www.tirant.com
    Librería virtual: www.tirant.es
    DEPÓSITO LEGAL: V-3125-2025
    ISBN: 979-13-7010-989-9

NOTA INTRODUCTORIA

Nuestra intención al presentar esta compilación es hacer de ella un instrumento útil, tanto para el profesional como para el estudiante. A ello responde el índice de voces, con una estructura clara y de intención didáctica; la utilización de referencias cruzadas entre las normas; y la trascripción, en notas a pie de página, de la normativa a que se hace referencia en el texto. La idea fundamental es que se pueda cumplimentar la declaración del impuesto sobre la renta sin necesidad de recurrir a otro material legislativo. En este sentido incluimos también información útil, como las tablas de amortización, el indicador público de renta de efectos múltiples, el tipo de interés legal del dinero, etc. De nuevo en esta edición, incluimos los módulos del régimen simplificado del IVA, para completar la información en el entorno empresarial.

Queremos continuar avanzando en este proceso de mejora, y para ello requerimos la ayuda del lector. Cualquier comentario nos lo pueden enviar a las siguientes direcciones electrónicas: Sergio.Afcha@uv.es; Rafael.Granell@uv.es; Francesc.Higon@uv.es

Sergio M. Afcha, Rafael Granell y Francisco J. Higón
Valencia, julio de 2025

NOTA INTRODUCTORIA

Índice

Índice

§1
Ley 35/2006, de 28 de noviembre, del Impuesto sobre la Renta de las Personas Físicas y de modificación parcial de las leyes de los Impuestos sobre Sociedades, sobre la Renta de no Residentes y sobre el Patrimonio
(BOE de 29 de noviembre de 2006)

JUAN CARLOS I
REY DE ESPAÑA

A todos los que la presente vieren y entendieren. Sabed: Que las Cortes Generales han aprobado y Yo vengo en sancionar la siguiente ley.

Índice

§1

§1

§1

§1

§1

PREÁMBULO

I
Antecedentes

El Impuesto sobre la Renta de la Personas Físicas es un tributo de importancia fundamental para hacer efectivo el mandato del artículo 31 de la Constitución Española, que exige la contribución de todos «... al sostenimiento de los gastos públicos de acuerdo con su capacidad económica mediante un sistema tributario justo inspirado en los principios de igualdad y progresividad que, en ningún caso, tendrá alcance confiscatorio».

La idea de un impuesto personal sobre la renta de las personas físicas de carácter general, personal y progresivo, se introdujo en España con la reforma tributaria de 1978, si bien ha conocido diferentes modelos derivados de los distintos objetivos de política económica y social que se han articulado a través de esta figura impositiva.

El proceso se inició con la Ley 44/1978, norma que llevó hasta sus últimas consecuencias la idea de generalidad y comunicación entre las diferentes fuentes de renta, de manera que se diseñó un impuesto sintético en el que la compensación entre cualquiera de ellas se permitió con absoluta libertad. Con el tiempo, el diseño inicial hubo de ser rectificado en dos aspectos básicos: de un lado, la total libertad en la compensación de rentas propició que aquellas que podían realizarse con absoluta discrecionalidad, caso de las pérdidas patrimoniales, se utilizaran como instrumento para reducir el impuesto a satisfacer por el resto de fuentes de renta. De otro, la acumulación obligatoria de las rentas de la unidad familiar, en un impuesto de naturaleza progresiva que considera como contribuyente al individuo, estuvo en el origen de la Sentencia del Tribunal Constitucional de 20 de febrero de 1989 y obligó a modificar la regulación del impuesto para adecuarlo a su naturaleza esencialmente individual.

Estas modificaciones se consolidaron en la posterior evolución del impuesto. Así, las posteriores regulaciones ya no configuraron un impuesto absolutamente sintético, sino que mantuvieron la diferenciación en el tratamiento fiscal de determinadas fuentes de renta, en especial las ganancias y pérdidas patrimoniales, respecto del resto, y al tiempo configuraron el impuesto con un carácter marcadamente individual, quedando la tributación conjunta como una opción para aquellas unidades familiares que así lo decidieran. En particular, en las sucesivas reformas se ha venido manteniendo una definición muy similar de las diferentes categorías de renta y de los supuestos de no sujeción y exención, es decir, de los conceptos básicos en la determinación de la renta.

Las últimas de estas reformas del IRPF, la de la Ley 40/1998 y la de la Ley 46/2002, han supuesto una reducción tanto de los tipos de gravamen como del número de tramos de la escala, al tiempo que han sustituido las deducciones en la cuota en concepto de circunstancias personales y familiares por reducciones en la base imponible, y han mantenido, en buena medida, la diversidad en el tratamiento de las distintas fórmulas del ahorro.

En cuanto al Impuesto sobre Sociedades, en los últimos años se ha producido una mayor aproximación entre las normas fiscales de cálculo de la base imponible y el resultado contable, manteniendo una estabilidad en los tipos nominales de gravamen e incorporando numerosos incentivos fiscales. Al mismo tiempo, se ha ampliado sustancialmente el ámbito de aplicación del régimen fiscal de las pequeñas y medianas empresas.

La creciente globalización de la economía está introduciendo una importante preocupación por la productividad y el crecimiento económico. Va acompañada de nuevas tendencias en la fiscalidad internacional, en las que se destacan la reducción de tipos nominales para empresas y personas físicas, la simplificación de tarifas e incentivos fiscales, así como la búsqueda de una disminución en la tributación del factor trabajo. Al mismo tiempo cabe señalar, como factores relevantes, el intento de lograr una mayor homogeneidad en el tratamiento fiscal del ahorro, vinculado sin duda a la creciente libertad de circulación de capitales, y una mayor importancia relativa de la imposición medioambiental.

La reforma que se aborda se inscribe en este marco. Se profundiza en la modernización del sistema tributario español con una visión estratégica e integral que contribuirá a la mejora del modelo de crecimiento y de la competitividad, planteamiento que se adecua a la realidad social y económica de España. Las novedades que se proponen se incorporan en el cuerpo normativo actual, manteniendo en lo posible la estructura de los textos actualmente vigentes y el contenido que se considera adecuado. Por otra parte, la reforma relativa al Impuesto sobre Sociedades y a los impuestos medioambientales tiene una dimensión temporal, ya que está prevista su implantación gradual.

§1

II
Objetivos y aspectos relevantes de la reforma

El Gobierno fijó como principios directores de la Política Económica el crecimiento sostenido y equilibrado, basado en la productividad, así como la mejora del bienestar y la cohesión social. Para ello, sobre la base del respeto al principio de estabilidad presupuestaria y suficiencia financiera, se han adoptado diversas iniciativas en materia presupuestaria, primando las políticas de gasto con impacto en la productividad, que se complementan con la reforma fiscal.

En este contexto, se actúa de manera inmediata sobre la tributación de la renta de las personas físicas y jurídicas, y se desarrollará en un futuro próximo la tributación medioambiental con el objetivo de mejorar la eficiencia energética y facilitar el equilibrio financiero de la reforma.

La reforma tiene como objetivos fundamentales mejorar la equidad y favorecer el crecimiento económico, al tiempo que persigue garantizar la suficiencia financiera para el conjunto de las administraciones públicas, favorecer la tributación homogénea del ahorro y abordar, desde la perspectiva fiscal, los problemas derivados del envejecimiento y la dependencia.

Sin perjuicio de la posterior descripción del contenido de la Ley, hay determinados aspectos de la reforma que deben ser objeto de atención prioritaria.

1) Para la mejora de la equidad, se disminuye la carga tributaria soportada por las rentas del trabajo, elevando sustancialmente la reducción establecida para las mismas, especialmente para las rentas más bajas. Se trata de dispensar un tratamiento especial a este tipo de rentas por los siguientes motivos: compensar, mediante una cantidad a tanto alzado, los

gastos generales en los que incurre un trabajador; reconocer la aportación que esta fuente de renta hace al conjunto de la base imponible; su facilidad de control y el que se trata de una renta no fundada o sin respaldo patrimonial.

Como novedad, esta reducción se aplicará también a determinados trabajadores autónomos que, por las especiales circunstancias en que desarrollan su actividad y por estar sus rentas controladas, reúnen características muy cercanas a las del trabajador por cuenta ajena.

2) Con idéntica finalidad de mejora de la equidad, se elevan los umbrales de rentas no sometidas a tributación, y se recupera la igualdad en el tratamiento de las circunstancias personales y familiares.

Hasta 1998, el tratamiento de las mismas se llevaba a cabo mediante deducciones en la cuota del impuesto. Desde 1999 fueron sustituidas por un mínimo personal y familiar, deducible de la base imponible, cuya función era cuantificar aquella parte de la renta que, por destinarse a satisfacer las necesidades básicas personales y familiares del contribuyente, se consideraba que no debería tributar por el Impuesto.

La consecuencia de este esquema de reducción en la base imponible, cuando se vincula a un impuesto con tarifa progresiva, es que el beneficio para el contribuyente es directamente proporcional a su nivel de renta (a mayor renta, mayor beneficio) ya que el mínimo personal y familiar opera a través del tipo marginal de cada contribuyente. Implica, por tanto, aceptar que una misma necesidad, como pudiera ser la manutención de un hijo, tenga una distinta consideración en el impuesto en función del nivel de renta de la familia.

Para asegurar una misma disminución de la carga tributaria para todos los contribuyentes con igual situación familiar, con independencia de su nivel de renta, se configura un extenso y flexible primer tramo, en el que se computan los mínimos destinados a reconocer las circunstancias personales y familiares. Por tanto, estos mínimos, técnicamente, se gravan a tipo cero. Esta estructura supone que los contribuyentes no tributan por las primeras unidades monetarias que obtienen y que destinan a cubrir las necesidades vitales, de forma que contribuyentes con iguales circunstancias personales y familiares logran el mismo ahorro, con lo que se mejora la progresividad del impuesto. La introducción de una cuantía a la que es de aplicación un tipo cero permite alcanzar el mismo efecto de equidad que se produce con la aplicación de las deducciones en la cuota.

§1

En esta consideración de las circunstancias personales y familiares cabe efectuar una mención a la opción por la tributación conjunta. La política de no discriminación por razón de género y razones de simplificación de la gestión del impuesto podrían justificar su revisión. No obstante, se mantiene su tratamiento actual en el impuesto para evitar numerosos perjudicados en los matrimonios en los que alguno de sus miembros no puede acceder al mercado laboral, y por tanto obtiene rendimientos sólo uno de los cónyuges, como podrían ser los casos de determinados pensionistas con rentas de cuantía reducida, o de determinadas familias numerosas.

3) Con la finalidad de favorecer el crecimiento económico, se reduce a cuatro el número de tramos de la tarifa, en consonancia con las tendencias actuales en los países de la OCDE, y se introduce una notable ampliación del primero de ellos, lo que implicará que más del 70 por ciento de los contribuyentes de menores rentas vean simplificada su tributación. Por otra parte, por razones de incentivo al trabajo personal, se establece el tipo marginal máximo en el 43 por ciento.

Es especialmente destacable, aunque quizás no tan fácilmente perceptible como la reducción de tipos, la ampliación que se produce en las cuantías que delimitan todos los tramos de la tarifa, pues implica una reducción adicional de los tipos de gravamen soportados. El objetivo es una menor tributación efectiva, lo que se consigue con la combinación de mínimos exentos más elevados y la estructura de la tarifa, en la que el primer tramo se alarga y engloba, por lo general, los mínimos personales.

4) Por razones de equidad y crecimiento, se otorga un tratamiento neutral a las rentas derivadas del ahorro, eliminando las diferencias no justificadas que existen actualmente entre los distintos instrumentos en los que se materializa. Con ello, a la vez que se simplificará la elección de los inversores, se incrementará la neutralidad fiscal de los distintos productos y se favorecerá la productividad y competitividad, mejorando la posición de nuestro país en un entorno internacional de libre circulación de capitales

y de fuerte competencia. De esta manera, se aborda la modernización de la tributación del ahorro, asignatura pendiente de las reformas precedentes.

Se evita así que las diferencias en la presión fiscal que soportan los diferentes instrumentos distorsionen la realidad financiera del ahorro (como la denominada rentabilidad financiero-fiscal que mide una rentabilidad por completo ajena a las características intrínsecas del producto que se pretende comercializar), ya que ello configura un marco tributario caracterizado por la falta de transparencia y diferencias en la tributación que se utilizan con el objeto de mantener cautivas determinadas inversiones.

Para ello, se establece la incorporación de todas las rentas que la Ley califica como procedentes del ahorro en una base única con tributación a un tipo fijo (18 por ciento), idéntico para todas ellas e independiente de su plazo de generación, pues la globalización económica hace inútiles los intentos de fraccionar artificialmente los mercados financieros por tipos de activos o por plazos.

En relación con los dividendos, la jurisprudencia comunitaria obliga a otorgar un mismo tratamiento a los dividendos de fuente interna y a los de cualquier otro país miembro de la Unión Europea. En línea con las tendencias recientes, de retorno a un sistema clásico de no integración entre el Impuesto sobre la Renta de las Personas Físicas y el Impuesto sobre Sociedades, y con las reformas operadas en otros países de nuestro entorno, se ha simplificado su tributación mediante su incorporación a la base del ahorro y la aplicación de un mínimo exento que excluirá el gravamen, por este concepto, de numerosos contribuyentes.

5) Con el objeto de mejorar la cohesión social y de atender los problemas derivados del envejecimiento y la dependencia se incentivan aquellos instrumentos destinados a proporcionar unos ingresos complementarios de las pensiones públicas o a la cobertura de determinados riesgos.

En todos los países desarrollados se está registrando un proceso de envejecimiento de la población que, en el medio plazo, dificulta la sostenibilidad de los sistemas públicos de previsión social. Para hacer frente a este importante reto los países de la OCDE pusieron en marcha en el pasado medidas de carácter fiscal, incentivando el desarrollo de planes de pensiones privados de carácter complementario al sistema básico de la Seguridad Social. El objeto de estos regímenes es que los individuos puedan obtener, a través del sistema público y de su plan de pensiones privado, una prestación que permita la aproximación de sus rentas al último salario percibido durante su vida laboral.

Para el cumplimiento de este objetivo, el Impuesto intenta reorientar los incentivos fiscales a la previsión social complementaria hacia aquellos instrumentos cuyas percepciones se reciban de forma periódica, para lo cual se elimina la reducción del 40 por ciento anteriormente vigente para las retiradas del sistema del capital acumulado en forma de pago único. Adicionalmente, se conceden beneficios fiscales a los planes de previsión social empresarial y se prevé un nuevo producto de fomento del ahorro a largo plazo cuando se compromete la constitución de una renta vitalicia con el capital acumulado, el denominado plan individual de ahorro siste-mático, si bien este opera de forma diferente a los demás al carecer de incentivo a la entrada.

Asimismo, por razones de equidad y de complementariedad con el sistema público de pensiones, se acotan los límites de las aportaciones. La experiencia de los últimos años demuestra que la media de aporta-ción no ha superado los 2.000 euros, si bien se han incentivado de forma desproporcionada, y al margen de los objetivos de la previsión social, aportaciones muy elevadas para determinados contribuyentes con elevada capacidad económica.

La consideración de las aportaciones a estos sistemas como salario diferido, la acotación de los límites y el respeto al contexto de neutrali-dad en la tributación del ahorro, justifica que todos los instrumentos de previsión social que cumplan con las características exigidas apliquen el incentivo de la reducción en la base imponible, sin distinción entre ellos. Y todo ello con la menor incidencia posible en la normativa financiera reguladora los planes y fondos de pensiones.

6) Razones de equidad y de cohesión social aconsejan otorgar una especial atención al problema de la dependencia en España, incentivando, por primera vez desde el punto de vista fiscal, la cobertura privada de esta contingencia.

§1

De esta forma se reconoce la realidad social española, en la que se da un incremento de la esperanza de vida que lleva asociado un problema de envejecimiento y dependencia de una buena parte de los ciudadanos, existiendo además otros factores que agudizan su dimensión en el sector de población que precisa de una atención especial.

Se configuran dos tipos de beneficios: los dirigidos a aquellas personas que sean ya dependientes, para las que se prevé la posibilidad de movilizar su patrimonio inmobiliario con vistas a obtener unos flujos de renta que les permita disponer de recursos para paliar las necesidades económicas, y, por otra parte, los dirigidos a aquellas personas que quieran cubrir un eventual riesgo de incurrir en una situación de dependencia severa o de gran dependencia.

Adicionalmente, dado que la vivienda habitual constituye una importante manifestación del ahorro familiar, se introducen en la Ley mecanismos que permitan, en situaciones de dependencia severa o de gran dependencia, hacer líquida esta fuente de ahorro sin coste fiscal, lo que sin duda constituye un medio adicional de cobertura de esta contingencia.

7) Por razones de cohesión social, se da continuidad al apoyo fiscal a la adquisición de la vivienda habitual, manteniendo la base de deducción actual y homogeneizando los porcentajes aplicables.

8) Las medidas que se proponen deben determinar en el futuro un crecimiento económico que debería concretarse en una mayor recaudación. No obstante, pueden originar en una consideración estática una disminución de los ingresos.

En este sentido, esta Ley tiene en cuenta que las Comunidades Autónomas disponen de capacidad normativa, con el alcance previsto en el artículo 38 de la Ley 21/2001, de 27 de diciembre, por la que se regulan las medidas fiscales y administrativas del nuevo sistema de financiación de las Comunidades Autónomas de régimen común y Ciudades con Estatuto de Autonomía, por lo que podrán compensar, si así lo deciden mediante el ejercicio de esa competencia, el efecto estático de reducción de la recaudación mencionado en el apartado anterior.

En el texto de la norma se respeta el actual esquema de reparto de competencias en el Impuesto, con la precisión efectuada respecto de la tarifa. No obstante, la negociación de un nuevo sistema de financiación para las Comunidades Autónomas podrá requerir, cuando el proceso esté concluido, una nueva regulación del título referido al gravamen autonómico y a las competencias normativas y gestoras atribuidas a aquellas.

9) La reforma del Impuesto sobre Sociedades será gradual, y responde a la necesidad de defender la posición competitiva de nuestras empresas en el ámbito comunitario, alcanzar una mayor coordinación fiscal con los países de nuestro entorno, simplificar la estructura del mismo y lograr una mayor neutralidad en su aplicación, fomentando la creación de empresas.

El principio de coordinación internacional exige que se tomen en consideración las tendencias básicas de los sistemas fiscales de nuestro entorno, más aún en el contexto de un Mercado Único europeo. Este principio halla su fundamento en la internacionalización de nuestra economía. Medidas tales como la reducción de tipos de gravamen, reducción que se ha ido produciendo paulatinamente en los diferentes Estados, y la simplificación de los incentivos fiscales son consecuencias de dicho principio.

Por lo que respecta a los incentivos fiscales, éstos han de justificarse con base en desequilibrios del mercado ya que el principio de neutralidad exige que la aplicación del tributo no altere el comportamiento económico de los sujetos pasivos y la localización de las inversiones, excepto que dicha alteración tienda a superar dichos desequilibrios. En muchos casos, los estímulos fiscales a la inversión son poco eficaces, presentan un elevado coste recaudatorio, complican la liquidación y generan una falta de neutralidad en el tratamiento fiscal de distintos proyectos de inversión.

Por ello, la eliminación de los incentivos simplificará enormemente la aplicación del tributo y facilitará su gestión por parte de la Administración tributaria, satisfaciendo así el principio de transparencia, que exige que las normas tributarias sean inteligibles y precisas y que de su aplicación se derive una deuda tributaria cierta.

Los aspectos mencionados constituyen la primera fase de la reforma prevista en el Impuesto que se completará, en sus aspectos sustanciales, una vez se haya producido el desarrollo de la adecuación de la normativa contable a las Normas Internacionales de Contabilidad, dada su relación con el Impuesto sobre Sociedades.

§1

10) Por razones de coherencia y de coordinación con la regulación de los Impuestos sobre la Renta de las Personas Físicas y sobre Sociedades, se introducen una serie de modificaciones en la Ley del Impuesto sobre la Renta de no Residentes, que además pretenden adecuar la normativa al derecho comunitario, y unos ajustes técnicos en la Ley del Impuesto sobre el Patrimonio.

Por último, con objeto de respetar las expectativas de quienes adquirieron determinados compromisos de inversión conforme a la legislación anterior, se mantiene el tratamiento fiscal actualmente vigente para determinados contratos o inversiones formalizados con anterioridad a la fecha de sometimiento a información pública de esta norma.

III
Contenido de la Ley

La presente Ley está estructurada en un Título preliminar, trece títulos y 108 artículos, junto con las correspondientes disposiciones adicionales, transitorias, derogatorias y finales.

En el Título preliminar se define como objeto del Impuesto la renta del contribuyente, entendiendo por tal la suma de todos sus rendimientos, ganancias y pérdidas patrimoniales e imputaciones de rentas. Frente a la noción anterior de considerar como objeto del Impuesto la renta disponible, es decir la resultante de disminuir las rentas totales obtenidas en el importe de las reducciones por circunstancias personales y familiares, se entiende, por las razones expuestas en el apartado II anterior, que la consideración de estas circunstancias en el momento del cálculo del Impuesto elimina las discriminaciones no deseadas que introduce el sistema actual. Se mantiene en sus términos actuales la consideración del Impuesto como parcialmente cedido a las Comunidades Autónomas, si bien ya se ha señalado que su configuración definitiva dependerá del nuevo sistema de financiación que se acuerde, y lo relativo al ámbito de aplicación.

El Título I mantiene, en términos muy similares a los actuales, los aspectos materiales (con la introducción de algunos supuestos nuevos de exención), personales (con alguna reordenación técnica), y temporales de sujeción al Impuesto.

§1

El Título II, integrado sólo por el artículo 15, constituye el marco general de la determinación y cuantificación de la renta que será sometida a gravamen, estableciendo las reglas básicas que se desarrollarán en títulos sucesivos.

Así, el Título III se ocupa de la determinación de la base imponible, con un primer capítulo dedicado a los métodos utilizables para efectuar la misma y un segundo dividido en Secciones destinadas al tratamiento fiscal de las distintas fuentes de renta. Como novedades más significativas, cabe destacar:

En los rendimientos del trabajo, se incorporan los supuestos derivados de los nuevos instrumentos de previsión social, y se ubica, de nuevo, en la determinación del rendimiento neto la reducción por obtención de este tipo de rendimientos. Su cuantía se eleva sustancialmente respecto de la contenida en la regulación anterior, en especial respecto de las rentas más bajas, dando cumplimiento al compromiso asumido de mejora de esta fuente de rentas.

En los rendimientos del capital mobiliario se mantiene en lo esencial la regulación anterior, si bien desaparece la norma de integración de dividendos que anteriormente se contenía en la ley, al optar por un sistema clásico de relación entre el impuesto societario y el de la renta de las personas físicas. Consecuencia de esta opción es que desaparece la deducción por doble imposición de dividendos y se introduce una exención para los que no superen en cuantía íntegra 1.500 euros.

La novedad fundamental que afecta a estos rendimientos es su incorporación a la base imponible del ahorro, con excepción de determinados supuestos específicos que, por su naturaleza, podrían encontrar acomodo también en el seno de actividades económicas, como son los derechos derivados de la propiedad intelectual o industrial, los arrendamientos de bienes muebles, negocios o minas, o los derivados de la cesión de derechos de imagen.

Tampoco se plantean modificaciones sustanciales en el tratamiento de las actividades económicas. No obstante, cabe destacar la introducción

§1

en el cálculo del volumen de exclusión del método de estimación objetiva por índices, signos o módulos, tanto en el referido a los ingresos como en el vinculado a las compras de bienes y servicios, no sólo del importe correspondiente al propio contribuyente a título individual sino también de aquellos importes que pudieran corresponder a las actividades económicas desarrolladas por determinados parientes o entidades en régimen de atribución de rentas en las que participen cualquiera de los mencionados con anterioridad. Asimismo cabe destacar que determinados contribuyentes, con estructuras de producción muy sencilla, aplicarán, cuando determinen su rendimiento por el método de estimación directa y cumplan con los requisitos formales que se establezcan reglamentariamente, una reducción equivalente a la que corresponde a los perceptores de rendimientos del trabajo, ya que se asemejan a ellos en cuanto a la dependencia del empleador.

Respetando la estructura de la normativa actualmente vigente, las imputaciones y atribuciones de rentas no se encuentran en este Capítulo sino que se regulan en un Título específico, el X, que a su contenido anterior de imputaciones de rentas (inmobiliarias, del régimen de transparencia fiscal internacional y de derechos de imagen) y de atribuciones de rentas (procedentes de los entes sin personalidad jurídica del artículo 35.4 de la Ley General Tributaria) incorpora, como un régimen fiscal adicional, el correspondiente a determinados contribuyentes que cambian su residencia a territorio español, que en la actualidad eran objeto de regulación en el apartado 5 del artículo 9 del texto refundido de la Ley, y un Capítulo relativo a la tributación de las transmisiones de valores o participaciones de instituciones de inversión colectiva, que anteriormente se regulaba en un título específico.

Los Capítulos IV y V de este Título contienen lo esencial de las modificaciones que se introducen como consecuencia de establecer una base específica para todas las categorías de ahorro financiero y ganancias y pérdidas patrimoniales derivadas de la transmisión de elementos patrimoniales, diferenciada de la derivada del resto de fuentes de renta. Así, el Capítulo IV establece la distinción entre una renta general, la de los rendimientos, imputaciones y determinadas ganancias y pérdidas que, al no estar vinculadas a una transmisión, se integran en la base imponible general, y la renta del ahorro, comprensiva de toda aquella que va a resultar sometida por el Impuesto a un tipo fijo de gravamen en la base imponible del ahorro.

Clasificadas las rentas en estos dos grandes bloques, el Capítulo V es el que establece las normas de integración y compensación para cada uno de ellos. Sigue existiendo incomunicación entre ambas partes de la base imponible. A su vez, también existe incomunicación, dentro de la renta del ahorro, entre la procedente de rendimientos y la derivada de ganancias y pérdidas patrimoniales, cualquiera que sea su periodo de generación. Por el contrario, en la base imponible general es posible una compensación limitada de las pérdidas patrimoniales netas.

El Título IV se refiere a la determinación de la base liquidable. Dado que las circunstancias personales y familiares se van a tomar en consideración en el momento del cálculo del Impuesto y que la reducción por rendimientos del trabajo se ha incluido en la determinación de los rendimientos netos, las reducciones a practicar sobre la base imponible general quedan limitadas a aquellas vinculadas con la atención de las situaciones de envejecimiento y dependencia, en los términos mencionados en el apartado anterior. Adicionalmente se mantiene la posibilidad de reducir las pensiones compensatorias satisfechas por decisión judicial, como en la actualidad.

El Título V es el destinado a valorar y cuantificar las circunstancias personales y familiares que son objeto de consideración en el Impuesto. Tras un artículo de pórtico, en los cuatro artículos posteriores se regulan las diferentes circunstancias relativas al contribuyente (el mínimo personal, con el correspondiente incremento al alcanzar determinadas edades), descendientes (que incluye la especial consideración a los hijos menores de tres años), ascendientes (también con el incremento aplicable a partir de determinada edad) y discapacidad, tanto del contribuyente como de ascendientes y descendientes a su cargo, incluyendo los incrementos por asistencia a las situaciones de discapacidad de todos ellos. En particular es de destacar el importante esfuerzo llevado a cabo, con la elevación de los mínimos, para mejorar el tratamiento de las familias, especialmente de las numerosas.

El Título VI es el destinado al cálculo del impuesto correspondiente al Estado. Establece, en su Capítulo I, el sistema de determinación de la cuota íntegra estatal, mediante, como antes se ha señalado, la consideración de las circunstancias personales y familiares, técnicamente gravadas a tipo cero, con las especialidades, ya existentes en la actualidad, para los supuestos de anualidades por alimentos a favor de los hijos y gravamen de los residentes en el extranjero. En su Capítulo II se ocupa de la determinación de la cuota líquida estatal, para lo que minora la íntegra en el porcentaje correspondiente al Estado de las deducciones establecidas en la ley, coincidentes con las existentes en la actualidad.

El Título VII es el referido al gravamen autonómico. Se mantiene en la norma la actual regulación, aun cuando se es consciente de que este título deberá ser objeto de nueva redacción cuando se acuerde un nuevo modelo de financiación autonómica. Mientras tanto sólo se modifican la tarifa complementaria y el tipo de gravamen fijo correspondiente a la base del ahorro.

El Título VIII regula la obtención de la cuota diferencial del impuesto, manteniendo una regulación similar a la actual con la única excepción de la desaparición de la deducción por doble imposición de dividendos, paralela a la supresión de la norma de integración en la base imponible referida con anterioridad.

El Título IX regula la opción por la tributación conjunta. Como se indicó en el apartado anterior se mantiene en términos prácticamente idénticos a su regulación actual, para no perjudicar determinadas situaciones.

El Título X regula los regímenes especiales. Las modificaciones introducidas en el mismo han sido detalladas al analizar el contenido del Título III, por lo que no cabe añadir comentario alguno. El Título XI regula la gestión del impuesto. Es de destacar la supresión del modelo de comunicación para la devolución rápida, ya que la generalización del borrador hace prácticamente innecesario su mantenimiento. Asimismo se modifican, como consecuencia de las nuevas disposiciones introducidas, determinados límites y condiciones de la obligación de declarar.

Los Títulos XII y XIII se refieren, con contenido muy similar a los actuales de iguales denominaciones, a la Responsabilidad patrimonial y régimen sancionador, y al Orden jurisdiccional, respectivamente.

La norma contiene una serie de disposiciones adicionales, transitorias, derogatorias y finales. Conviene destacar que mediante estas disposiciones se pretende respetar las expectativas anteriormente mencionadas de quienes adquirieron determinados compromisos de inversión en el ámbito de la legislación anterior.

En relación con el Impuesto sobre Sociedades, en primer lugar, se reduce en cinco puntos el tipo general de gravamen del 35 por ciento de forma gradual en dos años, de forma que a partir del año 2007 quede fijado en un 32,5 por ciento y un 30 por ciento en el año 2008. Igualmente en dos ejercicios se reduce en cinco puntos porcentuales el tipo de gravamen de las entidades dedicadas a la exploración, investigación y explotación de hidrocarburos, hasta situarse en un 35 por ciento en el año 2008. Asimismo, la reforma presta especial atención a la pequeña y mediana empresa, como elemento dinamizador de la actividad económica, de manera que la reducción de cinco puntos de sus tipos impositivos se realiza en un solo ejercicio, por lo que su tipo impositivo, para aquella parte de su base imponible que no supere una determinada cuantía, quedará fijado en un 25 por ciento a partir del ejercicio 2007, mientras que el exceso sobre la misma tributará al tipo del 30 por ciento a partir de ese mismo año.

En segundo lugar, se establece que la reducción del tipo impositivo vaya acompañada de la progresiva eliminación de determinadas bonificaciones y deducciones que provocan efectos distorsionadores, manteniendo las deducciones que persiguen eliminar una doble imposición, logrando así una mayor equidad en el tributo. No obstante, se mantiene la deducción por reinversión de beneficios extraordinarios estableciendo limitaciones al objeto de asegurar la inversión en actividades productivas.

La mayoría de las deducciones se van reduciendo paulatinamente hasta su completa desaparición a partir del año 2011. Esta reducción gradual se prolonga hasta el 2014 respecto de la bonificación por actividades exportadoras de producciones cinematográficas y de libros, y de las deducciones por inversiones en bienes de interés cultural, producciones cinematográficas y edición de libros.

Mención especial merece la deducción por actividades de investigación y desarrollo e innovación tecnológica, cuya aplicación se mantiene otros cinco años, conservando esta deducción la estructura actual si bien se reducen los porcentajes de deducción en la misma proporción en que se minoran los tipos de gravamen, al objeto de que las empresas puedan adaptar sus políticas de inversión al nuevo marco de ayudas públicas de impulso a estas actividades, dado que se introduce un nuevo instrumento, alternativo al fiscal, incentivador de estas mismas actividades, consistente en una bonificación de las cotizaciones a la Seguridad Social a favor del personal investigador.

Asimismo, desaparece también la deducción por inversiones para la implantación de empresas en el extranjero en el año 2007 dado que el Impuesto contiene otras fórmulas incentivadoras de la internacionalización de las empresas.

En definitiva, con esta Ley se logra una mayor coordinación fiscal y convergencia en el ámbito del Impuesto sobre Sociedades, aproximando nuestro tipo impositivo al de los países de nuestro entorno y reduciendo los incentivos fiscales selectivos, cada vez en más desuso. Además, se avanza en la reducción de las distorsiones generadas por la diversidad de tipos en la Unión Europea.

Con la importante reducción del tipo impositivo y la eliminación de las bonificaciones y deducciones se pretende que la fiscalidad no distorsione la libertad de movimiento de capitales, bienes y servicios, y que al lograr una mayor coordinación fiscal internacional mejore nuestra situación competitiva en el entorno internacional.

Por otra parte, se fija el tipo de retención o ingreso a cuenta del Impuesto sobre Sociedades en un 18 por ciento, en coherencia con el nuevo tipo impositivo de los rendimientos del ahorro en el ámbito del IRPF.

Por último, se eliminan también las deducciones por inversiones en cumplimiento de los programas de apoyo a los acontecimientos de excepcional interés público, reguladas en la Ley 49/2002, de 23 de diciembre, de régimen fiscal de las entidades sin fines lucrativos y de los incentivos fiscales al mecenazgo, modificándose la deducción por gastos de propaganda y publicidad de dichos acontecimientos, al objeto de adecuarlos a actuaciones de mecenazgo.

La disposición derogatoria segunda de la Ley deroga, a partir de distintos momentos temporales, la deducción por inversiones para la implantación de empresas en el extranjero, el régimen fiscal especial de las sociedades patrimoniales, las bonificaciones por actividades exportadoras, y la mayoría de deducciones para incentivar la realización de determinadas actividades del Capítulo IV del Título VI del texto refundido de la Ley del Impuesto sobre Sociedades.

Por lo que se refiere a la supresión del régimen de las sociedades patrimoniales, conviene recordar que el mismo vino a sustituir al anterior régimen de transparencia fiscal, con la finalidad de evitar el diferimiento de la tributación, por parte de las personas físicas, de las rentas procedentes de bienes y derechos no afectos a actividades económicas mediante la interposición de una sociedad.

Este régimen estaba construido de forma tal que se alcanzase en sede de la sociedad patrimonial una tributación única equivalente a la que hubiere resultado de obtener los socios directamente esas rentas, todo ello en el marco de un modelo donde el Impuesto sobre Sociedades era un antecedente del Impuesto sobre la Renta de las Personas Físicas. La reforma de este último impuesto vuelve al modelo clásico de no integración de ambos impuestos por cuanto se unifica el tratamiento fiscal del ahorro cualquiera que sea el origen del mismo, lo cual motiva una tributación autónoma de ambos impuestos no estando, por tanto, justificada la integración que representa el régimen de las sociedades patrimoniales.

Asimismo, la finalidad antidiferimiento de dicho régimen pierde ahora su sentido con el nuevo régimen de la tributación del ahorro. En definitiva, con la eliminación del régimen de las sociedades patrimoniales, cuando un contribuyente realice sus inversiones o lleve a cabo sus actividades a través de la forma societaria, la tributación será la que corresponda aplicando las normas generales del Impuesto sobre Sociedades sin ninguna especialidad, dado que la elección de la forma jurídica responderá no tanto a motivos fiscales sino económicos. No obstante, se regula un régimen

§1

transitorio al objeto de que estas sociedades puedan adoptar su disolución y liquidación sin coste fiscal.

Por otra parte, se añaden tres disposiciones adicionales al texto refundido de la Ley del Impuesto sobre Sociedades que regulan las reducciones de tipos de gravamen y de incentivos fiscales, así como seis disposiciones transitorias. La primera de ellas regula el régimen transitorio de la deducción por inversiones para la implantación de empresas en el extranjero. La segunda contiene el régimen de las deducciones para evitar la doble imposición que a la entrada en vigor de esta Ley estuvieran pendientes de aplicar. La tercera disposición transitoria establece las normas que regulan la aplicación de las deducciones del Capítulo IV del Título VI que a 1 de enero de 2011, 2012 ó 2014 estuviesen pendientes de aplicar, así como la consolidación de las deducciones practicadas. La cuarta regula el régimen transitorio correspondiente a las sociedades patrimoniales que es objeto de derogación. La quinta fija el régimen transitorio de la bonificación por actividades exportadoras. Por último, la sexta regula el régimen transitorio de la disolución y liquidación de las sociedades patrimoniales.

En lo referente al Impuesto sobre el Patrimonio, la desaparición de las sociedades patrimoniales del marco normativo de la imposición personal sobre la renta de las personas físicas y jurídicas exige trasladar a la Ley 19/1991 los requisitos y condiciones que, recogidos hasta la fecha mediante remisión al artículo 75 de la Ley 43/1995, de 27 de diciembre, del Impuesto sobre Sociedades, vienen siendo exigidos a efectos de la exención en el Impuesto sobre el Patrimonio de las participaciones en entidades. Se mantiene en el 60 por cien el límite conjunto sobre las cuotas íntegras de los impuestos sobre la Renta de las Personas Físicas y sobre el Patrimonio, si bien operará sobre la base imponible total del impuesto sobre la renta, tanto la general como la del ahorro.

Respecto al Impuesto sobre la Renta de No Residentes, se introducen modificaciones en los tipos de gravamen, tanto en el general como en los correspondientes a los establecimientos permanentes y los rendimientos del ahorro, para adecuarlos a las modificaciones introducidas en las figuras tributarias mencionadas anteriormente.

TÍTULO PRELIMINAR
NATURALEZA, OBJETO Y ÁMBITO DE APLICACIÓN

§1

Artículo 1. Naturaleza del Impuesto.

El Impuesto sobre la Renta de las Personas Físicas es un tributo de carácter personal y directo que grava, según los principios de igualdad, generalidad y progresividad, la renta de las personas físicas de acuerdo con su naturaleza y sus circunstancias personales y familiares.

Artículo 2. Objeto del Impuesto.

Constituye el objeto de este Impuesto la renta del contribuyente, entendida como la totalidad de sus rendimientos, ganancias y pérdidas patrimoniales y las imputaciones de renta que se establezcan por la ley, con independencia del lugar donde se hubiesen producido y cualquiera que sea la residencia del pagador.

Artículo 3. Configuración como Impuesto cedido parcialmente a las Comunidades Autónomas[1].

1. El Impuesto sobre la Renta de las Personas Físicas es un impuesto cedido parcialmente, en los términos establecidos en la Ley Orgánica 8/1980, de 22 de septiembre, de Financiación de las Comunidades Autónomas, y en las normas reguladoras de la cesión de tributos del Estado a las Comunidades Autónomas.

2. El alcance de las competencias normativas de las Comunidades Autónomas en el Impuesto sobre la Renta de las Personas Físicas será el previsto en el artículo 46 de la Ley 22/2009, por la que se regula el sistema de financiación de las Comunidades Autónomas de régimen común y Ciudades con Estatuto de Autonomía.

3. El cálculo de la cuota líquida autonómica se efectuará de acuerdo con lo establecido en esta Ley y, en su caso, en la normativa dictada por

---

[1]   Nueva redacción según la D.F. 2ª.1 de la Ley 22/2009, de 18 de diciembre, por la que se regula el sistema de financiación de las Comunidades Autónomas de régimen común y Ciudades con Estatuto de Autonomía y se modifican determinadas normas tributarias.

§1

la respectiva Comunidad Autónoma. En el caso de que las Comunidades Autónomas no hayan asumido o ejercido las competencias normativas sobre este impuesto, la cuota líquida se exigirá de acuerdo con el mínimo personal y familiar y las deducciones establecidos por el Estado.

Artículo 4. Ámbito de aplicación.

1. El Impuesto sobre la Renta de las Personas Físicas se aplicará en todo el territorio español.

2. Lo dispuesto en el apartado anterior se entenderá sin perjuicio de los regímenes tributarios forales de concierto y convenio económico en vigor, respectivamente, en los Territorios Históricos del País Vasco y en la Comunidad Foral de Navarra.

3. En Canarias, Ceuta y Melilla se tendrán en cuenta las especialidades previstas en su normativa específica y en esta Ley.

Artículo 5. Tratados y Convenios.

Lo establecido en esta Ley se entenderá sin perjuicio de lo dispuesto en los tratados y convenios internacionales que hayan pasado a formar parte del ordenamiento interno, de conformidad con el artículo 96 de la Constitución Española.

TÍTULO I
SUJECIÓN AL IMPUESTO: ASPECTOS MATERIALES, PERSONALES Y TEMPORALES

CAPÍTULO I
HECHO IMPONIBLE Y RENTAS EXENTAS

Artículo 6. Hecho imponible.

1. Constituye el hecho imponible la obtención de renta por el contribuyente.

2. Componen la renta del contribuyente:

a) Los rendimientos del trabajo.

b) Los rendimientos del capital.

c) Los rendimientos de las actividades económicas.

d) Las ganancias y pérdidas patrimoniales.

e) Las imputaciones de renta que se establezcan por ley.

3. A efectos de la determinación de la base imponible y del cálculo del Impuesto, la renta se clasificará en general y del ahorro.

4. No estará sujeta a este impuesto la renta que se encuentre sujeta al Impuesto sobre Sucesiones y Donaciones.

5. Se presumirán retribuidas, salvo prueba en contrario, las prestaciones de bienes, derechos o servicios susceptibles de generar rendimientos del trabajo o del capital.

Artículo 7. Rentas exentas[2].

Estarán exentas las siguientes rentas:

a) Las prestaciones públicas extraordinarias por actos de terrorismo y las pensiones derivadas de medallas y condecoraciones concedidas por actos de terrorismo.

b) Las ayudas de cualquier clase percibidas por los afectados por el virus de inmunodeficiencia humana, reguladas en el Real Decreto-Ley 9/1993, de 28 de mayo.

c) Las pensiones reconocidas en favor de aquellas personas que sufrieron lesiones o mutilaciones con ocasión o como consecuencia de la Guerra Civil, 1936/1939, ya sea por el régimen de clases pasivas del Estado o al amparo de la legislación especial dictada al efecto.

d) Las indemnizaciones como consecuencia de responsabilidad civil por daños personales, en la cuantía legal o judicialmente reconocida.

Asimismo, las indemnizaciones como consecuencia de responsabilidad civil por daños físicos o psíquicos, satisfechos por la entidad aseguradora del causante del daño no previstas en el párrafo anterior, cuando deriven de un acuerdo de mediación o de cualquier otro medio adecuado de solución de controversias legalmente establecido, siempre que en la obtención del acuerdo por ese medio haya intervenido un tercero neutral y el acuerdo

---

[2]   Nueva redacción de las letras d), e) y k) según la D.F. 14ª.Uno de la Ley Orgánica 1/2025, de 2 de enero, de medidas en materia de eficiencia del Servicio Público de Justicia. Con efectos desde 3 de abril de 2025.

§1

se haya elevado a escritura pública, hasta la cuantía que resulte de aplicar, para el daño sufrido, el sistema para la valoración de los daños y perjuicios causados a las personas en accidentes de circulación, incorporado como anexo en el texto refundido de la Ley sobre responsabilidad civil y seguro en la circulación de vehículos a motor, aprobado por el Real Decreto Legislativo 8/2004, de 29 de octubre.

Igualmente estarán exentas las indemnizaciones por daños personales derivadas de contratos de seguro de accidentes, salvo aquellos cuyas primas hubieran podido reducir la base imponible o ser consideradas gasto deducible por aplicación de la regla 1.ª del apartado 2 del artículo 30 de esta ley, hasta la cuantía que resulte de aplicar, para el daño sufrido, el sistema para la valoración de los daños y perjuicios causados a las personas en accidentes de circulación, incorporado como anexo en el texto refundido de la Ley sobre responsabilidad civil y seguro en la circulación de vehículos a motor, aprobado por el Real Decreto Legislativo 8/2004, de 29 de octubre.

e) Las indemnizaciones por despido o cese del trabajador, en la cuantía establecida con carácter obligatorio en el texto refundido de la Ley del Estatuto de los Trabajadores, aprobado por el Real Decreto Legislativo 2/2015, de 23 de octubre, en su normativa de desarrollo o, en su caso, en la normativa reguladora de la ejecución de sentencias, sin que pueda considerarse como tal la establecida en virtud de convenio, pacto o contrato.

Sin perjuicio de lo dispuesto en el párrafo anterior, en los supuestos de despidos colectivos realizados, o cuando se extinga el contrato en el supuesto de la letra c) del artículo 52 del mismo texto, siempre que, en ambos casos, se deban a causas económicas, técnicas, organizativas, de producción o por fuerza mayor, quedará exenta la parte de indemnización percibida que no supere los límites establecidos con carácter obligatorio en el mencionado Estatuto para el despido improcedente.

No tendrán la consideración de indemnizaciones establecidas en virtud de convenio, pacto o contrato, las acordadas en el acto de conciliación ante el Servicio administrativo al que se refiere el artículo 63 de la Ley 36/2011, de 10 de octubre, reguladora de la jurisdicción social.

El importe de la indemnización exenta a que se refiere esta letra tendrá como límite la cantidad de 180.000 euros[3] [4].

f) Las prestaciones reconocidas al contribuyente por la Seguridad Social o por las entidades que la sustituyan como consecuencia de incapacidad permanente absoluta o gran invalidez.

Asimismo, las prestaciones reconocidas a los profesionales no integrados en el régimen especial de la Seguridad Social de los trabajadores por cuenta propia o autónomos por las mutualidades de previsión social que actúen como alternativas al régimen especial de la Seguridad Social mencionado, siempre que se trate de prestaciones en situaciones idénticas a las previstas para la incapacidad permanente absoluta o gran invalidez de la Seguridad Social. La cuantía exenta tendrá como límite el importe de la prestación máxima que reconozca la Seguridad Social por el concepto que corresponda. El exceso tributará como rendimiento del trabajo, entendiéndose producido, en caso de concurrencia de prestaciones de la Seguridad Social y de las mutualidades antes citadas, en las prestaciones de estas últimas.

g) Las pensiones por inutilidad o incapacidad permanente del régimen de clases pasivas, siempre que la lesión o enfermedad que hubiera sido causa de aquéllas inhabilitara por completo al perceptor de la pensión para toda profesión u oficio.

h) Las prestaciones por maternidad o paternidad y las familiares no contributivas reguladas, respectivamente, en los Capítulos VI y VII del Título II y en el Capítulo I del título VI del texto refundido de la Ley General de la Seguridad Social, aprobado por el Real Decreto Legislativo 8/2015, de 30 de octubre y las pensiones y los haberes pasivos de orfandad y a favor de nietos y hermanos, menores de veintidós años o incapacitados para todo trabajo, percibidos de los regímenes públicos de la Seguridad Social y clases pasivas.

Asimismo, las prestaciones reconocidas a los profesionales no integrados en el régimen especial de la Seguridad Social de los trabajadores

---

[3]   §2 Art. 1 y 73.1.
[4]   §1 D.T. 22ª

§1 por cuenta propia o autónomos por las mutualidades de previsión social que actúen como alternativas al régimen especial de la Seguridad Social mencionado, siempre que se trate de prestaciones en situaciones idénticas a las previstas en el párrafo anterior por la Seguridad Social para los profesionales integrados en dicho régimen especial. La cuantía exenta tendrá como límite el importe de la prestación máxima que reconozca la Seguridad Social por el concepto que corresponda. El exceso tributará como rendimiento del trabajo, entendiéndose producido, en caso de concurrencia de prestaciones de la Seguridad Social y de las mutualidades antes citadas, en las prestaciones de estas últimas.

En el caso de los empleados públicos encuadrados en un régimen de Seguridad Social que no de derecho a percibir la prestación por maternidad o paternidad a que se refiere el primer párrafo de esta letra, estará exenta la retribución percibida durante los permisos por parto, adopción o guarda y paternidad a que se refieren las letras a), b) y c) del artículo 49 del texto refundido de la Ley del Estatuto Básico del Empleado Público, aprobado por el Real Decreto Legislativo 5/2015, de 30 de octubre o la reconocida por la legislación específica que le resulte de aplicación por situaciones idénticas a las previstas anteriormente. La cuantía exenta de las retribuciones o prestaciones referidas en este párrafo tendrá como límite el importe de la prestación máxima que reconozca la Seguridad Social por el concepto que corresponda. El exceso tributará como rendimiento del trabajo.

Igualmente estarán exentas las demás prestaciones públicas por nacimiento, parto o adopción múltiple, adopción, maternidad o paternidad, hijos a cargo y orfandad[5].

i) Las prestaciones económicas percibidas de instituciones públicas con motivo del acogimiento de personas con discapacidad, mayores de 65 años o menores, sea en la modalidad simple, permanente o preadoptivo o las equivalentes previstas en los ordenamientos de las Comunidades Autónomas, incluido el acogimiento en la ejecución de la medida judicial de

---

[5] Nueva redacción de la letra h) según el Art. 1.Primero del Real Decreto-ley 27/2018, de 28 de diciembre, por el que se adoptan determinadas medidas en materia tributaria y catastral.

convivencia del menor con persona o familia previsto en la Ley Orgánica 5/2000, de 12 de enero, reguladora de la responsabilidad penal de los menores.

Igualmente estarán exentas las ayudas económicas otorgadas por instituciones públicas a personas con discapacidad con un grado de minusvalía igual o superior al 65 por ciento o mayores de 65 años para financiar su estancia en residencias o centros de día, siempre que el resto de sus rentas no excedan del doble del indicador público de renta de efectos múltiples[6].

j) Las becas públicas, las becas concedidas por las entidades sin fines lucrativos a las que sea de aplicación el régimen especial regulado en el Título II de la Ley 49/2002, de 23 de diciembre, de régimen fiscal de las entidades sin fines lucrativos y de los incentivos fiscales al mecenazgo, y las becas concedidas por las fundaciones bancarias reguladas en el Título II de la Ley 26/2013, de 27 de diciembre, de cajas de ahorros y fundaciones bancarias en el desarrollo de su actividad de obra social, percibidas para cursar estudios reglados, tanto en España como en el extranjero, en todos los niveles y grados del sistema educativo, en los términos que reglamentariamente se establezcan.

---

[6]   **Ley 31/2022, de 23 de diciembre, de Presupuestos Generales del Estado para el año 2023.**
D.A. 90ª. *Determinación del indicador público de renta de efectos múltiples (IPREM) para 2023.*
De conformidad con lo establecido en el artículo 2.2 del Real Decreto-ley 3/2004, de 25 de junio, para la racionalización de la regulación del salario mínimo interprofesional y para el incremento de su cuantía, el indicador público de renta de efectos múltiples (IPREM) tendrá las siguientes cuantías durante 2023:
a) El IPREM diario, 20 euros.
b) El IPREM mensual, 600 euros.
c) El IPREM anual, 7.200 euros.
d) En los supuestos en que la referencia al salario mínimo interprofesional ha sido sustituida por la referencia al IPREM en aplicación de lo establecido en el Real Decreto-Ley 3/2004, de 25 de junio, la cuantía anual del IPREM será de 8.400 euros cuando las correspondientes normas se refieran al salario mínimo interprofesional en cómputo anual, salvo que expresamente excluyeran las pagas extraordinarias; en este caso, la cuantía será de 7.200 euros.

§1

Asimismo estarán exentas, en los términos que reglamentariamente se establezcan, las becas públicas y las concedidas por las entidades sin fines lucrativos y fundaciones bancarias mencionadas anteriormente para investigación en el ámbito descrito por el Real Decreto 63/2006, de 27 de enero, por el que se aprueba el Estatuto del personal investigador en formación, así como las otorgadas por aquéllas con fines de investigación a los funcionarios y demás personal al servicio de las Administraciones públicas y al personal docente e investigador de las universidades[7] [8].

k) Las anualidades por alimentos percibidas de los padres en virtud del convenio regulador a que se refiere el artículo 90 del Código Civil, o del convenio equivalente previsto en los ordenamientos de las Comunidades Autónomas, aprobado por la autoridad judicial o formalizado ante el letrado o letrada de la Administración de Justicia, o en escritura pública ante notario, con independencia de que dicho convenio derive o no de cualquier medio adecuado de solución de controversias legalmente previsto.

Igualmente estarán exentas las anualidades por alimentos percibidas de los padres en virtud de decisión judicial en supuestos distintos a los establecidos en el párrafo anterior.

l) Los premios literarios, artísticos o científicos relevantes, con las condiciones que reglamentariamente se determinen, así como los premios «Príncipe de Asturias», en sus distintas modalidades, otorgados por la Fundación Príncipe de Asturias[9].

m) Las ayudas de contenido económico a los deportistas de alto nivel ajustadas a los programas de preparación establecidos por el Consejo Superior de Deportes con las federaciones deportivas españolas o con el

---

[7]   §2 Art. 2.

[8]   Nueva redacción de la letra i) según el Art. 1º. Dos de la Ley 26/2014, de 27 de noviembre, por la que se modifican la Ley 35/2006, de 28 de noviembre, del Impuesto sobre la Renta de las Personas Físicas, el texto refundido de la Ley del Impuesto sobre la Renta de no Residentes, aprobado por el Real Decreto Legislativo 5/2004, de 5 de marzo, y otras normas tributarias.

[9]   §2 Art. 3.

Comité Olímpico Español, en las condiciones que se determinen reglamentariamente[10].

n) Las prestaciones por desempleo reconocidas por la respectiva entidad gestora cuando se perciban en la modalidad de pago único establecida en el Real Decreto 1044/1985, de 19 de junio, por el que se regula el abono de la prestación por desempleo en su modalidad de pago único, siempre que las cantidades percibidas se destinen a las finalidades y en los casos previstos en la citada norma.

Esta exención estará condicionada al mantenimiento de la acción o participación durante el plazo de cinco años, en el supuesto de que el contribuyente se hubiera integrado en sociedades laborales o cooperativas de trabajo asociado o hubiera realizado una aportación al capital social de una entidad mercantil, o al mantenimiento, durante idéntico plazo, de la actividad, en el caso del trabajador autónomo[11].

ñ) Los rendimientos positivos del capital mobiliario procedentes de los seguros de vida, depósitos y contratos financieros a través de los cuales se instrumenten los Planes de Ahorro a Largo Plazo a que se refiere la disposición adicional vigésima sexta de esta Ley, siempre que el contribuyente no efectúe disposición alguna del capital resultante del Plan antes de finalizar el plazo de cinco años desde su apertura.

Cualquier disposición del citado capital o el incumplimiento de cualquier otro requisito de los previstos en la disposición adicional vigésima sexta de esta Ley antes de la finalización de dicho plazo, determinará la obligación de integrar los rendimientos a que se refiere el párrafo anterior generados durante la vigencia del Plan en el período impositivo en el que se produzca tal incumplimiento[12].

---

[10]   §2 Art. 4.
[11]   Nueva redacción de la letra n) según el Art. 8.Uno de la Ley 11/2013, de 26 de julio, de medidas de apoyo al emprendedor y de estímulo del crecimiento y de la creación de empleo.
[12]   Letra ñ) añadida por el Art. 1º. Tres de la Ley 26/2014, de 27 de noviembre, por la que se modifican la Ley 35/2006, de 28 de noviembre, del Impuesto sobre la Renta de las Personas Físicas, el texto refundido de la Ley del Impuesto sobre la Renta de

§1

o) Las gratificaciones extraordinarias satisfechas por el Estado español por la participación en misiones internacionales de paz o humanitarias, en los términos que reglamentariamente se establezcan[13].

p) Los rendimientos del trabajo percibidos por trabajos efectivamente realizados en el extranjero, con los siguientes requisitos:

1.º Que dichos trabajos se realicen para una empresa o entidad no residente en España o un establecimiento permanente radicado en el extranjero en las condiciones que reglamentariamente se establezcan. En particular, cuando la entidad destinataria de los trabajos esté vinculada con la entidad empleadora del trabajador o con aquella en la que preste sus servicios, deberán cumplirse los requisitos previstos en el apartado 5 del artículo 16 del texto refundido de la Ley del Impuesto sobre Sociedades, aprobado por el Real Decreto Legislativo 4/2004, de 5 de marzo.

2.º Que en el territorio en que se realicen los trabajos se aplique un impuesto de naturaleza idéntica o análoga a la de este impuesto y no se trate de un país o territorio considerado como paraíso fiscal. Se considerará cumplido este requisito cuando el país o territorio en el que se realicen los trabajos tenga suscrito con España un convenio para evitar la doble imposición internacional que contenga cláusula de intercambio de información.

La exención se aplicará a las retribuciones devengadas durante los días de estancia en el extranjero, con el límite máximo de 60.100 euros anuales. Reglamentariamente podrá establecerse el procedimiento para calcular el importe diario exento.

Esta exención será incompatible, para los contribuyentes destinados en el extranjero, con el régimen de excesos excluidos de tributación previsto en el reglamento de este impuesto, cualquiera que sea su importe.

---

no Residentes, aprobado por el Real Decreto Legislativo 5/2004, de 5 de marzo, y otras normas tributarias.

[13]   §2 Art. 5.

El contribuyente podrá optar por la aplicación del régimen de excesos en sustitución de esta exención[14].

§1

q) Las indemnizaciones satisfechas por las Administraciones públicas por daños personales como consecuencia del funcionamiento de los servicios públicos, cuando vengan establecidas de acuerdo con los procedimientos previstos en el Real Decreto 429/1993, de 26 de marzo, por el que se regula el Reglamento de los procedimientos de las Administraciones públicas en materia de responsabilidad patrimonial.

r) Las prestaciones percibidas por entierro o sepelio, con el límite del importe total de los gastos incurridos.

s) Las ayudas económicas reguladas en el artículo 2 de la Ley 14/2002, de 5 de junio.

t) Las derivadas de la aplicación de los instrumentos de cobertura cuando cubran exclusivamente el riesgo de incremento del tipo de interés variable de los préstamos hipotecarios destinados a la adquisición de la vivienda habitual, regulados en el artículo decimonoveno de la Ley 36/2003, de 11 de noviembre, de medidas de reforma económica.

u) Las indemnizaciones previstas en la legislación del Estado y de las Comunidades Autónomas para compensar la privación de libertad en establecimientos penitenciarios como consecuencia de los supuestos contemplados en la Ley 46/1977, de 15 de octubre, de Amnistía.

v) Las rentas que se pongan de manifiesto en el momento de la constitución de rentas vitalicias aseguradas resultantes de los planes individuales de ahorro sistemático a que se refiere la disposición adicional tercera de esta Ley.

w) Los rendimientos del trabajo derivados de las prestaciones obtenidas en forma de renta por las personas con discapacidad correspondientes a las aportaciones a las que se refiere el artículo 53 de esta Ley, hasta un importe máximo anual de tres veces el indicador público de renta de efectos múltiples.

---

[14]   §2 Art. 6.

§1

Igualmente estarán exentos, con el mismo límite que el señalado en el párrafo anterior, los rendimientos del trabajo derivados de las aportaciones a patrimonios protegidos a que se refiere la disposición adicional decimoctava de esta Ley[15].

x) Las prestaciones económicas públicas vinculadas al servicio, para cuidados en el entorno familiar y de asistencia personalizada que se derivan de la Ley de promoción de la autonomía personal y atención a las personas en situación de dependencia.

y) La prestación de la Seguridad Social del Ingreso Mínimo Vital, las prestaciones económicas establecidas por las Comunidades Autónomas en concepto de renta mínima de inserción para garantizar recursos económicos de subsistencia a las personas que carezcan de ellos, así como las demás ayudas establecidas por estas o por entidades locales para atender, con arreglo a su normativa, a colectivos en riesgo de exclusión social, situaciones de emergencia social, necesidades habitacionales de personas sin recursos o necesidades de alimentación, escolarización y demás necesidades básicas de menores o personas con discapacidad cuando ellos y las personas a su cargo, carezcan de medios económicos suficientes, hasta un

---

[15] **Ley 31/2022, de 23 de diciembre, de Presupuestos Generales del Estado para el año 2023.**
D.A. 90ª. *Determinación del indicador público de renta de efectos múltiples (IPREM) para 2023.*
De conformidad con lo establecido en el artículo 2.2 del Real Decreto-ley 3/2004, de 25 de junio, para la racionalización de la regulación del salario mínimo interprofesional y para el incremento de su cuantía, el indicador público de renta de efectos múltiples (IPREM) tendrá las siguientes cuantías durante 2023:
a) El IPREM diario, 20 euros.
b) El IPREM mensual, 600 euros.
c) El IPREM anual, 7.200 euros.
d) En los supuestos en que la referencia al salario mínimo interprofesional ha sido sustituida por la referencia al IPREM en aplicación de lo establecido en el Real Decreto-Ley 3/2004, de 25 de junio, la cuantía anual del IPREM será de 8.400 euros cuando las correspondientes normas se refieran al salario mínimo interprofesional en cómputo anual, salvo que expresamente excluyeran las pagas extraordinarias; en este caso, la cuantía será de 7.200 euros.

importe máximo anual conjunto de 1,5 veces el indicador público de rentas de efectos múltiples.

Asimismo, estarán exentas las ayudas concedidas a las víctimas de delitos violentos a que se refiere la Ley 35/1995, de 11 de diciembre, de ayudas y asistencia a las víctimas de delitos violentos y contra la libertad sexual, y las ayudas previstas en la Ley Orgánica 1/2004, de 28 de diciembre, de Medidas de Protección Integral contra la Violencia de Género, y demás ayudas públicas satisfechas a víctimas de violencia de género por tal condición[16].

z) Las prestaciones y ayudas familiares percibidas de cualquiera de las Administraciones Públicas, ya sean vinculadas a nacimiento, adopción, acogimiento o cuidado de hijos menores[17].

CAPÍTULO II
CONTRIBUYENTES

Artículo 8. Contribuyentes.

1. Son contribuyentes por este impuesto:

a) Las personas físicas que tengan su residencia habitual en territorio español.

b) Las personas físicas que tuviesen su residencia habitual en el extranjero por alguna de las circunstancias previstas en el artículo 10 de esta Ley.

2. No perderán la condición de contribuyentes por este impuesto las personas físicas de nacionalidad española que acrediten su nueva residencia fiscal en un país o territorio considerado como paraíso fiscal. Esta

---

[16]   Nueva redacción de esta letra y) según el Art. 1º de la Ley 2/2022, de 24 de febrero, de medidas financieras de apoyo social y económico y de cumplimiento de ejecución de sentencias.

[17]   Letra z) modificada por la D.F. 1ª.1 de la Ley 35/2007, de 15 de noviembre, por la que se establece la deducción por nacimiento o adopción en el Impuesto sobre la Renta de las Personas Físicas y la prestación económica de pago único de la Seguridad Social por nacimiento o adopción.

regla se aplicará en el período impositivo en que se efectúe el cambio de residencia y durante los cuatro períodos impositivos siguientes.

3. No tendrán la consideración de contribuyente las sociedades civiles no sujetas al Impuesto sobre Sociedades, herencias yacentes, comunidades de bienes y demás entidades a que se refiere el artículo 35.4 de la Ley 58/2003, de 17 de diciembre, General Tributaria. Las rentas correspondientes a las mismas se atribuirán a los socios, herederos, comuneros o partícipes, respectivamente, de acuerdo con lo establecido en la Sección 2.ª del Título X de esta Ley[18].

Artículo 9. Contribuyentes que tienen su residencia habitual en territorio español.

1. Se entenderá que el contribuyente tiene su residencia habitual en territorio español cuando se dé cualquiera de las siguientes circunstancias:

a) Que permanezca más de 183 días, durante el año natural, en territorio español. Para determinar este período de permanencia en territorio español se computarán las ausencias esporádicas, salvo que el contribuyente acredite su residencia fiscal en otro país. En el supuesto de países o territorios considerados como paraíso fiscal, la Administración tributaria podrá exigir que se pruebe la permanencia en éste durante 183 días en el año natural.

Para determinar el período de permanencia al que se refiere el párrafo anterior, no se computarán las estancias temporales en España que sean consecuencia de las obligaciones contraídas en acuerdos de colaboración cultural o humanitaria, a título gratuito, con las Administraciones públicas españolas.

b) Que radique en España el núcleo principal o la base de sus actividades o intereses económicos, de forma directa o indirecta.

Se presumirá, salvo prueba en contrario, que el contribuyente tiene su residencia habitual en territorio español cuando, de acuerdo con los cri-

---

[18]   Nueva redacción de este apartado según el Art. 1º. Seis de la Ley 26/2014, de 27 de noviembre, por la que se modifican la Ley 35/2006, de 28 de noviembre, del Impuesto sobre la Renta de las Personas Físicas, el texto refundido de la Ley del Impuesto sobre la Renta de no Residentes, aprobado por el Real Decreto Legislativo 5/2004, de 5 de marzo, y otras normas tributarias.

terios anteriores, resida habitualmente en España el cónyuge no separado legalmente y los hijos menores de edad que dependan de aquél.

2. No se considerarán contribuyentes, a título de reciprocidad, los nacionales extranjeros que tengan su residencia habitual en España, cuando esta circunstancia fuera consecuencia de alguno de los supuestos establecidos en el apartado 1 del artículo 10 de esta Ley y no proceda la aplicación de normas específicas derivadas de los tratados internacionales en los que España sea parte.

Artículo 10. Contribuyentes que tienen su residencia habitual en territorio extranjero.

1. A los efectos de esta Ley, se considerarán contribuyentes las personas de nacionalidad española, su cónyuge no separado legalmente e hijos menores de edad que tuviesen su residencia habitual en el extranjero, por su condición de:

a) Miembros de misiones diplomáticas españolas, comprendiendo tanto al jefe de la misión como a los miembros del personal diplomático, administrativo, técnico o de servicios de la misión.

b) Miembros de las oficinas consulares españolas, comprendiendo tanto al jefe de éstas como al funcionario o personal de servicios a ellas adscritos, con excepción de los vicecónsules honorarios o agentes consulares honorarios y del personal dependiente de ellos.

c) Titulares de cargo o empleo oficial del Estado español como miembros de las delegaciones y representaciones permanentes acreditadas ante organismos internacionales o que formen parte de delegaciones o misiones de observadores en el extranjero.

d) Funcionarios en activo que ejerzan en el extranjero cargo o empleo oficial que no tenga carácter diplomático o consular.

2. No será de aplicación lo dispuesto en este artículo:

a) Cuando las personas a que se refiere no sean funcionarios públicos en activo o titulares de cargo o empleo oficial y tuvieran su residencia habitual en el extranjero con anterioridad a la adquisición de cualquiera de las condiciones enumeradas en aquél.

b) En el caso de los cónyuges no separados legalmente o hijos menores de edad, cuando tuvieran su residencia habitual en el extranjero con anterioridad a la adquisición por el cónyuge, el padre o la madre, de las condiciones enumeradas en el apartado 1 de este artículo.

Artículo 11. Individualización de rentas.

1. La renta se entenderá obtenida por los contribuyentes en función del origen o fuente de aquélla, cualquiera que sea, en su caso, el régimen económico del matrimonio.

2. Los rendimientos del trabajo se atribuirán exclusivamente a quien haya generado el derecho a su percepción.

No obstante, las prestaciones a que se refiere el artículo 17.2 a) de esta Ley se atribuirán a las personas físicas en cuyo favor estén reconocidas.

3. Los rendimientos del capital se atribuirán a los contribuyentes que sean titulares de los elementos patrimoniales, bienes o derechos, de que provengan dichos rendimientos según las normas sobre titularidad jurídica aplicables en cada caso y en función de las pruebas aportadas por aquéllos o de las descubiertas por la Administración.

En su caso, serán de aplicación las normas sobre titularidad jurídica de los bienes y derechos contenidas en las disposiciones reguladoras del régimen económico del matrimonio, así como en los preceptos de la legislación civil aplicables en cada caso a las relaciones patrimoniales entre los miembros de la familia.

La titularidad de los bienes y derechos que conforme a las disposiciones o pactos reguladores del correspondiente régimen económico matrimonial, sean comunes a ambos cónyuges, se atribuirá por mitad a cada uno de ellos, salvo que se justifique otra cuota de participación.

Cuando no resulte debidamente acreditada la titularidad de los bienes o derechos, la Administración tributaria tendrá derecho a considerar como titular a quien figure como tal en un registro fiscal u otros de carácter público[19].

---

[19]   Nueva redacción de este apartado según el Art. 1º. Siete de la Ley 26/2014, de 27 de noviembre, por la que se modifican la Ley 35/2006, de 28 de noviembre, del

4. Los rendimientos de las actividades económicas se considerarán obtenidos por quienes realicen de forma habitual, personal y directa la ordenación por cuenta propia de los medios de producción y los recursos humanos afectos a las actividades.

Se presumirá, salvo prueba en contrario, que dichos requisitos concurren en quienes figuren como titulares de las actividades económicas.

5. Las ganancias y pérdidas patrimoniales se considerarán obtenidas por los contribuyentes que, sean titulares de los bienes, derechos y demás elementos patrimoniales de que provengan según las normas sobre titularidad jurídica establecidas para los rendimientos del capital en el apartado 3 anterior.

Las ganancias patrimoniales no justificadas se atribuirán en función de la titularidad de los bienes o derechos en que se manifiesten.

Las adquisiciones de bienes y derechos que no se deriven de una transmisión previa, como las ganancias en el juego, se considerarán ganancias patrimoniales de la persona a quien corresponda el derecho a su obtención o que las haya ganado directamente[20].

CAPÍTULO III
PERÍODO IMPOSITIVO, DEVENGO DEL IMPUESTO E IMPUTACIÓN TEMPORAL

Artículo 12. Regla general.

1. El período impositivo será el año natural.

2. El Impuesto se devengará el 31 de diciembre de cada año, sin perjuicio de lo establecido en el artículo siguiente.

Impuesto sobre la Renta de las Personas Físicas, el texto refundido de la Ley del Impuesto sobre la Renta de no Residentes, aprobado por el Real Decreto Legislativo 5/2004, de 5 de marzo, y otras normas tributarias.

[20]   Nueva redacción de este apartado según el Art. 1º. Siete de la Ley 26/2014, de 27 de noviembre, por la que se modifican la Ley 35/2006, de 28 de noviembre, del Impuesto sobre la Renta de las Personas Físicas, el texto refundido de la Ley del Impuesto sobre la Renta de no Residentes, aprobado por el Real Decreto Legislativo 5/2004, de 5 de marzo, y otras normas tributarias.

Artículo 13. Período impositivo inferior al año natural.

§1

1. El período impositivo será inferior al año natural cuando se produzca el fallecimiento del contribuyente en un día distinto al 31 de diciembre.

2. En tal supuesto el período impositivo terminará y se devengará el impuesto en la fecha del fallecimiento.

Artículo 14. Imputación temporal[21].

1. Regla general.

Los ingresos y gastos que determinan la renta a incluir en la base del impuesto se imputarán al período impositivo que corresponda, de acuerdo con los siguientes criterios:

a) Los rendimientos del trabajo y del capital se imputarán al período impositivo en que sean exigibles por su perceptor.

b) Los rendimientos de actividades económicas se imputarán conforme a lo dispuesto en la normativa reguladora del Impuesto sobre Sociedades, sin perjuicio de las especialidades que reglamentariamente puedan establecerse.

No obstante, las ayudas públicas para la primera instalación de jóvenes agricultores previstas en el Marco Nacional de Desarrollo Rural de España podrán imputarse por cuartas partes, en el período impositivo en el que se obtengan y en los tres siguientes[22] [23].

c) Las ganancias y pérdidas patrimoniales se imputarán al período impositivo en que tenga lugar la alteración patrimonial.

2. Reglas especiales.

a) Cuando no se hubiera satisfecho la totalidad o parte de una renta, por encontrarse pendiente de resolución judicial la determinación del derecho a su percepción o su cuantía, los importes no satisfechos se imputarán al período impositivo en que aquélla adquiera firmeza.

---

[21]   §2 Art. 7.
[22]   §2 Art. 7.2.
[23]   Nueva redacción de la letra b) según el Art. 2º.1 de la Ley 8/2020, de 16 de diciembre, por la que se adoptan determinadas medidas urgentes en materia de agricultura y alimentación.

b) Cuando por circunstancias justificadas no imputables al contribuyente, los rendimientos derivados del trabajo se perciban en períodos impositivos distintos a aquéllos en que fueron exigibles, se imputarán a éstos, practicándose, en su caso, autoliquidación complementaria, sin sanción ni intereses de demora ni recargo alguno. Cuando concurran las circunstancias previstas en el párrafo a) anterior, los rendimientos se considerarán exigibles en el período impositivo en que la resolución judicial adquiera firmeza.

La autoliquidación se presentará en el plazo que media entre la fecha en que se perciban y el final del inmediato siguiente plazo de declaraciones por el impuesto.

c) Las ganancias patrimoniales derivadas de ayudas públicas se imputarán al período impositivo en que tenga lugar su cobro, sin perjuicio de las opciones previstas en las letras g), i), j) y l) de este apartado[24].

d) En el caso de operaciones a plazos o con precio aplazado, el contribuyente podrá optar por imputar proporcionalmente las rentas obtenidas en tales operaciones, a medida que se hagan exigibles los cobros correspondientes.

Se considerarán operaciones a plazos o con precio aplazado aquellas cuyo precio se perciba, total o parcialmente, mediante pagos sucesivos, siempre que el período transcurrido entre la entrega o la puesta a disposición y el vencimiento del último plazo sea superior al año.

Cuando el pago de una operación a plazos o con precio aplazado se hubiese instrumentado, en todo o en parte, mediante la emisión de efectos cambiarios y éstos fuesen transmitidos en firme antes de su vencimiento, la renta se imputará al período impositivo de su transmisión.

En ningún caso tendrán este tratamiento, para el transmitente, las operaciones derivadas de contratos de rentas vitalicias o temporales. Cuando se transmitan bienes y derechos a cambio de una renta vitalicia o

---

[24]   Nueva redacción de la letra c) según el Art. 2º.2 de la Ley 8/2020, de 16 de diciembre, por la que se adoptan determinadas medidas urgentes en materia de agricultura y alimentación.

§1

temporal, la ganancia o pérdida patrimonial para el rentista se imputará al período impositivo en que se constituya la renta.

e) Las diferencias positivas o negativas que se produzcan en las cuentas representativas de saldos en divisas o en moneda extranjera, como consecuencia de la modificación experimentada en sus cotizaciones, se imputarán en el momento del cobro o del pago respectivo.

f) Las rentas estimadas a que se refiere el artículo 6.5 de esta Ley se imputarán al período impositivo en que se entiendan producidas.

g) Las ayudas públicas percibidas como compensación por los defectos estructurales de construcción de la vivienda habitual y destinadas a su reparación podrán imputarse por cuartas partes, en el periodo impositivo en el que se obtengan y en los tres siguientes.

h) Se imputará como rendimiento de capital mobiliario a que se refiere el artículo 25.3 de esta Ley, de cada período impositivo, la diferencia entre el valor liquidativo de los activos afectos a la póliza al final y al comienzo del período impositivo en aquellos contratos de seguros de vida en los que el tomador asuma el riesgo de la inversión.

El importe imputado minorará el rendimiento derivado de la percepción de cantidades en estos contratos.

No resultará de aplicación esta regla especial de imputación temporal en aquellos contratos en los que concurra alguna de las siguientes circunstancias:

A) No se otorgue al tomador la facultad de modificar las inversiones afectas a la póliza.

B) Las provisiones matemáticas se encuentren invertidas en:

a) Acciones o participaciones de instituciones de inversión colectiva, predeterminadas en los contratos, siempre que se trate de instituciones de inversión colectiva adaptadas a la Ley 35/2003, de 4 de noviembre, de instituciones de inversión colectiva, o amparadas por la Directiva 85/611/CEE del Consejo, de 20 de diciembre de 1985, o amparadas por la Directiva 2009/65/CEE del Parlamento Europeo y del Consejo, de 13 de julio de 2009.

b) Conjuntos de activos reflejados de forma separada en el balance de la entidad aseguradora, siempre que se cumplan los siguientes requisitos:

§1

La determinación de los activos integrantes de cada uno de los distintos conjuntos de activos separados deberá corresponder, en todo momento, a la entidad aseguradora quien, a estos efectos, gozará de plena libertad para elegir los activos con sujeción, únicamente, a criterios generales predeterminados relativos al perfil de riesgo del conjunto de activos o a otras circunstancias objetivas.

La inversión de las provisiones deberá efectuarse en los activos aptos para la inversión de las provisiones técnicas, recogidos en artículo 89 del Real Decreto 1060/2015, de 20 de noviembre, de ordenación, supervisión y solvencia de las entidades aseguradoras y reaseguradoras. En ningún caso podrá tratarse de bienes inmuebles o derechos reales inmobiliarios.

No obstante, se entenderá que cumplen tales requisitos aquellos conjuntos de activos que traten de desarrollar una política de inversión caracterizada por reproducir un determinado índice bursátil o de renta fija representativo de algunos de los mercados secundarios oficiales de valores de la Unión Europea.

El tomador únicamente tendrá la facultad de elegir, entre los distintos conjuntos separados de activos, en cuáles debe invertir la entidad aseguradora la provisión matemática del seguro, pero en ningún caso podrá intervenir en la determinación de los activos concretos en los que, dentro de cada conjunto separado, se invierten tales provisiones.

En estos contratos, el tomador o el asegurado podrán elegir, de acuerdo con las especificaciones de la póliza, entre las distintas instituciones de inversión colectiva o conjuntos separados de activos, expresamente designados en los contratos, sin que puedan producirse especificaciones singulares para cada tomador o asegurado.

Las condiciones a que se refiere este párrafo h) deberán cumplirse durante toda la vigencia del contrato[25].

---

[25]   Nueva redacción de la letra h) según el Art. 3º.1 de la Ley 11/2021, de 9 de julio, de medidas de prevención y lucha contra el fraude fiscal, de transposición de la Directiva (UE) 2016/1164, del Consejo, de 12 de julio de 2016, por la que se establecen normas contra las prácticas de elusión fiscal que inciden directamente

i) Las ayudas incluidas en el ámbito de los planes estatales para el acceso por primera vez a la vivienda en propiedad, percibidas por los contribuyentes mediante pago único en concepto de Ayuda Estatal Directa a la Entrada (AEDE), podrán imputarse por cuartas partes en el período impositivo en el que se obtengan y en los tres siguientes.

j) Las ayudas públicas otorgadas por las Administraciones competentes a los titulares de bienes integrantes del Patrimonio Histórico Español inscritos en el Registro general de bienes de interés cultural a que se refiere la Ley 16/1985, de 25 de junio, del Patrimonio Histórico Español, y destinadas exclusivamente a su conservación o rehabilitación, podrán imputarse por cuartas partes en el período impositivo en que se obtengan y en los tres siguientes, siempre que se cumplan las exigencias establecidas en dicha ley, en particular respecto de los deberes de visita y exposición pública de dichos bienes.

k) Las pérdidas patrimoniales derivadas de créditos vencidos y no cobrados podrán imputarse al período impositivo en que concurra alguna de las siguientes circunstancias:

1.º Que adquiera eficacia una quita establecida en un acuerdo de refinanciación judicialmente homologable a los que se refiere el artículo 71 bis y la disposición adicional cuarta de la Ley 22/2003, de 9 de julio, Concursal, o en un acuerdo extrajudicial de pagos a los cuales se refiere el Título X de la misma Ley.

2.º Que, encontrándose el deudor en situación de concurso, adquiera eficacia el convenio en el que se acuerde una quita en el importe del crédito conforme a lo dispuesto en el artículo 133 de la Ley 22/2003, de 9 de julio, Concursal, en cuyo caso la pérdida se computará por la cuantía de la quita.

En otro caso, que concluya el procedimiento concursal sin que se hubiera satisfecho el crédito salvo cuando se acuerde la conclusión del concurso por las causas a las que se refieren los apartados 1.º, 4.º y 5.º del artículo 176 de la Ley 22/2003, de 9 de julio, Concursal.

---

en el funcionamiento del mercado interior, de modificación de diversas normas tributarias y en materia de regulación del juego.

§1

3.º Que se cumpla el plazo de un año desde el inicio del procedimiento judicial distinto de los de concurso que tenga por objeto la ejecución del crédito sin que este haya sido satisfecho.

Cuando el crédito fuera cobrado con posterioridad al cómputo de la pérdida patrimonial a que se refiere esta letra k), se imputará una ganancia patrimonial por el importe cobrado en el período impositivo en que se produzca dicho cobro[26].

l) Las ayudas públicas para la primera instalación de jóvenes agricultores previstas en el Marco Nacional de Desarrollo Rural de España que se destinen a la adquisición de una participación en el capital de empresas agrícolas societarias podrán imputarse por cuartas partes, en el período impositivo en el que se obtengan y en los tres siguientes[27].

m) Los rendimientos del trabajo en especie derivados de la entrega de acciones o participaciones de una empresa emergente a las que se refiere la Ley 28/2022, de 21 de diciembre, de fomento del ecosistema de las empresas emergentes, que, cumpliendo los requisitos establecidos en la letra f) del apartado 3 del artículo 42 de esta ley no estén exentos por superar la cuantía prevista en dicho artículo, se imputarán en el período impositivo en el que concurra alguna de las siguientes circunstancias:

– Que el capital de la sociedad sea objeto de admisión a negociación en bolsa de valores o en cualquier sistema multilateral de negociación, español o extranjero.

– Que se produzca la salida del patrimonio del contribuyente de la acción o participación correspondiente.

No obstante, transcurrido el plazo de diez años a contar desde la entrega de las acciones o participaciones sin que se haya producido alguna de

---

[26]   Letra k) añadida por el Art. 1º. Ocho de la Ley 26/2014, de 27 de noviembre, por la que se modifican la Ley 35/2006, de 28 de noviembre, del Impuesto sobre la Renta de las Personas Físicas, el texto refundido de la Ley del Impuesto sobre la Renta de no Residentes, aprobado por el Real Decreto Legislativo 5/2004, de 5 de marzo, y otras normas tributarias.

[27]   Letra l) añadida por el Art. 2º.2 de la Ley 8/2020, de 16 de diciembre, por la que se adoptan determinadas medidas urgentes en materia de agricultura y alimentación.

§1

las circunstancias señaladas anteriormente, el contribuyente deberá imputar los rendimientos del trabajo a que se refiere esta letra correspondientes
a tales acciones o participaciones, en el período impositivo en el que se
haya cumplido el referido plazo de diez años[28].

3. En el supuesto de que el contribuyente pierda su condición por
cambio de residencia, todas las rentas pendientes de imputación deberán
integrarse en la base imponible correspondiente al último período impositivo que deba declararse por este impuesto, en las condiciones que
se fijen reglamentariamente, practicándose, en su caso, autoliquidación
complementaria, sin sanción ni intereses de demora ni recargo alguno.

Cuando el traslado de residencia se produzca a otro Estado miembro
de la Unión Europea, el contribuyente podrá optar por imputar las rentas
pendientes conforme a lo dispuesto en el párrafo anterior, o por presentar
a medida en que se vayan obteniendo cada una de las rentas pendientes de
imputación, una autoliquidación complementaria sin sanción, ni intereses
de demora ni recargo alguno, correspondiente al último período que deba
declararse por este Impuesto. La autoliquidación se presentará en el plazo
de declaración del período impositivo en el que hubiera correspondido
imputar dichas rentas en caso de no haberse producido la pérdida de la
condición de contribuyente[29].

4. En el caso de fallecimiento del contribuyente todas las rentas pendientes de imputación deberán integrarse en la base imponible del último
período impositivo que deba declararse[30].

---

[28]   Letra m) añadida por la D.F. 3.1 de la Ley 28/2022, de 21 de diciembre, de fomento
del ecosistema de las empresas emergentes.

[29]   Nueva redacción de este apartado según la D.F. 10ª.Uno de la Ley 16/2012, de
27 de diciembre, por la que se adoptan diversas medidas tributarias dirigidas a la
consolidación de las finanzas públicas y al impulso de la actividad económica.

[30]   §2 Art. 63.

§1

TÍTULO II
DETERMINACIÓN DE LA RENTA SOMETIDA A GRAVAMEN

Artículo 15. Determinación de la base imponible y liquidable.

1. La base imponible del Impuesto estará constituida por el importe de la renta del contribuyente y se determinará aplicando los métodos previstos en el artículo 16 de esta Ley.

2. Para la cuantificación de la base imponible se procederá, en los términos previstos en esta Ley, por el siguiente orden:

1.º Las rentas se calificarán y cuantificarán con arreglo a su origen. Los rendimientos netos se obtendrán por diferencia entre los ingresos computables y los gastos deducibles. Las ganancias y pérdidas patrimoniales se determinarán, con carácter general, por diferencia entre los valores de transmisión y de adquisición.

2.º Se aplicarán las reducciones sobre el rendimiento íntegro o neto que, en su caso, correspondan para cada una de las fuentes de renta.

3.º Se procederá a la integración y compensación de las diferentes rentas según su origen y su clasificación como renta general o del ahorro.

El resultado de estas operaciones dará lugar a la base imponible general y del ahorro.

3. La base liquidable será el resultado de practicar en la base imponible, en los términos previstos en esta Ley, las reducciones por atención a situaciones de dependencia y envejecimiento y pensiones compensatorias, lo que dará lugar a las bases liquidables general y del ahorro.

4. No se someterán a tributación las rentas que no excedan del importe del mínimo personal y familiar que resulte de aplicación[31].

---

[31]   Nueva redacción de este apartado según la D.F. 2ª.2 de la Ley 22/2009, de 18 de diciembre, por la que se regula el sistema de financiación de las Comunidades Autónomas de régimen común y Ciudades con Estatuto de Autonomía y se modifican determinadas normas tributarias.

TÍTULO III
DETERMINACIÓN DE LA BASE IMPONIBLE

CAPÍTULO I
MÉTODOS DE DETERMINACIÓN

Artículo 16. Métodos de determinación de la base imponible.

1. La cuantía de los distintos componentes de la base imponible se determinará con carácter general por el método de estimación directa.

2. La determinación de los rendimientos de actividades económicas se llevará a cabo en los términos previstos en el artículo 28 de esta Ley a través de los siguientes métodos:

a) Estimación directa, que se aplicará como método general, y que admitirá dos modalidades, la normal y la simplificada.

b) Estimación objetiva de rendimientos para determinadas actividades económicas, en los términos que reglamentariamente se establezcan.

3. El método de estimación indirecta se aplicará de conformidad con lo dispuesto en la Ley 58/2003, de 17 de diciembre, General Tributaria.

En la estimación indirecta de los rendimientos procedentes de actividades económicas se tendrán en cuenta, preferentemente, los signos, índices o módulos establecidos para la estimación objetiva, cuando se trate de contribuyentes que hayan renunciado a este último método de determinación de la base imponible.

CAPÍTULO II
DEFINICIÓN Y DETERMINACIÓN DE LA RENTA GRAVABLE

SECCIÓN 1.ª RENDIMIENTOS DEL TRABAJO

Artículo 17. Rendimientos íntegros del trabajo.

1. Se considerarán rendimientos íntegros del trabajo todas las contraprestaciones o utilidades, cualquiera que sea su denominación o naturaleza, dinerarias o en especie, que deriven, directa o indirectamente, del trabajo personal o de la relación laboral o estatutaria y no tengan el carácter de rendimientos de actividades económicas.

§1

Se incluirán, en particular:

a) Los sueldos y salarios.

b) Las prestaciones por desempleo.

c) Las remuneraciones en concepto de gastos de representación.

d) Las dietas y asignaciones para gastos de viaje, excepto los de locomoción y los normales de manutención y estancia en establecimientos de hostelería con los límites que reglamentariamente se establezcan[32].

e) Las contribuciones o aportaciones satisfechas por los promotores de planes de pensiones previstos en el texto refundido de la Ley de regulación de los planes y fondos de pensiones, aprobado por el Real Decreto Legislativo 1/2002, de 29 de noviembre, o por las empresas promotoras previstas en la Directiva 2003/41/CE del Parlamento Europeo y del Consejo, de 3 de junio de 2003, relativa a las actividades y la supervisión de fondos de pensiones de empleo.

f) Las contribuciones o aportaciones satisfechas por los empresarios para hacer frente a los compromisos por pensiones en los términos previstos por la disposición adicional primera del Texto Refundido de la Ley de regulación de los planes y fondos de pensiones, y en su normativa de desarrollo, cuando aquellas sean imputadas a las personas a quienes se vinculen las prestaciones. Esta imputación fiscal tendrá carácter voluntario en los contratos de seguro colectivo distintos de los planes de previsión social empresarial, debiendo mantenerse la decisión que se adopte respecto del resto de primas que se satisfagan hasta la extinción del contrato de seguro. No obstante, la imputación fiscal tendrá carácter obligatorio en los contratos de seguro de riesgo. Cuando los contratos de seguro cubran conjuntamente las contingencias de jubilación y de fallecimiento o incapacidad, será obligatoria la imputación fiscal de la parte de las primas satisfechas que corresponda al capital en riesgo por fallecimiento o incapacidad, siempre que el importe de dicha parte exceda de 50 euros anuales. A estos efectos se considera capital en riesgo la diferencia entre el capital asegurado para fallecimiento o incapacidad y la provisión matemática.

---

[32]   §2 Art. 9.

§1

No obstante lo previsto en el párrafo anterior, en todo caso, la imputación fiscal de primas de los contratos de seguro antes señalados será obligatoria por el importe que exceda de 100.000 euros anuales por contribuyente y respecto del mismo empresario, salvo en los seguros colectivos contratados a consecuencia de despidos colectivos realizados de conformidad con lo dispuesto en el artículo 51 del Estatuto de los Trabajadores[33] [34].

2. En todo caso, tendrán la consideración de rendimientos del trabajo:

a) Las siguientes prestaciones:

1.ª Las pensiones y haberes pasivos percibidos de los regímenes públicos de la Seguridad Social y clases pasivas y demás prestaciones públicas por situaciones de incapacidad, jubilación, accidente, enfermedad, viudedad, o similares, sin perjuicio de lo dispuesto en el artículo 7 de esta Ley.

2.ª Las prestaciones percibidas por los beneficiarios de mutualidades generales obligatorias de funcionarios, colegios de huérfanos y otras entidades similares.

3.ª Las prestaciones percibidas por los beneficiarios de planes de pensiones y las percibidas de los planes de pensiones regulados en la Directiva (UE) 2016/2341 del Parlamento Europeo y del Consejo, de 14 de diciembre de 2016, relativa a las actividades y la supervisión de fondos de pensiones de empleo.

Asimismo, las cantidades percibidas en los supuestos contemplados en el artículo 8.8 del texto refundido de la Ley de Regulación de los Planes y Fondos de Pensiones, aprobado por el Real Decreto Legislativo 1/2002, de 29 de noviembre, tendrán el mismo tratamiento fiscal que las prestaciones de los planes de pensiones[35].

---

[33] §1 D.T. 26ª

[34] Nueva redacción de la letra f) según el Art. 1º. Nueve de la Ley 26/2014, de 27 de noviembre, por la que se modifican la Ley 35/2006, de 28 de noviembre, del Impuesto sobre la Renta de las Personas Físicas, el texto refundido de la Ley del Impuesto sobre la Renta de no Residentes, aprobado por el Real Decreto Legislativo 5/2004, de 5 de marzo, y otras normas tributarias.

[35] Nueva redacción del epígrafe 3ª según la D.F. 4ª del Real Decreto-ley 3/2020, de 4 de febrero, de medidas urgentes por el que se incorporan al ordenamiento jurídico español diversas directivas de la Unión Europea en el ámbito de la contratación

4.ª Las prestaciones percibidas por los beneficiarios de contratos de seguros concertados con mutualidades de previsión social, cuyas aportaciones hayan podido ser, al menos en parte, gasto deducible para la determinación del rendimiento neto de actividades económicas, u objeto de reducción en la base imponible del Impuesto.

En el supuesto de prestaciones por jubilación e invalidez derivadas de dichos contratos, se integrarán en la base imponible en el importe de la cuantía percibida que exceda de las aportaciones que no hayan podido ser objeto de reducción o minoración en la base imponible del Impuesto, por incumplir los requisitos subjetivos previstos en el párrafo a) del apartado 2 del artículo 51 o en la disposición adicional novena de esta Ley.

5.ª Las prestaciones percibidas por los beneficiarios de los planes de previsión social empresarial.

Asimismo, las prestaciones por jubilación e invalidez percibidas por los beneficiarios de contratos de seguro colectivo, distintos de los planes de previsión social empresarial, que instrumenten los compromisos por pensiones asumidos por las empresas, en los términos previstos en la disposición adicional primera del texto refundido de la Ley de Regulación de los Planes y Fondos de Pensiones, y en su normativa de desarrollo, en la medida en que su cuantía exceda de las contribuciones imputadas fiscalmente y de las aportaciones directamente realizadas por el trabajador.

6.ª Las prestaciones percibidas por los beneficiarios de los planes de previsión asegurados.

7.ª Las prestaciones percibidas por los beneficiarios de los seguros de dependencia conforme a lo dispuesto en la Ley de promoción de la autonomía personal y atención a las personas en situación de dependencia.

b) Las cantidades que se abonen, por razón de su cargo, a los diputados españoles en el Parlamento Europeo, a los diputados y senadores de las Cortes Generales, a los miembros de las asambleas legislativas autonómicas, concejales de ayuntamiento y miembros de las diputaciones provinciales, cabildos insulares u otras entidades locales, con exclusión,

---

pública en determinados sectores; de seguros privados; de planes y fondos de pensiones; del ámbito tributario y de litigios fiscales.

en todo caso, de la parte de aquellas que dichas instituciones asignen para gastos de viaje y desplazamiento.

c) Los rendimientos derivados de impartir cursos, conferencias, coloquios, seminarios y similares.

d) Los rendimientos derivados de la elaboración de obras literarias, artísticas o científicas, siempre que se ceda el derecho a su explotación.

e) Las retribuciones de los administradores y miembros de los Consejos de Administración, de las Juntas que hagan sus veces y demás miembros de otros órganos representativos.

f) Las pensiones compensatorias recibidas del cónyuge y las anualidades por alimentos, sin perjuicio de lo dispuesto en el artículo 7 de esta Ley.

g) Los derechos especiales de contenido económico que se reserven los fundadores o promotores de una sociedad como remuneración de servicios personales[36].

h) Las becas, sin perjuicio de lo dispuesto en el artículo 7 de esta Ley.

i) Las retribuciones percibidas por quienes colaboren en actividades humanitarias o de asistencia social promovidas por entidades sin ánimo de lucro.

j) Las retribuciones derivadas de relaciones laborales de carácter especial.

k) Las aportaciones realizadas al patrimonio protegido de las personas con discapacidad en los términos previstos en la disposición adicional decimoctava de esta Ley.

3. No obstante, cuando los rendimientos a que se refieren los párrafos c) y d) del apartado anterior y los derivados de la relación laboral especial de los artistas en espectáculos públicos y de la relación laboral especial de las personas que intervengan en operaciones mercantiles por cuenta de uno o más empresarios sin asumir el riesgo y ventura de aquéllas supongan la ordenación por cuenta propia de medios de producción y de recursos humanos o de uno de ambos, con la finalidad de intervenir en la producción

---

[36]   §2 Art. 47.

o distribución de bienes o servicios, se calificarán como rendimientos de actividades económicas.

Artículo 18. Porcentajes de reducción aplicables a determinados rendimientos del trabajo.

1. Como regla general, los rendimientos íntegros se computarán en su totalidad, salvo que les resulte de aplicación alguno de los porcentajes de reducción a los que se refieren los apartados siguientes. Dichos porcentajes no resultarán de aplicación cuando la prestación se perciba en forma de renta.

2. El 30 por ciento de reducción, en el caso de rendimientos íntegros distintos de los previstos en el artículo 17.2 a) de esta Ley que tengan un período de generación superior a dos años, así como aquellos que se califiquen reglamentariamente como obtenidos de forma notoriamente irregular en el tiempo, cuando, en ambos casos, sin perjuicio de lo dispuesto en el párrafo siguiente, se imputen en un único período impositivo[37].

Tratándose de rendimientos derivados de la extinción de una relación laboral, común o especial, se considerará como período de generación el número de años de servicio del trabajador. En caso de que estos rendimientos se cobren de forma fraccionada, el cómputo del período de generación deberá tener en cuenta el número de años de fraccionamiento, en los términos que reglamentariamente se establezcan. Estos rendimientos no se tendrán en cuenta a efectos de lo establecido en el párrafo siguiente.

No obstante, esta reducción no resultará de aplicación a los rendimientos que tengan un período de generación superior a dos años cuando, en el plazo de los cinco períodos impositivos anteriores a aquél en el que resulten exigibles, el contribuyente hubiera obtenido otros rendimientos con período de generación superior a dos años, a los que hubiera aplicado la reducción prevista en este apartado.

La cuantía del rendimiento íntegro a que se refiere este apartado sobre la que se aplicará la citada reducción no podrá superar el importe de 300.000 euros anuales.

---

[37]   §2 Art. 11.

Sin perjuicio del límite previsto en el párrafo anterior, en el caso de rendimientos del trabajo cuya cuantía esté comprendida entre 700.000,01 euros y 1.000.000 de euros y deriven de la extinción de la relación laboral, común o especial, o de la relación mercantil a que se refiere el artículo 17.2 e) de esta Ley, o de ambas, la cuantía del rendimiento sobre la que se aplicará la reducción no podrá superar el importe que resulte de minorar 300.000 euros en la diferencia entre la cuantía del rendimiento y 700.000 euros.

Cuando la cuantía de tales rendimientos fuera igual o superior a 1.000.000 de euros, la cuantía de los rendimientos sobre la que se aplicará la reducción del 30 por ciento será cero.

A estos efectos, la cuantía total del rendimiento del trabajo a computar vendrá determinada por la suma aritmética de los rendimientos del trabajo anteriormente indicados procedentes de la propia empresa o de otras empresas del grupo de sociedades en las que concurran las circunstancias previstas en el artículo 42 del Código de Comercio, con independencia del período impositivo al que se impute cada rendimiento.

3. El 30 por ciento de reducción, en el caso de las prestaciones establecidas en el artículo 17.2.a) 1.ª y 2.ª de esta Ley que se perciban en forma de capital, siempre que hayan transcurrido más de dos años desde la primera aportación.

El plazo de dos años no resultará exigible en el caso de prestaciones por invalidez[38].

4. Las reducciones previstas en este artículo no se aplicarán a las contribuciones empresariales imputadas que reduzcan la base imponible, de acuerdo con lo dispuesto en los artículos 51, 53 y en la disposición adicional undécima de esta Ley.

---

[38] Nueva redacción de los apartados 2 y 3 según el Art. 1º. 10 de la Ley 26/2014, de 27 de noviembre, por la que se modifican la Ley 35/2006, de 28 de noviembre, del Impuesto sobre la Renta de las Personas Físicas, el texto refundido de la Ley del Impuesto sobre la Renta de no Residentes, aprobado por el Real Decreto Legislativo 5/2004, de 5 de marzo, y otras normas tributarias.

Artículo 19. Rendimiento neto del trabajo.

1. El rendimiento neto del trabajo será el resultado de disminuir el rendimiento íntegro en el importe de los gastos deducibles.

2. Tendrán la consideración de gastos deducibles exclusivamente los siguientes:

a) Las cotizaciones a la Seguridad Social o a mutualidades generales obligatorias de funcionarios.

b) Las detracciones por derechos pasivos.

c) Las cotizaciones a los colegios de huérfanos o entidades similares.

d) Las cuotas satisfechas a sindicatos y colegios profesionales, cuando la colegiación tenga carácter obligatorio, en la parte que corresponda a los fines esenciales de estas instituciones, y con el límite que reglamentariamente se establezca[39].

e) Los gastos de defensa jurídica derivados directamente de litigios suscitados en la relación del contribuyente con la persona de la que percibe los rendimientos, con el límite de 300 euros anuales.

f) En concepto de otros gastos distintos de los anteriores, 2.000 euros anuales.

Tratándose de contribuyentes desempleados inscritos en la oficina de empleo que acepten un puesto de trabajo que exija el traslado de su residencia habitual a un nuevo municipio, en las condiciones que reglamentariamente se determinen, se incrementará dicha cuantía, en el periodo impositivo en el que se produzca el cambio de residencia y en el siguiente, en 2.000 euros anuales adicionales.

Tratándose de personas con discapacidad que obtengan rendimientos del trabajo como trabajadores activos, se incrementará dicha cuantía en 3.500 euros anuales. Dicho incremento será de 7.750 euros anuales, para las personas con discapacidad que siendo trabajadores activos acrediten necesitar ayuda de terceras personas o movilidad reducida, o un grado de discapacidad igual o superior al 65 por ciento.

---

[39]   §2 Art. 10.

§1

Los gastos deducibles a que se refiere esta letra f) tendrán como límite el rendimiento íntegro del trabajo una vez minorado por el resto de gastos deducibles previstos en este apartado[40].

Artículo 20. Reducción por obtención de rendimientos del trabajo[41] [42].

Los contribuyentes con rendimientos netos del trabajo inferiores a 19.747,50 euros siempre que no tengan rentas, excluidas las exentas, distintas de las del trabajo superiores a 6.500 euros, minorarán el rendimiento neto del trabajo en las siguientes cuantías:

a) Contribuyentes con rendimientos netos del trabajo iguales o inferiores a 14.852 euros: 7.302 euros anuales.

b) Contribuyentes con rendimientos netos del trabajo superiores a 14.852 euros, pero iguales o inferiores a 17.673,52 euros: 7.302 euros menos el resultado de multiplicar por 1,75 la diferencia entre el rendimiento del trabajo y 14.852 euros anuales.

c) Contribuyentes con rendimientos netos del trabajo comprendidos entre 17.673,52 y 19.747,5 euros: 2.364,34 euros menos el resultado de multiplicar por 1,14 la diferencia entre el rendimiento del trabajo y 17.673,52 euros anuales.

A estos efectos, el rendimiento neto del trabajo será el resultante de minorar el rendimiento íntegro en los gastos previstos en las letras a), b), c), d) y e) del artículo 19.2 de esta ley.

Como consecuencia de la aplicación de la reducción prevista en este artículo, el saldo resultante no podrá ser negativo.

---

[40] Nueva redacción de este apartado según el Art. 1º. 11 de la Ley 26/2014, de 27 de noviembre, por la que se modifican la Ley 35/2006, de 28 de noviembre, del Impuesto sobre la Renta de las Personas Físicas, el texto refundido de la Ley del Impuesto sobre la Renta de no Residentes, aprobado por el Real Decreto Legislativo 5/2004, de 5 de marzo, y otras normas tributarias.

[41] §1 Art. 10, D.A. 47ª.

[42] Nueva redacción según el Art. 3.1 del Real Decreto-ley 4/2024, de 26 de junio, por el que se prorrogan determinadas medidas para afrontar las consecuencias económicas y sociales derivadas de los conflictos en Ucrania y Oriente Próximo y se adoptan medidas urgentes en materia fiscal, energética y social.

SECCIÓN 2.ª RENDIMIENTOS DEL CAPITAL

Artículo 21. Definición de rendimientos del capital.

1. Tendrán la consideración de rendimientos íntegros del capital la totalidad de las utilidades o contraprestaciones, cualquiera que sea su denominación o naturaleza, dinerarias o en especie, que provengan, directa o indirectamente, de elementos patrimoniales, bienes o derechos, cuya titularidad corresponda al contribuyente y no se hallen afectos a actividades económicas realizadas por éste.

No obstante, las rentas derivadas de la transmisión de la titularidad de los elementos patrimoniales, aun cuando exista un pacto de reserva de dominio, tributarán como ganancias o pérdidas patrimoniales, salvo que por esta ley se califiquen como rendimientos del capital.

2. En todo caso, se incluirán como rendimientos del capital:

a) Los provenientes de los bienes inmuebles, tanto rústicos como urbanos, que no se hallen afectos a actividades económicas realizadas por el contribuyente.

b) Los que provengan del capital mobiliario y, en general, de los restantes bienes o derechos de que sea titular el contribuyente, que no se encuentren afectos a actividades económicas realizadas por éste.

SUBSECCIÓN 1.ª RENDIMIENTOS DEL CAPITAL INMOBILIARIO

Artículo 22. Rendimientos íntegros del capital inmobiliario.

1. Tendrán la consideración de rendimientos íntegros procedentes de la titularidad de bienes inmuebles rústicos y urbanos o de derechos reales que recaigan sobre ellos, todos los que se deriven del arrendamiento o de la constitución o cesión de derechos o facultades de uso o disfrute sobre aquéllos, cualquiera que sea su denominación o naturaleza.

2. Se computará como rendimiento íntegro el importe que por todos los conceptos deba satisfacer el adquirente, cesionario, arrendatario o subarrendatario, incluido, en su caso, el correspondiente a todos aquellos bienes cedidos con el inmueble y excluido el Impuesto sobre el Valor Añadido o, en su caso, el Impuesto General Indirecto Canario.

Artículo 23. Gastos deducibles y reducciones[43].

§1

1. Para la determinación del rendimiento neto, se deducirán de los rendimientos íntegros los gastos siguientes:

a) Todos los gastos necesarios para la obtención de los rendimientos. Se considerarán gastos necesarios para la obtención de los rendimientos, entre otros, los siguientes[44]:

1.º Los intereses de los capitales ajenos invertidos en la adquisición o mejora del bien, derecho o facultad de uso y disfrute del que procedan los rendimientos, y demás gastos de financiación, así como los gastos de reparación y conservación del inmueble. El importe total a deducir por estos gastos no podrá exceder, para cada bien o derecho, de la cuantía de los rendimientos íntegros obtenidos. El exceso se podrá deducir en los cuatro años siguientes de acuerdo con lo señalado en este número 1.º

2.º Los tributos y recargos no estatales, así como las tasas y recargos estatales, cualquiera que sea su denominación, siempre que incidan sobre los rendimientos computados o sobre el bien o derecho productor de aquéllos y no tengan carácter sancionador.

3.º Los saldos de dudoso cobro en las condiciones que se establezcan reglamentariamente.

4.º Las cantidades devengadas por terceros como consecuencia de servicios personales.

b) Las cantidades destinadas a la amortización del inmueble y de los demás bienes cedidos con éste, siempre que respondan a su depreciación efectiva, en las condiciones que reglamentariamente se determinen.

Tratándose de inmuebles, se entiende que la amortización cumple el requisito de efectividad si no excede del resultado de aplicar el 3 por ciento sobre el mayor de los siguientes valores: el coste de adquisición satisfecho o el valor catastral, sin incluir el valor del suelo.

En el supuesto de rendimientos derivados de la titularidad de un derecho o facultad de uso o disfrute, será igualmente deducible en concepto de depreciación, con el límite de los rendimientos íntegros, la parte

---

43   §1 D.T. 3ª
44   §2 Art. 13.

proporcional del valor de adquisición satisfecho, en las condiciones que reglamentariamente se determinen[45] [46].

2. En los supuestos de arrendamiento de bienes inmuebles destinados a vivienda, el rendimiento neto positivo calculado con arreglo a lo dispuesto en el apartado anterior, se reducirá:

a) En un 90 por ciento cuando se hubiera formalizado por el mismo arrendador un nuevo contrato de arrendamiento sobre una vivienda situada en una zona de mercado residencial tensionado, en el que la renta inicial se hubiera rebajado en más de un 5 por ciento en relación con la última renta del anterior contrato de arrendamiento de la misma vivienda, una vez aplicada, en su caso, la cláusula de actualización anual del contrato anterior.

b) En un 70 por ciento cuando no cumpliéndose los requisitos señalados en la letra a) anterior, se produzca alguna de las circunstancias siguientes:

1.º Que el contribuyente hubiera alquilado por primera vez la vivienda, siempre que ésta se encuentre situada en una zona de mercado residencial tensionado y el arrendatario tenga una edad comprendida entre 18 y 35 años. Cuando existan varios arrendatarios de una misma vivienda, esta reducción se aplicará sobre la parte del rendimiento neto que proporcionalmente corresponda a los arrendatarios que cumplan los requisitos previstos en esta letra.

2.º Cuando el arrendatario sea una Administración Pública o entidad sin fines lucrativos a las que sea de aplicación el régimen especial regulado en el título II de la Ley 49/2002, de 23 de diciembre, de régimen fiscal de las entidades sin fines lucrativos y de los incentivos fiscales al mecenazgo, que destine la vivienda al alquiler social con una renta mensual inferior a la establecida en el programa de ayudas al alquiler del plan estatal de vivienda, o al alojamiento de personas en situación de vulnerabilidad económica a que se refiere la Ley 19/2021, de 20 de diciembre, por la que se establece el ingreso mínimo vital, o cuando la vivienda esté acogida a

---

[45]   §2 Art. 14.
[46]   §1 D.T. 3ª

algún programa público de vivienda o calificación en virtud del cual la Administración competente establezca una limitación en la renta del alquiler.

c) En un 60 por ciento cuando, no cumpliéndose los requisitos de las letras anteriores, la vivienda hubiera sido objeto de una actuación de rehabilitación en los términos previstos en el apartado 1 del artículo 41 del Reglamento del Impuesto que hubiera finalizado en los dos años anteriores a la fecha de la celebración del contrato de arrendamiento.

d) En un 50 por ciento, en cualquier otro caso.

Los requisitos señalados deberán cumplirse en el momento de celebrar el contrato de arrendamiento, siendo la reducción aplicable mientras se sigan cumpliendo los mismos.

Estas reducciones sólo resultarán aplicables sobre los rendimientos netos positivos que hayan sido calculados por el contribuyente en una autoliquidación presentada antes de que se haya iniciado un procedimiento de verificación de datos, de comprobación limitada o de inspección que incluya en su objeto la comprobación de tales rendimientos.

En ningún caso resultará de aplicación la reducción respecto de la parte de los rendimientos netos positivos derivada de ingresos no incluidos o de gastos indebidamente deducidos en la autoliquidación del contribuyente y que se regularicen en alguno de los procedimientos citados en el párrafo anterior, incluso cuando esas circunstancias hayan sido declaradas o aceptadas por el contribuyente durante la tramitación del procedimiento. Tampoco resultarán de aplicación las reducciones en relación con aquellos contratos de arrendamiento que incumplan lo dispuesto en el apartado 6 del artículo 17 de la Ley de Arrendamientos Urbanos.

Las zonas de mercado residencial tensionado a las que podrá resultar de aplicación lo previsto en este apartado serán las recogidas en la resolución que, de acuerdo con lo dispuesto en la legislación estatal en materia de vivienda, apruebe el Ministerio de Transportes, Movilidad y Agenda urbana[47].

---

[47]   Nueva redacción de este apartado según la D.F. 2ª.1 de la Ley 12/2023, de 24 de mayo, por el derecho a la vivienda.

3. Los rendimientos netos con un período de generación superior a dos años, así como los que se califiquen reglamentariamente como obtenidos de forma notoriamente irregular en el tiempo, se reducirán en un 30 por ciento cuando, en ambos casos, se imputen en un único periodo impositivo.

La cuantía del rendimiento neto a que se refiere este apartado sobre la que se aplicará la citada reducción no podrá superar el importe de 300.000 euros anuales[48] [49].

Artículo 24. Rendimiento en caso de parentesco.

Cuando el adquirente, cesionario, arrendatario o subarrendatario del bien inmueble o del derecho real que recaiga sobre el mismo sea el cónyuge o un pariente, incluidos los afines, hasta el tercer grado inclusive, del contribuyente, el rendimiento neto total no podrá ser inferior al que resulte de las reglas del artículo 85 de esta ley.

SUBSECCIÓN 2.ª RENDIMIENTOS DEL CAPITAL MOBILIARIO

Artículo 25. Rendimientos íntegros del capital mobiliario.

Tendrán la consideración de rendimientos íntegros del capital mobiliario los siguientes:

1. Rendimientos obtenidos por la participación en los fondos propios de cualquier tipo de entidad.

Quedan incluidos dentro de esta categoría los siguientes rendimientos, dinerarios o en especie[50]:

a) Los dividendos, primas de asistencia a juntas y participaciones en los beneficios de cualquier tipo de entidad.

---

[48]   §2 Art. 15.
[49]   Nueva redacción de los apartados 2 y 3 según el Art. 1º. 13 de la Ley 26/2014, de 27 de noviembre, por la que se modifica la Ley 35/2006, de 28 de noviembre, del Impuesto sobre la Renta de las Personas Físicas, el texto refundido de la Ley del Impuesto sobre la Renta de no Residentes, aprobado por el Real Decreto Legislativo 5/2004, de 5 de marzo, y otras normas tributarias.
[50]   §2 Art. 103.

b) Los rendimientos procedentes de cualquier clase de activos, excepto la entrega de acciones liberadas que, estatutariamente o por decisión de los órganos sociales, faculten para participar en los beneficios, ventas, operaciones, ingresos o conceptos análogos de una entidad por causa distinta de la remuneración del trabajo personal.

c) Los rendimientos que se deriven de la constitución o cesión de derechos o facultades de uso o disfrute, cualquiera que sea su denominación o naturaleza, sobre los valores o participaciones que representen la participación en los fondos propios de la entidad.

d) Cualquier otra utilidad, distinta de las anteriores, procedente de una entidad por la condición de socio, accionista, asociado o partícipe.

e) La distribución de la prima de emisión de acciones o participaciones. El importe obtenido minorará, hasta su anulación, el valor de adquisición de las acciones o participaciones afectadas y el exceso que pudiera resultar tributará como rendimiento del capital mobiliario.

No obstante lo dispuesto en el párrafo anterior, en el caso de distribución de la prima de emisión correspondiente a valores no admitidos a negociación en alguno de los mercados regulados de valores definidos en la Directiva 2004/39/CE del Parlamento Europeo y del Consejo, de 21 de abril de 2004, relativa a los mercados de instrumentos financieros, y representativos de la participación en fondos propios de sociedades o entidades, cuando la diferencia entre el valor de los fondos propios de las acciones o participaciones correspondiente al último ejercicio cerrado con anterioridad a la fecha de la distribución de la prima y su valor de adquisición sea positiva, el importe obtenido o el valor normal de mercado de los bienes o derechos recibidos se considerará rendimiento del capital mobiliario con el límite de la citada diferencia positiva.

A estos efectos, el valor de los fondos propios a que se refiere el párrafo anterior se minorará en el importe de los beneficios repartidos con anterioridad a la fecha de la distribución de la prima de emisión, procedentes de reservas incluidas en los citados fondos propios, así como en el importe de las reservas legalmente indisponibles incluidas en dichos fondos propios que se hubieran generado con posterioridad a la adquisición de las acciones o participaciones.

§1

El exceso sobre el citado límite minorará el valor de adquisición de las acciones o participaciones conforme a lo dispuesto en el primer párrafo de esta letra e).

Cuando por aplicación de lo dispuesto en el párrafo segundo de esta letra e) la distribución de la prima de emisión hubiera determinado el cómputo como rendimiento del capital mobiliario de la totalidad o parte del importe obtenido o del valor normal de mercado de los bienes o derechos recibidos, y con posterioridad el contribuyente obtuviera dividendos o participaciones en beneficios conforme al artículo 25.1 a) de esta Ley procedentes de la misma entidad en relación con acciones o participaciones que hubieran permanecido en su patrimonio desde la distribución de la prima de emisión, el importe obtenido de los dividendos o participaciones en beneficios minorará, con el límite de los rendimientos del capital mobiliario previamente computados que correspondan a las citadas acciones o participaciones, el valor de adquisición de las mismas conforme a lo dispuesto en el primer párrafo de esta letra e)[51].

2. Rendimientos obtenidos por la cesión a terceros de capitales propios.

Tienen esta consideración las contraprestaciones de todo tipo, cualquiera que sea su denominación o naturaleza, dinerarias o en especie[52], como los intereses y cualquier otra forma de retribución pactada como remuneración por tal cesión, así como las derivadas de la transmisión, reembolso, amortización, canje o conversión de cualquier clase de activos representativos de la captación y utilización de capitales ajenos.

a) En particular, tendrán esta consideración:

1.º Los rendimientos procedentes de cualquier instrumento de giro, incluso los originados por operaciones comerciales, a partir del momento

---

[51]   Nueva redacción de la letra e) según el Art. 1º. 14 de la Ley 26/2014, de 27 de noviembre, por la que se modifican la Ley 35/2006, de 28 de noviembre, del Impuesto sobre la Renta de las Personas Físicas, el texto refundido de la Ley del Impuesto sobre la Renta de no Residentes, aprobado por el Real Decreto Legislativo 5/2004, de 5 de marzo, y otras normas tributarias.

[52]   §2 Art. 103.

en que se endose o transmita, salvo que el endoso o cesión se haga como pago de un crédito de proveedores o suministradores.

2.º La contraprestación, cualquiera que sea su denominación o naturaleza, derivada de cuentas en toda clase de instituciones financieras, incluyendo las basadas en operaciones sobre activos financieros.

3.º Las rentas derivadas de operaciones de cesión temporal de activos financieros con pacto de recompra.

4.º Las rentas satisfechas por una entidad financiera, como consecuencia de la transmisión, cesión o transferencia, total o parcial, de un crédito titularidad de aquélla.

b) En el caso de transmisión, reembolso, amortización, canje o conversión de valores, se computará como rendimiento la diferencia entre el valor de transmisión, reembolso, amortización, canje o conversión de los mismos y su valor de adquisición o suscripción.

Como valor de canje o conversión se tomará el que corresponda a los valores que se reciban.

Los gastos accesorios de adquisición y enajenación serán computados para la cuantificación del rendimiento, en tanto se justifiquen adecuadamente.

Los rendimientos negativos derivados de transmisiones de activos financieros, cuando el contribuyente hubiera adquirido activos financieros homogéneos dentro de los dos meses anteriores o posteriores a dichas transmisiones, se integrarán a medida que se transmitan los activos financieros que permanezcan en el patrimonio del contribuyente.

3. Rendimientos procedentes de operaciones de capitalización, de contratos de seguro de vida o invalidez y de rentas derivadas de la imposición de capitales.

a) Rendimientos dinerarios o en especie procedentes de operaciones de capitalización y de contratos de seguro de vida o invalidez, excepto cuando, con arreglo a lo previsto en el artículo 17.2.a) de esta Ley, deban tributar como rendimientos del trabajo.

En particular, se aplicarán a estos rendimientos de capital mobiliario las siguientes reglas:

§1

1.º) Cuando se perciba un capital diferido, el rendimiento del capital mobiliario vendrá determinado por la diferencia entre el capital percibido y el importe de las primas satisfechas.

No obstante lo anterior, si el contrato de seguro combina la contingencia de supervivencia con las de fallecimiento o incapacidad y el capital percibido corresponde a la contingencia de supervivencia, podrá detraerse también la parte de las primas satisfechas que corresponda al capital en riesgo por fallecimiento o incapacidad que se haya consumido hasta el momento, siempre que durante toda la vigencia del contrato, el capital en riesgo sea igual o inferior al cinco por ciento de la provisión matemática. A estos efectos se considera capital en riesgo la diferencia entre el capital asegurado para fallecimiento o incapacidad y la provisión matemática[53].

2.º) En el caso de rentas vitalicias inmediatas, que no hayan sido adquiridas por herencia, legado o cualquier otro título sucesorio, se considerará rendimiento de capital mobiliario el resultado de aplicar a cada anualidad los porcentajes siguientes[54]:

40 por ciento, cuando el perceptor tenga menos de 40 años.

35 por ciento, cuando el perceptor tenga entre 40 y 49 años.

28 por ciento, cuando el perceptor tenga entre 50 y 59 años.

24 por ciento, cuando el perceptor tenga entre 60 y 65 años.

20 por ciento, cuando el perceptor tenga entre 66 y 69 años.

8 por ciento, cuando el perceptor tenga más de 70 años.

Estos porcentajes serán los correspondientes a la edad del rentista en el momento de la constitución de la renta y permanecerán constantes durante toda su vigencia.

3.º) Si se trata de rentas temporales inmediatas, que no hayan sido adquiridas por herencia, legado o cualquier otro título sucesorio, se con-

---

[53]   Nueva redacción de este número según el Art. 1º. 14 de la Ley 26/2014, de 27 de noviembre, por la que se modifican la Ley 35/2006, de 28 de noviembre, del Impuesto sobre la Renta de las Personas Físicas, el texto refundido de la Ley del Impuesto sobre la Renta de no Residentes, aprobado por el Real Decreto Legislativo 5/2004, de 5 de marzo, y otras normas tributarias.

[54]   §1 D.T. 5ª

§1

siderará rendimiento del capital mobiliario el resultado de aplicar a cada anualidad los porcentajes siguientes[55]

12 por ciento, cuando la renta tenga una duración inferior o igual a 5 años.

16 por ciento, cuando la renta tenga una duración superior a 5 e inferior o igual a 10 años.

20 por ciento, cuando la renta tenga una duración superior a 10 e inferior o igual a 15 años.

25 por ciento, cuando la renta tenga una duración superior a 15 años.

4.º) Cuando se perciban rentas diferidas, vitalicias o temporales, que no hayan sido adquiridas por herencia, legado o cualquier otro título sucesorio, se considerará rendimiento del capital mobiliario el resultado de aplicar a cada anualidad el porcentaje que corresponda de los previstos en los números 2.º) y 3.º) anteriores, incrementado en la rentabilidad obtenida hasta la constitución de la renta, en la forma que reglamentariamente se determine. Cuando las rentas hayan sido adquiridas por donación o cualquier otro negocio jurídico a título gratuito e inter vivos, el rendimiento del capital mobiliario será, exclusivamente, el resultado de aplicar a cada anualidad el porcentaje que corresponda de los previstos en los números 2.º) y 3.º) anteriores[56].

No obstante lo previsto en el párrafo anterior, en los términos que reglamentariamente se establezcan, las prestaciones por jubilación e invalidez percibidas en forma de renta por los beneficiarios de contratos de seguro de vida o invalidez, distintos de los establecidos en el artículo 17.2.a), y en los que no haya existido ningún tipo de movilización de las provisiones del contrato de seguro durante su vigencia, se integrarán en la base imponible del impuesto, en concepto de rendimientos del capital mobiliario, a partir del momento en que su cuantía exceda de las primas que hayan sido satisfechas en virtud del contrato o, en el caso de que la renta haya sido adquirida por donación o cualquier otro negocio jurídico a título gratuito e inter vivos, cuando excedan del valor actual actuarial de

---

[55]   §1 D.T. 5ª
[56]   §2 Art. 18.

las rentas en el momento de la constitución de éstas. En estos casos no serán de aplicación los porcentajes previstos en los números 2.º) y 3.º) anteriores. Para la aplicación de este régimen será necesario que el contrato de seguro se haya concertado, al menos, con dos años de anterioridad a la fecha de jubilación[57].

5.º) En el caso de extinción de las rentas temporales o vitalicias, que no hayan sido adquiridas por herencia, legado o cualquier otro título sucesorio, cuando la extinción de la renta tenga su origen en el ejercicio del derecho de rescate, el rendimiento del capital mobiliario será el resultado de sumar al importe del rescate las rentas satisfechas hasta dicho momento y de restar las primas satisfechas y las cuantías que, de acuerdo con los párrafos anteriores de este apartado, hayan tributado como rendimientos del capital mobiliario. Cuando las rentas hayan sido adquiridas por donación o cualquier otro negocio jurídico a título gratuito e inter vivos, se restará, adicionalmente, la rentabilidad acumulada hasta la constitución de las rentas.

6.º) Los seguros de vida o invalidez que prevean prestaciones en forma de capital y dicho capital se destine a la constitución de rentas vitalicias o temporales, siempre que esta posibilidad de conversión se recoja en el contrato de seguro, tributarán de acuerdo con lo establecido en el primer párrafo del número 4.º anterior. En ningún caso, resultará de aplicación lo dispuesto en este número cuando el capital se ponga a disposición del contribuyente por cualquier medio.

b) Las rentas vitalicias u otras temporales que tengan por causa la imposición de capitales, salvo cuando hayan sido adquiridas por herencia, legado o cualquier otro título sucesorio. Se considerará rendimiento del capital mobiliario el resultado de aplicar a cada anualidad los porcentajes previstos por los números 2.º) y 3.º) de la letra a) de este apartado para las rentas, vitalicias o temporales, inmediatas derivadas de contratos de seguro de vida.

4. Otros rendimientos del capital mobiliario.

---

[57]   §2 Art. 19.

§1

Quedan incluidos en este apartado, entre otros, los siguientes rendimientos, dinerarios o en especie:

a) Los procedentes de la propiedad intelectual cuando el contribuyente no sea el autor y los procedentes de la propiedad industrial que no se encuentre afecta a actividades económicas realizadas por el contribuyente.

b) Los procedentes de la prestación de asistencia técnica, salvo que dicha prestación tenga lugar en el ámbito de una actividad económica.

c) Los procedentes del arrendamiento de bienes muebles, negocios o minas, así como los procedentes del subarrendamiento percibidos por el subarrendador, que no constituyan actividades económicas.

d) Los procedentes de la cesión del derecho a la explotación de la imagen o del consentimiento o autorización para su utilización, salvo que dicha cesión tenga lugar en el ámbito de una actividad económica.

5. No tendrá la consideración de rendimiento de capital mobiliario, sin perjuicio de su tributación por el concepto que corresponda, la contraprestación obtenida por el contribuyente por el aplazamiento o fraccionamiento del precio de las operaciones realizadas en desarrollo de su actividad económica habitual.

6. En relación con los activos representativos de la captación y utilización de capitales ajenos a que se refiere el apartado 2 de este artículo, se estimará que no existe rendimiento del capital mobiliario en las transmisiones lucrativas de los mismos, por causa de muerte del contribuyente, ni se computará el rendimiento del capital mobiliario negativo derivado de la transmisión lucrativa de aquellos por actos «inter vivos»[58].

Artículo 26. Gastos deducibles y reducciones.

1. Para la determinación del rendimiento neto, se deducirán de los rendimientos íntegros exclusivamente los gastos siguientes:

---

[58]   Nueva redacción de este apartado según el Art. 1º. 14 de la Ley 26/2014, de 27 de noviembre, por la que se modifican la Ley 35/2006, de 28 de noviembre, del Impuesto sobre la Renta de las Personas Físicas, el texto refundido de la Ley del Impuesto sobre la Renta de no Residentes, aprobado por el Real Decreto Legislativo 5/2004, de 5 de marzo, y otras normas tributarias.

a) Los gastos de administración y depósito de valores negociables. A estos efectos, se considerarán como gastos de administración y depósito aquellos importes que repercutan las empresas de servicios de inversión, entidades de crédito u otras entidades financieras que, de acuerdo con la Ley 24/1988, de 28 de julio, del Mercado de Valores, tengan por finalidad retribuir la prestación derivada de la realización por cuenta de sus titulares del servicio de depósito de valores representados en forma de títulos o de la administración de valores representados en anotaciones en cuenta.

No serán deducibles las cuantías que supongan la contraprestación de una gestión discrecional e individualizada de carteras de inversión, en donde se produzca una disposición de las inversiones efectuadas por cuenta de los titulares con arreglo a los mandatos conferidos por éstos.

b) Cuando se trate de rendimientos derivados de la prestación de asistencia técnica, del arrendamiento de bienes muebles, negocios o minas o de subarrendamientos, se deducirán de los rendimientos íntegros los gastos necesarios para su obtención y, en su caso, el importe del deterioro sufrido por los bienes o derechos de que los ingresos procedan[59].

2. Los rendimientos netos previstos en el apartado 4 del artículo 25 de esta Ley con un período de generación superior a dos años o que se califiquen reglamentariamente como obtenidos de forma notoriamente irregular en el tiempo, se reducirán en un 30 por ciento, cuando, en ambos casos, se imputen en un único período impositivo.

La cuantía del rendimiento neto a que se refiere este apartado sobre la que se aplicará la citada reducción no podrá superar el importe de 300.000 euros anuales[60].

---

[59]   §2 Art. 20, 13 y 14.
[60]   Nueva redacción de este apartado según el Art. 1º. 15 de la Ley 26/2014, de 27 de noviembre, por la que se modifican la Ley 35/2006, de 28 de noviembre, del Impuesto sobre la Renta de las Personas Físicas, el texto refundido de la Ley del Impuesto sobre la Renta de no Residentes, aprobado por el Real Decreto Legislativo 5/2004, de 5 de marzo, y otras normas tributarias.

§1

SECCIÓN 3.ª RENDIMIENTOS DE ACTIVIDADES ECONÓMICAS

Artículo 27. Rendimientos íntegros de actividades económicas[61] [62] [63].

1. Se considerarán rendimientos íntegros de actividades económicas aquellos que, procediendo del trabajo personal y del capital conjuntamente, o de uno solo de estos factores, supongan por parte del contribuyente la ordenación por cuenta propia de medios de producción y de recursos humanos o de uno de ambos, con la finalidad de intervenir en la producción o distribución de bienes o servicios.

En particular, tienen esta consideración los rendimientos de las actividades extractivas, de fabricación, comercio o prestación de servicios, incluidas las de artesanía, agrícolas, forestales, ganaderas, pesqueras, de construcción, mineras, y el ejercicio de profesiones liberales, artísticas y deportivas.

No obstante, tratándose de rendimientos obtenidos por el contribuyente procedentes de una entidad en cuyo capital participe derivados de la realización de actividades incluidas en la Sección Segunda de las Tarifas del Impuesto sobre Actividades Económicas, aprobadas por el Real Decreto Legislativo 1175/1990, de 28 de septiembre, tendrán esta consideración cuando el contribuyente esté incluido, a tal efecto, en el régimen especial de la Seguridad Social de los trabajadores por cuenta propia o autónomos, o en una mutualidad de previsión social que actúe como alternativa al citado régimen especial conforme a lo previsto en la disposición adicional decimoquinta de la Ley 30/1995, de 8 de noviembre, de ordenación y supervisión de los seguros privados.

---

[61] §1 D.A. 4ª
[62] §1 D.A. 5ª
[63] Nueva redacción según el Art. 1º. 16 de la Ley 26/2014, de 27 de noviembre, por la que se modifican la Ley 35/2006, de 28 de noviembre, del Impuesto sobre la Renta de las Personas Físicas, el texto refundido de la Ley del Impuesto sobre la Renta de no Residentes, aprobado por el Real Decreto Legislativo 5/2004, de 5 de marzo, y otras normas tributarias.

2. A efectos de lo dispuesto en el apartado anterior, se entenderá que el arrendamiento de inmuebles se realiza como actividad económica, únicamente cuando para la ordenación de esta se utilice, al menos, una persona empleada con contrato laboral y a jornada completa.

Artículo 28. Reglas generales de cálculo del rendimiento neto[64].

1. El rendimiento neto de las actividades económicas se determinará según las normas del Impuesto sobre Sociedades, sin perjuicio de las reglas especiales contenidas en este artículo, en el artículo 30 de esta Ley para la estimación directa, y en el artículo 31 de esta Ley para la estimación objetiva.

A efectos de lo dispuesto en el artículo 108 del texto refundido de la Ley del Impuesto sobre Sociedades, para determinar el importe neto de la cifra de negocios se tendrá en cuenta el conjunto de actividades económicas ejercidas por el contribuyente.

2. Para la determinación del rendimiento neto de las actividades económicas no se incluirán las ganancias o pérdidas patrimoniales derivadas de los elementos patrimoniales afectos a las mismas, que se cuantificarán conforme a lo previsto en la sección 4.ª de este capítulo[65].

3. La afectación de elementos patrimoniales o la desafectación de activos fijos por el contribuyente no constituirá alteración patrimonial, siempre que los bienes o derechos continúen formando parte de su patrimonio.

Se entenderá que no ha existido afectación si se llevase a cabo la enajenación de los bienes o derechos antes de transcurridos tres años desde ésta.

4. Se atenderá al valor normal en el mercado de los bienes o servicios objeto de la actividad, que el contribuyente ceda o preste a terceros de forma gratuita o destine al uso o consumo propio.

---

[64]   §1 D.A. 27ª
[65]   §2 Art. 23.

§1

Asimismo, cuando medie contraprestación y ésta sea notoriamente inferior al valor normal en el mercado de los bienes y servicios, se atenderá a este último.

Artículo 29. Elementos patrimoniales afectos[66].

1. Se considerarán elementos patrimoniales afectos a una actividad económica:

a) Los bienes inmuebles en los que se desarrolla la actividad del contribuyente.

b) Los bienes destinados a los servicios económicos y socioculturales del personal al servicio de la actividad.

No se consideran afectos los bienes de esparcimiento y recreo o, en general, de uso particular del titular de la actividad económica.

c) Cualesquiera otros elementos patrimoniales que sean necesarios para la obtención de los respectivos rendimientos. En ningún caso tendrán esta consideración los activos representativos de la participación en fondos propios de una entidad y de la cesión de capitales a terceros.

2. Cuando se trate de elementos patrimoniales que sirvan sólo parcialmente al objeto de la actividad económica, la afectación se entenderá limitada a aquella parte de los mismos que realmente se utilice en la actividad de que se trate. En ningún caso serán susceptibles de afectación parcial elementos patrimoniales indivisibles.

Reglamentariamente se determinarán las condiciones en que, no obstante su utilización para necesidades privadas de forma accesoria y notoriamente irrelevante, determinados elementos patrimoniales puedan considerarse afectos a una actividad económica.

3. La consideración de elementos patrimoniales afectos lo será con independencia de que la titularidad de éstos, en caso de matrimonio, resulte común a ambos cónyuges.

---

[66]   §2 Art. 22 y 23.

Artículo 30. Normas para la determinación del rendimiento neto en estimación directa[67].

1. La determinación de los rendimientos de actividades económicas se efectuará, con carácter general, por el método de estimación directa, admitiendo dos modalidades, la normal y la simplificada.

La modalidad simplificada se aplicará para determinadas actividades económicas cuyo importe neto de cifra de negocios, para el conjunto de actividades desarrolladas por el contribuyente, no supere los 600.000 euros en el año inmediato anterior, salvo que renuncie a su aplicación, en los términos que reglamentariamente se establezcan.

En los supuestos de renuncia o exclusión de la modalidad simplificada del método de estimación directa, el contribuyente determinará el rendimiento neto de todas sus actividades económicas por la modalidad normal de este método durante los tres años siguientes, en las condiciones que reglamentariamente se establezcan.

2. Junto a las reglas generales del artículo 28 de esta Ley se tendrán en cuenta las siguientes especiales:

1.ª No tendrán la consideración de gasto deducible las aportaciones a mutualidades de previsión social del propio empresario o profesional, sin perjuicio de lo previsto en el artículo 51 de esta Ley.

No obstante, tendrán la consideración de gasto deducible las cantidades abonadas en virtud de contratos de seguro, concertados con mutualidades de previsión social por profesionales no integrados en el régimen especial de la Seguridad Social de los trabajadores por cuenta propia o autónomos, cuando, a efectos de dar cumplimiento a la obligación prevista en la disposición adicional decimoquinta de la Ley 30/1995, de 8 de noviembre, de ordenación y supervisión de los seguros privados, actúen como alternativas al régimen especial de la Seguridad Social mencionado,

---

[67]   Nueva redacción según el Art. 1º. 17 de la Ley 26/2014, de 27 de noviembre, por la que se modifican la Ley 35/2006, de 28 de noviembre, del Impuesto sobre la Renta de las Personas Físicas, el texto refundido de la Ley del Impuesto sobre la Renta de no Residentes, aprobado por el Real Decreto Legislativo 5/2004, de 5 de marzo, y otras normas tributarias.

en la parte que tenga por objeto la cobertura de contingencias atendidas por dicho régimen especial, con el límite de la cuota máxima por contingencias comunes que esté establecida, en cada ejercicio económico, en el citado régimen especial.

2.ª Cuando resulte debidamente acreditado, con el oportuno contrato laboral y la afiliación al régimen correspondiente de la Seguridad Social, que el cónyuge o los hijos menores del contribuyente que convivan con él, trabajan habitualmente y con continuidad en las actividades económicas desarrolladas por el mismo, se deducirán, para la determinación de los rendimientos, las retribuciones estipuladas con cada uno de ellos, siempre que no sean superiores a las de mercado correspondientes a su cualificación profesional y trabajo desempeñado. Dichas cantidades se considerarán obtenidas por el cónyuge o los hijos menores en concepto de rendimientos de trabajo a todos los efectos tributarios.

3.ª Cuando el cónyuge o los hijos menores del contribuyente que convivan con él realicen cesiones de bienes o derechos que sirvan al objeto de la actividad económica de que se trate, se deducirá, para la determinación de los rendimientos del titular de la actividad, la contraprestación estipulada, siempre que no exceda del valor de mercado y, a falta de aquélla, podrá deducirse la correspondiente a este último. La contraprestación o el valor de mercado se considerarán rendimientos del capital del cónyuge o los hijos menores a todos los efectos tributarios.

Lo dispuesto en esta regla no será de aplicación cuando se trate de bienes y derechos que sean comunes a ambos cónyuges.

4.ª Reglamentariamente podrán establecerse reglas especiales para la cuantificación de determinados gastos deducibles en el caso de empresarios y profesionales en estimación directa simplificada, incluidos los de difícil justificación. La cuantía que con arreglo a dichas reglas especiales se determine para el conjunto de provisiones deducibles y gastos de difícil justificación no podrá ser superior a 2.000 euros anuales[68].

---

[68] §1 Art. 16.2.a) y §2 Art. 28-31.

§1

5.ª Tendrán la consideración de gasto deducible para la determinación del rendimiento neto en estimación directa:

a) Las primas de seguro de enfermedad satisfechas por el contribuyente en la parte correspondiente a su propia cobertura y a la de su cónyuge e hijos menores de veinticinco años que convivan con él. El límite máximo de deducción será de 500 euros por cada una de las personas señaladas anteriormente o de 1.500 euros por cada una de ellas con discapacidad.

b) En los casos en que el contribuyente afecte parcialmente su vivienda habitual al desarrollo de la actividad económica, los gastos de suministros de dicha vivienda, tales como agua, gas, electricidad, telefonía e Internet, en el porcentaje resultante de aplicar el 30 por ciento a la proporción existente entre los metros cuadrados de la vivienda destinados a la actividad respecto a su superficie total, salvo que se pruebe un porcentaje superior o inferior.

c) Los gastos de manutención del propio contribuyente incurridos en el desarrollo de la actividad económica, siempre que se produzcan en establecimientos de restauración y hostelería y se abonen utilizando cualquier medio electrónico de pago, con los límites cuantitativos establecidos reglamentariamente para las dietas y asignaciones para gastos normales de manutención de los trabajadores[69].

Artículo 31. Normas para la determinación del rendimiento neto en estimación objetiva[70] [71].

1. El método de estimación objetiva de rendimientos para determinadas actividades económicas se aplicará, en los términos que reglamentariamente se establezcan, con arreglo a las siguientes normas:

---

[69]   Nueva redacción de la regla 5ª según Art. 11 de la Ley 6/2017, de 24 de octubre, de Reformas Urgentes del Trabajo Autónomo.

[70]   §1 D.A. 4ª-7ª y §2 Art. 32-39.

[71]   Según la D.T. 32ª de esta Ley: «Para los ejercicios 2016, 2017, 2018, 2019, 2020, 2021, 2022, 2023 y 2024, las magnitudes de 150.000 y 75.000 euros a que se refiere el apartado a') de la letra b) de la norma 3.ª del apartado 1 del artículo 31 de esta ley, quedan fijadas en 250.000 y 125.000 euros, respectivamente. Asimismo, para dichos ejercicios, la magnitud de 150.000 euros a que se refiere la letra c) de

§1

1.ª Los contribuyentes que reúnan las circunstancias previstas en las normas reguladoras de este método determinarán sus rendimientos conforme al mismo, salvo que renuncien a su aplicación, en los términos que reglamentariamente se establezcan.

2.ª El método de estimación objetiva se aplicará conjuntamente con los regímenes especiales establecidos en el Impuesto sobre el Valor Añadido o en el Impuesto General Indirecto Canario, cuando así se determine reglamentariamente.

3.ª Este método no podrá aplicarse por los contribuyentes cuando concurra cualquiera de las siguientes circunstancias, en las condiciones que se establezcan reglamentariamente:

a) Que determinen el rendimiento neto de alguna actividad económica por el método de estimación directa.

b) Que el volumen de rendimientos íntegros en el año inmediato anterior supere cualquiera de los siguientes importes:

a') Para el conjunto de sus actividades económicas, excepto las agrícolas, ganaderas y forestales, 150.000 euros anuales.

A estos efectos se computará la totalidad de las operaciones con independencia de que exista o no obligación de expedir factura de acuerdo con lo dispuesto en el Reglamento por el que se regulan las obligaciones de facturación, aprobado por el Real Decreto 1619/2012, de 30 de noviembre.

Sin perjuicio del límite anterior, el método de estimación objetiva no podrá aplicarse cuando el volumen de los rendimientos íntegros del año inmediato anterior que corresponda a operaciones por las que estén obligados a expedir factura cuando el destinatario sea un empresario o profesional que actúe como tal, de acuerdo con lo dispuesto en el artículo 2.2.a) del Reglamento por el que se regulan las obligaciones de facturación, supere 75.000 euros anuales.

b') Para el conjunto de sus actividades agrícolas y ganaderas, 250.000 euros anuales.

---

la norma 3.ª del apartado 1 del artículo 31 de esta ley, queda fijada en 250.000 euros.»

§1

A estos efectos, solo se computarán las operaciones que deban anotarse en el Libro registro de ventas o ingresos previsto en el artículo 68.7 del Reglamento de este Impuesto.

No obstante, a efectos de lo previsto en esta letra b), deberán computarse no solo las operaciones correspondientes a las actividades económicas desarrolladas por el contribuyente, sino también las correspondientes a las desarrolladas por el cónyuge, descendientes y ascendientes, así como por entidades en régimen de atribución de rentas en las que participen cualquiera de los anteriores, en las que concurran las siguientes circunstancias:

– Que las actividades económicas desarrolladas sean idénticas o similares. A estos efectos, se entenderán que son idénticas o similares las actividades económicas clasificadas en el mismo grupo en el Impuesto sobre Actividades Económicas.

– Que exista una dirección común de tales actividades, compartiéndose medios personales o materiales.

Cuando en el año inmediato anterior se hubiese iniciado una actividad, el volumen de ingresos se elevará al año.

c) Que el volumen de las compras en bienes y servicios, excluidas las adquisiciones de inmovilizado, en el ejercicio anterior supere la cantidad de 150.000 euros anuales. En el supuesto de obras o servicios subcontratados, el importe de los mismos se tendrá en cuenta para el cálculo de este límite.

A estos efectos, deberán computarse no solo el volumen de compras correspondientes a las actividades económicas desarrolladas por el contribuyente, sino también las correspondientes a las desarrolladas por el cónyuge, descendientes y ascendientes, así como por entidades en régimen de atribución de rentas en las que participen cualquiera de los anteriores, en las que concurran las circunstancias señaladas en la letra b) anterior.

Cuando en el año inmediato anterior se hubiese iniciado una actividad, el volumen de compras se elevará al año.

d) Que las actividades económicas sean desarrolladas, total o parcialmente, fuera del ámbito de aplicación del Impuesto al que se refiere el artículo 4 de esta Ley.

§1

4.ª El ámbito de aplicación del método de estimación objetiva se fijará, entre otros extremos, bien por la naturaleza de las actividades y cultivos, bien por módulos objetivos como el volumen de operaciones, el número de trabajadores, el importe de las compras, la superficie de las explotaciones o los activos fijos utilizados, con los límites que se determinen reglamentariamente para el conjunto de actividades desarrolladas por el contribuyente y, en su caso, por el cónyuge, descendientes y ascendientes, así como por entidades en régimen de atribución de rentas en las que participen cualquiera de los anteriores.

5.ª En los supuestos de renuncia o exclusión de la estimación objetiva, el contribuyente determinará el rendimiento neto de todas sus actividades económicas por el método de estimación directa durante los tres años siguientes, en las condiciones que reglamentariamente se establezcan[72].

2. El cálculo del rendimiento neto en la estimación objetiva se regulará por lo establecido en este artículo y las disposiciones que lo desarrollen.

Las disposiciones reglamentarias se ajustarán a las siguientes reglas:

1.ª En el cálculo del rendimiento neto de las actividades económicas en estimación objetiva, se utilizarán los signos, índices o módulos generales o referidos a determinados sectores de actividad que determine el Ministro de Economía y Hacienda, habida cuenta de las inversiones realizadas que sean necesarias para el desarrollo de la actividad.

2.ª La aplicación del método de estimación objetiva nunca podrá dar lugar al gravamen de las ganancias patrimoniales que, en su caso, pudieran producirse por las diferencias entre los rendimientos reales de la actividad y los derivados de la correcta aplicación de estos métodos.

---

[72]   Nueva redacción de este apartado según el Art. 1º. 18 de la Ley 26/2014, de 27 de noviembre, por la que se modifican la Ley 35/2006, de 28 de noviembre, del Impuesto sobre la Renta de las Personas Físicas, el texto refundido de la Ley del Impuesto sobre la Renta de no Residentes, aprobado por el Real Decreto Legislativo 5/2004, de 5 de marzo, y otras normas tributarias.

Artículo 32. Reducciones.

1. Los rendimientos netos con un período de generación superior a dos años, así como aquéllos que se califiquen reglamentariamente como obtenidos de forma notoriamente irregular en el tiempo, se reducirán en un 30 por ciento, cuando, en ambos casos, se imputen en un único período impositivo.

La cuantía del rendimiento neto a que se refiere este apartado sobre la que se aplicará la citada reducción no podrá superar el importe de 300.000 euros anuales.

No resultará de aplicación esta reducción a aquellos rendimientos que, aun cuando individualmente pudieran derivar de actuaciones desarrolladas a lo largo de un período que cumpliera los requisitos anteriormente indicados, procedan del ejercicio de una actividad económica que de forma regular o habitual obtenga este tipo de rendimientos[73].

2. 1.º Cuando se cumplan los requisitos previstos en el número 2.º de este apartado, los contribuyentes podrán reducir el rendimiento neto de las actividades económicas en 2.000 euros.

Adicionalmente, el rendimiento neto de estas actividades económicas se minorará en las siguientes cuantías:

a) Cuando los rendimientos netos de actividades económicas sean inferiores a 19.747,50 euros, siempre que no tengan rentas, excluidas las exentas, distintas de las de actividades económicas superiores a 6.500 euros:

a') Contribuyentes con rendimientos netos de actividades económicas iguales o inferiores a 14.047,50 euros: 6.498 euros anuales.

b') Contribuyentes con rendimientos netos de actividades económicas comprendidos entre 14.047,50 y 19.747,50 euros: 6.498 euros menos el

---

[73]   Nueva redacción del apartado 1 según el Art. 1º. 19 de la Ley 26/2014, de 27 de noviembre, por la que se modifican la Ley 35/2006, de 28 de noviembre, del Impuesto sobre la Renta de las Personas Físicas, el texto refundido de la Ley del Impuesto sobre la Renta de no Residentes, aprobado por el Real Decreto Legislativo 5/2004, de 5 de marzo, y otras normas tributarias.

resultado de multiplicar por 1,14 la diferencia entre el rendimiento de actividades económicas y 14.047,50 euros anuales[74].

b) Cuando se trate de personas con discapacidad que obtengan rendimientos netos derivados del ejercicio efectivo de actividades económicas, 3.500 euros anuales.

Dicha reducción será de 7.750 euros anuales, para las personas con discapacidad que ejerzan de forma efectiva estas actividades económicas y acrediten necesitar ayuda de terceras personas o movilidad reducida, o un grado de discapacidad igual o superior al 65 por ciento.

2.º Para la aplicación de la reducción prevista en el número 1º. De este apartado será necesario el cumplimiento de los requisitos que se establezcan reglamentariamente[75], y en particular los siguientes:

a) El rendimiento neto de la actividad económica deberá determinarse con arreglo al método de estimación directa. No obstante, si se determina con arreglo a la modalidad simplificada del método de estimación directa, la reducción será incompatible con lo previsto en la regla 4.ª del artículo 30.2 de esta Ley.

b) La totalidad de sus entregas de bienes o prestaciones de servicios deben efectuarse a única persona, física o jurídica, no vinculada en los términos del artículo 18 de la Ley 27/2014, de 27 de noviembre, del Impuesto sobre Sociedades, o que el contribuyente tenga la consideración de trabajador autónomo económicamente dependiente conforme a lo dispuesto en el Capítulo III del Título II de la Ley 20/2007, de 11 de julio, del Estatuto del trabajo autónomo y el cliente del que dependa económicamente no sea una entidad vinculada en los términos del artículo 18 de la Ley del Impuesto sobre Sociedades.

c) El conjunto de gastos deducibles correspondientes a todas sus actividades económicas no puede exceder del 30 por ciento de sus rendimientos íntegros declarados.

---

[74] Nueva redacción de la letra a) según el Art. 60.Uno de la Ley 31/2022, de 23 de diciembre, de Presupuestos Generales del Estado para 2023.
[75] §2 Art. 26.

d) Deberán cumplirse durante el período impositivo todas las obligaciones formales y de información, control y verificación que reglamentariamente se determinen.

e) Que no perciban rendimientos del trabajo en el período impositivo. No obstante, no se entenderá que se incumple este requisito cuando se perciban durante el período impositivo prestaciones por desempleo o cualesquiera de las prestaciones previstas en la letra a) del artículo 17.2 de esta Ley, siempre que su importe no sea superior a 4.000 euros anuales.

f) Que al menos el 70 por ciento de los ingresos del período impositivo estén sujetos a retención o ingreso a cuenta.

g) Que no realice actividad económica alguna a través de entidades en régimen de atribución de rentas.

3.º Cuando no se cumplan los requisitos previstos en el número 2.º de este apartado, los contribuyentes con rentas no exentas inferiores a 12.000 euros, incluidas las de la propia actividad económica, podrán reducir el rendimiento neto de las actividades económicas en las siguientes cuantías:

a) Cuando la suma de las citadas rentas sea igual o inferior a 8.000 euros anuales: 1.620 euros anuales.

b) Cuando la suma de las citadas rentas esté comprendida entre 8.000,01 y 12.000 euros anuales: 1.620 euros menos el resultado de multiplicar por 0,405 la diferencia entre las citadas rentas y 8.000 euros anuales.

La reducción prevista en este número 3.º conjuntamente con la reducción prevista en el artículo 20 de esta Ley no podrá exceder de 3.700 euros.

4.º Como consecuencia de la aplicación de las reducciones previstas en este apartado, el saldo resultante no podrá ser negativo[76].

---

[76] Nueva redacción del apartado 2 según el Art. 1º. 19 de la Ley 26/2014, de 27 de noviembre, por la que se modifican la Ley 35/2006, de 28 de noviembre, del Impuesto sobre la Renta de las Personas Físicas, el texto refundido de la Ley del Impuesto sobre la Renta de no Residentes, aprobado por el Real Decreto Legislativo 5/2004, de 5 de marzo, y otras normas tributarias.

3. Los contribuyentes que inicien el ejercicio de una actividad económica y determinen el rendimiento neto de la misma con arreglo al método de estimación directa, podrán reducir en un 20 por ciento el rendimiento neto positivo declarado con arreglo a dicho método, minorado en su caso por las reducciones previstas en los apartados 1 y 2 anteriores, en el primer período impositivo en que el mismo sea positivo y en el período impositivo siguiente.

A efectos de lo dispuesto en el párrafo anterior se entenderá que se inicia una actividad económica cuando no se hubiera ejercido actividad económica alguna en el año anterior a la fecha de inicio de la misma, sin tener en consideración aquellas actividades en cuyo ejercicio se hubiera cesado sin haber llegado a obtener rendimientos netos positivos desde su inicio.

Cuando con posterioridad al inicio de la actividad a que se refiere el párrafo primero anterior se inicie una nueva actividad sin haber cesado en el ejercicio de la primera, la reducción prevista en este apartado se aplicará sobre los rendimientos netos obtenidos en el primer período impositivo en que los mismos sean positivos y en el período impositivo siguiente, a contar desde el inicio de la primera actividad.

La cuantía de los rendimientos netos a que se refiere este apartado sobre la que se aplicará la citada reducción no podrá superar el importe de 100.000 euros anuales.

No resultará de aplicación la reducción prevista en este apartado en el período impositivo en el que más del 50 por ciento de los ingresos del mismo procedan de una persona o entidad de la que el contribuyente hubiera obtenido rendimientos del trabajo en el año anterior a la fecha de inicio de la actividad[77] [78].

---

[77]   §1 D.A. 38ª
[78]   Apartado añadido por el Art. 8.Tres de la Ley 11/2013, de 26 de julio, de medidas de apoyo al emprendedor y de estímulo del crecimiento y de la creación de empleo.

SECCIÓN 4.ª GANANCIAS Y PÉRDIDAS PATRIMONIALES

Artículo 33. Concepto.

1. Son ganancias y pérdidas patrimoniales las variaciones en el valor del patrimonio del contribuyente que se pongan de manifiesto con ocasión de cualquier alteración en la composición de aquél, salvo que por esta Ley se califiquen como rendimientos.

2. Se estimará que no existe alteración en la composición del patrimonio:

a) En los supuestos de división de la cosa común.

b) En la disolución de la sociedad de gananciales o en la extinción del régimen económico matrimonial de participación.

c) En la disolución de comunidades de bienes o en los casos de separación de comuneros.

Los supuestos a que se refiere este apartado no podrán dar lugar, en ningún caso, a la actualización de los valores de los bienes o derechos recibidos.

3. Se estimará que no existe ganancia o pérdida patrimonial en los siguientes supuestos:

a) En reducciones del capital. Cuando la reducción de capital, cualquiera que sea su finalidad, dé lugar a la amortización de valores o participaciones, se considerarán amortizadas las adquiridas en primer lugar, y su valor de adquisición se distribuirá proporcionalmente entre los restantes valores homogéneos que permanezcan en el patrimonio del contribuyente.

Cuando la reducción de capital no afecte por igual a todos los valores o participaciones propiedad del contribuyente, se entenderá referida a las adquiridas en primer lugar. Cuando la reducción de capital tenga por finalidad la devolución de aportaciones, el importe de ésta o el valor normal de mercado de los bienes o derechos percibidos minorará el valor de adquisición de los valores o participaciones afectadas, de acuerdo con las reglas del párrafo anterior, hasta su anulación. El exceso que pudiera resultar se integrará como rendimiento del capital mobiliario procedente de la participación en los fondos propios de cualquier tipo de entidad, en la forma prevista para la distribución de la prima de emisión, salvo que

§1

dicha reducción de capital proceda de beneficios no distribuidos, en cuyo caso la totalidad de las cantidades percibidas por este concepto tributará de acuerdo con lo previsto en la letra a) del artículo 25.1 de esta Ley. A estos efectos, se considerará que las reducciones de capital, cualquiera que sea su finalidad, afectan en primer lugar a la parte del capital social que no provenga de beneficios no distribuidos, hasta su anulación.

No obstante lo dispuesto en el párrafo anterior, en el caso de reducción de capital que tenga por finalidad la devolución de aportaciones y no proceda de beneficios no distribuidos, correspondiente a valores no admitidos a negociación en alguno de los mercados regulados de valores definidos en la Directiva 2004/39/CE del Parlamento Europeo y del Consejo, de 21 de abril de 2004, relativa a los mercados de instrumentos financieros, y representativos de la participación en fondos propios de sociedades o entidades, cuando la diferencia entre el valor de los fondos propios de las acciones o participaciones correspondiente al último ejercicio cerrado con anterioridad a la fecha de la reducción de capital y su valor de adquisición sea positiva, el importe obtenido o el valor normal de mercado de los bienes o derechos recibidos se considerará rendimiento del capital mobiliario con el límite de la citada diferencia positiva.

A estos efectos, el valor de los fondos propios a que se refiere el párrafo anterior se minorará en el importe de los beneficios repartidos con anterioridad a la fecha de la reducción de capital, procedentes de reservas incluidas en los citados fondos propios, así como en el importe de las reservas legalmente indisponibles incluidas en dichos fondos propios que se hubieran generado con posterioridad a la adquisición de las acciones o participaciones.

El exceso sobre el citado límite minorará el valor de adquisición de las acciones o participaciones conforme a lo dispuesto en el segundo párrafo de esta letra a).

Cuando por aplicación de lo dispuesto en el párrafo tercero de esta letra a) la reducción de capital hubiera determinado el cómputo como rendimiento del capital mobiliario de la totalidad o parte del importe obtenido o del valor normal de mercado de los bienes o derechos recibidos, y con posterioridad el contribuyente obtuviera dividendos o participaciones

§1

en beneficios conforme al artículo 25.1 a) de esta Ley procedentes de la misma entidad en relación con acciones o participaciones que hubieran permanecido en su patrimonio desde la reducción de capital, el importe obtenido de los dividendos o participaciones en beneficios minorará, con el límite de los rendimientos del capital mobiliario previamente computados que correspondan a las citadas acciones o participaciones, el valor de adquisición de las mismas conforme a lo dispuesto en el segundo párrafo de esta letra a)[79].

b) Con ocasión de transmisiones lucrativas por causa de muerte del contribuyente.

c) Con ocasión de las transmisiones lucrativas de empresas o participaciones a las que se refiere el apartado 6 del artículo 20 de la Ley 29/1987, de 18 de diciembre, del Impuesto sobre Sucesiones y Donaciones.

Los elementos patrimoniales que se afecten por el contribuyente a la actividad económica con posterioridad a su adquisición deberán haber estado afectos ininterrumpidamente durante, al menos, los cinco años anteriores a la fecha de la transmisión.

d) En la extinción del régimen económico matrimonial de separación de bienes, cuando por imposición legal o resolución judicial se produzcan compensaciones, dinerarias o mediante la adjudicación de bienes, por causa distinta de la pensión compensatoria entre cónyuges.

Las compensaciones a que se refiere esta letra d) no darán derecho a reducir la base imponible del pagador ni constituirá renta para el perceptor.

El supuesto al que se refiere esta letra d) no podrá dar lugar, en ningún caso, a las actualizaciones de los valores de los bienes o derechos adjudicados.

---

[79]   Nueva redacción de la letra a) según el Art. 1º. 20 de la Ley 26/2014, de 27 de noviembre, por la que se modifican la Ley 35/2006, de 28 de noviembre, del Impuesto sobre la Renta de las Personas Físicas, el texto refundido de la Ley del Impuesto sobre la Renta de no Residentes, aprobado por el Real Decreto Legislativo 5/2004, de 5 de marzo, y otras normas tributarias.

§1

El supuesto al que se refiere este párrafo no podrá dar lugar, en ningún caso, a las actualizaciones de los valores de los bienes o derechos adjudicados[80].

e) Con ocasión de las aportaciones a los patrimonios protegidos constituidos a favor de personas con discapacidad.

4. Estarán exentas del Impuesto las ganancias patrimoniales que se pongan de manifiesto[81]:

a) Con ocasión de las donaciones que se efectúen a las entidades citadas en el artículo 68.3 de esta Ley.

b) Con ocasión de la transmisión de su vivienda habitual por mayores de 65 años o por personas en situación de dependencia severa o de gran dependencia de conformidad con la Ley de promoción de la autonomía personal y atención a las personas en situación de dependencia.

c) Con ocasión del pago previsto en el artículo 97.3 de esta Ley y de las deudas tributarias a que se refiere el artículo 73 de la Ley 16/1985, de 25 de junio, del Patrimonio Histórico Español.

d) Con ocasión de la dación en pago de la vivienda habitual del deudor o garante del deudor, para la cancelación de deudas garantizadas con hipoteca que recaiga sobre la misma, contraídas con entidades de crédito o de cualquier otra entidad que, de manera profesional, realice la actividad de concesión de préstamos o créditos hipotecarios.

Asimismo estarán exentas las ganancias patrimoniales que se pongan de manifiesto con ocasión de la transmisión de la vivienda en que concurran los requisitos anteriores, realizada en ejecuciones hipotecarias judiciales o notariales.

---

[80] Nueva redacción de la letra d) según el Art. 1°. 20 de la Ley 26/2014, de 27 de noviembre, por la que se modifican la Ley 35/2006, de 28 de noviembre, del Impuesto sobre la Renta de las Personas Físicas, el texto refundido de la Ley del Impuesto sobre la Renta de no Residentes, aprobado por el Real Decreto Legislativo 5/2004, de 5 de marzo, y otras normas tributarias.

[81] §1 D.A. 37ª para transmisiones de bienes inmuebles adquiridos entre el 12-05-2012 y el 31-12-2012.

En todo caso será necesario que el propietario de la vivienda habitual no disponga de otros bienes o derechos en cuantía suficiente para satisfacer la totalidad de la deuda y evitar la enajenación de la vivienda[82].

5. No se computarán como pérdidas patrimoniales las siguientes:

a) Las no justificadas.

b) Las debidas al consumo.

c) Las debidas a transmisiones lucrativas por actos inter vivos o a liberalidades.

d) Las debidas a pérdidas en el juego obtenidas en el período impositivo que excedan de las ganancias obtenidas en el juego en el mismo período. En ningún caso se computarán las pérdidas derivadas de la participación en los juegos a los que se refiere la disposición adicional trigésima tercera de esta Ley[83].

e) Las derivadas de las transmisiones de elementos patrimoniales, cuando el transmitente vuelva a adquirirlos dentro del año siguiente a la fecha de dicha transmisión.

Esta pérdida patrimonial se integrará cuando se produzca la posterior transmisión del elemento patrimonial[84].

f) Las derivadas de las transmisiones de valores o participaciones admitidos a negociación en alguno de los mercados secundarios oficiales de valores definidos en la Directiva 2004/39/CE del Parlamento Europeo y del Consejo de 21 de abril de 2004 relativa a los mercados de instrumentos financieros, cuando el contribuyente hubiera adquirido valores homogéneos[85] dentro de los dos meses anteriores o posteriores a dichas transmisiones.

---

[82] Letra añadida por el Art. 122. Uno del Real Decreto-ley 8/2014, de 4 de julio, de aprobación de medidas urgentes para el crecimiento, la competitividad y la eficiencia (convalidado por la Ley 18/2014, de 15 de octubre, de aprobación de medidas urgentes para el crecimiento, la competitividad y la eficiencia).

[83] Nueva redacción de la letra d) según el Art. 2.Dos de la Ley 16/2012, de 27 de diciembre, por la que se adoptan diversas medidas tributarias dirigidas a la consolidación de las finanzas públicas y al impulso de la actividad económica.

[84] §2 Art. 73.2.

[85] §2 Art. 8.

g) Las derivadas de las transmisiones de valores o participaciones no admitidos a negociación en alguno de los mercados secundarios oficiales de valores definidos en la Directiva 2004/39/CE del Parlamento Europeo y del Consejo de 21 de abril de 2004 relativa a los mercados de instrumentos financieros, cuando el contribuyente hubiera adquirido valores homogéneos[86] en el año anterior o posterior a dichas transmisiones[87].

En los casos previstos en los párrafos f) y g) anteriores, las pérdidas patrimoniales se integrarán a medida que se transmitan los valores o participaciones que permanezcan en el patrimonio del contribuyente.

Artículo 34. Importe de las ganancias o pérdidas patrimoniales. Norma general[88].

1. El importe de las ganancias o pérdidas patrimoniales será[89]:

a) En el supuesto de transmisión onerosa o lucrativa, la diferencia entre los valores de adquisición y transmisión de los elementos patrimoniales.

b) En los demás supuestos, el valor de mercado de los elementos patrimoniales o partes proporcionales, en su caso.

2. Si se hubiesen efectuado mejoras en los elementos patrimoniales transmitidos, se distinguirá la parte del valor de enajenación que corresponda a cada componente del mismo.

Artículo 35. Transmisiones a título oneroso[90].

1. El valor de adquisición[91] estará formado por la suma de:

---

[86]   §2 Art. 8.
[87]   §2 Art. 73.2.
[88]   §1 D.T. 9ª
[89]   §2 Art. 42.
[90]   Nueva redacción según el Art. 1º. 21 de la Ley 26/2014, de 27 de noviembre, por la que se modifican la Ley 35/2006, de 28 de noviembre, del Impuesto sobre la Renta de las Personas Físicas, el texto refundido de la Ley del Impuesto sobre la Renta de no Residentes, aprobado por el Real Decreto Legislativo 5/2004, de 5 de marzo, y otras normas tributarias.
[91]   §2 Art. 40.

§1

a) El importe real por el que dicha adquisición se hubiera efectuado.

b) El coste de las inversiones y mejoras efectuadas en los bienes adquiridos y los gastos y tributos inherentes a la adquisición, excluidos los intereses, que hubieran sido satisfechos por el adquirente.

En las condiciones que reglamentariamente[92] se determinen, este valor se minorará en el importe de las amortizaciones.

2. El valor de transmisión será el importe real por el que la enajenación se hubiese efectuado. De este valor se deducirán los gastos y tributos a que se refiere la letra b) del apartado 1 en cuanto resulten satisfechos por el transmitente.

Por importe real del valor de enajenación se tomará el efectivamente satisfecho, siempre que no resulte inferior al normal de mercado, en cuyo caso prevalecerá éste.

Artículo 36. Transmisiones a título lucrativo[93].

Cuando la adquisición o la transmisión hubiera sido a título lucrativo se aplicarán las reglas del artículo anterior, tomando por importe real de los valores respectivos aquéllos que resulten de la aplicación de las normas del Impuesto sobre Sucesiones y Donaciones, sin que puedan exceder del valor de mercado.

No obstante, en las adquisiciones lucrativas por causa de muerte derivadas de contratos o pactos sucesorios con efectos de presente, el beneficiario de los mismos que transmitiera, antes del transcurso de cinco años desde la celebración del pacto sucesorio o del fallecimiento del causante, si fuera anterior, los bienes adquiridos, se subrogará en la posición de este, respecto al valor y fecha de adquisición de aquellos, cuando este valor fuera inferior al previsto en el párrafo anterior.

---

92   §2 Art. 40.
93   Nueva redacción según el Art. 3º.3 de la Ley 11/2021, de 9 de julio, de medidas de prevención y lucha contra el fraude fiscal, de transposición de la Directiva (UE) 2016/1164, del Consejo, de 12 julio de 2016, por la que se establecen normas contra las prácticas de elusión fiscal que inciden directamente en el funcionamiento del mercado interior, de modificación de diversas normas tributarias y en materia de regulación del juego.

§1

En las adquisiciones lucrativas, a que se refiere el párrafo c) del apartado 3 del artículo 33 de esta Ley, el donatario se subrogará en la posición del donante respecto de los valores y fechas de adquisición de dichos bienes.

Artículo 37. Normas específicas de valoración.

1. Cuando la alteración en el valor del patrimonio proceda:

a) De la transmisión a título oneroso de valores admitidos a negociación en alguno de los mercados regulados de valores definidos en la Directiva 2004/39/CE del Parlamento Europeo y del Consejo, de 21 de abril de 2004, relativa a los mercados de instrumentos financieros, y representativos de la participación en fondos propios de sociedades o entidades, la ganancia o pérdida se computará por la diferencia entre su valor de adquisición y el valor de transmisión, determinado por su cotización en dichos mercados en la fecha en que se produzca aquélla o por el precio pactado cuando sea superior a la cotización.

El importe obtenido por la transmisión de derechos de suscripción procedentes de estos valores tendrá la consideración de ganancia patrimonial para el transmitente en el período impositivo en que se produzca la citada transmisión.

Cuando se trate de acciones parcialmente liberadas, su valor de adquisición será el importe realmente satisfecho por el contribuyente. Cuando se trate de acciones totalmente liberadas, el valor de adquisición tanto de éstas como de las que procedan resultará de repartir el coste total entre el número de títulos, tanto los antiguos como los liberados que correspondan[94].

b) De la transmisión a título oneroso de valores no admitidos a negociación en alguno de los mercados regulados de valores definidos en la

---

[94]   Nueva redacción de la letra a) según el Art. 1º. 22 de la Ley 26/2014, de 27 de noviembre, por la que se modifican la Ley 35/2006, de 28 de noviembre, del Impuesto sobre la Renta de las Personas Físicas, el texto refundido de la Ley del Impuesto sobre la Renta de no Residentes, aprobado por el Real Decreto Legislativo 5/2004, de 5 de marzo, y otras normas tributarias.

Directiva 2004/39/CE del Parlamento Europeo y del Consejo, de 21 de abril de 2004, relativa a los mercados de instrumentos financieros, y representativos de la participación en fondos propios de sociedades o entidades, la ganancia o pérdida se computará por la diferencia entre su valor de adquisición y el valor de transmisión.

Salvo prueba de que el importe efectivamente satisfecho se corresponde con el que habrían convenido partes independientes en condiciones normales de mercado, el valor de transmisión no podrá ser inferior al mayor de los dos siguientes:

El valor del patrimonio neto que corresponda a los valores transmitidos resultante del balance correspondiente al último ejercicio cerrado con anterioridad a la fecha del devengo del Impuesto.

El que resulte de capitalizar al tipo del 20 por ciento el promedio de los resultados de los tres ejercicios sociales cerrados con anterioridad a la fecha del devengo del Impuesto. A este último efecto, se computarán como beneficios los dividendos distribuidos y las asignaciones a reservas, excluidas las de regularización o de actualización de balances.

El valor de transmisión así calculado se tendrá en cuenta para determinar el valor de adquisición de los valores o participaciones que corresponda al adquirente.

El importe obtenido por la transmisión de derechos de suscripción procedentes de estos valores o participaciones tendrá la consideración de ganancia patrimonial para el transmitente en el período impositivo en que se produzca la citada transmisión.

Cuando se trate de acciones parcialmente liberadas, su valor de adquisición será el importe realmente satisfecho por el contribuyente. Cuando se trate de acciones totalmente liberadas, el valor de adquisición, tanto de éstas como de las que procedan, resultará de repartir el coste total entre el número de títulos, tanto los antiguos como los liberados que correspondan[95].

---

[95]   Nueva redacción de la letra b) según el Art. 1º. 22 de la Ley 26/2014, de 27 de noviembre, por la que se modifican la Ley 35/2006, de 28 de noviembre, del Impuesto sobre la Renta de las Personas Físicas, el texto refundido de la Ley del Impuesto

§1

c) De la transmisión o el reembolso a título oneroso de acciones o participaciones representativas del capital o patrimonio de las instituciones de inversión colectiva a las que se refiere el artículo 94 de esta Ley, la ganancia o pérdida patrimonial se computará por la diferencia entre su valor de adquisición y el valor de transmisión, determinado por el valor liquidativo aplicable en la fecha en que dicha transmisión o reembolso se produzca o, en su defecto, por el último valor liquidativo publicado. Cuando no existiera valor liquidativo se tomará el valor del patrimonio neto que corresponda a las acciones o participaciones transmitidas resultante del balance correspondiente al último ejercicio cerrado con anterioridad a la fecha del devengo del Impuesto.

En supuestos distintos del reembolso de participaciones, el valor de transmisión así calculado no podrá ser inferior al mayor de los dos siguientes:

– El precio efectivamente pactado en la transmisión.

– El valor de cotización en mercados secundarios oficiales de valores definidos en la Directiva 2004/39/CE del Parlamento Europeo y del Consejo, de 21 de abril de 2004, relativa a los mercados de instrumentos financieros y, en particular, en sistemas multilaterales de negociación de valores previstos en el Capítulo I del Título X de la Ley 24/1988, de 28 de julio, del Mercado de Valores, en la fecha de la transmisión.

A los efectos de determinar el valor de adquisición, resultará de aplicación, cuando proceda, lo dispuesto en la letra a) de este apartado 1.

No obstante lo dispuesto en los párrafos anteriores, en el caso de transmisiones de participaciones en los fondos de inversión cotizados o de acciones de SICAV índice cotizadas, a los que se refiere el artículo 79 del Reglamento de la Ley 35/2003, de 4 de noviembre, de instituciones de inversión colectiva, aprobado por el Real Decreto 1082/2012, de 13 de

---

sobre la Renta de no Residentes, aprobado por el Real Decreto Legislativo 5/2004, de 5 de marzo, y otras normas tributarias.

julio, realizadas en bolsa de valores, el valor de transmisión se determinará conforme a lo previsto en la letra a) de este apartado[96].

d) De las aportaciones no dinerarias a sociedades, la ganancia o pérdida se determinará por la diferencia entre el valor de adquisición de los bienes o derechos aportados y la cantidad mayor de las siguientes:

Primera.- El valor nominal de las acciones o participaciones sociales recibidas por la aportación o, en su caso, la parte correspondiente del mismo. A este valor se añadirá el importe de las primas de emisión.

Segunda.- El valor de cotización de los títulos recibidos en el día en que se formalice la aportación o el inmediato anterior.

Tercera.- El valor de mercado del bien o derecho aportado.

El valor de transmisión así calculado se tendrá en cuenta para determinar el valor de adquisición de los títulos recibidos como consecuencia de la aportación no dineraria.

e) En los casos de separación de los socios o disolución de sociedades, se considerará ganancia o pérdida patrimonial, sin perjuicio de las correspondientes a la sociedad, la diferencia entre el valor de la cuota de liquidación social o el valor de mercado de los bienes recibidos y el valor de adquisición del título o participación de capital que corresponda.

En los casos de escisión, fusión o absorción de sociedades, la ganancia o pérdida patrimonial del contribuyente se computará por la diferencia entre el valor de adquisición de los títulos, derechos o valores representativos de la participación del socio y el valor de mercado de los títulos, numerario o derechos recibidos o el valor del mercado de los entregados.

f) De un traspaso, la ganancia patrimonial se computará al cedente en el importe que le corresponda en el traspaso.

Cuando el derecho de traspaso se haya adquirido mediante precio, éste tendrá la consideración de precio de adquisición.

---

[96]   Nueva redacción de la letra c) según el Art. 1º. 22 de la Ley 26/2014, de 27 de noviembre, por la que se modifican la Ley 35/2006, de 28 de noviembre, del Impuesto sobre la Renta de las Personas Físicas, el texto refundido de la Ley del Impuesto sobre la Renta de no Residentes, aprobado por el Real Decreto Legislativo 5/2004, de 5 de marzo, y otras normas tributarias.

§1

g) De indemnizaciones o capitales asegurados por pérdidas o siniestros en elementos patrimoniales, se computará como ganancia o pérdida patrimonial la diferencia entre la cantidad percibida y la parte proporcional del valor de adquisición que corresponda al daño. Cuando la indemnización no fuese en metálico, se computará la diferencia entre el valor de mercado de los bienes, derechos o servicios recibidos y la parte proporcional del valor de adquisición que corresponda al daño. Sólo se computará ganancia patrimonial cuando se derive un aumento en el valor del patrimonio del contribuyente.

h) De la permuta de bienes o derechos, incluido el canje de valores, la ganancia o pérdida patrimonial se determinará por la diferencia entre el valor de adquisición del bien o derecho que se cede y el mayor de los dos siguientes:

– El valor de mercado del bien o derecho entregado.

– El valor de mercado del bien o derecho que se recibe a cambio.

i) De la extinción de rentas vitalicias o temporales, la ganancia o pérdida patrimonial se computará, para el obligado al pago de aquéllas, por diferencia entre el valor de adquisición del capital recibido y la suma de las rentas efectivamente satisfechas.

j) En las transmisiones de elementos patrimoniales a cambio de una renta temporal o vitalicia, la ganancia o pérdida patrimonial se determinará por diferencia entre el valor actual financiero actuarial de la renta y el valor de adquisición de los elementos patrimoniales transmitidos.

k) Cuando el titular de un derecho real de goce o disfrute sobre inmuebles efectúe su transmisión, o cuando se produzca su extinción, para el cálculo de la ganancia o pérdida patrimonial el importe real a que se refiere el artículo 35.1.a) de esta ley se minorará de forma proporcional al tiempo durante el cual el titular no hubiese percibido rendimientos del capital inmobiliario.

l) En las incorporaciones de bienes o derechos que no deriven de una transmisión, se computará como ganancia patrimonial el valor de mercado de aquéllos.

m) En las operaciones realizadas en los mercados de futuros y opciones regulados por el Real Decreto 1814/1991, de 20 de diciembre, se considerará ganancia o pérdida patrimonial el rendimiento obtenido cuando la operación no suponga la cobertura de una operación principal concertada en el desarrollo de las actividades económicas realizadas por el contribuyente, en cuyo caso tributarán de acuerdo con lo previsto en la sección 3.ª de este capítulo.

n) En las transmisiones de elementos patrimoniales afectos a actividades económicas, se considerará como valor de adquisición el valor contable, sin perjuicio de las especialidades que reglamentariamente puedan establecerse respecto a las amortizaciones que minoren dicho valor.

2. A efectos de lo dispuesto en los párrafos a), b) y c) del apartado anterior, cuando existan valores homogéneos se considerará que los transmitidos por el contribuyente son aquéllos que adquirió en primer lugar.

Cuando se trate de acciones totalmente liberadas, se considerará como antigüedad de las mismas la que corresponda a las acciones de las cuales procedan[97].

3. Lo dispuesto en los párrafos d), e) y h), para el canje de valores, del apartado 1 de este artículo se entenderá sin perjuicio de lo establecido en el capítulo VIII del Título VII del texto refundido de la Ley del Impuesto sobre Sociedades.

4.[98]

---

[97] Nueva redacción de este apartado según el Art. 1º. 22 de la Ley 26/2014, de 27 de noviembre, por la que se modifican la Ley 35/2006, de 28 de noviembre, del Impuesto sobre la Renta de las Personas Físicas, el texto refundido de la Ley del Impuesto sobre la Renta de no Residentes, aprobado por el Real Decreto Legislativo 5/2004, de 5 de marzo, y otras normas tributarias.

[98] Apartado suprimido por el Art. 1º. 23 de la Ley 26/2014, de 27 de noviembre, por la que se modifica la Ley 35/2006, de 28 de noviembre, del Impuesto sobre la Renta de las Personas Físicas, el texto refundido de la Ley del Impuesto sobre la Renta de no Residentes, aprobado por el Real Decreto Legislativo 5/2004, de 5 de marzo, y otras normas tributarias.

Artículo 38. Ganancias excluidas de gravamen en supuestos de reinversión[99] [100].

§1

1. Podrán excluirse de gravamen las ganancias patrimoniales obtenidas por la transmisión de la vivienda habitual del contribuyente, siempre que el importe total obtenido por la transmisión se reinvierta en la adquisición de una nueva vivienda habitual en las condiciones que reglamentariamente se determinen.

Cuando el importe reinvertido sea inferior al total de lo percibido en la transmisión, únicamente se excluirá de tributación la parte proporcional de la ganancia patrimonial obtenida que corresponda a la cantidad reinvertida[101].

2. Podrán excluirse de gravamen las ganancias patrimoniales que se pongan de manifiesto con ocasión de la transmisión de acciones o participaciones por las que se hubiera practicado la deducción prevista en el artículo 68.1 de esta Ley, siempre que el importe total obtenido por la transmisión de las mismas se reinvierta en la adquisición de acciones o participaciones de las citadas entidades en las condiciones que reglamentariamente se determinen.

Cuando el importe reinvertido sea inferior al total percibido en la transmisión, únicamente se excluirá de tributación la parte proporcional de la ganancia patrimonial obtenida que corresponda a la cantidad reinvertida.

No resultará de aplicación lo dispuesto en este apartado en los siguientes supuestos:

a) Cuando el contribuyente hubiera adquirido valores homogéneos en el año anterior o posterior a la transmisión de las acciones o participaciones. En este caso, la exención no procederá respecto de los valores que

---

[99]   Nueva redacción según el Art. 27.Dos de la Ley 14/2013, de 27 de septiembre, de apoyo a los emprendedores y su internacionalización.

[100] Título del artículo modificado por el Art. 1º. 24 de la Ley 26/2014, de 27 de noviembre, por la que se modifican la Ley 35/2006, de 28 de noviembre, del Impuesto sobre la Renta de las Personas Físicas, el texto refundido de la Ley del Impuesto sobre la Renta de no Residentes, aprobado por el Real Decreto Legislativo 5/2004, de 5 de marzo, y otras normas tributarias.

[101] §2 Art. 41.

como consecuencia de dicha adquisición permanezcan en el patrimonio del contribuyente.

b) Cuando las acciones o participaciones se transmitan a su cónyuge, a cualquier persona unida al contribuyente por parentesco, en línea recta o colateral, por consanguinidad o afinidad, hasta el segundo grado incluido, a una entidad respecto de la que se produzca, con el contribuyente o con cualquiera de las personas anteriormente citadas, alguna de las circunstancias establecidas en el artículo 42 del Código de Comercio, con independencia de la residencia y de la obligación de formular cuentas anuales consolidadas, distinta de la propia entidad cuyas participaciones se transmiten.

3. Podrán excluirse de gravamen las ganancias patrimoniales que se pongan de manifiesto con ocasión de la transmisión de elementos patrimoniales por contribuyentes mayores de 65 años, siempre que el importe total obtenido por la transmisión se destine en el plazo de seis meses a constituir una renta vitalicia asegurada a su favor, en las condiciones que reglamentariamente se determinen. La cantidad máxima total que a tal efecto podrá destinarse a constituir rentas vitalicias será de 240.000 euros.

Cuando el importe reinvertido sea inferior al total de lo percibido en la transmisión, únicamente se excluirá de tributación la parte proporcional de la ganancia patrimonial obtenida que corresponda a la cantidad reinvertida.

La anticipación, total o parcial, de los derechos económicos derivados de la renta vitalicia constituida, determinará el sometimiento a gravamen de la ganancia patrimonial correspondiente[102].

---

[102]   Apartado añadido por el Art. 1º. 24 de la Ley 26/2014, de 27 de noviembre, por la que se modifican la Ley 35/2006, de 28 de noviembre, del Impuesto sobre la Renta de las Personas Físicas, el texto refundido de la Ley del Impuesto sobre la Renta de no Residentes, aprobado por el Real Decreto Legislativo 5/2004, de 5 de marzo, y otras normas tributarias.

§1

Artículo 39. Ganancias patrimoniales no justificadas[103].

Tendrán la consideración de ganancias de patrimonio no justificadas los bienes o derechos cuya tenencia, declaración o adquisición no se corresponda con la renta o patrimonio declarados por el contribuyente, así como la inclusión de deudas inexistentes en cualquier declaración por este impuesto o por el Impuesto sobre el Patrimonio, o su registro en los libros o registros oficiales.

Las ganancias patrimoniales no justificadas se integrarán en la base liquidable general del periodo impositivo respecto del que se descubran, salvo que el contribuyente pruebe suficientemente que ha sido titular de los bienes o derechos correspondientes desde una fecha anterior a la del periodo de prescripción.

CAPÍTULO III
REGLAS ESPECIALES DE VALORACIÓN

Artículo 40. Estimación de rentas.

1. La valoración de las rentas estimadas a que se refiere el artículo 6.5 de esta Ley se efectuará por el valor normal en el mercado. Se entenderá por éste la contraprestación que se acordaría entre sujetos independientes, salvo prueba en contrario.

2. Si se trata de préstamos y operaciones de captación o utilización de capitales ajenos en general, se entenderá por valor normal en el mercado el tipo de interés legal del dinero que se halle en vigor el último día del período impositivo[104].

---

[103] Nueva redacción según la D.F. 5ª de la Ley 5/2022, de 9 de marzo, por la que se modifican la Ley 27/2014, de 27 de noviembre, del Impuesto sobre Sociedades, y el texto refundido de la Ley del Impuesto sobre la Renta de no Residentes, aprobado mediante Real Decreto Legislativo 5/2004, de 5 de marzo, en relación con las asimetrías híbridas.

[104] El tipo de interés legal del dinero se fijó en el 3,25%. (D.A. 42ª.1 de la Ley 31/2022, de 23 de diciembre, de Presupuestos Generales del Estado para 2023).

Artículo 41. Operaciones vinculadas.

§1

La valoración de las operaciones entre personas o entidades vinculadas se realizará por su valor normal de mercado, en los términos previstos en el artículo 16 del texto refundido de la Ley del Impuesto sobre Sociedades.

Artículo 42. Rentas en especie.

1. Constituyen rentas en especie la utilización, consumo u obtención, para fines particulares, de bienes, derechos o servicios de forma gratuita o por precio inferior al normal de mercado, aun cuando no supongan un gasto real para quien las conceda.

Cuando el pagador de las rentas entregue al contribuyente importes en metálico para que éste adquiera los bienes, derechos o servicios, la renta tendrá la consideración de dineraria.

2. No tendrán la consideración de rendimientos del trabajo en especie:

a) Las cantidades destinadas a la actualización, capacitación o recicla-je del personal empleado, cuando vengan exigidos por el desarrollo de sus actividades o las características de los puestos de trabajo[105].

b) Las primas o cuotas satisfechas por la empresa en virtud de contrato de seguro de accidente laboral o de responsabilidad civil del trabajador[106].

3. Estarán exentos los siguientes rendimientos del trabajo en especie:

a) Las entregas a empleados de productos a precios rebajados que se realicen en cantinas o comedores de empresa o economatos de carácter social. Tendrán la consideración de entrega de productos a precios reba-jados que se realicen en comedores de empresa las fórmulas indirectas de prestación del servicio cuya cuantía no supere la cantidad que reglamen-tariamente se determine, con independencia de que el servicio se preste en el propio local del establecimiento de hostelería o fuera de éste, previa

---

[105]   §2 Art. 44.

[106]   Nueva redacción de este apartado según el Art. 1º. 25 de la Ley 26/2014, de 27 de noviembre, por la que se modifican la Ley 35/2006, de 28 de noviembre, del Impuesto sobre la Renta de las Personas Físicas, el texto refundido de la Ley del Impuesto sobre la Renta de no Residentes, aprobado por el Real Decreto Legislativo 5/2004, de 5 de marzo, y otras normas tributarias.

§1

recogida por el empleado o mediante su entrega en su centro de trabajo o en el lugar elegido por aquel para desarrollar su trabajo en los días en que este se realice a distancia o mediante teletrabajo[107] [108].

b) La utilización de los bienes destinados a los servicios sociales y culturales del personal empleado. Tendrán esta consideración, entre otros, los espacios y locales, debidamente homologados por la Administración pública competente, destinados por las empresas o empleadores a prestar el servicio de primer ciclo de educación infantil a los hijos de sus trabajadores, así como la contratación, directa o indirectamente, de este servicio con terceros debidamente autorizados, en los términos que reglamentariamente se establezcan.

c) Las primas o cuotas satisfechas a entidades aseguradoras para la cobertura de enfermedad, cuando se cumplan los siguientes requisitos y límites:

1.º Que la cobertura de enfermedad alcance al propio trabajador, pudiendo también alcanzar a su cónyuge y descendientes.

2.º Que las primas o cuotas satisfechas no excedan de 500 euros anuales por cada una de las personas señaladas en el párrafo anterior o de 1.500 euros para cada una de ellas con discapacidad. El exceso sobre dicha cuantía constituirá retribución en especie[109] [110].

d) La prestación del servicio de educación preescolar, infantil, primaria, secundaria obligatoria, bachillerato y formación profesional por centros educativos autorizados, a los hijos de sus empleados, con carácter gratuito o por precio inferior al normal de mercado.

e) Las cantidades satisfechas a las entidades encargadas de prestar el servicio público de transporte colectivo de viajeros con la finalidad de

---

[107] §2 Art. 45.
[108] Nueva redacción de la letra según la D.F. 1ª del Real Decreto-ley 35/2020, de 22 de diciembre, de medidas urgentes de apoyo al sector turístico, la hostelería y el comercio y en materia tributaria.
[109] §2 Art. 46.
[110] Nueva redacción de la letra según el art. 60.1 de la Ley 48/2015, de 29 de octubre, de Presupuestos Generales del Estado para el año 2016.

favorecer el desplazamiento de los empleados entre su lugar de residencia y el centro de trabajo, con el límite de 1.500 euros anuales para cada trabajador. También tendrán la consideración de cantidades satisfechas a las entidades encargadas de prestar el citado servicio público, las fórmulas indirectas de pago que cumplan las condiciones que se establezcan reglamentariamente.

f) En los términos que reglamentariamente se establezcan, la entrega a los trabajadores en activo, de forma gratuita o por precio inferior al normal de mercado, de acciones o participaciones de la propia empresa o de otras empresas del grupo de sociedades, en la parte que no exceda, para el conjunto de las entregadas a cada trabajador, de 12.000 euros anuales, siempre que la oferta se realice en las mismas condiciones para todos los trabajadores de la empresa, grupo o subgrupos de empresa[111].

La exención prevista en el párrafo anterior será de 50.000 euros anuales en el caso de entrega de acciones o participaciones concedidas a los trabajadores de una empresa emergente a las que se refiere la Ley 28/2022, de 21 de diciembre, de fomento del ecosistema de las empresas emergentes. En este supuesto, no será necesario que la oferta se realice en las condiciones señaladas en el párrafo anterior, debiendo efectuarse la misma dentro de la política retributiva general de la empresa y contribuir a la participación de los trabajadores en esta última. En el caso de que la entrega de acciones o participaciones sociales a que se refiere este párrafo derive del ejercicio de opciones de compra sobre acciones o participaciones previamente concedidas a los trabajadores por la empresa emergente, los requisitos para la consideración como empresa emergente deberán cumplirse en el momento de la concesión de la opción[112] [113].

---

[111]   §2 Art. 43.

[112]   Apartado añadido por el Art. 1º. 25 de la Ley 26/2014, de 27 de noviembre, por la que se modifican la Ley 35/2006, de 28 de noviembre, del Impuesto sobre la Renta de las Personas Físicas, el texto refundido de la Ley del Impuesto sobre la Renta de no Residentes, aprobado por el Real Decreto Legislativo 5/2004, de 5 de marzo, y otras normas tributarias.

[113]   Letra f) modificada por la D.F. 3.2. de la Ley 28/2022, de 21 de diciembre, de fomento del ecosistema de las empresas emergentes.

Artículo 43. Valoración de las rentas en especie[114].

1. Con carácter general, las rentas en especie se valorarán por su valor normal en el mercado, con las siguientes especialidades:

1.º Los siguientes rendimientos del trabajo en especie se valorarán de acuerdo con las siguientes normas de valoración:

a) En el caso de utilización de una vivienda que sea propiedad del pagador, el 10 por ciento del valor catastral.

En el caso de inmuebles localizados en municipios en los que los valores catastrales hayan sido revisados o modificados, o determinados mediante un procedimiento de valoración colectiva de carácter general, de conformidad con la normativa catastral, y hayan entrado en vigor en el período impositivo o en el plazo de los diez períodos impositivos anteriores, el 5 por ciento del valor catastral.

Si a la fecha de devengo del impuesto los inmuebles carecieran de valor catastral o éste no hubiera sido notificado al titular, el porcentaje será del 5 por ciento y se aplicará sobre el 50 por ciento del mayor de los siguientes valores: el comprobado por la Administración a efectos de otros tributos o el precio, contraprestación o valor de la adquisición.

La valoración resultante no podrá exceder del 10 por ciento de las restantes contraprestaciones del trabajo[115].

b) En el caso de la utilización o entrega de vehículos automóviles:

En el supuesto de entrega, el coste de adquisición para el pagador, incluidos los tributos que graven la operación.

En el supuesto de uso, el 20 por ciento anual del coste a que se refiere el párrafo anterior. En caso de que el vehículo no sea propiedad del pagador, dicho porcentaje se aplicará sobre el valor de mercado que correspondería al vehículo si fuese nuevo.

---

[114]   Acuerdos previos de valoración: §2 D.A. 2ª

[115]   Nueva redacción de la letra a) según el Art. 1º. 26 de la Ley 26/2014, de 27 de noviembre, por la que se modifican la Ley 35/2006, de 28 de noviembre, del Impuesto sobre la Renta de las Personas Físicas, el texto refundido de la Ley del Impuesto sobre la Renta de no Residentes, aprobado por el Real Decreto Legislativo 5/2004, de 5 de marzo, y otras normas tributarias.

La valoración resultante de lo previsto en el párrafo anterior se podrá reducir hasta en un 30 por ciento cuando se trate de vehículos considerados eficientes energéticamente, en los términos y condiciones que se determinen reglamentariamente.

En el supuesto de uso y posterior entrega, la valoración de esta última se efectuará teniendo en cuenta la valoración resultante del uso anterior[116].

c) En los préstamos con tipos de interés inferiores al legal del dinero, la diferencia entre el interés pagado y el interés legal del dinero vigente en el período[117] [118].

d) Por el coste para el pagador, incluidos los tributos que graven la operación, las siguientes rentas:

– Las prestaciones en concepto de manutención, hospedaje, viajes y similares.

– Las primas o cuotas satisfechas en virtud de contrato de seguro u otro similar, sin perjuicio de lo previsto en los párrafos e) y f) del apartado 2 del artículo anterior.

– Las cantidades destinadas a satisfacer gastos de estudios y manutención del contribuyente o de otras personas ligadas al mismo por vínculo de parentesco, incluidos los afines, hasta el cuarto grado inclusive, sin perjuicio de lo previsto en el apartado 2 del artículo anterior.

– La utilización de una vivienda que no sea propiedad del pagador. La valoración resultante no podrá ser inferior a la que hubiera correspondido

---

[116] Nueva redacción de la letra b) según el Art. 1º. 26 de la Ley 26/2014, de 27 de noviembre, por la que se modifican la Ley 35/2006, de 28 de noviembre, del Impuesto sobre la Renta de las Personas Físicas, el texto refundido de la Ley del Impuesto sobre la Renta de no Residentes, aprobado por el Real Decreto Legislativo 5/2004, de 5 de marzo, y otras normas tributarias.

[117] El tipo de interés legal del dinero se fijó en el 3,25%. (D.A. 42ª.1 de la Ley 31/2022, de 2 de diciembre, de Presupuestos Generales del Estado para 2023).

[118] §1 D.A. 2ª

de haber aplicado lo dispuesto en la letra a) del número 1.º de este apartado[119].

e) Por su importe, las contribuciones satisfechas por los promotores de planes de pensiones y las contribuciones satisfechas por las empresas promotoras reguladas en la Directiva 2003/41/CE del Parlamento Europeo y del Consejo, de 3 de junio de 2003, relativa a las actividades y la supervisión de fondos de pensiones de empleo, así como las cantidades satisfechas por empresarios para hacer frente a los compromisos por pensiones en los términos previstos por la disposición adicional primera del texto refundido de la Ley de Regulación de los Planes y Fondos de Pensiones y su normativa de desarrollo. Igualmente por su importe, las cantidades satisfechas por empresarios a los seguros de dependencia.

f) No obstante lo previsto en los párrafos anteriores, cuando el rendimiento de trabajo en especie sea satisfecho por empresas que tengan como actividad habitual la realización de las actividades que dan lugar al mismo, la valoración no podrá ser inferior al precio ofertado al público del bien, derecho o servicio de que se trate.

Se considerará precio ofertado al público el previsto en el artículo 60 del texto refundido de la Ley General para la Defensa de los Consumidores y Usuarios y otras leyes complementarias, aprobado por el Real Decreto Legislativo 1/2007, de 16 de noviembre, deduciendo los descuentos ordinarios o comunes. Se considerarán ordinarios o comunes los descuentos que sean ofertados a otros colectivos de similares características a los trabajadores de la empresa, así como los descuentos promocionales que tengan carácter general y se encuentren en vigor en el momento de satisfacer la retribución en especie o que, en otro caso, no excedan del 15 por ciento[120] ni de 1.000 euros anuales.

En el caso de cesión del uso de vehículos considerados eficientes energéticamente, la valoración resultante se podrá reducir hasta en un 30 por

---

[119] Nueva redacción de la letra d) según el Art. 4.Dos de la Ley 16/2012, de 27 de diciembre, por la que se adoptan diversas medidas tributarias dirigidas a la consolidación de las finanzas públicas y al impulso de la actividad económica.

[120] §2 Art. 48.

ciento, en los términos y condiciones que se determinen reglamentaria-mente[121].

g) En el caso de entrega de acciones o participaciones concedidas a los trabajadores de una empresa emergente a las que se refiere el segundo párrafo de la letra f) del apartado 3 del artículo 42 de esta ley, por el valor de las acciones o participaciones sociales suscritas por un tercero inde-pendiente en la última ampliación de capital realizada en el año anterior a aquel en que se entreguen las acciones o participaciones sociales. De no haberse producido la referida ampliación, se valorarán por el valor de mer-cado que tuvieran las acciones o participaciones sociales en el momento de la entrega al trabajador[122].

2.º Las ganancias patrimoniales en especie se valorarán de acuerdo con los artículos 34 y 37 de esta Ley.

2. En los casos de rentas en especie, su valoración se realizará según las normas contenidas en esta Ley. A dicho valor se adicionará el ingreso a cuenta, salvo que su importe hubiera sido repercutido al perceptor de la renta.

CAPÍTULO IV
CLASES DE RENTA

Artículo 44. Clases de renta.

A efectos del cálculo del Impuesto, las rentas del contribuyente se clasificarán, según proceda, como renta general o como renta del ahorro.

---

[121]   Nueva redacción de la letra f) según el Art. 1º. 26 de la Ley 26/2014, de 27 de no-viembre, por la que se modifican la Ley 35/2006, de 28 de noviembre, del Impuesto sobre la Renta de las Personas Físicas, el texto refundido de la Ley del Impuesto sobre la Renta de no Residentes, aprobado por el Real Decreto Legislativo 5/2004, de 5 de marzo, y otras normas tributarias.

[122]   Letra g) añadida por la D.F. 3.3 de la Ley 26/2014, de 27 de noviembre, por la que se modifican la Ley 35/2006, de 28 de noviembre, del Impuesto sobre la Renta de las Personas Físicas, el texto refundido de la Ley del Impuesto sobre la Renta de no Residentes, aprobado por el Real Decreto Legislativo 5/2004, de 5 de marzo, y otras normas tributarias.

Artículo 45. Renta general.

Formarán la renta general los rendimientos y las ganancias y pérdidas patrimoniales que con arreglo a lo dispuesto en el artículo siguiente no tengan la consideración de renta del ahorro, así como las imputaciones de renta a que se refieren los artículos 85, 91, 92 y 95 de esta Ley y el Capítulo II del Título VII del texto refundido de la Ley del Impuesto sobre Sociedades.

Artículo 46. Renta del ahorro[123].

Constituyen la renta del ahorro:

a) Los rendimientos del capital mobiliario previstos en los apartados 1, 2 y 3 del artículo 25 de esta Ley.

No obstante, formarán parte de la renta general los rendimientos del capital mobiliario previstos en el apartado 2 del artículo 25 de esta Ley correspondientes al exceso del importe de los capitales propios cedidos a una entidad vinculada respecto del resultado de multiplicar por tres los fondos propios, en la parte que corresponda a la participación del contribuyente, de esta última.

A efectos de computar dicho exceso, se tendrá en consideración el importe de los fondos propios de la entidad vinculada reflejados en el balance correspondiente al último ejercicio cerrado con anterioridad a la fecha de devengo del Impuesto y el porcentaje de participación del contribuyente existente en esta fecha.

En los supuestos en los que la vinculación no se defina en función de la relación socios o partícipes-entidad, el porcentaje de participación a considerar será el 25 por ciento.

b) Las ganancias y pérdidas patrimoniales que se pongan de manifiesto con ocasión de transmisiones de elementos patrimoniales.

---

[123]   Nueva redacción según el Art. 1º. 27 de la Ley 26/2014, de 27 de noviembre, por la que se modifican la Ley 35/2006, de 28 de noviembre, del Impuesto sobre la Renta de las Personas Físicas, el texto refundido de la Ley del Impuesto sobre la Renta de no Residentes, aprobado por el Real Decreto Legislativo 5/2004, de 5 de marzo, y otras normas tributarias.

CAPÍTULO V
INTEGRACIÓN Y COMPENSACIÓN DE RENTAS

§1

Artículo 47. Integración y compensación de rentas.

1. Para el cálculo de la base imponible, las cuantías positivas o negativas de las rentas del contribuyente se integrarán y compensarán de acuerdo con lo previsto en esta Ley.

2. Atendiendo a la clasificación de la renta, la base imponible se dividirá en dos partes:

a) La base imponible general.

b) La base imponible del ahorro.

Artículo 48. Integración y compensación de rentas en la base imponible general[124]**.**

La base imponible general será el resultado de sumar los siguientes saldos:

a) El saldo resultante de integrar y compensar entre sí, sin limitación alguna, en cada período impositivo, los rendimientos y las imputaciones de renta a que se refieren el artículo 45 de esta Ley.

b) El saldo positivo resultante de integrar y compensar, exclusivamente entre sí, en cada período impositivo, las ganancias y pérdidas patrimoniales, excluidas las previstas en el artículo siguiente.

Si el resultado de la integración y compensación a que se refiere este párrafo arrojase saldo negativo, su importe se compensará con el saldo positivo de las rentas previstas en el párrafo a) de este artículo, obtenido en el mismo período impositivo, con el límite del 25 por ciento de dicho saldo positivo.

Si tras dicha compensación quedase saldo negativo, su importe se compensará en los cuatro años siguientes en el mismo orden establecido en los párrafos anteriores.

---

[124]   Nueva redacción según el Art. 1º. 28 de la Ley 26/2014, de 27 de noviembre, por la que se modifican la Ley 35/2006, de 28 de noviembre, del Impuesto sobre la Renta de las Personas Físicas, el texto refundido de la Ley del Impuesto sobre la Renta de no Residentes, aprobado por el Real Decreto Legislativo 5/2004, de 5 de marzo, y otras normas tributarias.

§1 La compensación deberá efectuarse en la cuantía máxima que permita cada uno de los ejercicios siguientes y sin que pueda practicarse fuera del plazo de cuatro años mediante la acumulación a pérdidas patrimoniales de ejercicios posteriores.

Artículo 49. Integración y compensación de rentas en la base imponible del ahorro.

1. La base imponible del ahorro estará constituida por el saldo positivo de sumar los siguientes saldos:

a) El saldo positivo resultante de integrar y compensar, exclusivamente entre sí, en cada período impositivo, los rendimientos a que se refiere el artículo 46 de esta Ley.

Si el resultado de la integración y compensación arrojase saldo negativo, su importe se compensará con el saldo positivo de las rentas previstas en la letra b) de este apartado, obtenido en el mismo período impositivo, con el límite del 25 por ciento de dicho saldo positivo.

Si tras dicha compensación quedase saldo negativo, su importe se compensará en los cuatro años siguientes en el mismo orden establecido en los párrafos anteriores.

b) El saldo positivo resultante de integrar y compensar, exclusivamente entre sí, en cada período impositivo, las ganancias y pérdidas patrimoniales obtenidas en el mismo a que se refiere el artículo 46 de esta Ley.

Si el resultado de la integración y compensación a que se refiere este párrafo arrojase saldo negativo, su importe se compensará con el saldo positivo de las rentas previstas en la letra a) de este apartado, obtenido en el mismo período impositivo, con el límite del 25 por ciento de dicho saldo positivo.

Si tras dicha compensación quedase saldo negativo, su importe se compensará en los cuatro años siguientes en el mismo orden establecido en los párrafos anteriores[125].

---

[125] Nueva redacción de este apartado según el Art. 1º. 29 de la Ley 26/2014, de 27 de noviembre, por la que se modifican la Ley 35/2006, de 28 de noviembre, del Impuesto sobre la Renta de las Personas Físicas, el texto refundido de la Ley del

2. Las compensaciones previstas en el apartado anterior deberán efectuarse en la cuantía máxima que permita cada uno de los ejercicios siguientes y sin que puedan practicarse fuera del plazo a que se refiere el apartado anterior mediante la acumulación a rentas negativas de ejercicios posteriores.

TÍTULO IV
BASE LIQUIDABLE

Artículo 50. Base liquidable general y del ahorro[126].

1. La base liquidable general estará constituida por el resultado de practicar en la base imponible general, exclusivamente y por este orden, las reducciones a que se refieren los artículos 51, 53, 54, 55 y disposición adicional undécima de esta Ley, sin que pueda resultar negativa como consecuencia de dichas disminuciones.

2. La base liquidable del ahorro será el resultado de disminuir la base imponible del ahorro en el remanente, si lo hubiera, de la reducción prevista en el artículo 55, sin que pueda resultar negativa como consecuencia de tal disminución.

3. Si la base liquidable general resultase negativa, su importe podrá ser compensado con los de las bases liquidables generales positivas que se obtengan en los cuatro años siguientes.

La compensación deberá efectuarse en la cuantía máxima que permita cada uno de los ejercicios siguientes y sin que pueda practicarse fuera del plazo a que se refiere el párrafo anterior mediante la acumulación a bases liquidables generales negativas de años posteriores.

Impuesto sobre la Renta de no Residentes, aprobado por el Real Decreto Legislativo 5/2004, de 5 de marzo, y otras normas tributarias.

[126]   Nueva redacción de los apartados 1 y 2 según el Art. 1º. 30 de la Ley 26/2014, de 27 de noviembre, por la que se modifican la Ley 35/2006, de 28 de noviembre, del Impuesto sobre la Renta de las Personas Físicas, el texto refundido de la Ley del Impuesto sobre la Renta de no Residentes, aprobado por el Real Decreto Legislativo 5/2004, de 5 de marzo, y otras normas tributarias.

§1

CAPÍTULO I
REDUCCIONES POR ATENCIÓN A SITUACIONES DE DEPENDENCIA Y ENVEJECIMIENTO

Artículo 51. Reducciones por aportaciones y contribuciones a sistemas de previsión social.

Podrán reducirse en la base imponible general las siguientes aportaciones y contribuciones a sistemas de previsión social:

1. Aportaciones y contribuciones a planes de pensiones

1.º Las aportaciones realizadas por los partícipes a planes de pensiones, incluyendo las contribuciones del promotor que le hubiesen sido imputadas en concepto de rendimiento del trabajo.

2.º Las aportaciones realizadas por los partícipes a los planes de pensiones regulados en la Directiva 2003/41/CE del Parlamento Europeo y del Consejo, de 3 de junio de 2003, relativa a las actividades y la supervisión de fondos de pensiones de empleo[127], incluidas las contribuciones efectuadas por las empresas promotoras, siempre que se cumplan los siguientes requisitos:

a) Que las contribuciones se imputen fiscalmente al partícipe a quien se vincula la prestación.

b) Que se transmita al partícipe de forma irrevocable el derecho a la percepción de la prestación futura.

c) Que se transmita al partícipe la titularidad de los recursos en que consista dicha contribución.

d) Las contingencias cubiertas deberán ser las previstas en el artículo 8.6 del texto refundido de la Ley de regulación de los planes y fondos de pensiones, aprobado por el Real Decreto Legislativo 1/2002, de 29 de noviembre.

2. Las aportaciones y contribuciones a mutualidades de previsión social que cumplan los siguientes requisitos:

a) Requisitos subjetivos:

---

[127]   §1 D.A. 9ª

§1

1.º Las cantidades abonadas en virtud de contratos de seguro concertados con mutualidades de previsión social por profesionales no integrados en alguno de los regímenes de la Seguridad Social, por sus cónyuges y familiares consanguíneos en primer grado, así como por los trabajadores de las citadas mutualidades, en la parte que tenga por objeto la cobertura de las contingencias previstas en el artículo 8.6 del texto refundido de la Ley de Regulación de los Planes y Fondos de Pensiones siempre que no hayan tenido la consideración de gasto deducible para los rendimientos netos de actividades económicas, en los términos que prevé el segundo párrafo de la regla 1.ª del artículo 30.2 de esta Ley.

2.º Las cantidades abonadas en virtud de contratos de seguro concertados con mutualidades de previsión social por profesionales o empresarios individuales integrados en cualquiera de los regímenes de la Seguridad Social, por sus cónyuges y familiares consanguíneos en primer grado, así como por los trabajadores de las citadas mutualidades, en la parte que tenga por objeto la cobertura de las contingencias previstas en el artículo 8.6 del texto refundido de la Ley de Regulación de los Planes y Fondos de Pensiones.

3.º Las cantidades abonadas en virtud de contratos de seguro concertados con mutualidades de previsión social por trabajadores por cuenta ajena o socios trabajadores, incluidas las contribuciones del promotor que les hubiesen sido imputadas en concepto de rendimientos del trabajo, cuando se efectúen de acuerdo con lo previsto en la disposición adicional primera del texto refundido de la Ley de Regulación de los Planes y Fondos de Pensiones, con inclusión del desempleo para los citados socios trabajadores.

b) Los derechos consolidados de los mutualistas sólo podrán hacerse efectivos en los supuestos previstos, para los planes de pensiones, por el artículo 8.8 del texto refundido de la Ley de Regulación de los Planes y Fondos de Pensiones.

3. Las primas satisfechas a los planes de previsión asegurados. Los planes de previsión asegurados se definen como contratos de seguro que deben cumplir los siguientes requisitos:

§1

a) El contribuyente deberá ser el tomador, asegurado y beneficiario. No obstante, en el caso de fallecimiento, podrá generar derecho a prestaciones en los términos previstos en el texto refundido de la Ley de Regulación de los Planes y Fondos de Pensiones, aprobado por el Real Decreto Legislativo 1/2002, de 29 de noviembre.

b) Las contingencias cubiertas deberán ser, únicamente, las previstas en el artículo 8.6 del texto refundido de la Ley de Regulación de los Planes y Fondos de Pensiones, aprobado por el Real Decreto Legislativo 1/2002, de 29 de noviembre, y deberán tener como cobertura principal la de jubilación. Sólo se permitirá la disposición anticipada, total o parcial, en estos contratos en los supuestos previstos en el artículo 8.8 del citado texto refundido. En dichos contratos no será de aplicación lo dispuesto en los artículos 97 y 99 de la Ley 50/1980, de 8 de octubre, de Contrato de Seguro[128].

c) Este tipo de seguros tendrá obligatoriamente que ofrecer una garantía de interés y utilizar técnicas actuariales.

d) En el condicionado de la póliza se hará constar de forma expresa y destacada que se trata de un plan de previsión asegurado. La denominación Plan de Previsión Asegurado y sus siglas quedan reservadas a los contratos de seguro que cumplan los requisitos previstos en esta Ley.

e) Reglamentariamente se establecerán los requisitos y condiciones para la movilización de la provisión matemática a otro plan de previsión asegurado.

En los aspectos no específicamente regulados en los párrafos anteriores y sus normas de desarrollo, el régimen financiero y fiscal de las aportaciones, contingencias y prestaciones de estos contratos se regirá por la normativa de los planes de pensiones, salvo los aspectos financiero-actuariales de las provisiones técnicas correspondientes. En particular, los derechos en un plan de previsión asegurado no podrán ser objeto de embargo, traba judicial o administrativa hasta el momento en que se cause el derecho a la prestación o en que sean disponibles en los supuestos de

---

[128] §2 Art. 49.

enfermedad grave, desempleo de larga duración o por corresponder a primas abonadas con al menos diez años de antigüedad[129].

4. Las aportaciones realizadas por los trabajadores a los planes de previsión social empresarial regulados en la disposición adicional primera del texto refundido de la Ley de Regulación de los Planes y Fondos de Pensiones, incluyendo las contribuciones del tomador.

En todo caso los planes de previsión social empresarial deberán cumplir los siguientes requisitos:

a) Serán de aplicación a este tipo de contratos de seguro los principios de no discriminación, capitalización, irrevocabilidad de aportaciones y atribución de derechos establecidos en el número 1 del artículo 5 del Texto Refundido de la Ley de Regulación de los Planes y Fondos de Pensiones, aprobado por Real Decreto Legislativo 1/2002, de 29 de noviembre.

b) La póliza dispondrá las primas que, en cumplimiento del plan de previsión social, deberá satisfacer el tomador, las cuales serán objeto de imputación a los asegurados.

c) En el condicionado de la póliza se hará constar de forma expresa y destacada que se trata de un plan de previsión social empresarial. La denominación Plan de Previsión Social Empresarial y sus siglas quedan reservadas a los contratos de seguro que cumplan los requisitos previstos en esta Ley.

d) Reglamentariamente se establecerán los requisitos y condiciones para la movilización de la provisión matemática a otro plan de previsión social empresarial.

e) Lo dispuesto en las letras b) y c) del apartado 3 anterior.

En los aspectos no específicamente regulados en los párrafos anteriores y sus normas de desarrollo, resultará de aplicación lo dispuesto en el último párrafo del apartado 3 anterior.

---

[129]   Nueva redacción de este apartado según el Art. 1º. 31 de la Ley 26/2014, de 27 de noviembre, por la que se modifican la Ley 35/2006, de 28 de noviembre, del Impuesto sobre la Renta de las Personas Físicas, el texto refundido de la Ley del Impuesto sobre la Renta de no Residentes, aprobado por el Real Decreto Legislativo 5/2004, de 5 de marzo, y otras normas tributarias.

§1

5. Las primas satisfechas a los seguros privados que cubran exclusivamente el riesgo de dependencia severa o de gran dependencia conforme a
lo dispuesto en la Ley de promoción de la autonomía personal y atención
a las personas en situación de dependencia.

Igualmente, las personas que tengan con el contribuyente una relación
de parentesco en línea directa o colateral hasta el tercer grado inclusive,
o por su cónyuge, o por aquellas personas que tuviesen al contribuyente
a su cargo en régimen de tutela o acogimiento, podrán reducir en su base
imponible las primas satisfechas a estos seguros privados, teniendo en
cuenta el límite de reducción previsto en el artículo 52 de esta Ley.

El conjunto de las reducciones practicadas por todas las personas que
satisfagan primas a favor de un mismo contribuyente, incluidas las del
propio contribuyente, no podrán exceder de 1.500 euros anuales.

Estas primas no estarán sujetas al Impuesto sobre Sucesiones y Donaciones.

El contrato de seguro deberá cumplir en todo caso lo dispuesto en las
letras a) y c) del apartado 3 anterior.

En los aspectos no específicamente regulados en los párrafos anteriores y sus normas de desarrollo, resultará de aplicación lo dispuesto en el
último párrafo del apartado 3 anterior.

Tratándose de seguros colectivos de dependencia efectuados de acuerdo con lo previsto en la disposición adicional primera del texto refundido
de la Ley de Regulación de los Planes y Fondos de Pensiones, aprobado por
el Real Decreto Legislativo 1/2002, de 29 de noviembre, como tomador
del seguro figurará exclusivamente la empresa y la condición de asegurado
y beneficiario corresponderá al trabajador. Las primas satisfechas por la
empresa en virtud de estos contratos de seguro e imputadas al trabajador
tendrán un límite de reducción propio e independiente de 5.000 euros
anuales.

Reglamentariamente se desarrollará lo previsto en este apartado[130].

---

[130]   Nueva redacción de este apartado según el art. 59.1 de la Ley 22/2021, de 28 de
        diciembre, de 28 de diciembre, de Presupuestos Generales del Estado para el año
        2022.

6. El conjunto de las aportaciones anuales máximas que pueden dar derecho a reducir la base imponible realizadas a los sistemas de previsión social previstos en los apartados 1, 2, 3, 4 y 5 anteriores, incluyendo, en su caso, las que hubiesen sido imputadas por los promotores, no podrá exceder de las cantidades previstas en el artículo 5.3 del texto refundido de la Ley de Regulación de los Planes y Fondos de Pensiones.

Las prestaciones percibidas tributarán en su integridad sin que en ningún caso puedan minorarse en las cuantías correspondientes a los excesos de las aportaciones y contribuciones.

7. Además de las reducciones realizadas con los límites previstos en el artículo siguiente, los contribuyentes cuyo cónyuge no obtenga rendimientos netos del trabajo ni de actividades económicas, o los obtenga en cuantía inferior a 8.000 euros anuales, podrán reducir en la base imponible las aportaciones realizadas a los sistemas de previsión social previstos en este artículo de los que sea partícipe, mutualista o titular dicho cónyuge, con el límite máximo de 1.000 euros anuales.

Estas aportaciones no estarán sujetas al Impuesto sobre Sucesiones y Donaciones[131].

8. Si el contribuyente dispusiera de los derechos consolidados así como los derechos económicos que se derivan de los diferentes sistemas de previsión social previstos en este artículo, total o parcialmente, en supuestos distintos de los previstos en la normativa de planes y fondos de pensiones, deberá reponer las reducciones en la base imponible indebidamente practicadas, mediante las oportunas autoliquidaciones complementarias, con inclusión de los intereses de demora. Las cantidades percibidas que excedan del importe de las aportaciones realizadas, incluyendo, en su caso, las contribuciones imputadas por el promotor, tributarán como rendimiento del trabajo en el período impositivo en que se perciban[132].

---

[131]   Nueva redacción de este apartado según el art. 59.1 de la Ley 22/2021, de 28 de diciembre, de 28 de diciembre, de Presupuestos Generales del Estado para el año 2022.

[132]   §2 Art. 50.

§1

9. La reducción prevista en este artículo resultará de aplicación cualquiera que sea la forma en que se perciba la prestación. En el caso de que la misma se perciba en forma de renta vitalicia asegurada, se podrán establecer mecanismos de reversión o períodos ciertos de prestación o fórmulas de contraseguro en caso de fallecimiento una vez constituida la renta vitalicia.

Artículo 52. Límite de reducción[133].

1. Como límite máximo conjunto para las reducciones previstas en los apartados 1, 2, 3, 4 y 5 del artículo 51 de esta ley, se aplicará la menor de las cantidades siguientes:

a) El 30 por 100 de la suma de los rendimientos netos del trabajo y de actividades económicas percibidos individualmente en el ejercicio.

b) 1.500 euros anuales.

Este límite se incrementará en los siguientes supuestos, en las cuantías que se indican:

1.º En 8.500 euros anuales, siempre que tal incremento provenga de contribuciones empresariales, o de aportaciones del trabajador al mismo instrumento de previsión social por importe igual o inferior a las cantidades que resulten del siguiente cuadro en función del importe anual de la contribución empresarial:

Importe anual de la contribución	Aportación máxima del trabajador
Igual o inferior a 500 euros.	El resultado de multiplicar la contribución empresarial por 2,5
Entre 500,01 y 1.500 euros.	1.250 euros, más el resultado de multiplicar por 0,25 la diferencia entre la contribución empresarial y 500 euros
Más de 1.500 euros.	El resultado de multiplicar la contribución empresarial por 1

---

[133] Nueva redacción de este apartado según el Art. 62.1 de la Ley 11/2020, de 30 de diciembre, de Presupuestos Generales del Estado para el año 2021.

No obstante, en todo caso se aplicará el multiplicador 1 cuando el trabajador obtenga en el ejercicio rendimientos íntegros del trabajo superiores a 60.000 euros procedentes de la empresa que realiza la contribución, a cuyo efecto la empresa deberá comunicar a la entidad gestora o aseguradora del instrumento de previsión social que no concurre esta circunstancia.

A estos efectos, las cantidades aportadas por la empresa que deriven de una decisión del trabajador tendrán la consideración de aportaciones del trabajador.

2.º En 4.250 euros anuales, siempre que tal incremento provenga de aportaciones a los planes de pensiones sectoriales previstos en la letra a) del apartado 1 del artículo 67 del texto refundido de la Ley de Regulación de los Planes y Fondos de Pensiones, realizadas por trabajadores por cuenta propia o autónomos que se adhieran a dichos planes por razón de su actividad; aportaciones a los planes de pensiones de empleo simplificados de trabajadores por cuenta propia o autónomos previstos en la letra c) del apartado 1 del artículo 67 del texto refundido de la Ley de Regulación de los Planes y Fondos de Pensiones; o de aportaciones propias que el empresario individual o el profesional realice a planes de pensiones de empleo, de los que sea promotor y, además, partícipe o a Mutualidades de Previsión Social de las que sea mutualista, así como las que realice a planes de previsión social empresarial o seguros colectivos de dependencia de los que, a su vez, sea tomador y asegurado.

En todo caso, la cuantía máxima de reducción por aplicación de los incrementos previstos en los números 1.º y 2.º anteriores será de 8.500 euros anuales.

Además, 5.000 euros anuales para las primas a seguros colectivos de dependencia satisfechas por la empresa[134].

---

[134]   Nueva redacción de este apartado según la D.F. 1ª.Uno de la Ley 12/2022, de 30 de junio, de regulación para el impulso de los planes de pensiones de empleo, por la que se modifica el texto refundido de la Ley de Regulación de los Planes y Fondos de Pensiones, aprobado por Real Decreto Legislativo 1/2002, de 29 de noviembre.

§1

2. Los partícipes, mutualistas o asegurados que hubieran efectuado aportaciones a los sistemas de previsión social a que se refiere el artículo 51 de esta Ley, podrán reducir en los cinco ejercicios siguientes las cantidades aportadas incluyendo, en su caso, las aportaciones del promotor o las realizadas por la empresa que les hubiesen sido imputadas, que no hubieran podido ser objeto de reducción en la base imponible por insuficiencia de la misma o por aplicación del límite porcentual establecido en el apartado 1 anterior. Esta regla no resultará de aplicación a las aportaciones y contribuciones que excedan de los límites máximos previstos en el apartado 6 del artículo 51[135].

Artículo 53. Reducciones por aportaciones y contribuciones a sistemas de previsión social constituidos a favor de personas con discapacidad.

1. Las aportaciones realizadas a planes de pensiones a favor de personas con discapacidad con un grado de minusvalía física o sensorial igual o superior al 65 por ciento, psíquica igual o superior al 33 por 100, así como de personas que tengan una incapacidad declarada judicialmente con independencia de su grado, de acuerdo con lo previsto en la disposición adicional décima de esta Ley, podrán ser objeto de reducción en la base imponible con los siguientes límites máximos:

a) Las aportaciones anuales realizadas a planes de pensiones a favor de personas con discapacidad con las que exista relación de parentesco o tutoría, con el límite de 10.000 euros anuales.

Ello sin perjuicio de las aportaciones que puedan realizar a sus propios planes de pensiones, de acuerdo con los límites establecidos en el artículo 52 de esta ley.

b) Las aportaciones anuales realizadas por las personas con discapacidad partícipes, con el límite de 24.250 euros anuales. Además, 5.000 euros anuales para las primas a seguros colectivos de dependencia satisfechas por la empresa.

---

[135]   §2 Art. 51.

El conjunto de las reducciones practicadas por todas las personas que realicen aportaciones a favor de una misma persona con discapacidad, incluidas las de la propia persona con discapacidad, no podrá exceder de 24.250 euros anuales. A estos efectos, cuando concurran varias aportaciones a favor de la persona con discapacidad, habrán de ser objeto de reducción, en primer lugar, las aportaciones realizadas por la propia persona con discapacidad, y sólo si las mismas no alcanzaran el límite de 24.250 euros señalado, podrán ser objeto de reducción las aportaciones realizadas por otras personas a su favor en la base imponible de éstas, de forma proporcional, sin que, en ningún caso, el conjunto de las reducciones practicadas por todas las personas que realizan aportaciones a favor de una misma persona con discapacidad pueda exceder de 24.250 euros.

c) Las aportaciones que no hubieran podido ser objeto de reducción en la base imponible por insuficiencia de la misma podrán reducirse en los cinco ejercicios siguientes. Esta regla no resultará de aplicación a las aportaciones y contribuciones que excedan de los límites previstos en este apartado 1[136].

2. El régimen regulado en este artículo también será de aplicación a las aportaciones a mutualidades de previsión social, a las primas satisfechas a los planes de previsión asegurados, a los planes de previsión social empresarial y a los seguros de dependencia que cumplan los requisitos previstos en el artículo 51 y en la disposición adicional décima de esta ley. En tal caso, los límites establecidos en el apartado 1 anterior serán conjuntos para todos los sistemas de previsión social constituidos a favor de personas con discapacidad.

3. Las aportaciones a estos sistemas de previsión social constituidos a favor de personas con discapacidad, realizadas por las personas a las que se refiere el apartado 1 de la disposición adicional décima de esta ley, no estarán sujetas al Impuesto sobre Sucesiones y Donaciones.

---

[136]   §2 Art. 51.

§1

4. A los efectos de la percepción de las prestaciones y de la disposición anticipada de derechos consolidados o económicos en supuestos distintos de los previstos en la disposición adicional décima de esta Ley, se aplicará lo dispuesto en los apartados 8 y 9 del artículo 51 de esta Ley[137].

Artículo 54. Reducciones por aportaciones a patrimonios protegidos de las personas con discapacidad.

1. Las aportaciones al patrimonio protegido de la persona con discapacidad efectuadas por las personas que tengan con el mismo una relación de parentesco en línea directa o colateral hasta el tercer grado inclusive, así como por el cónyuge de la persona con discapacidad o por aquellos que lo tuviesen a su cargo en régimen de tutela o acogimiento, darán derecho a reducir la base imponible del aportante, con el límite máximo de 10.000 euros anuales.

El conjunto de las reducciones practicadas por todas las personas que efectúen aportaciones a favor de un mismo patrimonio protegido no podrá exceder de 24.250 euros anuales.

A estos efectos, cuando concurran varias aportaciones a favor de un mismo patrimonio protegido, las reducciones correspondientes a dichas aportaciones habrán de ser minoradas de forma proporcional sin que, en ningún caso, el conjunto de las reducciones practicadas por todas las personas físicas que realicen aportaciones a favor de un mismo patrimonio protegido pueda exceder de 24.250 euros anuales.

2. Las aportaciones que excedan de los límites previstos en el apartado anterior darán derecho a reducir la base imponible de los cuatro períodos impositivos siguientes, hasta agotar, en su caso, en cada uno de ellos los importes máximos de reducción.

Lo dispuesto en el párrafo anterior también resultará aplicable en los supuestos en que no proceda la reducción por insuficiencia de base imponible.

---

[137]   §2 Art. 50.

§1

Cuando concurran en un mismo período impositivo reducciones de la base imponible por aportaciones efectuadas en el ejercicio con reducciones de ejercicios anteriores pendientes de aplicar, se practicarán en primer lugar las reducciones procedentes de los ejercicios anteriores, hasta agotar los importes máximos de reducción.

3. Tratándose de aportaciones no dinerarias se tomará como importe de la aportación el que resulte de lo previsto en el artículo 18 de la Ley 49/2002, de 23 de diciembre, de régimen fiscal de las entidades sin fines lucrativos y de los incentivos fiscales al mecenazgo.

4. No generarán el derecho a reducción las aportaciones de elementos afectos a la actividad que efectúen los contribuyentes de este Impuesto que realicen actividades económicas.

En ningún caso darán derecho a reducción las aportaciones efectuadas por la propia persona con discapacidad titular del patrimonio protegido.

5. La disposición de cualquier bien o derecho aportado al patrimonio protegido de la persona con discapacidad efectuada en el período impositivo en que se realiza la aportación o en los cuatro siguientes tendrá las siguientes consecuencias fiscales:

a) Si el aportante fue un contribuyente por este Impuesto, deberá reponer las reducciones en la base imponible indebidamente practicadas mediante la presentación de la oportuna autoliquidación complementaria con inclusión de los intereses de demora que procedan, en el plazo que medie entre la fecha en que se produzca la disposición y la finalización del plazo reglamentario de declaración correspondiente al período impositivo en que se realice dicha disposición.

b) El titular del patrimonio protegido que recibió la aportación deberá integrar en la base imponible la parte de la aportación recibida que hubiera dejado de integrar en el período impositivo en que recibió la aportación como consecuencia de la aplicación de lo dispuesto en la letra w) del artículo 7 de esta Ley, mediante la presentación de la oportuna autoliquidación complementaria con inclusión de los intereses de demora que procedan, en el plazo que medie entre la fecha en que se produzca la disposición y la finalización del plazo reglamentario

§1

de declaración correspondiente al período impositivo en que se realice dicha disposición.

En los casos en que la aportación se hubiera realizado al patrimonio protegido de los parientes, cónyuges o personas a cargo de los trabajadores en régimen de tutela o acogimiento, a que se refiere el apartado 1 de este artículo, por un sujeto pasivo del Impuesto sobre Sociedades, la obligación descrita en el párrafo anterior deberá ser cumplida por dicho trabajador.

c) A los efectos de lo dispuesto en el apartado 5 del artículo 43 del texto refundido de la Ley del Impuesto sobre Sociedades, el trabajador titular del patrimonio protegido deberá comunicar al empleador que efectuó las aportaciones, las disposiciones que se hayan realizado en el período impositivo.

En los casos en que la disposición se hubiera efectuado en el patrimonio protegido de los parientes, cónyuges o personas a cargo de los trabajadores en régimen de tutela o acogimiento, la comunicación a que se refiere el párrafo anterior también deberá efectuarla dicho trabajador.

La falta de comunicación o la realización de comunicaciones falsas, incorrectas o inexactas constituirá infracción tributaria leve. Esta infracción se sancionará con multa pecuniaria fija de 400 euros.

La sanción impuesta de acuerdo con lo previsto en este apartado se reducirá conforme a lo dispuesto en el apartado 3 del artículo 188 de la Ley 58/2003, de 17 de diciembre, General Tributaria.

A los efectos previstos en este apartado, tratándose de bienes o derechos homogéneos se entenderá que fueron dispuestos los aportados en primer lugar.

No se aplicará lo dispuesto en este apartado en caso de fallecimiento del titular del patrimonio protegido, del aportante o de los trabajadores a los que se refiere el apartado 2 del artículo 43 del texto refundido de la Ley del Impuesto sobre Sociedades.

CAPÍTULO II
REDUCCIÓN POR PENSIONES COMPENSATORIAS

Artículo 55. Reducciones por pensiones compensatorias.

Las pensiones compensatorias a favor del cónyuge y las anualidades por alimentos, con excepción de las fijadas en favor de los hijos del contribuyente, satisfechas ambas por decisión judicial, podrán ser objeto de reducción en la base imponible.

TÍTULO V
ADECUACIÓN DEL IMPUESTO A LAS CIRCUNSTANCIAS PERSONALES Y FAMILIARES DEL CONTRIBUYENTE

Artículo 56. Mínimo personal y familiar.

1. El mínimo personal y familiar constituye la parte de la base liquidable que, por destinarse a satisfacer las necesidades básicas personales y familiares del contribuyente, no se somete a tributación por este Impuesto.

2. Cuando la base liquidable general sea superior al importe del mínimo personal y familiar, éste formará parte de la base liquidable general.

Cuando la base liquidable general sea inferior al importe del mínimo personal y familiar, éste formará parte de la base liquidable general por el importe de esta última y de la base liquidable del ahorro por el resto.

Cuando no exista base liquidable general, el mínimo personal y familiar formará parte de la base liquidable del ahorro.

3. El mínimo personal y familiar será el resultado de sumar el mínimo del contribuyente y los mínimos por descendientes, ascendientes y discapacidad a que se refieren los artículos 57, 58, 59 y 60 de esta Ley, incrementados o disminuidos a efectos de cálculo del gravamen autonómico en los importes que, de acuerdo con lo establecido en la Ley 22/2009, por la que se regula el sistema de financiación de las Comunidades Autónomas de régimen común y Ciudades con Estatuto de Autonomía, hayan sido aprobados por la Comunidad Autónoma[138].

---

[138] Nueva redacción de este apartado según la D.F. 2ª.3 de la Ley 22/2009, de 18 de diciembre, por la que se regula el sistema de financiación de las Comunidades Au-

Artículo 57. Mínimo del contribuyente[139].

1. El mínimo del contribuyente será, con carácter general, de 5.550 euros anuales.

2. Cuando el contribuyente tenga una edad superior a 65 años, el mínimo se aumentará en 1.150 euros anuales. Si la edad es superior a 75 años, el mínimo se aumentará adicionalmente en 1.400 euros anuales.

Artículo 58. Mínimo por descendientes[140].

1. El mínimo por descendientes será, por cada uno de ellos menor de veinticinco años o con discapacidad cualquiera que sea su edad, siempre que conviva con el contribuyente y no tenga rentas anuales, excluidas las exentas, superiores a 8.000 euros, de:

2.400 euros anuales por el primero.

2.700 euros anuales por el segundo.

4.000 euros anuales por el tercero.

4.500 euros anuales por el cuarto y siguientes.

A estos efectos, se asimilarán a los descendientes aquellas personas vinculadas al contribuyente por razón de tutela y acogimiento, en los términos previstos en la legislación civil aplicable. Asimismo, se asimilará a la convivencia con el contribuyente, la dependencia respecto de este último salvo cuando resulte de aplicación lo dispuesto en los artículos 64 y 75 de esta Ley.

---

tónomas de régimen común y Ciudades con Estatuto de Autonomía y se modifican determinadas normas tributarias.

[139] Nueva redacción según el Art. 1º. 33 de la Ley 26/2014, de 27 de noviembre, por la que se modifican la Ley 35/2006, de 28 de noviembre, del Impuesto sobre la Renta de las Personas Físicas, el texto refundido de la Ley del Impuesto sobre la Renta de no Residentes, aprobado por el Real Decreto Legislativo 5/2004, de 5 de marzo, y otras normas tributarias.

[140] Nueva redacción según el Art. 1º. 34 de la Ley 26/2014, de 27 de noviembre, por la que se modifican la Ley 35/2006, de 28 de noviembre, del Impuesto sobre la Renta de las Personas Físicas, el texto refundido de la Ley del Impuesto sobre la Renta de no Residentes, aprobado por el Real Decreto Legislativo 5/2004, de 5 de marzo, y otras normas tributarias.

2. Cuando el descendiente sea menor de tres años, el mínimo a que se refiere el apartado 1 anterior se aumentará en 2.800 euros anuales.

En los supuestos de adopción o acogimiento, tanto preadoptivo como permanente, dicho aumento se producirá, con independencia de la edad del menor, en el período impositivo en que se inscriba en el Registro Civil y en los dos siguientes. Cuando la inscripción no sea necesaria, el aumento se podrá practicar en el período impositivo en que se produzca la resolución judicial o administrativa correspondiente y en los dos siguientes[141].

Artículo 59. Mínimo por ascendientes[142].

1. El mínimo por ascendientes será de 1.150 euros anuales, por cada uno de ellos mayor de 65 años o con discapacidad cualquiera que sea su edad que conviva con el contribuyente y no tenga rentas anuales, excluidas las exentas, superiores a 8.000 euros.

Entre otros casos, se considerará que conviven con el contribuyente los ascendientes con discapacidad que, dependiendo del mismo, sean internados en centros especializados.

2. Cuando el ascendiente sea mayor de 75 años, el mínimo a que se refiere el apartado 1 anterior se aumentará en 1.400 euros anuales.

Artículo 60. Mínimo por discapacidad[143].

El mínimo por discapacidad será la suma del mínimo por discapacidad del contribuyente y del mínimo por discapacidad de ascendientes y descendientes.

---

[141]   §2 Art. 53.

[142]   Nueva redacción según el Art. 1º. 35 de la Ley 26/2014, de 27 de noviembre, por la que se modifican la Ley 35/2006, de 28 de noviembre, del Impuesto sobre la Renta de las Personas Físicas, el texto refundido de la Ley del Impuesto sobre la Renta de no Residentes, aprobado por el Real Decreto Legislativo 5/2004, de 5 de marzo, y otras normas tributarias.

[143]   Nueva redacción según el Art. 1º. 36 de la Ley 26/2014, de 27 de noviembre, por la que se modifican la Ley 35/2006, de 28 de noviembre, del Impuesto sobre la Renta de las Personas Físicas, el texto refundido de la Ley del Impuesto sobre la Renta de

§1

1. El mínimo por discapacidad del contribuyente será de 3.000 euros anuales cuando sea una persona con discapacidad y 9.000 euros anuales cuando sea una persona con discapacidad y acredite un grado de discapacidad igual o superior al 65 por ciento.

Dicho mínimo se aumentará, en concepto de gastos de asistencia, en 3.000 euros anuales cuando acredite necesitar ayuda de terceras personas o movilidad reducida, o un grado de discapacidad igual o superior al 65 por ciento.

2. El mínimo por discapacidad de ascendientes o descendientes será de 3.000 euros anuales por cada uno de los descendientes o ascendientes que generen derecho a la aplicación del mínimo a que se refieren los artículos 58 y 59 de esta Ley, que sean personas con discapacidad, cualquiera que sea su edad. El mínimo será de 9.000 euros anuales, por cada uno de ellos que acrediten un grado de discapacidad igual o superior al 65 por ciento.

Dicho mínimo se aumentará, en concepto de gastos de asistencia, en 3.000 euros anuales por cada ascendiente o descendiente que acredite necesitar ayuda de terceras personas o movilidad reducida, o un grado de discapacidad igual o superior al 65 por ciento.

3. A los efectos de este Impuesto, tendrán la consideración de personas con discapacidad los contribuyentes que acrediten, en las condiciones que reglamentariamente se establezcan, un grado de discapacidad igual o superior al 33 por ciento.

En particular, se considerará acreditado un grado de discapacidad igual o superior al 33 por ciento en el caso de los pensionistas de la Seguridad Social que tengan reconocida una pensión de incapacidad permanente total, absoluta o gran invalidez y en el caso de los pensionistas de clases pasivas que tengan reconocida una pensión de jubilación o retiro por incapacidad permanente para el servicio o inutilidad. Igualmente, se considerará acreditado un grado de discapacidad igual o superior al 65 por ciento, cuando se trate de personas cuya incapacidad sea declarada judicialmente, aunque no alcance dicho grado.

---

no Residentes, aprobado por el Real Decreto Legislativo 5/2004, de 5 de marzo, y otras normas tributarias.

Artículo 61. Normas comunes para la aplicación del mínimo del contribuyente y por descendientes, ascendientes y discapacidad[144].

Para la determinación del importe de los mínimos a que se refieren los artículos 57, 58, 59 y 60 de esta Ley, se tendrán en cuenta las siguientes normas:

1.ª Cuando dos o más contribuyentes tengan derecho a la aplicación del mínimo por descendientes, ascendientes o discapacidad, respecto de los mismos ascendientes o descendientes, su importe se prorrateará entre ellos por partes iguales.

No obstante, cuando los contribuyentes tengan distinto grado de parentesco con el ascendiente o descendiente, la aplicación del mínimo corresponderá a los de grado más cercano, salvo que éstos no tengan rentas anuales, excluidas las exentas, superiores a 8.000 euros, en cuyo caso corresponderá a los del siguiente grado.

2.ª No procederá la aplicación del mínimo por descendientes, ascendientes o discapacidad, cuando los ascendientes o descendientes que generen el derecho a los mismos presenten declaración por este Impuesto con rentas superiores a 1.800 euros.

3.ª La determinación de las circunstancias personales y familiares que deban tenerse en cuenta a efectos de lo establecido en los artículos 57, 58, 59 y 60 de esta ley, se realizará atendiendo a la situación existente en la fecha de devengo del Impuesto.

4.ª No obstante lo dispuesto en el apartado anterior, en caso de fallecimiento de un descendiente o ascendiente que genere el derecho al mínimo por descendientes o ascendientes, la cuantía será de 2.400 euros anuales o 1.150 euros anuales por ese descendiente o ascendiente, respectivamente.

---

[144]   Nueva redacción según el Art. 1º. 37 de la Ley 26/2014, de 27 de noviembre, por la que se modifican la Ley 35/2006, de 28 de noviembre, del Impuesto sobre la Renta de las Personas Físicas, el texto refundido de la Ley del Impuesto sobre la Renta de no Residentes, aprobado por el Real Decreto Legislativo 5/2004, de 5 de marzo, y otras normas tributarias.

§1

5.ª Para la aplicación del mínimo por ascendientes, será necesario que éstos convivan con el contribuyente, al menos, la mitad del período impositivo o, en el caso de fallecimiento del ascendiente antes de la finalización de este, la mitad del período transcurrido entre el inicio del período impositivo y la fecha de fallecimiento.

Artículo 61 bis. Reducción por cuotas y aportaciones a partidos políticos[145].

TÍTULO VI
CÁLCULO DEL IMPUESTO ESTATAL

CAPÍTULO I
DETERMINACIÓN DE LA CUOTA ÍNTEGRA ESTATAL

Artículo 62. Cuota íntegra estatal.
La cuota íntegra estatal será la suma de las cantidades resultantes de aplicar los tipos de gravamen, a los que se refieren los artículos 63 y 66 de esta Ley, a las bases liquidables general y del ahorro, respectivamente.

Artículo 63. Escala general del Impuesto.
1. La parte de la base liquidable general que exceda del importe del mínimo personal y familiar a que se refiere el artículo 56 de esta Ley será gravada de la siguiente forma:
1.º A la base liquidable general se le aplicarán los tipos que se indican en la siguiente escala:

---

[145]   Artículo suprimido por el Art. 1º. 38 de la Ley 26/2014, de 27 de noviembre, por la que se modifican la Ley 35/2006, de 28 de noviembre, del Impuesto sobre la Renta de las Personas Físicas, el texto refundido de la Ley del Impuesto sobre la Renta de no Residentes, aprobado por el Real Decreto Legislativo 5/2004, de 5 de marzo, y otras normas tributarias.

Base liquidable - Hasta euros	Cuota íntegra - Euros	Resto base liquidable - Hasta euros	Tipo aplicable - Porcentaje
0,00	0,00	12.450,00	9,50
12.450,00	1.182,75	7.750,00	12,00
20.200,00	2.112,75	15.000,00	15,00
35.200,00	4.362,75	24.800,00	18,50
60.000,00	8.950,75	240.000,00	22,50
300.000,00	62.950,75	En adelante	24,50

2.º La cuantía resultante se minorará en el importe derivado de aplicar a la parte de la base liquidable general correspondiente al mínimo personal y familiar, la escala prevista en el número 1.º anterior[146].

2. Se entenderá por tipo medio de gravamen general estatal el derivado de multiplicar por 100 el cociente resultante de dividir la cuota obtenida por la aplicación de lo previsto en el apartado anterior por la base liquidable general. El tipo medio de gravamen general estatal se expresará con dos decimales.

Artículo 64. Especialidades aplicables en los supuestos de anualidades por alimentos a favor de los hijos[147].

Los contribuyentes que satisfagan las anualidades por alimentos a sus hijos previstas en la letra k) del artículo 7 sin derecho a la aplicación por estos últimos del mínimo por descendientes previsto en el artículo 58, cuando el importe de aquellas sea inferior a la base liquidable general, aplicarán la escala prevista en el número 1.º del apartado 1 del artículo 63 separadamente al importe de las anualidades por alimentos y al resto de la base liquidable general. La cuantía total resultante se minorará en el im-

---

[146]   Nueva redacción de este apartado según el Art. 58 de la Ley 11/2020, de 30 de diciembre, de Presupuestos Generales del Estado para el año 2021.

[147]   Nueva redacción según la D.F. 14ª.Dos de la Ley Orgánica 1/2025, de 2 de enero, de medidas en materia de eficiencia del Servicio Público de Justicia. Con efectos desde 3 de abril de 2025.

§1 porte derivado de aplicar la escala prevista en el número 1.º del apartado 1 del artículo 63, a la parte de la base liquidable general correspondiente al mínimo personal y familiar incrementado en 1.980 euros anuales, sin que pueda resultar negativa como consecuencia de tal minoración.

Artículo 65. Escala aplicable a los residentes en el extranjero[148].

En el caso de los contribuyentes que tuviesen su residencia habitual en el extranjero por concurrir alguna de las circunstancias a las que se refieren el apartado 2 del artículo 8 y el apartado 1 del artículo 10 de esta Ley, las escalas aplicables serán la establecida en el apartado 1 del artículo 63 y la siguiente:

Base liquidable - Hasta euros	Cuota íntegra - Euros	Resto base liquidable - Hasta euros	Tipo aplicable - Porcentaje
0,00	0,00	12.450,00	9,50
12.450,00	1.182,75	7.750,00	12,00
20.200,00	2.112,75	15.000,00	15,00
35.200,00	4.362,75	24.800,00	18,50
60.000,00	8.950,75	En adelante	22,50

Artículo 66. Tipos de gravamen del ahorro[149].

1. La parte de base liquidable del ahorro que exceda, en su caso, del importe del mínimo personal y familiar a que se refiere el artículo 56 de esta Ley, será gravada de la siguiente forma:

---

[148]   Nueva redacción según el Art. 1º. 41 de la Ley 26/2014, de 27 de noviembre, por la que se modifican la Ley 35/2006, de 28 de noviembre, del Impuesto sobre la Renta de las Personas Físicas, el texto refundido de la Ley del Impuesto sobre la Renta de no Residentes, aprobado por el Real Decreto Legislativo 5/2004, de 5 de marzo, y otras normas tributarias.

[149]   Nueva redacción según la D.F. 7ª.Uno de la Ley 7/2024, de 20 de diciembre, por la que se establecen un Impuesto Complementario para garantizar un nivel mínimo global de imposición para los grupos multinacionales y los grupos nacionales de gran magnitud, un Impuesto sobre el margen de intereses y comisiones de deter-

1.º A la base liquidable del ahorro se le aplicarán los tipos que se indican en la siguiente escala:

Base liquidable del ahorro - Hasta euros	Cuota íntegra - Euros	Resto base liquidable del ahorro - Hasta euros	Tipo aplicable - Porcentaje
0	0	6.000	9,5
6.000	570	44.000	10,5
50.000	5.190	150.000	11,5
200.000	22.440	100.000	13,5
300.000	35.940	En adelante	15

2.º La cuantía resultante se minorará en el importe derivado de aplicar a la parte de la base liquidable del ahorro correspondiente al mínimo personal y familiar, la escala prevista en el número 1.º anterior.

2. En el caso de los contribuyentes que tuviesen su residencia habitual en el extranjero por concurrir alguna de las circunstancias a las que se refieren el apartado 2 del artículo 8 y el apartado 1 del artículo 10 de esta Ley, la parte de base liquidable del ahorro que exceda, en su caso, del importe del mínimo personal y familiar a que se refiere el artículo 56 de esta Ley será gravada de la siguiente forma:

1.º A la base liquidable del ahorro se le aplicarán los tipos que se indican en la siguiente escala:

Base liquidable del ahorro - Hasta euros	Cuota íntegra - Euros	Resto base liquidable del ahorro - Hasta euros	Tipo aplicable - Porcentaje
0	0	6.000	19
6.000	1.140	44.000	21

minadas entidades financieras y un Impuesto sobre los líquidos para cigarrillos electrónicos y otros productos relacionados con el tabaco, y se modifican otras normas tributarias. Con efectos desde 1 de enero de 2025.

§1

Base liquidable del ahorro - Hasta euros	Cuota íntegra - Euros	Resto base liquidable del ahorro - Hasta euros	Tipo aplicable - Porcentaje
50.000	10.380	150.000	23
200.000	44.880	100.000	27
300.000	71.880	En adelante	30

2.º La cuantía resultante se minorará en el importe derivado de aplicar a la parte de la base liquidable del ahorro correspondiente al mínimo personal y familiar, la escala prevista en el número 1.º anterior.

CAPÍTULO II
DETERMINACIÓN DE LA CUOTA LÍQUIDA ESTATAL

Artículo 67. Cuota líquida estatal.

1. La cuota líquida estatal del Impuesto será el resultado de disminuir la cuota íntegra estatal en la suma de:

a) La deducción por inversión en empresas de nueva o reciente creación prevista en el apartado 1 del artículo 68 de esta Ley.

b) El 50 por ciento del importe total de las deducciones previstas en los apartados 2, 3, 4, y 5 del artículo 68 de esta Ley[150].

2. El resultado de las operaciones a que se refiere el apartado anterior no podrá ser negativo.

---

[150] Nueva redacción de este apartado según el Art. 1º. 43 de la Ley 26/2014, de 27 de noviembre, por la que se modifican la Ley 35/2006, de 28 de noviembre, del Impuesto sobre la Renta de las Personas Físicas, el texto refundido de la Ley del Impuesto sobre la Renta de no Residentes, aprobado por el Real Decreto Legislativo 5/2004, de 5 de marzo, y otras normas tributarias.

Artículo 68. Deducciones[151].

1. Deducción por inversión en empresas de nueva o reciente creación[152].

1.º Los contribuyentes podrán deducirse el 50 por ciento de las cantidades satisfechas en el período de que se trate por la suscripción de acciones o participaciones en empresas de nueva o reciente creación cuando se cumpla lo dispuesto en los números 2.º y 3.º de este apartado, pudiendo, además de la aportación temporal al capital, aportar sus conocimientos empresariales o profesionales adecuados para el desarrollo de la entidad en la que invierten en los términos que establezca el acuerdo de inversión entre el contribuyente y la entidad.

La base máxima de deducción será de 100.000 euros anuales y estará formada por el valor de adquisición de las acciones o participaciones suscritas.

No formarán parte de la base de deducción las cantidades satisfechas por la suscripción de acciones o participaciones cuando respecto de tales cantidades el contribuyente practique una deducción establecida por la Comunidad Autónoma en el ejercicio de las competencias previstas en la Ley 22/2009, de 18 de diciembre, por la que se regula el sistema de financiación de las Comunidades Autónomas de régimen común y Ciudades con Estatuto de Autonomía y se modifican determinadas normas tributarias.

2.º La entidad cuyas acciones o participaciones se adquieran deberá cumplir los siguientes requisitos:

a) Revestir la forma de Sociedad Anónima, Sociedad de Responsabilidad Limitada, Sociedad Anónima Laboral o Sociedad de Responsabilidad Limitada Laboral, en los términos previstos en el texto refundido de la Ley de Sociedades de Capital, aprobado por el Real Decreto Legislativo 1/2010, de 2 de julio, y en la Ley 44/2015, de 14 de octubre, de Sociedades Laborales y Participadas, y no estar admitida a negociación en ningún

---

[151]   §2 Art. 59.
[152]   Nueva redacción de este apartado según la D.F. 3ª.4 de la Ley 28/2022, de 21 de diciembre, de fomento del ecosistema de las empresas emergentes.

mercado organizado, tanto mercado regulado como sistemas multilaterales de negociación.

Este requisito deberá cumplirse durante todos los años de tenencia de la acción o participación.

b) Ejercer una actividad económica que cuente con los medios personales y materiales para el desarrollo de la misma. En particular, no podrá tener por actividad la gestión de un patrimonio mobiliario o inmobiliario a que se refiere el artículo 4.8.dos.a) de la Ley 19/1991, de 6 de junio, del Impuesto sobre el Patrimonio, en ninguno de los períodos impositivos de la entidad concluidos con anterioridad a la transmisión de la participación.

c) El importe de la cifra de los fondos propios de la entidad no podrá ser superior a 400.000 euros en el inicio del período impositivo de la misma en que el contribuyente adquiera las acciones o participaciones.

Cuando la entidad forme parte de un grupo de sociedades en el sentido del artículo 42 del Código de Comercio, con independencia de la residencia y de la obligación de formular cuentas anuales consolidadas, el importe de los fondos propios se referirá al conjunto de entidades pertenecientes a dicho grupo.

3.º A efectos de aplicar lo dispuesto en el apartado 1.º anterior deberán cumplirse las siguientes condiciones:

a) Las acciones o participaciones en la entidad deberán adquirirse por el contribuyente bien en el momento de la constitución de aquella o mediante ampliación de capital efectuada, con carácter general, en los cinco años siguientes a dicha constitución, o en los siete años siguientes a dicha constitución en el caso de empresas emergentes a las que se refiere el apartado 1 del artículo 3 de la Ley 28/2022, de 21 de diciembre, de fomento del ecosistema de las empresas emergentes, y permanecer en su patrimonio por un plazo superior a tres años e inferior a doce años.

b) La participación directa o indirecta del contribuyente, junto con la que posean en la misma entidad su cónyuge o cualquier persona unida al contribuyente por parentesco, en línea recta o colateral, por consanguinidad o afinidad, hasta el segundo grado incluido, no puede ser, durante ningún día de los años naturales de tenencia de la participación, superior al 40 por ciento del capital social de la entidad o de sus derechos de voto.

Lo dispuesto en esta letra no resultará de aplicación a los socios funda-dores de una empresa emergente a las que se refiere la Ley 28/2022, de 21 de diciembre, de fomento del ecosistema de las empresas emergentes, entendidos como aquellos que figuren en la escritura pública de constitu-ción de la misma.

c) Que no se trate de acciones o participaciones en una entidad a través de la cual se ejerza la misma actividad que se venía ejerciendo an-teriormente mediante otra titularidad.

4.º Cuando el contribuyente transmita acciones o participaciones y opte por la aplicación de la exención prevista en el apartado 2 del artí-culo 38 de esta ley, únicamente formará parte de la base de la deducción correspondiente a las nuevas acciones o participaciones suscritas la parte de la reinversión que exceda del importe total obtenido en la transmisión de aquellas. En ningún caso se podrá practicar deducción por las nuevas acciones o participaciones mientras las cantidades invertidas no superen la citada cuantía.

5.º Para la práctica de la deducción será necesario obtener una certi-ficación expedida por la entidad cuyas acciones o participaciones se ha-yan adquirido indicando el cumplimiento de los requisitos señalados en el número 2.º anterior en el período impositivo en el que se produjo la adquisición de las mismas.

2. Deducciones en actividades económicas[153].

a) A los contribuyentes por este Impuesto que ejerzan actividades eco-nómicas les serán de aplicación los incentivos y estímulos a la inversión empresarial establecidos o que se establezcan en la normativa del Impues-to sobre Sociedades con igualdad de porcentajes y límites de deducción, con excepción de lo dispuesto en los apartados 2 y 3 del artículo 39 de la Ley del Impuesto sobre Sociedades.

---

[153]   Nueva redacción de este apartado según el Art. 1.º. 45 de la Ley 26/2014, de 27 de noviembre, por la que se modifican la Ley 35/2006, de 28 de noviembre, del Impuesto sobre la Renta de las Personas Físicas, el texto refundido de la Ley del Impuesto sobre la Renta de no Residentes, aprobado por el Real Decreto Legislativo 5/2004, de 5 de marzo, y otras normas tributarias.

§1

b) Adicionalmente, los contribuyentes que cumplan los requisitos establecidos en el artículo 101 de la Ley del Impuesto sobre Sociedades podrán deducir los rendimientos netos de actividades económicas del período impositivo que se inviertan en elementos nuevos del inmovilizado material o inversiones inmobiliarias afectos a actividades económicas desarrolladas por el contribuyente.

Se entenderá que los rendimientos netos de actividades económicas del período impositivo son objeto de inversión cuando se invierta una cuantía equivalente a la parte de la base liquidable general positiva del período impositivo que corresponda a tales rendimientos, sin que en ningún caso la misma cuantía pueda entenderse invertida en más de un activo.

La inversión en elementos patrimoniales afectos a actividades económicas deberá realizarse en el período impositivo en que se obtengan los rendimientos objeto de reinversión o en el período impositivo siguiente.

La inversión se entenderá efectuada en la fecha en que se produzca la puesta a disposición de los elementos patrimoniales, incluso en el supuesto de elementos patrimoniales que sean objeto de los contratos de arrendamiento financiero a los que se refiere el apartado 1 de la disposición adicional séptima de la Ley 26/1988, de 29 de julio, sobre disciplina e intervención de las entidades de crédito. No obstante, en este último caso, la deducción estará condicionada, con carácter resolutorio, al ejercicio de la opción de compra.

La deducción se practicará en la cuota íntegra correspondiente al período impositivo en que se efectúe la inversión.

La base de la deducción será la cuantía invertida a que se refiere el segundo párrafo de esta letra b).

El porcentaje de deducción será del 5 por ciento. No obstante, el porcentaje de deducción será del 2,5 por ciento cuando el contribuyente hubiera practicado la reducción prevista en el apartado 3 del artículo 32 de esta Ley o se trate de rentas obtenidas en Ceuta y Melilla respecto de las que se hubiera aplicado la deducción prevista en el artículo 68.4 de esta Ley.

El importe de la deducción no podrá exceder de la suma de la cuota íntegra estatal y autonómica del período impositivo en el que se obtuvieron los rendimientos netos de actividades económicas señalados en el primer párrafo de esta letra b).

Los elementos patrimoniales objeto de inversión deberán permanecer en funcionamiento en el patrimonio del contribuyente, salvo pérdida justificada, durante un plazo de 5 años, o durante su vida útil de resultar inferior.

No obstante, no se perderá la deducción si se produce la transmisión de los elementos patrimoniales objeto de inversión antes de la finalización del plazo señalado en el párrafo anterior y se invierte el importe obtenido o el valor neto contable, si fuera menor, en los términos establecidos en este artículo.

Esta deducción es incompatible con la aplicación de la libertad de amortización, con la deducción por inversiones regulada en el artículo 94 de la Ley 20/1991, de 7 de junio, de modificación de los aspectos fiscales del Régimen Económico Fiscal de Canarias, y con la Reserva para inversiones en Canarias regulada en el artículo 27 de la Ley 19/1994, de 6 de julio, de modificación del Régimen Económico y Fiscal de Canarias.

c) Los contribuyentes por este Impuesto que ejerzan actividades económicas y determinen su rendimiento neto por el método de estimación objetiva sólo les serán de aplicación los incentivos a que se refiere este apartado 2 cuando así se establezca reglamentariamente teniendo en cuenta las características y obligaciones formales del citado método.

3. Deducciones por donativos y otras aportaciones[154] [155].

Los contribuyentes podrán aplicar, en este concepto:

---

[154]   Nueva redacción de este apartado según el Art. 1º. 46 de la Ley 26/2014, de 27 de noviembre, por la que se modifican la Ley 35/2006, de 28 de noviembre, del Impuesto sobre la Renta de las Personas Físicas, el texto refundido de la Ley del Impuesto sobre la Renta de no Residentes, aprobado por el Real Decreto Legislativo 5/2004, de 5 de marzo, y otras normas tributarias.

[155]   **Ley 49/2002, de 23 de diciembre, de régimen fiscal de las entidades sin fines lucrativos y de los incentivos fiscales al mecenazgo.**
Artículo 19. *Deducción de la cuota del Impuesto sobre la Renta de las Personas Físicas* (según el Art. 129.6 del Real Decreto-ley 6/2023, de 19 de diciembre, por el que se aprueban medidas urgentes para la ejecución del Plan de Recuperación,

§1

a) Las deducciones previstas en la Ley 49/2002, de 23 de diciembre, de régimen fiscal de las entidades sin fines lucrativos y de los incentivos fiscales al mecenazgo.

b) El 10 por ciento de las cantidades donadas a las fundaciones legalmente reconocidas que rindan cuentas al órgano del protectorado correspondiente, así como a las asociaciones declaradas de utilidad pública, no comprendidas en el párrafo anterior.

c) El 20 por ciento de las cuotas de afiliación y las aportaciones a Partidos Políticos, Federaciones, Coaliciones o Agrupaciones de Electores. La base máxima de esta deducción será de 600 euros anuales y estará constituida por las cuotas de afiliación y aportaciones previstas en la letra a) del apartado Dos del artículo 2 de la Ley Orgánica 8/2007, de 4 de julio, sobre financiación de los partidos políticos.

Transformación y Resiliencia en materia de servicio público de justicia, función pública, régimen local y mecenazgo).
1. Los contribuyentes del Impuesto sobre la Renta de las Personas Físicas tendrán derecho a deducir de la cuota íntegra el resultado de aplicar a la base de la deducción correspondiente al conjunto de donativos, donaciones y aportaciones con derecho a deducción, determinada según lo dispuesto en el artículo 18 de esta Ley, la siguiente escala:

Base de deducción Importe hasta	Porcentaje de deducción
250 euros	80
Resto base de deducción	40

Si en los dos períodos impositivos inmediatos anteriores se hubieran realizado donativos, donaciones o aportaciones con derecho a deducción en favor de una misma entidad por importe igual o superior, en cada uno de ellos, al del ejercicio anterior, el porcentaje de deducción aplicable a la base de la deducción en favor de esa misma entidad que exceda de 250 euros, será el 45 por ciento.
2. La base de esta deducción se computará a efectos del límite previsto en el apartado 1 del artículo 69 de la Ley 35/2006, de 28 de noviembre, del Impuesto sobre la Renta de las Personas Físicas y de modificación parcial de las leyes de los Impuestos sobre Sociedades, sobre la Renta de no Residentes y sobre el Patrimonio.

4. Deducción por rentas obtenidas en Ceuta o Melilla[156] [157].

1.º Contribuyentes residentes en Ceuta o Melilla.

a) Los contribuyentes que tengan su residencia habitual en Ceuta o Melilla se deducirán el 60 por ciento de la parte de la suma de las cuotas íntegras estatal y autonómica que proporcionalmente corresponda a las rentas computadas para la determinación de las bases liquidables que hubieran sido obtenidas en Ceuta o Melilla.

b) También aplicarán esta deducción los contribuyentes que mantengan su residencia habitual en Ceuta o Melilla durante un plazo no inferior a tres años, en los períodos impositivos iniciados con posterioridad al final de ese plazo, por las rentas obtenidas fuera de dichas ciudades cuando, al menos, una tercera parte del patrimonio neto del contribuyente, determinado conforme a la normativa reguladora del Impuesto sobre el Patrimonio, esté situado en dichas ciudades.

La cuantía máxima de las rentas, obtenidas fuera de dichas ciudades, que puede acogerse a esta deducción será el importe neto de los rendimientos y ganancias y pérdidas patrimoniales obtenidos en dichas ciudades.

2.º Los contribuyentes que no tengan su residencia habitual en Ceuta o Melilla, se deducirán el 60 por ciento de la parte de la suma de las cuotas íntegras estatal y autonómica que proporcionalmente corresponda a las rentas computadas para la determinación de las bases liquidables positivas que hubieran sido obtenidas en Ceuta o Melilla.

En ningún caso se aplicará esta deducción a las rentas siguientes:

Las procedentes de Instituciones de Inversión Colectiva, salvo cuando la totalidad de sus activos esté invertida en Ceuta o Melilla, en las condiciones que reglamentariamente se determinen.

Las rentas a las que se refieren los párrafos a), e) e i) del apartado siguiente.

---

[156]   Nueva redacción de los números 1º y 2º de este apartado según el Art. 60 de la Ley 6/2018, de 3 de julio, de Presupuestos Generales del Estado para 2018.

[157]   §2 Art. 58.

3.º A los efectos previstos en esta Ley, se considerarán rentas obtenidas en Ceuta o Melilla las siguientes:

a) Los rendimientos del trabajo, cuando se deriven de trabajos de cualquier clase realizados en dichos territorios.

b) Los rendimientos que procedan de la titularidad de bienes inmuebles situados en Ceuta o Melilla o de derechos reales que recaigan sobre los mismos.

c) Las que procedan del ejercicio de actividades económicas efectivamente realizadas, en las condiciones que reglamentariamente se determinen, en Ceuta o Melilla.

d) Las ganancias patrimoniales que procedan de bienes inmuebles radicados en Ceuta o Melilla.

e) Las ganancias patrimoniales que procedan de bienes muebles situados en Ceuta o Melilla.

f) Los rendimientos del capital mobiliario procedentes de obligaciones o préstamos, cuando los capitales se hallen invertidos en dichos territorios y allí generen las rentas correspondientes.

g) Los rendimientos del capital mobiliario procedentes del arrendamiento de bienes muebles, negocios o minas, en las condiciones que reglamentariamente se determinen.

h) Las rentas procedentes de sociedades que operen efectiva y materialmente en Ceuta o Melilla que correspondan a rentas a las que resulte de aplicación la bonificación establecida en el artículo 33 de la Ley del Impuesto sobre Sociedades, en los siguientes supuestos:

1.º Cuando tengan su domicilio y objeto social exclusivo en dichos territorios.

2.º Cuando operen efectiva y materialmente en Ceuta o Melilla durante un plazo no inferior a tres años y obtengan rentas fuera de dichas ciudades, siempre que respecto de estas rentas tengan derecho a la aplicación de la bonificación prevista en el apartado 6 del artículo 33 de la Ley del Impuesto sobre Sociedades. A estos efectos deberán identificarse, en los términos que reglamentariamente se establezcan, las reservas procedentes de rentas a las que hubieran resultado de aplicación la bonificación establecida en el artículo 33 de la Ley del Impuesto sobre Sociedades[158].

i) Los rendimientos procedentes de depósitos o cuentas en toda clase de instituciones financieras situadas en Ceuta o Melilla.

5. Deducción por actuaciones para la protección y difusión del Patrimonio Histórico Español y de las ciudades, conjuntos y bienes declarados Patrimonio Mundial.

Los contribuyentes tendrán derecho a una deducción en la cuota del 15 por ciento del importe de las inversiones o gastos que realicen para:

a) La adquisición de bienes del Patrimonio Histórico Español, realizada fuera del territorio español para su introducción dentro de dicho territorio, siempre que los bienes sean declarados bienes de interés cultural o incluidos en el Inventario general de bienes muebles en el plazo de un año desde su introducción y permanezcan en territorio español y dentro del patrimonio del titular durante al menos cuatro años.

La base de esta deducción será la valoración efectuada por la Junta de calificación, valoración y exportación de bienes del patrimonio histórico español.

b) La conservación, reparación, restauración, difusión y exposición de los bienes de su propiedad que estén declarados de interés cultural conforme a la normativa del patrimonio histórico del Estado y de las comunidades autónomas, siempre y cuando se cumplan las exigencias establecidas en dicha normativa, en particular respecto de los deberes de visita y exposición pública de dichos bienes.

c) La rehabilitación de edificios, el mantenimiento y reparación de sus tejados y fachadas, así como la mejora de infraestructuras de su propiedad situados en el entorno que sea objeto de protección de las ciudades españolas o de los conjuntos arquitectónicos, arqueológicos, naturales o

---

[158] Nueva redacción de la letra h) según el Art. 1º. 47 de la Ley 26/2014, de 27 de noviembre, por la que se modifican la Ley 35/2006, de 28 de noviembre, del Impuesto sobre la Renta de las Personas Físicas, el texto refundido de la Ley del Impuesto sobre la Renta de no Residentes, aprobado por el Real Decreto Legislativo 5/2004, de 5 de marzo, y otras normas tributarias.

§1

paisajísticos y de los bienes declarados Patrimonio Mundial por la Unesco situados en España.

6.[159]

7.[160]

Artículo 69. Límites de determinadas deducciones.

1. La base de las deducciones a que se refieren los apartados 3 y 5 del artículo 68 de esta Ley, no podrá exceder para cada una de ellas del 10 por ciento de la base liquidable del contribuyente.

2. Los límites de la deducción a que se refiere el apartado 2 del artículo 68 de esta Ley serán los que establezca la normativa del Impuesto sobre Sociedades para los incentivos y estímulos a la inversión empresarial. Dichos límites se aplicarán sobre la cuota que resulte de minorar la suma de las cuotas íntegras, estatal y autonómica, en el importe total de las deducciones por inversión en empresas de nueva o reciente creación, prevista en el artículo 68.1 de la misma, y por actuaciones para la protección y difusión del Patrimonio Histórico Español y de las ciudades, conjuntos y bienes declarados Patrimonio Mundial, prevista en el artículo 68.5 de esta Ley[161].

Artículo 70. Comprobación de la situación patrimonial.

1. La aplicación de la deducción por inversión en empresas de nueva o reciente creación, requerirá que el importe comprobado del patrimonio del contribuyente al finalizar el período de la imposición exceda del valor que

---

[159] Apartado suprimido por el Art. 1º. 48 de la Ley 26/2014, de 27 de noviembre, por la que se modifican la Ley 35/2006, de 28 de noviembre, del Impuesto sobre la Renta de las Personas Físicas, el texto refundido de la Ley del Impuesto sobre la Renta de no Residentes, aprobado por el Real Decreto Legislativo 5/2004, de 5 de marzo, y otras normas tributarias.

[160] Apartado suprimido por el Art. 1º. 48 de la Ley 26/2014, de 27 de noviembre, por la que se modifican la Ley 35/2006, de 28 de noviembre, del Impuesto sobre la Renta de las Personas Físicas, el texto refundido de la Ley del Impuesto sobre la Renta de no Residentes, aprobado por el Real Decreto Legislativo 5/2004, de 5 de marzo, y otras normas tributarias.

[161] Nueva redacción de este apartado según el Art. 27.Seis de la Ley 14/2013, de 27 de septiembre, de apoyo a los emprendedores y su internacionalización.

arrojase su comprobación al comienzo del mismo al menos en la cuantía de la inversión realizada[162].

2. A estos efectos, no se computarán los incrementos o disminuciones de valor experimentados durante el período impositivo por los elementos patrimoniales que al final del mismo sigan formando parte del patrimonio del contribuyente.

TÍTULO VII
GRAVAMEN AUTONÓMICO

CAPÍTULO I
NORMAS COMUNES

Artículo 71. Normas comunes aplicables para la determinación del gravamen autonómico.

Para la determinación del gravamen autonómico se aplicarán las normas relativas a la sujeción al impuesto y determinación de la capacidad económica contenidas en los Títulos I, II, III, IV y V de esta Ley, así como las relativas a la tributación familiar y regímenes especiales, contenidas en los Títulos IX y X de esta Ley.

CAPÍTULO II
RESIDENCIA HABITUAL EN EL TERRITORIO DE UNA COMUNIDAD AUTÓNOMA

Artículo 72. Residencia habitual en el territorio de una Comunidad Autónoma.

1. A efectos de esta Ley, se considerará que los contribuyentes con residencia habitual en territorio español son residentes en el territorio de una Comunidad Autónoma:

---

[162]   Nueva redacción de este apartado según el Art. 1º. 49 de la Ley 26/2014, de 27 de noviembre, por la que se modifican la Ley 35/2006, de 28 de noviembre, del Impuesto sobre la Renta de las Personas Físicas, el texto refundido de la Ley del Impuesto sobre la Renta de no Residentes, aprobado por el Real Decreto Legislativo 5/2004, de 5 de marzo, y otras normas tributarias.

1.º Cuando permanezcan en su territorio un mayor número de días del período impositivo.

Para determinar el período de permanencia se computarán las ausencias temporales.

Salvo prueba en contrario, se considerará que una persona física permanece en el territorio de una Comunidad Autónoma cuando en dicho territorio radique su vivienda habitual.

2.º Cuando no fuese posible determinar la permanencia a que se refiere el ordinal 1.º anterior, se considerarán residentes en el territorio de la Comunidad Autónoma donde tengan su principal centro de intereses.

Se considerará como tal el territorio donde obtengan la mayor parte de la base imponible del Impuesto sobre la Renta de las Personas Físicas, determinada por los siguientes componentes de renta:

a) Rendimientos del trabajo, que se entenderán obtenidos donde radique el centro de trabajo respectivo, si existe.

b) Rendimientos del capital inmobiliario y ganancias patrimoniales derivados de bienes inmuebles, que se entenderán obtenidos en el lugar en que radiquen éstos.

c) Rendimientos derivados de actividades económicas, ya sean empresariales o profesionales, que se entenderán obtenidos donde radique el centro de gestión de cada una de ellas.

3.º Cuando no pueda determinarse la residencia conforme a los criterios establecidos en los ordinales 1.º y 2.º anteriores, se considerarán residentes en el lugar de su última residencia declarada a efectos del Impuesto sobre la Renta de las Personas Físicas.

2. Las personas físicas residentes en el territorio de una Comunidad Autónoma, que pasasen a tener su residencia habitual en el de otra, cumplirán sus obligaciones tributarias de acuerdo con la nueva residencia, cuando ésta actúe como punto de conexión.

Además, cuando en virtud de lo previsto en el apartado 3 siguiente deba considerarse que no ha existido cambio de residencia, las personas

§1

físicas deberán presentar las autoliquidaciones complementarias[163] que correspondan, con inclusión de los intereses de demora.

El plazo de presentación de las autoliquidaciones complementarias terminará el mismo día que concluya el plazo de presentación de las declaraciones por el Impuesto sobre la Renta de las Personas Físicas correspondientes al año en que concurran las circunstancias que, según lo previsto en el apartado 3 siguiente, determinen que deba considerarse que no ha existido cambio de residencia.

3. No producirán efecto los cambios de residencia que tengan por objeto principal lograr una menor tributación efectiva en este impuesto.

Se presumirá, salvo que la nueva residencia se prolongue de manera continuada durante, al menos, tres años, que no ha existido cambio, en relación al rendimiento cedido del Impuesto sobre la Renta de las Personas Físicas, cuando concurran las siguientes circunstancias:

a) Que en el año en el cual se produce el cambio de residencia o en el siguiente, la base imponible del Impuesto sobre la Renta de las Personas Físicas sea superior en, al menos, un 50 por ciento a la del año anterior al cambio.

En caso de tributación conjunta se determinará de acuerdo con las normas de individualización.

b) Que en el año en el cual se produce la situación a que se refiere el párrafo a) anterior, su tributación efectiva por el Impuesto sobre la Renta de las Personas Físicas sea inferior a la que hubiese correspondido de acuerdo con la normativa aplicable en la Comunidad Autónoma en la que residía con anterioridad al cambio.

c) Que en el año siguiente a aquel en el cual se produce la situación a que se refiere el párrafo a) anterior, o en el siguiente, vuelva a tener su residencia habitual en el territorio de la Comunidad Autónoma en la que residió con anterioridad al cambio.

4. Las personas físicas residentes en territorio español, que no permanezcan en dicho territorio más de 183 días durante el año natural, se

---

[163]   §2 Art. 73.

considerarán residentes en el territorio de la Comunidad Autónoma en que radique el núcleo principal o la base de sus actividades o de sus intereses económicos.

5. Las personas físicas residentes en territorio español por aplicación de la presunción prevista en el último párrafo del apartado 1 del artículo 9 de esta ley, se considerarán residentes en el territorio de la Comunidad Autónoma en que residan habitualmente el cónyuge no separado legalmente y los hijos menores de edad que dependan de ellas.

CAPÍTULO III

CÁLCULO DEL GRAVAMEN AUTONÓMICO

SECCIÓN 1.ª DETERMINACIÓN DE LA CUOTA ÍNTEGRA AUTONÓMICA

Artículo 73. Cuota íntegra autonómica.

La cuota íntegra autonómica del Impuesto será la suma de las cuantías resultantes de aplicar los tipos de gravamen, a los que se refieren los artículos 74 y 76 de esta Ley, a la base liquidable general y del ahorro, respectivamente.

Artículo 74. Escala autonómica o complementaria del Impuesto.

1. La parte de la base liquidable general que exceda del importe del mínimo personal y familiar que resulte de los incrementos o disminuciones a que se refiere el artículo 56.3 de esta Ley, será gravada de la siguiente forma:

1.º A la base liquidable general se le aplicarán los tipos de la escala autonómica del Impuesto que, conforme a lo previsto en la Ley 22/2009, por la que se regula el sistema de financiación de las Comunidades Autónomas de régimen común y Ciudades con Estatuto de Autonomía, hayan sido aprobadas por la Comunidad Autónoma.

2.º La cuantía resultante se minorará en el importe derivado de aplicar a la parte de la base liquidable general correspondiente al mínimo personal y familiar que resulte de los incrementos o disminuciones a que se refiere el artículo 56.3 de esta Ley, la escala prevista en el número 1.º anterior[164].

2. Se entenderá por tipo medio de gravamen general autonómico, el derivado de multiplicar por 100 el cociente resultante de dividir la cuota obtenida por la aplicación de lo previsto en el apartado anterior por la base liquidable general. El tipo medio de gravamen general autonómico se expresará con dos decimales.

Artículo 75. Especialidades aplicables en los supuestos de anualidades por alimentos a favor de los hijos[165].

Los contribuyentes que satisfagan las anualidades por alimentos a sus hijos previstas en la letra k) del artículo 7 sin derecho a la aplicación por estos últimos del mínimo por descendientes previsto en el artículo 58, cuando el importe de aquellas sea inferior a la base liquidable general, aplicarán la escala prevista en el número 1.º del apartado 1 del artículo anterior separadamente al importe de las anualidades por alimentos y al resto de la base liquidable general. La cuantía total resultante se minorará en el importe derivado de aplicar la escala prevista en el número 1.º del apartado 1 del artículo 74 a la parte de la base liquidable general correspondiente al mínimo personal y familiar que resulte de los incrementos o disminuciones a que se refiere el artículo 56.3, incrementado en 1.980 euros anuales, sin que pueda resultar negativa como consecuencia de tal minoración.

Artículo 76. Tipos de gravamen del ahorro[166].

La parte de base liquidable del ahorro que exceda, en su caso, del importe del mínimo personal y familiar que resulte de los incrementos o

---

[164] Nueva redacción de este apartado según el Art. 62.2 de la Ley 39/2010, de 22 de diciembre, de Presupuestos Generales del Estado para el año 2011.

[165] Nueva redacción según la D.F. 14ª.Tres de la Ley Orgánica 1/2025, de 2 de enero, de medidas en materia de eficiencia del Servicio Público de Justicia. Con efectos desde 3 de abril de 2025.

[166] Nueva redacción según la D.F. 7ª.Dos de la Ley 7/2024, de 20 de diciembre, por la que se establecen un Impuesto Complementario para garantizar un nivel mínimo global de imposición para los grupos multinacionales y los grupos nacionales de

§1

disminuciones a que se refiere el artículo 56.3 de esta Ley, será gravada de la siguiente forma:

1.º A la base liquidable del ahorro se le aplicarán los tipos que se indican en la siguiente escala:

Base liquidable del ahorro - Hasta euros	Cuota íntegra - Euros	Resto base liquidable del ahorro - Hasta euros	Tipo aplicable - Porcentaje
0	0,00	6.000	9,5
6.000	570	44.000	10,5
50.000	5.190	150.000	11,5
200.000	22.440	100.000	13,5
300.000	35.940	En adelante	15

2.º La cuantía resultante se minorará en el importe derivado de aplicar a la parte de la base liquidable del ahorro correspondiente al mínimo personal y familiar que resulte de los incrementos o disminuciones a que se refiere el artículo 56.3 de esta ley, la escala prevista en el número 1.º anterior.

SECCIÓN 2.ª DETERMINACIÓN DE LA CUOTA LÍQUIDA AUTONÓMICA

Artículo 77. Cuota líquida autonómica[167].

1. La cuota líquida autonómica será el resultado de disminuir la cuota íntegra autonómica en la suma de:

---

gran magnitud, un Impuesto sobre el margen de intereses y comisiones de determinadas entidades financieras y un Impuesto sobre los líquidos para cigarrillos electrónicos y otros productos relacionados con el tabaco, y se modifican otras normas tributarias. Con efectos desde 1 de enero de 2025.

[167] Nueva redacción según la D.F. 2ª.12 de la Ley 22/2009, de 18 de diciembre, por la que se regula el sistema de financiación de las Comunidades Autónomas de régimen común y Ciudades con Estatuto de Autonomía y se modifican determinadas normas tributarias.

§1

a) El 50 por ciento del importe total de las deducciones previstas en los apartados 2, 3, 4 y 5 del artículo 68 de esta Ley, con los límites y requisitos de situación patrimonial previstos en sus artículos 69 y 70.

b) El importe de las deducciones establecidas por la Comunidad Autónoma en el ejercicio de las competencias previstas en la Ley 22/2009, de 18 de diciembre, por la que se regula el sistema de financiación de las Comunidades Autónomas de régimen común y Ciudades con Estatuto de Autonomía y se modifican determinadas normas tributarias[168].

2. El resultado de las operaciones a que se refiere el apartado anterior no podrá ser negativo.

Artículo 78. Tramo autonómico de la deducción por inversión en vivienda habitual[169].

TÍTULO VIII
CUOTA DIFERENCIAL

Artículo 79. Cuota diferencial[170].

La cuota diferencial será el resultado de minorar la cuota líquida total del impuesto, que será la suma de las cuotas líquidas, estatal y autonómica, en los siguientes importes:

---

[168] Nueva redacción de este apartado según el Art. 1º. 52 de la Ley 26/2014, de 27 de noviembre, por la que se modifican la Ley 35/2006, de 28 de noviembre, del Impuesto sobre la Renta de las Personas Físicas, el texto refundido de la Ley del Impuesto sobre la Renta de no Residentes, aprobado por el Real Decreto Legislativo 5/2004, de 5 de marzo, y otras normas tributarias.

[169] Artículo suprimido por el Art. 1.Seis de la Ley 16/2012, de 27 de diciembre, por la que se adoptan diversas medidas tributarias dirigidas a la consolidación de las finanzas públicas y al impulso de la actividad económica.

[170] Nueva redacción según el Art. 1º. 53 de la Ley 26/2014, de 27 de noviembre, por la que se modifican la Ley 35/2006, de 28 de noviembre, del Impuesto sobre la Renta de las Personas Físicas, el texto refundido de la Ley del Impuesto sobre la Renta de no Residentes, aprobado por el Real Decreto Legislativo 5/2004, de 5 de marzo, y otras normas tributarias.

a) La deducción por doble imposición internacional prevista en el artículo 80 de esta Ley.

b) Las deducciones a que se refieren el artículo 91.10 y el artículo 92.4 de esta Ley.

c) Las retenciones a que se refiere el apartado 11 del artículo 99 de esta Ley.

d) Cuando el contribuyente adquiera su condición por cambio de residencia, las retenciones e ingresos a cuenta a que se refiere el apartado 8 del artículo 99 de esta Ley, así como las cuotas satisfechas del Impuesto sobre la Renta de no Residentes y devengadas durante el período impositivo en que se produzca el cambio de residencia.

e) Las retenciones, los ingresos a cuenta y los pagos fraccionados previstos en esta Ley y en sus normas reglamentarias de desarrollo.

Artículo 80. Deducción por doble imposición internacional.

1. Cuando entre las rentas del contribuyente figuren rendimientos o ganancias patrimoniales obtenidos y gravados en el extranjero, se deducirá la menor de las cantidades siguientes:

a) El importe efectivo de lo satisfecho en el extranjero por razón de un impuesto de naturaleza idéntica o análoga a este impuesto o al Impuesto sobre la Renta de no Residentes sobre dichos rendimientos o ganancias patrimoniales.

b) El resultado de aplicar el tipo medio efectivo de gravamen a la parte de base liquidable gravada en el extranjero.

2. A estos efectos, el tipo medio efectivo de gravamen será el resultado de multiplicar por 100 el cociente obtenido de dividir la cuota líquida total por la base liquidable. A tal fin, se deberá diferenciar el tipo de gravamen que corresponda a las rentas generales y del ahorro, según proceda. El tipo de gravamen se expresará con dos decimales.

3. Cuando se obtengan rentas en el extranjero a través de un establecimiento permanente se practicará la deducción por doble imposición internacional prevista en este artículo, y en ningún caso resultará de

§1

aplicación lo dispuesto en el artículo 22 de la Ley del Impuesto sobre Sociedades[171].

Artículo 80 bis. Deducción por obtención de rendimientos del trabajo o de actividades económicas[172].

Artículo 81. Deducción por maternidad[173] [174] [175].

1. Las mujeres con hijos menores de tres años con derecho a la aplicación del mínimo por descendientes previsto en el artículo 58 de esta ley, que en el momento del nacimiento del menor perciban prestaciones contributivas o asistenciales del sistema de protección de desempleo, o que en dicho momento o en cualquier momento posterior estén dadas de alta en el régimen correspondiente de la Seguridad Social o mutualidad con un período mínimo, en este último caso, de 30 días cotizados, podrán minorar la cuota diferencial de este Impuesto hasta en 1.200 euros anuales por cada hijo menor de tres años hasta que el menor alcance los tres años de edad. En los supuestos de adopción o acogimiento, tanto preadoptivo como permanente, la deducción se podrá practicar, con independencia de la edad del menor, durante los tres años siguientes a la fecha de la inscripción en el Registro Civil.

---

[171]   Nueva redacción de este apartado según el Art. 1º. 54 de la Ley 26/2014, de 27 de noviembre, por la que se modifican la Ley 35/2006, de 28 de noviembre, del Impuesto sobre la Renta de las Personas Físicas, el texto refundido de la Ley del Impuesto sobre la Renta de no Residentes, aprobado por el Real Decreto Legislativo 5/2004, de 5 de marzo, y otras normas tributarias.

[172]   Artículo suprimido por el Art. 1º. 55 de la Ley 26/2014, de 27 de noviembre, por la que se modifican la Ley 35/2006, de 28 de noviembre, del Impuesto sobre la Renta de las Personas Físicas, el texto refundido de la Ley del Impuesto sobre la Renta de no Residentes, aprobado por el Real Decreto Legislativo 5/2004, de 5 de marzo, y otras normas tributarias.

[173]   Nueva redacción según el Art. 64 de la Ley 31/2022, de 23 de diciembre, de Presupuestos Generales del Estado para 2023.

[174]   §2 Art. 60.

[175]   §1 D.T. 37ª.

§1

Cuando la inscripción no sea necesaria, la deducción se podrá practicar durante los tres años posteriores a la fecha de la resolución judicial o administrativa que la declare.

En caso de fallecimiento de la madre, o cuando la guarda y custodia se atribuya de forma exclusiva al padre o, en su caso, a un tutor, siempre que cumpla los requisitos previstos en este artículo, este tendrá derecho a la práctica de la deducción pendiente.

2. El importe de la deducción a que se refiere el apartado 1 anterior se podrá incrementar hasta en 1.000 euros adicionales cuando el contribuyente que tenga derecho a la misma hubiera satisfecho en el período impositivo gastos de custodia del hijo menor de tres años en guarderías o centros de educación infantil autorizados.

En el período impositivo en que el hijo menor cumpla tres años, el incremento previsto en este apartado podrá resultar de aplicación respecto de los gastos incurridos con posterioridad al cumplimiento de dicha edad hasta el mes anterior a aquel en el que pueda comenzar el segundo ciclo de educación infantil.

A estos efectos se entenderán por gastos de custodia las cantidades satisfechas a guarderías y centros de educación infantil por la preinscripción y matrícula de dichos menores, la asistencia, en horario general y ampliado, y la alimentación, siempre que se hayan producido por meses completos y no tuvieran la consideración de rendimientos del trabajo en especie exentos por aplicación de lo dispuesto en las letras b) o d) del apartado 3 del artículo 42 de esta ley.

3. La deducción prevista en el apartado 1 anterior se calculará de forma proporcional al número de meses del periodo impositivo posteriores al momento en el que se cumplen los requisitos señalados en el apartado 1 anterior, en los que la mujer tenga derecho al mínimo por descendientes por ese menor de tres años, siempre que durante dichos meses no se perciba por ninguno de los progenitores en relación con dicho descendiente el complemento de ayuda para la infancia previsto en la Ley 19/2021, de 20 de diciembre, por la que se establece el ingreso mínimo vital.

Cuando tenga derecho a la deducción en relación con ese descendiente por haberse dado de alta en la Seguridad Social o mutualidad con posterioridad al nacimiento del menor, la deducción correspondiente al mes en el que se cumpla el período de cotización de 30 días al que se refiere el apartado 1 anterior, se incrementará en 150 euros.

El incremento de la deducción previsto en el apartado 2 anterior se calculará de forma proporcional al número de meses en que se cumplan de forma simultánea los requisitos de los apartados 1 y 2 anteriores, salvo el relativo a que sea menor de tres años en los meses a los que se refiere el segundo párrafo del apartado 2 anterior, y tendrá como límite el importe total del gasto efectivo no subvencionado satisfecho en dicho período a la guardería o centro educativo en relación con ese hijo.

4. Se podrá solicitar a la Agencia Estatal de Administración Tributaria el abono del importe de la deducción previsto en el apartado 1 anterior de forma anticipada. En estos supuestos, no se minorará la cuota diferencial del impuesto.

5. Reglamentariamente se regularán el procedimiento y las condiciones para tener derecho a la práctica de esta deducción, los supuestos en que se pueda solicitar de forma anticipada su abono y las obligaciones de información a cumplir por las guarderías o centros infantiles.

Artículo 81 bis. Deducciones por familia numerosa o personas con discapacidad a cargo[176] [177].

1. Los contribuyentes que realicen una actividad por cuenta propia o ajena por la cual estén dados de alta en el régimen correspondiente de la Seguridad Social o mutualidad podrán minorar la cuota diferencial del impuesto en las siguientes deducciones:

---

[176]   Artículo añadido por el Art. 1º. 56 de la Ley 26/2014, de 27 de noviembre, por la que se modifican la Ley 35/2006, de 28 de noviembre, del Impuesto sobre la Renta de las Personas Físicas, el texto refundido de la Ley del Impuesto sobre la Renta de no Residentes, aprobado por el Real Decreto Legislativo 5/2004, de 5 de marzo, y otras normas tributarias.

[177]   §1 D.A. 42ª y D.T. 33ª

a) Por cada descendiente con discapacidad con derecho a la aplicación del mínimo por descendientes previsto en el artículo 58 de esta Ley, hasta 1.200 euros anuales.

b) Por cada ascendiente con discapacidad con derecho a la aplicación del mínimo por ascendientes previsto en el artículo 59 de esta Ley, hasta 1.200 euros anuales.

c) Por ser un ascendiente, o un hermano huérfano de padre y madre, que forme parte de una familia numerosa conforme a la Ley 40/2003, de 18 de noviembre, de Protección a las Familias Numerosas, o por ser un ascendiente separado legalmente, o sin vínculo matrimonial, con dos hijos sin derecho a percibir anualidades por alimentos y por los que tenga derecho a la totalidad del mínimo previsto en el artículo 58 de esta Ley, hasta 1.200 euros anuales. En caso de familias numerosas de categoría especial, esta deducción se incrementará en un 100 por ciento. Este incremento no se tendrá en cuenta a efectos del límite a que se refiere el apartado 2 de este artículo.

La cuantía de la deducción a que se refiere el párrafo anterior se incrementará hasta en 600 euros anuales por cada uno de los hijos que formen parte de la familia numerosa que exceda del número mínimo de hijos exigido para que dicha familia haya adquirido la condición de familia numerosa de categoría general o especial, según corresponda. Este incremento no se tendrá en cuenta a efectos del límite a que se refiere el apartado 2 de este artículo.

d) Por el cónyuge no separado legalmente con discapacidad, siempre que no tenga rentas anuales, excluidas las exentas, superiores a 8.000 euros ni genere el derecho a las deducciones previstas en las letras a) y b) anteriores, hasta 1.200 euros anuales.

Asimismo podrán minorar la cuota diferencial del impuesto en las deducciones previstas anteriormente los contribuyentes que perciban prestaciones contributivas y asistenciales del sistema de protección del desempleo, pensiones abonadas por el Régimen General y los Regímenes especiales de la Seguridad Social o por el Régimen de Clases Pasivas del Estado, así como los contribuyentes que perciban prestaciones análogas a las anteriores reconocidas a los profesionales no integrados en el régimen especial de la Seguridad Social de los trabajadores por cuenta propia o autónomos por las mutualidades de previsión social que actúen como alternativas al régimen especial de la Seguridad Social mencionado, siempre que se trate de prestaciones por situaciones idénticas a las previstas para la correspondiente pensión de la Seguridad Social.

Cuando dos o más contribuyentes tengan derecho a la aplicación de alguna de las anteriores deducciones respecto de un mismo descendiente, ascendiente o familia numerosa, su importe se prorrateará entre ellos por partes iguales, sin perjuicio de lo dispuesto en el apartado 4 de este artículo[178].

2. Las deducciones se calcularán de forma proporcional al número de meses en que se cumplan de forma simultánea los requisitos previstos en el apartado 1 anterior, y tendrán como límite para cada una de las deducciones, en el caso de los contribuyentes a que se refiere el primer párrafo del apartado 1 anterior, las cotizaciones y cuotas totales a la Seguridad Social y Mutualidades devengadas en cada período impositivo. No obstante, si tuviera derecho a la deducción prevista en las letras a) o b) del apartado anterior respecto de varios ascendientes o descendientes con discapacidad, el citado límite se aplicará de forma independiente respecto de cada uno de ellos.

A efectos del cálculo de este límite se computarán las cotizaciones y cuotas por sus importes íntegros, sin tomar en consideración las bonificaciones que pudieran corresponder[179].

3. Se podrá solicitar a la Agencia Estatal de Administración Tributaria el abono de las deducciones de forma anticipada. En estos supuestos, no se minorará la cuota diferencial del impuesto.

---

[178]   Nueva redacción de este apartado según el Art. 62 de la Ley 6/2018, de 3 de julio, de Presupuestos Generales del Estado para 2018.

[179]   Nueva redacción de este apartado según el Art. 4°. Uno de la Ley 25/2015, de 28 de julio, de mecanismo de segunda oportunidad, reducción de la carga financiera y otras medidas de orden social.

§1

4. Reglamentariamente se regularán el procedimiento y las condiciones para tener derecho a la práctica de estas deducciones, así como los supuestos en que se pueda solicitar de forma anticipada su abono.

Asimismo, reglamentariamente se podrán determinar los supuestos de cesión del derecho a la deducción a otro contribuyente que tenga derecho a su aplicación respecto de un mismo descendiente, ascendiente o familia numerosa.

En este caso, a efectos del cálculo de la deducción a que se refiere el apartado 2 de este artículo, se tendrá en cuenta de forma conjunta, tanto el número de meses en que se cumplan de forma simultánea los requisitos previstos en el apartado 1 de este artículo como las cotizaciones y cuotas totales a la Seguridad Social y Mutualidades correspondientes a todos los contribuyentes que tuvieran derecho a la deducción.

Se entenderá que no existe transmisión lucrativa a efectos fiscales por esta cesión.

TÍTULO IX
TRIBUTACIÓN FAMILIAR

Artículo 82. Tributación conjunta.

1. Podrán tributar conjuntamente las personas que formen parte de alguna de las siguientes modalidades de unidad familiar:

1.ª La integrada por los cónyuges no separados legalmente y, si los hubiera:

a) Los hijos menores, con excepción de los que, con el consentimiento de los padres, vivan independientes de éstos.

b) Los hijos mayores de edad incapacitados judicialmente sujetos a patria potestad prorrogada o rehabilitada.

2.ª En los casos de separación legal, o cuando no existiera vínculo matrimonial, la formada por el padre o la madre y todos los hijos que convivan con uno u otro y que reúnan los requisitos a que se refiere la regla 1.ª de este artículo.

2. Nadie podrá formar parte de dos unidades familiares al mismo tiempo.

3. La determinación de los miembros de la unidad familiar se realizará atendiendo a la situación existente a 31 de diciembre de cada año.

§1

Artículo 83. Opción por la tributación conjunta.

1. Las personas físicas integradas en una unidad familiar podrán optar, en cualquier período impositivo, por tributar conjuntamente en el Impuesto sobre la Renta de las Personas Físicas, con arreglo a las normas generales del impuesto y las disposiciones de este título, siempre que todos sus miembros sean contribuyentes por este impuesto.

La opción por la tributación conjunta no vinculará para períodos sucesivos.

2. La opción por la tributación conjunta deberá abarcar a la totalidad de los miembros de la unidad familiar. Si uno de ellos presenta declaración individual, los restantes deberán utilizar el mismo régimen.

La opción ejercitada para un período impositivo no podrá ser modificada con posterioridad respecto del mismo una vez finalizado el plazo reglamentario de declaración.

En caso de falta de declaración, los contribuyentes tributarán individualmente, salvo que manifiesten expresamente su opción en el plazo de 10 días a partir del requerimiento de la Administración tributaria.

Artículo 84. Normas aplicables en la tributación conjunta.

1. En la tributación conjunta serán aplicables las reglas generales del impuesto sobre determinación de la renta de los contribuyentes, determinación de las bases imponible y liquidable y determinación de la deuda tributaria, con las especialidades que se fijan en los apartados siguientes.

2. Los importes y límites cuantitativos establecidos a efectos de la tributación individual se aplicarán en idéntica cuantía en la tributación conjunta, sin que proceda su elevación o multiplicación en función del número de miembros de la unidad familiar.

No obstante:

1.º Los límites máximos de reducción en la base imponible previstos en los artículos 52, 53 y 54 y en la disposición adicional undécima de esta Ley, serán aplicados individualmente por cada partícipe o mutualista integrado en la unidad familiar.

2.º En cualquiera de las modalidades de unidad familiar, se aplicará, con independencia del número de miembros integrados en la misma, el importe del mínimo previsto en el apartado 1 del artículo 57, incrementado o disminuido en su caso para el cálculo del gravamen autonómico en los términos previstos en el artículo 56.3 de esta Ley.

Para la cuantificación del mínimo a que se refiere el apartado 2 del artículo 57 y el apartado 1 del artículo 60, ambos de esta Ley, se tendrán en cuenta las circunstancias personales de cada uno de los cónyuges integrados en la unidad familiar.

En ningún caso procederá la aplicación de los citados mínimos por los hijos, sin perjuicio de la cuantía que proceda por el mínimo por descendientes y discapacidad[180].

3.º En la primera de las modalidades de unidad familiar del artículo 82 de esta ley, la base imponible, con carácter previo a las reducciones previstas en los artículos 51, 53 y 54 y en la disposición adicional undécima de esta Ley, se reducirá en 3.400 euros anuales. A tal efecto, la reducción se aplicará, en primer lugar, a la base imponible general sin que pueda resultar negativa como consecuencia de tal minoración. El remanente, si lo hubiera, minorará la base imponible del ahorro, que tampoco podrá resultar negativa.

4.º En la segunda de las modalidades de unidad familiar del artículo 82 de esta ley, la base imponible, con carácter previo a las reducciones previstas en los artículos 51, 53 y 54 y en la disposición adicional undécima de esta Ley, se reducirá en 2.150 euros anuales. A tal efecto, la reducción se aplicará, en primer lugar, a la base imponible general sin que pueda resultar negativa como consecuencia de tal minoración. El remanente, si

---

[180]   Nueva redacción de este número según la D.F. 2ª.14 de la Ley 22/2009, de 18 de diciembre, por la que se regula el sistema de financiación de las Comunidades Autónomas de régimen común y Ciudades con Estatuto de Autonomía y se modifican determinadas normas tributarias.

lo hubiera, minorará la base imponible del ahorro, que tampoco podrá resultar negativa.

No se aplicará esta reducción cuando el contribuyente conviva con el padre o la madre de alguno de los hijos que forman parte de su unidad familiar.

3. En la tributación conjunta serán compensables, con arreglo a las normas generales del impuesto, las pérdidas patrimoniales y las bases liquidables generales negativas, realizadas y no compensadas por los contribuyentes componentes de la unidad familiar en períodos impositivos anteriores en que hayan tributado individualmente.

4. Los mismos conceptos determinados en tributación conjunta serán compensables exclusivamente, en caso de tributación individual posterior, por aquellos contribuyentes a quienes correspondan de acuerdo con las reglas sobre individualización de rentas contenidas en esta ley.

5. Las rentas de cualquier tipo obtenidas por las personas físicas integradas en una unidad familiar que hayan optado por la tributación conjunta serán gravadas acumuladamente.

6. Todos los miembros de la unidad familiar quedarán conjunta y solidariamente sometidos al impuesto, sin perjuicio del derecho a prorratear entre sí la deuda tributaria, según la parte de renta sujeta que corresponda a cada uno de ellos.

TÍTULO X
REGÍMENES ESPECIALES

SECCIÓN 1.ª IMPUTACIÓN DE RENTAS INMOBILIARIAS

Artículo 85. Imputación de rentas inmobiliarias.

1. En el supuesto de los bienes inmuebles urbanos, calificados como tales en el artículo 7 del texto refundido de la Ley del Catastro Inmobiliario, aprobado por el Real Decreto Legislativo 1/2004, de 5 de marzo, así como en el caso de los inmuebles rústicos con construcciones que no resulten indispensables para el desarrollo de explotaciones agrícolas, ganaderas o forestales, no afectos en ambos casos a actividades económicas, ni

§1

generadores de rendimientos del capital, excluida la vivienda habitual y el suelo no edificado, tendrá la consideración de renta imputada la cantidad que resulte de aplicar el 2 por ciento al valor catastral, determinándose proporcionalmente al número de días que corresponda en cada período impositivo.

En el caso de inmuebles localizados en municipios en los que los valores catastrales hayan sido revisados, modificados o determinados mediante un procedimiento de valoración colectiva de carácter general, de conformidad con la normativa catastral, y hayan entrado en vigor en el período impositivo o en el plazo de los diez períodos impositivos anteriores, el porcentaje será el 1,1 por ciento[181].

Si a la fecha de devengo del impuesto el inmueble careciera de valor catastral o éste no hubiera sido notificado al titular, el porcentaje será del 1,1 por ciento y se aplicará sobre el 50 por ciento del mayor de los siguientes valores: el comprobado por la Administración a efectos de otros tributos o el precio, contraprestación o valor de la adquisición.

Cuando se trate de inmuebles en construcción y en los supuestos en que, por razones urbanísticas, el inmueble no sea susceptible de uso, no se estimará renta alguna[182].

2. Estas rentas se imputarán a los titulares de los bienes inmuebles de acuerdo con el apartado 3 del artículo 11 de esta Ley.

Cuando existan derechos reales de disfrute, la renta computable a estos efectos en el titular del derecho será la que correspondería al propietario[183].

---

[181] §1 D.A. 55ª.

[182] Nueva redacción de este apartado según el Art. 1º. 57 de la Ley 26/2014, de 27 de noviembre, por la que se modifican la Ley 35/2006, de 28 de noviembre, del Impuesto sobre la Renta de las Personas Físicas, el texto refundido de la Ley del Impuesto sobre la Renta de no Residentes, aprobado por el Real Decreto Legislativo 5/2004, de 5 de marzo, y otras normas tributarias.

[183] Nueva redacción de este apartado según el Art. 1º. 57 de la Ley 26/2014, de 27 de noviembre, por la que se modifican la Ley 35/2006, de 28 de noviembre, del Impuesto sobre la Renta de las Personas Físicas, el texto refundido de la Ley del

3. En los supuestos de derechos de aprovechamiento por turno de bienes inmuebles la imputación se efectuará al titular del derecho real, prorrateando el valor catastral en función de la duración anual del periodo de aprovechamiento.

Si a la fecha de devengo del impuesto los inmuebles a que se refiere este apartado carecieran de valor catastral, o éste no hubiera sido notificado al titular, se tomará como base de imputación el precio de adquisición del derecho de aprovechamiento.

No procederá la imputación de renta inmobiliaria a los titulares de derechos de aprovechamiento por turno de bienes inmuebles cuando su duración no exceda de dos semanas por año.

SECCIÓN 2.ª RÉGIMEN DE ATRIBUCIÓN DE RENTAS

Artículo 86. Régimen de atribución de rentas.

Las rentas correspondientes a las entidades en régimen de atribución de rentas se atribuirán a los socios, herederos, comuneros o partícipes, respectivamente, de acuerdo con lo establecido en esta sección 2.ª

Artículo 87. Entidades en régimen de atribución de rentas[184].

1. Tendrán la consideración de entidades en régimen de atribución de rentas aquellas a las que se refiere el artículo 8.3 de esta Ley y, en particular, las entidades constituidas en el extranjero cuya naturaleza jurídica sea idéntica o análoga a la de las entidades en atribución de rentas constituidas de acuerdo con las leyes españolas.

Impuesto sobre la Renta de no Residentes, aprobado por el Real Decreto Legislativo 5/2004, de 5 de marzo, y otras normas tributarias.

[184] Nueva redacción según la D.F. 1ª del Real Decreto-Ley 18/2022, de 18 de octubre, por el que se aprueban medidas de refuerzo de la protección de los consumidores de energía y de contribución a la reducción del consumo de gas natural en aplicación del «Plan + seguridad para tu energía (+SE)», así como medidas en materia de retribuciones del personal al servicio del sector público y de protección de las personas trabajadoras agrarias eventuales afectadas por la sequía.

2. El régimen de atribución de rentas no será aplicable a las sociedades agrarias de transformación que tributarán por el Impuesto sobre Sociedades.

3. Las entidades en régimen de atribución de rentas no estarán sujetas al Impuesto sobre Sociedades, a excepción de lo dispuesto en el apartado 12 del artículo 15 bis de la Ley del Impuesto sobre Sociedades.

Artículo 88. Calificación de la renta atribuida.

Las rentas de las entidades en régimen de atribución de rentas atribuidas a los socios, herederos, comuneros o partícipes tendrán la naturaleza derivada de la actividad o fuente de donde procedan para cada uno de ellos.

Artículo 89. Cálculo de la renta atribuible y pagos a cuenta.

1. Para el cálculo de las rentas a atribuir a cada uno de los socios, herederos, comuneros o partícipes, se aplicarán las siguientes reglas:

1.ª Las rentas se determinarán con arreglo a las normas de este Impuesto, y no serán aplicables las reducciones previstas en los artículos 23.2, 23.3, 26.2 y 32 de esta Ley, con las siguientes especialidades:

a) La renta atribuible se determinará de acuerdo con lo previsto en la normativa del Impuesto sobre Sociedades cuando todos los miembros de la entidad en régimen de atribución de rentas sean sujetos pasivos de dicho Impuesto o contribuyentes por el Impuesto sobre la Renta de no Residentes con establecimiento permanente.

b) La determinación de la renta atribuible a los contribuyentes del Impuesto sobre la Renta de no Residentes sin establecimiento permanente se efectuará de acuerdo con lo previsto en el capítulo IV del texto refundido de la Ley del Impuesto sobre la Renta de no Residentes, aprobado por el Real Decreto Legislativo 5/2004, de 5 de marzo.

c) Para el cálculo de la renta atribuible a los miembros de la entidad en régimen de atribución de rentas, que sean sujetos pasivos del Impuesto sobre Sociedades o contribuyentes por el Impuesto sobre la Renta de no Residentes con establecimiento permanente o sin establecimiento permanente que no sean personas físicas, procedente de ganancias patrimoniales derivadas de la transmisión de elementos no afectos al desarrollo de actividades económicas, no resultará de aplicación lo establecido en la disposición transitoria novena de esta Ley.

2.ª La parte de renta atribuible a los socios, herederos, comuneros o partícipes, contribuyentes por este Impuesto o por el Impuesto sobre Sociedades, que formen parte de una entidad en régimen de atribución de rentas constituida en el extranjero, se determinará de acuerdo con lo señalado en la regla 1.ª anterior.

3.ª Cuando la entidad en régimen de atribución de rentas obtenga rentas de fuente extranjera que procedan de un país con el que España no tenga suscrito un convenio para evitar la doble imposición con cláusula de intercambio de información, no se computarán las rentas negativas que excedan de las positivas obtenidas en el mismo país y procedan de la misma fuente. El exceso se computará en los cuatro años siguientes de acuerdo con lo señalado en esta regla 3.ª

2. Estarán sujetas a retención o ingreso a cuenta, con arreglo a las normas de este Impuesto, las rentas que se satisfagan o abonen a las entidades en régimen de atribución de rentas, con independencia de que todos o alguno de sus miembros sea contribuyente por este Impuesto, sujeto pasivo del Impuesto sobre Sociedades o contribuyente por el Impuesto sobre la Renta de no Residentes. Dicha retención o ingreso a cuenta se deducirá en la imposición personal del socio, heredero, comunero o partícipe, en la misma proporción en que se atribuyan las rentas.

3. Las rentas se atribuirán a los socios, herederos, comuneros o partícipes según las normas o pactos aplicables en cada caso y, si éstos no constaran a la Administración tributaria en forma fehaciente, se atribuirán por partes iguales.

4. Los miembros de la entidad en régimen de atribución de rentas que sean contribuyentes por este Impuesto podrán practicar en su declaración las reducciones previstas en los artículos 23.2, 23.3, 26.2 y 32.1 de esta Ley.

5. Los sujetos pasivos del Impuesto sobre Sociedades y los contribuyentes por el Impuesto sobre la Renta de no Residentes con establecimiento permanente, que sean miembros de una entidad en régimen de

atribución de rentas que adquiera acciones o participaciones en instituciones de inversión colectiva, integrarán en su base imponible el importe
de las rentas contabilizadas o que deban contabilizarse procedentes de
las citadas acciones o participaciones. Asimismo, integrarán en su base
imponible el importe de los rendimientos del capital mobiliario derivados
de la cesión a terceros de capitales propios que se hubieran devengado a
favor de la entidad en régimen de atribución de rentas.

**Artículo 90. Obligaciones de información de las entidades en régimen
de atribución de rentas.**

1. Las entidades en régimen de atribución de rentas deberán presentar
una declaración informativa, con el contenido que reglamentariamente se
establezca, relativa a las rentas a atribuir a sus socios, herederos, comuneros o partícipes, residentes o no en territorio español.

2. La obligación de información a que se refiere el apartado anterior
deberá ser cumplida por quien tenga la consideración de representante de
la entidad en régimen de atribución de rentas, de acuerdo con lo previsto
en el artículo 45.3 de la Ley 58/2003, de 17 de diciembre, General Tributaria, o por sus miembros contribuyentes por este Impuesto o sujetos
pasivos por el Impuesto sobre Sociedades en el caso de las entidades
constituidas en el extranjero.

3. Las entidades en régimen de atribución de rentas deberán notificar a
sus socios, herederos, comuneros o partícipes, la renta total de la entidad
y la renta atribuible a cada uno de ellos en los términos que reglamentariamente se establezcan.

4. El Ministro de Economía y Hacienda establecerá el modelo, así como
el plazo, lugar y forma de presentación de la declaración informativa a que
se refiere este artículo.

5. No estarán obligadas a presentar la declaración informativa a que
se refiere el apartado 1 de este artículo, las entidades en régimen de atribución de rentas que no ejerzan actividades económicas y cuyas rentas no
excedan de 3.000 euros anuales.

SECCIÓN 3.ª TRANSPARENCIA FISCAL INTERNACIONAL

Artículo 91. Imputación de rentas en el régimen de transparencia fiscal internacional[185].

1. Los contribuyentes imputarán las rentas positivas obtenidas por una entidad no residente en territorio español a que se refieren los apartados 2 o 3 de este artículo cuando se cumplan las circunstancias siguientes:

a) Que por sí solas o conjuntamente con entidades vinculadas en el sentido del artículo 18 de la Ley del Impuesto sobre Sociedades o con otros contribuyentes unidos por vínculos de parentesco, incluido el cónyuge, en línea directa o colateral, consanguínea o por afinidad hasta el segundo grado inclusive, tengan una participación igual o superior al 50 por ciento en el capital, los fondos propios, los resultados o los derechos de voto de la entidad no residente en territorio español, en la fecha del cierre del ejercicio social de esta última.

b) Que el importe satisfecho por la entidad no residente en territorio español, imputable a alguna de las clases de rentas previstas en el apartado 2 o 3 de este artículo, por razón de gravamen de naturaleza idéntica o análoga al Impuesto sobre Sociedades, sea inferior al 75 por ciento del que hubiera correspondido de acuerdo con las normas de aquel.

2. Los contribuyentes imputarán la renta total obtenida por la entidad no residente en territorio español cuando esta no disponga de la correspondiente organización de medios materiales y personales para su realización, incluso si las operaciones tienen carácter recurrente. No obstante, en el caso de dividendos, participaciones en beneficios o rentas derivadas de la transmisión de participaciones, se atenderá, en todo caso, a lo dispuesto en el apartado 4 de este artículo.

---

[185]   Nueva redacción según el Art. 3º.4 de la Ley 11/2021, de 9 de julio, de medidas de prevención y lucha contra el fraude fiscal, de transposición de la Directiva (UE) 2016/1164, del Consejo, de 12 de julio de 2016, por la que se establecen normas contra las prácticas de elusión fiscal que inciden directamente en el funcionamiento del mercado interior, de modificación de diversas normas tributarias y en materia de regulación del juego.

§1

Se entenderá por renta total el importe de la base imponible que resulte de aplicar los criterios y principios establecidos en la Ley del Impuesto sobre Sociedades y en las restantes disposiciones relativas al Impuesto sobre Sociedades para la determinación de aquella.

Este apartado no resultará de aplicación cuando el contribuyente acredite que las referidas operaciones se realizan con los medios materiales y personales existentes en una entidad no residente en territorio español perteneciente al mismo grupo, en el sentido del artículo 42 del Código de Comercio, con independencia de su residencia y de la obligación de formular cuentas anuales consolidadas, o bien que su constitución y operativa responde a motivos económicos válidos.

La aplicación de lo dispuesto en el primer párrafo de este apartado prevalecerá sobre lo previsto en el apartado siguiente.

3. En el supuesto de no aplicarse lo establecido en el apartado anterior, se imputará únicamente la renta positiva que provenga de cada una de las siguientes fuentes:

a) Titularidad de bienes inmuebles rústicos y urbanos o de derechos reales que recaigan sobre estos, salvo que estén afectos a una actividad económica o cedidos en uso a entidades no residentes, pertenecientes al mismo grupo de sociedades de la titular, en el sentido del artículo 42 del Código de Comercio con independencia de su residencia y de la obligación de formular cuentas anuales consolidadas, e igualmente estuvieren afectos a una actividad económica.

b) Participación en fondos propios de cualquier tipo de entidad y cesión a terceros de capitales propios, que tengan tal consideración con arreglo a lo dispuesto en los apartados 1 y 2 del artículo 25 de esta Ley.

No se entenderá incluida en esta letra la renta positiva que proceda de los siguientes activos financieros:

1.º Los tenidos para dar cumplimiento a obligaciones legales y reglamentarias originadas por el ejercicio de actividades económicas.

2.º Los que incorporen derechos de crédito nacidos de relaciones contractuales establecidas como consecuencia del desarrollo de actividades económicas.

3.º Los tenidos como consecuencia del ejercicio de actividades de intermediación en mercados oficiales de valores.

4.º Los tenidos por entidades de crédito y aseguradoras como consecuencia del ejercicio de sus actividades, sin perjuicio de lo establecido en la letra i).

La renta positiva derivada de la cesión a terceros de capitales propios se entenderá que procede de la realización de actividades crediticias y financieras a que se refiere la letra i), cuando el cedente y el cesionario pertenezcan a un grupo de sociedades en el sentido del artículo 42 del Código de Comercio, con independencia de la residencia y de la obligación de formular cuentas anuales consolidadas, y los ingresos del cesionario procedan, al menos en el 85 por ciento, del ejercicio de actividades económicas.

c) Operaciones de capitalización y seguro, que tengan como beneficiaria a la propia entidad.

d) Propiedad industrial e intelectual, asistencia técnica, bienes muebles, derechos de imagen y arrendamiento o subarrendamiento de negocios o minas, que tengan tal consideración con arreglo a lo dispuesto en el apartado 4 del artículo 25 de esta Ley.

No obstante, no será objeto de imputación la renta procedente de derechos de imagen que deba imputarse conforme a lo dispuesto en el artículo 92 de esta Ley.

e) Transmisión de los bienes y derechos referidos en las letras a), b), c) y d) anteriores que genere rentas.

f) Instrumentos financieros derivados, excepto los designados para cubrir un riesgo específicamente identificado derivado de la realización de actividades económicas.

g) Actividades de seguros, crediticias, operaciones de arrendamiento financiero y otras actividades financieras salvo que se trate de rentas obtenidas en el ejercicio de actividades económicas, sin perjuicio de lo establecido en la letra i).

h) Operaciones sobre bienes y servicios realizados con personas o entidades vinculadas en el sentido del artículo 18 de la Ley del Impuesto sobre Sociedades, en las que la entidad no residente o establecimiento añade un valor económico escaso o nulo.

§1

i) Actividades crediticias, financieras, aseguradoras y de prestación de servicios realizadas, directa o indirectamente, con personas o entidades residentes en territorio español y vinculadas en el sentido del artículo 18 de la Ley del Impuesto sobre Sociedades, en cuanto determinen gastos fiscalmente deducibles en dichas personas o entidades residentes.

No se incluirá la renta positiva prevista en esta letra cuando al menos dos tercios de los ingresos derivados de las actividades crediticias, financieras, aseguradoras o de prestación de servicios realizadas por la entidad no residente procedan de operaciones efectuadas con personas o entidades no vinculadas en el sentido del artículo 18 de la Ley del Impuesto sobre Sociedades.

4. No se imputarán las rentas previstas en el apartado 3 de este artículo cuando la suma de sus importes sea inferior al 15 por ciento de la renta total obtenida por la entidad no residente.

No obstante, se imputarán en todo caso las rentas a las que se refiere la letra i) del apartado 3 sin perjuicio de que, asimismo, sean tomadas en consideración a efectos de determinar la suma a la que se refiere el párrafo anterior.

No se imputará en la base imponible del contribuyente el impuesto o impuestos de naturaleza idéntica o similar al Impuesto sobre Sociedades efectivamente satisfecho por la sociedad no residente por la parte de renta a incluir.

5. Estarán obligados a la imputación prevista en este artículo los contribuyentes comprendidos en la letra a) del apartado 1, que participen directamente en la entidad no residente o bien indirectamente a través de otra u otras entidades no residentes. En este último caso, el importe de la renta positiva será el correspondiente a la participación indirecta.

El importe de la renta positiva a imputar se determinará en proporción a la participación en los resultados y, en su defecto, en proporción a la participación en el capital, los fondos propios o los derechos de voto.

Las rentas positivas a que se refieren los apartados 2 y 3 se imputarán en la base imponible general, de acuerdo con lo previsto en el artículo 45 de esta Ley.

§1

6. La imputación se realizará en el período impositivo que comprenda el día en que la entidad no residente en territorio español haya concluido su ejercicio social que, a estos efectos, no podrá entenderse de duración superior a 12 meses.

7. El importe de las rentas positivas a imputar se calculará de acuerdo con los principios y criterios establecidos en la Ley del Impuesto sobre Sociedades, y en las restantes disposiciones relativas al Impuesto sobre Sociedades para la determinación de la base imponible.

A estos efectos, se utilizará el tipo de cambio vigente al cierre del ejercicio social de la entidad no residente en territorio español.

En ningún caso se imputará una cantidad superior a la renta total de la entidad no residente.

8. No se integrarán en la base imponible los dividendos o participaciones en beneficios en la parte que corresponda a la renta positiva que haya sido imputada. El mismo tratamiento se aplicará a los dividendos a cuenta.

En caso de distribución de reservas se atenderá a la designación contenida en el acuerdo social, entendiéndose aplicadas las últimas cantidades abonadas a dichas reservas.

Una misma renta positiva solamente podrá ser objeto de imputación por una sola vez, cualquiera que sea la forma y la entidad en que se manifieste.

9. Será deducible de la cuota líquida el impuesto o gravamen efectivamente satisfecho en el extranjero por razón de la distribución de los dividendos o participaciones en beneficios, sea conforme a un convenio para evitar la doble imposición o de acuerdo con la legislación interna del país o territorio de que se trate, en la parte que corresponda a la renta positiva imputada con anterioridad en la base imponible.

Esta deducción se practicará aun cuando los impuestos correspondan a períodos impositivos distintos a aquél en el que se realizó la imputación.

En ningún caso se deducirán los impuestos satisfechos en países o territorios calificados como jurisdicciones no cooperativas.

Esta deducción no podrá exceder de la cuota íntegra que en España corresponda pagar por la renta positiva incluida en la base imponible.

10. Para calcular la renta derivada de la transmisión de la participación, directa o indirecta, se emplearán las reglas contenidas en la letra a) del apartado 2 de la disposición transitoria décima de la Ley del Impuesto sobre Sociedades, en relación a la renta positiva imputada en la base imponible. Los beneficios sociales a que se refiere el citado precepto serán los correspondientes a la renta positiva imputada.

11. Los contribuyentes a quienes sea de aplicación lo previsto en el presente artículo deberán presentar conjuntamente con la declaración por este Impuesto los siguientes datos relativos a la entidad no residente en territorio español:

a) Nombre o razón social y lugar del domicilio social.

b) Relación de administradores y lugar del domicilio fiscal.

c) Balance, la cuenta de pérdidas y ganancias y la memoria.

d) Importe de la renta positiva que deba ser objeto de imputación en la base imponible.

e) Justificación de los impuestos satisfechos respecto de la renta positiva que deba ser objeto de imputación.

12. Cuando la entidad participada resida en un país o territorio calificado como jurisdicción no cooperativa, se presumirá que:

a) Se cumple la circunstancia prevista en el párrafo b) del apartado 1.

b) Las rentas de la entidad participada reúnen las características del apartado 3 de este artículo.

c) La renta obtenida por la entidad participada es el 15 por ciento del valor de adquisición de la participación.

Las presunciones contenidas en los párrafos anteriores admitirán prueba en contrario.

13. A los efectos del presente artículo se entenderá que el grupo de sociedades a que se refiere el artículo 42 del Código de Comercio incluye las entidades multigrupo y asociadas en los términos de la legislación mercantil.

14. Lo previsto en este artículo no será de aplicación cuando la entidad no residente en territorio español sea residente en otro Estado miembro de la Unión Europea o que forme parte del Acuerdo del Espacio Económico Europeo, siempre que el contribuyente acredite que realiza actividades económicas, o se trate de una institución de inversión colectiva, regulada por la Directiva 2009/65/CE del Parlamento Europeo y del Consejo, de 13 de julio de 2009, por la que se coordinan las disposiciones legales, reglamentarias y administrativas sobre determinados organismos de inversión colectiva en valores mobiliarios, distintas de las previstas en el artículo 95 de esta Ley, constituida y domiciliada en algún Estado miembro de la Unión Europea.

SECCIÓN 4.ª DERECHOS DE IMAGEN

Artículo 92. Imputación de rentas por la cesión de derechos de imagen.

1. Los contribuyentes imputarán en su base imponible del Impuesto sobre la Renta de las Personas Físicas la cantidad a que se refiere el apartado 3 cuando concurran las circunstancias siguientes:

a) Que hubieran cedido el derecho a la explotación de su imagen o hubiesen consentido o autorizado su utilización a otra persona o entidad, residente o no residente. A efectos de lo dispuesto en este párrafo, será indiferente que la cesión, consentimiento o autorización hubiese tenido lugar cuando la persona física no fuese contribuyente.

b) Que presten sus servicios a una persona o entidad en el ámbito de una relación laboral.

c) Que la persona o entidad con la que el contribuyente mantenga la relación laboral, o cualquier otra persona o entidad vinculada con ellas en los términos del artículo 16 del texto refundido de la Ley del Impuesto sobre Sociedades, haya obtenido, mediante actos concertados con personas o entidades residentes o no residentes la cesión del derecho a la explotación o el consentimiento o autorización para la utilización de la imagen de la persona física.

2. La imputación a que se refiere el apartado anterior no procederá cuando los rendimientos del trabajo obtenidos en el período impositivo por la persona física a que se refiere el párrafo primero del apartado anterior en virtud de la relación laboral no sean inferiores al 85 por ciento de la suma de los citados rendimientos más la total contraprestación a cargo de la persona o entidad a que se refiere el párrafo c) del apartado anterior por los actos allí señalados.

3. La cantidad a imputar será el valor de la contraprestación que haya satisfecho con anterioridad a la contratación de los servicios laborales de la persona física o que deba satisfacer la persona o entidad a que se refiere el párrafo c) del apartado 1 por los actos allí señalados.

Dicha cantidad se incrementará en el importe del ingreso a cuenta a que se refiere el apartado 8 y se minorará en el valor de la contraprestación obtenida por la persona física como consecuencia de la cesión, consentimiento o autorización a que se refiere el párrafo a) del apartado 1, siempre que la misma se hubiera obtenido en un período impositivo en el que la persona física titular de la imagen sea contribuyente por este impuesto.

4. 1.º Cuando proceda la imputación, será deducible de la cuota líquida del Impuesto sobre la Renta de las Personas Físicas correspondiente a la persona a que se refiere el párrafo primero del apartado 1:

a) El impuesto o impuestos de naturaleza idéntica o similar al Impuesto sobre la Renta de las Personas Físicas o sobre Sociedades que, satisfecho en el extranjero por la persona o entidad no residente primera cesionaria, corresponda a la parte de la renta neta derivada de la cuantía que debe incluir en su base imponible.

b) El Impuesto sobre la Renta de las Personas Físicas o sobre Sociedades que, satisfecho en España por la persona o entidad residente primera cesionaria, corresponda a la parte de la renta neta derivada de la cuantía que debe incluir en su base imponible.

c) El impuesto o gravamen efectivamente satisfecho en el extranjero por razón de la distribución de los dividendos o participaciones en beneficios distribuidos por la primera cesionaria, sea conforme a un convenio para evitar la doble imposición o de acuerdo con la legislación interna del país o territorio de que se trate, en la parte que corresponda a la cuantía incluida en la base imponible.

d) El impuesto satisfecho en España, cuando la persona física no sea residente, que corresponda a la contraprestación obtenida por la persona física como consecuencia de la primera cesión del derecho a la explotación de su imagen o del consentimiento o autorización para su utilización.

§1

e) El impuesto o impuestos de naturaleza idéntica o similar al Impuesto sobre la Renta de las Personas Físicas satisfecho en el extranjero, que corresponda a la contraprestación obtenida por la persona física como consecuencia de la primera cesión del derecho a la explotación de su imagen o del consentimiento o autorización para su utilización.

2.º Estas deducciones se practicarán aun cuando los impuestos correspondan a períodos impositivos distintos a aquél en el que se realizó la imputación.

En ningún caso se deducirán los impuestos satisfechos en países o territorios considerados como paraísos fiscales.

Estas deducciones no podrán exceder, en su conjunto, de la cuota íntegra que corresponda satisfacer en España por la renta imputada en la base imponible.

5. 1.º La imputación se realizará por la persona física en el período impositivo que corresponda a la fecha en que la persona o entidad a que se refiere el párrafo c) del apartado 1 efectúe el pago o satisfaga la contraprestación acordada, salvo que por dicho período impositivo la persona física no fuese contribuyente por este impuesto, en cuyo caso la inclusión deberá efectuarse en el primero o en el último período impositivo por el que deba tributar por este impuesto, según los casos.

2.º La imputación se efectuará en la base imponible, de acuerdo con lo previsto en el artículo 45 de esta Ley.

3.º A estos efectos se utilizará el tipo de cambio vigente al día de pago o satisfacción de la contraprestación acordada por parte de la persona o entidad a que se refiere el párrafo c) del apartado 1.

6. 1.º No se imputarán en el impuesto personal de los socios de la primera cesionaria los dividendos o participaciones en beneficios distribuidos por ésta en la parte que corresponda a la cuantía que haya sido imputada por la persona física a que se refiere el primer párrafo del apartado 1. El mismo tratamiento se aplicará a los dividendos a cuenta.

En caso de distribución de reservas se atenderá a la designación contenida en el acuerdo social, entendiéndose aplicadas las últimas cantidades abonadas a dichas reservas.

§1

2.º Los dividendos o participaciones a que se refiere el ordinal 1.º anterior no darán derecho a la deducción por doble imposición internacional.

3.º Una misma cuantía sólo podrá ser objeto de imputación por una sola vez, cualquiera que sea la forma y la persona o entidad en que se manifieste.

7. Lo previsto en los apartados anteriores de este artículo se entenderá sin perjuicio de lo dispuesto en los tratados y convenios internacionales que hayan pasado a formar parte del ordenamiento interno y en el artículo 4 de esta ley.

8. Cuando proceda la imputación a que se refiere el apartado 1, la persona o entidad a que se refiere el párrafo c) del mismo deberá efectuar un ingreso a cuenta de las contraprestaciones satisfechas en metálico o en especie a personas o entidades no residentes por los actos allí señalados.

Si la contraprestación fuese en especie, su valoración se efectuará de acuerdo con lo previsto en el artículo 43 de esta ley, y se practicará el ingreso a cuenta sobre dicho valor.

La persona o entidad a que se refiere el párrafo c) del apartado 1 deberá presentar declaración del ingreso a cuenta en la forma, plazos e impresos que establezca el Ministro de Economía y Hacienda. Al tiempo de presentar la declaración deberá determinar su importe y efectuar su ingreso en el Tesoro.

Reglamentariamente se regulará el tipo de ingreso a cuenta.

SECCIÓN 5.ª RÉGIMEN ESPECIAL PARA TRABAJADORES DESPLAZADOS

Artículo 93. Régimen fiscal especial aplicable a los trabajadores desplazados a territorio español[186] [187].

1. Las personas físicas que adquieran su residencia fiscal en España como consecuencia de su desplazamiento a territorio español podrán optar por tributar por el Impuesto sobre la Renta de no Residentes, con las

---

[186]   Nueva redacción según la D.F. 3.5 de la Ley 28/2022, de 21 de diciembre, de fomento del ecosistema de las empresas emergentes.

[187]   §1 D.T. 17ª

§1

reglas especiales previstas en el apartado 2 de este artículo, manteniendo la condición de contribuyentes por el Impuesto sobre la Renta de las Personas Físicas, durante el período impositivo en que se efectúe el cambio de residencia y durante los cinco períodos impositivos siguientes, cuando, en los términos que se establezcan reglamentariamente, se cumplan las siguientes condiciones:

a) Que no hayan sido residentes en España durante los cinco períodos impositivos anteriores a aquél en el que se produzca su desplazamiento a territorio español.

b) Que el desplazamiento a territorio español se produzca, ya sea en el primer año de aplicación del régimen o en el año anterior, como consecuencia de alguna de las siguientes circunstancias:

1.º Como consecuencia de un contrato de trabajo, con excepción de la relación laboral especial de los deportistas profesionales regulada por el Real Decreto 1006/1985, de 26 de junio, por el que se regula la relación laboral especial de los deportistas profesionales.

Se entenderá cumplida esta condición cuando se inicie una relación laboral, ordinaria o especial distinta de la anteriormente indicada, o estatutaria con un empleador en España. Igualmente, se entenderá cumplida esta condición cuando el desplazamiento sea ordenado por el empleador y exista una carta de desplazamiento de este o cuando, sin ser ordenado por el empleador, la actividad laboral se preste a distancia, mediante el uso exclusivo de medios y sistemas informáticos, telemáticos y de telecomunicación. En particular, se entenderá cumplida esta circunstancia en el caso de trabajadores por cuenta ajena que cuenten con el visado para teletrabajo de carácter internacional previsto en la Ley 14/2013, de 27 de septiembre, de apoyo a los emprendedores y su internacionalización.

2.º Como consecuencia de la adquisición de la condición de administrador de una entidad. En caso de que la entidad tenga la consideración de entidad patrimonial en los términos previstos en el artículo 5, apartado 2, de la Ley del Impuesto sobre Sociedades, el administrador no podrá tener una participación en dicha entidad que determine su consideración como entidad vinculada en los términos previstos en el artículo 18 de la Ley 27/2014, de 27 de noviembre, del Impuesto sobre Sociedades.

3.º Como consecuencia de la realización en España de una actividad económica calificada como actividad emprendedora, de acuerdo con el procedimiento descrito en el artículo 70 de la Ley 14/2013, de 27 de septiembre, en los términos establecidos reglamentariamente.

4.º Como consecuencia de la realización en España de una actividad económica por parte de un profesional altamente cualificado que preste servicios a empresas emergentes en el sentido del artículo 3 de la Ley 28/2022, de 21 de diciembre, de fomento del ecosistema de empresas emergentes, o que lleve a cabo actividades de formación, investigación, desarrollo e innovación, percibiendo por ello una remuneración que represente en conjunto más del 40 % de la totalidad de los rendimientos empresariales, profesionales y del trabajo personal. Reglamentariamente se determinará la forma de acreditar la condición de profesional altamente cualificado, así como la determinación de los requisitos para calificar las actividades como de formación, investigación, desarrollo e innovación.

c) Que no obtenga rentas que se calificarían como obtenidas mediante un establecimiento permanente situado en territorio español, salvo en el supuesto previsto en la letra b).3.º y 4.º de este apartado.

El contribuyente que opte por la tributación por el Impuesto sobre la Renta de no Residentes quedará sujeto por obligación real en el Impuesto sobre el Patrimonio.

La persona titular del Ministerio de Hacienda y Función Pública establecerá el procedimiento para el ejercicio de la opción mencionada en este apartado.

2. La aplicación de este régimen especial implicará, en los términos que se establezcan reglamentariamente, la determinación de la deuda tributaria del Impuesto sobre la Renta de las Personas Físicas con arreglo a las normas establecidas en el texto refundido de la Ley del Impuesto sobre la Renta de no Residentes, aprobado por el Real Decreto Legislativo 5/2004, de 5 de marzo, para las rentas obtenidas sin mediación de establecimiento permanente con las siguientes especialidades:

a) No resultará de aplicación lo dispuesto en los artículos 5, 6, 8, 9, 10, 11 y 14 del capítulo I del citado texto refundido. No obstante, estarán exentos los rendimientos del trabajo en especie a los que se refiere la letra a) del artículo 14.1 del citado texto refundido.

b) La totalidad de los rendimientos de actividades económicas calificadas como una actividad emprendedora o de los rendimientos del trabajo obtenidos por el contribuyente durante la aplicación del régimen especial se entenderán obtenidos en territorio español

c) A efectos de la liquidación del impuesto, se gravarán acumuladamente las rentas obtenidas por el contribuyente en territorio español durante el año natural, sin que sea posible compensación alguna entre aquellas.

d) La base liquidable estará formada por la totalidad de las rentas a que se refiere la letra c) anterior, distinguiéndose entre las rentas a que se refiere el artículo 25.1. f) del texto refundido de la Ley del Impuesto sobre la Renta de no Residentes, y el resto de rentas.

e) Para la determinación de la cuota íntegra:

1.º A la base liquidable, salvo la parte de la misma correspondiente a las rentas a que se refiere el artículo 25.1.f) del texto refundido de la Ley del Impuesto sobre la Renta de no Residentes, se le aplicarán los tipos que se indican en la siguiente escala:

Base liquidable - Euros	Tipo aplicable - Porcentaje
Hasta 600.000,00 euros	24
Desde 600.000,01 euros en adelante	47

2.º A la parte de la base liquidable correspondiente a las rentas a que se refiere el artículo 25.1.f) del texto refundido de la Ley del Impuesto sobre la Renta de no Residentes, se le aplicarán los tipos que se indican en la siguiente escala[188]:

---

[188] Nueva redacción del apartado 2º según la D.F. 7ª.Tres de la Ley 7/2024, de 20 de diciembre, por la que se establecen un Impuesto Complementario para garantizar un nivel mínimo global de imposición para los grupos multinacionales y los grupos nacionales de gran magnitud, un Impuesto sobre el margen de intereses y comisiones de determinadas entidades financieras y un Impuesto sobre los líquidos para

Base liquidable - Hasta euros	Cuota íntegra - Euros	Resto base liquidable - Hasta euros	Tipo aplicable - Porcentaje
0	0	6.000	19
6.000	1.140	44.000	21
50.000	10.380	150.000	23
200.000	44.840	100.000	27
300.000	71.880	En adelante	30

f) Las retenciones e ingresos a cuenta en concepto de pagos a cuenta del impuesto se practicarán, en los términos que se establezcan reglamentariamente, de acuerdo con la normativa del Impuesto sobre la Renta de no Residentes.

No obstante, el porcentaje de retención o ingreso a cuenta sobre rendimientos del trabajo será el 24 por ciento. Cuando las retribuciones satisfechas por un mismo pagador de rendimientos del trabajo durante el año natural excedan de 600.000 euros, el porcentaje de retención aplicable al exceso será el 47 por ciento.

3. También podrán optar por tributar por el Impuesto sobre la Renta de no Residentes, con las reglas especiales previstas en el apartado 2 de este artículo, manteniendo la condición de contribuyentes por el Impuesto sobre la Renta de las Personas Físicas, el cónyuge del contribuyente a que se refiere el apartado 1 anterior y sus hijos, menores de veinticinco años o cualquiera que sea su edad en caso de discapacidad, o en el supuesto de inexistencia de vínculo matrimonial, el progenitor de estos, siempre que se cumplan las siguientes condiciones:

a) Que se desplacen a territorio español con el contribuyente a que se refiere el apartado 1 anterior o en un momento posterior, siempre que no hubiera finalizado el primer período impositivo en el que a este le resulte de aplicación el régimen especial.

b) Que adquieran su residencia fiscal en España.

---

cigarrillos electrónicos y otros productos relacionados con el tabaco, y se modifican otras normas tributarias.

c) Que cumplan las condiciones a que se refieren las letras a) y c) del apartado 1 de este artículo.

d) Que la suma de las bases liquidables, a que se refiere la letra d) del apartado 2 de este artículo, de los contribuyentes en cada uno de los períodos impositivos en los que les resulte de aplicación este régimen especial, sea inferior a la base liquidable del contribuyente a que se refiere el apartado 1 anterior.

El régimen especial resultará de aplicación durante los sucesivos períodos impositivos en los que, cumpliéndose tales condiciones, el mismo resulte también de aplicación al contribuyente previsto en el apartado 1 anterior. Reglamentariamente se establecerán los términos y condiciones para la aplicación del presente régimen especial.

SECCIÓN 6.ª INSTITUCIONES DE INVERSIÓN COLECTIVA

Artículo 94. Tributación de los socios o partícipes de las instituciones de inversión colectiva.

1. Los contribuyentes que sean socios o partícipes de las instituciones de inversión colectiva reguladas en la Ley 35/2003, de 4 de noviembre, de Instituciones de Inversión Colectiva, imputarán, de conformidad con las normas de esta Ley, las siguientes rentas:

a) Las ganancias o pérdidas patrimoniales obtenidas como consecuencia de la transmisión de las acciones o participaciones o del reembolso de estas últimas. Cuando existan valores homogéneos[189], se considerará que los transmitidos o reembolsados por el contribuyente son aquellos que adquirió en primer lugar.

Cuando el importe obtenido como consecuencia del reembolso o transmisión de participaciones o acciones en instituciones de inversión colectiva se destine, de acuerdo con el procedimiento que reglamentariamente se establezca, a la adquisición o suscripción de otras acciones o participaciones en instituciones de inversión colectiva, no procederá computar la ganancia o pérdida patrimonial, y las nuevas acciones o participaciones

---

[189]   §2 Art. 8.

§1

suscritas conservarán el valor y la fecha de adquisición de las acciones o participaciones transmitidas o reembolsadas, en los siguientes casos:

1.º En los reembolsos de participaciones en instituciones de inversión colectiva que tengan la consideración de fondos de inversión.

2.º En las transmisiones de acciones de instituciones de inversión colectiva con forma societaria, siempre que se cumplan las dos condiciones siguientes:

Que el número de socios de la institución de inversión colectiva cuyas acciones se transmitan sea superior a 500[190].

Que el contribuyente no haya participado, en algún momento dentro de los 12 meses anteriores a la fecha de la transmisión, en más del 5 por ciento del capital de la institución de inversión colectiva.

El régimen de diferimiento previsto en el segundo párrafo de esta letra a) no resultará de aplicación cuando, por cualquier medio, se ponga a disposición del contribuyente el importe derivado del reembolso o transmisión de las acciones o participaciones de instituciones de inversión colectiva. Tampoco resultará de aplicación el citado régimen de diferimiento cuando la transmisión o reembolso o, en su caso, la suscripción o adquisición tenga por objeto participaciones representativas del patrimonio de instituciones de inversión colectiva a que se refiere este artículo que tengan la consideración de fondos de inversión cotizados o acciones de las sociedades del mismo tipo conforme a lo previsto en el artículo 79 del Reglamento de desarrollo de la Ley 35/2003, de 4 de noviembre, de instituciones de inversión colectiva, aprobado por el Real Decreto 1082/2012, de 13 de julio[191].

---

[190]   §2 Art. 52.

[191]   Nueva redacción de la letra a) según el Art. 3º.5 de la Ley 11/2021, de 9 de julio, de medidas de prevención y lucha contra el fraude fiscal, de transposición de la Directiva (UE) 2016/1164, del Consejo, de 12 de julio de 2016, por la que se establecen normas contra las prácticas de elusión fiscal que inciden directamente en el funcionamiento del mercado interior, de modificación de diversas normas tributarias y en materia de regulación del juego.

b) Los resultados distribuidos por las instituciones de inversión colectiva.

c) En los supuestos de reducción de capital de sociedades de inversión de capital variable que tenga por finalidad la devolución de aportaciones, el importe de ésta o el valor normal de mercado de los bienes o derechos percibidos, que se calificará como rendimiento del capital mobiliario de acuerdo con lo previsto en la letra a) del artículo 25.1 de esta Ley, con el límite de la mayor de las siguientes cuantías:

– El aumento del valor liquidativo de las acciones desde su adquisición o suscripción hasta el momento de la reducción de capital social.

– Cuando la reducción de capital proceda de beneficios no distribuidos, el importe de dichos beneficios. A estos efectos, se considerará que las reducciones de capital, cualquiera que sea su finalidad, afectan en primer lugar a la parte del capital social que provenga de beneficios no distribuidos, hasta su anulación.

El exceso sobre el citado límite minorará el valor de adquisición de las acciones afectadas, de acuerdo con las reglas del primer párrafo del artículo 33.3 a) de esta Ley, hasta su anulación. A su vez, el exceso que pudiera resultar se integrará como rendimiento del capital mobiliario procedente de la participación en los fondos propios de cualquier tipo de entidad, en la forma prevista para la distribución de la prima de emisión en el primer párrafo de la letra e) del apartado 1 del artículo 25 de esta Ley[192].

d) En los supuestos de distribución de la prima de emisión de acciones de sociedades de inversión de capital variable, la totalidad del importe obtenido, sin que resulte de aplicación la minoración del valor de adquisición de las acciones previsto en el artículo 25.1 e) de esta Ley.

2.a) El régimen previsto en el apartado 1 de este artículo será de aplicación a los socios o partícipes de instituciones de inversión colecti-

---

[192] Nueva redacción de la letra c) según el Art. 1º. 60 de la Ley 26/2014, de 27 de noviembre, por la que se modifican la Ley 35/2006, de 28 de noviembre, del Impuesto sobre la Renta de las Personas Físicas, el texto refundido de la Ley del Impuesto sobre la Renta de no Residentes, aprobado por el Real Decreto Legislativo 5/2004, de 5 de marzo, y otras normas tributarias.

§1

va, reguladas por la Directiva 2009/65/CE del Parlamento Europeo y del Consejo, de 13 de julio de 2009 por la que se coordinan las disposiciones legales, reglamentarias y administrativas sobre determinados organismos de inversión colectiva en valores mobiliarios, distintas de las previstas en el artículo 95 de esta Ley, constituidas y domiciliadas en algún Estado miembro de la Unión Europea e inscritas en el registro especial de la Comisión Nacional del Mercado de Valores, a efectos de su comercialización por entidades residentes en España.

Para la aplicación de lo dispuesto en el segundo párrafo del apartado 1.a) se exigirán los siguientes requisitos:

1.º) La adquisición, suscripción, transmisión y reembolso de acciones y participaciones de instituciones de inversión colectiva se realizará a través de entidades comercializadoras inscritas en la Comisión Nacional del Mercado de Valores.

2.º) En el caso de que la institución de inversión colectiva se estructure en compartimentos o subfondos, el número de socios y el porcentaje máximo de participación previstos en el apartado 1.a).2.º anterior se entenderá referido a cada compartimento o subfondo comercializado.

3.º) Que el reembolso o transmisión o, en su caso, la suscripción o adquisición, no tenga por objeto participaciones o acciones en instituciones de inversión colectiva análogas a los fondos de inversión cotizados o sociedades del mismo tipo previstos en el artículo 79 del Reglamento de desarrollo de la Ley 35/2003, cualquiera que sea el mercado regulado o el sistema multilateral de negociación en el que coticen y la composición del índice que reproduzcan, repliquen o tomen como referencia[193].

b) Lo dispuesto en las letras c) y d) del apartado 1 se aplicará a organismos de inversión colectiva equivalentes a las sociedades de inversión

---

[193]   Nueva redacción de esta letra según el Art. 3º.5 de la Ley 11/2021, de 9 de julio, de medidas de prevención y lucha contra el fraude fiscal, de transposición de la Directiva (UE) 2016/1164, del Consejo, de 12 de julio de 2016, por la que se establecen normas contra las prácticas de elusión fiscal que inciden directamente en el funcionamiento del mercado interior, de modificación de diversas normas tributarias y en materia de regulación del juego.

de capital variable que estén registrados en otro Estado, con independencia de cualquier limitación que tuvieran respecto de grupos restringidos de inversores, en la adquisición, cesión o rescate de sus acciones; en todo caso resultará de aplicación a las sociedades amparadas por la Directiva 2009/65/CE del Parlamento Europeo y del Consejo, de 13 de julio de 2009 por la que se coordinan las disposiciones legales, reglamentarias y administrativas sobre determinados organismos de inversión colectiva en valores mobiliarios[194].

3. La determinación del número de socios y del porcentaje máximo de participación en el capital de las instituciones de inversión colectiva se realizará de acuerdo con el procedimiento que reglamentariamente se establezca[195].

A estos efectos, la información relativa al número de socios, a su identidad y a su porcentaje de participación no tendrá la consideración de hecho relevante.

Artículo 95. Tributación de los socios o partícipes de las instituciones de inversión colectiva constituidas en países o territorios considerados como paraísos fiscales[196].

1. Los contribuyentes que participen en instituciones de inversión colectiva constituidas en países o territorios considerados como paraísos fiscales, imputarán en la base imponible, de acuerdo con lo previsto en el artículo 45 de esta ley, la diferencia positiva entre el valor liquidativo de la participación al día de cierre del período impositivo y su valor de adquisición.

La cantidad imputada se considerará mayor valor de adquisición.

---

[194]   Nueva redacción de los apartados 1 y 2 según el Art. 65 de la Ley 39/2010, de 22 de diciembre, de Presupuestos Generales del Estado para el año 2011. Redacción según D.F. 9ª de la Ley 40/2010, de 29 de diciembre, de almacenamiento geológico de dióxido de carbono, con efectos para las reducciones de capital y distribución de la prima de emisión efectuadas a partir de 23 de septiembre de 2010.

[195]   §2 Art. 52.

[196]   Véase Real Decreto 1080/1991, de 5 de julio.

2. Los beneficios distribuidos por la institución de inversión colectiva no se imputarán y minorarán el valor de adquisición de la participación.

3. Se presumirá, salvo prueba en contrario, que la diferencia a que se refiere el apartado 1 es el 15 por ciento del valor de adquisición de la acción o participación.

4. La renta derivada de la transmisión o reembolso de las acciones o participaciones se determinará conforme a lo previsto en la letra c) del apartado 1 del artículo 37 de esta Ley, debiendo tomarse a estos efectos como valor de adquisición el que resulte de la aplicación de lo previsto en los apartados anteriores.

SECCIÓN 7.ª GANANCIAS PATRIMONIALES POR CAMBIO DE RESIDENCIA[197]

Artículo 95 bis. Ganancias patrimoniales por cambio de residencia.

1. Cuando el contribuyente pierda su condición por cambio de residencia, se considerarán ganancias patrimoniales las diferencias positivas entre el valor de mercado de las acciones o participaciones de cualquier tipo de entidad cuya titularidad corresponda al contribuyente, y su valor de adquisición, siempre que el contribuyente hubiera tenido tal condición durante al menos diez de los quince períodos impositivos anteriores al último período impositivo que deba declararse por este impuesto, y concurra cualquiera de las siguientes circunstancias:

a) Que el valor de mercado de las acciones o participaciones a que se refiere el apartado 3 de este artículo exceda, conjuntamente, de 4.000.000 de euros.

b) Cuando no se cumpla lo previsto en la letra a) anterior, que en la fecha de devengo del último período impositivo que deba declararse por este impuesto, el porcentaje de participación en la entidad sea superior al 25 por ciento, siempre que el valor de mercado de las acciones o participa-

---

[197]   Sección añadida por el Art. 1º. 61 de la Ley 26/2014, de 27 de noviembre, por la que se modifican la Ley 35/2006, de 28 de noviembre, del Impuesto sobre la Renta de las Personas Físicas, el texto refundido de la Ley del Impuesto sobre la Renta de no Residentes, aprobado por el Real Decreto Legislativo 5/2004, de 5 de marzo, y otras normas tributarias.

ciones en la citada entidad a que se refiere el apartado 3 de este artículo exceda de 1.000.000 de euros.

En este caso únicamente se aplicará lo dispuesto en este artículo a las ganancias patrimoniales correspondientes a las acciones o participaciones a que se refiere esta letra b).

2. Las ganancias patrimoniales formarán parte de la renta del ahorro conforme a la letra b) del artículo 46 de esta Ley y se imputarán al último período impositivo que deba declararse por este Impuesto, en las condiciones que se fijen reglamentariamente, practicándose, en su caso, autoliquidación complementaria, sin sanción ni intereses de demora ni recargo alguno.

3. Para el cómputo de la ganancia patrimonial se tomará el valor de mercado de las acciones o participaciones en la fecha de devengo del último período impositivo que deba declararse por este impuesto, determinado de acuerdo con las siguientes reglas:

a) Los valores admitidos a negociación en alguno de los mercados regulados de valores definidos en la Directiva 2004/39/CE del Parlamento Europeo y del Consejo, de 21 de abril de 2004, relativa a los mercados de instrumentos financieros, y representativos de la participación en fondos propios de sociedades o entidades, se valorarán por su cotización.

b) Los valores no admitidos a negociación en alguno de los mercados regulados de valores definidos en la Directiva 2004/39/CE del Parlamento Europeo y del Consejo, de 21 de abril de 2004, relativa a los mercados de instrumentos financieros, y representativos de la participación en fondos propios de sociedades o entidades, se valorarán, salvo prueba de un valor de mercado distinto, por el mayor de los dos siguientes:

El patrimonio neto que corresponda a los valores resultante del balance correspondiente al último ejercicio cerrado con anterioridad a la fecha del devengo del Impuesto.

El que resulte de capitalizar al tipo del 20 por ciento el promedio de los resultados de los tres ejercicios sociales cerrados con anterioridad a la fecha del devengo del Impuesto. A este último efecto, se computarán como beneficios los dividendos distribuidos y las asignaciones a reservas, excluidas las de regularización o de actualización de balances.

§1

c) Las acciones o participaciones representativas del capital o patrimonio de las instituciones de inversión colectiva, se valorarán por el valor liquidativo aplicable en la fecha de devengo del último período impositivo que deba declararse por este impuesto o, en su defecto, por el último valor liquidativo publicado. Cuando no existiera valor liquidativo se tomará el valor del patrimonio neto que corresponda a las acciones o participaciones resultante del balance correspondiente al último ejercicio cerrado con anterioridad a la citada fecha de devengo, salvo prueba de un valor de mercado distinto.

4. En las condiciones que se establezcan reglamentariamente, cuando el cambio de residencia se produzca como consecuencia de un desplazamiento temporal por motivos laborales a un país o territorio que no tenga la consideración de paraíso fiscal, o por cualquier otro motivo siempre que en este caso el desplazamiento temporal se produzca a un país o territorio que tenga suscrito con España un convenio para evitar la doble imposición internacional que contenga cláusula de intercambio de información, previa solicitud del contribuyente, se aplazará por la Administración tributaria el pago de la deuda tributaria que corresponda a las ganancias patrimoniales reguladas en este artículo.

En dicho aplazamiento resultará de aplicación lo dispuesto en la Ley 58/2003, de 17 de diciembre, General Tributaria, y su normativa de desarrollo, y específicamente en lo relativo al devengo de intereses y a la constitución de garantías para dicho aplazamiento.

A efectos de constitución de las garantías señaladas en el párrafo anterior, estas podrán constituirse, total o parcialmente, en tanto resulten suficientes jurídica y económicamente, sobre los valores a que se refiere este artículo.

El aplazamiento vencerá como máximo el 30 de junio del año siguiente a la finalización del plazo señalado en el párrafo siguiente.

En caso de que el obligado tributario adquiera de nuevo la condición de contribuyente por este impuesto en cualquier momento dentro del plazo de los cinco ejercicios siguientes al último que deba declararse por este impuesto sin haber transmitido la titularidad de las acciones o participaciones a que se refiere el apartado 1 anterior, la deuda tributaria objeto de

§1

aplazamiento quedará extinguida, así como los intereses que se hubiesen devengado. Tratándose de desplazamientos por motivos laborales, el contribuyente podrá solicitar de la Administración tributaria la ampliación del citado plazo de cinco ejercicios cuando existan circunstancias que justifiquen un desplazamiento temporal más prolongado, sin que en ningún caso la ampliación pueda exceder de cinco ejercicios adicionales.

La citada extinción se producirá en el momento de la presentación de la declaración referida al primer ejercicio en el que deba tributar por este impuesto.

En ese supuesto no procederá el reembolso de coste de las garantías que se hubiesen podido constituir.

5. Si el obligado tributario adquiriese de nuevo la condición de contribuyente sin haber transmitido la titularidad de las acciones o participaciones a que se refiere el apartado 1 anterior, podrá solicitar la rectificación de la autoliquidación al objeto de obtener la devolución de las cantidades ingresadas correspondientes a las ganancias patrimoniales reguladas en este artículo.

La devolución a que se refiere el párrafo anterior se regirá por lo dispuesto en el artículo 31 de la Ley 58/2003, de 17 de diciembre, General Tributaria, salvo en lo concerniente al abono de los intereses de demora, que se devengarán desde la fecha en que se hubiese realizado el ingreso hasta la fecha en que se ordene el pago de la devolución. La solicitud de rectificación podrá presentarse a partir de la finalización del plazo de declaración correspondiente al primer período impositivo que deba declararse por este impuesto.

6. Cuando el cambio de residencia se produzca a otro Estado miembro de la Unión Europea, o del Espacio Económico Europeo con el que exista un efectivo intercambio de información tributaria, en los términos previstos en el apartado 4 de la disposición adicional primera de la Ley 36/2006, de 29 de noviembre, de medidas para la prevención del fraude fiscal, el contribuyente podrá optar por aplicar a las ganancias patrimoniales reguladas en este artículo las siguientes especialidades:

a) La ganancia patrimonial únicamente deberá ser objeto de autoliquidación cuando en el plazo de los diez ejercicios siguientes al último que deba declararse por este impuesto se produzca alguna de las siguientes circunstancias:

1.º Que se transmitan inter vivos las acciones o participaciones.

2.º Que el contribuyente pierda la condición de residente en un Estado miembro de la Unión Europea o del Espacio Económico Europeo.

3.º Que se incumpla la obligación de comunicación a que se refiere la letra c) de este apartado.

La ganancia patrimonial se imputará al último período impositivo que deba declararse por este impuesto, practicándose, en su caso, autoliquidación complementaria, sin sanción ni intereses de demora ni recargo alguno.

La autoliquidación se presentará en el plazo que media entre la fecha en que se produzca alguna de las circunstancias referidas en esta letra a), y el final del inmediato siguiente plazo de declaraciones por el impuesto.

b) En el supuesto a que se refiere el número 1.º de la letra a) anterior, la cuantía de la ganancia patrimonial se minorará en la diferencia positiva entre el valor de mercado de las acciones o participaciones a que se refiere el apartado 3 anterior y su valor de transmisión.

A estos efectos el valor de transmisión se incrementará en el importe de los beneficios distribuidos o de cualesquiera otras percepciones que hubieran determinado una minoración del patrimonio neto de la entidad con posterioridad a la pérdida de la condición de contribuyente, salvo que tales percepciones hubieran tributado por el Impuesto sobre la Renta de no Residentes.

c) El contribuyente deberá comunicar a la Administración tributaria, en los términos que reglamentariamente se establezcan, la opción por la aplicación de las especialidades previstas en este apartado, la ganancia patrimonial puesta de manifiesto, el Estado al que traslade su residencia, con indicación del domicilio así como las posteriores variaciones, y el mantenimiento de la titularidad de las acciones o participaciones.

d) En caso de que el obligado tributario adquiriese de nuevo la condición de contribuyente sin haberse producido alguna de las circunstancias previstas en la letra a) de este apartado, las previsiones de este artículo quedarán sin efecto.

7. Lo dispuesto en este artículo será igualmente de aplicación cuando el cambio de residencia se produzca a un país o territorio considerado como paraíso fiscal y el contribuyente no pierda su condición conforme al apartado 2 del artículo 8 de esta Ley.

En estos supuestos se aplicarán las siguientes especialidades:

a) Las ganancias patrimoniales se imputarán al último período impositivo en que el contribuyente tenga su residencia habitual en territorio español, y para su cómputo se tomará el valor de mercado de las acciones o participaciones a que se refiere el apartado 3 en la fecha de devengo de dicho período impositivo.

b) En caso de que se transmitan las acciones o participaciones en un período impositivo en que el contribuyente mantenga tal condición, para el cálculo de la ganancia o pérdida patrimonial correspondiente a la transmisión se tomará como valor de adquisición el valor de mercado de las acciones o participaciones que se hubiera tenido en cuenta para determinar la ganancia patrimonial prevista en este artículo.

8. Tratándose de contribuyentes que hubieran optado por el régimen fiscal especial aplicable a los trabajadores desplazados a territorio español, el plazo de diez períodos impositivos a que se refiere el apartado 1 de este artículo comenzará a computarse desde el primer período impositivo en el que no resulte de aplicación el citado régimen especial.

TÍTULO XI
GESTIÓN DEL IMPUESTO

CAPÍTULO I
DECLARACIONES

Artículo 96. Obligación de declarar[198].

1. Los contribuyentes estarán obligados a presentar y suscribir declaración por este Impuesto, con los límites y condiciones que reglamentariamente se establezcan.

---

[198]   §2 Art. 61.

2. No obstante, no tendrán que declarar los contribuyentes que obtengan rentas procedentes exclusivamente de las siguientes fuentes, en tributación individual o conjunta:

a) Rendimientos íntegros del trabajo, con el límite de 22.000 euros anuales.

b) Rendimientos íntegros del capital mobiliario y ganancias patrimoniales sometidos a retención o ingreso a cuenta, con el límite conjunto de 1.600 euros anuales.

Lo dispuesto en esta letra no será de aplicación respecto de las ganancias patrimoniales procedentes de transmisiones o reembolsos de acciones o participaciones de instituciones de inversión colectiva en las que la base de retención, conforme a lo que se establezca reglamentariamente, no proceda determinarla por la cuantía a integrar en la base imponible.

c) Rentas inmobiliarias imputadas en virtud del artículo 85 de esta ley, rendimientos íntegros del capital mobiliario no sujetos a retención derivados de letras del Tesoro y subvenciones para la adquisición de viviendas de protección oficial o de precio tasado, y demás ganancias patrimoniales derivadas de ayudas públicas, con el límite conjunto de 1.000 euros anuales.

En ningún caso tendrán que declarar los contribuyentes que obtengan exclusivamente rendimientos íntegros del trabajo, de capital o de actividades económicas, así como ganancias patrimoniales, con el límite conjunto de 1.000 euros anuales y pérdidas patrimoniales de cuantía inferior a 500 euros.

No obstante lo anterior, estarán en cualquier caso obligadas a declarar todas aquellas personas físicas que en cualquier momento del período impositivo hubieran estado de alta, como trabajadores por cuenta propia, en el Régimen Especial de Trabajadores por Cuenta Propia o Autónomos, o en el Régimen Especial de la Seguridad Social de los Trabajadores del Mar.[199]

---

[199]   Nueva redacción de este apartado por la D.F. 1ª del Real Decreto-Ley 13/2022, de 26 de julio, por el que se establece un nuevo sistema de cotización para los trabajadores por cuenta propia o autónomos y se mejora la protección por cese de actividad.

§1

3. El límite a que se refiere la letra a) del apartado 2 anterior será de 15.876 euros para los contribuyentes que perciban rendimientos íntegros del trabajo en los siguientes supuestos:

a) Cuando procedan de más de un pagador. No obstante, el límite será de 22.000 euros anuales en los siguientes supuestos:

1.º Si la suma de las cantidades percibidas del segundo y restantes pagadores, por orden de cuantía, no supera en su conjunto la cantidad de 1.500 euros anuales.

2.º Cuando se trate de contribuyentes cuyos únicos rendimientos del trabajo consistan en las prestaciones pasivas a que se refiere el artículo 17.2.a) de esta ley y la determinación del tipo de retención aplicable se hubiera realizado de acuerdo con el procedimiento especial que reglamentariamente se establezca.

b) Cuando se perciban pensiones compensatorias del cónyuge o anualidades por alimentos diferentes de las previstas en el artículo 7 de esta ley.

c) Cuando el pagador de los rendimientos del trabajo no esté obligado a retener de acuerdo con lo previsto reglamentariamente.

d) Cuando se perciban rendimientos íntegros del trabajo sujetos a tipo fijo de retención[200].

4. Estarán obligados a declarar en todo caso los contribuyentes que tengan derecho a deducción por doble imposición internacional o que realicen aportaciones a patrimonios protegidos de las personas con discapacidad, planes de pensiones, planes de previsión asegurados o mutualidades de previsión social, planes de previsión social empresarial y seguros de dependencia que reduzcan la base imponible, en las condiciones que se establezcan reglamentariamente[201].

---

[200]   Nueva redacción de este apartado según el Art. 3.2 del Real Decreto-ley 4/2024, de 26 de junio, por el que se prorrogan determinadas medidas para afrontar las consecuencias económicas y sociales derivadas de los conflictos en Ucrania y Oriente Próximo y se adoptan medidas urgentes en materia fiscal, energética y social. Con efectos de 1 de enero de 2024.

[201]   Nueva redacción de este apartado según el Art. 1º. 62 de la Ley 26/2014, de 27 de noviembre, por la que se modifican la Ley 35/2006, de 28 de noviembre, del Impuesto sobre la Renta de las Personas Físicas, el texto refundido de la Ley del

5. Los modelos de declaración se aprobarán por la persona titular del Ministerio de Hacienda y Función Pública, que establecerá la forma y plazos de su presentación[202].

6. La persona titular del Ministerio de Hacienda y Función Pública podrá aprobar la utilización de modalidades simplificadas o especiales de declaración.

La declaración se efectuará en la forma y plazos que establezca la persona titular del Ministerio de Hacienda y Función Pública.

Los contribuyentes deberán cumplimentar la totalidad de los datos que les afecten contenidos en las declaraciones, acompañar los documentos y justificantes que se establezcan[203].

7. Los sucesores del causante quedarán obligados a cumplir las obligaciones tributarias pendientes por este Impuesto, con exclusión de las sanciones, de conformidad con el artículo 39.1 de la Ley 58/2003, de 17 de diciembre, General Tributaria.

8. Cuando los contribuyentes no tuvieran obligación de declarar, las Administraciones públicas no podrán exigir la aportación de declaraciones por este Impuesto al objeto de obtener subvenciones o cualesquiera prestaciones públicas, o en modo alguno condicionar éstas a la presentación de dichas declaraciones.

9. La Ley de Presupuestos Generales del Estado podrá modificar lo previsto en los apartados anteriores.

Impuesto sobre la Renta de no Residentes, aprobado por el Real Decreto Legislativo 5/2004, de 5 de marzo, y otras normas tributarias.

[202]   Nueva redacción de este apartado según la D.F. 2ª del Real Decreto-ley 8/2023, de 27 de diciembre, por el que se adoptan medidas para afrontar las consecuencias económicas y sociales derivadas de los conflictos en Ucrania y Oriente Próximo, así como para paliar los efectos de la sequía.

[203]   Nueva redacción de este apartado según la D.F. 2ª del Real Decreto-ley 8/2023, de 27 de diciembre, por el que se adoptan medidas para afrontar las consecuencias económicas y sociales derivadas de los conflictos en Ucrania y Oriente Próximo, así como para paliar los efectos de la sequía.

Artículo 97. Autoliquidación.

1. Los contribuyentes, al tiempo de presentar su declaración, deberán determinar la deuda tributaria correspondiente e ingresarla en el lugar, forma y plazos determinados por el Ministro de Economía y Hacienda[204].

2. El ingreso del importe resultante de la autoliquidación sólo se podrá fraccionar en la forma que se determine[205] en el reglamento de desarrollo de esta Ley.

3. El pago de la deuda tributaria podrá realizarse mediante entrega de bienes integrantes del Patrimonio Histórico Español que estén inscritos en el Inventario General de Bienes Muebles o en el Registro General de Bienes de Interés Cultural, de acuerdo con lo dispuesto en el artículo 73 de la Ley 16/1985, de 25 de junio, del Patrimonio Histórico Español[206].

4. Los sucesores del causante quedarán obligados a cumplir las obligaciones tributarias pendientes por este impuesto, con exclusión de las sanciones, de conformidad con el artículo 39.1 de la Ley 58/2003, de 17 de diciembre, General Tributaria.

5. En el supuesto previsto en el artículo 14.4 de esta ley, los sucesores del causante podrán solicitar a la Administración tributaria el fraccionamiento de la parte de deuda tributaria correspondiente a las rentas a que se refiere dicho precepto, calculada aplicando el tipo regulado en el artículo 80.2 de esta ley.

La solicitud se formulará dentro del plazo reglamentario de declaración relativo al período impositivo del fallecimiento y se concederá en función de los períodos impositivos a los que correspondería imputar dichas rentas en caso de que aquél no se hubiese producido con el límite máximo de cuatro años en las condiciones que se determinen reglamentariamente[207].

6. El contribuyente casado y no separado legalmente que esté obligado a presentar declaración por este Impuesto y cuya autoliquidación resulte a ingresar podrá, al tiempo de presentar su declaración, solicitar la sus-

---

[204]   §2 Art. 62.1.
[205]   §2 Art. 62.2.
[206]   §2 Art. 62.3.
[207]   §2 Art. 63.

§1

pensión del ingreso de la deuda tributaria, sin intereses de demora, en una cuantía igual o inferior a la devolución a la que tenga derecho su cónyuge por este mismo Impuesto.

La solicitud de suspensión del ingreso de la deuda tributaria que cumpla todos los requisitos enumerados en este apartado determinará la suspensión cautelar del ingreso hasta tanto se reconozca por la Administración tributaria el derecho a la devolución a favor del otro cónyuge. El resto de la deuda tributaria podrá fraccionarse de acuerdo con lo establecido en el apartado 2 de este artículo.

Los requisitos para obtener la suspensión cautelar serán los siguientes:

a) El cónyuge cuya autoliquidación resulte a devolver deberá renunciar al cobro de la devolución hasta el importe de la deuda cuya suspensión haya sido solicitada. Asimismo, deberá aceptar que la cantidad a la que renuncia se aplique al pago de dicha deuda.

b) La deuda cuya suspensión se solicita y la devolución pretendida deberán corresponder al mismo período impositivo.

c) Ambas autoliquidaciones deberán presentarse de forma simultánea dentro del plazo que establezca el Ministro de Economía y Hacienda.

d) Los cónyuges no podrán estar acogidos al sistema de cuenta corriente tributaria regulado en el Real Decreto 1108/1999, de 25 de junio.

e) Los cónyuges deberán estar al corriente en el pago de sus obligaciones tributarias en los términos previstos en la Orden de 28 de abril de 1986, sobre justificación del cumplimiento de obligaciones tributarias.

La Administración notificará a ambos cónyuges, dentro del plazo previsto en el apartado 1 del artículo 103 de esta Ley, el acuerdo que se adopte con expresión, en su caso, de la deuda extinguida y de las devoluciones o ingresos adicionales que procedan.

Cuando no proceda la suspensión por no reunirse los requisitos anteriormente señalados, la Administración practicará liquidación provisional al contribuyente que solicitó la suspensión por importe de la deuda objeto de la solicitud junto con el interés de demora[208] calculado desde el día

---

[208]   El interés de demora se fijó en el 4,0625%. (D.A. 42ª.2 de la Ley 31/2022, de 23 de diciembre, de Presupuestos Generales del Estado para 2023).

siguiente a la fecha de vencimiento del plazo establecido para presentar la autoliquidación hasta la fecha de la liquidación.

Los efectos del reconocimiento del derecho a la devolución respecto a la deuda cuya suspensión se hubiera solicitado son los siguientes:

a) Si la devolución reconocida fuese igual a la deuda, ésta quedará extinguida, al igual que el derecho a la devolución.

b) Si la devolución reconocida fuese superior a la deuda, ésta se declarará extinguida y la Administración procederá a devolver la diferencia entre ambos importes de acuerdo con lo previsto en el artículo 103 de esta Ley.

c) Si la devolución reconocida fuese inferior a la deuda, ésta se declarará extinguida en la parte concurrente, practicando la Administración tributaria liquidación provisional al contribuyente que solicitó la suspensión por importe de la diferencia, exigiéndole igualmente el interés de demora[209] calculado desde el día siguiente a la fecha de vencimiento del plazo establecido para presentar la autoliquidación hasta la fecha de la liquidación.

Se considerará que no existe transmisión lucrativa a efectos fiscales entre los cónyuges por la renuncia a la devolución de uno de ellos para su aplicación al pago de la deuda del otro.

Reglamentariamente podrá regularse el procedimiento a que se refiere este apartado.

Artículo 98. Borrador de declaración[210].

1. La Administración tributaria podrá poner a disposición de los contribuyentes, a efectos meramente informativos, un borrador de declaración, sin perjuicio del cumplimiento de lo dispuesto en el apartado 1 del artículo 97 de esta Ley, siempre que obtengan rentas procedentes exclusivamente de las siguientes fuentes:

a) Rendimientos del trabajo.

---

[209]   El interés de demora se fijó en el 4,0625%. (D.A. 42ª.2 de la Ley 31/2022, de 23 de diciembre, de Presupuestos Generales del Estado para 2023).

[210]   §2 Art. 64.

§1

b) Rendimientos del capital mobiliario sujetos a retención o ingreso a cuenta, así como los derivados de letras del Tesoro.

c) Ganancias patrimoniales sometidas a retención o ingreso a cuenta, así como las subvenciones para la adquisición de vivienda habitual.

d) Imputación de rentas inmobiliarias y aquellas otras fuentes de renta que establezca el Ministro de Hacienda y Administraciones Públicas, de acuerdo con la información de la que pueda disponer en lo sucesivo la Administración tributaria, con los límites y condiciones señalados por el mismo[211].

2. Cuando la Administración tributaria carezca de la información necesaria para la elaboración del borrador de declaración, pondrá a disposición del contribuyente los datos que puedan facilitarle la confección de la declaración del Impuesto.

No podrán suscribir ni confirmar el borrador de declaración los contribuyentes que se encuentren en alguna de las situaciones siguientes:

a) Los contribuyentes que hubieran obtenido rentas exentas con progresividad en virtud de convenios para evitar la doble imposición suscritos por España.

b) Los contribuyentes que compensen partidas negativas de ejercicios anteriores.

c) Los contribuyentes que pretendan regularizar situaciones tributarias procedentes de declaraciones anteriormente presentadas.

d) Los contribuyentes que tengan derecho a la deducción por doble imposición internacional y ejerciten tal derecho.

3. La Administración tributaria remitirá el borrador de declaración, de acuerdo con el procedimiento que se establezca por el Ministro de Economía y Hacienda.

La falta de recepción del mismo no exonerará al contribuyente del cumplimiento de su obligación de presentar declaración.

---

[211] Nueva redacción de este apartado según el Art. 3.Tres de la Ley 7/2012, de 29 de octubre, de modificación de la normativa tributaria y presupuestaria y de adecuación de la normativa financiera para la intensificación de las actuaciones en la prevención y lucha contra el fraude.

4. Cuando el contribuyente considere que el borrador de declaración refleja su situación tributaria a efectos de este impuesto, podrá suscribirlo o confirmarlo, en las condiciones que establezca el Ministro de Economía y Hacienda. En este supuesto, tendrá la consideración de declaración por este Impuesto a los efectos previstos en el apartado 1 del artículo 97 de esta Ley.

La presentación y el ingreso que, en su caso, resulte deberá realizarse, de acuerdo con lo establecido en el citado artículo 97, en el lugar, forma y plazos que determine el Ministro de Economía y Hacienda.

5. Cuando el contribuyente considere que el borrador de declaración no refleja su situación tributaria a efectos de este Impuesto, deberá presentar la correspondiente declaración, de acuerdo con lo dispuesto en el artículo 97 de esta ley. No obstante, en los supuestos que se determinen reglamentariamente, podrá instar la rectificación del borrador.

6. El modelo de solicitud de borrador de declaración será aprobado por el Ministro de Economía y Hacienda, quien establecerá el plazo y el lugar de presentación, así como los supuestos y condiciones en los que sea posible presentar la solicitud por medios telemáticos o telefónicos.

CAPÍTULO II
PAGOS A CUENTA

Artículo 99. Obligación de practicar pagos a cuenta.

1. En el Impuesto sobre la Renta de las Personas Físicas, los pagos a cuenta que, en todo caso, tendrán la consideración de deuda tributaria, podrán consistir en:

a) Retenciones.

b) Ingresos a cuenta.

c) Pagos fraccionados.

2. Las entidades y las personas jurídicas, incluidas las entidades en atribución de rentas, que satisfagan o abonen rentas sujetas a este impuesto, estarán obligadas a practicar retención e ingreso a cuenta, en concepto de pago a cuenta del Impuesto sobre la Renta de las Personas Físicas correspondiente al perceptor, en la cantidad que se determine reglamen-

§1

tariamente y a ingresar su importe en el Tesoro en los casos y en la forma que se establezcan. Estarán sujetos a las mismas obligaciones los contribuyentes por este impuesto que ejerzan actividades económicas respecto a las rentas que satisfagan o abonen en el ejercicio de dichas actividades, así como las personas físicas, jurídicas y demás entidades no residentes en territorio español, que operen en él mediante establecimiento permanente, o sin establecimiento permanente respecto a los rendimientos del trabajo que satisfagan, así como respecto de otros rendimientos sometidos a retención o ingreso a cuenta que constituyan gasto deducible para la obtención de las rentas a que se refiere el apartado 2 del artículo 24 del texto refundido de la Ley del Impuesto sobre la Renta de no Residentes.

Cuando una entidad, residente o no residente, satisfaga o abone rendimientos del trabajo a contribuyentes que presten sus servicios a una entidad residente vinculada con aquélla en los términos previstos en el artículo 16 del texto refundido de la Ley del Impuesto sobre Sociedades o a un establecimiento permanente radicado en territorio español, la entidad o el establecimiento permanente en el que preste sus servicios el contribuyente, deberá efectuar la retención o el ingreso a cuenta.

Las entidades aseguradoras domiciliadas en otro Estado miembro del Espacio Económico Europeo que operen en España en régimen de libre prestación de servicios deberán practicar retención e ingreso a cuenta en relación con las operaciones que se realicen en España.

Los fondos de pensiones domiciliados en otro Estado miembro de la Unión Europea que desarrollen en España planes de pensiones de empleo sujetos a la legislación española, conforme a lo previsto en la Directiva 2003/41/CE del Parlamento Europeo y del Consejo, de 3 de junio de 2003, relativa a las actividades y la supervisión de fondos de pensiones de empleo o, en su caso, sus entidades gestoras, deberán practicar retención e ingreso a cuenta en relación con las operaciones que se realicen en España.

En ningún caso estarán obligadas a practicar retención o ingreso a cuenta las misiones diplomáticas u oficinas consulares en España de Estados extranjeros[212].

3. No se someterán a retención los rendimientos derivados de las letras del Tesoro y de la transmisión, canje o amortización de los valores de deuda pública que con anterioridad al 1 de enero de 1999 no estuvieran sujetas a retención. Reglamentariamente podrán excepcionarse de la retención o del ingreso a cuenta determinadas rentas.

Tampoco estará sujeto a retención o ingreso a cuenta el rendimiento derivado de la distribución de la prima de emisión de acciones o participaciones, o de la reducción de capital. Reglamentariamente podrá establecerse la obligación de practicar retención o ingreso a cuenta en estos supuestos.

4. En todo caso, los sujetos obligados a retener o a ingresar a cuenta asumirán la obligación de efectuar el ingreso en el Tesoro, sin que el incumplimiento de aquella obligación pueda excusarles de ésta.

5. El perceptor de rentas sobre las que deba retenerse a cuenta de este impuesto computará aquéllas por la contraprestación íntegra devengada.

Cuando la retención no se hubiera practicado o lo hubiera sido por un importe inferior al debido, por causa imputable exclusivamente al retenedor u obligado a ingresar a cuenta, el perceptor deducirá de la cuota la cantidad que debió ser retenida.

En el caso de retribuciones legalmente establecidas que hubieran sido satisfechas por el sector público, el perceptor sólo podrá deducir las cantidades efectivamente retenidas.

Cuando no pudiera probarse la contraprestación íntegra devengada, la Administración tributaria podrá computar como importe íntegro una cantidad que, una vez restada de ella la retención procedente, arroje la efec-

---

[212]   Nueva redacción de este apartado según la disposición adicional decimoprimera.1 de la Ley 20/2015, de 14 de julio, de mecanismo de segunda oportunidad, reducción de la carga financiera y otras medidas de orden social.

tivamente percibida. En este caso se deducirá de la cuota como retención a cuenta la diferencia entre lo realmente percibido y el importe íntegro[213].

6. Cuando exista obligación de ingresar a cuenta, se presumirá que dicho ingreso ha sido efectuado. El contribuyente incluirá en la base imponible la valoración de la retribución en especie, conforme a las normas previstas en esta ley, y el ingreso a cuenta, salvo que le hubiera sido repercutido.

7. Los contribuyentes que ejerzan actividades económicas estarán obligados a efectuar pagos fraccionados a cuenta del Impuesto sobre la Renta de las Personas Físicas, autoliquidando e ingresando su importe en las condiciones que reglamentariamente se determinen[214].

Reglamentariamente se podrá exceptuar de esta obligación a aquellos contribuyentes cuyos ingresos hayan estado sujetos a retención o ingreso a cuenta en el porcentaje que se fije al efecto.

El pago fraccionado correspondiente a las entidades en régimen de atribución de rentas, que ejerzan actividades económicas, se efectuará por cada uno de los socios, herederos, comuneros o partícipes, a los que proceda atribuir rentas de esta naturaleza, en proporción a su participación en el beneficio de la entidad.

8. 1.º Cuando el contribuyente adquiera su condición por cambio de residencia, tendrán la consideración de pagos a cuenta de este Impuesto las retenciones e ingresos a cuenta del Impuesto sobre la Renta de no Residentes, practicadas durante el período impositivo en que se produzca el cambio de residencia.

2.º Los trabajadores por cuenta ajena que no sean contribuyentes por este Impuesto, pero que vayan a adquirir dicha condición como consecuencia de su desplazamiento a territorio español, podrán comunicar a

---

[213]   Nueva redacción de este apartado según el Art. 1º. 63 de la Ley 26/2014, de 27 de noviembre, por la que se modifican la Ley 35/2006, de 28 de noviembre, del Impuesto sobre la Renta de las Personas Físicas, el texto refundido de la Ley del Impuesto sobre la Renta de no Residentes, aprobado por el Real Decreto Legislativo 5/2004, de 5 de marzo, y otras normas tributarias.
[214]   §2 Art. 109-112.

la Administración tributaria dicha circunstancia, dejando constancia de la fecha de entrada en dicho territorio, a los exclusivos efectos de que el pagador de los rendimientos del trabajo les considere como contribuyentes por este Impuesto.

De acuerdo con el procedimiento que reglamentariamente se establezca, la Administración tributaria expedirá un documento acreditativo a los trabajadores por cuenta ajena que lo soliciten, que comunicarán al pagador de sus rendimientos del trabajo, residentes o con establecimiento permanente en España, y en el que conste la fecha a partir de la cual las retenciones e ingresos a cuenta se practicarán por este Impuesto, teniendo en cuenta para el cálculo del tipo de retención lo señalado en el apartado 1.º anterior.

9. Cuando en virtud de resolución judicial o administrativa se deba satisfacer una renta sujeta a retención o ingreso a cuenta de este impuesto, el pagador deberá practicar la misma sobre la cantidad íntegra que venga obligado a satisfacer y deberá ingresar su importe en el Tesoro, de acuerdo con lo previsto en este artículo.

10. Los contribuyentes deberán comunicar, al pagador de rendimientos sometidos a retención o ingreso a cuenta de los que sean perceptores, las circunstancias determinantes para el cálculo de la retención o ingreso a cuenta procedente, en los términos que se establezcan reglamentariamente.

11. Tendrán la consideración de pagos a cuenta de este Impuesto las retenciones a cuenta efectivamente practicadas en virtud de lo dispuesto en el artículo 11 de la Directiva 2003/48/CE del Consejo, de 3 de junio de 2003, en materia de fiscalidad de los rendimientos del ahorro en forma de pago de intereses.

Artículo 100. Normas sobre pagos a cuenta, transmisión y obligaciones formales relativas a activos financieros y otros valores mobiliarios.

1. En las transmisiones o reembolsos de acciones o participaciones representativas del capital o patrimonio de las instituciones de inversión colectiva estarán obligadas a practicar retención o ingreso a cuenta por este Impuesto, en los casos y en la forma que reglamentariamente se establezca, las entidades gestoras, administradoras, depositarias, comer-cializadoras o cualquier otra encargada de las operaciones mencionadas, así como el representante designado de acuerdo con lo dispuesto en el artículo 55.7 y la disposición adicional segunda de la Ley 35/2003, de 4 de noviembre, de instituciones de inversión colectiva, que actúe en nombre de la gestora que opere en régimen de libre prestación de servicios.

Reglamentariamente podrá establecerse la obligación de efectuar pagos a cuenta a cargo del transmitente de acciones y participaciones de instituciones de inversión colectiva, con el límite del 20 por ciento de la renta obtenida en las citadas transmisiones.

En las transmisiones de derechos de suscripción, estarán obligados a retener o ingresar a cuenta por este Impuesto, la entidad depositaria y, en su defecto, el intermediario financiero o el fedatario público que haya intervenido en la transmisión[215].

2. A los efectos de la obligación de retener sobre los rendimientos implícitos del capital mobiliario, a cuenta de este Impuesto, esta retención se efectuará por las siguientes personas o entidades:

a) En los rendimientos obtenidos en la transmisión o reembolso de los activos financieros sobre los que reglamentariamente se hubiera establecido la obligación de retener, el retenedor será la entidad emisora o las instituciones financieras encargadas de la operación.

b) En los rendimientos obtenidos en transmisiones relativas a operaciones que no se documenten en títulos, así como en las transmisiones encargadas a una institución financiera, el retenedor será el banco, caja o entidad que actúe por cuenta del transmitente.

---

[215]   Nueva redacción de este apartado según el Art. 1º. 64 de la Ley 26/2014, de 27 de noviembre, por la que se modifican la Ley 35/2006, de 28 de noviembre, del Impuesto sobre la Renta de las Personas Físicas, el texto refundido de la Ley del Impuesto sobre la Renta de no Residentes, aprobado por el Real Decreto Legislativo 5/2004, de 5 de marzo, y otras normas tributarias.

c) En los casos no recogidos en los párrafos anteriores, será obligatoria la intervención de fedatario público que practicará la correspondiente retención.

3. Para proceder a la enajenación u obtención del reembolso de los títulos o activos con rendimientos implícitos que deban ser objeto de retención, habrá de acreditarse la previa adquisición de los mismos con intervención de los fedatarios o instituciones financieras mencionadas en el apartado anterior, así como el precio al que se realizó la operación.

El emisor o las instituciones financieras encargadas de la operación que, de acuerdo con el párrafo anterior, no deban efectuar el reembolso al tenedor del título o activo, deberán constituir por dicha cantidad depósito a disposición de la autoridad judicial.

4. Los fedatarios públicos que intervengan o medien en la emisión, suscripción, transmisión, canje, conversión, cancelación y reembolso de efectos públicos, valores o cualesquiera otros títulos y activos financieros, así como en operaciones relativas a derechos reales sobre los mismos, vendrán obligados a comunicar tales operaciones a la Administración tributaria presentando relación nominal de sujetos intervinientes con indicación de su domicilio y número de identificación fiscal, clase y número de los efectos públicos, valores, títulos y activos, así como del precio y fecha de la operación, en los plazos y de acuerdo con el modelo que determine el Ministro de Economía y Hacienda.

La misma obligación recaerá sobre las entidades y establecimientos financieros de crédito, las sociedades y agencias de valores, los demás intermediarios financieros y cualquier persona física o jurídica que se dedique con habitualidad a la intermediación y colocación de efectos públicos, valores o cualesquiera otros títulos de activos financieros, índices, futuros y opciones sobre ellos; incluso los documentos mediante anotaciones en cuenta, respecto de las operaciones que impliquen, directa o indirectamente, la captación o colocación de recursos a través de cualquier clase de valores o efectos.

Asimismo, estarán sujetas a esta obligación de información las sociedades gestoras de instituciones de inversión colectiva y las entidades

§1

comercializadoras respecto de las acciones y participaciones en dichas instituciones incluidas en sus registros de accionistas o partícipes[216].

Las obligaciones de información que establece este apartado se entenderán cumplidas respecto a las operaciones sometidas a retención que en él se mencionan, con la presentación de la relación de perceptores, ajustada al modelo oficial del resumen anual de retenciones correspondiente.

5. Deberá comunicarse a la Administración tributaria la emisión de certificados, resguardos o documentos representativos de la adquisición de metales u objetos preciosos, timbres de valor filatélico o piezas de valor numismático, por las personas físicas o jurídicas que se dediquen con habitualidad a la promoción de la inversión en dichos valores.

Lo dispuesto en los apartados 2 y 3 anteriores resultará aplicable en relación con la obligación de retener o de ingresar a cuenta que se establezca reglamentariamente respecto a las transmisiones de activos financieros de rendimiento explícito.

Artículo 101. Importe de los pagos a cuenta[217].

1. El porcentaje de retención e ingreso a cuenta sobre los rendimientos del trabajo derivados de relaciones laborales o estatutarias y de pensiones y haberes pasivos se determinará con arreglo al procedimiento que reglamentariamente se establezca[218].

Para determinar el porcentaje de retención o ingreso a cuenta se podrán tener en consideración las circunstancias personales y familiares y, en su caso, las rentas del cónyuge y las reducciones y deducciones, así como las retribuciones variables previsibles, en los términos que reglamentariamente se establezcan, y se aplicará la siguiente escala:

---

[216]　Párrafo modificado por el Art. 3.Segundo.Dos de la Ley 16/2013, de 29 de octubre, por la que se establecen determinadas medidas en materia de fiscalidad medioambiental y se adoptan otras medidas tributarias y financieras.

[217]　Nueva redacción según el art. 71 de la Ley 26/2009, de 23 de diciembre, de Presupuestos Generales del Estado para el año 2010. Los apartados 1, 2, 3, 4, 5, 8 y 11 han sufrido posteriores modificaciones según el Art. 64 de la Ley 6/2018, de 3 de julio, de Presupuestos Generales del Estado para 2018.

[218]　§2 Art. 80-89 y 102.

Base liquidable para calcular el tipo de retención - Hasta euros	Cuota de retención - Euros	Resto base para calcular el tipo de retención - Hasta euros	Tipo aplicable - Porcentaje
0,00	0,00	12.450,00	19,00
12.450,00	2.365,50	7.750,00	24,00
20.200,00	4.225,50	15.000,00	30,00
35.200,00	8.725,50	24.800,00	37,00
60.000,00	17.901,50	240.000,00	45,00
300.000,00	125.901,50	En adelante	47,00

A estos efectos, se presumirán retribuciones variables previsibles, como mínimo, las obtenidas en el año anterior, salvo que concurran circunstancias que permitan acreditar de manera objetiva un importe inferior.

Tratándose de atrasos que corresponda imputar a ejercicios anteriores, el porcentaje de retención e ingreso a cuenta será del 15 por ciento, salvo que resulte de aplicación los porcentajes previstos en los apartados 2 y 3 de este artículo.

Los porcentajes de retención e ingreso a cuenta previstos en este apartado se reducirán en un 60 por ciento cuando se trate de rendimientos obtenidos en Ceuta o Melilla que tengan derecho a la deducción en la cuota prevista en el artículo 68.4 de esta Ley[219].

2. El porcentaje de retención e ingreso a cuenta sobre los rendimientos del trabajo que se perciban por la condición de administradores y miembros de los consejos de administración, de las juntas que hagan sus veces, y demás miembros de otros órganos representativos, será del 35 por ciento.

No obstante, en los términos que reglamentariamente se establezcan, cuando los rendimientos procedan de entidades con un importe neto de

---

[219]   Nueva redacción de este apartado según el Art. 60 de la Ley 11/2020, de 30 de diciembre, de Presupuestos Generales del Estado para el año 2021.

la cifra de negocios inferior a 100.000 euros, el porcentaje de retención e ingreso a cuenta será del 19 por ciento.

Los porcentajes de retención e ingreso a cuenta previstos en este apartado se reducirán en un 60 por ciento cuando se trate de rendimientos obtenidos en Ceuta o Melilla que tengan derecho a la deducción en la cuota prevista en el artículo 68.4 de esta Ley.

3. El porcentaje de retención e ingreso a cuenta sobre los rendimientos del trabajo derivados de impartir cursos, conferencias, coloquios, seminarios y similares, o derivados de la elaboración de obras literarias, artísticas o científicas, siempre que se ceda el derecho a su explotación, será del 15 por ciento.

No obstante lo anterior, el porcentaje de retención sobre los rendimientos del trabajo derivados de la elaboración de obras literarias, artísticas o científicas a que se refiere el párrafo anterior será del 7 por ciento cuando el volumen de tales rendimientos íntegros correspondiente al ejercicio inmediato anterior sea inferior a 15.000 euros y represente más del 75 por ciento de la suma de los rendimientos íntegros de actividades económicas y del trabajo obtenidos por el contribuyente en dicho ejercicio. Para la aplicación de este tipo de retención, los contribuyentes deberán comunicar al pagador de los rendimientos la concurrencia de dichas circunstancias, quedando obligado el pagador a conservar la comunicación debidamente firmada.

Estos porcentajes se reducirán en un 60 por ciento cuando se trate de rendimientos del trabajo obtenidos en Ceuta y Melilla que tengan derecho a la deducción en la cuota prevista en el artículo 68.4 de esta ley[220].

4. El porcentaje de retención e ingreso a cuenta sobre los rendimientos del capital mobiliario será del 19 por ciento. Dicho porcentaje será el 15 por ciento para los rendimientos del capital mobiliario procedentes de la propiedad intelectual cuando el contribuyente no sea el autor.

---

[220]   Nueva redacción de este apartado según el Art. 65.Uno de la Ley 31/2022, de 23 de diciembre, de Presupuestos Generales del Estado para 2023.

Este porcentaje se reducirá en un 60 por ciento cuando se trate de rendimientos que tengan derecho a la deducción en la cuota prevista en el artículo 68.4 de esta Ley, procedentes de las sociedades a que se refiere la letra h) del número 3.º del citado artículo[221].

5. Los porcentajes de las retenciones e ingresos a cuenta sobre los rendimientos derivados de actividades económicas serán[222]:

a) El 15 por ciento, en el caso de los rendimientos de actividades profesionales establecidos en vía reglamentaria.

No obstante, se aplicará el porcentaje del 7 por ciento sobre los rendimientos de actividades profesionales que se establezcan reglamentariamente.

Estos porcentajes se reducirán en un 60 por ciento cuando los rendimientos tengan derecho a la deducción en la cuota prevista en el artículo 68.4 de esta Ley.

b) El 2 por ciento en el caso de rendimientos procedentes de actividades agrícolas o ganaderas, salvo en el caso de las actividades ganaderas de engorde de porcino y avicultura, en que se aplicará el 1 por ciento.

c) El 2 por ciento en el caso de rendimientos procedentes de actividades forestales.

d) El 1 por ciento para otras actividades empresariales que determinen su rendimiento neto por el método de estimación objetiva, en los supuestos y condiciones que reglamentariamente se establezcan.

6. El porcentaje de pagos a cuenta sobre las ganancias patrimoniales derivadas de las transmisiones o reembolsos de acciones y participaciones de instituciones de inversión colectiva será del 19 por ciento.

No se aplicará retención cuando no proceda computar la ganancia patrimonial, de acuerdo con lo previsto en el artículo 94.1.a) de esta Ley[223].

---

[221] Nueva redacción del apartado 4 según el Art. 1 del Real Decreto-ley 26/2018, de 28 de diciembre, por el que se aprueban medidas de urgencia sobre la creación artística y la cinematografía.

[222] §2 Art. 95 y 104.

[223] §2 Art. 96-98.

El porcentaje de retención e ingreso a cuenta sobre las ganancias patrimoniales derivadas de los aprovechamientos forestales de los vecinos en montes públicos que reglamentariamente se establezcan, será del 19 por 100.

El porcentaje de retención e ingreso a cuenta sobre las ganancias patrimoniales derivadas de la transmisión de derechos de suscripción será el 19 por ciento[224].

7. El porcentaje de retención e ingreso a cuenta sobre los premios que se entreguen como consecuencia de la participación en juegos, concursos, rifas o combinaciones aleatorias, estén o no vinculadas a la oferta, promoción o venta de determinados bienes, productos o servicios, será del 19 por ciento[225].

8. El porcentaje de retención e ingreso a cuenta sobre los rendimientos procedentes del arrendamiento o subarrendamiento de bienes inmuebles urbanos, cualquiera que sea su calificación, será del 19 por ciento[226].

Este porcentaje se reducirá en un 60 por ciento cuando el inmueble esté situado en Ceuta o Melilla en los términos previstos en el artículo 68.4 de esta Ley.

9. El porcentaje de retención e ingreso a cuenta sobre los rendimientos procedentes de la propiedad industrial, de la prestación de asistencia técnica, del arrendamiento de bienes muebles, negocios o minas y del subarrendamiento sobre los bienes anteriores, cualquiera que sea su calificación, será del 19 por ciento.

El porcentaje de retención e ingreso a cuenta sobre los rendimientos procedentes de la propiedad intelectual, cualquiera que sea su calificación, será del 15 por ciento, salvo cuando resulte de aplicación el tipo del 7 por

---

[224] Nueva redacción del apartado 6 según el Art. 1º. 65 de la Ley 26/2014, de 27 de noviembre, por la que se modifican la Ley 35/2006, de 28 de noviembre, del Impuesto sobre la Renta de las Personas Físicas, el texto refundido de la Ley del Impuesto sobre la Renta de no Residentes, aprobado por el Real Decreto Legislativo 5/2004, de 5 de marzo, y otras normas tributarias.

[225] §2 Art. 99 y 105.

[226] §2 Art. 100 y 106.

ciento previsto en los apartados 3 y 5 de este artículo. Igualmente, dicho porcentaje será del 7 por ciento cuando se trate de anticipos a cuenta derivados de la cesión de la explotación de derechos de autor que se vayan a devengar a lo largo de varios años[227].

10. El porcentaje de retención e ingreso a cuenta sobre los rendimientos procedentes de la cesión del derecho a la explotación del derecho de imagen, cualquiera que sea su calificación, será el 24 por ciento. El porcentaje de ingreso a cuenta en el supuesto previsto en el artículo 92.8 de esta Ley será del 19 por ciento.

11. Los porcentajes de los pagos fraccionados que deban practicar los contribuyentes que ejerzan actividades económicas serán los siguientes[228]:

a) El 20 por ciento, cuando se trate de actividades que determinen el rendimiento neto por el método de estimación directa, en cualquiera de sus modalidades.

b) El 4 por ciento, cuando se trate de actividades que determinen el rendimiento neto por el método de estimación objetiva. El porcentaje será el 3 por ciento cuando se trate de actividades que tengan sólo una persona asalariada, y el 2 por ciento cuando no se disponga de personal asalariado.

c) El 2 por ciento, cuando se trate de actividades agrícolas, ganaderas, forestales o pesqueras, cualquiera que fuese el método de determinación del rendimiento neto.

Estos porcentajes se reducirán en un 60 por ciento para las actividades económicas que tengan derecho a la deducción en la cuota prevista en el artículo 68.4 de esta Ley.

---

[227] Nueva redacción de este apartado según el Art. 65.Dos de la Ley 31/2022, de 23 de diciembre, de Presupuestos Generales del Estado para 2023.

[228] §2 Art. 110.

CAPÍTULO III
LIQUIDACIONES PROVISIONALES

Artículo 102. Liquidación provisional[229].

La Administración tributaria podrá dictar la liquidación provisional que proceda de conformidad con lo dispuesto en el artículo 101 de la Ley 58/2003, de 17 de diciembre, General Tributaria.

Artículo 103. Devolución derivada de la normativa del tributo[230] [231].

1. Cuando la suma de las retenciones, ingresos a cuenta y pagos fraccionados de este Impuesto, así como de las cuotas del Impuesto sobre la Renta de no Residentes a que se refiere el párrafo d) del artículo 79 de esta Ley y, en su caso, de las deducciones previstas en el artículo 81 y 81 bis de esta Ley, sea superior al importe de la cuota resultante de la autoliquidación, la Administración tributaria practicará, si procede, liquidación provisional dentro de los seis meses siguientes al término del plazo establecido para la presentación de la declaración.

Cuando la declaración hubiera sido presentada fuera de plazo, los seis meses a que se refiere el párrafo anterior se computarán desde la fecha de su presentación[232].

2. Cuando la cuota resultante de la autoliquidación o, en su caso, de la liquidación provisional, sea inferior a la suma de las cantidades efectivamente retenidas y de los pagos a cuenta de este Impuesto realizados, así

---

[229]   §2 Art. 66.
[230]   Nueva redacción según la D.F. 1ª.3 de la Ley 35/2007, de 15 de noviembre, por la que se establece la deducción por nacimiento o adopción en el Impuesto sobre la Renta de las Personas Físicas y la prestación económica de pago único de la Seguridad Social por nacimiento o adopción.
[231]   §2 Art. 65.
[232]   Nueva redacción de este apartado según el Art. 1º. 66 de la Ley 26/2014, de 27 de noviembre, por la que se modifican la Ley 35/2006, de 28 de noviembre, del Impuesto sobre la Renta de las Personas Físicas, el texto refundido de la Ley del Impuesto sobre la Renta de no Residentes, aprobado por el Real Decreto Legislativo 5/2004, de 5 de marzo, y otras normas tributarias.

§1

como de las cuotas del Impuesto sobre la Renta de no Residentes a que se refiere la letra d) del artículo 79 de esta Ley y, en su caso, de las deducciones previstas en el artículo 81 y 81 bis de esta ley, la Administración tributaria procederá a devolver de oficio el exceso sobre la citada cuota, sin perjuicio de la práctica de las ulteriores liquidaciones, provisionales o definitivas, que procedan[233].

3. Si la liquidación provisional no se hubiera practicado en el plazo establecido en el apartado 1 anterior, la Administración tributaria procederá a devolver de oficio el exceso sobre la cuota autoliquidada, sin perjuicio de la práctica de las liquidaciones provisionales o definitivas ulteriores que pudieran resultar procedentes.

4. Transcurrido el plazo establecido en el apartado 1 de este artículo sin que se haya ordenado el pago de la devolución por causa no imputable al contribuyente, se aplicará a la cantidad pendiente de devolución el interés de demora[234] en la cuantía y forma prevista en los artículos 26.6 y 31 de la Ley 58/2003, de 17 de diciembre, General Tributaria.

5. El procedimiento de devolución será el previsto en los artículos 124 a 127, ambos inclusive, de la Ley 58/2003, de 17 de diciembre, General Tributaria, y en su normativa de desarrollo.

CAPÍTULO IV
OBLIGACIONES FORMALES

Artículo 104. Obligaciones formales de los contribuyentes[235].

1. Los contribuyentes del Impuesto sobre la Renta de las Personas Físicas estarán obligados a conservar, durante el plazo de prescripción,

---

[233]   Nueva redacción de este apartado según el Art. 1º. 66 de la Ley 26/2014, de 27 de noviembre, por la que se modifican la Ley 35/2006, de 28 de noviembre, del Impuesto sobre la Renta de las Personas Físicas, el texto refundido de la Ley del Impuesto sobre la Renta de no Residentes, aprobado por el Real Decreto Legislativo 5/2004, de 5 de marzo, y otras normas tributarias.

[234]   El interés de demora se fijó en el 4,0625%. (D.A. 42ª.2 de la Ley 31/2022, de 23 de diciembre, de Presupuestos Generales del Estado para 2023).

[235]   §2 Art. 68

los justificantes y documentos acreditativos de las operaciones, rentas, gastos, ingresos, reducciones y deducciones de cualquier tipo que deban constar en sus declaraciones.

2. A efectos de esta Ley, los contribuyentes que desarrollen actividades empresariales cuyo rendimiento se determine por el método de estimación directa estarán obligados a llevar contabilidad ajustada a lo dispuesto en el Código de Comercio.

No obstante, reglamentariamente se podrá exceptuar de esta obligación a los contribuyentes cuya actividad empresarial no tenga carácter mercantil de acuerdo con el Código de Comercio, y a aquellos contribuyentes que determinen su rendimiento neto por la modalidad simplificada del método de estimación directa.

3. Asimismo, los contribuyentes de este impuesto estarán obligados a llevar los libros o registros que reglamentariamente se establezcan.

4. Reglamentariamente podrán establecerse obligaciones específicas de información de carácter patrimonial, simultáneas a la presentación de la declaración del Impuesto sobre la Renta de las Personas Físicas o del Impuesto sobre el Patrimonio, destinadas al control de las rentas o de la utilización de determinados bienes y derechos de los contribuyentes.

5. Los contribuyentes de este impuesto que sean titulares del patrimonio protegido regulado en la Ley 41/2003, de 18 de noviembre, de protección patrimonial de las personas con discapacidad y de modificación del Código Civil, de la Ley de Enjuiciamiento Civil y de la Normativa Tributaria con esta finalidad, deberán presentar una declaración en la que se indique la composición del patrimonio, las aportaciones recibidas y las disposiciones del patrimonio protegido realizadas durante el periodo impositivo, incluido el gasto en dinero y el consumo de bienes fungibles integrados en el patrimonio protegido, en los términos que reglamentariamente se establezcan[236].

---

[236]   Nueva redacción de este apartado según el Art. 1º. 67 de la Ley 26/2014, de 27 de noviembre, por la que se modifican la Ley 35/2006, de 28 de noviembre, del Impuesto sobre la Renta de las Personas Físicas, el texto refundido de la Ley del

Artículo 105. Obligaciones formales del retenedor, del obligado a practicar ingresos a cuenta y otras obligaciones formales[237].

1. El sujeto obligado a retener y practicar ingresos a cuenta deberá presentar, en los plazos, forma y lugares que se establezcan reglamentariamente, declaración de las cantidades retenidas o pagos a cuenta realizados, o declaración negativa cuando no hubiera procedido la práctica de los mismos. Asimismo, presentará una declaración anual de retenciones e ingresos a cuenta con el contenido que se determine reglamentariamente.

El sujeto obligado a retener y practicar ingresos a cuenta estará obligado a conservar la documentación correspondiente y a expedir, en las condiciones que reglamentariamente se determinen, certificación acreditativa de las retenciones o ingresos a cuenta efectuados.

Los modelos de declaración correspondientes se aprobarán por el Ministro de Economía y Hacienda.

2. Reglamentariamente podrán establecerse obligaciones de suministro de información para las personas y entidades que desarrollen o se encuentren en las siguientes operaciones o situaciones:

a) Para las entidades prestamistas, en relación con los préstamos hipotecarios concedidos para la adquisición de viviendas.

b) Para las entidades que abonen rendimientos del trabajo o del capital no sometidas a retención.

c) Para las entidades y personas jurídicas que satisfagan premios, aun cuando tengan la consideración de rentas exentas a efectos del impuesto.

d) Para las entidades perceptoras de donativos que den derecho a deducción por este impuesto, en relación con la identidad de los donantes, así como los importes recibidos, cuando éstos hubieran solicitado certificación acreditativa de la donación a efectos de la declaración por este impuesto.

Impuesto sobre la Renta de no Residentes, aprobado por el Real Decreto Legislativo 5/2004, de 5 de marzo, y otras normas tributarias.

[237]   §2 Art. 108.

e) Para las entidades a las que se refiere el artículo 68.1 de esta Ley cuyos socios o accionistas hubieran solicitado la certificación prevista en el mismo[238].

f) Para las entidades que distribuyan prima de emisión o reduzcan capital con devolución de aportaciones, en relación con las distribuciones realizadas no sometidas a retención[239].

g) Para las entidades aseguradoras domiciliadas en otro Estado miembro del Espacio Económico Europeo que operen en España en régimen de libre prestación de servicios, en relación con las operaciones que se realicen en España[240].

h) Para las entidades previstas en el penúltimo párrafo del apartado 2 del artículo 99 de esta Ley, en relación con las operaciones que se realicen en España[241].

TÍTULO XII
RESPONSABILIDAD PATRIMONIAL Y RÉGIMEN SANCIONADOR

Artículo 106. Responsabilidad patrimonial del contribuyente.

Las deudas tributarias y, en su caso, las sanciones tributarias, por el Impuesto sobre la Renta de las Personas Físicas tendrán la misma consideración que las referidas en el artículo 1365 del Código Civil y, en consecuencia, los bienes gananciales responderán directamente frente a la

---

[238] Nueva redacción de la letra e) según el Art. 27.Nueve de la Ley 14/2013, de 27 de septiembre, de apoyo a los emprendedores y su internacionalización.

[239] Nueva redacción de la letra f) según el Art. 1º. 68 de la Ley 26/2014, de 27 de noviembre, por la que se modifican la Ley 35/2006, de 28 de noviembre, del Impuesto sobre la Renta de las Personas Físicas, el texto refundido de la Ley del Impuesto sobre la Renta de no Residentes, aprobado por el Real Decreto Legislativo 5/2004, de 5 de marzo, y otras normas tributarias.

[240] Nueva redacción de la letra g) según la Disposición Final undécima.2 de la Ley 20/2015, de 14 de julio, de 14 de julio, de ordenación, supervisión y solvencia de las entidades aseguradoras y reaseguradoras.

[241] Nueva redacción de la letra h) según la Disposición Final undécima.2 de la Ley 20/2015, de 14 de julio, de 14 de julio, de ordenación, supervisión y solvencia de las entidades aseguradoras y reaseguradoras.

Hacienda Pública por estas deudas, contraídas por uno de los cónyuges, sin perjuicio de lo previsto en el apartado 6 del artículo 84 de esta ley para el caso de tributación conjunta.

Artículo 107. Infracciones y sanciones.

Las infracciones tributarias en este Impuesto se calificarán y sancionarán con arreglo a lo dispuesto en la Ley 58/2003, de 17 de diciembre, General Tributaria, sin perjuicio de las especialidades previstas en esta Ley.

TÍTULO XIII
ORDEN JURISDICCIONAL

Artículo 108. Orden jurisdiccional.

La jurisdicción contencioso-administrativa, previo agotamiento de la vía económico-administrativa, será la única competente para dirimir las controversias de hecho y de derecho que se susciten entre la Administración tributaria y los contribuyentes, retenedores y demás obligados tributarios en relación con cualquiera de las cuestiones a que se refiere esta Ley.

DISPOSICIONES ADICIONALES

D.A. 1ª. Derecho de rescate en los contratos de seguro colectivo que instrumentan los compromisos por pensiones asumidos por las empresas, en los términos previstos en la disposición adicional primera del texto refundido de la Ley de Regulación de los Planes y Fondos de Pensiones.

La renta que se ponga de manifiesto como consecuencia del ejercicio del derecho de rescate de los contratos de seguro colectivo que instrumenten compromisos por pensiones, en los términos previstos en la disposición adicional primera del texto refundido de la Ley de Regulación de los Planes y Fondos de Pensiones, no estará sujeta al Impuesto sobre la Renta de las Personas Físicas del titular de los recursos económicos que en cada caso corresponda, en los siguientes supuestos:

§1

a) Para la integración total o parcial de los compromisos instrumentados en la póliza en otro contrato de seguro que cumpla los requisitos de la citada disposición adicional primera.

b) Para la integración en otro contrato de seguro colectivo, de los derechos que correspondan al trabajador según el contrato de seguro original en el caso de cese de la relación laboral.

Los supuestos establecidos en los párrafos a) y b) anteriores no alterarán la naturaleza de las primas respecto de su imputación fiscal por parte de la empresa, ni el cómputo de la antigüedad de las primas satisfechas en el contrato de seguro original. No obstante, en el supuesto establecido en el párrafo b) anterior, si las primas no fueron imputadas, la empresa podrá deducir las mismas con ocasión de esta movilización.

Tampoco quedará sujeta al Impuesto sobre la Renta de las Personas Físicas la renta que se ponga de manifiesto como consecuencia de la participación en beneficios de los contratos de seguro que instrumenten compromisos por pensiones de acuerdo con lo previsto en la disposición adicional primera del texto refundido de la Ley de Regulación de los Planes y Fondos de Pensiones cuando dicha participación en beneficios se destine al aumento de las prestaciones aseguradas en dichos contratos.

D.A. 2ª. Retribuciones en especie.

No tendrán la consideración de retribuciones en especie los préstamos con tipo de interés inferior al legal del dinero[242] concertados con anterioridad al 1 de enero de 1992 y cuyo principal hubiese sido puesto a disposición del prestatario también con anterioridad a dicha fecha.

D.A. 3ª. Planes individuales de ahorro sistemático.

Los planes individuales de ahorro sistemático se configuran como contratos celebrados con entidades aseguradoras para constituir con los recursos aportados una renta vitalicia asegurada, siempre que se cumplan los siguientes requisitos:

---

[242] El tipo de interés legal del dinero se fijó en el 3,25%. (D.A. 42ª.1 de la Ley 31/2022, de 23 de diciembre, de Presupuestos Generales del Estado para 2023).

§1

a) Los recursos aportados se instrumentarán a través de seguros individuales de vida en los que el contratante, asegurado y beneficiario sea el propio contribuyente.

b) La renta vitalicia se constituirá con los derechos económicos procedentes de dichos seguros de vida. En los contratos de renta vitalicia podrán establecerse mecanismos de reversión o periodos ciertos de prestación o fórmulas de contraseguro en caso de fallecimiento una vez constituida la renta vitalicia.

c) El límite máximo anual satisfecho en concepto de primas a este tipo de contratos será de 8.000 euros, y será independiente de los límites de aportaciones de sistemas de previsión social. Asimismo, el importe total de las primas acumuladas en estos contratos no podrá superar la cuantía total de 240.000 euros por contribuyente.

d) En el supuesto de disposición, total o parcial, por el contribuyente antes de la constitución de la renta vitalicia de los derechos económicos acumulados se tributará conforme a lo previsto en esta Ley en proporción a la disposición realizada. A estos efectos, se considerará que la cantidad recuperada corresponde a las primas satisfechas en primer lugar, incluida su correspondiente rentabilidad.

En el caso de anticipación, total o parcial, de los derechos económicos derivados de la renta vitalicia constituida, el contribuyente deberá integrar en el período impositivo en el que se produzca la anticipación, la renta que estuvo exenta por aplicación de lo dispuesto en la letra v) del artículo 7 de esta Ley.

e) Los seguros de vida aptos para esta fórmula contractual no serán los seguros colectivos que instrumentan compromisos por pensiones conforme a la disposición adicional primera del texto refundido de la Ley de Regulación de los Planes y Fondos de Pensiones, ni los instrumentos de previsión social que reducen la base imponible del Impuesto.

f) En el condicionado del contrato se hará constar de forma expresa y destacada que se trata de un plan de ahorro individual sistemático y sus siglas quedan reservadas a los contratos que cumplan los requisitos previstos en esta Ley.

g) La primera prima satisfecha deberá tener una antigüedad superior a cinco años en el momento de la constitución de la renta vitalicia[243].

h) La renta vitalicia que se perciba tributará de conformidad con lo dispuesto en el número 2º del artículo 25.3 a) de esta Ley.

Reglamentariamente podrán desarrollarse las condiciones para la movilización de los derechos económicos.

D.A. 4ª. Rentas forestales.

No se integrarán en la base imponible del Impuesto sobre la Renta de las Personas Físicas las subvenciones concedidas a quienes exploten fincas forestales gestionadas de acuerdo con planes técnicos de gestión forestal, ordenación de montes, planes dasocráticos o planes de repoblación forestal aprobadas por la Administración forestal competente, siempre que el período de producción medio, según la especie de que se trate, determinado en cada caso por la Administración forestal competente, sea igual o superior a 20 años.

D.A. 5ª. Subvenciones de la política agraria comunitaria y ayudas públicas[244].

1. No se integrarán en la base imponible del Impuesto sobre la Renta de las Personas Físicas las rentas positivas que se pongan de manifiesto como consecuencia de:

a) La percepción de las siguientes ayudas de la política agraria comunitaria:

1.ª Abandono definitivo del cultivo del viñedo.

2.ª Prima al arranque de plantaciones de manzanos.

---

[243]   Nueva redacción de la letra g) según el Art. 1º. 69 de la Ley 26/2014, de 27 de noviembre, por la que se modifican la Ley 35/2006, de 28 de noviembre, del Impuesto sobre la Renta de las Personas Físicas, el texto refundido de la Ley del Impuesto sobre la Renta de no Residentes, aprobado por el Real Decreto Legislativo 5/2004, de 5 de marzo, y otras normas tributarias.

[244]   Nueva redacción según el Art. 1.3 de la Ley 10/2022, de 14 de junio, de medidas urgentes para impulsar la actividad de rehabilitación edificatoria en el contexto del Plan de Recuperación, Transformación y Resiliencia.

3.ª Prima al arranque de plataneras.

4.ª Abandono definitivo de la producción lechera.

5.ª Abandono definitivo del cultivo de peras, melocotones y nectarinas.

6.ª Arranque de plantaciones de peras, melocotones y nectarinas.

7.ª Abandono definitivo del cultivo de la remolacha azucarera y de la caña de azúcar.

8.ª Ayudas a los regímenes en favor del clima y del medio ambiente (eco-regímenes)[245].

b) La percepción de las siguientes ayudas de la política pesquera comunitaria: paralización definitiva de la actividad pesquera de un buque y por su transmisión para la constitución de sociedades mixtas en terceros países, así como por el abandono definitivo de la actividad pesquera.

c) La percepción de ayudas públicas que tengan por objeto reparar la destrucción, por incendio, inundación, hundimiento, erupción volcánica u otras causas naturales, de elementos patrimoniales.

d) La percepción de las ayudas al abandono de la actividad de transporte por carretera satisfechas por el Ministerio de Fomento a transportistas que cumplan los requisitos establecidos en la normativa reguladora de la concesión de dichas ayudas.

e) La percepción de indemnizaciones públicas, a causa del sacrificio obligatorio de la cabaña ganadera, en el marco de actuaciones destinadas a la erradicación de epidemias o enfermedades. Esta disposición sólo afectará a los animales destinados a la reproducción.

2. Para calcular la renta que no se integrará en la base imponible se tendrá en cuenta tanto el importe de las ayudas percibidas como las pérdidas patrimoniales que, en su caso, se produzcan en los elementos patrimoniales.

Cuando el importe de estas ayudas sea inferior al de las pérdidas producidas en los citados elementos, podrá integrarse en la base imponible

---

[245]   Nueva redacción de esta letra según la D. F. 13ª de la Ley 30/2022, de 23 de diciembre, por la que se regulan el sistema de gestión de la Política Agrícola Común y otras materias conexas.

§1

la diferencia negativa. Cuando no existan pérdidas, sólo se excluirá de gravamen el importe de las ayudas.

3. Las ayudas públicas, distintas de las previstas en el apartado 1 anterior, percibidas para la reparación de los daños sufridos en elementos patrimoniales por incendio, inundación, hundimiento u otras causas naturales, se integrarán en la base imponible en la parte en que excedan del coste de reparación de los mismos. En ningún caso, los costes de reparación, hasta el importe de la citada ayuda, serán fiscalmente deducibles ni se computarán como mejora.

No se integrarán en la base imponible de este Impuesto, las ayudas públicas percibidas para compensar el desalojo temporal o definitivo por idénticas causas de la vivienda habitual del contribuyente o del local en el que el titular de la actividad económica ejerciera la misma.

4. No se integrarán en la base imponible de este Impuesto las ayudas concedidas en virtud de lo dispuesto en el Real Decreto 920/2014, de 31 de octubre, por el que se regula la concesión directa de subvenciones destinadas a compensar los costes derivados de la recepción o acceso a los servicios de comunicación audiovisual televisiva en las edificaciones afectadas por la liberación del dividendo digital. Tampoco se integrarán en el ejercicio 2021 y siguientes las concedidas en virtud de los distintos programas establecidos en el Real Decreto 691/2021, de 3 de agosto, por el que se regulan las subvenciones a otorgar a actuaciones de rehabilitación energética en edificios existentes, en ejecución del Programa de rehabilitación energética para edificios existentes en municipios de reto demográfico (Programa PREE 5000), incluido en el Programa de regeneración y reto demográfico del Plan de rehabilitación y regeneración urbana del Plan de Recuperación, Transformación y Resiliencia, así como su concesión directa a las comunidades autónomas; el Real Decreto 737/2020, de 4 de agosto, por el que se regula el programa de ayudas para actuaciones de rehabilitación energética en edificios existentes y se regula la concesión directa de las ayudas de este programa a las comunidades autónomas y ciudades de Ceuta y Melilla; y el Real Decreto 853/2021, de 5 de octubre, por el que se regulan los programas de ayuda en materia de rehabilitación residencial y vivienda social del Plan de Recuperación, Transformación y Resiliencia; y el

Real Decreto 477/2021, de 29 de junio, por el que se aprueba la concesión directa a las comunidades autónomas y a las ciudades de Ceuta y Melilla de ayudas para la ejecución de diversos programas de incentivos ligados al autoconsumo y al almacenamiento, con fuentes de energía renovable, así como a la implantación de sistemas términos de energías renovables en el sector residencial, en el marco del Plan de Recuperación, Transformación y Resilicencia.

D.A. 6ª. Beneficios fiscales especiales aplicables en actividades agrarias.

Los agricultores jóvenes o asalariados agrarios que determinen el rendimiento neto de su actividad mediante el régimen de estimación objetiva, podrán reducir el correspondiente a su actividad agraria en un 25 por ciento durante los períodos impositivos cerrados durante los cinco años siguientes a su primera instalación como titulares de una explotación prioritaria, realizada al amparo de lo previsto en el capítulo IV del Título I de la Ley 19/1995, de 4 de julio, de modernización de las explotaciones agrarias, siempre que acrediten la realización de un plan de mejora de la explotación.

El rendimiento neto a que se refiere el párrafo anterior será el resultante exclusivamente de la aplicación de las normas que regulan el régimen de estimación objetiva.

Esta reducción se tendrá en cuenta a efectos de determinar la cuantía de los pagos fraccionados que deban efectuarse.

D.A. 7ª. Tributación de determinadas rentas obtenidas por contribuyentes que desarrollen la actividad de transporte por autotaxi[246].

1. Los contribuyentes que ejerzan la actividad de transporte por autotaxis, clasificada en el epígrafe 721.2 de la sección primera de las tarifas

---

[246]   Nueva redacción según el Art. 1º. 70 de la Ley 26/2014, de 27 de noviembre, por la que se modifican la Ley 35/2006, de 28 de noviembre, del Impuesto sobre la Renta de las Personas Físicas, el texto refundido de la Ley del Impuesto sobre la Renta de no Residentes, aprobado por el Real Decreto Legislativo 5/2004, de 5 de marzo, y otras normas tributarias.

del Impuesto sobre Actividades Económicas, que determinen su rendimiento neto por el método de estimación objetiva, reducirán, conforme a lo dispuesto en el apartado 2 de esta disposición adicional, las ganancias patrimoniales que se les produzcan como consecuencia de la transmisión de activos fijos intangibles, cuando esta transmisión esté motivada por incapacidad permanente, jubilación o cese de actividad por reestructuración del sector.

Asimismo, lo dispuesto en el párrafo anterior será aplicable cuando, por causas distintas a las señaladas en el mismo, se transmitan los activos intangibles a familiares hasta el segundo grado.

2. Las ganancias patrimoniales a que se refiere el apartado 1 anterior se reducirán de acuerdo con las siguientes reglas:

1.ª Se distinguirá la parte de la ganancia que se haya generado con anterioridad a 1 de enero de 2015, entendiendo como tal la parte de la ganancia patrimonial que proporcionalmente corresponda al número de días transcurridos entre la fecha de adquisición y 31 de diciembre de 2014, ambos inclusive, respecto del número total de días que hubiera permanecido en el patrimonio del contribuyente.

2.ª La parte de la ganancia patrimonial generada con anterioridad a 1 de enero de 2015 se reducirá aplicando los porcentajes que figuran en la siguiente tabla, teniendo en cuenta el tiempo transcurrido desde la fecha de adquisición hasta 31 de diciembre de 2014:

Tiempo transcurrido desde la adquisición del activo fijo intangible hasta 31-12-2014	Porcentaje aplicable
Más de doce años	100 por ciento
Más de once años	87 por ciento
Más de diez años	74 por ciento
Más de mueve años	61 por ciento
Más de ocho años	54 por ciento
Más de siete años	47 por ciento
Más de seis años	40 por ciento
Más de cinco años	33 por ciento

Tiempo transcurrido desde la adquisición del activo fijo intangible hasta 31-12-2014	Porcentaje aplicable
Más de cuatro años	26 por ciento
Más de tres años	19 por ciento
Más de dos años	12 por ciento
Más de un año	8 por ciento
Hasta un año	4 por ciento

D.A. 8ª. Transmisiones de valores o participaciones no admitidas a negociación con posterioridad a una reducción de capital.

Cuando con anterioridad a la transmisión de valores o participaciones no admitidos a negociación en alguno de los mercados secundarios oficiales de valores españoles, se hubiera producido una reducción del capital instrumentada mediante una disminución del valor nominal que no afecte por igual a todos los valores o participaciones en circulación del contribuyente, se aplicarán las reglas previstas en la sección 4.ª del Capítulo II del Título III de esta Ley, con las siguientes especialidades:

1.º Se considerará como valor de transmisión el que correspondería en función del valor nominal que resulte de la aplicación de lo previsto en el artículo 33.3. a) de esta Ley.

2.º En el caso de que el contribuyente no hubiera transmitido la totalidad de sus valores o participaciones, la diferencia positiva entre el valor de transmisión correspondiente al valor nominal de los valores o participaciones efectivamente transmitidos y el valor de transmisión, a que se refiere el párrafo anterior, se minorará del valor de adquisición de los restantes valores o participaciones homogéneos[247], hasta su anulación.

El exceso que pudiera resultar tributará como ganancia patrimonial.

D.A. 9ª. Mutualidades de trabajadores por cuenta ajena.

Podrán reducir la base imponible general, en los términos previstos en los artículos 51 y 52 de esta Ley, las cantidades abonadas en virtud de

---

[247]   §2 Art. 8.

§1 contratos de seguro, concertados con las mutualidades de previsión social que tengan establecidas los correspondientes Colegios Profesionales, por los mutualistas colegiados que sean trabajadores por cuenta ajena, por sus cónyuges y familiares consanguíneos en primer grado, así como por los trabajadores de las citadas mutualidades, siempre y cuando exista un acuerdo de los órganos correspondientes de la mutualidad que sólo permita cobrar las prestaciones cuando concurran las contingencias previstas en el artículo 8.6 del texto refundido de la Ley de Regulación de los Planes y Fondos de Pensiones.

D.A. 10ª. Sistemas de previsión social constituidos a favor de personas con discapacidad[248].

Cuando se realicen aportaciones a planes de pensiones a favor de personas con un grado de minusvalía física o sensorial igual o superior al 65 por 100, psíquica igual o superior al 33 por 100, así como de personas que tengan una incapacidad declarada judicialmente con independencia de su grado, a los mismos les resultará aplicable el régimen financiero de los planes de pensiones, regulado en el texto refundido de la Ley de Regulación de los Planes y Fondos de Pensiones con las siguientes especialidades:

1. Podrán efectuar aportaciones al plan de pensiones tanto la persona con discapacidad partícipe como las personas que tengan con el mismo una relación de parentesco en línea directa o colateral hasta el tercer grado inclusive, así como el cónyuge o aquellos que les tuviesen a su cargo en régimen de tutela o acogimiento.

En estos últimos supuestos, las personas con discapacidad habrán de ser designadas beneficiarias de manera única e irrevocable para cualquier contingencia.

No obstante, la contingencia de muerte de la persona con discapacidad podrá generar derecho a prestaciones de viudedad, orfandad o a favor de quienes hayan realizado aportaciones al plan de pensiones de la persona con discapacidad en proporción a la aportación de éstos.

---

[248] §2 Art. 72.

2. Como límite máximo de las aportaciones, a efectos de lo previsto en el artículo 5.3 del texto refundido de la Ley de Regulación de los Planes y Fondos de Pensiones, se aplicarán las siguientes cuantías:

a) Las aportaciones anuales máximas realizadas por las personas con discapacidad partícipes no podrán rebasar la cantidad de 24.250 euros.

b) Las aportaciones anuales máximas realizadas por cada partícipe a favor de personas con discapacidad ligadas por relación de parentesco no podrán rebasar la cantidad de 10.000 euros. Ello sin perjuicio de las aportaciones que pueda realizar a su propio plan de pensiones, de acuerdo con el límite previsto en el artículo 5.3 del texto refundido de la Ley de Regulación de los Planes y Fondos de Pensiones.

c) Las aportaciones anuales máximas a planes de pensiones realizadas a favor de una persona con discapacidad, incluyendo sus propias aportaciones, no podrán rebasar la cantidad de 24.250 euros.

La inobservancia de estos límites de aportación será objeto de la sanción prevista en el artículo 36.4 del texto refundido de la Ley de Regulación de los Planes y Fondos de Pensiones. A estos efectos, cuando concurran varias aportaciones a favor de la persona con discapacidad, se entenderá que el límite de 24.250 euros se cubre, primero, con las aportaciones de la propia persona con discapacidad, y cuando éstas no superen dicho límite con las restantes aportaciones en proporción a su cuantía.

La aceptación de aportaciones a un plan de pensiones, a nombre de un mismo beneficiario con discapacidad, por encima del límite de 24.250 euros anuales, tendrá la consideración de infracción muy grave, en los términos previstos en el artículo 35.3.n) del texto refundido de la Ley de Regulación de los Planes y Fondos de Pensiones.

3. A los efectos de la percepción de las prestaciones se aplicará lo dispuesto en los apartados 8 y 9 del artículo 51 de esta Ley.

4. Reglamentariamente podrán establecerse especificaciones en relación con las contingencias por las que pueden satisfacerse las prestaciones, a las que se refiere el artículo 8.6 del texto refundido de la Ley de Regulación de los Planes y Fondos de Pensiones.

5. Reglamentariamente se determinarán los supuestos en los que podrán hacerse efectivos los derechos consolidados en el plan de pensiones

§1

por parte de las personas con discapacidad, de acuerdo con lo previsto en el artículo 8.8 del texto refundido de la Ley de Regulación de los Planes y Fondos de Pensiones.

6. El régimen regulado en esta disposición adicional será de aplicación a las aportaciones y prestaciones realizadas o percibidas de mutualidades de previsión social, de planes de previsión asegurados, planes de previsión social empresarial y seguros que cubran exclusivamente el riesgo de dependencia severa o de gran dependencia conforme a lo dispuesto en la Ley de promoción de la autonomía personal y atención a las personas en situación de dependencia a favor de personas con discapacidad que cumplan los requisitos previstos en los anteriores apartados y los que se establezcan reglamentariamente. Los límites establecidos serán conjuntos para todos los sistemas de previsión social previstos en esta disposición.

D.A. 11ª. Mutualidad de previsión social de deportistas profesionales.

1. Los deportistas profesionales y de alto nivel podrán realizar aportaciones a la mutualidad de previsión social a prima fija de deportistas profesionales, con las siguientes especialidades:

1. Ámbito subjetivo. Se considerarán deportistas profesionales los incluidos en el ámbito de aplicación del Real Decreto 1006/1985, de 26 de junio, por el que se regula la relación laboral especial de los deportistas profesionales. Se considerarán deportistas de alto nivel los incluidos en el ámbito de aplicación del Real Decreto 1467/1997, de 19 de septiembre, sobre deportistas de alto nivel.

La condición de mutualista y asegurado recaerá, en todo caso, en el deportista profesional o de alto nivel.

2. Aportaciones. No podrán rebasar las aportaciones anuales la cantidad máxima que se establezca para los sistemas de previsión social constituidos a favor de personas con discapacidad, incluyendo las que hubiesen sido imputadas por los promotores en concepto de rendimientos del trabajo cuando se efectúen estas últimas de acuerdo con lo previsto en la disposición adicional primera del texto refundido de la Ley de Regulación de los Planes y Fondos de Pensiones.

No se admitirán aportaciones una vez que finalice la vida laboral como deportista profesional o se produzca la pérdida de la condición de deportista de alto nivel en los términos y condiciones que se establezcan reglamentariamente.

3. Contingencias. Las contingencias que pueden ser objeto de cobertura son las previstas para los planes de pensiones en el artículo 8.6 del texto refundido de la Ley de Regulación de los Planes y Fondos de Pensiones.

4. Disposición de derechos consolidados. Los derechos consolidados de los mutualistas sólo podrán hacerse efectivos en los supuestos previstos en el artículo 8.8 del texto refundido de la Ley de Regulación de los Planes y Fondos de Pensiones, y, adicionalmente, una vez transcurrido un año desde que finalice la vida laboral de los deportistas profesionales o desde que se pierda la condición de deportistas de alto nivel.

5. Régimen fiscal:

a) Las aportaciones, directas o imputadas, que cumplan los requisitos anteriores podrán ser objeto de reducción en la base imponible general del Impuesto sobre la Renta de las Personas Físicas, con el límite de la suma de los rendimientos netos del trabajo y de actividades económicas percibidos individualmente en el ejercicio y hasta un importe máximo de 24.250 euros.

b) Las aportaciones que no hubieran podido ser objeto de reducción en la base imponible por insuficiencia de la misma o por aplicación del límite establecido en la letra a) podrán reducirse en los cinco ejercicios siguientes. Esta regla no resultará de aplicación a las aportaciones que excedan del límite máximo previsto en el número 2 de este apartado uno[249].

c) La disposición de los derechos consolidados en supuestos distintos a los mencionados en el apartado 4 anterior determinará la obligación para el contribuyente de reponer en la base imponible las reducciones indebidamente realizadas, con la práctica de las autoliquidaciones complementarias, que incluirán los intereses de demora. Las cantidades percibidas que excedan del importe de las aportaciones realizadas, incluyendo, en

---

[249]   §2 Art. 51.

su caso, las contribuciones imputadas por el promotor, tributarán como rendimiento del trabajo en el período impositivo en que se perciban[250].

d) Las prestaciones percibidas, así como la percepción de los derechos consolidados en los supuestos previstos en el apartado 4 anterior, tributarán en su integridad como rendimientos del trabajo.

e) A los efectos de la percepción de las prestaciones se aplicará lo dispuesto en los apartados 8 y 9 del artículo 51 de esta Ley.

2. Con independencia del régimen previsto en el apartado anterior, los deportistas profesionales y de alto nivel, aunque hayan finalizado su vida laboral como tales o hayan perdido esta condición, podrán realizar aportaciones a la mutualidad de previsión social de deportistas profesionales.

Tales aportaciones podrán ser objeto de reducción en la base imponible del Impuesto sobre la Renta de las Personas Físicas en la parte que tenga por objeto la cobertura de las contingencias previstas en el artículo 8.6 del texto refundido de la Ley de Regulación de los Planes y Fondos de Pensiones.

Los derechos consolidados de los mutualistas sólo podrán hacerse efectivos en los supuestos previstos, para los planes de pensiones, por el artículo 8.8 del texto refundido de la ley de Regulación de los Planes y Fondos de Pensiones.

Como límite máximo conjunto de reducción de estas aportaciones se aplicará el que establece el artículo 51.6 de esta ley.

A los efectos de la percepción de las prestaciones se aplicará lo dispuesto en los apartados 8 y 9 del artículo 51 de esta Ley.

D.A. 12ª. Porcentaje de compensación entre rendimientos y ganancias y pérdidas patrimoniales que se integran en la base imponible del ahorro en 2015, 2016 y 2017[251].

El porcentaje de compensación entre los saldos a que se refieren las letras a) y b) del apartado 1 del artículo 49 de esta Ley en los períodos

---

[250]   §2 Art. 50.
[251]   Nueva redacción según el Art. 1º. 71 de la Ley 26/2014, de 27 de noviembre, por la que se modifican la Ley 35/2006, de 28 de noviembre, del Impuesto sobre la Renta

impositivos 2015, 2016 y 2017 será del 10, 15 y 20 por ciento, respectivamente.

D.A. 13ª. Obligaciones de información.

1. Reglamentariamente podrán establecerse obligaciones de suministro de información a las sociedades gestoras de instituciones de inversión
colectiva, a las sociedades de inversión, a las entidades comercializadoras
en territorio español de acciones o participaciones de instituciones de
inversión colectiva domiciliadas en España o en el extranjero, y al representante designado de acuerdo con lo dispuesto en el artículo 55.7 y la
disposición adicional segunda de la Ley 35/2003, de 4 de noviembre, de
Instituciones de Inversión Colectiva, que actúe en nombre de la gestora
que opere en régimen de libre prestación de servicios, en relación con
las operaciones sobre acciones o participaciones de dichas instituciones,
incluida la información de que dispongan relativa al resultado de las operaciones de compra y venta de aquéllas[252] [253].

2. Los contribuyentes por el Impuesto sobre la Renta de las Personas
Físicas o por el Impuesto sobre Sociedades deberán suministrar información, en los términos que reglamentariamente se establezcan, en relación
con las operaciones, situaciones, cobros y pagos que efectúen o se deriven
de la tenencia de valores o bienes relacionados, directa o indirectamente,
con países o territorios considerados como paraísos fiscales[254].

3. Reglamentariamente podrán establecerse obligaciones de suministro de información en los siguientes supuestos[255]:

---

de las Personas Físicas, el texto refundido de la Ley del Impuesto sobre la Renta de
no Residentes, aprobado por el Real Decreto Legislativo 5/2004, de 5 de marzo, y
otras normas tributarias.

[252]   §2 Art. 70.3.

[253]   Apartado modificado por el Art. 3.Segundo.Tres de la Ley 16/2013, de 29 de octubre, por la que se establecen determinadas medidas en materia de fiscalidad
medioambiental y se adoptan otras medidas tributarias y financieras.

[254]   Véase Real Decreto 1080/1991, de 5 de julio.

[255]   Nueva redacción según el Art. 1º. 72 de la Ley 26/2014, de 27 de noviembre, por la
que se modifican la Ley 35/2006, de 28 de noviembre, del Impuesto sobre la Renta

§1

a) A las entidades aseguradoras, respecto de los planes de previsión asegurados, planes de previsión social empresarial y seguros de dependencia que comercialicen, a que se refiere el artículo 51 de esta ley.

b) A las entidades financieras, respecto de los planes individuales de ahorro sistemático que comercialicen, a que se refiere la disposición adicional tercera de esta Ley, o de las rentas vitalicias aseguradas previstas en el artículo 38.3 de esta Ley.

c) A la Seguridad Social y las mutualidades, respecto de las cotizaciones y cuotas devengadas en relación con sus afiliados o mutualistas.

d) Al Registro Civil, respecto de los datos de nacimientos, adopciones y fallecimientos.

e) Las entidades que comercialicen los contratos regulados en la disposición adicional vigésima sexta de esta Ley.

f) A las Comunidades Autónomas y al Instituto de Mayores y Servicios Sociales, respecto de las personas que cumplan la condición de familia numerosa y de los datos de grado de discapacidad de las personas con discapacidad.

g) A las Comunidades Autónomas respecto de los certificados de eficiencia energética registrados y las resoluciones definitivas de ayuda que hayan sido concedidas por obras de mejora de la eficiencia energética de viviendas, junto con la relación de números de referencia catastrales a los que se refieran[256].

4. Los bancos, cajas de ahorro, cooperativas de crédito y cuantas personas físicas o jurídicas se dediquen al tráfico bancario o crediticio, vendrán obligadas, en las condiciones que reglamentariamente se esta-

---

de las Personas Físicas, el texto refundido de la Ley del Impuesto sobre la Renta de no Residentes, aprobado por el Real Decreto Legislativo 5/2004, de 5 de marzo, y otras normas tributarias.

[256] Letra introducida por el art. 1º.1 del Real Decreto-ley 19/2021, de 5 de octubre, de medidas urgentes para impulsar la actividad de rehabilitación edificatoria en el contexto del Plan de Recuperación, Transformación y Resiliencia y validada en el art. 1.Uno de la Ley 10/2022, de 14 de junio, de medidas urgentes para impulsar la actividad de rehabilitación edificatoria en el contexto del Plan de Recuperación, Transformación y Resiliencia.

blezcan, a suministrar a la Administración tributaria la identificación de la totalidad de las cuentas abiertas en dichas entidades o puestas por ellas a disposición de terceros, con independencia de la modalidad o denominación que adopten, incluso cuando no se hubiese procedido a la práctica de retenciones o ingresos a cuenta.

Este suministro comprenderá la identificación de los titulares, autorizados o cualquier beneficiario de dichas cuentas.

5. Las personas que, de acuerdo con lo dispuesto en los artículos 3 y 4 de la Ley de protección patrimonial de las personas con discapacidad y de modificación del Código Civil, de la Ley de Enjuiciamiento Civil y de la Normativa Tributaria con esta finalidad, intervengan en la formalización de las aportaciones a los patrimonios protegidos, deberán presentar una declaración sobre las citadas aportaciones en los términos que reglamentariamente se establezcan. La declaración se efectuará en el lugar, forma y plazo que establezca el Ministro de Economía y Hacienda.

6. Las personas y entidades residentes en España y los establecimientos permanentes en territorio español de personas o entidades residentes en el extranjero, que proporcionen servicios para salvaguardar claves criptográficas privadas en nombre de terceros, para mantener, almacenar y transferir monedas virtuales, ya se preste dicho servicio con carácter principal o en conexión con otra actividad, vendrán obligadas a suministrar a la Administración Tributaria, en los términos que reglamentariamente se establezcan, información sobre la totalidad de las monedas virtuales que mantengan custodiadas. Este suministro comprenderá información sobre saldos en cada moneda virtual diferente y, en su caso, en dinero de curso legal, así como la identificación de los titulares, autorizados o beneficiarios de dichos saldos.

7. Las personas y entidades residentes en España y los establecimientos permanentes en territorio español de personas o entidades residentes en el extranjero, que proporcionen servicios de cambio entre monedas virtuales y dinero de curso legal o entre diferentes monedas virtuales, o intermedien de cualquier forma en la realización de dichas operaciones, o proporcionen servicios para salvaguardar claves criptográficas privadas en nombre de terceros, para mantener, almacenar y transferir monedas

§1

virtuales, vendrán obligados, en los términos que reglamentariamente se establezcan, a comunicar a la Administración Tributaria las operaciones de adquisición, transmisión, permuta y transferencia, relativas a monedas virtuales, así como los cobros y pagos realizados en dichas monedas, en las que intervengan o medien, presentando relación nominal de sujetos intervinientes con indicación de su domicilio y número de identificación fiscal, clase y número de monedas virtuales, así como precio y fecha de la operación.

La misma obligación anterior tendrán las personas y entidades residentes en España y los establecimientos permanentes en territorio español de personas o entidades residentes en el extranjero, que realicen ofertas iniciales de nuevas monedas virtuales, respecto de las que entreguen a cambio de aportación de otras monedas virtuales o de dinero de curso legal[257].

D.A. 14ª. Captación de datos.

El Ministro de Economía y Hacienda, previo informe de la Agencia Española de Protección de Datos en lo que resulte procedente, propondrá al Gobierno las medidas precisas para asegurar la captación de datos obrantes en cualquier clase de registro público o registro de las Administraciones públicas, que sean precisos para la gestión y el control del Impuesto.

D.A. 15ª. Disposición de bienes que conforman el patrimonio personal para asistir las necesidades económicas de la vejez y de la dependencia.

No tendrán la consideración de renta las cantidades percibidas como consecuencia de las disposiciones que se hagan de la vivienda habitual por parte de las personas mayores de 65 años, así como de las personas que se encuentren en situación de dependencia severa o de gran dependencia

---

[257]　Apartados 6 y 7 introducidos por el Art. 3º.6 de la Ley 11/2021, de 9 de julio, de medidas de prevención y lucha contra el fraude fiscal, de transposición de la Directiva (UE) 2016/1164, del Consejo, de 12 de julio de 2016, por la que se establecen normas contra las prácticas de elusión fiscal que inciden directamente en el funcionamiento del mercado interior, de modificación de diversas normas tributarias y en materia de regulación del juego.

a que se refiere el artículo 24 de la Ley de promoción de la autonomía personal y atención a las personas en situación de dependencia, siempre que se lleven a cabo de conformidad con la regulación financiera relativa a los actos de disposición de bienes que conforman el patrimonio personal para asistir las necesidades económicas de la vejez y de la dependencia.

D.A. 16ª. Límite financiero de aportaciones y contribuciones a los sistemas de previsión social[258].

El importe anual máximo conjunto de aportaciones y contribuciones empresariales a los sistemas de previsión social previstos en los apartados 1, 2, 3, 4 y 5 del artículo 51, de la disposición adicional novena y del apartado dos de la disposición adicional undécima de esta ley será de 1.500 euros anuales.

Este límite se incrementará en los siguientes supuestos, en las cuantías que se indican:

1.º En 8.500 euros anuales, siempre que tal incremento provenga de contribuciones empresariales, o de aportaciones del trabajador al mismo instrumento de previsión social por importe igual o inferior a las cantidades que resulten del siguiente cuadro en función del importe anual de la contribución empresarial:

Importe anual de la contribución	Aportación máxima del trabajador
Igual o inferior a 500 euros.	El resultado de multiplicar la contribución empresarial por 2,5
Entre 500,01 y 1.500 euros.	1.250 euros, más el resultado de multiplicar por 0,25 la diferencia entre la contribución empresarial y 500 euros
Más de 1.500 euros.	El resultado de multiplicar la contribución empresarial por 1

No obstante, en todo caso se aplicará el multiplicador 1 cuando el trabajador obtenga en el ejercicio rendimientos íntegros del trabajo su-

---

[258]   Nueva redacción según el Art. 62.2 de la Ley 31/2022, de 23 de diciembre, de Presupuestos Generales del Estado para 2023.

§1

periores a 60.000 euros procedentes de la empresa que realiza la contribución, a cuyo efecto la empresa deberá comunicar a la entidad gestora o aseguradora del instrumento de previsión social que no concurre esta circunstancia.

A estos efectos, las cantidades aportadas por la empresa que deriven de una decisión del trabajador tendrán la consideración de aportaciones del trabajador.

2.º En 4.250 euros anuales, siempre que tal incremento provenga de aportaciones a los planes de pensiones sectoriales previstos en la letra a) del apartado 1 del artículo 67 del texto refundido de la Ley de Regulación de los Planes y Fondos de Pensiones, realizadas por trabajadores por cuenta propia o autónomos que se adhieran a dichos planes por razón de su actividad; aportaciones a los planes de pensiones de empleo simplificados de trabajadores por cuenta propia o autónomos previstos en la letra c) del apartado 1 del artículo 67 del texto refundido de la Ley de Regulación de los Planes y Fondos de Pensiones; o de aportaciones propias que el empresario individual o el profesional realice a planes de pensiones de empleo, de los que sea promotor y, además, partícipe o a Mutualidades de Previsión Social de las que sea mutualista, así como las que realice a planes de previsión social empresarial o seguros colectivos de dependencia de los que, a su vez, sea tomador y asegurado.

En todo caso, la cuantía máxima de reducción por aplicación de los incrementos previstos en los números 1.º y 2.º anteriores será de 8.500 euros anuales.

Además, 5.000 euros anuales para las primas a seguros colectivos de dependencia satisfechas por la empresa.

D.A. 17ª. Remisiones normativas.

Las referencias normativas efectuadas en otras disposiciones a la Ley 18/1991, de 6 de junio, del Impuesto sobre la Renta de las Personas Físicas, a la Ley 40/1998, de 9 de diciembre, del Impuesto sobre la Renta de las Personas Físicas y otras Normas Tributarias, y al texto refundido de la Ley del Impuesto sobre la Renta de las Personas Físicas, aprobado por el

Real Decreto Legislativo 3/2004, de 5 de marzo, se entenderán realizadas a los preceptos correspondientes de esta Ley.

D.A. 18ª. Aportaciones a patrimonios protegidos.

Las aportaciones realizadas al patrimonio protegido de las personas con discapacidad, regulado en la Ley de protección patrimonial de las personas con discapacidad y de modificación del Código Civil, de la Ley de Enjuiciamiento Civil y de la Normativa Tributaria con esta finalidad, tendrán el siguiente tratamiento fiscal para la persona con discapacidad:

a) Cuando los aportantes sean contribuyentes del Impuesto sobre la Renta de las Personas Físicas, tendrán la consideración de rendimientos del trabajo hasta el importe de 10.000 euros anuales por cada aportante y 24.250 euros anuales en conjunto.

Asimismo, y con independencia de los límites indicados en el párrafo anterior, cuando los aportantes sean sujetos pasivos del Impuesto sobre Sociedades, tendrán la consideración de rendimientos del trabajo siempre que hayan sido gasto deducible en el Impuesto sobre Sociedades con el límite de 10.000 euros anuales.

A estos rendimientos les resultará de aplicación la exención prevista en la letra w) del artículo 7 de esta Ley.

Cuando las aportaciones se realicen por sujetos pasivos del Impuesto sobre Sociedades a favor de los patrimonios protegidos de los parientes, cónyuges o personas a cargo de los empleados del aportante, únicamente tendrán la consideración de rendimiento del trabajo para el titular del patrimonio protegido.

Los rendimientos a que se refiere este párrafo a) no estarán sujetos a retención o ingreso a cuenta.

b) En el caso de aportaciones no dinerarias, la persona con discapacidad titular del patrimonio protegido se subrogará en la posición del aportante respecto de la fecha y el valor de adquisición de los bienes y derechos aportados, pero sin que, a efectos de ulteriores transmisiones, le resulte de aplicación lo previsto en la disposición transitoria novena de esta Ley.

§1

A la parte de la aportación no dineraria sujeta al Impuesto sobre Sucesiones y Donaciones se aplicará, a efectos de calcular el valor y la fecha de adquisición, lo establecido en el artículo 36 de esta Ley.

c) No estará sujeta al Impuesto sobre Sucesiones y Donaciones la parte de las aportaciones que tenga para el perceptor la consideración de rendimientos del trabajo.

D.A. 19ª. Exención de las ayudas e indemnizaciones por privación de libertad como consecuencia de los supuestos contemplados en la Ley 46/1977, de 15 de octubre, de Amnistía.

1. Las personas que hubieran percibido desde el 1 de enero de 1999 hasta el 31 de diciembre de 2005 las indemnizaciones previstas en la legislación del Estado y de las Comunidades Autónomas para compensar la privación de libertad en establecimientos penitenciarios como consecuencia de los supuestos contemplados en la Ley 46/1977, de 15 de octubre, de Amnistía, podrán solicitar, en la forma y plazo que se determinen, el abono de una ayuda cuantificada en el 15 por ciento de las cantidades que, por tal concepto, hubieran consignado en la declaración del Impuesto sobre la Renta de las Personas Físicas de cada uno de dichos períodos impositivos.

Si las personas a que se refiere el párrafo anterior hubieran fallecido, el derecho a la ayuda corresponderá a sus herederos quienes podrán solicitarla.

Por Orden del Ministro de Economía y Hacienda se determinará el procedimiento, las condiciones para su obtención y el órgano competente para el reconocimiento y abono de esta ayuda.

2. Las ayudas percibidas en virtud de lo dispuesto en el apartado 1 anterior estarán exentas del Impuesto sobre la Renta de las Personas Físicas.

3. Las indemnizaciones previstas en la legislación del Estado y de las Comunidades Autónomas para compensar la privación de libertad en establecimientos penitenciarios como consecuencia de los supuestos contemplados en la Ley 46/1977, de 15 de octubre, de Amnistía imputables al período impositivo 2006, estarán exentas del Impuesto sobre la Renta de las personas Físicas en dicho período impositivo.

D.A. 20ª. Rentas exentas con progresividad[259].

Tienen la consideración de rentas exentas con progresividad aquellas rentas que, sin someterse a tributación, deben tenerse en cuenta a efectos de calcular el tipo de gravamen aplicable a las restantes rentas del período impositivo.

Las rentas exentas con progresividad se añadirán a la base liquidable general o del ahorro, según corresponda a la naturaleza de las rentas, al objeto de calcular el tipo medio de gravamen que corresponda para la determinación de la cuota íntegra estatal y autonómica.

El tipo medio de gravamen así calculado se aplicará sobre la base liquidable general o del ahorro, sin incluir las rentas exentas con progresividad.

D.A. 21ª. Pérdidas patrimoniales por créditos vencidos y no cobrados[260].

A efectos de la aplicación de la regla especial de imputación temporal prevista en la letra k) del artículo 14.2 de esta Ley, la circunstancia prevista en el número 3.º de la citada letra k) únicamente se tendrá en cuenta cuando el plazo de un año finalice a partir de 1 de enero de 2015.

D.A. 22ª. Movilización de los derechos económicos entre los distintos sistemas de previsión social.

Los distintos sistemas de previsión social a que se refieren los artículos 51 y 53 de esta Ley, podrán realizar movilizaciones de derechos económicos entre ellos.

---

[259]   Disposición añadida por el Art. 1º. 74 de la Ley 26/2014, de 27 de noviembre, por la que se modifican la Ley 35/2006, de 28 de noviembre, del Impuesto sobre la Renta de las Personas Físicas, el texto refundido de la Ley del Impuesto sobre la Renta de no Residentes, aprobado por el Real Decreto Legislativo 5/2004, de 5 de marzo, y otras normas tributarias.

[260]   Nueva redacción según el Art. 1º. 75 de la Ley 26/2014, de 27 de noviembre, por la que se modifican la Ley 35/2006, de 28 de noviembre, del Impuesto sobre la Renta de las Personas Físicas, el texto refundido de la Ley del Impuesto sobre la Renta de no Residentes, aprobado por el Real Decreto Legislativo 5/2004, de 5 de marzo, y otras normas tributarias.

§1

Reglamentariamente se establecerán las condiciones bajo las cuales podrán efectuarse movilizaciones, sin consecuencias tributarias, de los derechos económicos entre estos sistemas de previsión social, atendiendo a la homogeneidad de su tratamiento fiscal y a las características jurídicas, técnicas y financieras de los mismos.

D.A. 23ª. Consideración de vivienda habitual a los efectos de determinadas exenciones[261].

A los efectos previstos en los artículos 7.t), 33.4.b), y 38 de esta Ley se considerará vivienda habitual aquella en la que el contribuyente resida durante un plazo continuado de tres años. No obstante, se entenderá que la vivienda tuvo aquel carácter cuando, a pesar de no haber transcurrido dicho plazo, concurran circunstancias que necesariamente exijan el cambio de vivienda, tales como celebración de matrimonio, separación matrimonial, traslado laboral, obtención de primer empleo o de empleo más ventajoso u otras análogas.

Cuando la vivienda hubiera sido habitada de manera efectiva y permanente por el contribuyente en el plazo de doce meses, contados a partir de la fecha de adquisición o terminación de las obras, el plazo de tres años previsto en el párrafo anterior se computará desde esta última fecha.

D.A. 24ª. Retenciones sobre rendimientos del trabajo correspondientes a enero de 2015[262].

Reglamentariamente podrán determinarse especialidades para determinar las retenciones e ingresos a cuenta a practicar sobre los rendimientos del trabajo que se satisfagan o abonen durante el mes de enero de 2015.

---

[261]   Nueva redacción según el Art. 1.Ocho de la Ley 16/2012, de 27 de diciembre, por la que se adoptan diversas medidas tributarias dirigidas a la consolidación de las finanzas públicas y al impulso de la actividad económica.

[262]   Nueva redacción según el Art. 1º. 76 de la Ley 26/2014, de 27 de noviembre, por la que se modifican la Ley 35/2006, de 28 de noviembre, del Impuesto sobre la Renta de las Personas Físicas, el texto refundido de la Ley del Impuesto sobre la Renta de no Residentes, aprobado por el Real Decreto Legislativo 5/2004, de 5 de marzo, y otras normas tributarias.

D.A. 25ª. Gastos e inversiones para habituar a los empleados en la utilización de las nuevas tecnologías de la comunicación y de la información.

1. Los gastos e inversiones efectuados durante los años 2007, 2008, 2009, 2010, 2011, 2012, 2013 y 2014 para habituar a los empleados en la utilización de las nuevas tecnologías de la comunicación y de la información, cuando su utilización sólo pueda realizarse fuera del lugar y horario de trabajo, tendrá el siguiente tratamiento fiscal:

Impuesto sobre la Renta de las Personas Físicas: dichos gastos e inversiones tendrán la consideración de gastos de formación en los términos previstos en el artículo 42.2.b) de esta Ley.

Impuesto sobre Sociedades: dichos gastos e inversiones darán derecho a la aplicación de la deducción prevista en el artículo 40 del Texto Refundido de la Ley del Impuesto sobre Sociedades, aprobado por el Real Decreto Legislativo 4/2004[263].

2. Entre los gastos e inversiones a que se refiere esta disposición adicional se incluyen, entre otros, las cantidades utilizadas para proporcionar, facilitar o financiar su conexión a Internet, así como los derivados de la entrega, actualización o renovación gratuita, o a precios rebajados, o de la concesión de préstamos y ayudas económicas para la adquisición de los equipos y terminales necesarios para acceder a aquélla, con su software y periféricos asociados.

D.A. 26ª. Planes de ahorro a largo plazo[264].

1. Los Planes de Ahorro a Largo Plazo se configuran como contratos celebrados entre el contribuyente y una entidad aseguradora o de crédito que cumplan los siguientes requisitos:

---

[263]   Nueva redacción de este apartado según el Art. 65.Uno de la Ley 22/2013, de 23 de diciembre, de Presupuestos Generales del Estado para el año 2014.

[264]   Nueva redacción según el Art. 1º. 77 de la Ley 26/2014, de 27 de noviembre, por la que se modifican la Ley 35/2006, de 28 de noviembre, del Impuesto sobre la Renta de las Personas Físicas, el texto refundido de la Ley del Impuesto sobre la Renta de no Residentes, aprobado por el Real Decreto Legislativo 5/2004, de 5 de marzo, y otras normas tributarias.

a) Los recursos aportados al Plan de Ahorro a Largo Plazo deben instrumentarse, bien a través de uno o sucesivos seguros individuales de vida a que se refiere el apartado 2 de esta disposición adicional, denominados Seguros Individuales de Vida a Largo Plazo, o bien a través de depósitos y contratos financieros a que se refiere el apartado 3 de esta disposición adicional integrados en una Cuenta Individual de Ahorro a Largo Plazo.

Un contribuyente sólo podrá ser titular de forma simultánea de un Plan de Ahorro a Largo Plazo.

b) La apertura del Plan de Ahorro a Largo Plazo se producirá en el momento en que se satisfaga la primera prima, o se realice la primera aportación a la Cuenta Individual de Ahorro a Largo Plazo, según proceda, y su extinción, en el momento en que el contribuyente efectúe cualquier disposición o incumpla el límite de aportaciones previsto en la letra c) de este apartado.

A estos efectos, en el caso de Seguros Individuales de Ahorro a Largo Plazo, no se considera que se efectúan disposiciones cuando llegado su vencimiento, la entidad aseguradora destine, por orden del contribuyente, el importe íntegro de la prestación a un nuevo Seguro Individual de Ahorro a Largo Plazo contratado por el contribuyente con la misma entidad. En estos casos, la aportación de la prestación al nuevo seguro no computará a efectos del límite de 5.000 euros señalado en la letra c) de este apartado, y para el cómputo del plazo previsto en la letra ñ) del artículo 7 de esta Ley se tomará como referencia la primera prima satisfecha al primer seguro por el que se instrumentó las aportaciones al Plan.

c) Las aportaciones al Plan de Ahorro a Largo Plazo no pueden ser superiores a 5.000 euros anuales en ninguno de los ejercicios de vigencia del Plan.

d) La disposición por el contribuyente del capital resultante del Plan únicamente podrá producirse en forma de capital, por el importe total del mismo, no siendo posible que el contribuyente realice disposiciones parciales.

e) La entidad aseguradora o, en su caso, la entidad de crédito, deberá garantizar al contribuyente la percepción al vencimiento del seguro individual de vida o al vencimiento de cada depósito o contrato financiero de, al menos, un capital equivalente al 85 por ciento de la suma de las primas satisfechas o de las aportaciones efectuadas al depósito o al contrato financiero.

No obstante lo anterior, si la citada garantía fuera inferior al 100 por ciento, el producto financiero contratado deberá tener un vencimiento de al menos un año.

2. El Seguro Individual de Ahorro a Largo Plazo (SIALP) se configura como un seguro individual de vida distinto de los previstos en el artículo 51 de esta Ley, que no cubra contingencias distintas de supervivencia o fallecimiento, en el que el propio contribuyente sea el contratante, asegurado y beneficiario salvo en caso de fallecimiento.

En el condicionado del contrato se hará constar de forma expresa y destacada que se trata de un Seguro Individual de Ahorro a Largo Plazo y sus siglas (SIALP) quedan reservadas a los contratos celebrados a partir del 1 de enero de 2015 que cumplan los requisitos previstos en esta Ley.

3. La Cuenta Individual de Ahorro a Largo Plazo se configura como un contrato de depósito de dinero celebrado por el contribuyente con una entidad de crédito, con cargo a la cual se podrán constituir uno o varios depósitos de dinero, así como contratos financieros de los definidos en el último párrafo del apartado 1 del artículo segundo de la Orden EHA/3537/2005, de 10 de noviembre, por la que se desarrolla el artículo 27.4 de la Ley 24/1988, de 28 de julio, del Mercado de Valores, en cuyas condiciones se prevea que tanto la aportación como la liquidación al vencimiento se efectuará en todo caso exclusivamente en dinero. Dichos depósitos y contratos financieros deberán contratarse por el contribuyente con la misma entidad de crédito en la que se haya abierto la Cuenta Individual de Ahorro a Largo Plazo. Los rendimientos se integrarán obligatoriamente en la Cuenta Individual y no se computarán a efectos del límite previsto en la letra c) del apartado 1 anterior.

La Cuenta Individual de Ahorro a Largo Plazo deberá estar identificada singularmente y separada de otras formas de imposición. Asimismo, los depósitos y contratos financieros integrados en la Cuenta deberán contener en su identificación la referencia a esta última.

En el condicionado del contrato se hará constar de forma expresa y destacada que se trata de una Cuenta Individual de Ahorro a Largo Plazo y sus siglas (CIALP) quedan reservadas a los contratos celebrados a partir del 1 de enero de 2015 que cumplan los requisitos previstos en esta Ley e integrarán depósitos y contratos financieros contratados a partir de dicha fecha.

4. Las entidades contratantes deberán informar, en particular, en los contratos, de forma expresa y destacada, del importe y la fecha a la que se refiere la garantía de la letra e) del apartado 1 de esta disposición adicional, así como de las condiciones financieras en que antes del vencimiento del seguro individual de vida, del depósito o del contrato financiero, se podrá disponer del capital resultante o realizar nuevas aportaciones.

Asimismo, las entidades contratantes deberán advertir en los contratos, de forma expresa y destacada, que los contribuyentes sólo pueden ser titulares de un único Plan de Ahorro a Largo Plazo de forma simultánea, que no pueden aportar más de 5.000 euros al año al mismo, ni disponer parcialmente del capital que vaya constituyéndose, así como de los efectos fiscales derivados de efectuar disposiciones con anterioridad o posterioridad al transcurso de los cinco años desde la primera aportación.

5. Reglamentariamente podrán desarrollarse las condiciones para la movilización íntegra de los derechos económicos de seguros individuales de ahorro a largo plazo y de los fondos constituidos en cuentas individuales de ahorro a largo plazo, sin que ello implique la disposición de los recursos a los efectos previstos en la letra ñ) del artículo 7 de esta Ley.

6. En caso de que con anterioridad a la finalización del plazo previsto en la letra ñ) del artículo 7 de esta Ley se produzca cualquier disposición del capital resultante o se incumpla el límite de aportaciones previsto en la letra c) del apartado 1 de esta disposición, la entidad deberá practicar una retención o pago a cuenta del 19 por ciento sobre los rendimientos del capital mobiliario positivos obtenidos desde la apertura del Plan, incluidos los que pudieran obtenerse con motivo de la extinción del mismo.

7. Los rendimientos del capital mobiliario negativos que, en su caso, se obtengan durante la vigencia del Plan de Ahorro a Largo Plazo, incluidos los que pudieran obtenerse con motivo de la extinción del Plan, se imputarán al período impositivo en que se produzca dicha extinción y únicamente en la parte del importe total de dichos rendimientos negativos que exceda de la suma de los rendimientos del mismo Plan a los que hubiera resultado de aplicación la exención.

D.A. 27ª. Reducción del rendimiento neto de las actividades económicas por mantenimiento o creación de empleo[265].

1. En cada uno de los períodos impositivos 2009, 2010, 2011, 2012, 2013 y 2014, los contribuyentes que ejerzan actividades económicas cuyo importe neto de la cifra de negocios para el conjunto de ellas sea inferior a 5 millones de euros y tengan una plantilla media inferior a 25 empleados, podrán reducir en un 20 por 100 el rendimiento neto positivo declarado, minorado en su caso por las reducciones previstas en el artículo 32 de esta Ley, correspondiente a las mismas, cuando mantengan o creen empleo.

A estos efectos, se entenderá que el contribuyente mantiene o crea empleo cuando en cada uno de los citados períodos impositivos la plantilla media utilizada en el conjunto de sus actividades económicas no sea inferior a la unidad y a la plantilla media del período impositivo 2008.

El importe de la reducción así calculada no podrá ser superior al 50 por ciento del importe de las retribuciones satisfechas en el ejercicio al conjunto de sus trabajadores.

La reducción se aplicará de forma independiente en cada uno de los períodos impositivos en que se cumplan los requisitos.

2. Para el cálculo de la plantilla media utilizada a que se refiere el apartado 1 anterior se tomarán las personas empleadas, en los términos que disponga la legislación laboral, teniendo en cuenta la jornada contra-

---

[265]   Nueva redacción según el Art. 63 de la Ley 22/2013, de 23 de diciembre, de Presupuestos Generales del Estado para el año 2014.

tada en relación con la jornada completa y la duración de dicha relación laboral respecto del número total de días del período impositivo.

No obstante, cuando el contribuyente no viniese desarrollando ninguna actividad económica con anterioridad a 1 de enero de 2008 e inicie su ejercicio en el período impositivo 2008, la plantilla media correspondiente al mismo se calculará tomando en consideración el tiempo transcurrido desde el inicio de la misma.

Cuando el contribuyente no viniese desarrollando ninguna actividad económica con anterioridad a 1 de enero de 2009 e inicie su ejercicio con posterioridad a dicha fecha, la plantilla media correspondiente al período impositivo 2008 será cero.

3. A efectos de determinar el importe neto de la cifra de negocios, se tendrá en consideración lo establecido en el apartado 3 del artículo 108 del Texto Refundido de la Ley del Impuesto sobre Sociedades.

Cuando en cualquiera de los períodos impositivos la duración de la actividad económica hubiese sido inferior al año, el importe neto de la cifra de negocios se elevará al año.

4. Cuando el contribuyente no viniese desarrollando ninguna actividad económica con anterioridad a 1 de enero de 2009 e inicie su ejercicio en 2009, 2010, 2011, 2012, 2013 ó 2014, y la plantilla media correspondiente al período impositivo en el que se inicie la misma sea superior a cero e inferior a la unidad, la reducción establecida en el apartado 1 de esta disposición adicional se aplicará en el período impositivo de inicio de la actividad a condición de que en el período impositivo siguiente la plantilla media no sea inferior a la unidad.

El incumplimiento del requisito a que se refiere el párrafo anterior motivará la no aplicación de la reducción en el período impositivo de inicio de su actividad económica, debiendo presentar una autoliquidación complementaria, con los correspondientes intereses de demora, en el plazo que medie entre la fecha en que se incumpla el requisito y la finalización del plazo reglamentario de declaración correspondiente al período impositivo en que se produzca dicho incumplimiento.

§1

D.A. 28ª. Porcentajes de reparto de la escala del ahorro[266].

La escala del ahorro aplicable para la determinación de la cuota íntegra estatal y autonómica será la resultante de aplicar a la escala prevista en el artículo 66.2 de esta Ley el porcentaje de reparto entre el Estado y la Comunidad Autónoma que derive del modelo de financiación existente en la Comunidad Autónoma en la que el contribuyente tenga su residencia habitual.

D.A. 29ª. Deducción por obras de mejora en la vivienda[267].

Los contribuyentes cuya base imponible sea inferior a 71.007,20 euros anuales, podrán deducirse el 20 por ciento de las cantidades satisfechas desde la entrada en vigor del Real Decreto-ley 5/2011 hasta el 31 de diciembre de 2012 por las obras realizadas durante dicho período en cualquier vivienda de su propiedad o en el edificio en la que ésta se encuentre, siempre que tengan por objeto la mejora de la eficiencia energética, la higiene, salud y protección del medio ambiente, la utilización de energías renovables, la seguridad y la estanqueidad, y en particular la sustitución de las instalaciones de electricidad, agua, gas u otros suministros, o favorezcan la accesibilidad al edificio o las viviendas, en los términos previstos en el Real Decreto 2066/2008, de 12 de diciembre, por el que se regula el Plan Estatal de Vivienda y Rehabilitación 2009-2012, así como por las obras de instalación de infraestructuras de telecomunicación realizadas durante dicho período que permitan el acceso a Internet y a servicios de televisión digital en la vivienda habitual del contribuyente.

No darán derecho a practicar esta deducción las obras que se realicen en viviendas afectas a una actividad económica, plazas de garaje, jardines, parques, piscinas e instalaciones deportivas y otros elementos análogos.

---

[266]   Disposición añadida por el Art. 69.3 de la Ley 26/2009, de 23 de diciembre, de Presupuestos Generales del Estado para el año 2010.

[267]   Nueva redacción según la D.F. 1ª del Real Decreto-ley 5/2011, de 29 de abril, de medidas para la regularización y control del empleo sumergido y fomento de la rehabilitación de viviendas.

La base de esta deducción estará constituida por las cantidades satisfechas, mediante tarjeta de crédito o débito, transferencia bancaria, cheque nominativo o ingreso en cuentas en entidades de crédito, a las personas o entidades que realicen tales obras. En ningún caso, darán derecho a practicar esta deducción las cantidades satisfechas mediante entregas de dinero de curso legal.

La base máxima anual de esta deducción será de:

a) cuando la base imponible sea igual o inferior a 53.007,20 euros anuales: 6.750 euros anuales,

b) cuando la base imponible esté comprendida entre 53.007,20 y 71.007,20 euros anuales: 6.750 euros menos el resultado de multiplicar por 0,375 la diferencia entre la base imponible y 53.007,20 euros anuales.

Las cantidades satisfechas en el ejercicio no deducidas por exceder de la base máxima anual de deducción podrán deducirse, con el mismo límite, en los cuatro ejercicios siguientes.

A tal efecto, cuando concurran cantidades deducibles en el ejercicio con cantidades deducibles procedentes de ejercicios anteriores que no hayan podido ser objeto de deducción por exceder de la base máxima de deducción, el límite anteriormente indicado será único para el conjunto de tales cantidades, deduciéndose en primer lugar las cantidades correspondientes a años anteriores.

En ningún caso, la base acumulada de la deducción correspondiente a los períodos impositivos en que ésta sea de aplicación podrá exceder de 20.000 euros por vivienda. Cuando concurran varios propietarios con derecho a practicar la deducción respecto de una misma vivienda, el citado límite de 20.000 euros se distribuirá entre los copropietarios en función de su respectivo porcentaje de propiedad en el inmueble.

En ningún caso darán derecho a la aplicación de esta deducción, las cantidades satisfechas por las que el contribuyente practique la deducción por inversión en vivienda habitual a que se refiere el artículo 68.1 de esta ley.

2. El importe de esta deducción se restará de la cuota íntegra estatal después de las deducciones previstas en los apartados 2, 3, 4, 5, 6 y 7 del artículo 68 de esta ley.

D.A. 30ª. Libertad de amortización en elementos nuevos del activo material fijo[268].

1. De acuerdo con lo dispuesto en el artículo 30.2 de la Ley del Impuesto, los contribuyentes de este Impuesto podrán aplicar para las inversiones realizadas hasta la entrada en vigor del Real Decreto-ley 12/2012, de 30 de marzo, la libertad de amortización prevista en la disposición transitoria trigésimo séptima del texto refundido de la Ley del Impuesto sobre Sociedades, con el límite del rendimiento neto positivo de la actividad económica a la que se hubieran afectado los elementos patrimoniales previo a la deducción por este concepto y, en su caso, a la minoración que deriva de lo señalado en el artículo 30.2.4ª de esta Ley.

Cuando resulte de aplicación lo dispuesto en el apartado 2 de la citada disposición transitoria, los límites contenidos en el mismo se aplicarán sobre el rendimiento neto positivo citado en el párrafo anterior.

2. Cuando a partir de la entrada en vigor del Real Decreto-ley 12/2012, de 30 de marzo, se transmitan elementos patrimoniales que hubieran gozado de la libertad de amortización prevista en la disposición adicional undécima o en la disposición transitoria trigésimo séptima, ambas del texto refundido de la Ley del Impuesto sobre Sociedades, para el cálculo de la ganancia o pérdida patrimonial no se minorará el valor de adquisición en el importe de las amortizaciones fiscalmente deducidas que excedan de las que hubieran sido fiscalmente deducibles de no haberse aplicado aquélla. El citado exceso tendrá, para el transmitente, la consideración de rendimiento íntegro de la actividad económica en el período impositivo en que se efectúe la transmisión.

---

[268]   Disposición añadida por el Art. 2 del Real Decreto-ley 13/2010, de 3 de diciembre, de actuaciones en el ámbito fiscal, laboral y liberalizadoras para fomentar la inversión y la creación de empleo; nueva redacción según el Art. 2 del Real Decreto-ley 12/2012, de 30 de marzo, por el que se introducen diversas medidas tributarias y administrativas dirigidas a la reducción del déficit público.

D.A. 31ª. Escalas y tipos de retención aplicables en 2015[269].

§1

1. En el período impositivo 2015 las escalas para la determinación de la cuota íntegra del impuesto serán:

a) La escala general del impuesto a que se refiere el número 1.º del apartado 1 del artículo 63 de esta Ley será la siguiente:

Base liquidable - Hasta euros	Cuota íntegra - Euros	Resto base liquidable - Hasta euros	Tipo aplicable - Porcentaje
0,00	0,00	12.450,00	9,50
12.450,00	1.182,75	7.750,00	12
20.200,00	2.112,75	13.800,00	15
34.000,00	4.182,75	26.000,00	18,50
60.000,00	8.992,75	En adelante	22,50

b) La escala a que se refiere el artículo 65 de esta Ley será la establecida en la letra a) anterior y la siguiente:

Base liquidable - Hasta euros	Cuota íntegra - Euros	Resto base liquidable - Hasta euros	Tipo aplicable - Porcentaje
0,00	0,00	12.450,00	10,00
12.450,00	1.245,00	7.750,00	12,50
20.200,00	2.213,75	13.800,00	15,50
34.000,00	4.352,75	26.000,00	19,50
60.000,00	9.422,75	En adelante	23,50

c) La escala del ahorro a que se refiere el número 1.º del apartado 1 del artículo 66.

---

[269] Nueva redacción según el Art. 1º. Cuatro del Real Decreto-ley 9/2015, de 10 de julio, de medidas urgentes para reducir la carga tributaria soportada por los contribuyentes del Impuesto sobre la Renta de las Personas Físicas y otras medidas de carácter económico.

d) La escala del ahorro a que se refiere el número 1.º del apartado 2 del artículo 66 de esta Ley será la siguiente:

Base liquidable del ahorro - Hasta euros	Cuota íntegra - Euros	Resto base liquidable del ahorro - Hasta euros	Tipo aplicable - Porcentaje
0	0	6.000	19,50
6.000	1.170	44.000	21,50
50.000	10.630	En adelante	23,50

e) La escala del ahorro a que se refiere el número 1.º del artículo 76 de esta Ley será la siguiente:

Base liquidable del ahorro - Hasta euros	Cuota íntegra - Euros	Resto base liquidable del ahorro - Hasta euros	Tipo aplicable - Porcentaje
0	0	6.000	10
6.000	600	44.000	11
50.000	5.440	En adelante	12

f) La escala a que se refiere el número 1.º de la letra e) del apartado 2 del artículo 93 de esta Ley será la siguiente:

Base liquidable - Euros	Tipo aplicable - Porcentaje
Hasta 600.000,00 euros	24
Desde 600.000,01 euros en adelante	47

g) La escala a que se refiere el número 2.º de la letra e) del apartado 2 del artículo 93 de esta Ley será la siguiente:

§1

Base liquidable del ahorro - Hasta euros	Cuota íntegra - Euros	Resto base liquidable del ahorro - Hasta euros	Tipo aplicable - Porcentaje
0	0	6.000	19,50
6.000	1.170	44.000	21,50
50.000	10.630	En adelante	23,50

2. En el período impositivo 2015, para determinar el tipo de retención o ingreso a cuenta a practicar sobre los rendimientos del trabajo satisfechos con anterioridad a 12 de julio a los que resulte de aplicación el procedimiento general de retención a que se refiere el artículo 82 del Reglamento del Impuesto sobre la Renta de las Personas Físicas, la escala de retención a que se refiere el apartado 1 del artículo 101 de esta Ley será la siguiente:

Base para calcular el tipo de retención - Hasta euros	Cuota íntegra - Euros	Resto base para calcular el tipo de retención - Hasta euros	Tipo aplicable - Porcentaje
0,00	0,00	12.450,00	20,00
12.450,00	2.490,00	7.750,00	25,00
20.200,00	4.427,50	13.800,00	31,00
34.000,00	8.705,50	26.000,00	39,00
60.000,00	18.845,50	En adelante	47,00

A partir de 12 de julio para calcular el tipo de retención o ingreso a cuenta aplicable a los rendimientos que se satisfagan o abonen a partir de dicha fecha, la escala de retención a tomar en consideración será la siguiente:

Base para calcular el tipo de retención - Hasta euros	Cuota íntegra - Euros	Resto base para calcular el tipo de retención - Hasta euros	Tipo aplicable - Porcentaje
0,00	0,00	12.450,00	19,50
12.450,00	2.427,75	7.750,00	24,50
20.200,00	4.326,50	13.800,00	30,50
34.000,00	8.535,50	26.000,00	38,00
60.000,00	18.415,50	En adelante	46,00

El tipo de retención o ingreso a cuenta se regularizará de acuerdo con la anterior escala, si procede, en los primeros rendimientos del trabajo que se satisfagan o abonen a partir de 12 de julio, de acuerdo con lo señalado en el Reglamento del Impuesto sobre la Renta de las Personas Físicas.

No obstante, la regularización a que se refiere el párrafo anterior podrá realizarse, a opción del pagador, en los primeros rendimientos del trabajo que se satisfagan o abonen a partir de 1 de agosto, en cuyo caso, el tipo de retención o ingreso a cuenta a practicar sobre los rendimientos del trabajo satisfechos con anterioridad a esta fecha se determinará tomando en consideración la escala de retención a que se refiere el primer párrafo de este apartado.

3. En el período impositivo 2015:

a) El porcentaje de retención e ingreso a cuenta aplicable a los rendimientos previstos en el apartado 3 del artículo 101 de esta Ley, satisfechos o abonados con anterioridad a 12 de julio, será el 19 por ciento. El porcentaje de retención o ingreso a cuenta aplicable a dichos rendimientos que se satisfagan o abonen a partir de dicha fecha, será el 15 por ciento.

b) El porcentaje de retención e ingreso a cuenta a que se refiere el primer párrafo de la letra a) del apartado 5 del artículo 101 de esta Ley aplicable a los rendimientos satisfechos o abonados con anterioridad a 12 de julio, será el 19 por ciento. No obstante, dicho porcentaje será el 15 por ciento cuando el volumen de rendimientos íntegros de tales actividades correspondiente al ejercicio inmediato anterior sea inferior a 15.000 euros y represente más del 75 por ciento de la suma de los rendimientos íntegros de actividades económicas y del trabajo obtenidos por el contribuyente en dicho ejercicio y el contribuyente hubiera comunicado al pagador de los rendimientos la concurrencia de dicha circunstancia, quedando obligado el pagador a conservar la comunicación debidamente firmada. El porcentaje de retención o ingreso a cuenta aplicable a los rendimientos que se satisfagan o abonen a partir de dicha fecha, será el 15 por ciento.

c) El porcentaje de retención e ingreso a cuenta a que se refiere el segundo párrafo de la letra a) del apartado 5 del artículo 101 de esta Ley aplicable a los rendimientos satisfechos o abonados con anterioridad a 12 de julio, será el 9 por ciento. El porcentaje de retención o ingreso a cuenta aplicable a los rendimientos que se satisfagan o abonen a partir de dicha fecha, será el 7 por ciento.

d) Los porcentajes de retención e ingreso a cuenta del 19 por ciento previstos en el artículo 101 de esta Ley serán el 20 por ciento cuando la obligación de retener o ingresar a cuenta hubiera nacido con anterioridad a 12 de julio. Cuando el nacimiento de la obligación de retener o ingresar a cuenta se hubiera producido a partir de dicha fecha, el porcentaje de retención o ingreso a cuenta será el 19,5 por ciento.

e) El porcentaje de retención del 35 por ciento previsto en el apartado 2 del artículo 101 de esta Ley, será el 37 por ciento, el porcentaje de retención del 45 por ciento previsto en la letra f) del apartado 2 del artículo 93 de esta Ley será el 47 por ciento y el porcentaje del ingreso a cuenta a que se refiere el artículo 92.8 y del pago a cuenta del 19 por ciento previsto en la disposición adicional vigésima sexta, ambos de esta Ley, serán el 20 por ciento.

§1

D.A. 32ª. Escala autonómica aplicable a los residentes en Ceuta y Melilla[270].

La escala autonómica aplicable a los contribuyentes que tengan su residencia habitual en Ceuta o Melilla será la prevista en el artículo 65 de esta Ley.

D.A. 33ª. Gravamen especial sobre los premios de determinadas loterías y apuestas[271].

1. Estarán sujetos a este Impuesto mediante un gravamen especial los siguientes premios obtenidos por contribuyentes de este Impuesto:

a) Los premios de las loterías y apuestas organizadas por la Sociedad Estatal Loterías y Apuestas del Estado y por los órganos o entidades de las Comunidades Autónomas, así como de los sorteos organizados por la Cruz Roja Española y de las modalidades de juegos autorizadas a la Organización Nacional de Ciegos Españoles.

b) Los premios de las loterías, apuestas y sorteos organizados por organismos públicos o entidades que ejerzan actividades de carácter social o asistencial sin ánimo de lucro establecidos en otros Estados miembros de la Unión Europea o del Espacio Económico Europeo y que persigan objetivos idénticos a los de los organismos o entidades señalados en la letra anterior.

El gravamen especial se exigirá de forma independiente respecto de cada décimo, fracción o cupón de lotería o apuesta premiados.

2. Estarán exentos del gravamen especial los premios cuyo importe íntegro sea igual o inferior a 40.000 euros. Los premios cuyo importe íntegro sea superior a 40.000 euros se someterán a tributación respecto de la parte del mismo que exceda de dicho importe.

---

[270]   Nueva redacción según el Art. 1º. Cinco del Real Decreto-ley 9/2015, de 10 de julio, de medidas urgentes para reducir la carga tributaria soportada por los contribuyentes del Impuesto sobre la Renta de las Personas Físicas y otras medidas de carácter económico.

[271]   Nueva redacción según el Art. 2.Tres de la Ley 16/2012, de 27 de diciembre, por la que se adoptan diversas medidas tributarias dirigidas a la consolidación de las finanzas públicas y al impulso de la actividad económica.

§1

Lo dispuesto en el párrafo anterior será de aplicación siempre que la cuantía del décimo, fracción o cupón de lotería, o de la apuesta efectuada, sea de al menos 0,50 euros. En caso de que fuera inferior a 0,50 euros, la cuantía máxima exenta señalada en el párrafo anterior se reducirá de forma proporcional.

En el supuesto de que el premio fuera de titularidad compartida, la cuantía exenta prevista en los párrafos anteriores se prorrateará entre los cotitulares en función de la cuota que les corresponda[272].

3. La base imponible del gravamen especial estará formada por el importe del premio que exceda de la cuantía exenta prevista en el apartado 2 anterior. Si el premio fuera en especie, la base imponible será aquella cuantía que, una vez minorada en el importe del ingreso a cuenta, arroje la parte del valor de mercado del premio que exceda de la cuantía exenta prevista en el apartado 2 anterior.

En el supuesto de que el premio fuera de titularidad compartida, la base imponible se prorrateará entre los cotitulares en función de la cuota que les corresponda.

4. La cuota íntegra del gravamen especial será la resultante de aplicar a la base imponible prevista en el apartado 3 anterior el tipo del 20 por ciento. Dicha cuota se minorará en el importe de las retenciones o ingresos a cuenta previstos en el apartado 6 de esta disposición adicional.

5. El gravamen especial se devengará en el momento en que se satisfaga o abone el premio obtenido.

6. Los premios previstos en esta disposición adicional estarán sujetos a retención o ingreso a cuenta de acuerdo con lo dispuesto en los artículos 99 y 105 de esta Ley.

El porcentaje de retención o ingreso a cuenta será el 20 por ciento. La base de retención o ingreso a cuenta vendrá determinada por el importe de la base imponible del gravamen especial.

7. Los contribuyentes que hubieran obtenido los premios previstos en esta disposición estarán obligados a presentar una autoliquidación por

---

[272]   Nueva redacción de este apartado según el Art. 67. Uno de la Ley 6/2018, de 3 de julio, de Presupuestos Generales del Estado para 2018.

este gravamen especial, determinando el importe de la deuda tributaria correspondiente, e ingresar su importe en el lugar, forma y plazos que establezca el Ministro de Hacienda y Administraciones Públicas.

No obstante, no existirá obligación de presentar la citada autoliquidación cuando el premio obtenido hubiera sido de cuantía inferior al importe exento previsto en el apartado 2 anterior o se hubiera practicado retención o el ingreso a cuenta conforme a lo previsto en el apartado 6 anterior.

8. No se integrarán en la base imponible del Impuesto los premios previstos en esta disposición adicional. Las retenciones o ingresos a cuenta practicados conforme a lo previsto en la misma no minorarán la cuota líquida total del impuesto ni se tendrán en cuenta a efectos de lo previsto en el artículo 103 de esta Ley.

9. Lo establecido en esta disposición adicional no resultará de aplicación a los premios derivados de juegos celebrados con anterioridad a 1 de enero de 2013.

D.A. 34ª[273].

D.A. 35ª. Gravamen complementario a la cuota íntegra estatal para la reducción del déficit público en los ejercicios 2012, 2013 y 2014[274].

1. En los períodos impositivos 2012, 2013 y 2014, la cuota íntegra estatal a que se refiere el artículo 62 de esta Ley se incrementará en los siguientes importes:

a) El resultante de aplicar a la base liquidable general los tipos de la siguiente escala:

---

[273]   Disposición suprimida por el Art. 27.Diez de la Ley 14/2013, de 27 de septiembre, de apoyo a los emprendedores y su internacionalización.

[274]   Nueva redacción según el Art. 64.Uno de la Ley 22/2013, de 23 de diciembre, de Presupuestos Generales del Estado para el año 2014.

Base liquidable general - Hasta euros	Incremento en cuota íntegra estatal - Euros	Resto base liquidable general - Hasta euros	Tipo aplicable - Porcentaje
0,00	0,00	17.707,20	0,75
17.707,20	132,80	15.300,00	2
33.007,20	438,80	20.400,00	3
53.407,20	1.050,80	66.593,00	4
120.000,20	3.714,52	55.000,00	5
175.000,20	6.464.52	125.000,00	6
300.000,20	13.964,52	En adelante	7

La cuantía resultante se minorará en el importe derivado de aplicar a la parte de la base liquidable general correspondiente al mínimo personal y familiar a que se refiere el artículo 56 de esta Ley, la escala prevista en esta letra a).

Cuando el contribuyente satisfaga anualidades por alimentos a sus hijos por decisión judicial y el importe de aquéllas sea inferior a la base liquidable general, aplicará la escala prevista en esta letra a) separadamente al importe de las anualidades por alimentos y al resto de la base liquidable general. La cuantía total resultante se minorará en el importe derivado de aplicar la escala prevista en esta letra a) a la parte de la base liquidable general correspondiente al mínimo personal y familiar incrementado en 1.600 euros anuales, sin que el resultado de esta minoración pueda resultar negativo.

b) El resultante de aplicar a la base liquidable del ahorro, en la parte que no corresponda, en su caso, con el mínimo personal y familiar a que se refiere el artículo 56 de esta Ley, los tipos de la siguiente escala:

Base liquidable del ahorro - Hasta euros	Incremento en cuota íntegra estatal - Euros	Resto base liquidable del ahorro - Hasta euros	Tipo aplicable - Porcentaje
0,00	0	6.000	2
6.000,00	120	18.000	4
24.000,00	840	En adelante	6

2. En los períodos impositivos 2012, 2013 y 2014, la cuota de retención a que se refieren los apartados 1 y 2 del artículo 85 del Reglamento del Impuesto sobre la Renta de las Personas Físicas, se incrementará en el importe resultante de aplicar a la base para calcular el tipo de retención los tipos previstos en la siguiente escala:

Base para calcular el tipo de retención - Hasta euros	Cuota de retención - Euros	Resto base para calcular el tipo de retención - Hasta euros	Tipo aplicable - Porcentaje
0,00	0,00	17.707,20	0,75
17.707,20	132,80	15.300,00	2
33.007,20	438,80	20.400,00	3
53.407,20	1.050,80	66.593,00	4
120.000,20	3.714,52	55.000,00	5
175.000,20	6.464.52	125.000,00	6
300.000,20	13.964,52	En adelante	7

La cuantía resultante se minorará en el importe derivado de aplicar al importe del mínimo personal y familiar para calcular el tipo de retención a que se refiere el artículo 84 del Reglamento del Impuesto, la escala prevista en este apartado, sin que el resultado de esta minoración pueda resultar negativo.

Cuando el perceptor de rendimientos del trabajo satisfaga anualidades por alimentos en favor de los hijos por decisión judicial, siempre que su importe sea inferior a la base para calcular el tipo de retención, se aplicará la escala prevista en este apartado separadamente al importe de dichas anualidades y al resto de la base para calcular el tipo de retención. La cuantía total resultante se minorará en el importe derivado de aplicar la escala prevista en este apartado al importe del mínimo personal y familiar para calcular el tipo de retención incrementado en 1.600 euros anuales, sin que el resultado de esta minoración pueda resultar negativo.

En ningún caso, cuando se produzcan regularizaciones en los citados períodos impositivos, el nuevo tipo de retención aplicable podrá ser superior al 52 por ciento. El citado porcentaje será el 26 por ciento cuando la totalidad de los rendimientos del trabajo se hubiesen obtenido en Ceuta y Melilla y se beneficien de la deducción prevista en el artículo 68.4 de esta Ley.

Reglamentariamente podrán modificarse las cuantías y porcentajes previstos en este apartado.

3. Las retenciones e ingresos a cuenta a practicar sobre los rendimientos del trabajo que se satisfagan o abonen durante el mes de enero de 2012, correspondientes a dicho mes, y a los que resulte de aplicación el procedimiento general de retención a que se refieren los artículos 80.1.1.º y 82 del Reglamento del Impuesto sobre la Renta de las Personas Físicas, deberán realizarse sin tomar en consideración lo dispuesto en el apartado 2 anterior.

En los rendimientos que se satisfagan o abonen a partir del 1 de febrero de 2012, siempre que no se trate de rendimientos correspondientes al mes de enero, el pagador deberá calcular el tipo de retención tomando en consideración lo dispuesto en el apartado 2 anterior, practicándose la regularización del mismo, si procede, de acuerdo con lo señalado en el Reglamento del Impuesto sobre la Renta de las Personas Físicas, en los primeros rendimientos del trabajo que se satisfaga o abone.

4. En los períodos impositivos 2012, 2013 y 2014, los porcentajes de pagos a cuenta del 19 por ciento previstos en el artículo 101 de esta Ley y el porcentaje del ingreso a cuenta a que se refiere el artículo 92.8 de esta Ley, se elevan al 21 por ciento.

Asimismo, durante los períodos a que se refiere el párrafo anterior, el porcentaje de retención del 35 por ciento previsto en el apartado 2 del artículo 101 de esta Ley, se eleva al 42 por ciento.

D.A. 36ª. Actividades excluidas del método de estimación objetiva a partir de 2016[275].

La Orden Ministerial por la que se desarrollen para el año 2016 el método de estimación objetiva del Impuesto sobre la Renta de las Personas Físicas y el régimen especial simplificado del Impuesto sobre el Valor Añadido no incluirá en su ámbito de aplicación las actividades incluidas en la división 3, 4 y 5 de la sección primera de las Tarifas del Impuesto sobre Actividades Económicas a las que sea de aplicación el artículo 101.5 d) de esta Ley en el período impositivo 2015, y reducirá, para el resto de actividades a las que resulte de aplicación dicho artículo, la cuantía de la magnitud específica para su inclusión en el método de estimación objetiva.

D.A. 37ª. Ganancias patrimoniales procedentes de la transmisión de determinados inmuebles[276].

Estarán exentas en un 50 por ciento las ganancias patrimoniales que se pongan de manifiesto con ocasión de la transmisión de inmuebles urbanos adquiridos a título oneroso a partir de la entrada en vigor del Real Decreto-Ley 18/2012 y hasta el 31 de diciembre de 2012.

No resultará de aplicación lo dispuesto en el párrafo anterior cuando el inmueble se hubiera adquirido o transmitido a su cónyuge, a cualquier persona unida al contribuyente por parentesco, en línea recta o colateral, por consanguinidad o afinidad, hasta el segundo grado incluido, a una entidad respecto de la que se produzca, con el contribuyente o con cualquiera de

---

[275]   Nueva redacción según el Art. 1º. 79 de la Ley 26/2014, de 27 de noviembre, por la que se modifican la Ley 35/2006, de 28 de noviembre, del Impuesto sobre la Renta de las Personas Físicas, el texto refundido de la Ley del Impuesto sobre la Renta de no Residentes, aprobado por el Real Decreto Legislativo 5/2004, de 5 de marzo, y otras normas tributarias.

[276]   Disposición añadida por la D.F. 3ª de la Ley 8/2012, de 30 de octubre, sobre saneamiento y venta de los activos inmobiliarios del sector financiero.

las personas anteriormente citadas, alguna de las circunstancias estable-cidas en el artículo 42 del Código de Comercio, con independencia de la residencia y de la obligación de formular cuentas anuales consolidadas.

Cuando el inmueble transmitido fuera la vivienda habitual del contri-buyente y resultara de aplicación lo dispuesto en el segundo párrafo del artículo 38 de esta Ley, se excluirá de tributación la parte proporcional de la ganancia patrimonial obtenida, una vez aplicada la exención prevista en esta disposición adicional, que corresponda a la cantidad reinvertida en los términos y condiciones previstos en dicho artículo.

D.A. 38ª. Aplicación de determinados incentivos fiscales[277].

1. Lo previsto en el apartado 3 del artículo 32 de esta Ley solamente resultará de aplicación a los contribuyentes que hubieran iniciado el ejer-cicio de una actividad económica a partir de 1 de enero de 2013.

2. Lo previsto en los artículos 38.2 y 68.1 de esta Ley solamente re-sultará de aplicación respecto de las acciones o participaciones suscritas a partir de la entrada en vigor de la Ley 14/2013, de Apoyo a los Emprende-dores y su Internacionalización.

3. La deducción prevista en el artículo 37 del texto refundido de la Ley del Impuesto sobre Sociedades a que se refiere el artículo 68.2 de esta Ley, sólo resultará de aplicación respecto de los rendimientos netos de activi-dades económicas obtenidos a partir de 1 de enero de 2013.

4. A efectos de la deducción por maternidad correspondiente a los períodos impositivos 2020, 2021 y 2022, se entenderá que continúan rea-lizando una actividad por cuenta propia o ajena por la cual están dadas de alta en la Seguridad Social o mutualidad las mujeres que a partir de 1 de enero de 2020 hubieran pasado a encontrarse en situación legal de des-empleo como consecuencia de haber quedado suspendido el contrato de trabajo o encontrarse en un período de inactividad productiva de las tra-bajadoras fijas-discontinuas, así como las trabajadoras por cuenta propia perceptoras de una prestación por cese de actividad como consecuencia

---

[277] Nueva redacción según el Art. 27.Once de la Ley 14/2013, de 27 de septiembre, de apoyo a los emprendedores y su internacionalización.

de la suspensión de la actividad económica desarrollada, pudiendo aplicar la deducción por maternidad por los meses en los que continúen en dicha situación y se cumplan el resto de requisitos establecidos en el artículo 81 de la Ley del Impuesto en su redacción vigente en el momento del devengo del Impuesto.

La deducción por maternidad correspondiente a los meses de 2020 y 2021 respecto de los que se cumpla lo dispuesto en el párrafo anterior, se practicará de forma separada en la declaración de este Impuesto correspondiente al período impositivo 2022 en los términos que se establezcan en la orden ministerial por la que se aprueban los modelos de declaración del Impuesto sobre la Renta de las Personas Físicas y del Impuesto sobre el Patrimonio, ejercicio 2022, y se determinan el lugar, forma y plazos de presentación de los mismos. No obstante, estos importes se entenderán aplicados en el caso de que en dichos meses el contribuyente hubiera practicado la deducción de forma efectiva y no se hubiera regularizado, siempre que se ajuste a los términos y condiciones establecidos en el párrafo anterior. La deducción así aplicada para cada uno de estos ejercicios no podrá exceder junto con los pagos o deducciones practicadas en ese año del importe previsto en el apartado 1 del artículo 81 de la Ley del Impuesto para cada año[278].

D.A. 39ª. Compensación e integración de rentas negativas derivadas de deuda subordinada o de participaciones preferentes generadas con anterioridad a 1 de enero de 2015[279].

1. No obstante lo establecido en el apartado 1 del artículo 49 de esta Ley, la parte de los saldos negativos a que se refieren las letras a) y b) del citado apartado que procedan de rendimientos del capital mobiliario

---

[278]   Apartado 4 añadido por la D.F. 5ª de la Ley 6/2023, de 17 de marzo, de los Mercados de Valores y de los Servicios de Inversión.

[279]   Disposición añadida por el Art. 122. Dos del Real Decreto-ley 8/2014, de 4 de julio, de aprobación de medidas urgentes para el crecimiento, la competitividad y la eficiencia (convalidado por la Ley 18/2014, de 15 de octubre, de aprobación de medidas urgentes para el crecimiento, la competitividad y la eficiencia).

§1

negativos derivados de valores de deuda subordinada o de participaciones preferentes emitidas en las condiciones establecidas en la disposición adicional segunda de la Ley 13/1985, de 25 de mayo, de coeficientes de inversión, recursos propios y obligaciones de información de los intermediarios financieros, o de rendimientos del capital mobiliario negativos o pérdidas patrimoniales derivados de la transmisión de valores recibidos por operaciones de recompra y suscripción o canje de los citados valores, que se hayan generado con anterioridad a 1 de enero de 2015, se podrá compensar el saldo positivo a que se refieren las citadas letras b) o a), respectivamente.

Si tras dicha compensación quedase saldo negativo, su importe se podrá compensar en los cuatro años siguientes en la forma establecida en el párrafo anterior.

La parte del saldo negativo a que se refieren las letras a) y b) anteriormente señaladas correspondiente a los períodos impositivos 2010, 2011, 2012 y 2013 que se encuentre pendiente de compensación a 1 de enero de 2014 y proceda de las rentas previstas en el primer párrafo de este apartado, se podrá compensar con el saldo positivo a que se refieren las citadas letras b) o a), respectivamente, que se ponga de manifiesto a partir del periodo impositivo 2014, siempre que no hubiera finalizado el plazo de cuatro años previsto en el apartado 1 del artículo 49 de esta Ley.

A efectos de determinar qué parte del saldo negativo procede de las rentas señaladas en el párrafo primero de este apartado, cuando para su determinación se hubieran tenido en cuenta otras rentas de distinta naturaleza y dicho saldo negativo se hubiera compensado parcialmente con posterioridad, se entenderá que la compensación afectó en primer lugar a la parte del saldo correspondiente a las rentas de distinta naturaleza.

2. En el periodo impositivo 2014, si tras la compensación a que se refiere el apartado 1 anterior quedase saldo negativo, su importe se podrá compensar con el saldo positivo de las rentas previstas en el párrafo b) del artículo 48 de esta Ley, hasta el importe de dicho saldo positivo que se corresponda con ganancias patrimoniales que se pongan de manifiesto con ocasión de transmisiones de elementos patrimoniales.

Si tras dicha compensación quedase nuevamente saldo negativo, su importe se podrá compensar en ejercicios posteriores con arreglo a lo dispuesto en el apartado 1 anterior.

D.A. 40ª. Rendimientos derivados de seguros cuyo beneficiario es el acreedor hipotecario[280]**.**

Las rentas derivadas de la prestación por la contingencia de incapacidad cubierta en un seguro, cuando sea percibida por el acreedor hipotecario del contribuyente como beneficiario del mismo, con la obligación de amortizar total o parcialmente la deuda hipotecaria del contribuyente, tendrán el mismo tratamiento fiscal que el que hubiera correspondido de ser el beneficiario el propio contribuyente. No obstante, estas rentas en ningún caso se someterán a retención.

A estos efectos, el acreedor hipotecario deberá ser una entidad de crédito, u otra entidad que, de manera profesional realice la actividad de concesión de préstamos o créditos hipotecarios.

D.A. 41ª. Tripulantes de determinados buques de pesca[281]**.**

1. Para los tripulantes de los buques de pesca que, enarbolando pabellón español estén inscritos en el registro de la flota pesquera comunitaria y la empresa propietaria en el Registro Especial de Empresas de Buques de Pesca Españoles, pesquen exclusivamente túnidos o especies afines fuera de las aguas de la Comunidad y a no menos de 200 millas náuticas de las líneas de base de los Estados miembros, tendrá la consideración de renta

---

[280]   Disposición añadida por el Art. 1º. 80 de la Ley 26/2014, de 27 de noviembre, por la que se modifican la Ley 35/2006, de 28 de noviembre, del Impuesto sobre la Renta de las Personas Físicas, el texto refundido de la Ley del Impuesto sobre la Renta de no Residentes, aprobado por el Real Decreto Legislativo 5/2004, de 5 de marzo, y otras normas tributarias.

[281]   Disposición añadida por el Art. 1º. 98 de la Ley 26/2014, de 27 de noviembre, por la que se modifican la Ley 35/2006, de 28 de noviembre, del Impuesto sobre la Renta de las Personas Físicas, el texto refundido de la Ley del Impuesto sobre la Renta de no Residentes, aprobado por el Real Decreto Legislativo 5/2004, de 5 de marzo, y otras normas tributarias.

exenta el 50 por ciento de los rendimientos del trabajo personal que se hayan devengado con ocasión de la navegación realizada en tales buques.

2. La baja en el registro de la flota pesquera comunitaria del buque a que se refiere el apartado anterior determinará la obligación de reembolsar, por la empresa propietaria del mismo, la ayuda efectivamente obtenida por aplicación de lo dispuesto en el apartado anterior en los tres años anteriores a dicha baja.

3. La aplicación efectiva de lo establecido en esta disposición adicional quedará condicionada a su compatibilidad con el ordenamiento comunitario.

D.A. 42ª. Procedimiento para que los contribuyentes que perciben determinadas prestaciones apliquen las deducciones previstas en el artículo 81 bis y se les abonen de forma anticipada[282] [283].

1. Los contribuyentes que perciban las prestaciones a que se refiere el sexto párrafo del apartado 1 del artículo 81 bis de esta Ley podrán practicar las deducciones reguladas en dicho apartado y percibirlas de forma anticipada en los términos previstos en el artículo 60 bis del Reglamento del Impuesto sobre la Renta de las Personas Físicas, con las siguientes especialidades:

a) A efectos del cómputo del número de meses para el cálculo del importe de la deducción, el requisito de percibir las citadas prestaciones se entenderá cumplido cuando tales prestaciones se perciban en cualquier día del mes, y no será aplicable el requisito de alta en el régimen correspondiente de la Seguridad Social o Mutualidad.

b) Los contribuyentes con derecho a la aplicación de estas deducciones podrán solicitar a la Agencia Estatal de Administración Tributaria su abono

---

[282]   Disposición añadida por el Art. 4º. Dos de la Ley 25/2015, de 28 de julio, de mecanismo de segunda oportunidad, reducción de la carga financiera y otras medidas de orden social.

[283]   Nueva redacción del apartado 3 y nuevo apartado 4 según el Art. 62. Dos de la Ley 6/2018, de 3 de julio, de Presupuestos Generales del Estado para 2018.

de forma anticipada por cada uno de los meses en que se perciban tales prestaciones.

c) No resultará de aplicación el límite previsto en el apartado 1 del artículo 60 bis del Reglamento del Impuesto ni, en el caso de que se hubiera cedido a su favor el derecho a la deducción, lo dispuesto en la letra c) del apartado 5 del artículo 60 bis del Reglamento del Impuesto.

2. El Servicio Público de Empleo Estatal, la Seguridad Social, y las mutualidades de previsión social alternativas a las de la Seguridad Social y cualquier otro organismo que abonen las prestaciones y pensiones a que se refiere el sexto párrafo del apartado 1 del artículo 81 bis de esta Ley, estarán obligados a suministrar por vía electrónica a la Agencia Estatal de Administración Tributaria durante los diez primeros días de cada mes los datos de las personas a las que hayan satisfecho las citadas prestaciones o pensiones durante el mes anterior.

El formato y contenido de la información serán los que, en cada momento, consten en la sede electrónica de la Agencia Estatal de Administración Tributaria en Internet.

3. En relación con la deducción establecida en el artículo 81 bis de esta Ley por cónyuge no separado legalmente con discapacidad y el incremento de la deducción previsto por cada uno de los hijos que excedan del número mínimo de hijos exigido para la adquisición de la condición de familia numerosa de categoría general o especial, se tendrán en cuenta las siguientes reglas especiales:

a) A efectos del cómputo del número de meses para el cálculo del importe de la deducción, el estado civil del contribuyente y el número de hijos que exceda del número mínimo de hijos exigido para que la familia haya adquirido la condición de familia numerosa de categoría general o especial, se determinarán de acuerdo con la situación existente el último día de cada mes.

b) El importe del abono mensual de la deducción de forma anticipada por cónyuge no separado legalmente con discapacidad será de 100 euros. En el caso de familias numerosas, las cuantías establecidas en la letra c) del numero 1.º del apartado 4 del referido artículo 60 bis se incrementarán en 50 euros mensuales por cada uno de los hijos que formen parte de la familia numerosa, que exceda del número mínimo de hijos exigido para que dicha familia haya adquirido la condición de familia numerosa de categoría general o especial, según corresponda.

c) Para el abono anticipado de la deducción por cónyuge no separado legalmente, la cuantía de las rentas anuales a tomar en consideración serán las correspondientes al último período impositivo cuyo plazo de presentación de autoliquidación hubiera finalizado al inicio del ejercicio en el que se solicita su abono anticipado.

4. Lo establecido en los apartados 1 y 3 de esta disposición adicional, así como el plazo, contenido y formato de la declaración informativa a que se refiere el apartado 2 de esta disposición adicional, podrán ser modificados reglamentariamente.

D.A. 43ª. Exención de rentas obtenidas por el deudor en procedimientos concursales[284].

Estarán exentas de este Impuesto las rentas obtenidas por los deudores que se pongan de manifiesto como consecuencia de quitas y daciones en pago de deudas, establecidas en un convenio aprobado judicialmente conforme al procedimiento fijado en la Ley 22/2003, de 9 de julio, Concursal, en un acuerdo de refinanciación judicialmente homologado a que se refiere el artículo 71 bis y la disposición adicional cuarta de dicha ley, en un acuerdo extrajudicial de pagos a que se refiere el Título X o como consecuencia de exoneraciones del pasivo insatisfecho a que se refiere el artículo 178 bis de la misma Ley, siempre que las deudas no deriven del ejercicio de actividades económicas.

---

[284] Disposición añadida por el Art. 4º. Tres de la Ley 25/2015, de 28 de julio, de mecanismo de segunda oportunidad, reducción de la carga financiera y otras medidas de orden social.

D.A. 44ª. Reglas especiales de cuantificación de rentas derivadas de deuda subordinada o de participaciones preferentes[285].

1. Los contribuyentes que perciban compensaciones a partir de 1 de enero de 2013 como consecuencia de acuerdos celebrados con las entidades emisoras de valores de deuda subordinada o de participaciones preferentes emitidas en las condiciones establecidas en la disposición adicional segunda de la Ley 13/1985, de 25 de mayo, de coeficientes de inversión, recursos propios y obligaciones de información de los intermediarios financieros, podrán optar por aplicar a dichas compensaciones y a las rentas positivas o negativas que, en su caso, se hubieran generado con anterioridad derivadas de la recompra y suscripción o canje por otros valores, así como a las rentas obtenidas en la transmisión de estos últimos, el tratamiento que proceda conforme a las normas generales de este Impuesto, con la especialidades previstas en el apartado 2 de esta disposición adicional, o el siguiente tratamiento fiscal:

a) En el ejercicio en que se perciban las compensaciones derivadas del acuerdo a que se refiere el párrafo anterior, se computará como rendimiento del capital mobiliario la diferencia entre la compensación percibida y la inversión inicialmente realizada. A estos efectos, la citada compensación se incrementará en las cantidades que se hubieran obtenido previamente por la transmisión de los valores recibidos. En caso de que los valores recibidos en el canje no se hubieran transmitido previamente o no se hubieran entregado con motivo del acuerdo, la citada compensación se incrementará en la valoración de dichos valores que se hubiera tenido en cuenta para la cuantificación de la compensación.

b) No tendrán efectos tributarios la recompra y suscripción o canje por otros valores, ni la transmisión de estos últimos realizada antes o con motivo del acuerdo, debiendo practicarse, en su caso, autoliquidación complementaria sin sanción, ni intereses de demora, ni recargo alguno en el plazo comprendido entre la fecha del acuerdo y los tres meses siguientes

---

285   Disposición añadida por el Art. 15 del Real Decreto-Ley 6/2015, de 14 de mayo.

a la finalización del plazo de presentación de la autoliquidación en la que se imputen las compensaciones a que se refiere la letra a) anterior.

En caso de que el plazo de presentación de la autoliquidación a que se refiere el párrafo anterior hubiera finalizado con anterioridad a la fecha de entrada en vigor del Real Decreto-ley 6/2015, la autoliquidación complementaria deberá practicarse, en su caso, en el plazo de tres meses desde la citada fecha.

2. Los contribuyentes que perciban en 2013 o 2014 las compensaciones previstas en el apartado 1 de esta disposición adicional y apliquen las normas generales del Impuesto, podrán minorar el rendimiento del capital mobiliario derivado de la compensación percibida en la parte del saldo negativo a que se refiere la letra b) del artículo 48 de esta Ley, en su redacción en vigor a 31 de diciembre de 2014, que proceda de pérdidas patrimoniales derivadas de la transmisión de acciones recibidas por las operaciones de recompra y suscripción o canje que no hubiese podido ser objeto de compensación en la base imponible general conforme al segundo párrafo de la citada letra b). El importe de dicha minoración reducirá el saldo pendiente de compensar en ejercicios siguientes.

3. En todo caso se entenderán correctamente realizadas las retenciones efectivamente practicadas con anterioridad a la entrada en vigor del Real Decreto-ley 6/2015 sobre las compensaciones a que se refiere el apartado 1 de esta disposición adicional.

4. Los titulares de deuda subordinada o participaciones preferentes cuyos contratos hubiesen sido declarados nulos mediante sentencia judicial, que hubiesen consignado los rendimientos de las mismas en su autoliquidación correspondiente al Impuesto sobre la Renta de las Personas Físicas, podrán solicitar la rectificación de dichas autoliquidaciones y solicitar y, en su caso, obtener la devolución de ingresos indebidos, aunque hubiese prescrito el derecho a solicitar la devolución.

Cuando hubiese prescrito el derecho a solicitar la devolución, la rectificación de la autoliquidación a que se refiere el párrafo anterior solo afectará a los rendimientos de la deuda subordinada y de las participaciones preferentes, y a las retenciones que se hubieran podido practicar por tales rendimientos.

5. A efectos de la aplicación de lo previsto en esta disposición adicional, el contribuyente deberá presentar un formulario que permita identificar las autoliquidaciones afectadas, y que estará disponible a tal efecto en la sede electrónica de la Agencia Estatal de Administración Tributaria.

D.A. 45ª. Tratamiento fiscal de las cantidades percibidas por la devolución de las cláusulas de limitación de tipos de interés de préstamos derivadas de acuerdos celebrados con las entidades financieras o del cumplimiento de sentencias o laudos arbitrales[286].

1. No se integrará en la base imponible de este Impuesto la devolución derivada de acuerdos celebrados con entidades financieras, en efectivo o a través de otras medidas de compensación, junto con sus correspondientes intereses indemnizatorios, de las cantidades previamente satisfechas a aquellas en concepto de intereses por la aplicación de cláusulas de limitación de tipos de interés de préstamos.

2. Las cantidades previamente satisfechas por el contribuyente objeto de la devolución prevista en el apartado 1 anterior, tendrán el siguiente tratamiento fiscal:

a) Cuando tales cantidades, en ejercicios anteriores, hubieran formado parte de la base de la deducción por inversión en vivienda habitual o de deducciones establecidas por la Comunidad Autónoma, se perderá el derecho a practicar la deducción en relación con las mismas, debiendo sumar a la cuota líquida estatal y autonómica, devengada en el ejercicio en el que se hubiera celebrado el acuerdo con la entidad financiera, exclusivamente las cantidades indebidamente deducidas en los ejercicios respecto de los que no hubiera prescrito el derecho de la Administración para determinar la deuda tributaria mediante la oportuna liquidación, en los términos previstos en el artículo 59 del Reglamento del Impuesto sobre la Renta de las Personas Físicas, aprobado por el Real Decreto 439/2007, de 30 de marzo, sin inclusión de intereses de demora.

---

[286]   Disposición añadida por la D.F. 1ª del R.D.-Ley 1/2017, de 20 de enero, de medidas urgentes de protección de consumidores en materia de cláusulas suelo.

§1

No resultará de aplicación la adición prevista en el párrafo anterior respecto de la parte de las cantidades que se destine directamente por la entidad financiera, tras el acuerdo con el contribuyente afectado, a minorar el principal del préstamo.

b) Cuando tales cantidades hubieran tenido la consideración de gasto deducible en ejercicios anteriores respecto de los que no hubiera prescrito el derecho de la Administración para determinar la deuda tributaria mediante la oportuna liquidación, se perderá tal consideración, debiendo practicarse autoliquidación complementaria correspondiente a tales ejercicios, sin sanción, ni intereses de demora, ni recargo alguno en el plazo comprendido entre la fecha del acuerdo y la finalización del siguiente plazo de presentación de autoliquidación por este Impuesto.

c) Cuando tales cantidades hubieran sido satisfechas por el contribuyente en ejercicios cuyo plazo de presentación de autoliquidación por este Impuesto no hubiera finalizado con anterioridad al acuerdo de devolución de las mismas celebrado con la entidad financiera, así como las cantidades a que se refiere el segundo párrafo de la letra a anterior, no formarán parte de la base de deducción por inversión en vivienda habitual ni de deducción autonómica alguna ni tendrán la consideración de gasto deducible.

3. Lo dispuesto en los apartados anteriores será igualmente de aplicación cuando la devolución de cantidades a que se refiere el apartado 1 anterior hubiera sido consecuencia de la ejecución o cumplimiento de sentencias judiciales o laudos arbitrales.

D.A. 47ª. Reducción por obtención de rendimientos del trabajo y determinación del tipo de retención sobre los rendimientos del trabajo en los períodos impositivos 2018 y 2023[287].

1. En el período impositivo 2018, cuando el impuesto se hubiera devengado con anterioridad a la entrada en vigor de la Ley de Presupuestos

---

[287] Nueva redacción del título de la disposición según el Art. 59.3 de la Ley 31/2022, de 23 de diciembre, de Presupuestos Generales del Estado para 2023.

Generales del Estado para el año 2018, la reducción por obtención de rendimientos del trabajo a que se refiere el artículo 20 de esta Ley será la prevista en la normativa vigente a 31 de diciembre de 2017.

Cuando el impuesto correspondiente al período impositivo 2018 se hubiera devengado a partir de la entrada en vigor de la Ley de Presupuestos Generales del Estado para el año 2018, la reducción por obtención de rendimientos del trabajo a que se refiere el artículo 20 de esta Ley será la resultante de incrementar la cuantía derivada de la aplicación de la normativa vigente a 31 de diciembre de 2017 en la mitad de la diferencia positiva resultante de minorar el importe de la reducción por obtención de rendimientos del trabajo aplicando la normativa vigente a 1 de enero de 2019 en la cuantía de la reducción calculada con arreglo a la normativa vigente a 31 de diciembre de 2017.

2. En el período impositivo 2018, para determinar el tipo de retención o ingreso a cuenta a practicar sobre los rendimientos del trabajo satisfechos con anterioridad a la entrada en vigor de la Ley de Presupuestos Generales del Estado para el año 2018, se aplicará la normativa vigente a 31 de diciembre de 2017.

A partir de la entrada en vigor de la Ley de Presupuestos Generales del Estado para el año 2018, para calcular el tipo de retención o ingreso a cuenta a practicar sobre los rendimientos que se satisfagan o abonen a partir de dicha fecha, se aplicará la normativa vigente a 31 de diciembre de 2017, con las siguientes especialidades:

1) El cuadro con los límites cuantitativos excluyentes de la obligación de retener a que se refiere el artículo 81.1 del Reglamento del Impuesto sobre la Renta de las Personas Físicas a tomar en consideración, salvo cuando se trate de pensiones o haberes pasivos del régimen de Seguridad Social y de Clases Pasivas o prestaciones o subsidios por desempleo, será el siguiente:

Situación del contribuyente	N.º de hijos y otros descendientes		
	0 – Euros	1 – Euros	2 o más – Euros
1.ª Contribuyente soltero, viudo, divorciado o separado legalmente	–	15.168	16.730
2.ª Contribuyente cuyo cónyuge no obtenga rentas superiores a 1.500 euros anuales, excluidas las exentas	14.641	15.845	17.492
3.ª Otras situaciones	12.643	13.455	14.251

En el caso de pensiones o haberes pasivos de Seguridad Social o prestaciones o subsidios por desempleo, el cuadro será el siguiente:

Situación del contribuyente	N.º de hijos y otros descendientes		
	0 – Euros	1 – Euros	2 o más – Euros
1.ª Contribuyente soltero, viudo, divorciado o separado legalmente	–	15.106,5	16.451,5
2.ª Contribuyente cuyo cónyuge no obtenga rentas superiores a 1.500 euros anuales, excluidas las exentas	14.576	15.733	17.386
3.ª Otras situaciones	13.000	13.561,5	14.184

2) La reducción por obtención de rendimientos del trabajo a que se refiere la letra d) del apartado 3 del artículo 83 del Reglamento del Impuesto sobre la Renta de las Personas Físicas a tomar en consideración será la prevista en el segundo párrafo del apartado 1 de esta disposición adicional.

El tipo de retención o ingreso a cuenta se regularizará de acuerdo con lo indicado, si procede, en los primeros rendimientos del trabajo que se satisfagan o abonen a partir de la entrada en vigor de la Ley de Presupuestos

Generales del Estado para el año 2018, de acuerdo con lo señalado en el Reglamento del Impuesto sobre la Renta de las Personas Físicas.

No obstante, la regularización a que se refiere el párrafo anterior podrá realizarse, a opción del pagador, en los primeros rendimientos del trabajo que se satisfagan o abonen a partir del mes siguiente a la entrada en vigor de la Ley de Presupuestos Generales del Estado para el año 2018, en cuyo caso, el tipo de retención o ingreso a cuenta a practicar sobre los rendimientos del trabajo satisfechos con anterioridad a esta fecha se determinará tomando en consideración la normativa vigente a 31 de diciembre de 2017.

Reglamentariamente podrán modificarse las cuantías previstas en este apartado.

3. Las retenciones e ingresos a cuenta a practicar sobre los rendimientos del trabajo que se satisfagan o abonen durante el mes de enero de 2023, correspondientes a dicho mes, y a los que resulte de aplicación el procedimiento general de retención a que se refieren los artículos 80.1.1.º y 82 del Reglamento del Impuesto sobre la Renta de las Personas Físicas, deberán realizarse con arreglo a la normativa vigente a 31 de diciembre de 2022.

En los rendimientos que se satisfagan o abonen a partir del 1 de febrero de 2023, siempre que no se trate de rendimientos correspondientes al mes de enero, el pagador deberá calcular el tipo de retención tomando en consideración la normativa vigente a partir de 1 de enero de 2023, practicándose la regularización del mismo, si procede, de acuerdo con lo señalado en el Reglamento del Impuesto sobre la Renta de las Personas Físicas, en los primeros rendimientos del trabajo que satisfaga o abone[288].

---

[288]   Apartado añadido por el Art. 59.4 de la Ley 31/2022, de 23 de diciembre, de Presupuestos Generales del Estado para 2023.

§1 **D.A. 48ª. Deducción aplicable a las unidades familiares formadas por residentes fiscales en Estados miembros de la Unión Europea o del Espacio Económico Europeo**[289].

1. Cuando la unidad familiar a que se refiere el artículo 82.1 de esta Ley esté formada por contribuyentes de este Impuesto y por residentes en otro Estado miembro de la Unión Europea o del Espacio Económico Europeo con el que exista un efectivo intercambio de información tributaria, en los términos previstos en el apartado 4 de la disposición adicional primera de la Ley 36/2006, de 29 de noviembre, de medidas para la prevención del fraude fiscal, los contribuyentes por este Impuesto podrán deducir de la cuota íntegra que corresponde a su declaración individual, en su caso, el resultado de las siguientes operaciones:

1.º Se sumarán las cuotas íntegras estatal y autonómica minoradas en las deducciones previstas en los artículos 67 y 77 de esta Ley, de los miembros de la unidad familiar contribuyentes por este Impuesto junto con las cuotas del Impuesto sobre la Renta de no Residentes correspondientes a las rentas obtenidas en territorio español en ese mismo período impositivo por el resto de miembros de la unidad familiar.

2.º Se determinará la cuota líquida total de este Impuesto que hubiera resultado de haber podido optar por tributar conjuntamente con el resto de miembros de la unidad familiar, entendiéndose, a estos exclusivos efectos, que todos los miembros de la unidad familiar son contribuyentes por este Impuesto. Para dicho cálculo solamente se tendrán en cuenta, para cada fuente de renta, la parte de las rentas positivas de los miembros no residentes integrados en la unidad familiar que excedan de las rentas negativas obtenidas por estos últimos.

3.º Se restará a la cuantía prevista en el número 1.º anterior, la cuota a la que se refiere el número 2.º anterior. Cuando dicha diferencia sea negativa, la cantidad a computar será cero.

4.º Se deducirá de la cuota íntegra estatal y autonómica, una vez efectuadas las deducciones previstas en los artículos 67 y 77 de esta Ley,

---

[289]   Disposición añadida por el Art. 65 de la Ley 6/2018, de 3 de julio, de Presupuestos Generales del Estado para 2018.

la cuantía prevista en el número 3.º anterior. A estos efectos, se minorará la cuota íntegra estatal del Impuesto en la proporción que representen las cuotas del Impuesto sobre la Renta de no Residentes respecto de la cuantía total prevista en el número 1.º del apartado 1 anterior, y el resto minorará la cuota íntegra estatal y autonómica por partes iguales.

Cuando sean varios los contribuyentes de este Impuesto integrados en la unidad familiar, esta minoración se efectuará de forma proporcional a las respectivas cuotas íntegras, una vez efectuadas las deducciones previstas en los artículos 67 y 77 de esta Ley, de cada uno de ellos.

2. Lo dispuesto en el apartado 1 anterior no resultará de aplicación cuando alguno de los miembros integrados en la unidad familiar hubiera optado por tributar con arreglo a lo dispuesto en el artículo 93 de esta Ley o en el artículo 46 del Texto Refundido de la Ley del Impuesto sobre la Renta de no Residentes o no disponga del número de identificación fiscal.

3. La Administración podrá requerir del contribuyente cuantos documentos justificativos juzgue necesarios para acreditar el cumplimiento de las condiciones que determinan la aplicación de esta deducción.

Cuando la documentación que se aporte para justificar la aplicación del régimen o las circunstancias personales o familiares que deban ser tenidas en cuenta, esté redactada en una lengua no oficial en territorio español, se presentará acompañada de su correspondiente traducción.

D.A. 49ª. Gastos deducibles de los rendimientos del capital inmobiliario correspondientes a alquileres de locales a determinados empresarios durante el período impositivo 2021[290].

Los arrendadores distintos de los previstos en el apartado 1 del artículo 1 del Real Decreto-ley 35/2020, de 22 de diciembre, de medidas urgentes de apoyo al sector turístico, la hostelería y el comercio y en materia tributaria, que hubieran suscrito un contrato de arrendamiento para uso distinto del de vivienda, de conformidad con lo previsto en el artículo 3 de la Ley

---

[290]   Disposición añadida por el Art. 13 del Real Decreto-ley 35/2020, de 22 de diciembre, de medidas urgentes de apoyo al sector turístico, la hostelería y el comercio y en materia tributaria.

§1

29/1994, de 24 de noviembre, de Arrendamientos Urbanos, o de industria, con un arrendatario que destine el inmueble al desarrollo de una actividad económica clasificada en la división 6 o en los grupos 755, 969, 972 y 973 de la sección primera de las tarifas del Impuesto sobre Actividades Económicas aprobadas por el Real Decreto Legislativo 1175/1990, de 28 de septiembre, podrán computar en 2021 para el cálculo del rendimiento del capital inmobiliario como gasto deducible la cuantía de la rebaja en la renta arrendaticia que voluntariamente hubieran acordado a partir de 14 de marzo de 2020 correspondientes a las mensualidades devengadas en los meses de enero, febrero y marzo de 2021.

El arrendador deberá informar separadamente en su declaración del Impuesto del importe del gasto deducible a que se refiere el párrafo anterior por este incentivo, consignando asimismo el número de identificación fiscal del arrendatario cuya renta se hubiese rebajado.

No será aplicable lo establecido en esta disposición, cuando la rebaja en la renta arrendaticia se compense con posterioridad por el arrendatario mediante incrementos en las rentas posteriores u otras prestaciones o cuando los arrendatarios sean una persona o entidad vinculada con el arrendador en el sentido del artículo 18 de la Ley del Impuesto sobre Sociedades o estén unidos con aquel por vínculos de parentesco, incluido el cónyuge, en línea directa o colateral, consanguínea o por afinidad hasta el segundo grado inclusive.

D.A. 50ª. Deducción por obras de mejora de la eficiencia energética de viviendas[291].

1. Los contribuyentes podrán deducirse el 20 por ciento de las cantidades satisfechas desde la entrada en vigor del Real Decreto-ley 19/2021, de 5 de octubre, de medidas urgentes para impulsar la actividad de rehabilitación edificatoria en el contexto del Plan de Recuperación, Transformación

---

[291]   Nueva redacción según el Art. 16 del Real Decreto-ley 8/2023, de 27 de diciembre, por el que se adoptan medidas para afrontar las consecuencias económicas y sociales derivadas de los conflictos en Ucrania y Oriente Próximo, así como para paliar los efectos de la sequía.

§1

y Resiliencia, hasta el 31 de diciembre de 2024 por las obras realizadas durante dicho período para la reducción de la demanda de calefacción y refrigeración de su vivienda habitual o de cualquier otra de su titularidad que tuviera arrendada para su uso como vivienda en ese momento o en expectativa de alquiler, siempre que en este último caso, la vivienda se alquile antes de 31 de diciembre de 2025.

A estos efectos, únicamente se entenderá que se ha reducido la demanda de calefacción y refrigeración de la vivienda cuando se reduzca en al menos un 7 por ciento la suma de los indicadores de demanda de calefacción y refrigeración del certificado de eficiencia energética de la vivienda expedido por el técnico competente después de la realización de las obras, respecto del expedido antes del inicio de las mismas.

La deducción se practicará en el período impositivo en el que se expida el certificado de eficiencia energética emitido después de la realización de las obras. Cuando el certificado se expida en un período impositivo posterior a aquél en el que se abonaron cantidades por tales obras, la deducción se practicará en este último tomando en consideración las cantidades satisfechas desde la entrada en vigor del Real Decreto-ley 19/2021, de 5 de octubre, de medidas urgentes para impulsar la actividad de rehabilitación edificatoria en el contexto del Plan de Recuperación, Transformación y Resiliencia, hasta el 31 de diciembre de dicho período impositivo. En todo caso, dicho certificado deberá ser expedido antes de 1 de enero de 2025.

La base máxima anual de esta deducción será de 5.000 euros anuales.

2. Los contribuyentes podrán deducirse el 40 por ciento de las cantidades satisfechas desde la entrada en vigor del Real Decreto-ley 19/2021, de 5 de octubre, de medidas urgentes para impulsar la actividad de rehabilitación edificatoria en el contexto del Plan de Recuperación, Transformación y Resiliencia, hasta el 31 de diciembre de 2024 por las obras realizadas durante dicho período para la mejora en el consumo de energía primaria no renovable de su vivienda habitual o de cualquier otra de su titularidad que tuviera arrendada para su uso como vivienda en ese momento o en expectativa de alquiler, siempre que en este último caso, la vivienda se alquile antes de 31 de diciembre de 2025.

§1

A estos efectos, únicamente se entenderá que se ha mejorado el consumo de energía primaria no renovable en la vivienda en la que se hubieran realizado tales obras cuando se reduzca en al menos un 30 por ciento el indicador de consumo de energía primaria no renovable, o bien, se consiga una mejora de la calificación energética de la vivienda para obtener una clase energética «A» o «B», en la misma escala de calificación, acreditado mediante certificado de eficiencia energética expedido por el técnico competente después de la realización de aquéllas, respecto del expedido antes del inicio de las mismas.

La deducción se practicará en el período impositivo en el que se expida el certificado de eficiencia energética emitido después de la realización de las obras. Cuando el certificado se expida en un período impositivo posterior a aquél en el que se abonaron cantidades por tales obras, la deducción se practicará en este último tomando en consideración las cantidades satisfechas desde la entrada en vigor del Real Decreto-ley 19/2021, de 5 de octubre, de medidas urgentes para impulsar la actividad de rehabilitación edificatoria en el contexto del Plan de Recuperación, Transformación y Resiliencia, hasta el 31 de diciembre de dicho período impositivo. En todo caso, dicho certificado deberá ser expedido antes de 1 de enero de 2025.

La base máxima anual de esta deducción será de 7.500 euros anuales.

3. Los contribuyentes propietarios de viviendas ubicadas en edificios de uso predominante residencial en el que se hayan llevado a cabo desde la entrada en vigor del Real Decreto-ley 19/2021, de 5 de octubre, de medidas urgentes para impulsar la actividad de rehabilitación edificatoria en el contexto del Plan de Recuperación, Transformación y Resiliencia, hasta el 31 de diciembre de 2025 obras de rehabilitación energética, podrán deducirse el 60 por ciento de las cantidades satisfechas durante dicho período por tales obras. A estos efectos, tendrán la consideración de obras de rehabilitación energética del edificio aquéllas en las que se obtenga una mejora de la eficiencia energética del edificio en el que se ubica la vivienda, debiendo acreditarse con el certificado de eficiencia energética del edificio expedido por el técnico competente después de la realización de aquéllas una reducción del consumo de energía primaria no renovable, referida a la certificación energética, de un 30 por ciento como mínimo, o bien, la mejora de la calificación energética del edificio para obtener una clase energética «A» o «B», en la misma escala de calificación, respecto del expedido antes del inicio de las mismas.

Se asimilarán a viviendas las plazas de garaje y trasteros que se hubieran adquirido con estas.

No darán derecho a practicar esta deducción por las obras realizadas en la parte de la vivienda que se encuentre afecta a una actividad económica.

La deducción se practicará en los períodos impositivos 2021, 2022, 2023, 2024 y 2025 en relación con las cantidades satisfechas en cada uno de ellos, siempre que se hubiera expedido, antes de la finalización del período impositivo en el que se vaya a practicar la deducción, el citado certificado de eficiencia energética. Cuando el certificado se expida en un período impositivo posterior a aquél en el que se abonaron cantidades por tales obras, la deducción se practicará en este último tomando en consideración las cantidades satisfechas desde la entrada en vigor del Real Decreto ley 19/2021, de 5 de octubre, de medidas urgentes para impulsar la actividad de rehabilitación edificatoria en el contexto del Plan de Recuperación, Transformación y Resiliencia, hasta el 31 de diciembre de dicho período impositivo. En todo caso, dicho certificado deberá ser expedido antes de 1 de enero de 2026.

La base máxima anual de esta deducción será de 5.000 euros anuales.

Las cantidades satisfechas no deducidas por exceder de la base máxima anual de deducción podrán deducirse, con el mismo límite, en los cuatro ejercicios siguientes, sin que en ningún caso la base acumulada de la deducción pueda exceder de 15.000 euros.

4. No darán derecho a practicar las deducciones previstas en los apartados 1 y 2 anteriores, cuando la obra se realice en las partes de las viviendas afectas a una actividad económica, plazas de garaje, trasteros, jardines, parques, piscinas e instalaciones deportivas y otros elementos análogos.

En ningún caso, una misma obra realizada en una vivienda dará derecho a las deducciones previstas en los apartados 1 y 2 anteriores. Tampoco tales deducciones resultarán de aplicación en aquellos casos en los que la mejora acreditada y las cuantías satisfechas correspondan a actuaciones realizadas en el conjunto del edificio y proceda la aplicación de la deducción recogida en el apartado 3 de esta disposición.

La base de las deducciones previstas en los apartados 1, 2 y 3 anteriores estará constituida por las cantidades satisfechas, mediante tarjeta de crédito o débito, transferencia bancaria, cheque nominativo o ingreso en cuentas en entidades de crédito, a las personas o entidades que realicen tales obras, así como a las personas o entidades que expidan los citados certificados, debiendo descontar aquellas cuantías que, en su caso, hubieran sido subvencionadas a través de un programa de ayudas públicas o fueran a serlo en virtud de resolución definitiva de la concesión de tales ayudas. En ningún caso, darán derecho a practicar deducción las cantidades satisfechas mediante entregas de dinero de curso legal.

A estos efectos, se considerarán como cantidades satisfechas por las obras realizadas aquellas necesarias para su ejecución, incluyendo los honorarios profesionales, costes de redacción de proyectos técnicos, dirección de obras, coste de ejecución de obras o instalaciones, inversión en equipos y materiales y otros gastos necesarios para su desarrollo, así como la emisión de los correspondientes certificados de eficiencia energética. En todo caso, no se considerarán en dichas cantidades los costes relativos a la instalación o sustitución de equipos que utilicen combustibles de origen fósil.

Tratándose de obras llevadas a cabo por una comunidad de propietarios la cuantía susceptible de formar la base de la deducción de cada contribuyente a que se refiere el apartado 3 anterior vendrá determinada por el resultado de aplicar a las cantidades satisfechas por la comunidad de propietarios a las que se refiere el párrafo anterior, el coeficiente de participación que tuviese en la misma.

5. Los certificados de eficiencia energética previstos en los apartados anteriores deberán haber sido expedidos y registrados con arreglo a lo dispuesto en el Real Decreto 390/2021, de 1 de junio, por el que se aprueba el procedimiento básico para la certificación de la eficiencia energética de los edificios.

A los efectos de acreditar el cumplimiento de los requisitos exigidos para la práctica de estas deducciones serán válidos los certificados expe-

§1

didos antes del inicio de las obras siempre que no hubiera transcurrido un plazo de dos años entre la fecha de su expedición y la del inicio de estas.

6. El importe de estas deducciones se restará de la cuota íntegra estatal después de las deducciones previstas en los apartados 1, 2, 3, 4, y 5 del artículo 68 de esta ley.

D.A. 51ª. Exención por daños personales[292].

Estarán exentas de este Impuesto las cantidades percibidas por los familiares de las víctimas del accidente del vuelo GWI9525, acaecido el 24 de marzo de 2015, en concepto de responsabilidad civil, así como las ayudas voluntarias satisfechas a aquéllos por la compañía aérea afectada o por una entidad vinculada a esta última.

D.A. 52ª. Productos paneuropeos de pensiones individuales[293].

A los productos paneuropeos de pensiones individuales regulados en el Reglamento (UE) 2019/1238 del Parlamento Europeo y del Consejo, de 20 de junio de 2019, relativo a un producto paneuropeo de pensiones individuales, les será de aplicación en este Impuesto el tratamiento que corresponda a los planes de pensiones.

En particular:

a) Las aportaciones del ahorrador a los productos paneuropeos de pensiones individuales podrán reducir la base imponible general en los mismos términos que las realizadas a los planes de pensiones y se incluirán en el límite máximo conjunto previsto en el artículo 52 de esta ley para sistemas de previsión social.

---

[292] Disposición añadida por la D.A. 10ª del Real Decreto-ley 6/2022, de 29 de marzo, Real Decreto-ley 6/2022, de 29 de marzo, por el que se adoptan medidas urgentes en el marco del Plan Nacional de respuesta a las consecuencias económicas y sociales de la guerra en Ucrania. Con efectos desde la entrada en vigor de este Real Decreto-Ley y ejercicios anteriores no prescritos.

[293] Disposición añadida por la D.F. 1ª.Tres de la Ley 12/2022, de 30 de junio, de regulación para el impulso de los planes de pensiones de empleo, por la que se modifica el texto refundido de la Ley de Regulación de los Planes y Fondos de Pensiones, aprobado por Real Decreto Legislativo 1/2002, de 29 de noviembre.

§1

b) Las prestaciones percibidas por los beneficiarios de los productos paneuropeos de pensiones individuales tendrán en todo caso la consideración de rendimientos del trabajo y no estarán sujetas al Impuesto sobre Sucesiones y Donaciones.

c) Si el contribuyente dispusiera de los derechos de contenido económico derivados de las aportaciones a productos paneuropeos de pensiones individuales, total o parcialmente, en supuestos distintos de los previstos en la normativa de planes y fondos de pensiones, deberá reponer las reducciones en la base imponible indebidamente practicadas, mediante las oportunas autoliquidaciones complementarias, con inclusión de los intereses de demora. Las cantidades percibidas que excedan del importe de las aportaciones regularizadas tributarán como rendimiento del trabajo en el período impositivo en que se perciban.

D.A. 53ª. Rendimientos del trabajo obtenidos por la gestión de fondos vinculados al emprendimiento, a la innovación y al desarrollo de la actividad económica[294].

1. Tendrán la consideración de rendimientos del trabajo los derivados directa o indirectamente de participaciones, acciones u otros derechos, incluidas comisiones de éxito, que otorguen derechos económicos especiales en alguna de las entidades relacionadas en el apartado 2, obtenidos por las personas administradoras, gestoras o empleadas de dichas entidades o de sus entidades gestoras o entidades de su grupo.

2. Las entidades a que se refiere el apartado 1 son las siguientes:

a) Fondos de Inversión Alternativa de carácter cerrado definidos en la Directiva 2011/61/UE del Parlamento Europeo y del Consejo, de 8 de junio de 2011, relativa a los gestores de fondos de inversión alternativos y por la que se modifican las Directivas 2003/41/CE y 2009/65/CE y los Reglamentos (CE) n.º 1060/2009 y (UE) n.º 1095/2010 incluidos en alguna de las siguientes categorías:

---

[294]   Disposición añadida por la D.F. 3.6 de la Ley 28/2022, de 21 de diciembre, de fomento del ecosistema de las empresas emergentes.

§1

1.º Entidades definidas en el artículo 3 de la Ley 22/2014, de 12 de noviembre, por la que se regulan las entidades de capital riesgo, otras entidades de inversión colectiva de tipo cerrado y las sociedades gestoras de entidades de inversión colectiva de tipo cerrado, y por la que se modifica la Ley 35/2003, de 4 de noviembre, de Instituciones de Inversión Colectiva.

2.º Fondos de capital riesgo europeos regulados en el Reglamento (UE) n.º 345/2013, del Parlamento Europeo y del Consejo, de 17 de abril de 2013, sobre los fondos de capital riesgo europeos.

3.º Fondos de emprendimiento social europeos regulados en el Reglamento (UE) n.º 346/2013 del Parlamento Europeo y del Consejo, de 17 de abril de 2013, sobre los fondos de emprendimiento social europeos, y

4.º Fondos de inversión a largo plazo europeos regulados en el Reglamento (UE) 2015/760 del Parlamento Europeo y del Consejo, de 29 de abril de 2015, sobre los fondos de inversión a largo plazo europeos.

b) Otros organismos de inversión análogos a los anteriores.

3. Los rendimientos del trabajo a que se refiere el apartado 1 se integrarán en la base imponible en un 50 por ciento de su importe, sin que resulten de aplicación exención o reducción alguna, cuando se cumplan los siguientes requisitos:

a) Los derechos económicos especiales de dichas participaciones, acciones o derechos estén condicionados a que los restantes inversores en la entidad a la que se refiere el apartado 2 anterior, obtengan una rentabilidad mínima definida en el reglamento o estatuto de la misma.

b) Las participaciones, acciones o derechos se mantengan durante un período mínimo de cinco años, salvo que se produzca su transmisión mortis causa, o que se liquiden anticipadamente o queden sin efecto o se pierdan total o parcialmente como consecuencia del cambio de entidad gestora, en cuyo caso, deberán haberse mantenido ininterrumpidamente hasta que se produzcan dichas circunstancias.

Lo dispuesto en esta letra será exigible, en su caso, a las entidades titulares de las participaciones, acciones o derechos. No será de aplicación el tratamiento previsto en este apartado cuando los derechos económicos especiales procedan directa o indirectamente de una entidad residente en

§1

un país o territorio calificado como jurisdicción no cooperativa o con el que no exista normativa sobre asistencia mutua en materia de intercambio de información tributaria en los términos previstos en la Ley 58/2003, de 17 de diciembre, General Tributaria, que sea de aplicación.

D.A. 54ª. Reducción en 2023 del rendimiento neto calculado por el método de estimación objetiva[295].

Los contribuyentes que determinen el rendimiento neto de sus actividades económicas por el método de estimación objetiva podrán reducir el rendimiento neto de módulos obtenido en 2023 en un 10 por 100, en la forma que se establezca en la Orden por la que se aprueben los signos, índices o módulos para dicho ejercicio.

D.A. 55ª. Imputación de rentas inmobiliarias durante el período impositivo 2023[296].

El porcentaje de imputación del 1,1 por ciento previsto en el artículo 85 de esta ley resultará de aplicación en el caso de inmuebles localizados en municipios en los que los valores catastrales hayan sido revisados, modificados o determinados mediante un procedimiento de valoración colectiva de carácter general, de conformidad con la normativa catastral, siempre que hubieran entrado en vigor a partir de 1 de enero de 2012.

D.A. 56ª. Gastos de difícil justificación en estimación directa simplificada durante el período impositivo 2023[297].

1. El porcentaje de deducción para el conjunto de las provisiones deducibles y los gastos de difícil justificación a que se refiere el artículo 30 del Reglamento del Impuesto sobre la Renta de las Personas Físicas será, durante el período impositivo 2023, del 7 por ciento.

---

[295] Disposición añadida por el Art. 61.1 de la Ley 31/2022, de 23 de diciembre, de Presupuestos Generales del Estado para 2023.

[296] Disposición añadida por el Art. 66 de la Ley 31/2022, de 23 de diciembre, de Presupuestos Generales del Estado para 2023.

[297] Disposición añadida por el Art. 60.2 de la Ley 31/2022, de 23 de diciembre, de Presupuestos Generales del Estado para 2023.

2. El porcentaje establecido en el apartado 1 anterior podrá ser modificado reglamentariamente.

D.A. 57ª. Deducción por residencia habitual y efectiva en la isla de La Palma durante los períodos impositivos 2022, 2023 y 2024[298].

1. En los períodos impositivos 2022, 2023 y 2024, la deducción prevista en el número 1.º del apartado 4 del artículo 68 de esta ley será aplicable, en los mismos términos y condiciones, a los contribuyentes con residencia habitual y efectiva en la isla de La Palma, debiendo entenderse, a estos efectos, que las referencias realizadas a Ceuta y Melilla en dicho artículo, en el artículo 101 de esta ley y en su respectivo desarrollo reglamentario, lo son a la isla de La Palma.

2. En el período impositivo 2024, lo dispuesto en el apartado 1 anterior solamente resultará aplicable para determinar el tipo de retención e ingreso a cuenta a practicar sobre los rendimientos a los que resulte de aplicación la citada deducción que hubieran sido satisfechos a partir de la entrada en vigor del Real Decreto-ley 4/2024, de 26 de junio, por el que se prorrogan determinadas medidas para afrontar las consecuencias económicas y sociales derivadas de los conflictos en Ucrania y Oriente Próximo y se adoptan medidas urgentes en materia fiscal, energética y social, o para determinar el tipo del pago fraccionado correspondiente a las actividades económicas que tengan derecho a la misma cuyo plazo de presentación no se hubiera iniciado en el momento de la entrada en vigor de dicho Real Decreto-ley.

En particular, para calcular el tipo de retención o ingreso a cuenta aplicable a los rendimientos del trabajo a los que resulte de aplicación el procedimiento general de retención a que se refiere el artículo 82 del Reglamento del Impuesto, que se satisfagan o abonen a partir de dicha fecha, se tendrá en cuenta lo dispuesto en el apartado 1 anterior, regu-

---

[298]   Nueva redacción según el Art. 3.3. del Real Decreto-ley 4/2024, de 26 de junio, por el que se prorrogan determinadas medidas para afrontar las consecuencias económicas y sociales derivadas de los conflictos en Ucrania y Oriente Próximo y se adoptan medidas urgentes en materia fiscal, energética y social.

larizándose, si procede, el tipo de retención o ingreso a cuenta en los primeros rendimientos del trabajo que se satisfagan o abonen a partir de dicha fecha.

No obstante lo dispuesto en el párrafo anterior podrá realizarse, a opción del pagador, en los primeros rendimientos del trabajo que se satisfagan o abonen a partir del mes siguiente de la entrada en vigor del Real Decreto-ley 4/2024, de 26 de junio, por el que se prorrogan determinadas medidas para afrontar las consecuencias económicas y sociales derivadas de los conflictos en Ucrania y Oriente Próximo y se adoptan medidas urgentes en materia fiscal, energética y social, en cuyo caso el tipo de retención o ingreso a cuenta a practicar sobre los rendimientos del trabajo satisfechos con anterioridad a esta fecha se determinará sin tomar en consideración lo dispuesto en el apartado 1 anterior.

D.A. 58ª. Deducción por la adquisición de vehículos eléctricos «enchufables» y de pila de combustible y puntos de recarga[299].

1. Los contribuyentes podrán deducir el 15 por ciento del valor de adquisición de un vehículo eléctrico nuevo, en cualquiera de las siguientes circunstancias:

a) Cuando el vehículo se adquiera desde la entrada en vigor del Real Decreto-ley 5/2023, de 28 de junio, por el que se adoptan y prorrogan determinadas medidas de respuesta a las consecuencias económicas y sociales de la Guerra de Ucrania, de apoyo a la reconstrucción de la isla de La Palma y a otras situaciones de vulnerabilidad; de transposición de Directivas de la Unión Europea en materia de modificaciones estructurales de sociedades mercantiles y conciliación de la vida familiar y la vida profesional de los progenitores y los cuidadores; y de ejecución y cumplimiento del Derecho de la Unión Europea, hasta el 31 de diciembre de 2025. En este caso, la deducción se practicará en el periodo impositivo en el que el vehículo sea matriculado.

---

[299]   Nueva redacción según la D.F.1ª del Real Decreto-ley 3/2025, de 1 de abril, por el que se establece el programa de incentivos ligados a la movilidad eléctrica (MOVES III) para el año 2025. Con efectos desde 1 de enero de 2025.

§1

b) Cuando se abone al vendedor desde la entrada en vigor del Real De-creto-ley 5/2023, de 28 de junio, por el que se adoptan y prorrogan deter-minadas medidas de respuesta a las consecuencias económicas y sociales de la Guerra de Ucrania, de apoyo a la reconstrucción de la isla de La Palma y a otras situaciones de vulnerabilidad; de transposición de Directivas de la Unión Europea en materia de modificaciones estructurales de sociedades mercantiles y conciliación de la vida familiar y la vida profesional de los progenitores y los cuidadores; y de ejecución y cumplimiento del Derecho de la Unión Europea, hasta el 31 de diciembre de 2025, una cantidad a cuenta para la futura adquisición del vehículo que represente, al menos, el 25 por ciento del valor de adquisición del mismo. En este caso, la deduc-ción se practicará en el periodo impositivo en el que se abone tal cantidad, debiendo abonarse el resto y adquirirse el vehículo antes de que finalice el segundo período impositivo inmediato posterior a aquel en el que se produjo el pago de tal cantidad.

En ambos casos, la base máxima de la deducción será 20.000 euros y estará constituida por el valor de adquisición del vehículo, incluidos los gastos y tributos inherentes a la adquisición, debiendo descontar aquellas cuantías que, en su caso, hubieran sido subvencionadas o fueran a serlo a través de un programa de ayudas públicas.

El contribuyente podrá aplicar la deducción prevista en este apartado por una única compra de alguno de los vehículos referidos en el apartado 2, debiendo optar en relación a la misma por la aplicación de lo dispuesto en la letra a) o b) anterior.

2. Solamente darán derecho a la práctica de esta deducción los vehícu-los que cumplan los siguientes requisitos:

1.º) Los vehículos deberán pertenecer a alguna de las categorías si-guientes:

a) Turismos M1: Vehículos de motor con al menos cuatro ruedas dise-ñados y fabricados para el transporte de pasajeros, que tengan, además del asiento del conductor, ocho plazas como máximo.

b) Cuadriciclos ligeros L6e: Cuadriciclos ligeros cuya masa en vacío sea inferior o igual a 425 kg, no incluida la masa de las baterías, cuya velo-

§1

cidad máxima por construcción sea inferior o igual a 45 km/h, y potencia máxima inferior o igual a 6 kW.

c) Cuadriciclos pesados L7e: Vehículos de cuatro ruedas, con una masa en orden de marcha (no incluido el peso de las baterías) inferior o igual a 450 kg en el caso de transporte de pasajeros y a 600 kg en el caso de transporte de mercancías, y que no puedan clasificarse como cuadriciclos ligeros.

d) Motocicletas L3e, L4e, L5e: Vehículos con dos ruedas, o con tres ruedas simétricas o asimétricas con respecto al eje medio longitudinal del vehículo, de más de 50 cm3 o velocidad mayor a 50 km/h y cuyo peso bruto vehicular no exceda de una tonelada.

2.º) Los modelos de los vehículos deberán figurar en la Base de Vehículos del IDAE, (http://coches.idae.es/base-datos/vehiculos-elegibles-programa-MOVES), y cumplir los siguientes requisitos:

a) Para los vehículos pertenecientes a la categoría M se exige la pertenencia a alguno de los siguientes tipos:

i. Vehículos eléctricos puros (BEV), propulsados total y exclusivamente mediante motores eléctricos cuya energía procede, parcial o totalmente, de la electricidad de sus baterías, utilizando para su recarga la energía de una fuente exterior al vehículo, por ejemplo, la red eléctrica.

ii. Vehículos eléctricos de autonomía extendida (EREV), propulsados total y exclusivamente mediante motores eléctricos cuya energía procede, parcial o totalmente, de la electricidad de sus baterías, utilizando para su recarga la energía de una fuente exterior al vehículo y que incorporan motor de combustión interna de gasolina o gasóleo para la recarga de las mismas.

iii. Vehículos híbridos "enchufables" (PHEV), propulsados total o parcialmente mediante motores de combustión interna de gasolina o gasóleo y eléctricos cuya energía procede, parcial o totalmente, de la electricidad de sus baterías, utilizando para su recarga la energía de una fuente exterior al vehículo, por ejemplo, la red eléctrica. El motor eléctrico deberá estar alimentado con baterías cargadas desde una fuente de energía externa.

§1

iv. Vehículo eléctrico de células de combustible (FCV): Vehículo eléctrico que utiliza exclusivamente energía eléctrica procedente de una pila de combustible de hidrógeno embarcado.

v. Vehículo eléctrico híbrido de células de combustible (FCHV): Vehículo eléctrico de células de combustible que equipa, además, baterías eléctricas recargables.

b) Para los vehículos pertenecientes a la categoría L se exige:

i. Estar propulsados exclusivamente por motores eléctricos y estar homologados como vehículos eléctricos.

ii. Las motocicletas eléctricas nuevas (categorías L3e, L4e y L5e) susceptibles de ayuda han de tener baterías de litio, motor eléctrico con una potencia del motor igual o superior a 3 kW, y una autonomía mínima de 70 km.

3.º) Los vehículos no podrán estar afectos a una actividad económica.

4.º) Deberán estar matriculados por primera vez en España a nombre del contribuyente antes de 31 de diciembre de 2025, en el caso de la letra a) del apartado 1 anterior, o antes de que finalice el segundo período impositivo inmediato posterior a aquel en el que se produjo el pago de la cantidad a cuenta, en el caso de la letra b) del apartado 1 anterior.

5.º) El precio de venta del vehículo adquirido no podrá superar el importe máximo establecido, en su caso, para cada tipo de vehículo en el anexo III del Real Decreto 266/2021, de 13 de abril, por el que se aprueba la concesión directa de ayudas a las comunidades autónomas y a las ciudades de Ceuta y Melilla para la ejecución de programas de incentivos ligados a la movilidad eléctrica (MOVES III) en el marco del Plan de Recuperación, Transformación y Resiliencia Europeo, calculado en los términos establecidos en dicha norma.

3. Los contribuyentes podrán deducir el 15 por ciento de las cantidades satisfechas desde la entrada en vigor del Real Decreto-ley 5/2023, de 28 de junio, por el que se adoptan y prorrogan determinadas medidas de respuesta a las consecuencias económicas y sociales de la Guerra de Ucrania, de apoyo a la reconstrucción de la isla de La Palma y a otras situaciones de vulnerabilidad; de transposición de Directivas de la Unión Europea en materia de modificaciones estructurales de sociedades mercantiles y conciliación de la vida familiar y la vida profesional de los progenitores y los cuidadores; y de ejecución y cumplimiento del Derecho de la Unión Europea, hasta el 31 de diciembre de 2025, para la instalación durante dicho período en un inmueble de su propiedad de sistemas de recarga de baterías para vehículos eléctricos no afectas a una actividad económica.

La base máxima anual de esta deducción será de 4.000 euros anuales y estará constituida por las cantidades satisfechas, mediante tarjeta de crédito o débito, transferencia bancaria, cheque nominativo o ingreso en cuentas en entidades de crédito, a las personas o entidades que realicen la instalación, debiendo descontar aquellas cuantías que, en su caso, hubieran sido subvencionadas a través de un programa de ayudas públicas. En ningún caso, darán derecho a practicar deducción las cantidades satisfechas mediante entregas de dinero de curso legal.

A estos efectos, se considerarán como cantidades satisfechas para la instalación de los sistemas de recarga las necesarias para llevarla a cabo, tales como, la inversión en equipos y materiales, gastos de instalación de los mismos y las obras necesarias para su desarrollo.

La deducción se practicará en el periodo impositivo en el que finalice la instalación, que no podrá ser posterior a 2025. Cuando la instalación finalice en un período impositivo posterior a aquél en el que se abonaron cantidades por tal instalación, la deducción se practicará en este último tomando en consideración las cantidades satisfechas desde la entrada en vigor del Real Decreto-ley 5/2023, de 28 de junio, por el que se adoptan y prorrogan determinadas medidas de respuesta a las consecuencias económicas y sociales de la Guerra de Ucrania, de apoyo a la reconstrucción de la isla de La Palma y a otras situaciones de vulnerabilidad; de transposición de Directivas de la Unión Europea en materia de modificaciones estructurales de sociedades mercantiles y conciliación de la vida familiar y la vida profesional de los progenitores y los cuidadores; y de ejecución y cumplimiento del Derecho de la Unión Europea, hasta el 31 de diciembre de dicho período impositivo.

Para la aplicación de la deducción deberá contarse con las autorizaciones y permisos establecidos en la legislación vigente.

4. En caso de que con posterioridad a su adquisición o instalación se afectaran a una actividad económica los vehículos o los sistemas de recarga de baterías a que se refieren los apartados anteriores, se perderá el derecho a la deducción practicada.

5. El importe de estas deducciones se restará de la cuota íntegra estatal después de las deducciones previstas en los apartados 1, 2, 3, 4, y 5 del artículo 68 de esta ley.

6. Reglamentariamente se regularán las obligaciones de información a cumplir por los concesionarios o vendedores de los vehículos.

D.A. 59ª[300]. Libertad de amortización en determinados vehículos y en nuevas infraestructuras de recarga.

1. La libertad de amortización prevista en la disposición adicional decimoctava de la Ley 27/2014, de 27 de noviembre, del Impuesto sobre Sociedades, resultará de aplicación a los contribuyentes de este impuesto que desarrollen la actividad económica a la que se afecten los vehículos e instalaciones de recarga, cualquiera que sea el método de determinación de su rendimiento neto.

2. Cuando se transmitan los vehículos o instalaciones de recarga que hubieran gozado de la libertad de amortización prevista en la disposición adicional decimoctava de la Ley del Impuesto sobre Sociedades, para el cálculo de la ganancia o pérdida patrimonial no se minorará el valor de adquisición en el importe de las amortizaciones fiscalmente deducidas que excedan de las que hubieran sido fiscalmente deducibles de no haberse aplicado aquélla. El citado exceso tendrá, para el transmitente, la consideración de rendimiento íntegro de la actividad económica en el período impositivo en que se efectúe la transmisión, cualquiera que sea el método de determinación de aquél.

---

300   Disposición añadida por el Art. 3.4 del Real Decreto-ley 4/2024, de 26 de junio, por el que se prorrogan determinadas medidas para afrontar las consecuencias económicas y sociales derivadas de los conflictos en Ucrania y Oriente Próximo y se adoptan medidas urgentes en materia fiscal, energética y social.

§1 D.A. 60ª. Rendimientos de actividades artísticas obtenidos de manera excepcional[301].

1. Cuando los rendimientos íntegros del trabajo obtenidos en el período impositivo a los que no les resulte de aplicación la reducción prevista en el artículo 18.2 de esta ley derivados de elaboración de obras literarias, artísticas o científicas a los que se refiere el artículo 17.2 d) de esta ley y de la relación laboral especial de las personas artistas que desarrollan su actividad en las artes escénicas, audiovisuales y musicales, así como de las personas que realizan actividades técnicas o auxiliares necesarias para el desarrollo de dicha actividad, excedan del 130 por ciento de la cuantía media de los referidos rendimientos imputados en los tres períodos impositivos anteriores, se reducirá en un 30 por ciento el citado exceso.

La cuantía sobre la que se aplicará esta reducción no podrá superar los 150.000 euros anuales.

2. Cuando los rendimientos netos de actividades económicas obtenidos en el período impositivo a los que no les resulte de aplicación la reducción prevista en el artículo 32.1 de esta ley derivados de actividades incluidas en los grupos 851, 852, 853, 861, 862, 864 y 869 de la sección segunda y en las agrupaciones 01, 02, 03 y 05 de la sección tercera, de las Tarifas del Impuesto sobre Actividades Económicas, aprobadas junto con la Instrucción para su aplicación por el Real Decreto Legislativo 1175/1990, de 28 de septiembre, o de la prestación de servicios profesionales que por su naturaleza, si se realizase por cuenta ajena, quedaría incluida en el ámbito de aplicación de la relación laboral especial de las personas artistas que desarrollan su actividad en las artes escénicas, audiovisuales y musicales, así como de las personas que realizan actividades técnicas o auxiliares necesarias para el desarrollo

---

[301] Disposición añadida por la D.F. 7ª.Cuatro de la Ley 7/2024, de 20 de diciembre, por la que se establecen un Impuesto Complementario para garantizar un nivel mínimo global de imposición para los grupos multinacionales y los grupos nacionales de gran magnitud, un Impuesto sobre el margen de intereses y comisiones de determinadas entidades financieras y un Impuesto sobre los líquidos para cigarrillos electrónicos y otros productos relacionados con el tabaco, y se modifican otras normas tributarias.

§1

de dicha actividad, excedan del 130 por ciento de la cuantía media de los referidos rendimientos netos imputados en los tres períodos impositivos anteriores, se reducirá en un 30 por ciento el citado exceso.

A efectos del cálculo de los rendimientos netos de actividades económicas a los que les sea de aplicación esta reducción, así como los de los tres períodos impositivos anteriores, se tendrán en cuenta las siguientes reglas:

1.°) Los gastos deducibles que sean comunes a otros rendimientos de actividades económicas se prorratearán los mismos de forma proporcional en función de la cuantía de los distintos rendimientos íntegros de actividades económicas computadas en dicho ejercicio.

2.°) En caso de que, en alguno de los tres ejercicios anteriores el rendimiento neto fuera negativo se computará como 0 a efectos del cálculo de dicha media.

La cuantía sobre la que se aplicará esta reducción no podrá superar los 150.000 euros anuales.

La reducción será de aplicación con posterioridad, en su caso, a las reducciones previstas en los apartados 2 y 3 del artículo 32 de esta ley.

D.A. 61ª. Deducción por obtención de rendimientos del trabajo[302].

1. Los contribuyentes con rendimientos íntegros del trabajo, derivados de la prestación efectiva de servicios correspondientes a una relación laboral o estatutaria, inferiores a 18.276 euros anuales, siempre que no tengan rentas, excluidas las exentas, distintas de las del trabajo antes referidas, superiores a 6.500 euros, se deducirán la siguiente cuantía:

a) cuando los rendimientos íntegros del trabajo a los que se refiere este apartado sean iguales o inferiores a 16.576 euros anuales: 340 euros anuales.

---

[302]   Disposición añadida por la D.F. 3ª de la Ley 5/2025, de 24 de julio, por la que se modifican el texto refundido de la Ley sobre responsabilidad civil y seguro en la circulación de vehículos a motor, aprobado por el Real Decreto Legislativo 8/2004, de 29 de octubre, y la Ley 20/2015, de 14 de julio, de ordenación, supervisión y solvencia de las entidades aseguradoras y reaseguradoras. En vigor desde el 1 de enero de 2025

§1

b) cuando los rendimientos íntegros del trabajo a los que se refiere este apartado estén comprendidos entre 16.576 euros anuales y 18.276 euros anuales: 340 euros menos el resultado de multiplicar por 0,2 la diferencia entre los rendimientos íntegros del trabajo y 16.576 euros anuales.

El importe de la deducción no podrá exceder de la parte de la suma de las cuotas íntegras estatal y autonómica que proporcionalmente corresponda a los rendimientos netos del trabajo a los que se refiere el primer párrafo de este apartado computados para la determinación de las bases liquidables.

2. El importe de esta deducción se restará de la cuota líquida total del impuesto a que se refiere el artículo 79 de esta ley, una vez practicada la deducción prevista en el artículo 80 de esta ley.

DISPOSICIONES TRANSITORIAS

D.T. 1ª. Prestaciones recibidas de expedientes de regulación de empleo.

A las cantidades percibidas a partir del 1 de enero de 2001 por beneficiarios de contratos de seguro concertados para dar cumplimiento a lo establecido en la disposición transitoria cuarta del texto refundido de la Ley de Regulación de los Planes y Fondos de Pensiones que instrumenten las prestaciones derivadas de expedientes de regulación de empleo, que con anterioridad a la celebración del contrato se hicieran efectivas con cargo a fondos internos, y a las cuales les resultara de aplicación la reducción establecida en el artículo 17.2.a) de la Ley 40/1998, de 9 de diciembre, del Impuesto sobre la Renta de las Personas Físicas y otras Normas Tributarias, aplicarán la reducción establecida en el artículo 18.2 de esta Ley, sin que a estos efectos la celebración de tales contratos altere el cálculo del período de generación de tales prestaciones.

D.T. 2ª. Régimen transitorio aplicable a las mutualidades de previsión social.

1. Las prestaciones por jubilación e invalidez derivadas de contratos de seguro concertados con mutualidades de previsión social cuyas aportaciones, realizadas con anterioridad a 1 de enero de 1999, hayan sido objeto de minoración al menos en parte en la base imponible, deberán integrarse en la base imponible del impuesto en concepto de rendimientos del trabajo.

2. La integración se hará en la medida en que la cuantía percibida exceda de las aportaciones realizadas a la mutualidad que no hayan podido ser objeto de reducción o minoración en la base imponible del impuesto de acuerdo con la legislación vigente en cada momento y, por tanto, hayan tributado previamente.

3. Si no pudiera acreditarse la cuantía de las aportaciones que no hayan podido ser objeto de reducción o minoración en la base imponible, se integrará el 75 por ciento de las prestaciones por jubilación o invalidez percibidas.

D.T. 3ª. Contratos de arrendamiento anteriores al 9 de mayo de 1985.

En la determinación de los rendimientos del capital inmobiliario derivados de contratos de arrendamiento celebrados con anterioridad al 9 de mayo de 1985, que no disfruten del derecho a la revisión de la renta del contrato en virtud de la aplicación de la regla 7.ª del apartado 11 de la disposición transitoria segunda de la Ley 29/1994, de 24 de noviembre, de arrendamientos urbanos, se incluirá adicionalmente, como gasto deducible, mientras subsista esta situación y en concepto de compensación, la cantidad que corresponda a la amortización del inmueble.

D.T. 4ª. Régimen transitorio de los contratos de seguro de vida generadores de incrementos o disminuciones de patrimonio con anterioridad a 1 de enero de 1999[303].

Cuando se perciba un capital diferido, a la parte del rendimiento neto total calculado de acuerdo con lo establecido en el artículo 25 de esta Ley correspondiente a primas satisfechas con anterioridad a 31 de diciembre

---

[303]   Nueva redacción según el Art. 1º. 81 de la Ley 26/2014, de 27 de noviembre, por la que se modifican la Ley 35/2006, de 28 de noviembre, del Impuesto sobre la Renta de las Personas Físicas, el texto refundido de la Ley del Impuesto sobre la Renta de no Residentes, aprobado por el Real Decreto Legislativo 5/2004, de 5 de marzo, y otras normas tributarias.

de 1994, que se hubiera generado con anterioridad a 20 de enero de 2006, se reducirá, en su caso, de la siguiente forma:

1.º Se determinará la parte del rendimiento neto total que corresponde a cada una de las primas satisfechas con anterioridad a 31 de diciembre de 1994. Para determinar la parte del rendimiento total obtenido que corresponde a cada prima del contrato de seguro, se multiplicará dicho rendimiento total por el coeficiente de ponderación que resulte del siguiente cociente:

En el numerador, el resultado de multiplicar la prima correspondiente por el número de años transcurridos desde que fue satisfecha hasta el cobro de la percepción.

En el denominador, la suma de los productos resultantes de multiplicar cada prima por el número de años transcurridos desde que fue satisfecha hasta el cobro de la percepción.

2.º Para cada una de las partes del rendimiento neto total que corresponde a cada una de las primas satisfechas con anterioridad a 31 de diciembre de 1994, se determinará, a su vez, la parte de la misma que se ha generado con anterioridad a 20 de enero de 2006. Para determinar la parte de la misma que se ha generado con anterioridad a dicha fecha, se multiplicará la cuantía resultante de lo previsto en el número 1.º anterior para cada prima satisfecha con anterioridad a 31 de diciembre de 1994, por el coeficiente de ponderación que resulte del siguiente cociente:

En el numerador, el tiempo transcurrido entre el pago de la prima y el 20 de enero de 2006.

En el denominador, el tiempo transcurrido entre el pago de la prima y la fecha de cobro de la prestación.

3.º Se calculará el importe total de los capitales diferidos correspondientes a los seguros de vida a cuyo rendimiento neto le hubiera resultado de aplicación lo establecido en esta disposición, obtenidos desde 1 de enero de 2015 hasta el momento de la imputación temporal del capital diferido.

4.º Cuando sea inferior a 400.000 euros la suma del capital diferido y la cuantía a que se refiere el número 3.º anterior, se determinará el importe a reducir del rendimiento neto total. A estos efectos, se aplicará a

§1

cada una de las partes del rendimiento neto calculadas con arreglo a lo dispuesto en el número 2.º anterior el porcentaje del 14,28 por ciento por cada año transcurrido entre el pago de la correspondiente prima y el 31 de diciembre de 1994. Cuando hubiesen transcurrido más de seis años entre dichas fechas, el porcentaje a aplicar será el 100 por ciento.

5.º Cuando sea superior a 400.000 euros la suma del capital diferido y la cuantía a que se refiere el número 3.º anterior, pero el resultado de lo dispuesto en el número 3.º anterior sea inferior a 400.000 euros, se practicará la reducción señalada en apartado 4.º anterior a cada una de las partes del rendimiento neto generadas con anterioridad a 20 de enero de 2006 que proporcionalmente correspondan a la parte del capital diferido que sumado a la cuantía del apartado 3.º anterior no supere 400.000 euros.

6.º Cuando el resultado de lo dispuesto en el número 3.º anterior sea superior a 400.000 euros, no se practicará reducción alguna.

D.T. 5ª. Régimen transitorio aplicable a las rentas vitalicias y temporales.

1. Para determinar la parte de las rentas vitalicias y temporales, inmediatas o diferidas, que se considera rendimiento del capital mobiliario, resultarán aplicables exclusivamente los porcentajes establecidos por el artículo 25.3.a), números 2.º y 3.º, de esta Ley, a las prestaciones en forma de renta que se perciban a partir de la entrada en vigor de esta Ley, cuando la constitución de las rentas se hubiera producido con anterioridad a 1 de enero de 1999.

Dichos porcentajes resultarán aplicables en función de la edad que tuviera el perceptor en el momento de la constitución de la renta en el caso de rentas vitalicias o en función de la total duración de la renta si se trata de rentas temporales.

2. Si se acudiera al rescate de rentas vitalicias o temporales cuya constitución se hubiera producido con anterioridad a 1 de enero de 1999, para el cálculo del rendimiento del capital mobiliario producido con motivo del rescate se restará la rentabilidad obtenida hasta la fecha de constitución de la renta.

3. Para determinar la parte de las rentas vitalicias y temporales, inmediatas o diferidas, que se considera rendimiento del capital mobiliario, resultarán aplicables los porcentajes establecidos por el artículo 25.3.a), números 2.º y 3.º, de esta Ley, a las prestaciones en forma de renta que se perciban a partir de la entrada en vigor de esta Ley, cuando la constitución de las mismas se hubiera producido entre el 1 de enero de 1999 y el 31 de diciembre de 2006.

Dichos porcentajes resultarán aplicables en función de la edad que tuviera el perceptor en el momento de la constitución de la renta en el caso de rentas vitalicias o en función de la total duración de la renta si se trata de rentas temporales.

Adicionalmente, en su caso, se añadirá la rentabilidad obtenida hasta la fecha de constitución de la renta a que se refiere el número 4.º del artículo 25.3.a) de esta Ley.

D.T. 6ª. Reducción por movilidad geográfica aplicable en 2015[304].

Los contribuyentes que hubieran tenido derecho a aplicar en 2014 la reducción prevista en la letra b) del apartado 2 del artículo 20 de esta Ley, en su redacción vigente a 31 de diciembre de 2014, como consecuencia de haber aceptado en dicho ejercicio un puesto de trabajo, y continúen desempeñando dicho trabajo en el período impositivo 2015, podrán aplicar en dicho período impositivo la reducción a que se refiere el artículo 20 de esta Ley, en su redacción vigente a 31 de diciembre de 2014, en lugar de la reducción prevista en el segundo párrafo de la letra f) del apartado 2 del artículo 19 de esta Ley.

D.T. 7ª. Partidas pendientes de compensación.

1. Las pérdidas patrimoniales a que se refiere el artículo 39.b) del texto refundido de la Ley del Impuesto sobre la Renta de las Personas Físicas

---

[304]   Nueva redacción según el Art. 1º. 82 de la Ley 26/2014, de 27 de noviembre, por la que se modifican la Ley 35/2006, de 28 de noviembre, del Impuesto sobre la Renta de las Personas Físicas, el texto refundido de la Ley del Impuesto sobre la Renta de no Residentes, aprobado por el Real Decreto Legislativo 5/2004, de 5 de marzo, y otras normas tributarias.

correspondientes a los períodos impositivos 2003, 2004, 2005 y 2006 que se encuentren pendientes de compensación a la fecha de entrada en vigor de esta Ley, se compensarán con el saldo de las ganancias y pérdidas patrimoniales a que se refiere el artículo 48.b) de esta Ley. Las pérdidas patrimoniales no compensadas por insuficiencia del citado saldo se compensarán con el saldo positivo de las rentas previstas en el artículo 48.a) de esta Ley, con el límite del 25 por ciento de dicho saldo positivo.

2. Las pérdidas patrimoniales a que se refiere el artículo 40 del texto refundido de la Ley del Impuesto sobre la Renta de las Personas Físicas correspondientes a los períodos impositivos 2003, 2004, 2005 y 2006 que se encuentren pendientes de compensación a la fecha de entrada en vigor de esta Ley, se compensarán exclusivamente con el saldo de las ganancias y pérdidas patrimoniales a que se refiere el artículo 49.1.b) de esta Ley.

3. La base liquidable general negativa correspondiente a los períodos impositivos 2003, 2004, 2005 y 2006 que se encuentre pendiente de compensación a la fecha de entrada en vigor de esta Ley, se compensará únicamente con el saldo positivo de la base liquidable general prevista en el artículo 50 de esta Ley.

4. Las cantidades correspondientes a la deducción por doble imposición de dividendos no deducidas por insuficiencia de cuota líquida, correspondientes a los períodos impositivos 2003, 2004, 2005 y 2006, que se encuentren pendientes de compensación a la fecha de entrada en vigor de esta Ley, se deducirán de la cuota líquida total a que se refiere el artículo 79 de esta Ley, en el plazo que le reste a 31 de diciembre de 2006 de acuerdo con lo dispuesto en el artículo 81.3 del texto refundido de la Ley del Impuesto sobre la Renta de las Personas Físicas, según redacción vigente a dicha fecha.

5. Las pérdidas patrimoniales a que se refiere el artículo 49.1 b) de esta Ley, en su redacción en vigor a 31 de diciembre de 2012, correspondientes a los períodos impositivos 2011 y 2012 que se encuentren pendientes de compensación a 1 de enero de 2013, se seguirán compensando con el saldo de las ganancias y pérdidas patrimoniales a que se refiere el artículo 49.1 b) de esta Ley.

§1

Las pérdidas patrimoniales a que se refiere el artículo 49.1 b) de esta Ley, en su redacción en vigor a 31 de diciembre de 2014, correspondientes a los períodos impositivos 2013 y 2014 que se encuentren pendientes de compensación a 1 de enero de 2015, se seguirán compensando con el saldo de las ganancias y pérdidas patrimoniales a que se refiere el artículo 49.1.b) de esta Ley[305].

6. Las pérdidas patrimoniales a que se refiere el artículo 48 b) de esta Ley, en su redacción en vigor a 31 de diciembre de 2012, correspondientes a los períodos impositivos 2011 y 2012 que se encuentren pendientes de compensación a 1 de enero de 2013, se seguirán compensando en la forma prevista en el párrafo b) del artículo 48 de esta Ley.

La parte del saldo negativo a que se refiere el artículo 48.b) de esta Ley, en su redacción en vigor a 31 de diciembre de 2014, derivadas de pérdidas patrimoniales procedentes de transmisiones de elementos patrimoniales obtenidas en los períodos impositivos 2013 y 2014 que se encuentren pendientes de compensación a 1 de enero de 2015, se compensarán con el saldo de las ganancias y pérdidas patrimoniales a que se refiere el artículo 49.1.b) de esta Ley. El resto del saldo negativo anteriormente indicado, se seguirá compensando en la forma prevista en la letra b) del artículo 48 de esta Ley[306].

7. Los saldos negativos a que se refieren las letras a) y b) del apartado 1 del artículo 49 de esta Ley correspondientes a los períodos impositivos 2011, 2012, 2013 y 2014 que se encuentren pendientes de compensación a 1 de enero de 2015, se seguirán compensando en la forma prevista en

---

[305] Nueva redacción de este apartado según el Art. 1º. 83 de la Ley 26/2014, de 27 de noviembre, por la que se modifican la Ley 35/2006, de 28 de noviembre, del Impuesto sobre la Renta de las Personas Físicas, el texto refundido de la Ley del Impuesto sobre la Renta de no Residentes, aprobado por el Real Decreto Legislativo 5/2004, de 5 de marzo, y otras normas tributarias.

[306] Nueva redacción de este apartado según el Art. 1º. 83 de la Ley 26/2014, de 27 de noviembre, por la que se modifican la Ley 35/2006, de 28 de noviembre, del Impuesto sobre la Renta de las Personas Físicas, el texto refundido de la Ley del Impuesto sobre la Renta de no Residentes, aprobado por el Real Decreto Legislativo 5/2004, de 5 de marzo, y otras normas tributarias.

tales letras conforme a la redacción del artículo 49 en vigor el 31 de diciembre de 2014[307].

D.T. 8ª. Valor fiscal de las instituciones de inversión colectiva constituidas en países o territorios considerados como paraísos fiscales[308].

1. A los efectos de calcular el exceso del valor liquidativo a que hace referencia el artículo 95 de esta Ley, se tomará como valor de adquisición el valor liquidativo a 1 de enero de 1999, respecto de las participaciones y acciones que en el mismo se posean por el contribuyente. La diferencia entre dicho valor y el valor efectivo de adquisición no se tomará como valor de adquisición a los efectos de la determinación de las rentas derivadas de la transmisión o reembolso de las acciones o participaciones.

2. Los dividendos y participaciones en beneficios distribuidos por las instituciones de inversión colectiva, que procedan de beneficios obtenidos con anterioridad a 1 de enero de 1999, se integrarán en la base imponible de los socios o partícipes de los mismos. A estos efectos, se entenderá que las primeras reservas distribuidas han sido dotadas con los primeros beneficios ganados.

D.T. 9ª. Régimen transitorio aplicable a las ganancias patrimoniales derivadas de elementos patrimoniales adquiridos con anterioridad a 31 de diciembre de 1994[309].

1. El importe de las ganancias patrimoniales correspondientes a transmisiones de elementos patrimoniales no afectos a actividades económicas

---

[307] Apartado añadido por el Art. 1º. 83 de la Ley 26/2014, de 27 de noviembre, por la que se modifican la Ley 35/2006, de 28 de noviembre, del Impuesto sobre la Renta de las Personas Físicas, el texto refundido de la Ley del Impuesto sobre la Renta de no Residentes, aprobado por el Real Decreto Legislativo 5/2004, de 5 de marzo, y otras normas tributarias.

[308] Véase Real Decreto 1080/1991, de 5 de julio.

[309] Nueva redacción según el Art. 1º. 84 de la Ley 26/2014, de 27 de noviembre, por la que se modifican la Ley 35/2006, de 28 de noviembre, del Impuesto sobre la Renta de las Personas Físicas, el texto refundido de la Ley del Impuesto sobre la Renta de

§1

que hubieran sido adquiridos con anterioridad a 31 de diciembre de 1994, se determinará con arreglo a las siguientes reglas:

1.ª) En general, se calcularán, para cada elemento patrimonial, con arreglo a lo establecido en la Sección 4.ª, del Capítulo II, del Título III de esta Ley. De la ganancia patrimonial así calculada se distinguirá la parte de la misma que se haya generado con anterioridad a 20 de enero de 2006, entendiendo como tal la parte de la ganancia patrimonial que proporcionalmente corresponda al número de días transcurridos entre la fecha de adquisición y el 19 de enero de 2006, ambos inclusive, respecto del número total de días que hubiera permanecido en el patrimonio del contribuyente.

La parte de la ganancia patrimonial generada con anterioridad a 20 de enero de 2006 se reducirá, en su caso, de la siguiente manera:

a) Se calculará el período de permanencia en el patrimonio del contribuyente anterior a 31 de diciembre de 1996 del elemento patrimonial.

A estos efectos, se tomará como período de permanencia en el patrimonio del contribuyente el número de años que medie entre la fecha de adquisición del elemento y el 31 de diciembre de 1996, redondeado por exceso.

En el caso de derechos de suscripción se tomará como período de permanencia el que corresponda a los valores de los cuales procedan. Cuando no se hubieran transmitido la totalidad de los derechos de suscripción, se entenderá que los transmitidos correspondieron a los valores adquiridos en primer lugar.

Si se hubiesen efectuado mejoras en los elementos patrimoniales transmitidos se tomará como período de permanencia de éstas en el patrimonio del contribuyente el número de años que medie entre la fecha en que se hubiesen realizado y el 31 de diciembre de 1996, redondeado por exceso.

b) Se calculará el valor de transmisión de todos los elementos patrimoniales a cuya ganancia patrimonial le hubiera resultado de aplicación lo señalado en esta disposición, transmitidos desde 1 de enero de 2015 hasta la fecha de transmisión del elemento patrimonial.

---

no Residentes, aprobado por el Real Decreto Legislativo 5/2004, de 5 de marzo, y otras normas tributarias.

c) Cuando sea inferior a 400.000 euros la suma del valor de transmisión del elemento patrimonial y la cuantía a que se refiere la letra b) anterior, la parte de la ganancia patrimonial generada con anterioridad a 20 de enero de 2006 se reducirá en el importe resultante de aplicar los siguientes porcentajes por cada año de permanencia de los señalados en la letra a) anterior que exceda de dos:

1.º Si los elementos patrimoniales transmitidos fuesen bienes inmuebles, derechos sobre los mismos o valores de las entidades comprendidas en el artículo 108 de la Ley 24/1988, de 28 de julio, del Mercado de Valores, con excepción de las acciones o participaciones representativas del capital social o patrimonio de las Sociedades o Fondos de Inversión Inmobiliaria, un 11,11 por ciento.

2.º Si los elementos patrimoniales transmitidos fuesen acciones admitidas a negociación en alguno de los mercados secundarios oficiales de valores definidos en la Directiva 2004/39/CE del Parlamento Europeo y del Consejo, de 21 de abril de 2004, relativa a los mercados de instrumentos financieros, y representativos de la participación en fondos propios de sociedades o entidades, con excepción de las acciones representativas del capital social de Sociedades de Inversión Mobiliaria e Inmobiliaria, un 25 por ciento.

3.º Para las restantes ganancias patrimoniales generadas con anterioridad a 20 de enero de 2006, un 14,28 por ciento.

Estará no sujeta la parte de la ganancia patrimonial generada con anterioridad a 20 de enero de 2006 derivada de elementos patrimoniales que a 31 de diciembre de 1996 y en función de lo señalado en esta letra c) tuviesen un período de permanencia, tal y como éste se define en la letra a), superior a diez, cinco y ocho años, respectivamente.

d) Cuando sea superior a 400.000 euros la suma del valor de transmisión del elemento patrimonial y la cuantía a que se refiere la letra b) anterior, pero el resultado de lo dispuesto en la letra b) anterior sea inferior a 400.000 euros, se practicará la reducción señalada en la letra c) anterior a la parte de la ganancia patrimonial generada con anterioridad a 20 de enero de 2006 que proporcionalmente corresponda a la parte del valor de transmisión que sumado a la cuantía de la letra b) anterior no supere 400.000 euros.

e) Cuando el resultado de lo dispuesto en la letra b) anterior sea superior a 400.000 euros, no se practicará reducción alguna a la parte de la ganancia patrimonial generada con anterioridad a 20 de enero de 2006.

2.ª) En los casos de valores admitidos a negociación en alguno de los mercados regulados y de acciones o participaciones en instituciones de inversión colectiva a las que resulte aplicable el régimen previsto en las letras a) y c) del apartado 1 del artículo 37 de esta Ley, las ganancias y pérdidas patrimoniales se calcularán para cada valor, acción o participación de acuerdo con lo establecido en la Sección 4.ª, del Capítulo II del Título III de esta Ley.

Si, como consecuencia de lo dispuesto en el párrafo anterior, se obtuviera como resultado una ganancia patrimonial, se efectuará la reducción que proceda de las siguientes:

a) Si el valor de transmisión fuera igual o superior al que corresponda a los valores, acciones o participaciones a efectos del Impuesto sobre el Patrimonio del año 2005, la parte de la ganancia patrimonial que se hubiera generado con anterioridad a 20 de enero de 2006 se reducirá, en su caso, de acuerdo con lo previsto en la regla 1.ª anterior. A estos efectos, la ganancia patrimonial generada con anterioridad a 20 de enero de 2006 será la parte de la ganancia patrimonial resultante de tomar como valor de transmisión el que corresponda a los valores, acciones o participaciones a efectos del Impuesto sobre el Patrimonio del año 2005.

b) Si el valor de transmisión fuera inferior al que corresponda a los valores, acciones o participaciones a efectos del Impuesto sobre el Patrimonio del año 2005, se entenderá que toda la ganancia patrimonial se ha generado con anterioridad a 20 de enero de 2006 y se reducirá, en su caso, de acuerdo con lo previsto en la regla 1.ª anterior.

3.ª) Si se hubieran efectuado mejoras en los elementos patrimoniales transmitidos se distinguirá la parte del valor de enajenación que corresponda a cada componente del mismo a efectos de la aplicación de lo dispuesto en este apartado 1.

§1

2. A los efectos de lo establecido en esta disposición, se considerarán elementos patrimoniales no afectos a actividades económicas aquellos en los que la desafectación de estas actividades se haya producido con más de tres años de antelación a la fecha de transmisión.

D.T. 10ª. Sociedades transparentes y patrimoniales.

En lo que afecte a los contribuyentes del Impuesto sobre la Renta de las Personas Físicas será de aplicación lo establecido en las disposiciones transitorias decimoquinta, decimosexta y vigésima segunda del texto refundido de la Ley del Impuesto sobre Sociedades.

D.T. 11ª. Régimen transitorio aplicable a las prestaciones derivadas de los contratos de seguros colectivos que instrumentan compromisos por pensiones.

1. Para las prestaciones derivadas de contingencias acaecidas con anterioridad al 1 de enero de 2007, los beneficiarios podrán aplicar el régimen financiero y fiscal vigente a 31 de diciembre de 2006.

2. Para las prestaciones derivadas de contingencias acaecidas a partir de 1 de enero de 2007 correspondientes a seguros colectivos contratados con anterioridad a 20 de enero de 2006, podrá aplicarse el régimen fiscal vigente a 31 de diciembre de 2006. Este régimen será sólo aplicable a la parte de la prestación correspondiente a las primas satisfechas hasta 31 de diciembre de 2006, así como las primas ordinarias previstas en la póliza original satisfechas con posterioridad a esta fecha.

No obstante los contratos de seguro colectivo que instrumentan la exteriorización de compromisos por pensiones pactadas en convenios colectivos de ámbito supraempresarial bajo la denominación «premios de jubilación» u otras, que consistan en una prestación pagadera por una sola vez en el momento del cese por jubilación, suscritos antes de 31 de diciembre de 2006, podrán aplicar el régimen fiscal previsto en este apartado 2.

3. El régimen transitorio previsto en esta disposición únicamente podrá ser de aplicación, en su caso, a las prestaciones percibidas en el ejercicio en el que acaezca la contingencia correspondiente, o en los dos ejercicios siguientes.

§1

No obstante, en el caso de contingencias acaecidas en los ejercicios 2011 a 2014, el régimen transitorio solo podrá ser de aplicación, en su caso, a las prestaciones percibidas hasta la finalización del octavo ejercicio siguiente a aquel en el que acaeció la contingencia correspondiente. En el caso de contingencias acaecidas en los ejercicios 2010 o anteriores, el régimen transitorio solo podrá ser de aplicación, en su caso, a las prestaciones percibidas hasta el 31 de diciembre de 2018[310].

D.T. 12ª. Régimen transitorio aplicable a los planes de pensiones, de mutualidades de previsión social y de planes de previsión asegurados.

1. Para las prestaciones derivadas de contingencias acaecidas con anterioridad al 1 de enero de 2007, los beneficiarios podrán aplicar el régimen financiero y, en su caso, aplicar la reducción prevista en el artículo 17 del texto refundido de la Ley del Impuesto sobre la Renta de las Personas Físicas vigente a 31 de diciembre de 2006.

2. Para las prestaciones derivadas de contingencias acaecidas a partir del 1 de enero de 2007, por la parte correspondiente a aportaciones realizadas hasta 31 de diciembre de 2006, los beneficiarios podrán aplicar el régimen financiero y, en su caso, aplicar la reducción prevista en el artículo 17 del texto refundido de la Ley del Impuesto sobre la Renta de las Personas Físicas vigente a 31 de diciembre de 2006.

3. El límite previsto en el artículo 52.1.a) de esta Ley no será de aplicación a las cantidades aportadas con anterioridad a 1 de enero de 2007 a sistemas de previsión social y que a esta fecha se encuentren pendientes de reducción en la base imponible por insuficiencia de la misma.

4. El régimen transitorio previsto en esta disposición únicamente podrá ser de aplicación, en su caso, a las prestaciones percibidas en el

---

[310] Apartado añadido por el Art. 1º. 85 de la Ley 26/2014, de 27 de noviembre, por la que se modifican la Ley 35/2006, de 28 de noviembre, del Impuesto sobre la Renta de las Personas Físicas, el texto refundido de la Ley del Impuesto sobre la Renta de no Residentes, aprobado por el Real Decreto Legislativo 5/2004, de 5 de marzo, y otras normas tributarias.

§1

ejercicio en el que acaezca la contingencia correspondiente, o en los dos ejercicios siguientes.

No obstante, en el caso de contingencias acaecidas en los ejercicios 2011 a 2014, el régimen transitorio solo podrá ser de aplicación, en su caso, a las prestaciones percibidas hasta la finalización del octavo ejercicio siguiente a aquel en el que acaeció la contingencia correspondiente. En el caso de contingencias acaecidas en los ejercicios 2010 o anteriores, el régimen transitorio solo podrá ser de aplicación, en su caso, a las prestaciones percibidas hasta el 31 de diciembre de 2018[311].

D.T. 13ª. Compensaciones fiscales[312].

D.T. 14ª. Transformación de determinados contratos de seguros de vida en planes individuales de ahorro sistemático.

1. Los contratos de seguro de vida formalizados con anterioridad al 1 de enero de 2007 y en los que el contratante, asegurado y beneficiario sea el propio contribuyente, podrán transformarse en planes individuales de ahorro sistemático regulados en la disposición adicional tercera de esta Ley, y por tanto, serán de aplicación el artículo 7.v) y la disposición adicional tercera de esta misma Ley, en el momento de constitución de las rentas vitalicias siempre que se cumplan los siguientes requisitos:

a) Que el límite máximo anual satisfecho en concepto de primas durante los años de vigencia del contrato de seguro no haya superado los 8.000

---

[311]   Apartado añadido por el Art. 1º. 86 de la Ley 26/2014, de 27 de noviembre, por la que se modifican la Ley 35/2006, de 28 de noviembre, del Impuesto sobre la Renta de las Personas Físicas, el texto refundido de la Ley del Impuesto sobre la Renta de no Residentes, aprobado por el Real Decreto Legislativo 5/2004, de 5 de marzo, y otras normas tributarias.

[312]   Disposición suprimida por el Art. 1º. 87 de la Ley 26/2014, de 27 de noviembre, por la que se modifican la Ley 35/2006, de 28 de noviembre, del Impuesto sobre la Renta de las Personas Físicas, el texto refundido de la Ley del Impuesto sobre la Renta de no Residentes, aprobado por el Real Decreto Legislativo 5/2004, de 5 de marzo, y otras normas tributarias.

euros, y el importe total de las primas acumuladas no haya superado la cuantía de 240.000 euros por contribuyente

b) Que hubieran transcurrido más de cinco años desde la fecha de pago de la primera prima[313].

2. No podrán transformarse en planes individuales de ahorro sistemático los seguros colectivos que instrumenten compromisos por pensiones conforme a la disposición adicional primera del texto refundido de la Ley de Regulación de los Planes y Fondos de Pensiones, ni los instrumentos de previsión social que reducen la base imponible.

3. En el momento de la transformación se hará constar de forma expresa y destacada en el condicionando del contrato que se trata de un plan individual de ahorro sistemático regulado en la disposición adicional tercera de esta Ley.

4. Una vez realizada la transformación, en el caso de anticipación, total o parcial, de los derechos económicos derivados de la renta vitalicia constituida, el contribuyente deberá integrar en el periodo impositivo en el que se produzca la anticipación, la renta que estuvo exenta por aplicación de lo dispuesto en la letra v) del artículo 7 de esta Ley, sin que resulte aplicable la disposición transitoria decimotercera de esta Ley.

D.T. 15ª. Deducción por alquiler de la vivienda habitual[314].

1. Podrán aplicar la deducción por alquiler de la vivienda habitual en los términos previstos en el apartado 2 de esta disposición, los contribuyentes que hubieran celebrado un contrato de arrendamiento con anterio-

---

[313]   Nueva redacción de este apartado según el Art. 1º. 88 de la Ley 26/2014, de 27 de noviembre, por la que se modifican la Ley 35/2006, de 28 de noviembre, del Impuesto sobre la Renta de las Personas Físicas, el texto refundido de la Ley del Impuesto sobre la Renta de no Residentes, aprobado por el Real Decreto Legislativo 5/2004, de 5 de marzo, y otras normas tributarias.

[314]   Nueva redacción según el Art. 1º. 89 de la Ley 26/2014, de 27 de noviembre, por la que se modifican la Ley 35/2006, de 28 de noviembre, del Impuesto sobre la Renta de las Personas Físicas, el texto refundido de la Ley del Impuesto sobre la Renta de no Residentes, aprobado por el Real Decreto Legislativo 5/2004, de 5 de marzo, y otras normas tributarias.

ridad a 1 de enero de 2015 por el que hubieran satisfecho, con anterioridad a dicha fecha, cantidades por el alquiler de su vivienda habitual.

En todo caso, resultará necesario que el contribuyente hubiera tenido
derecho a la deducción por alquiler de la vivienda habitual en relación con
las cantidades satisfechas por el alquiler de dicha vivienda en un período
impositivo devengado con anterioridad a 1 de enero de 2015.

2. La deducción por alquiler de la vivienda habitual se aplicará conforme a lo dispuesto en los artículos 67.1, 68.7 y 77.1 de la Ley del Impuesto, en su redacción en vigor a 31 de diciembre de 2014[315].

---

[315]   **Redacción en vigor a 31 de diciembre de 2014:**

Artículo 67. *Cuota líquida estatal.*

*1. La cuota líquida estatal del Impuesto será el resultado de disminuir la cuota
íntegra estatal en la suma de:*

*a) La deducción por inversión en empresas de nueva o reciente creación prevista en
el apartado 1 del artículo 68 de esta ley.*

*b) El 50 por ciento del importe total de las deducciones previstas en los apartados 2,
3, 4, 5, 6 y 7 del artículo 68 de esta Ley.*

Artículo 68. *Deducciones.*

7. Deducción por alquiler de la vivienda habitual.

*Los contribuyentes cuya base imponible sea inferior a 24.107,20 euros anuales po-
drán deducirse el 10,05 por ciento de las cantidades satisfechas en el período impositivo por el alquiler de su vivienda habitual. La base máxima de esta deducción será
de:*

*a) cuando la base imponible sea igual o inferior a 17.707,20 euros anuales: 9.040
euros anuales,*

*b) cuando la base imponible esté comprendida entre 17.707,20 y 24.107,20 euros
anuales: 9.040 euros menos el resultado de multiplicar por 1,4125 la diferencia entre
la base imponible y 17.707,20 euros anuales.*

Artículo 77. *Cuota líquida autonómica.*

*1. La cuota líquida autonómica será el resultado de disminuir la cuota íntegra auto-
nómica en la suma de:*

*a) El 50 por ciento del importe total de las deducciones previstas en los apartados
2, 3, 4, 5, 6 y 7 del artículo 68 de esta Ley, con los límites y requisitos de situación
patrimonial previstos en sus artículos 69 y 70.*

*b) El importe de las deducciones establecidas por la Comunidad Autónoma en el
ejercicio de las competencias previstas en la Ley 22/2009, de 18 de diciembre, por la
que se regula el sistema de financiación de las Comunidades Autónomas de régimen*

D.T. 16ª. Contribuyentes con residencia habitual en el territorio de una Comunidad Autónoma al que no le resulte de aplicación el nuevo modelo de financiación autonómica[316].

Los contribuyentes que tengan su residencia habitual en el territorio de una Comunidad Autónoma al que no le resulte de aplicación el modelo de financiación previsto en la Ley 22/2009, por la que se regula el sistema de financiación de las Comunidades Autónomas de régimen común y Ciudades con Estatuto de Autonomía, calcularán la cuota íntegra estatal y autonómica de este Impuesto tomando en consideración los artículos 3, 63, 66, 67, 68, 74, 76, 77 y 78 de esta Ley en su redacción vigente a 31 de diciembre de 2009.

D.T. 17ª. Trabajadores desplazados a territorio español[317].

Los contribuyentes que se hubieran desplazado a territorio español con anterioridad a 1 de enero de 2015 podrán aplicar el régimen especial previsto en el artículo 93 de esta Ley conforme a lo dispuesto en el citado artículo, y en su caso, en la disposición transitoria decimoséptima, ambos de esta Ley, en su redacción en vigor a 31 de diciembre de 2014, aplicando los tipos de gravamen previstos en la normativa del Impuesto sobre la Renta de no Residentes en vigor en esta última fecha, sin perjuicio de lo dispuesto en materia de retenciones en el primer párrafo de la letra f) del artículo 93.2 de esta Ley.

---

común y Ciudades con Estatuto de Autonomía y se modifican determinadas normas tributarias.

[316] Nueva redacción según D.F. 2ª.16 de la Ley 22/2009, de 18 de diciembre, por la que se regula el sistema de financiación de las Comunidades Autónomas de régimen común y Ciudades con Estatuto de Autonomía y se modifican determinadas normas tributarias.

[317] Nueva redacción según el Art. 1º. 90 de la Ley 26/2014, de 27 de noviembre, por la que se modifican la Ley 35/2006, de 28 de noviembre, del Impuesto sobre la Renta de las Personas Físicas, el texto refundido de la Ley del Impuesto sobre la Renta de no Residentes, aprobado por el Real Decreto Legislativo 5/2004, de 5 de marzo, y otras normas tributarias.

La opción por la aplicación de lo dispuesto en esta disposición transitoria deberá realizarse en la declaración del Impuesto correspondiente al ejercicio 2015 y se mantendrá hasta la finalización de la aplicación del régimen especial.

D.T. 18ª. Deducción por inversión en vivienda habitual[318].

1. Podrán aplicar la deducción por inversión en vivienda habitual en los términos previstos en el apartado 2 de esta disposición:

a) Los contribuyentes que hubieran adquirido su vivienda habitual con anterioridad a 1 de enero de 2013 o satisfecho cantidades con anterioridad a dicha fecha para la construcción de la misma.

b) Los contribuyentes que hubieran satisfecho cantidades con anterioridad a 1 de enero de 2013 por obras de rehabilitación o ampliación de la vivienda habitual, siempre que las citadas obras estén terminadas antes de 1 de enero de 2017.

c) Los contribuyentes que hubieran satisfecho cantidades para la realización de obras e instalaciones de adecuación de la vivienda habitual de las personas con discapacidad con anterioridad a 1 de enero de 2013 siempre y cuando las citadas obras o instalaciones estén concluidas antes de 1 de enero de 2017.

En todo caso, resultará necesario que el contribuyente hubiera practicado la deducción por inversión en vivienda habitual en relación con las cantidades satisfechas para la adquisición o construcción de dicha vivienda en un período impositivo devengado con anterioridad a 1 de enero de 2013, salvo que hubiera resultado de aplicación lo dispuesto en el artículo 68.1.2.ª de esta Ley en su redacción vigente a 31 de diciembre de 2012.

2. La deducción por inversión en vivienda habitual se aplicará conforme a lo dispuesto en los artículos 67.1, 68.1, 70.1, 77.1, y 78 de la Ley del Impuesto, en su redacción en vigor a 31 de diciembre de 2012, sin

---

[318] Disposición añadida por el Art. 1.Nueve de la Ley 16/2012, de 27 de diciembre, por la que se adoptan diversas medidas tributarias dirigidas a la consolidación de las finanzas públicas y al impulso de la actividad económica.

§1

perjuicio de los porcentajes de deducción que conforme a lo dispuesto en la Ley 22/2009 hayan sido aprobados por la Comunidad Autónoma[319].

---

[319] **Redacción en vigor a 31 de diciembre de 2012:**
Artículo 67. *Cuota líquida estatal.*
1. La cuota líquida estatal del Impuesto será el resultado de disminuir la cuota íntegra estatal en la suma de:
a) La deducción por inversión en vivienda habitual prevista en el apartado 1 del artículo 68 de esta Ley.
b) El 50 por ciento del importe total de las deducciones previstas en los apartados 2, 3, 4, 5, 6 y 7 del artículo 68 de esta Ley.
Artículo 68. *Deducciones.*
1. Deducción por inversión en vivienda habitual.
1.º Los contribuyentes podrán deducirse el 7,5 por ciento de las cantidades satisfechas en el período de que se trate por la adquisición o rehabilitación de la vivienda que constituya o vaya a constituir la residencia habitual del contribuyente. A estos efectos, la rehabilitación deberá cumplir las condiciones que se establezcan reglamentariamente.
La base máxima de esta deducción será de 9.040 euros anuales y estará constituida por las cantidades satisfechas para la adquisición o rehabilitación de la vivienda, incluidos los gastos originados que hayan corrido a cargo del adquirente y, en el caso de financiación ajena, la amortización, los intereses, el coste de los instrumentos de cobertura del riesgo de tipo de interés variable de los préstamos hipotecarios regulados en el artículo decimonoveno de la Ley 36/2003, de 11 de noviembre, de medidas de reforma económica, y demás gastos derivados de la misma. En caso de aplicación de los citados instrumentos de cobertura, los intereses satisfechos por el contribuyente se minorarán en las cantidades obtenidas por la aplicación del citado instrumento.
También podrán aplicar esta deducción por las cantidades que se depositen en entidades de crédito, en cuentas que cumplan los requisitos de formalización y disposición que se establezcan reglamentariamente, y siempre que se destinen a la primera adquisición o rehabilitación de la vivienda habitual, con el límite, conjuntamente con el previsto en el párrafo anterior, de 9.040 euros anuales. En los supuestos de nulidad matrimonial, divorcio o separación judicial, el contribuyente podrá seguir practicando esta deducción, en los términos que reglamentariamente se establezcan, por las cantidades satisfechas en el período impositivo para la adquisición de la que fue durante la vigencia del matrimonio su vivienda habitual, siempre que continúe teniendo esta condición para los hijos comunes y el progenitor en cuya compañía queden.

2.º *Cuando se adquiera una vivienda habitual habiendo disfrutado de la deducción por adquisición de otras viviendas habituales anteriores, no se podrá practicar deducción por la adquisición o rehabilitación de la nueva en tanto las cantidades invertidas en la misma no superen las invertidas en las anteriores, en la medida en que hubiesen sido objeto de deducción.*

Cuando la enajenación de una vivienda habitual hubiera generado una ganancia patrimonial exenta por reinversión, la base de deducción por la adquisición o rehabilitación de la nueva se minorará en el importe de la ganancia patrimonial a la que se aplique la exención por reinversión. En este caso, no se podrá practicar deducción por la adquisición de la nueva mientras las cantidades invertidas en la misma no superen tanto el precio de la anterior, en la medida en que haya sido objeto de deducción, como la ganancia patrimonial exenta por reinversión.

3.º *Se entenderá por vivienda habitual aquella en la que el contribuyente resida durante un plazo continuado de tres años. No obstante, se entenderá que la vivienda tuvo aquel carácter cuando, a pesar de no haber transcurrido dicho plazo, se produzca el fallecimiento del contribuyente o concurran circunstancias que necesariamente exijan el cambio de vivienda, tales como separación matrimonial, traslado laboral, obtención de primer empleo o de empleo más ventajoso u otras análogas.*

4.º *También podrán aplicar la deducción por inversión en vivienda habitual los contribuyentes que efectúen obras e instalaciones de adecuación en la misma, incluidos los elementos comunes del edificio y los que sirvan de paso necesario entre la finca y la vía pública, con las siguientes especialidades:*

a) Las obras e instalaciones de adecuación deberán ser certificadas por la Administración competente como necesarias para la accesibilidad y comunicación sensorial que facilite el desenvolvimiento digno y adecuado de las personas con discapacidad, en los términos que se establezcan reglamentariamente.

b) Darán derecho a deducción las obras e instalaciones de adecuación que deban efectuarse en la vivienda habitual del contribuyente, por razón de la discapacidad del propio contribuyente o de su cónyuge o un pariente, en línea directa o colateral, consanguínea o por afinidad, hasta el tercer grado inclusive, que conviva con él.

c) La vivienda debe estar ocupada por cualquiera de las personas a que se refiere el párrafo anterior a título de propietario, arrendatario, subarrendatario o usufructuario.

d) La base máxima de esta deducción, independientemente de la fijada en el número 1.º anterior, será de 12.080 euros anuales.

e) El porcentaje de deducción será el 10 por ciento.

f) Se entenderá como circunstancia que necesariamente exige el cambio de vivienda cuando la anterior resulte inadecuada en razón a la discapacidad.

g) *Tratándose de obras de modificación de los elementos comunes del edificio que sirvan de paso necesario entre la finca urbana y la vía pública, así como las necesarias para la aplicación de dispositivos electrónicos que sirvan para superar barreras de comunicación sensorial o de promoción de su seguridad, podrán aplicar esta deducción además del contribuyente a que se refiere la letra b) anterior, los contribuyentes que sean copropietarios del inmueble en el que se encuentre la vivienda.*

Artículo 70. *Comprobación de la situación patrimonial.*

1. *La aplicación de la deducción por inversión en vivienda y de la deducción por cuenta ahorro-empresa requerirá que el importe comprobado del patrimonio del contribuyente al finalizar el período de la imposición exceda del valor que arrojase su comprobación al comienzo del mismo al menos en la cuantía de las inversiones realizadas, sin computar los intereses y demás gastos de financiación.*

Artículo 77. *Cuota líquida autonómica.*

1. *La cuota líquida autonómica será el resultado de disminuir la cuota íntegra autonómica en la suma de:*

a) *El tramo autonómico de la deducción por inversión en vivienda habitual prevista en el artículo 78 de esta Ley, con los límites y requisitos de situación patrimonial establecidos en su artículo 70.*

b) *El 50 por ciento del importe total de las deducciones previstas en los apartados 2, 3, 4, 5, 6 y 7 del artículo 68 de esta Ley, con los límites y requisitos de situación patrimonial previstos en sus artículos 69 y 70.*

c) *El importe de las deducciones establecidas por la Comunidad Autónoma en el ejercicio de las competencias previstas en la Ley 22/2009, por la que se regula el sistema de financiación de las Comunidades Autónomas de régimen común y Ciudades con Estatuto de Autonomía.*

Artículo 78. *Tramo autonómico de la deducción por inversión en vivienda habitual.*

1. *El tramo autonómico de la deducción por inversión en vivienda habitual regulada en el artículo 68.1 de esta Ley será el resultado de aplicar a la base de la deducción, de acuerdo con los requisitos y circunstancias previstas en el mismo, los porcentajes que, conforme a lo dispuesto en la Ley 22/2009, por la que se regula el sistema de financiación de las Comunidades Autónomas de régimen común y Ciudades con Estatuto de Autonomía, hayan sido aprobados por la Comunidad Autónoma.*

2. *Si la Comunidad Autónoma no hubiese aprobado los porcentajes a que se refiere el apartado anterior, serán de aplicación los siguientes:*

a) *Con carácter general el 7,5 por ciento.*

b) *Cuando se trate de obras de adecuación de la vivienda habitual por personas con discapacidad a que se refiere el número 4.º del artículo 68.1 de esta Ley, el porcentaje será el 10 por ciento.*

3. Los contribuyentes que por aplicación de lo establecido en esta disposición ejerciten el derecho a la deducción estarán obligados, en todo caso, a presentar declaración por este Impuesto y el importe de la deducción así calculada minorará el importe de la suma de la cuota íntegra estatal y autonómica del Impuesto a los efectos previstos en el apartado 2 del artículo 69 de esta Ley.

4. Los contribuyentes que con anterioridad a 1 de enero de 2013 hubieran depositado cantidades en cuentas vivienda destinadas a la primera adquisición o rehabilitación de la vivienda habitual, siempre que en dicha fecha no hubiera transcurrido el plazo de cuatro años desde la apertura de la cuenta, podrán sumar a la cuota líquida estatal y a la cuota líquida autonómica devengadas en el ejercicio 2012 las deducciones practicadas hasta el ejercicio 2011, sin intereses de demora.

D.T. 19ª. Disolución y liquidación de determinadas sociedades civiles[320].

1. Podrán acordar su disolución y liquidación, con aplicación del régimen fiscal previsto en esta disposición, las sociedades civiles en las que concurran las siguientes circunstancias:

a) Que con anterioridad a 1 de enero de 2016 les hubiera resultado de aplicación el régimen de atribución de rentas previsto en la Sección 2.ª del Título X de la Ley del Impuesto sobre la Renta de las Personas Físicas.

b) Que a partir de 1 de enero de 2016 cumplan los requisitos para adquirir la condición de contribuyente del Impuesto sobre Sociedades.

c) Que en los seis primeros meses del ejercicio 2016 se adopte válidamente el acuerdo de disolución con liquidación y se realicen con posterioridad al acuerdo, dentro del plazo de los seis meses siguientes a su adop-

---

[320] Nueva redacción según el Art. 1º. 91 de la Ley 26/2014, de 27 de noviembre, por la que se modifican la Ley 35/2006, de 28 de noviembre, del Impuesto sobre la Renta de las Personas Físicas, el texto refundido de la Ley del Impuesto sobre la Renta de no Residentes, aprobado por el Real Decreto Legislativo 5/2004, de 5 de marzo, y otras normas tributarias.

§1

ción, todos los actos o negocios jurídicos necesarios, para la extinción de la sociedad civil.

Reglamentariamente se establecerán los requisitos formales exigidos para la aplicación de lo dispuesto en la presente disposición.

2. La disolución con liquidación de dichas sociedades tendrá el siguiente régimen fiscal:

a) Exención del Impuesto sobre Transmisiones Patrimoniales y Actos Jurídicos Documentados, concepto «operaciones societarias», hecho imponible «disolución de sociedades», del artículo 19.1.1.º del texto refundido del Impuesto, aprobado por el Real Decreto Legislativo 1/1993, de 24 de septiembre.

b) No se devengará el Impuesto sobre el Incremento de Valor de los Terrenos de Naturaleza urbana con ocasión de las adjudicaciones a los socios de inmuebles de naturaleza urbana de los que sea titular la entidad. En la posterior transmisión de los mencionados inmuebles se entenderá que estos fueron adquiridos en la fecha en que lo fueron por la sociedad que se extinga.

c) A efectos del Impuesto sobre la Renta de las Personas Físicas, del Impuesto sobre Sociedades o del Impuesto sobre la Renta de no Residentes de los socios de la sociedad que se disuelve:

1.º El valor de adquisición y, en su caso, de titularidad de las acciones o participaciones en el capital de la sociedad que se disuelve, determinado de acuerdo con lo establecido en la disposición transitoria trigésima segunda de la Ley del Impuesto sobre Sociedades, se aumentará en el importe de las deudas adjudicadas y se disminuirá en el de los créditos y dinero o signo que lo represente adjudicado.

2.º Si el resultado de las operaciones descritas en el párrafo anterior resultase negativo, dicho resultado se considerará renta o ganancia patrimonial, según que el socio sea persona jurídica o física, respectivamente. En este supuesto, cada uno de los restantes elementos de activo adjudicados distintos de los créditos, dinero o signo que lo represente, se considerará que tiene un valor de adquisición cero.

3.º Si el resultado de las operaciones descritas en el párrafo 1.º anterior resultase cero o positivo, se considerará que no existe renta o pérdida o ganancia patrimonial.

Cuando dicho resultado sea cero, cada uno de los restantes elementos de activo adjudicados distintos de los créditos, dinero o signo que lo represente, tendrá como valor de adquisición cero.

Si el resultado fuese positivo, el valor de adquisición de cada uno de los restantes elementos de activo adjudicados distintos de los créditos, dinero o signo que lo represente, será el que resulte de distribuir el resultado positivo entre ellos en función del valor de mercado que resulte del balance final de liquidación de la sociedad que se extingue.

4.º Los elementos adjudicados al socio, distintos de los créditos, dinero o signo que lo represente, se considerarán adquiridos por éste en la fecha de su adquisición por la sociedad.

3. Hasta la finalización del proceso de extinción de la sociedad civil, siempre que la misma se realice dentro del plazo indicado en la letra c) del apartado 1 de esta disposición transitoria, continuará aplicándose el régimen de atribución de rentas previsto en la Sección 2.ª del Título X de esta Ley, sin que la sociedad civil llegue a adquirir la consideración de contribuyente del Impuesto sobre Sociedades.

En caso contrario, la sociedad civil tendrá la consideración de contribuyente del Impuesto sobre Sociedades desde 1 de enero de 2016 y no resultará de aplicación el citado régimen de atribución de rentas.

D.T. 20ª. Gastos e inversiones para habituar a los empleados en la utilización de las nuevas tecnologías de la comunicación y de la información[321].

Sin perjuicio de lo establecido en la disposición derogatoria segunda de esta Ley, el artículo 40 del Texto Refundido de la Ley del Impuesto sobre Sociedades, aprobado por el Real Decreto Legislativo 4/2004, de 5 de marzo, prorrogará su vigencia durante los años 2011, 2012, 2013 y 2014

---

[321]   Nueva redacción según el Art. 65.Dos de la Ley 22/2013, de 23 de diciembre, de Presupuestos Generales del Estado para el año 2014.

§1 para los gastos e inversiones para habituar a los empleados en la utilización de las nuevas tecnologías de la comunicación y de la información.

D.T. 21ª. Deducción por obras de mejora en la vivienda habitual satisfechas con anterioridad a la entrada en vigor del Real Decreto-ley 5/2011[322].

1. Los contribuyentes que con anterioridad a la entrada en vigor del Real Decreto-ley 5/2011 hayan satisfecho cantidades por las que hubieran tenido derecho a la deducción por obras de mejora en la vivienda habitual conforme a la redacción original de la disposición adicional vigésima novena de esta Ley, aplicarán la deducción en relación con tales cantidades conforme a la citada redacción.

2. En ningún caso, por aplicación de lo dispuesto en esta disposición, la base anual y la base acumulada de la deducción correspondientes al conjunto de obras de mejora podrán exceder de los límites establecidos en la disposición adicional vigésima novena de esta ley.

D.T. 22ª. Indemnizaciones por despido exentas[323].

1. Las indemnizaciones por despidos producidos desde la entrada en vigor del Real Decreto-ley 3/2012, de 10 de febrero, de medidas urgentes para la reforma del mercado laboral, y hasta el día de la entrada en vigor de la Ley, de medidas urgentes para la reforma del mercado laboral, estarán exentas en la cuantía que no exceda de la que hubiera correspondido en el caso de que éste hubiera sido declarado improcedente, cuando el empresario así lo reconozca en el momento de la comunicación del despido o en cualquier otro anterior al acto de conciliación y no se trate de extinciones de mutuo acuerdo en el marco de planes o sistemas colectivos de bajas incentivadas.

---

[322] Disposición añadida por la D.F. 1ª.2 del Real Decreto-ley 5/2011, de 29 de abril, de medidas para la regularización y control del empleo sumergido y fomento de la rehabilitación de viviendas.

[323] Disposición añadida por la D.F. 11ª.2 de la Ley 3/2012, de 6 de julio, de medidas urgentes para la reforma del mercado laboral.

2. Las indemnizaciones por despido o cese consecuencia de los expedientes de regulación de empleo a que se refiere la disposición transitoria décima de la Ley, de medidas urgentes para la reforma del mercado laboral, aprobados por la autoridad competente a partir de 8 de marzo de 2009, estarán exentas en la cuantía que no supere cuarenta y cinco días de salario, por año de servicio, prorrateándose por meses los periodos de tiempo inferiores a un año hasta un máximo de cuarenta y dos mensualidades.

3. El límite previsto en el último párrafo de la letra e) del artículo 7 de esta Ley no resultará de aplicación a las indemnizaciones por despidos o ceses producidos con anterioridad a 1 de agosto de 2014. Tampoco resultará de aplicación a los despidos que se produzcan a partir de esta fecha cuando deriven de un expediente de regulación de empleo aprobado, o un despido colectivo en el que se hubiera comunicado la apertura del período de consultas a la autoridad laboral, con anterioridad a dicha fecha[324].

D.T. 23ª. Tipo de retención aplicable a los rendimientos de actividades profesionales y a determinados rendimientos del trabajo[325] [326].

El porcentaje de retención o ingreso a cuenta aplicable a los rendimientos previstos en el apartado 3 y en la letra a) del apartado 5, ambos del artículo 101 de esta Ley, satisfechos o abonados hasta el 31 de agosto de 2012, será el previsto en dicho artículo, en su redacción vigente a 1 de enero de 2012.

---

[324] Apartado añadido por el Art. 1º. 92 de la Ley 26/2014, de 27 de noviembre, por la que se modifican la Ley 35/2006, de 28 de noviembre, del Impuesto sobre la Renta de las Personas Físicas, el texto refundido de la Ley del Impuesto sobre la Renta de no Residentes, aprobado por el Real Decreto Legislativo 5/2004, de 5 de marzo, y otras normas tributarias.

[325] Disposición añadida por el Art. 25.2º.3 del Real Decreto-ley 20/2012, de 13 de julio, de medidas para garantizar la estabilidad presupuestaria y de fomento de la competitividad.

[326] Nueva redacción del título de la disposición según el Art. 64.Dos de la Ley 22/2013, de 23 de diciembre, de Presupuestos Generales del Estado para el año 2014.

§1

El porcentaje de retención o ingreso a cuenta aplicable a dichos rendi-mientos que se satisfagan a abonen a partir de 1 de septiembre de 2012 será el previsto en el primer párrafo del apartado 4 de la disposición adi-cional trigésima quinta de esta Ley, salvo en el supuesto en el que resulte de aplicación el porcentaje del 9 por ciento previsto en el segundo párrafo de la letra a) del apartado 5 del artículo 101 de esta Ley.

D.T. 24ª. Rendimientos del trabajo en especie consistentes en la uti-lización de vivienda[327].

Durante el período impositivo 2013, los rendimientos del trabajo en especie derivados de la utilización de vivienda cuando esta no sea propie-dad del pagador se podrán seguir valorando conforme a lo dispuesto en la letra a) del número 1.º del apartado 1 del artículo 43 de esta Ley en su redacción en vigor a 31 de diciembre de 2012, siempre que la entidad empleadora ya viniera satisfaciendo los mismos en relación con dicha vi-vienda con anterioridad a 4 de octubre de 2012.

D.T. 25ª. Reducciones aplicables a determinados rendimientos[328].

1. El límite de la reducción previsto en el artículo 18.2 de esta Ley para la extinción de relaciones laborales o mercantiles no se aplicará a los rendimientos del trabajo que deriven de extinciones producidas con anterioridad a 1 de enero de 2013.

2. Los rendimientos del trabajo procedentes de indemnizaciones por extinción de la relación mercantil a que se refiere el artículo 17.2 e) de esta Ley con período de generación superior a dos años, podrán aplicar la reducción prevista en el apartado 2 del artículo 18 de esta Ley cuando el

---

[327]   Disposición añadida por el Art. 4.Tres de la Ley 16/2012, de 27 de diciembre, por la que se adoptan diversas medidas tributarias dirigidas a la consolidación de las finanzas públicas y al impulso de la actividad económica.

[328]   Nueva redacción según el Art. 1º. 93 de la Ley 26/2014, de 27 de noviembre, por la que se modifican la Ley 35/2006, de 28 de noviembre, del Impuesto sobre la Renta de las Personas Físicas, el texto refundido de la Ley del Impuesto sobre la Renta de no Residentes, aprobado por el Real Decreto Legislativo 5/2004, de 5 de marzo, y otras normas tributarias.

cociente resultante de dividir el número de años de generación, computados de fecha a fecha, entre el número de períodos impositivos de fraccionamiento, sea superior a dos, siempre que la fecha de la extinción de la
relación sea anterior a 1 de agosto de 2014.

3. Los rendimientos distintos de los procedentes de indemnizaciones
por extinción de la relación laboral, común o especial, o de la relación
mercantil a que se refiere el artículo 17.2 e) de esta Ley, que se vinieran
percibiendo de forma fraccionada con anterioridad a 1 de enero de 2015
con derecho a la aplicación de la reducción prevista en los artículos 18.2,
23.3 26.2 y 32.1 de la Ley del Impuesto en su redacción en vigor a 31 de
diciembre de 2014, podrán seguir aplicando la reducción prevista, respectivamente, en los artículos 18.2, 23.3, 26.2 y 32.1 de esta Ley a cada una
de las fracciones que se imputen a partir de 1 de enero de 2015, siempre
que el cociente resultante de dividir el número de años de generación,
computados de fecha a fecha, entre el número de períodos impositivos de
fraccionamiento, sea superior a dos.

En relación con rendimientos previstos en el párrafo anterior derivados de compromisos adquiridos con anterioridad a 1 de enero de 2015
que tuvieran previsto el inicio de su percepción de forma fraccionada en
períodos impositivos que se inicien a partir de dicha fecha, la sustitución
de la forma de percepción inicialmente acordada por su percepción en un
único período impositivo no alterará el inicio del período de generación
del rendimiento.

4. En el caso de los rendimientos del trabajo que deriven del ejercicio
de opciones de compra sobre acciones o participaciones por los trabajadores que hubieran sido concedidas con anterioridad a 1 de enero de 2015 y
se ejerciten transcurridos más de dos años desde su concesión, si, además,
no se concedieron anualmente, podrán aplicar la reducción prevista en el
apartado 2 del artículo 18 de esta Ley aun cuando en el plazo de los cinco
períodos impositivos anteriores a aquél en el que se ejerciten, el contribuyente hubiera obtenido otros rendimientos con período de generación superior a dos años a los que hubiera aplicado la reducción prevista en dicho
apartado. En este caso será de aplicación el límite previsto en el número
1.º de la letra b) del apartado 2 del artículo 18 de esta Ley en su redac-

ción, en vigor a 31 de diciembre de 2014, a los rendimientos del trabajo derivados de todas las opciones de compra concedidas con anterioridad a 1 de enero de 2015.

D.T. 26ª. Régimen transitorio aplicable a la imputación de primas de seguros colectivos contratados con anterioridad a 1 de diciembre de 2012[329].

A efectos de lo dispuesto en el segundo párrafo de la letra f) del apartado 1 del artículo 17 de esta Ley, en los seguros colectivos contratados con anterioridad a 1 de diciembre de 2012, en los que figuren primas de importe determinado expresamente, y el importe anual de estas supere el límite fijado en dicho artículo, no será obligatoria la imputación por ese exceso.

D.T. 27ª. Acciones o participaciones de entidades de nueva o reciente creación adquiridas con anterioridad a la entrada en vigor de la Ley 14/2013, de Apoyo a los Emprendedores y su Internacionalización[330].

Los contribuyentes que obtengan ganancias patrimoniales que se pongan de manifiesto con ocasión de la transmisión de acciones o participaciones adquiridas con anterioridad a la entrada en vigor de la Ley 14/2013 podrán aplicar la exención prevista en la disposición adicional trigésima cuarta de esta Ley en su redacción en vigor a 31 de diciembre de 2012, siempre que se cumplan los requisitos y condiciones establecidos en dicha disposición adicional.

---

[329] Disposición añadida por la D.F. 10ª.Cinco de la Ley 16/2012, de 27 de diciembre, por la que se adoptan diversas medidas tributarias dirigidas a la consolidación de las finanzas públicas y al impulso de la actividad económica.

[330] Disposición añadida por el Art. 27.Doce de la Ley 14/2013, de 27 de septiembre, de apoyo a los emprendedores y su internacionalización.

D.T. 28ª. Acciones o participaciones adquiridas con el saldo de cuentas ahorro-empresa[331]**.**

No formará parte de la base de la deducción regulada en el artículo 68.1 de esta Ley el importe de las acciones o participaciones adquiridas con el saldo de cuentas ahorro-empresa en la medida en que dicho saldo hubiera sido objeto de deducción.

D.T. 29ª. Transmisiones de derechos de suscripción anteriores a 1 de enero de 2017[332]**.**

Para la determinación del valor de adquisición de los valores a que se refiere la letra a) del apartado 1 del artículo 37 de esta Ley, se deducirá el importe obtenido por las transmisiones de derechos de suscripción realizadas con anterioridad a 1 de enero de 2017, con excepción del importe de tales derechos que hubiera tributado como ganancia patrimonial. Cuando no se hubieran transmitido la totalidad de los derechos de suscripción, se entenderá que los transmitidos correspondieron a los valores adquiridos en primer lugar.

D.T. 30ª. Socios de sociedades civiles que tengan la condición de contribuyentes del Impuesto sobre Sociedades[333]**.**

1. Los contribuyentes de este Impuesto que sean socios de sociedades civiles, a las que hubiese resultado de aplicación el régimen de atribución

---

[331]   Disposición añadida por el Art. 1º. 94 de la Ley 26/2014, de 27 de noviembre, por la que se modifican la Ley 35/2006, de 28 de noviembre, del Impuesto sobre la Renta de las Personas Físicas, el texto refundido de la Ley del Impuesto sobre la Renta de no Residentes, aprobado por el Real Decreto Legislativo 5/2004, de 5 de marzo, y otras normas tributarias.

[332]   Disposición añadida por el Art. 1º. 95 de la Ley 26/2014, de 27 de noviembre, por la que se modifican la Ley 35/2006, de 28 de noviembre, del Impuesto sobre la Renta de las Personas Físicas, el texto refundido de la Ley del Impuesto sobre la Renta de no Residentes, aprobado por el Real Decreto Legislativo 5/2004, de 5 de marzo, y otras normas tributarias.

[333]   Disposición añadida por el Art. 1º. 96 de la Ley 26/2014, de 27 de noviembre, por la que se modifican la Ley 35/2006, de 28 de noviembre, del Impuesto sobre la Renta de las Personas Físicas, el texto refundido de la Ley del Impuesto sobre la

§1

de rentas previsto en la Sección 2.ª del Título X de la esta Ley y adquieran la condición de contribuyentes del Impuesto sobre Sociedades, podrán seguir aplicando las deducciones en la cuota íntegra previstas en el artículo 68.2 de esta Ley que estuviesen pendientes de aplicación a 1 de enero de 2016 en los términos previstos en el artículo 69 de esta Ley, siempre que se cumplan las condiciones y requisitos establecidos en la Ley del Impuesto sobre Sociedades.

2. En lo que afecte a los contribuyentes de este Impuesto, será de aplicación lo dispuesto en la disposición transitoria trigésima segunda de la Ley del Impuesto sobre Sociedades.

D.T. 31ª. Requisito de antigüedad a efectos de tratamiento de Planes Individuales de Ahorro Sistemático de contratos de seguro formalizados antes de 1 de enero de 2015[334].

A los Planes Individuales de Ahorro Sistemático formalizados con anterioridad al 1 de enero de 2015, les será de aplicación el requisito de cinco años fijado en la letra g) de la disposición adicional tercera de esta Ley.

La transformación de un Plan Individual de Ahorro Sistemático formalizado antes de 1 de enero de 2015, o de un contrato de seguro de los regulados en la disposición transitoria decimocuarta de esta Ley, mediante la modificación del vencimiento del mismo, con la exclusiva finalidad de anticipar la constitución de la renta vitalicia a una fecha que cumpla con el requisito de antigüedad de cinco años desde el pago de la primera prima exigido por las citadas disposiciones, no tendrá efectos tributarios para el tomador.

Renta de no Residentes, aprobado por el Real Decreto Legislativo 5/2004, de 5 de marzo, y otras normas tributarias.

[334] Disposición añadida por el Art. 1º. 97 de la Ley 26/2014, de 27 de noviembre, por la que se modifican la Ley 35/2006, de 28 de noviembre, del Impuesto sobre la Renta de las Personas Físicas, el texto refundido de la Ley del Impuesto sobre la Renta de no Residentes, aprobado por el Real Decreto Legislativo 5/2004, de 5 de marzo, y otras normas tributarias.

§1

D.T. 32ª. Límites para la aplicación del método de estimación objetiva en los ejercicios 2016 a 2024[335].

Para los ejercicios 2016, 2017, 2018, 2019, 2020, 2021, 2022, 2023 y 2024, las magnitudes de 150.000 y 75.000 euros a que se refiere el apartado a') de la letra b) de la norma 3.ª del apartado 1 del artículo 31 de esta ley, quedan fijadas en 250.000 y 125.000 euros, respectivamente.

Asimismo, para dichos ejercicios, la magnitud de 150.000 euros a que se refiere la letra c) de la norma 3.ª del apartado 1 del artículo 31 de esta ley, queda fijada en 250.000 euros.

D.T. 33ª. Aplicación en el ejercicio 2018 de la deducción establecida en el artículo 81 bis[336].

En el período impositivo 2018, la deducción por cónyuge no separado legalmente con discapacidad y el incremento de la deducción previsto por cada uno de los hijos que excedan del número mínimo de hijos exigido para la adquisición de la condición de familia numerosa de categoría general o especial, se determinará tomando en consideración exclusivamente los meses iniciados con posterioridad a la entrada en vigor de la Ley de Presupuestos Generales del Estado para el año 2018.

D.T. 34ª. Obligación de declarar en el período impositivo 2018[337].

Cuando el impuesto correspondiente al período impositivo 2018 se hubiera devengado a partir de la entrada en vigor de la Ley de Presupuestos Generales del Estado para el año 2018, el límite de 14.000 euros establecido en el primer párrafo del apartado 3 del artículo 96 de esta Ley será de 12.643 euros.

---

[335]   Nueva redacción según el Art. 15 del Real Decreto-ley 8/2023, de 27 de diciembre, por el que se adoptan medidas para afrontar las consecuencias económicas y sociales derivadas de los conflictos en Ucrania y Oriente Próximo, así como para paliar los efectos de la sequía.

[336]   Disposición añadida por el art. 62. Tres de la Ley 6/2018, de 3 de julio, de Presupuestos Generales del Estado para 2018.

[337]   Disposición añadida por el art. 63. Dos de la Ley 6/2018, de 3 de julio, de Presupuestos Generales del Estado para 2018.

§1

D.T. 35ª. Cuantía exenta del gravamen especial sobre los premios de determinadas loterías y apuestas en los ejercicios 2018 y 2019[338].

Los premios derivados de juegos celebrados con anterioridad a la entrada en vigor de la Ley 6/2018, de 3 de julio, de Presupuestos Generales del Estado para el año 2018, estarán exentos del gravamen especial en la cuantía prevista en el apartado 2 de la disposición adicional trigésima tercera de esta Ley en su redacción vigente a 31 de diciembre de 2017.

Dicha cuantía será de 10.000 euros para los premios derivados de juegos celebrados en el período impositivo 2018 a partir de la entrada en vigor de la citada Ley, y de 20.000 euros para los premios derivados de juegos celebrados en el período impositivo 2019.

D.T. 36ª. Aplicación del régimen de diferimiento a determinadas participaciones o acciones en instituciones de inversión colectiva adquiridas con anterioridad a 1 de enero de 2022[339].

El requisito establecido en el número 3.º de la letra a) del apartado 2 del artículo 94 de esta Ley no será de aplicación a las participaciones o acciones en instituciones de inversión colectiva a que se refiere dicho número 3.º adquiridas por el contribuyente con anterioridad a 1 de enero de 2022 y no cotizadas en bolsa de valores española, siempre que el importe del reembolso o transmisión no se destine a la adquisición de acciones o participaciones de instituciones de inversión colectiva previstas en el citado número 3.º.

---

[338] Disposición añadida por el art. 67. Dos de la Ley 6/2018, de 3 de julio, de Presupuestos Generales del Estado para 2018.

[339] Disposición añadida por el Art. 3º.7 de la Ley 11/2021, de 9 de julio, de medidas de prevención y lucha contra el fraude fiscal, de transposición de la Directiva (UE) 2016/1164, del Consejo, de 12 de julio de 2016, por la que se establecen normas contra las prácticas de elusión fiscal que inciden directamente en el funcionamiento del mercado interior, de modificación de diversas normas tributarias y en materia de regulación del juego

D.T. 37ª. Deducción por maternidad[340].

Cuando en el período impositivo 2022 se hubiera tenido derecho a la deducción por maternidad y al complemento de ayuda para la infancia previsto en la Ley 19/2021 en relación con el mismo descendiente, se podrá seguir practicando la deducción por maternidad a partir de 1 de enero de 2023, aun cuando alguno de los progenitores tuviera derecho al citado complemento respecto de dicho descendiente, siempre que se cumplan el resto de los requisitos establecidos en la normativa vigente a partir de 1 de enero de 2023.

D.T. 38ª. Reducción aplicable a determinados arrendamientos de viviendas[341].

A los rendimientos netos positivos de capital inmobiliario derivados de contratos de arrendamiento de vivienda que se hubieran celebrado con anterioridad a la entrada en vigor[342] de la Ley 12/2023, de 24 de mayo, por el derecho a la vivienda, les resultará de aplicación la reducción prevista en el apartado 2 del artículo 23 de esta ley en su redacción vigente a 31 de diciembre de 2021[343].

---

[340]   Disposición añadida por el Art. 73 del Real Decreto-Ley 20/2022, de 27 de diciembre, de medidas de respuesta a las consecuencias económicas y sociales de la Guerra de Ucrania y de apoyo a la reconstrucción de la isla de La Palma y a otras situaciones de vulnerabilidad.

[341]   Disposición añadida por la D.F. 2ª.2 de la Ley 12/2023, de 24 de mayo, por el derecho a la vivienda.

[342]   La entrada en vigor de esta norma fue el 26 de mayo de 2023.

[343]   **Redacción en vigor a 31 de diciembre de 2021:**
       2. En los supuestos de arrendamiento de bienes inmuebles destinados a vivienda, el rendimiento neto positivo calculado con arreglo a lo dispuesto en el apartado anterior, se reducirá en un 60 por ciento. Esta reducción sólo resultará aplicable sobre los rendimientos netos positivos que hayan sido calculados por el contribuyente en una autoliquidación presentada antes de que se haya iniciado un procedimiento de verificación de datos, de comprobación limitada o de inspección que incluya en su objeto la comprobación de tales rendimientos.
       En ningún caso resultará de aplicación la reducción respecto de la parte de los rendimientos netos positivos derivada de ingresos no incluidos o de gastos inde-

DISPOSICIONES DEROGATORIAS

§1

D.D. 1ª. Impuesto sobre la Renta de las Personas Físicas.

1. A la entrada en vigor de esta Ley quedarán derogadas todas las disposiciones que se opongan a lo establecido en la misma, y en particular el Real Decreto legislativo 3/2004, de 5 de marzo, por el que se aprueba el texto refundido de la Ley del Impuesto sobre la Renta de las Personas Físicas.

2. No obstante lo previsto en el apartado anterior, conservarán su vigencia en lo que se refiere a este Impuesto:

1.º La disposición adicional segunda de la Ley 13/1985, de 25 de mayo, de coeficientes de inversión, recursos propios y obligaciones de información de intermediarios financieros.

2.º La Ley 20/1990, de 19 de diciembre, sobre Régimen Fiscal de Cooperativas, salvo lo dispuesto en el artículo 32 de la misma.

3.º Las disposiciones adicionales decimosexta, decimoséptima y vigésima tercera de la Ley 18/1991, de 6 de junio, del Impuesto sobre la Renta de las Personas Físicas.

4.º Los artículos 93 y 94 de la Ley 20/1991, de 7 de junio, de modificación de los aspectos fiscales del Régimen Económico y Fiscal de Canarias.

5.º La Ley 19/1994, de 6 de julio, de modificación del Régimen Económico y Fiscal de Canarias.

6.º El Real Decreto-ley 7/1994, de 20 de junio, sobre Libertad de Amortización para las Inversiones Generadoras de Empleo.

7.º El Real Decreto-ley 2/1995, de 17 de febrero, sobre Libertad de Amortización para las Inversiones Generadoras de Empleo.

8.º La disposición transitoria undécima de la Ley 13/1996, de 30 de diciembre, de Medidas Fiscales, Administrativas y del Orden Social.

9.º El artículo 13 de la Ley 32/1999, de 8 de octubre, de solidaridad con las víctimas del terrorismo.

---

bidamente deducidos en la autoliquidación del contribuyente y que se regularicen en alguno de los procedimientos citados en el párrafo anterior, incluso cuando esas circunstancias hayan sido declaradas o aceptadas por el contribuyente durante la tramitación del procedimiento.

§1

10.º Las disposiciones adicionales tercera y sexta de la Ley 55/1999, de 29 de diciembre, de medidas fiscales, administrativas y del orden social.

11.º La Ley 49/2002, de 23 de diciembre, de régimen fiscal de las entidades sin fines lucrativos y de los incentivos fiscales al mecenazgo.

12.º La disposición transitoria segunda de la Ley 19/2003, de 4 de julio, sobre régimen jurídico de los movimientos de capitales y de las transacciones económicas con el exterior y sobre determinadas medidas de prevención del blanqueo de capitales.

13.º Las disposiciones adicionales quinta, decimoctava, trigésima tercera, trigésima cuarta y trigésima séptima de la Ley 62/2003, de 30 de diciembre, de medidas fiscales, administrativas y del orden social.

14.º El artículo 5.7 del Real Decreto-Ley 6/2004, de 17 de septiembre, por el que se adoptan medidas urgentes para reparar los daños causados por los incendios e inundaciones acaecidos en las Comunidades Autónomas de Aragón, Cataluña, Andalucía, La Rioja, Comunidad Foral de Navarra y Comunidad Valenciana.

15.º El artículo 1 del texto refundido de la Ley sobre responsabilidad civil y seguro en la circulación vehículos a motor aprobado por el Real Decreto Legislativo 8/2004, de 29 de octubre.

16.º El artículo 7 del Real Decreto-Ley 8/2004, de 5 de noviembre, sobre indemnizaciones a los participantes en operaciones internacionales de paz y seguridad.

17.º El artículo 5.7 de la Ley 2/2005, de 15 de marzo, por la que se adoptan medidas urgentes para reparar los daños causados por los incendios e inundaciones acaecidos en las Comunidades Autónomas de Aragón, Cataluña, Andalucía, La Rioja, Comunidad Foral de Navarra y Comunidad Valenciana.

18.º El artículo 3.7 del Real Decreto-Ley 11/2005, de 22 de julio, por el que se aprueban medidas urgentes en materia de incendios forestales.

3. La derogación de las disposiciones a que se refiere el apartado 1 no perjudicará los derechos de la Hacienda pública respecto a las obligaciones devengadas durante su vigencia.

§1

D.D. 2ª. Impuesto sobre Sociedades.

1. Con efectos para los períodos impositivos que se inicien a partir de 1 de enero de 2007 quedan derogados el artículo 23 y el Capítulo VI del Título VII del texto refundido de la Ley del Impuesto sobre Sociedades, aprobado por Real Decreto Legislativo 4/2004, de 5 de marzo.

2. Con efectos para los períodos impositivos que se inicien a partir de 1 de enero de 2011 quedan derogados los artículos 36, 37, apartados 4, 5 y 6 del artículo 38, artículos 39, 40 y 43 del texto refundido de la Ley del Impuesto sobre Sociedades, aprobado por Real Decreto Legislativo 4/2004, de 5 de marzo.

3[344].

4. Con efectos para los períodos impositivos que se inicien a partir de 1 de enero de 2014 quedan derogados el apartado 1 del artículo 34 y los apartados 1, 3 y 7 del artículo 38 del texto refundido de la Ley del Impuesto sobre Sociedades, aprobado por Real Decreto Legislativo 4/2004, de 5 de marzo[345].

DISPOSICIONES FINALES

D.F. 1ª. Modificación del texto refundido de la Ley del Impuesto sobre la Renta de las Personas Físicas, aprobado por el Real Decreto Legislativo 3/2004, de 5 de marzo.

1. Con efectos desde el 1 de enero de 2006, se modifica la disposición transitoria quinta del texto refundido de la Ley del Impuesto sobre la Renta de las Personas Físicas, que quedará redactada de la siguiente manera:

«Disposición transitoria quinta. Régimen transitorio de los contratos de seguro de vida generadores de incrementos o disminuciones de patrimonio con anterioridad a 1 de enero de 1999.

---

[344] Apartado derogado por la Disposición Derogatoria Única de la Ley 16/2013, de 29 de octubre, por la que se establecen determinadas medidas en materia de fiscalidad medioambiental y se adoptan otras medidas tributarias y financieras.

[345] Nueva redacción de este apartado según la D.F. 2ª.1 de la Ley 55/2007, de 28 de diciembre, del Cine.

1. Cuando se perciba un capital diferido con anterioridad a 20 de enero de 2006, la parte de prestación correspondiente a cada una de las primas satisfechas con anterioridad a 31 de diciembre de 1994 se reducirá en un 14,28 por 100 por cada año, redondeado por exceso, que medie entre el abono de la prima y el 31 de diciembre de 1994, una vez calculado el rendimiento de acuerdo con lo establecido en los artículos 23, 24 y 94 de esta Ley, excluido lo previsto en el último párrafo del apartado 2.b) de este artículo 94. Cuando hubiesen transcurrido más de seis años entre dichas fechas, el porcentaje a aplicar será el 100 por 100.

2. Cuando se perciba un capital diferido a partir de 20 de enero de 2006, la parte de la prestación correspondiente a cada una de las primas satisfechas con anterioridad a 31 de diciembre de 1994, que se hubiera generado con anterioridad a 20 de enero de 2006, se reducirá de acuerdo con lo previsto en el apartado 1 anterior.

A estos efectos, para determinar la parte de la prestación que, correspondiendo a cada una de las primas satisfechas con anterioridad a 31 de diciembre de 1994, se ha generado con anterioridad a 20 de enero de 2006, se multiplicará la misma por el coeficiente de ponderación que resulte del siguiente cociente: En el numerador, el tiempo transcurrido entre el pago de la prima y el 20 de enero de 2006.

En el denominador, el tiempo transcurrido entre el pago de la prima y la fecha de cobro de la prestación.»

2. Con efectos desde el 1 de enero de 2006, se modifica la disposición transitoria novena del texto refundido de la Ley del Impuesto sobre la Renta de las Personas Físicas, que quedará redactada de la siguiente manera:

«Disposición transitoria novena. Ganancias patrimoniales derivadas de elementos adquiridos con anterioridad a 31 de diciembre de 1994.

1. El importe de las ganancias patrimoniales correspondientes a transmisiones de elementos patrimoniales no afectos a actividades económicas que hubieran sido adquiridos con anterioridad a 31 de diciembre de 1994, se determinará con arreglo a las siguientes reglas:

A) Transmisiones efectuadas hasta el 19 de enero de 2006.

§1

1.ª) Las ganancias patrimoniales se calcularán, para cada elemento patrimonial, con arreglo a lo establecido en la Sección 4.ª, del Capítulo I, del Título II del texto refundido de esta Ley.

La ganancia patrimonial calculada se reducirá de la siguiente manera:

a) Se tomará como período de permanencia en el patrimonio del contribuyente el número de años que medie entre la fecha de adquisición del elemento y el 31 de diciembre de 1996, redondeado por exceso.

En el caso de derechos de suscripción se tomará como período de permanencia el que corresponda a los valores de los cuales procedan.

Si se hubiesen efectuado mejoras en los elementos patrimoniales transmitidos se tomará como período de permanencia de éstas en el patrimonio del contribuyente el número de años que medie entre la fecha en que se hubiesen realizado y el 31 de diciembre de 1996, redondeado por exceso.

b) Si los elementos patrimoniales transmitidos fuesen bienes inmuebles, derechos sobre los mismos o valores de las entidades comprendidas en el artículo 108 de la Ley 24/1988, de 28 de julio, del Mercado de Valores, con excepción de las acciones o participaciones representativas del capital social o patrimonio de las Sociedades o Fondos de Inversión Inmobiliaria, la ganancia patrimonial se reducirá en un 11,11 por 100 por cada año de permanencia de los señalados en el párrafo a) anterior que exceda de dos.

c) Si los elementos patrimoniales transmitidos fuesen acciones admitidas a negociación en alguno de los mercados regulados de valores definidos en la Directiva 2004/39/CE del Parlamento Europeo y del Consejo de 21 de abril de 2004 relativa a los mercados de instrumentos financieros, y representativos de la participación en fondos propios de sociedades o entidades, con excepción de las acciones representativas del capital social de Sociedades de Inversión Mobiliaria e Inmobiliaria, la ganancia se reducirá en un 25 por 100 por cada año de permanencia de los señalados en el párrafo a) anterior que exceda de dos.

d) Las restantes ganancias patrimoniales se reducirán en un 14,28 por 100 por cada año de permanencia de los señalados en el párrafo a) anterior que exceda de dos.

e) Estará no sujeta la ganancia patrimonial derivada de elementos patrimoniales que a 31 de diciembre de 1996 y en función de lo señalado en los párrafos b), c) y d) anteriores tuviesen un período de permanencia, tal y como éste se define en el párrafo a), superior a diez, cinco y ocho años, respectivamente.

2.ª) Si se hubieran efectuado mejoras en los elementos patrimoniales transmitidos se distinguirá la parte del valor de enajenación que corresponda a cada componente del mismo a efectos de la aplicación de lo dispuesto en la regla 1.ª) anterior.

B) Transmisiones efectuadas a partir del 20 de enero de 2006.

1.ª) La parte de la ganancia patrimonial generada con anterioridad a 20 de enero de 2006 se reducirá con arreglo a lo dispuesto en la letra A) anterior. A estos efectos, la parte de la ganancia patrimonial generada con anterioridad a 20 de enero de 2006 vendrá determinada por la parte de la ganancia patrimonial que proporcionalmente corresponda al número de días transcurridos entre la fecha de adquisición y el 19 de enero de 2006, ambos inclusive, respecto del número total de días que hubiera permanecido en el patrimonio del contribuyente.

Estará no sujeta la parte de la ganancia patrimonial generada con anterioridad a 20 de enero de 2006 derivada de elementos patrimoniales que a 31 de diciembre de 1996 y en función de lo señalado en los párrafos b), c) y d) de la regla 1.ª de la letra A) anterior, tuviesen un período de permanencia, tal y como éste se define en el párrafo a) de la regla 1.ª de la letra A) anterior, superior a diez, cinco y ocho años, respectivamente.

2.ª) En los casos de valores admitidos a negociación en alguno de los mercados regulados y de acciones o participaciones en instituciones de inversión colectiva a las que resulte aplicable el régimen previsto en la letra a) del apartado 1 del artículo 35 de esta Ley, las ganancias y pérdidas patrimoniales se calcularán para cada valor, ac-

§1

ción o participación de acuerdo con lo establecido en la Sección 4ª, del Capítulo I del Título II de esta Ley.

Si, como consecuencia de lo dispuesto en el párrafo anterior, se obtuviera como resultado una ganancia patrimonial, se efectuará la reducción que proceda de las siguientes:

a) Si el valor de transmisión fuera igual o superior al que corresponda a los valores, acciones o participaciones a efectos del Impuesto sobre el Patrimonio del año 2005, la parte de la ganancia patrimonial que se hubiera generado con anterioridad a 20 de enero de 2006 se reducirá de acuerdo con lo previsto en la regla 1.ª anterior. A estos efectos, la ganancia patrimonial generada con anterioridad a 20 de enero de 2006 será la parte de la ganancia patrimonial resultante de tomar como valor de transmisión el que corresponda a los valores, acciones o participaciones a efectos del Impuesto sobre el Patrimonio del año 2005.

b) Si el valor de transmisión fuera inferior al que corresponda a los valores, acciones o participaciones a efectos del Impuesto sobre el Patrimonio del año 2005, la ganancia patrimonial se reducirá de acuerdo con lo previsto en la letra A) anterior.

2. A los efectos de lo establecido en esta disposición, se considerarán elementos patrimoniales no afectos a actividades económicas aquellos en los que la desafectación de estas actividades se haya producido con más de tres años de antelación a la fecha de transmisión.»

3. Con efectos desde el 1 de enero de 2006, se añade una disposición transitoria decimoquinta al texto refundido de la Ley del Impuesto sobre la Renta de las Personas Físicas, que quedará redactada de la siguiente manera:

«Disposición transitoria decimoquinta. Régimen transitorio aplicable en el supuesto de fallecimiento durante el período impositivo 2006.

En el supuesto de finalización del período impositivo 2006 con anterioridad a la entrada en vigor de la disposición final primera de la Ley 35/2006, del Impuesto sobre la Renta de la Personas Físicas y de modificación parcial de las Leyes de los impuestos sobre sociedades,

§1

sobre la Renta de no Residentes y sobre el Patrimonio, los sucesores del causante aplicarán en dicha declaración las disposiciones transitorias quinta y novena de esta Ley según su redacción vigente a 31 de diciembre de 2005.»

D.F. 2ª. Modificación del texto refundido de la Ley del Impuesto sobre Sociedades, aprobado por el Real Decreto Legislativo 4/2004, de 5 de marzo y de la Ley 49/2002, de 23 de diciembre, de régimen fiscal de las entidades sin fines lucrativos y de los incentivos fiscales al mecenazgo.

1. Con efectos para los períodos impositivos que se inicien a partir de 1 de enero de 2007, se da nueva redacción al punto 2.º de la letra e) del apartado 4 del artículo 30 del texto refundido de la Ley del Impuesto sobre Sociedades, aprobado por el Real Decreto Legislativo 4/2004, de 5 de marzo, que quedará redactado de la siguiente manera:

«2.º El sujeto pasivo pruebe que un importe equivalente a la depreciación del valor de la participación se ha integrado en la base imponible del Impuesto sobre la Renta de las Personas Físicas, en concepto de renta obtenida por las sucesivas personas físicas propietarias de la participación, con la ocasión de su transmisión.

La deducción se practicará parcialmente cuando la prueba a que se refiere este párrafo e) tenga carácter parcial.

En este supuesto, la deducción no podrá exceder del importe resultante de aplicar al dividendo o a la participación en beneficios el tipo de gravamen que en el Impuesto sobre la Renta de las Personas Físicas corresponde a las ganancias patrimoniales integradas en la parte especial de la base imponible o en la del ahorro, para el caso de transmisiones realizadas a partir de 1 de enero de 2007.»

2. Con efectos para los períodos impositivos que se inicien a partir de 1 de enero de 2007, se da nueva redacción al artículo 43 del texto refundido de la Ley del Impuesto sobre Sociedades, aprobado por el Real Decreto Legislativo 4/2004, de 5 de marzo, que quedará redactado de la siguiente manera:

§1

«Artículo 43. Deducción por contribuciones empresariales a planes de pensiones de empleo, a mutualidades de previsión social que actúen como instrumento de previsión social empresarial, a planes de previsión social empresarial o por aportaciones a patrimonios protegidos de las personas con discapacidad.

1. El sujeto pasivo podrá practicar una deducción en la cuota íntegra del 10 por ciento de las contribuciones empresariales imputadas a favor de los trabajadores con retribuciones brutas anuales inferiores a 27.000 euros, siempre que tales contribuciones se realicen a planes de pensiones de empleo, a planes de previsión social empresarial, a planes de pensiones regulados en la Directiva 2003/41/CE del Parlamento Europeo y del Consejo, de 3 de junio de 2003, relativa a las actividades y la supervisión de fondos de pensiones de empleo y a mutualidades de previsión social que actúen como instrumento de previsión social de los que sea promotor el sujeto pasivo.

2. Asimismo, el sujeto pasivo podrá practicar una deducción en la cuota íntegra del 10 por ciento de las aportaciones realizadas a favor de patrimonios protegidos de los trabajadores con retribuciones brutas anuales inferiores a 27.000 euros, o de sus parientes en línea directa o colateral hasta el tercer grado inclusive, de sus cónyuges o de las personas a cargo de dichos trabajadores en régimen de tutela o acogimiento regulados en la Ley 41/2003, de 18 de noviembre, de Protección Patrimonial de las Personas con Discapacidad y de Modificación del Código Civil, de la Ley de Enjuiciamiento Civil y de la Normativa Tributaria con esta finalidad, de acuerdo con las siguientes reglas:

a) Las aportaciones que generen el derecho a practicar la deducción prevista en este apartado no podrán exceder de 8.000 euros anuales por cada trabajador o persona discapacitada.

b) Las aportaciones que excedan del límite previsto en la letra anterior darán derecho a practicar la deducción en los cuatro períodos impositivos siguientes, hasta agotar, en su caso, en cada uno de ellos el importe máximo que genera el derecho a deducción.

Cuando concurran en un mismo período impositivo deducciones en la cuota por aportaciones efectuadas en el ejercicio, con deducciones pendientes de practicar de ejercicios anteriores se practicarán, en primer lugar, las deducciones procedentes de las aportaciones de los ejercicios anteriores, hasta agotar el importe máximo que genera el derecho a deducción.

c) Tratándose de aportaciones no dinerarias se tomará como importe de la aportación el que resulte de lo previsto en el artículo 18 de la Ley 49/2002, de 23 de diciembre, de régimen fiscal de las entidades sin fines lucrativos y de los incentivos fiscales al mecenazgo.

Estarán exentas del Impuesto sobre Sociedades las rentas positivas que se pongan de manifiesto con ocasión de las contribuciones empresariales a patrimonios protegidos.

3. Cuando se trate de trabajadores con retribuciones brutas anuales iguales o superiores a 27.000 euros, la deducción prevista en los apartados 1 y 2 anteriores se aplicará sobre la parte proporcional de las contribuciones empresariales y aportaciones que correspondan al importe de la retribución bruta anual reseñado en dichos apartados.

4. Esta deducción no se podrá aplicar respecto de las contribuciones realizadas al amparo del régimen transitorio establecido en las disposiciones transitorias cuarta, quinta y sexta del texto refundido de la Ley de Regulación de los Planes y Fondos de Pensiones. Asimismo, no será aplicable en el caso de compromisos específicos asumidos con los trabajadores como consecuencia de un expediente de regulación de empleo.

5. Cuando se efectúen disposiciones de bienes o derechos aportados al patrimonio protegido de los trabajadores, de sus parientes, cónyuges o personas a cargo de los trabajadores en régimen de tutela o acogimiento, en los términos previstos en los párrafos b) y c) del apartado 5 del artículo 54 de la Ley del Impuesto sobre la Renta de las Personas Físicas, el sujeto pasivo que efectuó la aportación, en el período en que se hayan incumplido los requisitos, conjuntamente con la cuota correspondiente a su período impositivo, ingresará la cantidad deducida conforme a lo previsto en este artículo, además de los intereses de demora.»

3. Con efectos para los períodos impositivos que se inicien a partir de 1 de enero de 2007, se da nueva redacción al apartado 1 del artículo 57 del texto refundido de la Ley del Impuesto sobre Sociedades, aprobado por el Real Decreto Legislativo 4/2004, de 5 de marzo, que quedará redactado de la siguiente manera:

«1. Las instituciones de inversión colectiva reguladas en la Ley de instituciones de inversión colectiva con excepción de las sometidas al tipo general de gravamen, no tendrán derecho a deducción alguna de la cuota ni a la exención de rentas en la base imponible para evitar la doble imposición internacional.»

4. Con efectos para los períodos impositivos que se inicien a partir de 1 de enero de 2007, se da nueva redacción al apartado 2 del artículo 67 del texto refundido de la Ley del Impuesto sobre Sociedades, aprobado por el Real Decreto Legislativo 4/2004, de 5 de marzo, que quedará redactado de la siguiente manera:

«2. Se entenderá por sociedad dominante aquella que cumpla los requisitos siguientes:

a) Tener alguna de las formas jurídicas establecidas en el apartado anterior o, en su defecto, tener personalidad jurídica y estar sujeta y no exenta al Impuesto sobre Sociedades. Los establecimientos permanentes de entidades no residentes situados en territorio español podrán ser considerados sociedades dominantes respecto de las sociedades cuyas participaciones estén afectas al mismo.

b) Que tenga una participación, directa o indirecta, al menos, del 75 por ciento del capital social de otra u otras sociedades el primer día del período impositivo en que sea de aplicación este régimen de tributación.

c) Que dicha participación se mantenga durante todo el período impositivo.

El requisito de mantenimiento de la participación durante todo el período impositivo no será exigible en el supuesto de disolución de la entidad participada.

d) Que no sea dependiente de ninguna otra residente en territorio español, que reúna los requisitos para ser considerada como dominante.

e) Que no esté sometida al régimen especial de las agrupaciones de interés económico, españolas y europeas, y de uniones temporales de empresas.

f) Que, tratándose de establecimientos permanentes de entidades no residentes en territorio español, dichas entidades no sean dependientes de ninguna otra residente en territorio español que reúna los requisitos para ser considerada como dominante y residan en un país o territorio con el que España tenga suscrito un convenio para evitar la doble imposición internacional que contenga cláusula de intercambio de información.»

5. Con efectos para los períodos impositivos que se inicien a partir de 1 de enero de 2007, se da nueva redacción al apartado 1 del artículo 94 del texto refundido de la Ley del Impuesto sobre Sociedades, aprobado por el Real Decreto Legislativo 4/2004, de 5 de marzo, que quedará redactado de la siguiente manera:

«1. El régimen previsto en el presente capítulo se aplicará, a opción del sujeto pasivo de este impuesto o del contribuyente del Impuesto sobre la Renta de las Personas Físicas, a las aportaciones no dinerarias en las que concurran los siguientes requisitos:

a) Que la entidad que recibe la aportación sea residente en territorio español o realice actividades en este por medio de un establecimiento permanente al que se afecten los bienes aportados.

b) Que una vez realizada la aportación, el sujeto pasivo aportante de este impuesto o el contribuyente del Impuesto sobre la Renta de las Personas Físicas, participe en los fondos propios de la entidad que recibe la aportación en, al menos, el cinco por ciento.

c) Que, en el caso de aportación de acciones o participaciones sociales por contribuyentes del Impuesto sobre la Renta de las Personas Físicas, se tendrán que cumplir además de los requisitos señalados en los párrafos a) y b), los siguientes:

§1

1.º Que la entidad de cuyo capital social sean representativos sea residente en territorio español y que a dicha entidad no le sean de aplicación el régimen especial de agrupaciones de interés económico, españolas o europeas, y de uniones temporales de empresas, previstos en esta Ley, ni tenga como actividad principal la gestión de un patrimonio mobiliario o inmobiliario en los términos previstos en el artículo 4.Ocho.Dos de la Ley 19/1991, de 6 de junio, del Impuesto sobre el Patrimonio y no cumpla los demás requisitos establecidos en el cuarto párrafo del apartado 1 del artículo 116 de esta Ley.

2.º Que representen una participación de, al menos, un cinco por ciento de los fondos propios de la entidad.

3.º Que se posean de manera ininterrumpida por el aportante durante el año anterior a la fecha del documento público en que se formalice la aportación.

d) Que, en el caso de aportación de elementos patrimoniales distintos de los mencionados en el párrafo c) por contribuyentes del Impuesto sobre la Renta de las Personas Físicas, dichos elementos estén afectos a actividades económicas cuya contabilidad se lleve con arreglo a lo dispuesto en el Código de Comercio.»

6. Con efectos para los períodos impositivos que se inicien a partir de 1 de enero de 2007, se da nueva redacción al apartado 10 del artículo 107 del texto refundido de la Ley del Impuesto sobre Sociedades, aprobado por el Real Decreto Legislativo 4/2004, de 5 de marzo, que quedará redactado de la siguiente manera:

«10. Para calcular la renta derivada de la transmisión de la participación, directa o indirecta, el valor de adquisición se incrementará en el importe de la renta positiva que, sin efectiva distribución, hubiese sido incluida en la base imponible de los socios como rentas de sus acciones o participaciones en el período de tiempo comprendido entre su adquisición y transmisión.

En el caso de sociedades que tengan como actividad principal la gestión de un patrimonio mobiliario o inmobiliario en los términos previstos en el artículo 4.Ocho.Dos de la Ley 19/1991, de 6 de junio, del Impuesto sobre el Patrimonio, el valor de transmisión a computar será como mínimo, el teórico resultante del último balance cerrado, una vez sustituido el valor contable de los activos por el valor que tendrían a efectos del Impuesto sobre el Patrimonio o por el valor normal de mercado si éste fuere inferior.»

7. Con efectos para los períodos impositivos que se inicien a partir de 1 de enero de 2007, se da nueva redacción al apartado 1 del artículo 116 del texto refundido de la Ley del Impuesto sobre Sociedades, aprobado por el Real Decreto Legislativo 4/2004, de 5 de marzo, que quedará redactado de la siguiente manera:

«1. Podrán acogerse al régimen previsto en este capítulo las entidades cuyo objeto social comprenda la actividad de gestión y administración de valores representativos de los fondos propios de entidades no residentes en territorio español, mediante la correspondiente organización de medios materiales y personales.

Los valores o participaciones representativos de la participación en el capital de la entidad de tenencia de valores extranjeros deberán ser nominativos.

Las entidades sometidas a los regímenes especiales de las agrupaciones de interés económico, españolas y europeas, y de uniones temporales de empresas, no podrán acogerse al régimen de este capítulo.

Tampoco podrán acogerse las entidades que tengan como actividad principal la gestión de un patrimonio mobiliario o inmobiliario en los términos previstos en el artículo 4.Ocho.Dos de la Ley 19/1991, de 6 de junio, del Impuesto sobre el Patrimonio, siempre que en el mismo tiempo de al menos 90 días del ejercicio social más del 50 por ciento del capital social pertenezca, directa o indirectamente, a 10 o menos socios o a un grupo familiar, entendiéndose a estos efectos que éste está constituido por el cónyuge y las demás personas unidas por vínculos de parentesco, en línea directa o colateral, consanguínea o por afinidad, hasta el cuarto grado, inclusive, excepto que la totalidad de los socios sean personas jurídicas que, a su vez, no cumplan las condiciones anteriores o cuando una persona jurídica de derecho público sea titular de más del 50 por ciento del capital, así como cuando los valores representativos de la participación de la entidad estuviesen

§1

admitidos a negociación en alguno de los mercados secundarios oficiales de valores previstos en la ley 24/1988, de 28 de julio, del Mercado de valores.»

8. Con efectos para los períodos impositivos que se inicien a partir de 1 de enero de 2007, se da nueva redacción a la letra b) del apartado 1 del artículo 118 del texto refundido de la Ley del Impuesto sobre Sociedades, aprobado por el Real Decreto Legislativo 4/2004, de 5 de marzo, que quedará redactado de la siguiente manera:

«b) Cuando el perceptor sea contribuyente del Impuesto sobre la Renta de las Personas Físicas, el beneficio distribuido se considerará renta general y se podrá aplicar la deducción por doble imposición internacional en los términos previstos en el Impuesto sobre la Renta de las Personas Físicas, respecto de los impuestos pagados en el extranjero por la entidad de tenencia de valores y que correspondan a las rentas exentas que hayan contribuido a la formación de los beneficios percibidos.»

9. Con efectos para los períodos impositivos que se inicien a partir de 1 de enero de 2007, se da nueva redacción al apartado 4 del artículo 123 del texto refundido de la Ley del Impuesto sobre Sociedades, aprobado por el Real Decreto Legislativo 4/2004, de 5 de marzo, que quedará redactado de la siguiente manera:

«4. Los partícipes o miembros de las comunidades titulares de montes vecinales en mano común integrarán en la base del Impuesto sobre la Renta de las Personas Físicas las cantidades que les sean efectivamente distribuidas por la comunidad. Dichos ingresos tendrán el tratamiento previsto para las participaciones en beneficios de cualquier tipo de entidad, a que se refiere el párrafo a) del apartado 1 del artículo 25 de la Ley 35/2006, del Impuesto sobre la Renta de las Personas Físicas y de modificación parcial de las Leyes de los impuestos sobre sociedades, sobre la Renta de no Residentes y sobre el Patrimonio.»

10. Con efectos a partir de 1 de enero de 2007, se da nueva redacción al apartado 6 del artículo 140 del texto refundido de la Ley del Impuesto sobre Sociedades, aprobado por el Real Decreto Legislativo 4/2004, de 5 de marzo, que quedará redactado de la siguiente manera:

«6. El porcentaje de retención o ingreso a cuenta será el siguiente:

a) Con carácter general, el 18 por 100.

Cuando se trate de rentas procedentes del arrendamiento o suba-rrendamiento de inmuebles urbanos situados en Ceuta, Melilla o sus dependencias, obtenidas por entidades domiciliadas en dichos territo-rios o que operen en ellos mediante establecimiento o sucursal, dicho porcentaje se dividirá por dos.

b) En el caso de rentas procedentes de la cesión del derecho a la explotación de la imagen o del consentimiento o autorización para su utilización, el 24 por 100.

Reglamentariamente podrán modificarse los porcentajes de reten-ción e ingreso a cuenta previstos en este apartado.»

11. Con efectos para los períodos impositivos que se inicien a partir de 1 de enero de 2007, se añade una disposición adicional octava al texto refundido de la Ley del Impuesto sobre Sociedades, aprobado por Real Decreto Legislativo 4/2004, de 5 de marzo, que quedará redactada de la siguiente manera:

«Disposición adicional octava. Tipo de gravamen en el Impuesto sobre Sociedades.

1. El tipo general de gravamen establecido en el apartado 1 del artículo 28 de esta Ley será el:

– 32,5 por ciento, para los períodos impositivos iniciados a partir de 1 de enero de 2007.

– 30 por ciento, para los períodos impositivos iniciados a partir de 1 de enero de 2008.

La referencia del tercer párrafo del apartado 7 del artículo 28 de esta ley al tipo de gravamen del 35 por ciento se entenderá realizada a los tipos de gravamen del párrafo anterior.

2. El tipo de gravamen establecido en el apartado 7 del artículo 28 de esta Ley será el:

– 37,5 por ciento, para los períodos impositivos iniciados a partir de 1 de enero de 2007.

– 35 por ciento, para los períodos impositivos iniciados a partir de 1 de enero de 2008.

§1

La referencia del apartado 5 del artículo 30 de esta Ley al tipo de gravamen del 40 por ciento se entenderá realizada a los tipos de gravamen del párrafo anterior.»

12. Con efectos para los períodos impositivos que se inicien a partir de 1 de enero de 2007, se da nueva redacción al artículo 114 del texto refundido de la Ley del Impuesto sobre Sociedades, aprobado por el Real Decreto Legislativo 4/2004, de 5 de marzo, que quedará redactada de la siguiente manera:

«Artículo 114. Tipo de gravamen.

Las entidades que cumplan las previsiones previstas en el artículo 108 de esta Ley tributarán con arreglo a la siguiente escala, excepto si de acuerdo con lo previsto en el artículo 28 de esta ley deban tributar a un tipo diferente del general:

a) Por la parte de base imponible comprendida entre 0 y 120.202,41 euros, al tipo del 25 por ciento.

b) Por la parte de base imponible restante, al tipo del 30 por ciento.

Cuando el período impositivo tenga una duración inferior al año, la parte de la base imponible que tributará al tipo del 25 por ciento será la resultante de aplicar a 120.202,41 euros la proporción en la que se hallen el número de días del período impositivo entre 365 días, o la base imponible del período impositivo cuando esta fuera inferior.»

13. Con efectos para los períodos impositivos que se inicien a partir de 1 de enero de 2007, se añade una disposición adicional novena al texto refundido de la Ley del Impuesto sobre Sociedades, aprobado por el Real Decreto Legislativo 4/2004, de 5 de marzo, que quedará redactada de la siguiente manera:

«Disposición adicional novena. Reducción de la bonificación de actividades exportadoras.

La bonificación regulada en el apartado 1 del artículo 34 de esta Ley se determinará multiplicando el porcentaje de bonificación establecido en dicho apartado por el coeficiente siguiente:

– 0.875, en los períodos impositivos iniciados a partir de 1 de enero de 2007.

§1

– 0.750, en los períodos impositivos iniciados a partir de 1 de enero de 2008.

– 0.625, en los períodos impositivos iniciados a partir de 1 de enero de 2009.

– 0.500, en los períodos impositivos iniciados a partir de 1 de enero de 2010.

– 0.375, en los períodos impositivos iniciados a partir de 1 de enero de 2011.

– 0.250, en los períodos impositivos iniciados a partir de 1 de enero de 2012.

– 0.125, en los períodos impositivos iniciados a partir de 1 de enero de 2013.

El porcentaje de bonificación que resulte se redondeará en la unidad superior.»

14. Con efectos para los períodos impositivos que se inicien a partir de 1 de enero de 2007, se añade una disposición adicional décima al texto refundido de la Ley del Impuesto sobre Sociedades, aprobado por el Real Decreto Legislativo 4/2004, de 5 de marzo, que quedará redactada de la siguiente manera:

«Disposición adicional décima. Reducción de las deducciones en la cuota íntegra del Impuesto sobre Sociedades para incentivar la realización de determinadas actividades.

1. Las deducciones reguladas en los artículos 36, los apartados 4, 5 y 6 del artículo 38, artículos 39, 40 y 43 de esta Ley, se determinarán multiplicando los porcentajes de deducción establecidos en dichos artículos por el coeficiente siguiente:

– 0.8, en los períodos impositivos iniciados a partir de 1 de enero de 2007.

– 0.6, en los períodos impositivos iniciados a partir de 1 de enero de 2008.

– 0.4, en los períodos impositivos iniciados a partir de 1 de enero de 2009.

– 0.2, en los períodos impositivos iniciados a partir de 1 de enero de 2010.

§1

El porcentaje de deducción que resulte se redondeará en la unidad superior.

2. Las deducciones reguladas en el artículo 35 de esta Ley, se determinarán multiplicando los porcentajes de deducción establecidos en dicho artículo por el coeficiente siguiente:

– 0.92, en los períodos impositivos iniciados a partir de 1 de enero de 2007.

– 0.85, en los períodos impositivos iniciados a partir de 1 de enero de 2008.

El porcentaje de deducción que resulte se redondeará en la unidad inferior.

3. Para determinar la deducción establecida en el artículo 37 de esta Ley, el porcentaje de deducción aplicable en los períodos impositivos a que se refiere el apartado 1 será del 12, 9, 6 y 3 por ciento, respectivamente.

4. Las deducciones reguladas en los apartados 1, 2 y 3 del artículo 38 de esta Ley, se determinarán multiplicando los porcentajes de deducción fijados en dichos apartados por los coeficientes establecidos en la disposición adicional novena de esta Ley. El porcentaje de deducción que resulte se redondeará en la unidad superior.»

15. Con efectos para los períodos impositivos que se inicien a partir de 1 de enero de 2007, se añade una disposición transitoria decimonovena al texto refundido de la Ley del Impuesto sobre Sociedades, aprobado por el Real Decreto Legislativo 4/2004, de 5 de marzo, que quedará redactada de la siguiente manera:

«Disposición transitoria decimonovena. Régimen transitorio en el Impuesto sobre Sociedades de la deducción por inversiones para la implantación de empresas en el extranjero.

Las deducciones en la base imponible practicadas en períodos impositivos iniciados antes de 1 de enero de 2007 al amparo del artículo 23 de esta Ley, se regularán por lo en él establecido, aun cuando la integración en la base imponible y demás requisitos se produzcan en períodos impositivos iniciados a partir de dicha fecha.»

16. Con efectos para los períodos impositivos que se inicien a partir de 1 de enero de 2007, se añade una disposición transitoria vigésima al texto refundido de la Ley del Impuesto sobre Sociedades, aprobado por el Real Decreto Legislativo 4/2004, de 5 de marzo, que quedará redactada de la siguiente manera:

«Disposición transitoria vigésima. Régimen transitorio en el Impuesto sobre Sociedades de las deducciones para evitar la doble imposición.

1. Las deducciones establecidas en el artículo 30 de esta Ley, que estuviesen pendientes de aplicar al comienzo del primer período impositivo que se inicie a partir de 1 de enero de 2007, se podrán deducir en los períodos impositivos que concluyan dentro del resto del plazo establecido en el referido artículo. El importe de la deducción se calculará teniendo en cuenta el tipo de gravamen vigente en el período impositivo en que esta se aplique.

2. Las deducciones que resultaron de aplicar lo establecido en los artículos 29 bis y 30 bis de la Ley 43/1995, de 27 de diciembre, del Impuesto sobre Sociedades, y en los artículos 31.1.b) y 32.3 de esta Ley, que estuviesen pendientes de aplicar al comienzo del primer período impositivo que se inicie a partir de 1 de enero de 2007, se podrán deducir en los períodos impositivos que concluyan dentro del resto del plazo establecido en los referidos artículos. El importe de la deducción se determinará teniendo en cuenta el tipo de gravamen vigente en el período impositivo en que esta se aplique.

3. Lo establecido en los dos apartados anteriores también será de aplicación a las deducciones a que se refieren los artículos 30, 31.1.b) y 32.3 de esta Ley, generadas en períodos impositivos iniciados a partir de 1 de enero de 2007 cuando se apliquen en períodos impositivos posteriores en los que el tipo de gravamen sea diferente al vigente en el que se generaron.»

17. Con efectos para los períodos impositivos que se inicien a partir de 1 de enero de 2007, se añade una disposición transitoria vigésima primera al texto refundido de la Ley del Impuesto sobre Sociedades, aprobado por el Real Decreto Legislativo 4/2004, de 5 de marzo, que quedará redactada de la siguiente manera:

§1

> «Disposición transitoria vigésima primera. Régimen transitorio en el Impuesto sobre Sociedades de las deducciones para incentivar la realización de determinadas actividades pendientes de practicar.
>
> 1. Las deducciones establecidas en los artículos 36, 37, apartados 4, 5 y 6 del artículo 38, artículos 39, 40 y 43 de esta Ley, pendientes de aplicación al comienzo del primer período impositivo que se inicie a partir de 1 de enero de 2011, podrán aplicarse en el plazo y con los requisitos establecidos en el capítulo IV del Título VI de esta Ley, según redacción vigente a 31 de diciembre de 2010. Dichos requisitos son igualmente aplicables para consolidar las deducciones practicadas en períodos impositivos iniciados antes de aquella fecha.
>
> 2. Las deducciones establecidas en el artículo 35 de esta Ley, pendientes de aplicación al comienzo del primer período impositivo que se inicie a partir de 1 de enero de 2012, podrán aplicarse en el plazo y con los requisitos establecidos en el capítulo IV del Título VI de esta Ley, según redacción vigente a 31 de diciembre de 2011. Dichos requisitos son igualmente aplicables para consolidar las deducciones practicadas en períodos impositivos iniciados antes de aquella fecha.
>
> 3. Las deducciones establecidas en los apartados 1, 2 y 3 del artículo 38 de esta Ley, pendientes de aplicación al comienzo del primer período impositivo que se inicie a partir de 1 de enero de 2014, podrán aplicarse en el plazo y con los requisitos establecidos en el capítulo IV del Título VI de esta Ley, según redacción vigente a 31 de diciembre de 2013. Dichos requisitos son igualmente aplicables para consolidar las deducciones practicadas en períodos impositivos iniciados antes de aquella fecha.»

18. Con efectos para los períodos impositivos que se inicien a partir de 1 de enero de 2007, se añade una disposición transitoria vigésima segunda al texto refundido de la Ley del Impuesto sobre Sociedades, aprobado por el Real Decreto Legislativo 4/2004, de 5 de marzo, que quedará redactada de la siguiente manera:

«Disposición transitoria vigésima segunda. Régimen transitorio de las sociedades patrimoniales. Tributación por el régimen general.

1. La base imponible de las sociedades patrimoniales cuyo período impositivo se haya iniciado dentro de 2006 y concluya en el año 2007 se determinará, en su caso, aplicando las normas del texto refundido de la Ley del Impuesto sobre la Renta de las Personas Físicas, aprobado por Real Decreto Legislativo 3/2004, de 5 de marzo, según redacción vigente a 31 de diciembre de 2006.

2. La integración de las rentas devengadas y no integradas en la base imponible de los períodos impositivos en los que la sociedad tributó en el régimen de las sociedades patrimoniales se realizará en la base imponible del Impuesto sobre Sociedades correspondiente al primer período impositivo que se inicie a partir de 1 de enero de 2007. Las rentas que se hayan integrado en la base imponible del sujeto pasivo en aplicación del régimen de sociedades patrimoniales no se integrarán nuevamente con ocasión de su devengo.

3. Las bases imponibles negativas generadas en períodos impositivos en que haya sido de aplicación el régimen de las sociedades patrimoniales que estuviesen pendientes de compensar al comienzo del primer período impositivo que se inicie a partir de 1 de enero de 2007, podrán ser compensadas en las condiciones y requisitos establecidos en el artículo 25 de esta Ley.

4. Las deducciones por doble imposición de dividendos a que se refiere el artículo 81 del texto refundido de la Ley del Impuesto sobre la Renta de las Personas Físicas, aprobado por Real Decreto Legislativo 3/2004, de 5 de marzo, generadas en períodos impositivos en los que haya sido de aplicación el régimen de las sociedades patrimoniales, que estuviesen pendientes de aplicar al comienzo del primer período impositivo que se inicie a partir de 1 de enero de 2007, se podrán deducir, al 50 ó 100 por ciento, en las condiciones y requisitos establecidos en el artículo 30 de esta Ley.

5. Las deducciones en la cuota íntegra a que se refiere el artículo 69.2 del texto refundido de la Ley del Impuesto sobre la Renta de las Personas Físicas, aprobado por el Real Decreto Legislativo 3/2004, de

5 de marzo, generadas en períodos impositivos en que haya sido de aplicación el régimen de las sociedades patrimoniales, que estuviesen pendientes de aplicar al comienzo del primer período impositivo que se inicie a partir de 1 de enero de 2007, se podrán deducir en las condiciones y requisitos establecidos en el capítulo IV del Título VI de esta Ley.

6. La distribución de beneficios obtenidos en ejercicios en los que haya sido de aplicación el régimen especial de las sociedades patrimoniales, cualquiera que sea la entidad que reparta los beneficios obtenidos por las sociedades patrimoniales, el momento en el que el reparto se realice y el régimen fiscal especial aplicable a las entidades en ese momento, recibirá el siguiente tratamiento:

a) Cuando el perceptor sea contribuyente del Impuesto sobre la Renta de las Personas Físicas, los dividendos y participaciones en beneficios a que se refieren las letras a) y b) del apartado 1 del artículo 25 de la Ley 35/2006, del Impuesto sobre la Renta de las Personas Físicas y de modificación parcial de las Leyes de los Impuestos sobre Sociedades, sobre la Renta de no Residentes y sobre el Patrimonio, no se integrarán en la renta del período impositivo de dicho impuesto. La distribución del dividendo no estará sujeta a retención o ingreso a cuenta.

b) Cuando el perceptor sea un sujeto pasivo del Impuesto sobre Sociedades o un contribuyente del Impuesto sobre la Renta de no Residentes con establecimiento permanente, los beneficios percibidos se integrarán, en todo caso, en la base imponible y darán derecho a la deducción por doble imposición de dividendos en los términos establecidos en los apartados 1 y 4 del artículo 30 de esta Ley.

c) Cuando el perceptor sea un contribuyente del Impuesto sobre la Renta de no Residentes sin establecimiento permanente, los beneficios percibidos tendrán el tratamiento que les corresponda de acuerdo con lo establecido en el texto refundido de la Ley del Impuesto sobre no Residentes para estos contribuyentes.

7. Las rentas obtenidas en la transmisión de la participación en sociedades que se correspondan con reservas procedentes de bene-

ficios obtenidos en ejercicios en los que haya sido de aplicación el régimen de las sociedades patrimoniales, cualquiera que sea la entidad cuyas participaciones se transmiten, el momento en el que se realiza la transmisión y el régimen fiscal especial aplicable a las entidades en ese momento, recibirán el siguiente tratamiento:

a) Cuando el transmitente sea contribuyente del Impuesto sobre la Renta de las Personas Físicas, a efectos de la determinación de la ganancia o pérdida patrimonial se aplicará lo dispuesto en el artículo 35.1.c) del texto refundido de la Ley del Impuesto sobre la Renta de las Personas Físicas, aprobado por Real Decreto Legislativo 3/2004, de 5 de marzo, vigente al 31 de diciembre de 2006.

b) Cuando el transmitente sea una entidad sujeta al Impuesto sobre Sociedades, o un contribuyente del Impuesto sobre la Renta de no Residentes con establecimiento permanente, en ningún caso podrá aplicar la deducción para evitar la doble imposición sobre plusvalías de fuente interna en los términos establecidos en el artículo 30 de esta Ley.

En la determinación de estas rentas, el valor de transmisión a computar será, como mínimo, el teórico resultante del último balance cerrado, una vez sustituido el valor contable de los activos no afectos por el valor que tendrían a efectos del Impuesto sobre el Patrimonio, o por el valor normal de mercado si fuere inferior.

Lo dispuesto en el primer párrafo también se aplicará en los supuestos a que se refiere el apartado 3 del artículo 30 de esta ley.

c) Cuando el transmitente sea un contribuyente del Impuesto sobre la Renta de no Residentes sin establecimiento permanente tendrá el tratamiento que le corresponda de acuerdo con lo establecido para estos contribuyentes en el texto refundido de la Ley del Impuesto sobre la Renta de no Residentes.

8. Las sociedades que tributaron en este régimen especial deberán seguir cumpliendo las obligaciones de información en los términos establecidos en el artículo 47 del Reglamento del Impuesto sobre Sociedades, aprobado por el Real Decreto 1777/2004, de 30 de julio.»

19. Con efectos para los períodos impositivos que se inicien a partir de 1 de enero de 2007, se añade una disposición transitoria vigésima tercera al texto refundido de la Ley del Impuesto sobre Sociedades, aprobado por el Real Decreto Legislativo 4/2004, de 5 de marzo, que quedará redactada de la siguiente manera:

«Disposición transitoria vigésima tercera. Régimen transitorio de la bonificación por actividades exportadoras.

La bonificación establecida en el apartado 1 del artículo 34 de esta ley, aplicada en períodos impositivos iniciados antes de 1 de enero de 2014, según su redacción vigente en dichos períodos, estará condicionada al cumplimiento de los requisitos exigidos en dicho artículo, aun cuando la reinversión tenga lugar en un período impositivo iniciado a partir de esa fecha.»

20. Con efectos para los períodos impositivos iniciados a partir de 1 de enero de 2007, se modifica el número primero del apartado 3 del artículo 27 de la Ley 49/2002, de 23 de diciembre, de régimen fiscal de las entidades sin fines lucrativos y de los incentivos fiscales al mecenazgo, sin perjuicio de su aplicación en su redacción originaria para los acontecimientos que se hubiesen regulado en normas legales aprobadas con anterioridad a dicha fecha, que quedará redactado de la siguiente manera:

«Primero. Los sujetos pasivos del Impuesto sobre Sociedades, los contribuyentes del Impuesto sobre la Renta de las Personas Físicas que realicen actividades económicas en régimen de estimación directa y los contribuyentes del Impuesto sobre la Renta de no Residentes que operen en territorio español mediante establecimiento permanente podrán deducir de la cuota íntegra del impuesto el 15 por 100 de los gastos que, en cumplimiento de los planes y programas de actividades establecidos por el consorcio o por el órgano administrativo correspondiente, realicen en la propaganda y publicidad de proyección plurianual que sirvan directamente para la promoción del respectivo acontecimiento.

El importe de esta deducción no puede exceder del 90 por 100 de las donaciones efectuadas al consorcio, entidades de titularidad pública o entidades a que se refiere el artículo 2 de esta Ley, encargadas de la realización de programas y actividades relacionadas con el acontecimiento. De aplicarse esta deducción, dichas donaciones no podrán acogerse a cualquiera de los incentivos fiscales previstos en esta Ley.

Cuando el contenido del soporte publicitario se refiera de modo esencial a la divulgación del acontecimiento, la base de la deducción será el importe total del gasto realizado. En caso contrario, la base de la deducción será el 25 por 100 de dicho gasto.

Esta deducción se computará conjuntamente con las reguladas en el Capítulo IV del Título VI del texto refundido de la Ley del Impuesto sobre Sociedades, aprobado por el Real Decreto Legislativo 4/2004, de 5 de marzo, a los efectos establecidos en el artículo 44 del mismo.»

21. Con efectos para los períodos impositivos que se inicien a partir de 1 de enero de 2007, se añade una disposición transitoria vigésima cuarta al texto refundido de la Ley del Impuesto sobre Sociedades, aprobado por el Real Decreto Legislativo 4/2004, de 5 de marzo, que quedará redactada de la siguiente manera:

«Disposición transitoria vigésimo cuarta. Disolución y liquidación de sociedades patrimoniales.

1. Podrán acordar su disolución y liquidación, con aplicación del régimen fiscal previsto en esta disposición, las sociedades en las que concurran las siguientes circunstancias:

a) Que hubieran tenido la consideración de sociedades patrimoniales, de acuerdo con lo establecido en el Capítulo VI del Título VII de esta Ley, en todos los períodos impositivos iniciados a partir de 1 de enero de 2005 y que la mantengan hasta la fecha de su extinción.

b) Que en los seis primeros meses desde el inicio del primer período impositivo que comience a partir de 1 de enero de 2007 se adopte válidamente el acuerdo de disolución con liquidación y se realicen con posterioridad al acuerdo, dentro del plazo de los seis meses siguientes a su adopción, todos los actos o negocios jurídicos necesarios, según la normativa mercantil, hasta la cancelación registral de la sociedad en liquidación.

2. La disolución con liquidación de dichas sociedades tendrá el siguiente régimen fiscal:

a) Exención del Impuesto sobre Transmisiones Patrimoniales y Actos Jurídicos Documentados, concepto «operaciones societarias», hecho imponible «disolución de sociedades», del artículo 19.1.1.º del texto refundido del impuesto, aprobado por el Real Decreto Legislativo 1/1993, de 24 de septiembre.

b) No se devengará el Impuesto sobre el Incremento de Valor de los Terrenos de Naturaleza Urbana con ocasión de las adjudicaciones a los socios de inmuebles de naturaleza urbana. En la posterior transmisión de los mencionados inmuebles se entenderá que estos fueron adquiridos en la fecha en que lo fueron por la sociedad que se extinga.

c) A efectos del Impuesto sobre Sociedades de la sociedad que se disuelve, no se devengará renta alguna con ocasión de la atribución de bienes o derechos a los socios, personas físicas o jurídicas, residentes en territorio español.

d) A efectos del Impuesto sobre la Renta de las Personas Físicas, del Impuesto sobre Sociedades o del Impuesto sobre la Renta de no Residentes de los socios de la sociedad que se disuelve:

1.º El valor de adquisición y, en su caso, de titularidad de las acciones o participaciones en el capital de la sociedad que se disuelve, determinado de acuerdo con lo establecido en el artículo 35.1.c) del texto refundido de la Ley del Impuesto sobre la Renta de las Personas Físicas, aprobado por Real Decreto Legislativo 3/2004, de 5 de marzo, se aumentará en el importe de las deudas adjudicadas y se disminuirá en el de los créditos y dinero o signo que lo represente adjudicado.

2.º Si el resultado de las operaciones descritas en el párrafo anterior resultase negativo, dicho resultado se considerará renta o ganancia patrimonial, según que el socio sea persona jurídica o física, respectivamente, sin que resulte de aplicación lo establecido en la disposición transitoria novena de la Ley del Impuesto sobre la Renta de las Personas Físicas.

En este supuesto, cada uno de los restantes elementos de activo adjudicados distintos de los créditos, dinero o signo que lo represente, se considerará que tiene un valor de adquisición cero.

3.º Si el resultado de las operaciones descritas en el párrafo 1º anterior resultase cero o positivo, se considerará que no existe renta o pérdida o ganancia patrimonial.

Cuando dicho resultado sea cero, cada uno de los restantes elementos de activo adjudicados distintos de los créditos, dinero o signo que lo represente, tendrá como valor de adquisición cero.

Si el resultado fuese positivo, el valor de adquisición de cada uno de los restantes elementos de activo adjudicados distintos de los créditos, dinero o signo que lo represente, será el que resulte de distribuir el resultado positivo entre ellos en función del valor de mercado que resulte del balance final de liquidación de la sociedad que se extingue.

4.º Los elementos adjudicados al socio, distintos de los créditos, dinero o signo que lo represente, se considerarán adquiridos por éste en la fecha de su adquisición por la sociedad, sin que, en el cálculo del importe de las ganancias patrimoniales resulte de aplicación lo establecido en la disposición transitoria novena de la Ley del Impuesto sobre la Renta de las Personas Físicas.

3. Durante los períodos impositivos que concluyan hasta la finalización del proceso de disolución con liquidación, siempre que la cancelación registral se realice dentro del plazo indicado en el párrafo b) del apartado 1 de esta disposición transitoria, continuará aplicándose, tanto por las sociedades patrimoniales como por sus socios, la normativa vigente a 31 de diciembre de 2006, excepto el tipo de gravamen de la parte especial de la base imponible que será del 18 por ciento. En dichos periodos impositivos no será de aplicación lo establecido en la disposición transitoria novena de la Ley del Impuesto sobre la Renta de las Personas Físicas, en el supuesto de transmisión de acciones o participaciones de estas sociedades.

Cuando la cancelación se realice una vez sobrepasado dicho plazo, será de aplicación el régimen general.»

22. Con efectos para los períodos impositivos que se inicien a partir de 1 de enero de 2007, se da nueva redacción al artículo 42 del texto refundido de la Ley del Impuesto sobre Sociedades, aprobado por el Real

§1 Decreto Legislativo 4/2004, de 5 de marzo, que quedará redactado de la siguiente manera:

«Artículo 42. Deducción por reinversión de beneficios extraordinarios.

1. Deducción en la cuota íntegra.

Se deducirá de la cuota íntegra el 12 por ciento de las rentas positivas obtenidas en la transmisión onerosa de los elementos patrimoniales establecidos en el apartado siguiente integradas en la base imponible sometida al tipo general de gravamen o a la escala prevista en el artículo 114 de esta Ley, a condición de reinversión, en los términos y requisitos de este artículo.

Esta deducción será del 7 por ciento, del 2 por ciento o del 17 por ciento cuando la base imponible tribute a los tipos del 25 por ciento, del 20 por ciento o del 35 por ciento, respectivamente.

Se entenderá que se cumple la condición de reinversión si el importe obtenido en la transmisión onerosa se reinvierte en los elementos patrimoniales a que se refiere el apartado 3 de este artículo y la renta procede de los elementos patrimoniales enumerados en el apartado 2 de este artículo.

No se aplicará a esta deducción el límite a que se refiere el último párrafo del apartado 1 del artículo 44 de esta Ley. A efectos del cálculo de dicho límite no se computará esta deducción.

2. Elementos patrimoniales transmitidos.

Los elementos patrimoniales transmitidos, susceptibles de generar rentas que constituyan la base de la deducción prevista en este artículo, son los siguientes:

a) Los pertenecientes al inmovilizado material e inmaterial afectos a actividades económicas que hubiesen estado en funcionamiento al menos un año antes de la transmisión.

b) Valores representativos de la participación en el capital o en fondos propios de toda clase de entidades que otorguen una participación no inferior al 5 por ciento sobre su capital y que se hubieran poseído, al menos, con un año de antelación a la fecha de transmisión, siempre que no se trate de operaciones de disolución o liquidación de

§1

esas entidades. El cómputo de la participación transmitida se referirá al período impositivo.

A efectos de calcular el tiempo de posesión, se entenderá que los valores transmitidos han sido los más antiguos.

3. Elementos patrimoniales objeto de la reinversión.

Los elementos patrimoniales en los que debe reinvertirse el importe obtenido en la transmisión que genera la renta objeto de la deducción, son los siguientes:

a) Los pertenecientes al inmovilizado material e inmaterial afectos a actividades económicas cuya entrada en funcionamiento se realice dentro del plazo de reinversión.

b) Los valores representativos de la participación en el capital o en fondos propios de toda clase de entidades que otorguen una participación no inferior al 5 por ciento sobre el capital social de aquéllos. El cómputo de la participación adquirida se referirá al plazo establecido para efectuar la reinversión. Estos valores no podrán generar otro incentivo fiscal a nivel de base imponible o cuota íntegra. A estos efectos no se considerará un incentivo fiscal las correcciones de valor, las exenciones a que se refiere el artículo 21 de esta Ley, ni las deducciones para evitar la doble imposición.

La deducción por la adquisición de valores representativos de la participación en fondos propios de entidades no residentes en territorio español, es incompatible con la deducción establecida en el artículo 12.5 de esta Ley.

4. No se entenderán comprendidos en el párrafo b) de los apartados 2 y 3 de este artículo los valores siguientes:

a) Que no otorguen una participación en el capital social o fondos propios.

b) Sean representativos de la participación en el capital social o en los fondos propios de entidades no residentes en territorio español cuyas rentas no puedan acogerse a la exención establecida en el artículo 21 de esta Ley.

c) Sean representativos de instituciones de inversión colectiva de carácter financiero.

§1

d) Sean representativos de entidades que tengan como actividad principal la gestión de un patrimonio mobiliario o inmobiliario en los términos previstos en el artículo 4.Ocho.Dos de la Ley 19/1991, de 6 de junio, del Impuesto sobre el Patrimonio.

e) Sean representativos de entidades donde más de la mitad de su activo esté integrado por elementos patrimoniales que no tengan la consideración de inmovilizado material, inmaterial o valores no comprendidos en el párrafo b) de los dos apartados anteriores, con las especialidades de este apartado. Estas magnitudes se determinarán de acuerdo con los balances aprobados correspondientes al ejercicio en el que se transmita o adquiera la participación y a los dos ejercicios inmediatos anteriores.

5. No se entenderá realizada la reinversión cuando la adquisición se realice mediante operaciones realizadas entre entidades de un mismo grupo en el sentido del artículo 16 de esta Ley acogidas al régimen especial establecido en el capítulo VIII del Título VII de esta Ley. Tampoco se entenderá realizada la reinversión cuando la adquisición se realice a otra entidad del mismo grupo en el sentido del artículo 16 de esta Ley, excepto que se trate de elementos de inmovilizado material nuevos.

6. Plazo para efectuar la reinversión.

a) La reinversión deberá realizarse dentro del plazo comprendido entre el año anterior a la fecha de la puesta a disposición del elemento patrimonial transmitido y los tres años posteriores, o, excepcionalmente, de acuerdo con un plan especial de reinversión aprobado por la Administración tributaria a propuesta del sujeto pasivo. Cuando se hayan realizado dos o más transmisiones en el período impositivo de valores representativos de la participación en el capital o en los fondos propios de toda clase de entidades, dicho plazo se computará desde la finalización del período impositivo.

La reinversión se entenderá efectuada en la fecha en que se produzca la puesta a disposición de los elementos patrimoniales en que se materialice.

b) Tratándose de elementos patrimoniales que sean objeto de los contratos de arrendamiento financiero a los que se refiere el apartado

§1

1 de la disposición adicional séptima de la Ley 26/1988, de 29 de julio, sobre disciplina e intervención de las entidades de crédito, se considerará realizada la reinversión en la fecha en que se produzca la puesta a disposición del elemento patrimonial objeto del contrato, por un importe igual a su valor de contado. Los efectos de la reinversión estarán condicionados, con carácter resolutorio, al ejercicio de la opción de compra.

c) La deducción se practicará en la cuota íntegra correspondiente al período impositivo en que se efectúe la reinversión. Cuando la reinversión se haya realizado antes de la transmisión, la deducción se practicará en la cuota íntegra correspondiente al período impositivo en el que se efectúe dicha transmisión.

7. Base de la deducción.

La base de la deducción está constituida por el importe de la renta obtenida en la transmisión de los elementos patrimoniales a que se refiere el apartado 2 de este artículo, que se haya integrado en la base imponible.

A los solos efectos del cálculo de esta base de deducción, el valor de transmisión no podrá superar el valor de mercado.

No formarán parte de la renta obtenida en la transmisión el importe de las provisiones relativas a los elementos patrimoniales o valores, en cuanto las dotaciones a éstas hubieran sido fiscalmente deducibles, ni las cantidades aplicadas a la libertad de amortización, o a la recuperación del coste del bien fiscalmente deducible según lo previsto en el artículo 115 de esta Ley, que deban integrarse en la base imponible con ocasión de la transmisión de los elementos patrimoniales que se acogieron a dichos regímenes.

No se incluirá en la base de la deducción la parte de la renta obtenida en la transmisión que haya generado el derecho a practicar la deducción por doble imposición.

La inclusión en la base de deducción del importe de la renta obtenida en la transmisión de los elementos patrimoniales cuya adquisición o utilización posterior genere gastos deducibles, cualquiera que sea el ejercicio en que éstos se devenguen, será incompatible con la deduc-

§1

ción de dichos gastos. El sujeto pasivo podrá optar entre acogerse a la deducción por reinversión y la deducción de los mencionados gastos. En tal caso, la pérdida del derecho de esta deducción se regularizará en la forma establecida en el artículo 137.3 de esta Ley.

Tratándose de elementos patrimoniales a que hace referencia el párrafo a) del apartado 2 de este artículo la renta obtenida se corregirá, en su caso, en el importe de la depreciación monetaria de acuerdo con lo previsto en el apartado 10 del artículo 15 de esta Ley.

La reinversión de una cantidad inferior al importe obtenido en la transmisión dará derecho a la deducción establecida en este artículo, siendo la base de la deducción la parte de la renta que proporcionalmente corresponda a la cantidad reinvertida.

8. Mantenimiento de la inversión.

a) Los elementos patrimoniales objeto de la reinversión deberán permanecer en funcionamiento en el patrimonio del sujeto pasivo, salvo pérdida justificada, hasta que se cumpla el plazo de cinco años, o de tres años si se trata de bienes muebles, excepto si su vida útil conforme al método de amortización de los admitidos en el artículo 11 de esta Ley, que se aplique, fuere inferior.

b) La transmisión de los elementos patrimoniales objeto de la reinversión antes de la finalización del plazo mencionado en el párrafo a) anterior determinará la pérdida de la deducción, excepto si el importe obtenido o el valor neto contable, si fuera menor, es objeto de reinversión en los términos establecidos en este artículo. En tal caso, la pérdida del derecho de esta deducción se regularizará en la forma establecida en el artículo 137.3 de esta Ley.

9. Planes especiales de reinversión.

Cuando se pruebe que, por sus características técnicas, la inversión o su entrada en funcionamiento deba efectuarse necesariamente en un plazo superior al previsto en el apartado 6 de este artículo, los sujetos pasivos podrán presentar planes especiales de reinversión.

Reglamentariamente se establecerá el procedimiento para la presentación y aprobación de los planes especiales de reinversión.

10. Requisitos formales.

§1

Los sujetos pasivos harán constar en la memoria de las cuentas anuales el importe de la renta acogida a la deducción prevista en este artículo y la fecha de la reinversión.

Dicha mención deberá realizarse mientas no se cumpla el plazo de mantenimiento a que se refiere el apartado 8 de este artículo.

11. Los porcentajes de deducción del 12 y 17 por ciento establecidos en el apartado 1 de este artículo serán, respectivamente, del 14,5 y 19,5 por ciento, cualquiera que sea el período impositivo en el que se practique la deducción, para las rentas integradas en la base imponible de los períodos impositivos iniciados dentro del año 2007.

12. Tratándose de rentas integradas en la base imponible de períodos impositivos iniciados antes de 1 de enero de 2007, la deducción por reinversión se regulará por lo establecido en el artículo 42 según redacción vigente a 31 de diciembre de 2006, cualquiera que sea el período en el que se practique la deducción.»

23. Con efectos para los períodos impositivos que se inicien a partir de 1 de enero de 2007, se añade una disposición transitoria vigésimo quinta al texto refundido de la Ley del Impuesto sobre Sociedades, aprobado por el Real Decreto Legislativo 4/2004, de 5 de marzo, que quedará redactada de la siguiente manera:

«Disposición transitoria vigésimo quinta. Deducción por reinversión de beneficios extraordinarios.

Lo dispuesto en el último párrafo del apartado 3 del artículo 42 de esta Ley no será de aplicación a las reinversiones realizadas en los períodos impositivos iniciados dentro de 2007, cualquiera que sea el período impositivo en el que se practique la corrección de valor.»

D.F. 3ª. Modificación del texto refundido de la Ley del Impuesto sobre la Renta de no Residentes, aprobado por el Real Decreto Legislativo 5/2004, de 5 de marzo.

1. Con efectos para los períodos impositivos que se inicien a partir de 1 de enero de 2007, se añade una disposición adicional segunda al texto refundido de la Ley del Impuesto sobre la Renta de no Residentes, aprobado por el Real Decreto Legislativo 5/2004, de 5 de marzo, que quedará redactada de la siguiente manera:

«Disposición adicional segunda. Tipos de gravamen.

1. El tipo de gravamen del 35 por ciento establecido en el apartado 1 del artículo 19 y en el apartado 1, 2ª regla, del artículo 38 de esta Ley, será el:

– 32,5 por ciento, para los períodos impositivos iniciados a partir de 1 de enero de 2007.

– 30 por ciento, para los períodos impositivos iniciados a partir de 1 de enero de 2008.

2. El tipo de gravamen del 40 por ciento establecido en el apartado 1 del artículo 19 de esta Ley, será el:

– 37,5 por ciento, para los períodos impositivos iniciados a partir de 1 de enero de 2007.

– 35 por ciento, para los períodos impositivos iniciados a partir de 1 de enero de 2008.»

2. Se da nueva redacción al artículo 14 del texto refundido de la Ley del Impuesto sobre la Renta de no Residentes, aprobado por el Real Decreto Legislativo 5/2004, de 5 de marzo, que quedarán redactados de la siguiente manera:

«Artículo 14. Rentas exentas.

1. Estarán exentas las siguientes rentas:

a) Las rentas mencionadas en el artículo 7 del texto refundido de la Ley del Impuesto sobre la Renta de las Personas Físicas, aprobado por el Real Decreto Legislativo 3/2004, de 5 de marzo, salvo las mencionadas en la letra y), percibidas por personas físicas, así como las pensiones asistenciales por ancianidad reconocidas al amparo del Real Decreto 728/1993, de 14 de mayo, por el que se establecen pensiones asistenciales por ancianidad en favor de los emigrantes españoles.

b) Las becas y otras cantidades percibidas por personas físicas, satisfechas por las Administraciones públicas, en virtud de acuerdos y convenios internacionales de cooperación cultural, educativa y científica o en virtud del plan anual de cooperación internacional aprobado en Consejo de Ministros.

c) Los intereses y demás rendimientos obtenidos por la cesión a terceros de capitales propios a que se refiere el artículo 23.2 del texto refundido de la Ley del Impuesto sobre la Renta de las Personas Físicas, aprobado por el Real Decreto Legislativo 3/2004, de 5 de marzo, así como las ganancias patrimoniales derivadas de bienes muebles, obtenidos sin mediación de establecimiento permanente, por residentes en otro Estado miembro de la Unión Europea o por establecimientos permanentes de dichos residentes situados en otro Estado miembro de la Unión Europea.

Lo dispuesto en el párrafo anterior no será de aplicación a las ganancias patrimoniales derivadas de la transmisión de acciones, participaciones u otros derechos en una entidad en los siguientes casos:

1.º Cuando el activo de dicha entidad consista principalmente, directa o indirectamente, en bienes inmuebles situados en territorio español.

2.º Cuando, en algún momento, durante el período de 12 meses precedente a la transmisión, el contribuyente haya participado, directa o indirectamente, en al menos el 25 por 100 del capital o patrimonio de dicha entidad.

d) Los rendimientos derivados de la Deuda Pública, obtenidos sin mediación de establecimiento permanente en España.

e) Las rentas derivadas de valores emitidos en España por personas físicas o entidades no residentes sin mediación de establecimiento permanente, cualquiera que sea el lugar de residencia de las instituciones financieras que actúen como agentes de pago o medien en la emisión o transmisión de los valores.

No obstante, cuando el titular de los valores sea un establecimiento permanente en territorio español, las rentas a que se refiere el párrafo anterior quedarán sujetas a este impuesto y, en su caso, al sistema de retención a cuenta, que se practicará por la institución financiera residente que actúe como depositaria de los valores.

f) Los rendimientos de las cuentas de no residentes, que se satisfagan a contribuyentes por este impuesto, salvo que el pago se realice a un establecimiento permanente situado en territorio español, por el

Banco de España, o por las entidades registradas a que se refiere la normativa de transacciones económicas con el exterior.

g) Las rentas obtenidas en territorio español, sin mediación de establecimiento permanente en éste, procedentes del arrendamiento, cesión, o transmisión de contenedores o de buques y aeronaves a casco desnudo, utilizados en la navegación marítima o aérea internacional.

h) Los beneficios distribuidos por las sociedades filiales residentes en territorio español a sus sociedades matrices residentes en otros Estados miembros de la Unión Europea o a los establecimientos permanentes de estas últimas situados en otros Estados miembros, cuando concurran los siguientes requisitos:

1.º Que ambas sociedades estén sujetas y no exentas a alguno de los tributos que gravan los beneficios de las entidades jurídicas en los Estados miembros de la Unión Europea, mencionados en el artículo 2.c) de la Directiva 90/435/CEE del Consejo, de 23 de julio de 1990, relativa al régimen aplicable a las sociedades matrices y filiales de Estados miembros diferentes y los establecimientos permanentes estén sujetos y no exentos a imposición en el Estado en el que estén situados.

2.º Que la distribución del beneficio no sea consecuencia de la liquidación de la sociedad filial.

3.º Que ambas sociedades revistan alguna de las formas previstas en el anexo de la Directiva 90/435/CEE del Consejo, de 23 de julio de 1990, relativa al régimen aplicable a las sociedades matrices y filiales de Estados miembros diferentes, modificada por la Directiva 2003/123/ CE del Consejo, de 22 de diciembre de 2003.

Tendrá la consideración de sociedad matriz aquella entidad que posea en el capital de otra sociedad una participación directa de, al menos, el 20 por ciento.

Esta última entidad tendrá la consideración de sociedad filial. Dicho porcentaje será el 15 por ciento a partir del 1 de enero de 2007 y el 10 por ciento a partir del 1 de enero de 2009.

La mencionada participación deberá haberse mantenido de forma ininterrumpida durante el año anterior al día en que sea exigible el beneficio que se distribuya o, en su defecto, que se mantenga durante

§1

el tiempo que sea necesario para completar un año. En este último caso, la cuota tributaria ingresada será devuelta una vez cumplido dicho plazo.

La residencia se determinará con arreglo a la legislación del Estado miembro que corresponda, sin perjuicio de lo establecido en los convenios para evitar la doble imposición.

No obstante lo previsto anteriormente, el Ministro de Economía y Hacienda podrá declarar, a condición de reciprocidad, que lo establecido en esta letra h) sea de aplicación a las sociedades filiales que revistan una forma jurídica diferente de las previstas en el anexo de la directiva y a los dividendos distribuidos a una sociedad matriz que posea en el capital de una sociedad filial residente en España una participación directa de, al menos, el 10 por ciento, siempre que se cumplan las restantes condiciones establecidas en esta letra h).

Lo establecido en esta letra h) no será de aplicación cuando la mayoría de los derechos de voto de la sociedad matriz se posea, directa o indirectamente, por personas físicas o jurídicas que no residan en Estados miembros de la Unión Europea, excepto cuando aquella realice efectivamente una actividad empresarial directamente relacionada con la actividad empresarial desarrollada por la sociedad filial o tenga por objeto la dirección y gestión de la sociedad filial mediante la adecuada organización de medios materiales y personales o pruebe que se ha constituido por motivos económicos válidos y no para disfrutar indebidamente del régimen previsto en esta letra h).

i) Las rentas derivadas de las transmisiones de valores o el reembolso de participaciones en fondos de inversión realizados en alguno de los mercados secundarios oficiales de valores españoles, obtenidas por personas físicas o entidades no residentes sin mediación de establecimiento permanente en territorio español, que sean residentes en un Estado que tenga suscrito con España un convenio para evitar la doble imposición con cláusula de intercambio de información.

j) Los dividendos y participaciones en beneficios a que se refieren los párrafos a) y b) del apartado 1 del artículo 25 de la Ley 35/2006, del Impuesto sobre la Renta de las Personas Físicas y de modificación parcial de las Leyes de los Impuestos sobre Sociedades, sobre la Renta de no Residentes y sobre el Patrimonio, obtenidos, sin mediación de establecimiento permanente, por personas físicas residentes en otro Estado miembro de la Unión Europea o en países o territorios con los que exista un efectivo intercambio de información tributaria de acuerdo con lo dispuesto en el apartado 3 de la disposición adicional primera de la Ley 36/2006 de Medidas para la Prevención del Fraude Fiscal, con el límite de 1000 euros, que será aplicable sobre la totalidad de los rendimientos obtenidos durante el año natural.

2. En ningún caso será de aplicación lo dispuesto en las letras c), d), i) y j) del apartado anterior a los rendimientos y ganancias patrimoniales obtenidos a través de los países o territorios calificados reglamentariamente como paraísos fiscales.

Tampoco será de aplicación lo previsto en la letra h) del apartado anterior cuando la sociedad matriz tenga su residencia fiscal, o el establecimiento permanente esté situado, en un país o territorio considerado como paraíso fiscal.

3. El Ministro de Economía y Hacienda podrá declarar, a condición de reciprocidad, la exención de los rendimientos correspondientes a entidades de navegación marítima o aérea residentes en el extranjero cuyos buques o aeronaves toquen territorio español, aunque tengan en éste consignatarios o agentes.»

3. Se da nueva redacción al apartado 2 del artículo 19 del texto refundido de la Ley del Impuesto sobre la Renta de no Residentes, aprobado por el Real Decreto Legislativo 5/2004, de 5 de marzo, que quedará redactado de la siguiente manera:

«2. Adicionalmente, cuando las rentas obtenidas por establecimientos permanentes de entidades no residentes se transfieran al extranjero, será exigible una imposición complementaria, al tipo de gravamen del 18 por ciento, sobre las cuantías transferidas con cargo a las rentas del establecimiento permanente, incluidos los pagos a que hace referencia el artículo 18.1.a), que no hayan sido gastos deducibles a efectos de fijación de la base imponible del establecimiento permanente.

La declaración e ingreso de dicha imposición complementaria se efectuará en la forma y plazos establecidos para las rentas obtenidas sin mediación de establecimiento permanente.»

4. Se da nueva redacción a los apartados 1 y 2 del artículo 25 del texto refundido de la Ley del Impuesto sobre la Renta de no Residentes, aprobado por el Real Decreto Legislativo 5/2004, de 5 de marzo, que quedará redactado de la siguiente manera:

«1. La cuota tributaria se obtendrá aplicando a la base imponible determinada conforme al artículo anterior, los siguientes tipos de gravamen:

a) Con carácter general, el 24 por ciento.

b) Las pensiones y demás prestaciones similares percibidas por personas físicas no residentes en territorio español, cualquiera que sea la persona que haya generado el derecho a su percepción, serán gravadas de acuerdo con la siguiente escala:

Importe anual pensión hasta - Euros	Cuota - Euros	Resto pensión hasta - Euros	Tipo aplicable - Porcentaje
0	0	12.000	8
12.000	960	6.700	30
18.700	2.970	En adelante	40

c) Los rendimientos del trabajo de personas físicas no residentes en territorio español, siempre que no sean contribuyentes por el Impuesto sobre la Renta de las Personas Físicas, que presten sus servicios en misiones diplomáticas y representaciones consulares de España en el extranjero, cuando no proceda la aplicación de normas específicas derivadas de los tratados internacionales en los que España sea parte, se gravarán al 8 por ciento.

d) Cuando se trate de rendimientos derivados de operaciones de reaseguro, el 1,5 por ciento.

§1

e) El 4 por ciento en el caso de entidades de navegación marítima o aérea residentes en el extranjero, cuyos buques o aeronaves toquen territorio español.

f) El 18 por ciento cuando se trate de:

1.º Dividendos y otros rendimientos derivados de la participación en los fondos propios de una entidad.

2.º Intereses y otros rendimientos obtenidos por la cesión a terceros de capitales propios.

3.º Ganancias patrimoniales que se pongan de manifiesto con ocasión de transmisiones de elementos patrimoniales.

g) Los rendimientos del trabajo percibidos por personas físicas no residentes en territorio español en virtud de un contrato de duración determinada para trabajadores extranjeros de temporada, de acuerdo con lo establecido en la normativa laboral, se gravarán al tipo del 2 por ciento.

h) El tipo de gravamen aplicable a los cánones o regalías satisfechos por una sociedad residente en territorio español o por un establecimiento permanente situado en éste de una sociedad residente en otro Estado miembro de la Unión Europea a una sociedad residente en otro Estado miembro o a un establecimiento permanente situado en otro Estado miembro de una sociedad residente de un Estado miembro será del 10 por ciento cuando concurran los siguientes requisitos:

1.º Que ambas sociedades estén sujetas y no exentas a alguno de los tributos mencionados en el artículo 3.a).iii) de la Directiva 2003/49/CE del Consejo, de 3 junio de 2003, relativa a un régimen fiscal común aplicable a los pagos de intereses y cánones efectuados entre sociedades asociadas de diferentes Estados miembros.

2.º Que ambas sociedades revistan alguna de las formas previstas en el anexo de la Directiva 2003/49/CE.

3.º Que ambas sociedades sean residentes fiscales en la Unión Europea y que, a efectos de un convenio para evitar la doble imposición sobre la renta concluido con un tercer Estado, no se consideren residentes de ese tercer Estado.

4.º Que ambas sociedades sean asociadas. A estos efectos, dos sociedades se considerarán asociadas cuando una posea en el capital de la otra una participación directa de, al menos, el 25 por ciento, o una tercera posea en el capital de cada una de ellas una participación directa de, al menos, el 25 por ciento.

La mencionada participación deberá haberse mantenido de forma ininterrumpida durante el año anterior al día en que se haya satisfecho el pago del rendimiento o, en su defecto, deberá mantenerse durante el tiempo que sea necesario para completar un año.

5.º Que, en su caso, tales cantidades sean deducibles para el establecimiento permanente que satisface los rendimientos en el Estado en que esté situado.

6.º Que la sociedad que reciba tales pagos lo haga en su propio beneficio y no como mera intermediaria o agente autorizado de otra persona o sociedad y que, tratándose de un establecimiento permanente, las cantidades que reciba estén efectivamente relacionadas con su actividad y constituyan ingreso computable a efectos de la determinación de su base imponible en el Estado en el que esté situado.

Lo establecido en este párrafo h) no será de aplicación cuando la mayoría de los derechos de voto de la sociedad perceptora de los rendimientos se posea, directa o indirectamente, por personas físicas o jurídicas que no residan en Estados miembros de la Unión Europea, excepto cuando aquella pruebe que se ha constituido por motivos económicos válidos y no para disfrutar indebidamente del régimen previsto en este párrafo h).

2. Tratándose de transmisiones de bienes inmuebles situados en territorio español por contribuyentes que actúen sin establecimiento permanente, el adquirente estará obligado a retener e ingresar el 3 por ciento, o a efectuar el ingreso a cuenta correspondiente, de la contraprestación acordada, en concepto de pago a cuenta del impuesto correspondiente a aquéllos.

No procederá el ingreso a cuenta a que se refiere este apartado en los casos de aportación de bienes inmuebles, en la constitución o aumento de capitales de sociedades residentes en territorio español.

§1

Sin perjuicio de las sanciones que pudieran corresponder por la infracción en que se hubiera incurrido, si la retención o el ingreso a cuenta no se hubiesen ingresado, los bienes transmitidos quedarán afectos al pago del importe que resulte menor entre dicha retención o ingreso a cuenta y el impuesto correspondiente.»

5. Se da nueva redacción al apartado 4 del artículo 31 del texto refundido de la Ley del Impuesto sobre la Renta de no Residentes, aprobado por el Real Decreto Legislativo 5/2004, de 5 de marzo, que quedará redactado de la siguiente manera:

«4. No procederá practicar retención o ingreso a cuenta respecto de:

a) Las rentas que estén exentas en virtud de lo dispuesto en el artículo 14 o en un convenio para evitar la doble imposición que resulte aplicable, sin perjuicio de la obligación de declarar prevista en el apartado 5 de este artículo.

No obstante lo anterior, sí existirá obligación de practicar retención o ingreso a cuenta respecto de las rentas a las que se refiere la letra j) del apartado 1 del artículo 14.

b) El rendimiento derivado de la distribución de la prima de emisión de acciones o participaciones, o de la reducción de capital. Reglamentariamente podrá establecerse la obligación de practicar retención o ingreso a cuenta en estos supuestos.

c) Las rentas satisfechas o abonadas a contribuyentes por este impuesto sin establecimiento permanente, cuando se acredite el pago del impuesto o la procedencia de exención.

d) Las rentas a que se refiere el artículo 118.1.c) del texto refundido de la Ley del Impuesto sobre Sociedades, aprobado por el Real Decreto Legislativo 4/2004, de 5 de marzo.

e) Las rentas que se establezcan reglamentariamente.»

6. Se da nueva redacción al apartado 1 del artículo 16 del texto refundido de la Ley del Impuesto sobre la Renta de no Residentes, aprobado por el Real Decreto Legislativo 5/2004, de 5 de marzo, que quedará redactado en los siguientes términos:

§1

«1. Componen la renta imputable al establecimiento permanente los siguientes conceptos:

a) Los rendimientos de las actividades o explotaciones económicas desarrolladas por dicho establecimiento permanente.

b) Los rendimientos derivados de elementos patrimoniales afectos al establecimiento permanente.

c) Las ganancias o pérdidas patrimoniales derivadas de los elementos patrimoniales afectos al establecimiento permanente.

Se consideran elementos patrimoniales afectos al establecimiento permanente los vinculados funcionalmente al desarrollo de la actividad que constituye su objeto.

Los activos representativos de la participación en fondos propios de una entidad sólo se considerarán elementos patrimoniales afectos al establecimiento permanente cuando éste sea una sucursal registrada en el Registro mercantil y se cumplan los requisitos establecidos reglamentariamente.

A estos efectos, se considerarán elementos patrimoniales afectos los transmitidos dentro de los tres períodos impositivos siguientes al de la desafectación.»

7. Se da nueva redacción a la disposición transitoria única del texto refundido de la Ley del Impuesto sobre la Renta de no Residentes, aprobado por el Real Decreto Legislativo 5/2004, de 5 de marzo, que quedará redactada en los siguientes términos:

«Única. Disposiciones transitorias del texto refundido del Impuesto sobre la Renta de las Personas Físicas, aprobado por el Real Decreto Legislativo 3/2004, de 5 de marzo.

1. Las disposiciones transitorias segunda, quinta, novena y décima del texto refundido del Impuesto sobre la Renta de las Personas Físicas aprobado por el Real Decreto Legislativo 3/2004, de 5 de marzo, serán aplicables a los contribuyentes sin establecimiento permanente que sean personas físicas.

2. Las modificaciones efectuadas en las disposiciones transitorias quinta y novena del texto refundido de la Ley del Impuesto sobre la Renta de las Personas Físicas por la disposición final primera de la Ley

35/2006, del Impuesto sobre la Renta de las Personas Físicas y de modificación parcial de las Leyes de los Impuestos sobre Sociedades, sobre la Renta de no Residentes y sobre el Patrimonio, solamente surtirán efectos en el Impuesto sobre la Renta de no Residentes desde la fecha de entrada en vigor de la citada disposición.»

D.F. 4ª. Modificación de la Ley 19/1991, de 6 de junio, del Impuesto sobre el Patrimonio.

1. Se modifica el artículo 4.Cinco de la Ley 19/1991, de 6 de junio, del Impuesto sobre el Patrimonio, que quedará redactado de la siguiente manera:

«Cinco. Los derechos de contenido económico en los siguientes instrumentos:

a) Los derechos consolidados de los partícipes y los derechos económicos de los beneficiarios en un plan de pensiones.

b) Los derechos de contenido económico que correspondan a primas satisfechas a los planes de previsión asegurados definidos en el apartado 3 del artículo 51 de Ley 35/2006, del Impuesto sobre la Renta de las Personas Físicas y de modificación parcial de las leyes de los Impuestos sobre Sociedades, sobre la Renta de no Residentes y sobre el Patrimonio.

c) Los derechos de contenido económico que correspondan a aportaciones realizadas por el sujeto pasivo a los planes de previsión social empresarial regulados en el apartado 4 del artículo 51 de la Ley 35/2006, del Impuesto sobre la Renta de las Personas Físicas y de modificación parcial de las Leyes de los Impuestos sobre Sociedades, sobre la Renta de no Residentes y sobre el Patrimonio, incluyendo las contribuciones del tomador.

d) Los derechos de contenido económico derivados de las primas satisfechas por el sujeto pasivo a los contratos de seguro colectivo, distintos de los planes de previsión social empresarial, que instrumenten los compromisos por pensiones asumidos por las empresas, en los términos previstos en la disposición adicional primera del texto refundido de la Ley de Regulación de los Planes y Fondos de Pensiones, y en

§1

su normativa de desarrollo, así como los derivados de las primas satisfechas por los empresarios a los citados contratos de seguro colectivo.

e) Los derechos de contenido económico que correspondan a primas satisfechas a los seguros privados que cubran la dependencia definidos en el apartado 5 del artículo 51 de la Ley 35/2006, del Impuesto sobre la Renta de las Personas Físicas y de modificación parcial de las Leyes de los Impuestos sobre Sociedades, sobre la Renta de no Residentes y sobre el Patrimonio.»

2. Se modifica el artículo 4.Ocho.Dos de la Ley 19/1991, de 6 de junio, del Impuesto sobre el Patrimonio, que quedará redactado de la siguiente manera:

«Dos. La plena propiedad, la nuda propiedad y el derecho de usufructo vitalicio sobre las participaciones en entidades, con o sin cotización en mercados organizados, siempre que concurran las condiciones siguientes:

a) Que la entidad, sea o no societaria, no tenga por actividad principal la gestión de un patrimonio mobiliario o inmobiliario. Se entenderá que una entidad gestiona un patrimonio mobiliario o inmobiliario y que, por lo tanto, no realiza una actividad económica cuando concurran, durante más de 90 días del ejercicio social, cualquiera de las condiciones siguientes:

– Que más de la mitad de su activo esté constituido por valores o

– Que más de la mitad de su activo no esté afecto a actividades económicas A los efectos previstos en esta letra: Para determinar si existe actividad económica o si un elemento patrimonial se encuentra afecto a ella, se estará a lo dispuesto en el Impuesto sobre la Renta de las Personas Físicas.

Tanto el valor del activo como el de los elementos patrimoniales no afectos a actividades económicas será el que se deduzca de la contabilidad, siempre que ésta refleje fielmente la verdadera situación patrimonial de la sociedad.

A efectos de determinar la parte del activo que está constituida por valores o elementos patrimoniales no afectos:

1.º No se computarán los valores siguientes:

§1

– Los poseídos para dar cumplimiento a obligaciones legales y reglamentarias.

– Los que incorporen derechos de crédito nacidos de relaciones contractuales establecidas como consecuencia del desarrollo de actividades económicas.

– Los poseídos por sociedades de valores como consecuencia del ejercicio de la actividad constitutiva de su objeto.

– Los que otorguen, al menos, el cinco por ciento de los derechos de voto y se posean con la finalidad de dirigir y gestionar la participación siempre que, a estos efectos, se disponga de la correspondiente organización de medios materiales y personales, y la entidad participada no esté comprendida en esta letra.

2.º No se computarán como valores ni como elementos no afectos a actividades económicas aquellos cuyo precio de adquisición no supere el importe de los beneficios no distribuidos obtenidos por la entidad, siempre que dichos beneficios provengan de la realización de actividades económicas, con el límite del importe de los beneficios obtenidos tanto en el propio año como en los últimos 10 años anteriores. A estos efectos, se asimilan a los beneficios procedentes de actividades económicas los dividendos que procedan de los valores a que se refiere el último inciso del párrafo anterior, cuando los ingresos obtenidos por la entidad participada procedan, al menos en el 90 por ciento, de la realización de actividades económicas.

b) Que la participación del sujeto pasivo en el capital de la entidad sea al menos del 5 por 100 computado de forma individual, o del 20 por 100 conjuntamente con su cónyuge, ascendientes, descendientes o colaterales de segundo grado, ya tenga su origen el parentesco en la consanguinidad, en la afinidad o en la adopción.

c) Que el sujeto pasivo ejerza efectivamente funciones de dirección en la entidad, percibiendo por ello una remuneración que represente más del 50 por 100 de la totalidad de los rendimientos empresariales, profesionales y de trabajo personal.

A efectos del cálculo anterior, no se computarán entre los rendimientos empresariales, profesionales y de trabajo personal, los rendimientos de la actividad empresarial a que se refiere el número uno de este apartado.

Cuando la participación en la entidad sea conjunta con alguna o algunas personas a las que se refiere la letra anterior, las funciones de dirección y las remuneraciones derivadas de la misma deberán de cumplirse al menos en una de las personas del grupo de parentesco, sin perjuicio de que todas ellas tengan derecho a la exención.

La exención sólo alcanzará al valor de las participaciones, determinado conforme a las reglas que se establecen en el artículo 16.uno de esta Ley, en la parte que corresponda a la proporción existente entre los activos necesarios para el ejercicio de la actividad empresarial o profesional, minorados en el importe de las deudas derivadas de la misma, y el valor del patrimonio neto de la entidad, aplicándose estas mismas reglas en la valoración de las participaciones de entidades participadas para determinar el valor de las de su entidad tenedora.»

3. Se modifica el artículo 31 de la Ley 19/1991, de 6 de junio, del Impuesto sobre el Patrimonio, que quedará redactado de la siguiente manera:

«Artículo 31. Límite de la cuota íntegra.

Uno. La cuota íntegra de este Impuesto conjuntamente con las cuotas del Impuesto sobre la Renta de las Personas Físicas, no podrá exceder, para los sujetos pasivos sometidos al impuesto por obligación personal, del 60 por 100 de la suma de las bases imponibles de este último. A estos efectos:

a) No se tendrá en cuenta la parte de la base imponible del ahorro derivada de ganancias y pérdidas patrimoniales que corresponda al saldo positivo de las obtenidas por las transmisiones de elementos patrimoniales adquiridos o de mejoras realizadas en los mismos con más de un año de antelación a la fecha de transmisión, ni la parte de las cuotas íntegras del Impuesto sobre la Renta de las Personas Físicas correspondientes a dicha parte de la base imponible del ahorro.

Se sumará a la base imponible del ahorro el importe de los dividendos y participaciones en beneficios a los que se refiere la letra a) del apartado 6 de la disposición transitoria vigésima segunda del texto

§1

refundido de la Ley del Impuesto sobre Sociedades aprobado por el Real Decreto Legislativo 4/2004, de 5 de marzo.

b) No se tendrá en cuenta la parte del Impuesto sobre el Patrimonio que corresponda a elementos patrimoniales que, por su naturaleza o destino, no sean susceptibles de producir los rendimientos gravados por la Ley del Impuesto sobre la Renta de las Personas Físicas.

c) En el supuesto de que la suma de ambas cuotas supere el límite anterior, se reducirá la cuota del Impuesto sobre el Patrimonio hasta alcanzar el límite indicado, sin que la reducción pueda exceder del 80 por 100.

Dos. Cuando los componentes de una unidad familiar hayan optado por la tributación conjunta en el Impuesto sobre la Renta de las Personas Físicas, el límite de las cuotas íntegras conjuntas de dicho Impuesto y de la del Impuesto sobre el Patrimonio, se calculará acumulando las cuotas íntegras devengadas por aquéllos en este último tributo. En su caso, la reducción que proceda practicar se prorrateará entre los sujetos pasivos en proporción a sus respectivas cuotas íntegras en el Impuesto sobre el Patrimonio, sin perjuicio de lo dispuesto en el apartado anterior.»

D.F. 5ª. Modificación del texto refundido de la Ley de regulación de los Planes y Fondos de Pensiones, aprobado por el Real Decreto Legislativo 1/2002, de 29 de noviembre.

1. Se modifica el apartado 3 del artículo 5 del texto refundido de la Ley de regulación de los Planes y Fondos de Pensiones, aprobado por el Real Decreto Legislativo 1/2002, de 29 de noviembre, que quedará redactado de la siguiente manera:

«3. Las aportaciones anuales máximas a los planes de pensiones regulados en la presente Ley se adecuarán a lo siguiente:

a) El total de las aportaciones y contribuciones empresariales anuales máximas a los planes de pensiones regulados en la presente Ley no podrá exceder de 10.000 euros. No obstante, en el caso de partícipes mayores de 50 años la cuantía anterior será de 12.500 euros.

b) El límite establecido en el párrafo a) anterior se aplicará individualmente a cada partícipe integrado en la unidad familiar.

c) Excepcionalmente, la empresa promotora podrá realizar aportaciones a un plan de pensiones de empleo del que sea promotor cuando sea preciso para garantizar las prestaciones en curso o los derechos de los partícipes de planes que incluyan regímenes de prestación definida para la jubilación y se haya puesto de manifiesto, a través de las revisiones actuariales, la existencia de un déficit en el plan de pensiones.»

2. Se modifica el apartado 5 del artículo 8 del texto refundido de la Ley de regulación de los Planes y Fondos de Pensiones, aprobado por el Real Decreto Legislativo 1/2002, de 29 de noviembre, que quedará redactado de la siguiente manera:

«5. Las fechas y modalidades de percepción de las prestaciones serán fijadas libremente por el partícipe o por el beneficiario, en los términos que reglamentariamente se determinen, y con las limitaciones que, en su caso, se establezcan en las especificaciones de los planes.»

3. Se modifica el apartado 6 del artículo 8 del texto refundido de la Ley de regulación de los Planes y Fondos de Pensiones, aprobado por el Real Decreto Legislativo 1/2002, de 29 de noviembre, que quedará redactado de la siguiente manera:

«6. Las contingencias por las que se satisfarán las prestaciones anteriores podrán ser:

a) Jubilación: para la determinación de esta contingencia se estará a lo previsto en el Régimen de Seguridad Social correspondiente.

Cuando no sea posible el acceso de un partícipe a la jubilación, la contingencia se entenderá producida a partir de la edad ordinaria de jubilación en el Régimen General de la Seguridad Social, en el momento en que el partícipe no ejerza o haya cesado en la actividad laboral o profesional, y no se encuentre cotizando para la contingencia de jubilación para ningún Régimen de la Seguridad Social. No obstante, podrá anticiparse la percepción de la prestación correspondiente a partir de los sesenta años de edad, en los términos que se establezcan reglamentariamente.

§1

Los planes de pensiones podrán prever el pago de la prestación correspondiente a la jubilación en caso de que el partícipe, cualquiera que sea su edad, extinga su relación laboral y pase a situación legal de desempleo a consecuencia de expediente de regulación de empleo aprobado por la autoridad laboral. Reglamentariamente podrán establecerse condiciones para el mantenimiento o reanudación de las aportaciones a planes de pensiones en este supuesto.

A partir del acceso a la jubilación, el partícipe podrá seguir realizando aportaciones al plan de pensiones. No obstante, una vez iniciado el cobro de la prestación de jubilación o el cobro anticipado de la prestación correspondiente a jubilación, las aportaciones sólo podrán destinarse a las contingencias de fallecimiento y dependencia.

El mismo régimen se aplicará cuando no sea posible el acceso a la jubilación, a las aportaciones que se realicen a partir de la edad ordinaria de jubilación.

Reglamentariamente podrán establecerse las condiciones bajo las cuales podrán reanudarse las aportaciones para jubilación con motivo del alta posterior en un Régimen de Seguridad Social por ejercicio o reanudación de actividad.

Lo dispuesto en este párrafo a) se entenderá sin perjuicio de las aportaciones a favor de beneficiarios que realicen los promotores de los planes de pensiones del sistema de empleo al amparo de lo previsto en el apartado 3 del artículo 5 de esta Ley.

b) Incapacidad laboral total y permanente para la profesión habitual o absoluta y permanente para todo trabajo, y la gran invalidez, determinadas conforme al Régimen correspondiente de Seguridad Social.

Reglamentariamente podrá regularse el destino de las aportaciones para contingencias susceptibles de acaecer en las personas incursas en dichas situaciones.

c) Muerte del partícipe o beneficiario, que puede generar derecho a prestaciones de viudedad, orfandad o a favor de otros herederos o personas designadas.

d) Dependencia severa o gran dependencia del partícipe regulada en la Ley de promoción de la autonomía personal y atención a las personas en situación de dependencia.

A efectos de lo previsto en la disposición adicional primera de esta Ley, las contingencias que deberán instrumentarse en las condiciones establecidas en la misma serán las de jubilación, incapacidad, fallecimiento y dependencia previstas respectivamente en los párrafos a), b), c) y d) anteriores.

Los compromisos asumidos por las empresas con los trabajadores que extingan su relación laboral con aquellas y pasen a situación legal de desempleo a consecuencia de un expediente de regulación de empleo, que consistan en el pago de prestaciones con anterioridad a la jubilación, podrán ser objeto de instrumentación, con carácter voluntario, de acuerdo con el régimen previsto en la disposición adicional primera de esta Ley, en cuyo caso se someterán a la normativa financiera y fiscal derivada de esta.»

4. Se modifica el apartado 4 del artículo 36 del texto refundido de la Ley de regulación de los Planes y Fondos de Pensiones, aprobado por el Real Decreto Legislativo 1/2002, de 29 de noviembre, que quedará redactado de la siguiente manera:

«4. La inobservancia por el partícipe del límite de aportación previsto en el apartado 3 del artículo 5, salvo que el exceso de tal límite sea retirado antes del día 30 de junio del año siguiente, será sancionada con una multa equivalente al 50 por 100 de dicho exceso, sin perjuicio de la inmediata retirada del citado exceso del plan o planes de pensiones correspondientes. Dicha sanción será impuesta en todo caso a quien realice la aportación, sea o no partícipe, si bien el partícipe quedará exonerado cuando se hubiera realizado sin su conocimiento.»

5. Se modifica la disposición adicional primera del texto refundido de la Ley de regulación de los Planes y Fondos de Pensiones, aprobado por el Real Decreto Legislativo 1/2002, de 29 de noviembre, que quedará redactada de la siguiente manera:

«Disposición adicional primera. Protección de los compromisos por pensiones con los trabajadores.

§1

Los compromisos por pensiones asumidos por las empresas, incluyendo las prestaciones causadas, deberán instrumentarse, desde el momento en que se inicie el devengo de su coste, mediante contratos de seguros, incluidos los planes de previsión social empresariales, a través de la formalización de un plan de pensiones o varios de estos instrumentos. Una vez instrumentados, la obligación y responsabilidad de las empresas por los referidos compromisos por pensiones se circunscribirán exclusivamente a las asumidas en dichos contratos de seguros y planes de pensiones.

A estos efectos, se entenderán por compromisos por pensiones los derivados de obligaciones legales o contractuales del empresario con el personal de la empresa y vinculados a las contingencias establecidas en el apartado 6 del artículo 8. Tales pensiones podrán revestir las formas establecidas en el apartado 5 del artículo 8 y comprenderán toda prestación que se destine a la cobertura de tales compromisos, cualquiera que sea su denominación.

Tienen la consideración de empresas no sólo las personas físicas y jurídicas sino también las comunidades de bienes y demás entidades que, aun carentes de personalidad jurídica, sean susceptibles de asumir con sus trabajadores los compromisos descritos.

Para que los contratos de seguro puedan servir a la finalidad referida en el párrafo primero habrán de satisfacer los siguientes requisitos:

a) Revestir la forma de seguro colectivo sobre la vida o plan de previsión social empresarial, en los que la condición de asegurado corresponderá al trabajador y la de beneficiario a las personas en cuyo favor se generen las pensiones según los compromisos asumidos.

b) En dichos contratos no será de aplicación lo dispuesto en los artículos 97 y 99 de la Ley de Contrato de Seguro.

c) Los derechos de rescate y reducción del tomador sólo podrán ejercerse al objeto de mantener en la póliza la adecuada cobertura de sus compromisos por pensiones vigentes en cada momento o a los exclusivos efectos de la integración de los compromisos cubiertos en dicha póliza en otro contrato de seguro, en un plan de previsión social empresarial o en un plan de pensiones.

En este último caso, la nueva aseguradora o el plan de pensiones asumirá la cobertura total de los referidos compromisos por pensiones.

d) Deberán individualizarse las inversiones correspondientes a cada póliza en los términos que se establezcan reglamentariamente.

e) La cuantía del derecho de rescate no podrá ser inferior al valor de realización de los activos que representen la inversión de las provisiones técnicas correspondientes.

Si existiese déficit en la cobertura de dichas provisiones, tal déficit no será repercutible en el derecho de rescate, salvo en los casos que reglamentariamente se determinen. El importe del rescate deberá ser abonado directamente a la nueva aseguradora o al fondo de pensiones en el que se integre el nuevo plan de pensiones.

Será admisible que el pago del valor del rescate se realice mediante el traspaso de los activos, neto de los gastos precisos para efectuar los correspondientes cambios de titularidad.

En los contratos de seguro cuyas primas hayan sido imputadas a los sujetos a los que se vinculen los compromisos por pensiones deberán preverse, de acuerdo con las condiciones pactadas en el compromiso, los derechos económicos de los sujetos en los casos en que se produzca la cesación de la relación laboral previa al acaecimiento de las contingencias previstas en esta normativa o se modifique el compromiso por pensiones vinculado a dichos sujetos.

Reglamentariamente se fijarán las condiciones que han de cumplir los contratos de seguro a los que se refiere esta disposición, incluidos los instrumentados entre las mutualidades de previsión social y sus mutualistas en su condición de tomadores del seguro o asegurados. En todo caso, las condiciones que se establezcan reglamentariamente, deberán ser homogéneas, actuarial y financieramente con las normas aplicables a los compromisos por pensiones formalizados mediante planes de pensiones.

La efectividad de los compromisos por pensiones y del cobro de las prestaciones causadas quedarán condicionados a su formalización en los instrumentos referidos en el párrafo primero. En todo caso, el incumplimiento por la empresa de la obligación de instrumentar los

§1

compromisos por pensiones asumidos constituirá infracción en materia laboral de carácter muy grave, en los términos prevenidos en el Texto Refundido de la Ley sobre Infracciones y Sanciones en el Orden Social, aprobado por el Real Decreto Legislativo 5/2000, de 4 de agosto.

En ningún caso resultará admisible la cobertura de tales compromisos mediante la dotación por el empresario de fondos internos, o instrumentos similares, que supongan el mantenimiento por parte de éste de la titularidad de los recursos constituidos.»

6. Se modifica la disposición adicional cuarta del texto refundido de la Ley de regulación de los Planes y Fondos de Pensiones, aprobado por el Real Decreto Legislativo 1/2002, de 29 de noviembre, que quedará redactada de la siguiente manera:

«Disposición adicional cuarta. Planes de pensiones y mutualidades de previsión social constituidos a favor de personas con discapacidad.

Podrán realizarse aportaciones a planes de pensiones a favor de personas con un grado de minusvalía física o sensorial igual o superior al 65 por 100, psíquica igual o superior al 33 por 100, así como de personas con discapacidad que tengan una incapacidad declarada judicialmente con independencia de su grado. A los mismos les resultará aplicable el régimen financiero de los planes de pensiones con las siguientes especialidades:

1. Podrán efectuar aportaciones al plan de pensiones tanto la propia persona con discapacidad partícipe como las personas que tengan con el mismo una relación de parentesco en línea directa o colateral hasta el tercer grado inclusive, así como el cónyuge o aquellos que les tuviesen a su cargo en régimen de tutela o acogimiento.

En estos últimos supuestos, las personas con discapacidad habrán de ser designadas beneficiarias de manera única e irrevocable para cualquier contingencia. No obstante, la contingencia de muerte de la persona con discapacidad podrá generar derecho a prestaciones de viudedad, orfandad o a favor de quienes hayan realizado aportaciones al plan de pensiones de la persona con discapacidad en proporción a la aportación de éstos.

2. Como límite máximo de las aportaciones, a efectos de lo previsto en el apartado 3 del artículo 5 de la presente Ley, se aplicarán las siguientes cuantías:

a) Las aportaciones anuales máximas realizadas por las personas con discapacidad partícipes, no podrán rebasar la cantidad de 24.250 euros.

b) Las aportaciones anuales máximas realizadas por cada partícipe a favor de personas con discapacidad ligadas por relación de parentesco no podrán rebasar la cantidad de 10.000 euros.

c) Las aportaciones anuales máximas a planes de pensiones realizadas a favor de una persona con discapacidad, incluyendo sus propias aportaciones, no podrán rebasar la cantidad de 24.250 euros.

La inobservancia de estos límites de aportación será objeto de la sanción prevista en el apartado 4 del artículo 36 de la presente Ley. A estos efectos, cuando concurran varias aportaciones a favor de la persona con discapacidad, se entenderá que el límite de 24.250 euros se cubre, primero, con las aportaciones de la propia persona con discapacidad, y cuando éstas no superen dicho límite, con las restantes aportaciones, en proporción a su cuantía.

La aceptación de aportaciones a un plan de pensiones a nombre de un mismo beneficiario con discapacidad, por encima del límite de 24.250 euros anuales, tendrá la consideración de infracción muy grave, en los términos previstos en el párrafo n) del apartado 3 del artículo 35 de esta Ley.

3. Las prestaciones del plan de pensiones deberán ser en forma de renta, salvo que, por circunstancias excepcionales, y en los términos y condiciones que reglamentariamente se establezcan, puedan percibirse en forma de capital.

4. Reglamentariamente podrán establecerse especificaciones en relación con las contingencias por las que pueden satisfacerse las prestaciones, a las que se refiere el apartado 6 del artículo 8 de esta Ley.

5. Reglamentariamente se determinarán los supuestos en los que podrán hacerse efectivos los derechos consolidados en el plan de pen-

siones por parte de las personas con discapacidad, de acuerdo con lo previsto en el apartado 8 del artículo 8 de la presente Ley.

6. El régimen regulado en esta disposición adicional será de aplicación a las aportaciones y prestaciones realizadas o percibidas de mutualidades de previsión social, de planes de previsión social, de planes de previsión asegurados, planes de previsión social empresarial y seguros que cubran exclusivamente el riesgo de gran dependencia conforme a lo dispuesto en la Ley de promoción de la autonomía personal y atención a las personas en situación de dependencia a favor de personas con discapacidad que cumplan los requisitos previstos en los anteriores apartados y los que se establezcan reglamentariamente. Los límites establecidos serán conjuntos para todos los sistemas de previsión social en esta disposición de las mismas a favor de personas con discapacidad que cumplan los requisitos previstos en los anteriores apartados.»

7. Se modifica la disposición transitoria tercera del texto refundido de la Ley de regulación de los Planes y Fondos de Pensiones, aprobado por el Real Decreto Legislativo 1/2002, de 29 de noviembre, que quedará redactada de la siguiente manera:

«Disposición transitoria tercera. Aplicación del régimen sancionador.

El régimen sancionador en materia de ordenación y supervisión de los planes y fondos de pensiones regulado en la presente Ley será de aplicación a las infracciones tipificadas en la misma cometidas a partir de 10 de noviembre de 1995.»

8. Se añade un nuevo párrafo a la disposición final segunda del Texto Refundido de la Ley de Regulación de los Planes y Fondos de Pensiones, aprobado por Real Decreto Legislativo 1/2002, de 29 de noviembre, con la siguiente redacción:

«Las Cortes Generales y las Asambleas Legislativas de las Comunidades Autónomas podrán promover y realizar aportaciones a planes de pensiones del sistema de empleo, así como a contratos de seguro colectivo de los regulados en la disposición adicional primera de esta Ley, en los que podrán incorporarse como partícipes y asegurados los miembros de las respectivas Cámaras. A estos efectos, la promoción de un plan de pensiones de empleo para dichos miembros, podrá realizarse, en su caso, como excepción a lo establecido en el artículo 4.1.a) de esta Ley sobre promoción de un único plan de empleo por cada promotor.»

D.F. 6ª. Habilitación para la Ley de Presupuestos Generales del Estado.

La Ley de Presupuestos Generales del Estado podrá modificar, de conformidad con lo previsto en el apartado 7 del artículo 134 de la Constitución Española:

a) La escala y los tipos del impuesto y las deducciones en la cuota.

b) Los demás límites cuantitativos y porcentajes fijos establecidos en esta Ley.

D.F. 7ª. Habilitación normativa.

El Gobierno dictará cuantas disposiciones sean necesarias para el desarrollo y aplicación de esta Ley.

D.F. 8ª. Entrada en vigor.

1. Esta Ley entrará en vigor el día 1 de enero de 2007. No obstante, las habilitaciones a la Ley de Presupuestos Generales del Estado y la disposición final primera de esta Ley entrarán en vigor el día siguiente al de la publicación de esta Ley en el «Boletín Oficial del Estado».

2. A efectos del Impuesto sobre la Renta de las Personas Físicas, esta Ley será de aplicación a las rentas obtenidas a partir de 1 de enero de 2007 y a las que corresponda imputar a partir de la misma, con arreglo a los criterios de imputación temporal de la Ley 18/1991, de 6 de junio, del Impuesto sobre la Renta de las Personas Físicas y sus normas de desarrollo, Ley 40/1998, de 9 de diciembre, del Impuesto sobre la Renta de las Personas Físicas y otras Normas Tributarias y del texto refundido de la Ley del Impuesto sobre la Renta de las Personas Físicas, aprobado por el Real Decreto Legislativo 3/2004, de 5 de marzo.

Palacio del Congreso de los Diputados, 2 de noviembre de 2006.

Real Decreto 439/2007, de 30 de marzo, por el que se aprueba el Reglamento del Impuesto sobre la Renta de las Personas Físicas y se modifica el Reglamento de Planes y Fondos de Pensiones, aprobado por Real Decreto 304/2004, de 20 de febrero

(BOE de 31 de marzo de 2007)

La Ley 35/2006, de 28 de noviembre, del Impuesto sobre la Renta de las Personas Físicas y de modificación parcial de las leyes de los Impuestos sobre Sociedades, sobre la Renta de no Residentes y sobre el Patrimonio, ha abordado una reforma del Impuesto sobre la Renta de las Personas Físicas con la que se pretende fundamentalmente disminuir la carga tributaria que soportan las rentas del trabajo, recuperar la igualdad en el tratamiento fiscal de las circunstancias personales y familiares, establecer un trato fiscal neutral entre las distintas colocaciones del ahorro financiero y reordenar los incentivos fiscales destinados a la previsión social para atender tanto a las situaciones de envejecimiento como, por primera vez, a las situaciones de dependencia.

Con carácter previo a la aprobación de este Real Decreto y con la finalidad de que los obligados a practicar retenciones e ingresos a cuenta conociesen con la mayor antelación posible la normativa correspondiente en materia de pagos a cuenta, se aprobó el Real Decreto 1576/2006, de 22 de diciembre, por el que se modifican en materia de pagos a cuenta el Reglamento del Impuesto sobre la Renta de las Personas Físicas, aprobado por el Real Decreto 1775/2004, de 30 de julio, el Real Decreto 2146/2004, de 5 de noviembre, por el que se desarrollan las medidas para atender los compromisos derivados de la celebración de la XXXII edición de la Copa del América en la ciudad de Valencia, el Reglamento Impuesto sobre Sociedades, aprobado por el Real Decreto 1777/2004, de 30 de julio, y el

§2

Reglamento del Impuesto sobre la Renta de no Residentes, aprobado por el Real Decreto 1776/2004, de 30 de julio. La regulación efectuada en este Impuesto por el citado Real Decreto 1576/2006 se ha incorporado al Reglamento del Impuesto sobre la Renta de las Personas Físicas que se aprueba con el presente Real Decreto, dotando a esta materia de la estabilidad necesaria que en aras del principio de seguridad jurídica debe inspirar cualquier proyecto normativo.

El presente Real Decreto se estructura en un artículo, una disposición adicional, tres disposiciones transitorias, una disposición derogatoria y dos disposiciones finales.

El artículo único aprueba el Reglamento del Impuesto sobre la Renta de las Personas Físicas.

Las normas contenidas en este Reglamento encuentran habilitación tanto en las remisiones específicas que la propia Ley efectúa, como en la habilitación general contenida en la disposición final séptima de la Ley 35/2006.

El Reglamento, en su estructura, se ajusta a la sistemática de la Ley, intentando respetar, al igual que esta última, la estructura del texto normativo hasta ahora vigente y el contenido que se sigue considerando adecuado, señalándose a continuación los principales cambios efectuados.

En lo relativo a rentas exentas, se ha modificado, en la exención por despido o cese del trabajador, la presunción existente en la actualidad para los casos de nueva contratación del trabajador en la misma empresa u otra vinculada, ampliando la definición de porcentaje de participación a todos los mercados de valores definidos en la Directiva 2004/39/CE del Parlamento Europeo y del Consejo, de 21 de abril de 2004, relativa a los mercados de instrumentos financieros. Por otra parte, se ha incorporado un nuevo artículo para desarrollar la exención de becas de estudio y de formación de investigadores, estableciéndose fundamentalmente los requisitos que deben concurrir en la convocatoria y el límite cuantitativo de esta exención. En relación con la exención de determinados premios literarios, artísticos y científicos, se mantiene la misma regulación, si bien se prevé la posibilidad de declarar por parte de la Administración tributaria la pérdida del derecho a la aplicación de la exención inicialmente concedida. En cuanto a la exención a las ayudas a los deportistas de alto nivel se revisa el límite de la misma y, por último, en relación con la exención para los rendimientos percibidos por trabajos realizados en el extranjero, por una parte, se aclara en las operaciones entre entidades vinculadas cuándo se entiende que los trabajos se han realizado para la entidad no residente y se incorpora lo ya dispuesto en la Ley en relación con el cumplimiento del requisito de existencia de un impuesto naturaleza análoga o idéntica a este Impuesto, y, por otra parte, se establece una regla de cálculo del importe de la prestación exenta.

En relación a los rendimientos del trabajo se han incorporado las modificaciones necesarias como consecuencia del nuevo tratamiento de las prestaciones percibidas de los distintos sistemas de previsión social y de la reducción por obtención de rendimientos del trabajo, desarrollándose, en particular, el incremento de la misma por prolongación de la actividad laboral, al tiempo que se ha ampliado la cuantía del gasto deducible por cantidades satisfechas a colegios profesionales y el importe del salario medio anual del conjunto de contribuyentes.

En lo relativo a los rendimientos del capital inmobiliario, por una parte, se adaptan las reglas de determinación del rendimiento neto en relación con los gastos de reparación y conservación y los intereses derivados de financiación ajena, y por otra, se regula la comunicación a efectuar por el arrendatario para que el arrendador pueda practicarse la reducción por arrendamiento de vivienda a jóvenes.

En lo que se refiere a los rendimientos de capital mobiliario, se adapta la regulación como consecuencia de la no aplicación de la reducción por obtención de rendimientos con período de generación superior a dos años u obtenidos de forma notoriamente irregular en el tiempo a aquéllos rendimientos que forman parte de la base imponible del ahorro.

En lo referente a los rendimientos de actividades económicas, se desarrollan e incorporan nuevos requisitos para la aplicación de la nueva reducción por obtención de tales rendimientos, al tiempo que se adapta la regulación relativa al método de estimación objetiva a las nuevas reglas de determinación del volumen de rendimientos íntegros y compras cuando la misma actividad económica se desarrolla de forma fraccionada dentro de un grupo familiar o a través de entidades en régimen de atribución de rentas, y se incorpora el efecto temporal de tres años para la exclusión a dicho método previsto en la propia Ley del Impuesto.

§2

Por lo que respecta a las ganancias y pérdidas patrimoniales, para la aplicación de la exención por transmisión de la vivienda habitual por mayores de sesenta y cinco años o personas en situación de dependencia severa o gran dependencia, así como para la exención por reinversión en vivienda habitual, se permite considerar como vivienda habitual aquélla que reúna tal condición en el momento de la venta o hubiera tenido tal consideración hasta cualquier día de los dos años anteriores a la fecha de transmisión. De esta forma, se permite que el contribuyente pueda dejar de residir efectivamente en dicha vivienda disponiendo de un plazo adicional para su venta sin la pérdida de la correspondiente exención.

En lo relativo a las rentas en especie, se adapta la definición de precio ofertado a lo dispuesto en la Ley del Impuesto, al tiempo que se eleva el límite exento cuando se utilicen fórmulas indirectas de prestación del servicio de comedor por parte de las empresas, introduciendo entre las mismas, las tarjetas y demás medios electrónicos de pago.

Por su parte, el capítulo dedicado a la base liquidable se adapta a los cambios operados en materia de previsión social, en particular como consecuencia de la aplicación de los nuevos límites previstos en la Ley, al tiempo que se aclara la aplicación de tales reducciones cuando el contribuyente opte por la tributación conjunta.

En el Título dedicado a la gestión del impuesto se ha adaptado la obligación de declarar a los nuevos supuestos y cuantías previstos en la Ley del Impuesto, se respeta el tratamiento actual al no obligado a declarar por este Impuesto y se impulsa el borrador de declaración como mecanismo fundamental para simplificar el cumplimiento por parte de los contribuyentes de sus obligaciones tributarias. Por otra parte, se han incorporado nuevas obligaciones formales de información para las entidades aseguradoras que comercialicen seguros de dependencia, planes de previsión asegurados o planes individuales de ahorro sistemático, y se ha desarrollado la obligación de información a cargo de los contribuyentes que sean titulares de patrimonios protegidos.

Además, se han incorporado dos nuevas disposiciones adicionales para, por una parte, permitir movilizar la provisión matemática entre planes individuales de ahorro sistemático, y por otra, aclarar la forma de aplicación de la reducción del 65 por ciento derivada del régimen fiscal del acontecimiento «Copa del América 2007».

En cuanto a las disposiciones transitorias del Reglamento, se mantiene el régimen de reinversión de beneficios extraordinarios operando de la misma forma que en la actualidad, se amplía lo dispuesto en la actual regulación para sociedades transparentes a las sociedades patrimoniales, y se incorporan tres nuevas disposiciones, una para que no se retenga a los contribuyentes que ejerzan determinadas actividades económicas que determinen el rendimiento neto con arreglo al método de estimación objetiva hasta que no finalice el plazo extraordinario de renuncias a dicho método, otra para que se identifique por las entidades que gestionan determinados sistemas de previsión social las aportaciones o primas realizadas y su correspondiente rentabilidad para poder aplicar correctamente el régimen transitorio previsto en la Ley del Impuesto, y por último, otra para aclarar que hasta que entre en vigor la nueva redacción del artículo 49.3 del Reglamento, las movilizaciones entre planes de previsión asegurados se regirán por la normativa vigente hasta ahora.

Por último, las disposiciones transitorias del Real Decreto regulan lo siguiente:

La primera, establece el plazo de publicación de la Orden de desarrollo del método de estimación objetiva del Impuesto sobre la Renta de las Personas Físicas y el régimen especial simplificado del Impuesto sobre el Valor Añadido para 2007.

La segunda, establece, para 2007, plazos especiales de renuncias y revocaciones al método de estimación objetiva, a la modalidad simplificada del método de estimación directa y a los regímenes especiales simplificados y de la agricultura, ganadería y pesca del Impuesto sobre el Valor Añadido.

La tercera, establece un período transitorio de adaptación de las especificaciones de los planes de pensiones a los cambios introducidos en su normativa reglamentaria.

§2

En la disposición derogatoria del Real Decreto se deroga el anterior Reglamento del Impuesto sobre la Renta de las Personas Físicas y determinados preceptos cuya regulación ha sido incorporada al Reglamento que se aprueba.

En la disposición final primera del Real Decreto se efectúan las modificaciones pertinentes en el Reglamento de Planes y Fondos de Pensiones, aprobado por Real Decreto 304/2004, de 20 de febrero, para adaptarlo a las modificaciones que ha introducido la disposición final quinta de la citada Ley 35/2006 en el texto refundido de la Ley de Regulación de los Planes y Fondos de Pensiones aprobado por Real Decreto Legislativo 1/2002, de 29 de noviembre.

En la disposición final segunda del Real Decreto se establece su entrada en vigor el día siguiente a la publicación en el Boletín Oficial del Estado.

En su virtud, a propuesta del Ministro de Economía y Hacienda, de acuerdo con el Consejo de Estado y previa deliberación del Consejo de Ministros en su reunión del día 30 de marzo de 2007,

DISPONGO:

Artículo único. Aprobación del Reglamento del Impuesto sobre la Renta de las Personas Físicas.

Se aprueba el Reglamento del Impuesto sobre la Renta de las Personas Físicas, que se inserta a continuación.

DISPOSICIÓN ADICIONAL

Disposición adicional única. Remisiones normativas.

Las referencias normativas efectuadas en otras disposiciones al Reglamento del Impuesto sobre la Renta de las Personas Físicas, aprobado por el Real Decreto 214/1999, de 5 de febrero o por el Real Decreto 1775/2004, de 30 de julio, se entenderán realizadas a los preceptos correspondientes del Reglamento que se aprueba por este Real Decreto.

DISPOSICIONES TRANSITORIAS

Disposición transitoria primera. Plazo de publicación de la Orden de desarrollo del método de estimación objetiva del Impuesto sobre la Renta de las Personas Físicas y del régimen especial simplificado del Impuesto sobre el Valor Añadido para el año 2007.

La Orden ministerial por la que se desarrollan para el año 2007 el método de estimación objetiva del Impuesto sobre la Renta de las Personas Físicas y el régimen especial simplificado del Impuesto sobre el Valor Añadido, deberá publicarse en el «Boletín Oficial del Estado» en el plazo de quince días a partir de la publicación en el «Boletín Oficial del Estado» de este Real Decreto.

Disposición transitoria segunda. Plazo de renuncias y revocaciones a los regímenes especiales simplificado y de la agricultura, ganadería y pesca del Impuesto sobre el Valor Añadido, del método de estimación objetiva y de la modalidad simplificada del método de estimación directa del Impuesto sobre la Renta de las Personas Físicas para el año 2007.

1. El plazo de renuncias, al que se refieren los artículos 29.1 y 33.1.a) del Reglamento del Impuesto sobre la Renta de las Personas Físicas, aprobado por este Real Decreto, y el artículo 33.2, párrafo segundo, del Reglamento del Impuesto sobre el Valor Añadido, aprobado por el Real Decreto 1624/1992, de 29 de diciembre, así como la revocación de las mismas, que deben surtir efectos para el año 2007, comprenderá desde el día siguiente a la fecha de publicación en el «Boletín Oficial del Estado» de la Orden ministerial, que desarrolla para el año 2007 el método de estimación objetiva del Impuesto sobre la Renta de las Personas Físicas y el régimen especial simplificado del Impuesto sobre el Valor Añadido, hasta el 20 de abril de 2007.

Lo dispuesto en el párrafo anterior debe entenderse sin perjuicio de las renuncias previstas en el artículo 33.1.b) del Reglamento del Impuesto sobre la Renta de las Personas Físicas, aprobado por este Real Decreto, y el artículo 33.2, párrafo tercero, del Reglamento del Impuesto sobre el Valor Añadido.

2. Las renuncias presentadas, para el año 2007, a los regímenes especiales simplificado y de la agricultura, ganadería y pesca del Impuesto sobre el Valor Añadido, al método de estimación objetiva o a la modalidad simplificada del método de estimación directa del Impuesto sobre la Renta de las Personas Físicas, durante el mes de diciembre de 2006, se entenderán presentadas en período hábil.

No obstante, los sujetos pasivos afectados por lo dispuesto en el párrafo anterior, podrán modificar su opción en el plazo previsto en el apartado 1 anterior.

Disposición transitoria tercera. Adaptación de las especificaciones de los planes de pensiones.

Se concede un plazo de doce meses desde la entrada en vigor de este Real Decreto para la adaptación de las especificaciones de los planes de pensiones a las modificaciones introducidas por la disposición final primera de este Real Decreto en el Reglamento de Planes y Fondos de Pensiones aprobado por Real Decreto 304/2004, de 20 de febrero, sin perjuicio de la aplicación efectiva de esta normativa.

DISPOSICIÓN DEROGATORIA

Disposición derogatoria única. Derogación normativa.

1. A la entrada en vigor del presente Real Decreto quedarán derogadas todas las disposiciones que se opongan a lo establecido en el mismo. En particular, quedarán derogadas:

1º. El Reglamento del Impuesto sobre la Renta de las Personas Físicas, aprobado por el artículo único del Real Decreto 1775/2004, de 30 de julio.

2º. Las disposiciones transitorias primera, segunda y tercera del Real Decreto 1576/2006, de 22 de diciembre.

2. No obstante lo previsto en el apartado anterior, conservarán su vigencia el Real Decreto 2146/2004, de 5 de noviembre, por el que se desarrollan las medidas para atender los compromisos derivados de la ce-

lebración de la XXXII edición de la Copa del América en la ciudad de Valencia, así como las normas reglamentarias de inferior rango al presente Real Decreto que no se opongan al mismo en tanto no se haga uso de las habilitaciones en él previstas.

DISPOSICIONES FINALES

Disposición final primera. Modificación del Reglamento de Planes y Fondos de Pensiones aprobado por el Real Decreto 304/2004, de 20 de febrero.

Se introducen las siguientes modificaciones en el Reglamento de Planes y Fondos de Pensiones:

Uno. El apartado 1 del artículo 2 queda redactado del siguiente modo:

«1. Los planes de pensiones definen el derecho de las personas, a cuyo favor se constituyen, a percibir prestaciones económicas por jubilación, supervivencia, incapacidad permanente, dependencia y fallecimiento, y las obligaciones de contribución a los mismos. Los recursos necesarios para la financiación, cobertura y efectividad de los planes de pensiones se integrarán en los fondos de pensiones regulados en este reglamento.

Constituidos voluntariamente, las prestaciones de los planes de pensiones no serán, en ningún caso, sustitutivas de aquellas a las que se pudiera tener derecho en el régimen correspondiente de la Seguridad Social, teniendo, en consecuencia, carácter privado y complementario o no de aquéllas.

Queda reservada la denominación de planes de pensiones, así como sus siglas, a los planes regulados por este Reglamento.»

Dos. El articulo 6 queda redactado del siguiente modo:

«Artículo 6. Limitación de las aportaciones anuales.

1. Las aportaciones anuales máximas a los planes de pensiones regulados en este reglamento se adecuarán a lo siguiente:

a) El total de las aportaciones de los partícipes y contribuciones empresariales anuales máximas a los planes de pensiones no podrá ex-

§2

ceder, para cada partícipe, de los límites establecidos en la letra a) del apartado 3 del artículo 5 del texto refundido de la Ley de Regulación de los Planes y Fondos de Pensiones o en disposición con rango de Ley que modifique dichos límites.

Los empresarios individuales que realicen contribuciones empresariales a favor de sus trabajadores, como promotores de un plan de pensiones de empleo, podrán realizar aportaciones propias al citado plan, con sujeción a los límites máximos a que se refiere el párrafo anterior. Estas aportaciones propias no serán calificadas como contribuciones empresariales.

b) Los límites a que se refiere la letra a) anterior se aplicarán de forma conjunta a las aportaciones realizadas por los partícipes y a las imputadas a los mismos por los promotores.

c) Excepcionalmente, la empresa promotora podrá realizar contribuciones a un plan de pensiones de empleo del que sea promotor para garantizar las prestaciones en curso o los derechos de los partícipes de planes que incluyan regímenes de prestación definida para la jubilación y se haya puesto de manifiesto, a través del oportuno dictamen del actuario independiente del plan de pensiones o de las revisiones actuariales, la existencia de un déficit en el plan de pensiones.

2. Ningún plan de pensiones podrá admitir aportaciones anuales de un mismo partícipe, directas o imputadas, por importe superior a lo previsto en los apartados anteriores, sin perjuicio de lo establecido en la disposición transitoria quinta de la Ley y del régimen especial para personas con discapacidad contemplado en este reglamento.

3. Los excesos que se produzcan sobre la aportación máxima establecida podrán ser retirados antes del 30 de junio del año siguiente, sin aplicación de la sanción prevista en el artículo 36.4 del texto refundido de la Ley.

Lo anterior se entiende sin perjuicio de la obligación de las entidades gestoras y depositarias de no aceptar aportaciones superiores a los límites establecidos, y de la responsabilidad administrativa sancionable conforme a lo previsto en el artículo 35.3.n) del texto refundido de la Ley.

§2

La devolución de las cuantías indebidamente aportadas se ajustará a las siguientes condiciones:

a) La devolución se realizará por el importe efectivamente aportado en exceso, con cargo al derecho consolidado del partícipe. La rentabilidad imputable al exceso de aportación acrecerá al patrimonio del fondo de pensiones si fuese positiva, y será de cuenta del partícipe si resultase negativa.

Si el derecho consolidado resultase insuficiente para la devolución, y el partícipe hubiera realizado aportaciones a otros planes de pensiones en el ejercicio en que se produjo el exceso, procederá la devolución del restante aplicando las reglas anteriores con cargo a los derechos consolidados en dichos planes o a los que los derechos se hubieran movilizado en su caso.

b) Tratándose de exceso de aportaciones de promotores de planes de pensiones del sistema de empleo, procederá igualmente la devolución por el importe efectivamente aportado en exceso acreciendo al patrimonio del fondo la rentabilidad positiva imputable a éste, siendo de cuenta del promotor si resultase negativa.

c) En el supuesto de excesos por concurrencia de aportaciones del promotor y del partícipe a un plan de empleo, se devolverán en primer lugar las aportaciones del partícipe. En todo caso, serán irrevocables las aportaciones efectuadas por el promotor ajustadas a las condiciones estipuladas en las especificaciones del plan de pensiones y a los límites establecidos en la Ley.

En el caso de que confluyan en un mismo ejercicio aportaciones a un plan de empleo, con aportaciones del partícipe a planes individuales o asociados, habrán de ser retiradas en primer lugar las aportaciones realizadas al plan individual o asociado.

Lo establecido en este apartado 3 se entiende sin perjuicio de que los excesos de aportación resultasen de una incorrecta cuantificación o instrumentación de su cobro y de las responsabilidades que pudieran derivarse.»

Tres. El artículo 7 queda redactado del siguiente modo:

«Artículo 7. Contingencias.

Las contingencias susceptibles de cobertura en un plan de pensiones podrán ser:

a) Jubilación.

1.º Para la determinación de la contingencia de jubilación se estará a lo previsto en el régimen de la Seguridad Social correspondiente.

Por tanto, la contingencia de jubilación se entenderá producida cuando el partícipe acceda efectivamente a la jubilación en el régimen de la Seguridad Social correspondiente, sea a la edad ordinaria, anticipada o posteriormente.

Las personas que, conforme a la normativa de la Seguridad Social, se encuentren en la situación de jubilación parcial tendrán como condición preferente en los planes de pensiones la de partícipe para la cobertura de las contingencias previstas en este artículo susceptibles de acaecer, pudiendo realizar aportaciones para la jubilación total. No obstante, las especificaciones de los planes de pensiones podrán prever el pago de prestaciones con motivo del acceso a la jubilación parcial. En todo caso será aplicable el régimen de incompatibilidades previsto en el artículo 11.

2.º Cuando no sea posible el acceso de un partícipe a la jubilación, la contingencia se entenderá producida a partir de la edad ordinaria de jubilación en el Régimen General de la Seguridad Social, en el momento en que el partícipe no ejerza o haya cesado en la actividad laboral o profesional, y no se encuentre cotizando para la contingencia de jubilación en ningún régimen de la Seguridad Social.

b) Incapacidad permanente total para la profesión habitual, absoluta para todo trabajo, y gran invalidez.

Para la determinación de estas situaciones se estará a lo previsto en el régimen de la Seguridad Social correspondiente.

c) Fallecimiento del partícipe o beneficiario, que puede generar derecho a prestaciones de viudedad, orfandad o a favor de otros herederos o personas designadas.

d) Dependencia severa o gran dependencia del partícipe regulada en la Ley 39/2006, de 14 de diciembre, de Promoción de la Autonomía Personal y Atención a las personas en situación de dependencia.»

Cuatro. El artículo 10 queda redactado del siguiente modo:

«Artículo 10. Prestaciones.

1. Las prestaciones son el derecho económico de los beneficiarios de los planes de pensiones como resultado del acaecimiento de una contingencia cubierta por éstos.

Salvo que las especificaciones del plan dispongan lo contrario, con carácter general, las fechas y modalidades de percepción de las prestaciones serán fijadas y modificadas libremente por el partícipe o el beneficiario, con los requisitos y limitaciones establecidas en las especificaciones o en las condiciones de garantía de las prestaciones.

Las prestaciones de los planes de pensiones tendrán el carácter de dinerarias y podrán ser:

a) Prestación en forma de capital, consistente en una percepción de pago único. El pago de esta prestación podrá ser inmediato a la fecha de la contingencia o diferido a un momento posterior.

b) Prestación en forma de renta, consistente en la percepción de dos o más pagos sucesivos con periodicidad regular, incluyendo al menos un pago en cada anualidad. La renta podrá ser actuarial o financiera, de cuantía constante o variable en función de algún índice o parámetro de referencia predeterminado.

Las rentas podrán ser vitalicias o temporales, inmediatas a la fecha de la contingencia o diferidas a un momento posterior.

En caso de fallecimiento del beneficiario, las especificaciones podrán prever la reversión de la renta a otros beneficiarios previstos o designados.

c) Prestaciones mixtas, que combinen rentas de cualquier tipo con un pago en forma de capital, debiendo ajustarse a lo previsto en las letras anteriores.

d) Prestaciones distintas de las anteriores en forma de pagos sin periodicidad regular.

2. Las especificaciones deberán concretar la forma de las prestaciones, sus modalidades, y las normas para determinar su cuantía y vencimientos, con carácter general u opcional para el beneficiario, in-

dicando si son o no revalorizables, y en su caso, la forma de revalorización, sus posibles reversiones y el grado de aseguramiento o garantía.

3. El beneficiario del plan de pensiones o su representante legal, conforme a lo previsto en las especificaciones del plan, deberá solicitar la prestación señalando en su caso la forma elegida para el cobro de la misma y presentar la documentación acreditativa que proceda según lo previsto en las especificaciones.

Según lo previsto en las especificaciones, la comunicación y acreditación documental podrá presentarse ante las entidades gestora o depositaria o promotora del plan de pensiones o ante la comisión de control del plan en el caso de los planes de empleo y asociados, viniendo obligado el receptor a realizar las actuaciones necesarias encaminadas al reconocimiento y efectividad de la prestación.

4. El reconocimiento del derecho a la prestación deberá ser notificado al beneficiario mediante escrito firmado por la entidad gestora, dentro del plazo máximo de quince días hábiles desde la presentación de la documentación correspondiente, indicándole la forma, modalidad y cuantía de la prestación, periodicidad y vencimientos, formas de revalorización, posibles reversiones, y grado de aseguramiento o garantía, informando en su caso del riesgo a cargo del beneficiario, y demás elementos definitorios de la prestación, según lo previsto en las especificaciones o de acuerdo a la opción señalada por aquél.

Si se tratase de un capital inmediato, deberá ser abonado al beneficiario dentro del plazo máximo de 7 días hábiles desde que éste presentase la documentación correspondiente.

5. En los supuestos excepcionales de liquidez previstos en el artículo 9 de este Reglamento, de acuerdo a lo previsto en las especificaciones, y con las condiciones o limitaciones que éstas establezcan, los derechos consolidados podrán hacerse efectivos mediante un pago o en pagos sucesivos en tanto se mantengan dichas situaciones debidamente acreditadas.

6. Las prestaciones de los planes de pensiones deberán ser abonadas al beneficiario o beneficiarios previstos o designados, salvo que

mediara embargo, traba judicial o administrativa, en cuyo caso se estará a lo que disponga el mandamiento correspondiente.»

Cinco. El artículo 11 queda redactado como sigue:

«Artículo 11. Incompatibilidades entre aportaciones y prestaciones.

1. Con carácter general, no se podrá simultanear la condición de partícipe y la de beneficiario por una misma contingencia en un plan de pensiones o en razón de la pertenencia a varios planes de pensiones, siendo incompatible la realización de aportaciones y el cobro de prestaciones por la misma contingencia simultáneamente.

A partir del acceso a la jubilación, el partícipe podrá seguir realizando aportaciones al plan de pensiones. No obstante, una vez iniciado el cobro de la prestación de jubilación, las aportaciones sólo podrán destinarse a las contingencias de fallecimiento y dependencia.

Si en el momento de acceder a la jubilación el partícipe continua de alta en otro régimen de la Seguridad Social por ejercicio de una segunda actividad, podrá igualmente seguir realizando aportaciones al plan de pensiones, si bien, una vez que inicie el cobro de la prestación de jubilación, las aportaciones sólo podrán destinarse a las contingencias de fallecimiento y dependencia. También será aplicable el mismo régimen a los partícipes que accedan a la situación de jubilación parcial.

El mismo régimen se aplicará cuando no sea posible el acceso del partícipe a la jubilación en los supuestos previstos en el artículo 7.a).2.º y en el artículo 8.1 de este Reglamento. En estos casos, el partícipe con al menos 65 o 60 años de edad, respectivamente, podrá seguir realizando aportaciones. No obstante, una vez iniciado el cobro o anticipo de la prestación correspondiente a jubilación, las aportaciones posteriores solo podrán destinarse a las contingencias de fallecimiento y dependencia.

No obstante lo dispuesto en los párrafos anteriores, si, una vez cobrada la prestación o iniciado el cobro, el beneficiario causa alta posterior en un Régimen de Seguridad Social por ejercicio o reanudación de actividad, podrá reiniciar sus aportaciones para jubilación una

§2

§2

vez que hubiere percibido la prestación íntegramente o suspendido el cobro asignando expresamente los derechos económicos remanentes a la posterior jubilación.

2. En el caso de anticipo de la prestación correspondiente a jubilación por expediente de regulación de empleo, a que se refiere el artículo 8.2 de este Reglamento, el beneficiario podrá reanudar las aportaciones para cualesquiera contingencias susceptibles de acaecer, una vez que hubiere percibido aquella íntegramente o suspendido el cobro asignando expresamente el remanente a otras contingencias.

3. Las personas en situación de incapacidad total y permanente para la profesión habitual, o absoluta y permanente para todo trabajo, o gran invalidez, reconocida en el Régimen de Seguridad Social correspondiente, podrán realizar aportaciones a planes de pensiones para la cobertura de las contingencias previstas en el artículo 7 susceptibles de acaecer en la persona del interesado, teniendo en cuenta lo siguiente:

a) De no ser posible el acceso a la jubilación, esta contingencia se entenderá producida cuando el interesado alcance la edad ordinaria de jubilación en el Régimen de Seguridad Social correspondiente. Lo anterior también podrá aplicarse cuando el Régimen de Seguridad Social correspondiente prevea la jubilación por incapacidad y ésta se produzca con anterioridad a la edad ordinaria de jubilación.

b) Una vez acaecida una contingencia de incapacidad laboral, el partícipe podrá seguir realizando aportaciones al plan de pensiones, pudiendo solicitar el cobro de la prestación de incapacidad posteriormente.

c) El beneficiario de la prestación de un plan de pensiones por incapacidad permanente podrá reanudar las aportaciones a planes de pensiones para cualesquiera otras contingencias susceptibles de acaecer, una vez que hubiere percibido aquella íntegramente o suspendido el cobro asignando expresamente el remanente a otras contingencias susceptibles de acaecer.

4. La continuidad en el cobro de las prestaciones a que se refieren los apartados anteriores será compatible con el alta posterior del bene-

ficiario en un Régimen de Seguridad Social por ejercicio de actividad, salvo disposición contraria en las especificaciones.

5. La percepción de los derechos consolidados por enfermedad grave o desempleo de larga duración será incompatible con la realización de aportaciones a cualquier plan de pensiones, salvo las que resulten obligatorias o vinculadas a las del promotor de un plan de empleo.

El partícipe podrá reanudar las aportaciones para cualesquiera contingencias susceptibles de acaecer, una vez que hubiere percibido íntegramente los derechos consolidados o suspendido el cobro asignando expresamente el remanente a dichas contingencias.

6. Lo dispuesto en este artículo se entenderá sin perjuicio del régimen de instrumentación de los compromisos por pensiones de las empresas con los trabajadores y beneficiarios previsto en la disposición adicional primera de la Ley de Regulación de los Planes y Fondos de pensiones. En particular:

a) La percepción de las prestaciones será compatible con las aportaciones a favor de beneficiarios que, excepcionalmente, realicen los promotores de los planes de pensiones del sistema de empleo cuando sea preciso para garantizar las prestaciones en curso en caso de que se haya puesto de manifiesto, a través del oportuno dictamen de actuario independiente o de las revisiones actuariales, la existencia de un déficit en el plan de pensiones, en los términos previstos en esta normativa.

b) La percepción de prestaciones de los planes de pensiones por incapacidad permanente será compatible con las aportaciones de promotor que, en su caso, se prevean en los planes de pensiones de empleo para el personal incurso en dichas situaciones, en orden a instrumentar los compromisos por pensiones referidos a dicho personal.

c) La percepción de la prestación correspondiente a jubilación por expediente de regulación de empleo será compatible con las aportaciones del promotor previstas, en su caso, en los planes de pensiones del sistema de empleo en favor del personal afectado por el expediente de regulación de empleo, en orden a instrumentar los compromisos por pensiones referidos a dicho personal, que sean de obligada sujeción a la referida disposición adicional primera de la Ley de Regulación de los planes y fondos de pensiones.

d) La percepción de los derechos consolidados de un plan de pensiones en caso de enfermedad grave o desempleo de larga duración, será compatible con la realización de aportaciones a los planes de empleo en orden a instrumentar los compromisos por pensiones referidos al personal afectado por dichas situaciones, que sean de obligada sujeción a la disposición adicional primera de la Ley de Regulación de los Planes y Fondos de pensiones. El mismo régimen se aplicará respecto de las aportaciones de los perceptores que sean obligatorias o vinculadas a las del promotor de un plan de empleo.»

Seis. El artículo 13 queda redactado como sigue:

«Artículo 13. Contingencias del régimen especial para personas con discapacidad.

Las aportaciones a planes de pensiones realizadas por partícipes con un grado de minusvalía en los términos previstos en el artículo 12, así como las realizadas a su favor conforme a dicho artículo, podrán destinarse a la cobertura de las siguientes contingencias:

a) Jubilación de la persona con discapacidad conforme a lo establecido en el artículo 7.

De no ser posible el acceso a esta situación, podrán percibir la prestación correspondiente a la edad que se señale de acuerdo a las especificaciones del plan a partir de que cumpla los 45 años, siempre que carezca de empleo u ocupación profesional.

b) Incapacidad y dependencia, conforme a lo previsto en las letras b) y d) del artículo 7 de este Reglamento, del discapacitado o del cónyuge del discapacitado, o de uno de los parientes en línea directa o colateral hasta el tercer grado inclusive de los cuales dependa o de quien le tuviese a su cargo en régimen de tutela o acogimiento.

Así mismo, podrá ser objeto de cobertura el agravamiento del grado de discapacidad del partícipe que le incapacite de forma permanente para el empleo u ocupación que viniera ejerciendo, o para todo trabajo, incluida la gran invalidez sobrevenida, cuando no sea posible el acceso a prestación conforme a un Régimen de la Seguridad Social.

c) Fallecimiento del discapacitado, que puede generar prestaciones conforme a lo establecido en el artículo 7.c).

No obstante, las aportaciones realizadas por personas que puedan realizar aportaciones a favor del discapacitado conforme a lo previsto en el artículo 12.a) sólo podrán generar, en caso de fallecimiento del discapacitado, prestaciones de viudedad, orfandad o a favor de quienes las hubiesen realizado, en proporción a la aportación de éstos.

d) Jubilación, conforme a lo previsto en el artículo 7, del cónyuge o de uno de los parientes del discapacitado en línea directa o colateral hasta el tercer grado inclusive, del cual dependa o de quien le tenga a su cargo en régimen de tutela o acogimiento.

e) Fallecimiento del cónyuge del discapacitado, o de uno de los parientes en línea directa o colateral hasta el tercer grado inclusive de los cuales dependa o de quien le tuviese a su cargo en régimen de tutela o acogimiento.

f) Las contribuciones que, de acuerdo con lo recogido en este Reglamento, sólo puedan destinarse a cubrir la contingencia de fallecimiento del discapacitado se deberán realizar bajo el régimen general.»

Siete. El apartado 4 del artículo 19 queda redactado como sigue:

«4. Los planes de pensiones podrán prever la contratación de seguros, avales y otras garantías con las correspondientes entidades financieras para la cobertura de riesgos determinados o el aseguramiento o garantía de las prestaciones. En aquellos planes de pensiones en los cuales las coberturas de dependencia operen en régimen de prestación definida, deberá instrumentarse dichas coberturas a través de los correspondientes contratos de seguro previstos por el plan con entidades aseguradoras, el cual en ningún caso asumirá los riesgos inherentes a dichas prestaciones.

Los citados contratos podrán formalizarse, conforme a la normativa correspondiente en cada caso, con entidades de crédito y con entidades aseguradoras.

Estos contratos deberán tener carácter colectivo y, en el caso de los planes de empleo, corresponderse con los colectivos fijados en

§2

especificaciones, salvo, en ambos casos, los destinados a la cobertura de los derechos económicos de los beneficiarios.»

Ocho. El apartado 5 del artículo 22 queda redactado como sigue:

«5. En los términos y condiciones establecidas en este Reglamento para cada modalidad de plan, los derechos consolidados de los partícipes y, en su caso, los derechos económicos de los beneficiarios, podrán movilizarse a otro u otros planes de pensiones, o bien, a los planes de previsión asegurados regulados en el artículo 51.3 la Ley del Impuesto sobre la Renta de las Personas Físicas.»

Nueve. El apartado 2 del artículo 34 queda redactado como sigue:

«2. Con periodicidad al menos anual, la entidad gestora del fondo de pensiones en el que el plan se encuentre integrado remitirá a cada partícipe de los planes de empleo una certificación sobre las aportaciones, directas o imputadas, realizadas en cada año natural y el valor, al final del año natural, de sus derechos consolidados en el plan.

Las especificaciones podrán prever plazos inferiores al señalado anteriormente para remitir dicha información.

La certificación a que se refiere este apartado deberá contener un resumen sobre la determinación de las contingencias cubiertas, el destino de las aportaciones y las reglas de incompatibilidad sobre aquéllas.

En su caso, la certificación indicará la cuantía de los excesos de aportación del partícipe advertidos sobre los máximos establecidos y el deber de comunicar el medio para el abono de la devolución.»

Diez. El apartado 1 del artículo 38 queda redactado del siguiente modo:

«1. Los planes de pensiones de promoción conjunta habrán de ser de la modalidad de aportación definida para la contingencia de jubilación, sin perjuicio de lo dispuesto en los apartados siguientes.

Las prestaciones definidas que se prevean para caso de fallecimiento, incapacidad permanente y dependencia del partícipe, así como las garantizadas a los beneficiarios una vez acaecida cualquier contingencia y sus reversiones, deberán garantizarse en su totalidad mediante los correspondientes contratos de seguro previstos por el plan, el cual en ningún caso asumirá los riesgos inherentes a dichas prestaciones. Los contratos de seguro previstos para la cobertura de fallecimiento, invalidez y dependencia del partícipe deberán ser de duración no superior a un año, y podrán ser renovables.»

Once. El apartado 2 del artículo 48 queda redactado del siguiente modo:

«2. Con periodicidad anual, la entidad gestora del fondo de pensiones remitirá a cada partícipe de los planes individuales una certificación sobre las aportaciones realizadas en cada año natural y el valor, al final del año natural, de sus derechos consolidados.

La certificación a que se refiere este apartado deberá contener un resumen sobre la determinación de las contingencias cubiertas, el destino de las aportaciones y las reglas de incompatibilidad sobre aquéllas.

En su caso, la certificación indicará la cuantía de los excesos de aportación advertidos y el deber de comunicar el medio para el abono de la devolución.»

Doce. El artículo 50 queda redactado del siguiente modo:

«Artículo 50. Movilización de derechos en un plan individual.

1. Los derechos consolidados en los planes de pensiones del sistema individual podrán movilizarse a otro plan o planes de pensiones, o a uno o varios planes de previsión asegurados, por decisión unilateral del partícipe, o por terminación del plan. La movilización por decisión unilateral podrá ser total o parcial.

2. Los derechos económicos de los beneficiarios en los planes de pensiones del sistema individual también podrán movilizarse a otros planes de pensiones o a planes de previsión asegurados a petición del beneficiario, siempre y cuando las condiciones de garantía y aseguramiento de la prestación así lo permitan y en las condiciones previstas en las especificaciones de los planes de pensiones correspondientes. Esta movilización podrá ser total o parcial.

3. En cualquiera de estos supuestos, los derechos consolidados se integrarán en el plan o planes de pensiones o en el plan o planes de previsión asegurados que designe el partícipe.

La integración de los derechos consolidados en otro plan de pensiones o en un plan de previsión asegurado exige la condición de partícipe o tomador de éstos por parte de la persona que moviliza los citados derechos.

El traspaso de los derechos consolidados a un plan de pensiones integrado en un fondo distinto o a un plan de previsión asegurado deberá realizarse necesariamente mediante transferencia bancaria directa, ordenada por la sociedad gestora del fondo de origen a su depositario, desde la cuenta del fondo de origen a la cuenta del fondo de destino o de la aseguradora de destino.

4. Cuando un partícipe desee movilizar la totalidad o parte de los derechos consolidados que tenga en un plan de pensiones a otro plan integrado en un fondo de pensiones gestionado por diferente entidad gestora o a un plan de previsión asegurado de una entidad aseguradora distinta a la entidad gestora del plan de pensiones, el partícipe deberá dirigirse a la entidad gestora o aseguradora de destino, para iniciar su traspaso.

A tal fin, el partícipe deberá acompañar a su solicitud la identificación del plan y fondo de pensiones de origen desde el que se realizará la movilización, así como, en su caso, el importe a movilizar. La solicitud incorporará una comunicación dirigida a la entidad gestora de origen para ordenar el traspaso que incluya una autorización del partícipe a la entidad gestora o aseguradora de destino para que, en su nombre, pueda solicitar a la gestora del fondo de origen la movilización de los derechos consolidados, así como toda la información financiera y fiscal necesaria para realizarlo.

La solicitud del partícipe presentada en un establecimiento de la entidad promotora del plan de destino o del depositario de destino se entenderá presentada en la entidad gestora de destino, salvo que de manera expresa las especificaciones del plan de pensiones de destino lo limiten a la entidad gestora.

En el caso de que existan convenios o contratos que permitan gestionar las solicitudes de movilización a través de mediadores o de las redes comerciales de otras entidades, la presentación de la solicitud en cualquier establecimiento de éstos se entenderá realizada en la entidad gestora o aseguradora.

En el plazo máximo de dos días hábiles desde que la entidad aseguradora o entidad gestora de destino disponga de la totalidad de la documentación necesaria, ésta deberá, además de comprobar el cumplimiento de los requisitos establecidos reglamentariamente para la movilización de tales derechos, comunicar la solicitud a la gestora del fondo de origen, con indicación, al menos, del plan y fondo de pensiones de destino, el depositario de éste y los datos de la cuenta del fondo de pensiones de destino a la que debe efectuarse la transferencia, o, en el caso de movilización a un plan de previsión asegurado, indicación, al menos, del plan de previsión asegurado, entidad aseguradora de destino y los datos de la cuenta de destino a la que debe efectuarse la transferencia.

En un plazo máximo de cinco días hábiles a contar desde la recepción por parte de la entidad gestora de origen de la solicitud con la documentación correspondiente, esta entidad deberá ordenar la transferencia bancaria y remitir a la gestora o aseguradora de destino toda la información financiera y fiscal necesaria para el traspaso.

5. En caso de que la entidad gestora de origen sea, a su vez, la gestora del fondo de destino o la aseguradora del plan de previsión asegurado de destino, el partícipe deberá indicar en su solicitud el importe que desea movilizar, en su caso, el plan de pensiones destinatario y el fondo de pensiones de destino al que esté adscrito, o, en otro caso, el plan de previsión asegurado destinatario.

La gestora deberá emitir la orden de transferencia en el plazo máximo de tres días hábiles desde la fecha de presentación de la solicitud por el partícipe.

6. El procedimiento para la movilización de derechos económicos a solicitud del beneficiario se ajustará a lo establecido en los apartados anteriores, entendiéndose realizadas a los beneficiarios y a sus derechos económicos las referencias hechas a los partícipes y sus derechos consolidados.

En el caso de prestaciones garantizadas por entidad aseguradora u otra entidad financiera, las condiciones y el procedimiento de movilización, en su caso, se ajustarán a lo estipulado en el contrato correspondiente.

7. No será admisible la aplicación de gastos o penalizaciones sobre los derechos consolidados por movilización.

8. En los procedimientos de movilizaciones regulados en este artículo se autoriza que la transmisión de la solicitud de traspaso, la transferencia de efectivo y la transmisión de la información entre las entidades intervinientes, puedan realizarse a través del Sistema Nacional de Compensación Electrónica, mediante las operaciones que, para estos supuestos, se habiliten en dicho Sistema.»

Trece. El artículo 55 queda redactado del siguiente modo:

«Artículo 55. Movilización de derechos en un plan asociado.

1. Los derechos consolidados en los planes de pensiones del sistema asociado podrán movilizarse a otro plan o planes de pensiones, o a uno o varios planes de previsión asegurados, por decisión unilateral del partícipe o por pérdida de la condición de asociado del promotor o por terminación del plan. La movilización por decisión unilateral podrá ser total o parcial.

2. Los derechos económicos de los beneficiarios en los planes de pensiones del sistema asociado también podrán movilizarse a otros planes de pensiones, o a planes de previsión asegurados, a petición del beneficiario, siempre y cuando las condiciones de garantía y aseguramiento de la prestación así lo permitan y en las condiciones previstas en las especificaciones de los planes de pensiones correspondientes. Esta movilización podrá ser total o parcial.

3. Lo dispuesto en los apartados 3 y siguientes del artículo 50 de este Reglamento será de aplicación a la movilización de los derechos consolidados del partícipe o de los derechos económicos del beneficiario en un plan de pensiones asociado.

En el caso de que las prestaciones estén garantizadas por entidades aseguradoras o otras entidades financieras, los procedimientos de movilización de los derechos correspondientes a las mismas se ajustarán a lo previsto en el contrato correspondiente.»

Catorce. El apartado 5 del artículo 75 queda redactado del siguiente modo:

«5. A efectos de la realización de aportaciones a planes de pensiones, movilización de derechos consolidados, reconocimiento de prestaciones y liquidez de derechos consolidados en supuestos excepcionales, se utilizará el valor diariamente fijado de la cuenta de posición del plan, aplicándose el correspondiente a la fecha en que se haga efectiva la aportación, la movilización, la liquidez o el pago de la prestación.

No obstante, las normas de funcionamiento del fondo podrán referir la valoración de los derechos consolidados y prestaciones a la correspondiente al día hábil anterior al señalado en el párrafo anterior, y, en el caso de las aportaciones podrán referirla al día hábil siguiente.

Para la valoración de los pagos a efectuar por prestaciones de cuantía no garantizada, que se hayan de satisfacer en forma de capital diferido o renta con cargo al fondo de capitalización, se utilizará igualmente el valor de la cuenta de posición en la fecha o fechas de sus vencimientos, si bien, las normas de funcionamiento del fondo podrán referir la valoración a los cambios bursátiles o similares correspondientes al día hábil siguiente al del vencimiento.

Lo dispuesto en este apartado se entiende sin perjuicio de la validez y los efectos jurídicos de la fecha de la aportación o de la solicitud de movilización, liquidez, o reconocimiento de la prestación.

A efectos de lo previsto en este Reglamento, por fecha de solicitud se entenderá la de recepción por la gestora o depositaria, el promotor del plan o la comisión de control del plan, de la petición formulada por escrito por el partícipe o beneficiario, o por un tercero actuando en su representación, conteniendo la totalidad de la documentación necesaria. El receptor estará obligado a facilitar al solicitante constancia de su recepción.

Las entidades gestoras serán responsables de los retrasos que se produzcan en exceso sobre los plazos previstos en este Reglamento para tramitar y hacer efectivas las solicitudes de los partícipes o beneficiarios, sin perjuicio de la posibilidad de la entidad gestora de repetir contra aquél que hubiera causado el retraso.»

Quince. El apartado 1 del artículo 101 queda redactado como sigue:

«1. La contratación de un plan de pensiones se formalizará mediante un documento o boletín de adhesión suscrito por el partícipe conjuntamente con el promotor del plan, la gestora y depositaria.

El boletín de adhesión contendrá información, al menos, sobre los siguientes extremos:

a) La denominación, sistema y modalidad del plan o planes de pensiones.

b) La denominación del fondo o fondos de pensiones y número identificativo en el registro especial.

c) La denominación y domicilio social del promotor del plan, así como de la gestora y depositaria del fondo correspondiente con su número identificativo en los registros especiales correspondientes.

d) La legislación aplicable al contrato, e indicación de la normativa fiscal aplicable.

e) Indicaciones sobre el régimen de aportaciones, contingencias cubiertas, señalando, en las que así proceda, que se determinarán conforme al régimen de la Seguridad Social aplicable al partícipe, régimen de prestaciones, posibles beneficiarios, formas de cobro y grado de aseguramiento o garantía de las prestaciones, con identificación, en su caso, de la denominación y domicilio social de la entidad aseguradora o garante.

Se señalará el destino de las aportaciones y prestaciones, conforme a este Reglamento, de las personas sin posibilidad de acceso a la jubilación que no figuren de alta ni coticen en ningún régimen de la Seguridad Social, así como de las personas jubiladas.

El boletín deberá contener espacios para el señalamiento de las contingencias cubiertas o destino de las aportaciones y designación de beneficiarios, advirtiendo de que los designados deben ser en todo caso personas físicas.

En los regímenes de aportación definida se señalará la dependencia del valor de los derechos consolidados y de las prestaciones respecto de la evolución del valor del patrimonio del fondo.

f) Indicaciones sobre los límites de aportación a planes de pensiones establecidos por la normativa, y el procedimiento para la solicitud de las prestaciones por parte del beneficiario, con advertencia de las sanciones administrativas previstas en el texto refundido de la ley por incumplimiento de los citados límites.

g) Indicaciones sobre el cálculo del derecho consolidado y condiciones y plazo de movilización y, en su caso, supuestos excepcionales de liquidez. En todo caso, se reflejará claramente el carácter no reembolsable del derecho consolidado hasta la producción de la contingencia o, en su caso, en los citados supuestos excepcionales.

h) Instancias de reclamación utilizables en caso de litigio, indicando, en su caso, la denominación y domicilio del defensor del partícipe.

i) Se señalará el lugar y forma en que el partícipe podrá acceder en cualquier momento al contenido de las especificaciones del plan de pensiones y a las normas de funcionamiento del fondo, a la declaración de la política de inversión a que se refiere el apartado 3 del artículo 69, así, como, en su caso, al Reglamento de Funcionamiento del Defensor del Partícipe, documentos que, en cualquier caso, deberán hallarse a disposición de los partícipes y beneficiarios.

En ningún caso podrán emitirse boletines o documentos de adhesión a un plan de pensiones que incorporen la contratación de operaciones, productos o servicios distintos de aquél.»

Dieciséis. La disposición adicional primera queda redactada del siguiente modo:

«Disposición adicional primera. Contingencias sujetas a la disposición adicional primera del texto refundido de la Ley de Regulación de los Planes y Fondos de pensiones.

1. A efectos de lo previsto en la disposición adicional primera del texto refundido de la Ley de Regulación de los Planes y Fondos de Pensiones, las contingencias que deberán instrumentarse en las condiciones establecidas en aquélla serán las de jubilación, incapacidad

permanente, fallecimiento y dependencia previstas, respectivamente, en los párrafos a).1.º, b), c) y d) del artículo 7 de este reglamento.

2. En el caso de empleados que accedan a la jubilación parcial conforme a la normativa de Seguridad Social, se sujetarán a la citada disposición adicional primera los compromisos de la empresa referidos a aquellos vinculados a la jubilación total, incapacidad permanente, fallecimiento y dependencia antes citados.

3. Los compromisos asumidos por las empresas con los trabajadores que extingan su relación laboral y pasen a situación legal de desempleo a consecuencia de expediente de regulación de empleo, que consistan en el pago de prestaciones con anterioridad a la jubilación, podrán ser objeto de instrumentación, con carácter voluntario, de acuerdo con el régimen previsto en la referida disposición adicional primera del texto refundido de la ley, en cuyo caso se someterán a la normativa financiera y fiscal derivada de aquélla. Lo dispuesto en el párrafo anterior será aplicable a las prestaciones pagaderas al trabajador afectado por el expediente de regulación de empleo en tanto no acceda a la jubilación, así como a las reversiones de tales prestaciones por fallecimiento producidas antes del acceso a la jubilación.

Estarán sujetos necesariamente a la referida disposición adicional primera del texto refundido de la ley los compromisos referidos al personal afectado por el expediente de regulación de empleo vinculados específicamente a las contingencias de incapacidad permanente, dependencia, las prestaciones pagaderas a dicho personal por o a partir de la jubilación, así como las de fallecimiento antes o después de la jubilación distintas de las reversiones señaladas en el párrafo anterior.»

Diecisiete. Se introduce una nueva disposición adicional cuarta, con la siguiente redacción:

«Disposición adicional cuarta. Movilidad a mutualidades de previsión social que actúen como instrumento de previsión social empresarial de planes de pensiones de empleo de las Administraciones Públicas formalizados o cuya promoción se hubiera acordado en convenio colectivo antes de la entrada en vigor de la Ley 44/2002, de 22 de noviembre, de Medidas de reforma del sistema financiero.

Los planes de pensiones de empleo promovidos por las Administraciones Públicas, incluidas las Corporaciones Locales, por entidades y organismos públicos y por empresas y sociedades participadas por las mismas en al menos un 50 por 100, que se hubieren formalizado o cuya promoción se hubiera acordado en convenio colectivo con anterioridad al 24 de noviembre de 2002, podrán acordar, sin consecuencias tributarias, la terminación del plan y la movilización de los derechos consolidados de los partícipes y, en su caso, de los derechos derivados de las prestaciones causadas que permanezcan en el plan, a una mutualidad de previsión social que actúe como instrumento de previsión social empresarial, respetando en todo caso la garantía individualizada de las prestaciones causadas.»

Dieciocho. Se introduce una nueva disposición transitoria sexta, con la siguiente redacción:

«Disposición transitoria sexta. Partícipes jubilados antes de 1 de enero de 2007 que no hayan iniciado el cobro de la prestación.

Los partícipes jubilados antes de 1 de enero de 2007 podrán seguir realizando aportaciones a planes de pensiones acogiéndose a lo establecido en el artículo 11.1, siempre que no hubieran cobrado o iniciado el cobro de la prestación del plan. No obstante lo anterior:

a) Los partícipes jubilados con anterioridad al 1 de julio de 2006, y que hubieran realizado aportaciones desde la jubilación hasta el 1 de enero de 2007, destinarán dichas aportaciones para fallecimiento.

b) Los partícipes jubilados a partir del 1 de julio de 2006, y que hubieran realizado aportaciones desde la jubilación hasta el inicio del cobro de la prestación correspondiente a esta contingencia, podrán percibir dichas aportaciones como consecuencia de la jubilación.»

Disposición final segunda. Entrada en vigor.

1. Este Real Decreto entrará en vigor el día siguiente al de su publicación en el «Boletín Oficial del Estado». No obstante, los apartados doce y trece de la disposición final primera de este Real Decreto y el apartado 3 del artículo 49 del Reglamento del Impuesto sobre la Renta de las Personas Físicas entrarán en vigor el día 1 de enero de 2008.

2. Las normas del Reglamento del Impuesto sobre la Renta de las Personas Físicas se aplicarán a los períodos impositivos respecto de los que sea de aplicación la Ley 35/2006, de 28 de noviembre, del Impuesto sobre la Renta de las Personas Físicas y de modificación parcial de las leyes de los Impuestos sobre Sociedades, sobre la Renta de no Residentes y sobre el Patrimonio, salvo lo dispuesto en el artículo 45 y 49.3 del Reglamento del Impuesto, aprobado por este Real Decreto, que resultará de aplicación a partir de la fecha de entrada en vigor prevista en el apartado anterior.

Dado en la Embajada de España en Guatemala, el 30 de marzo de 2007.

JUAN CARLOS R.

El Vicepresidente Segundo del Gobierno y Ministro de Economía y Hacienda,

PEDRO SOLBES MIRA

REGLAMENTO DEL IMPUESTO SOBRE LA RENTA DE LAS PERSONAS FÍSICAS

Índice

§2

§2

§2

§2

§2

§2

REGLAMENTO DEL IMPUESTO SOBRE LA RENTA DE LAS PERSONAS FÍSICAS

TÍTULO I
SUJECIÓN AL IMPUESTO: ASPECTOS MATERIALES, PERSONALES Y TEMPORALES

CAPÍTULO I
RENTAS EXENTAS

Artículo 1. Indemnizaciones por despido o cese del trabajador[1].

El disfrute de la exención prevista en el artículo 7.e) de la Ley 35/2006, de 28 de noviembre, del Impuesto sobre la Renta de las Personas Físicas y de modificación parcial de las leyes de los Impuestos sobre Sociedades, sobre la Renta de no Residentes y sobre el Patrimonio quedará condicionado a la real efectiva desvinculación del trabajador con la empresa. Se presumirá, salvo prueba en contrario, que no se da dicha desvinculación cuando en los tres años siguientes al despido o cese el trabajador vuelva a prestar servicios a la misma empresa o a otra empresa vinculada a aquélla en los términos previstos en el artículo 18 de la Ley 27/2014, de 27 de noviembre, del Impuesto sobre Sociedades.

Artículo 2. Exención de becas al estudio y de formación de investigadores.

1. A efectos de lo establecido en el artículo 7.j) de la Ley del Impuesto, estarán exentas las becas públicas percibidas para cursar estudios reglados cuando la concesión se ajuste a los principios de mérito y capacidad, generalidad y no discriminación en las condiciones de acceso y publicidad de la convocatoria. En ningún caso estarán exentas las ayudas

---

[1]   Nueva redacción según el Art. 1º. Uno del Real Decreto 633/2015, de 10 de julio, por el que se modifican el Reglamento del Impuesto sobre la Renta de las Personas Físicas, aprobado por el Real Decreto 439/2007, de 30 de marzo, y el Reglamento del Impuesto sobre la Renta de no Residentes, aprobado por el Real Decreto 1776/2004, de 30 de julio.

para el estudio concedidas por un Ente Público en las que los destinatarios sean exclusiva o fundamentalmente sus trabajadores o sus cónyuges o parientes, en línea directa o colateral, consanguínea o por afinidad, hasta el tercer grado inclusive, de los mismos.

Tratándose de becas para estudios concedidas por entidades sin fines lucrativos a las que les sea de aplicación el régimen especial regulado en el Título II de la Ley 49/2002, de 23 de diciembre, de régimen fiscal de las entidades sin fines lucrativos y de los incentivos fiscales al mecenazgo, o por fundaciones bancarias reguladas en el título II de la Ley 26/2013, de 27 de diciembre, de cajas de ahorros y fundaciones bancarias en el desarrollo de su actividad de obra social, se entenderán cumplidos los principios anteriores cuando concurran los siguientes requisitos:

a) Que los destinatarios sean colectividades genéricas de personas, sin que pueda establecerse limitación alguna respecto de los mismos por razones ajenas a la propia naturaleza de los estudios a realizar y las actividades propias de su objeto o finalidad estatutaria.

b) Que el anuncio de la Convocatoria se publique en el Boletín Oficial del Estado o de la Comunidad Autónoma y, bien en un periódico de gran circulación nacional, bien en la página web de la entidad.

c) Que la adjudicación se lleve a cabo en régimen de concurrencia competitiva. A efectos de lo previsto en el segundo párrafo del artículo 7.j) de la Ley, estarán exentas las becas para investigación en el ámbito descrito por el Real Decreto 63/2006, de 27 de enero, por el que se aprueba el Estatuto del personal investigador en formación, siempre y cuando el programa de ayudas a la investigación haya sido reconocido e inscrito en el Registro general de programas de ayudas a la investigación al que se refiere el artículo 3 del citado Real Decreto. En ningún caso tendrán la consideración de beca las cantidades satisfechas en el marco de un contrato laboral.

A efectos de la aplicación del último inciso del artículo 7.j) de la Ley, las bases de la convocatoria deberán prever como requisito o mérito, de forma expresa, que los destinatarios sean funcionarios, personal al servicio de las Administraciones Públicas y personal docente e investigador de las Universidades. Además, cuando las becas sean convocadas por entidades sin fines lucrativos a las que sea de aplicación el régimen especial regulado en el título II de la Ley 49/2002 o por fundaciones bancarias reguladas en el título II de la Ley 26/2013 en el desarrollo de su actividad de obra social, deberán igualmente cumplir los requisitos previstos en el segundo párrafo de este apartado[2].

2. 1.º El importe de la beca exento para cursar estudios reglados alcanzará los costes de matrícula, o cantidades satisfechas por un concepto equivalente para poder cursar tales estudios, y de seguro de accidentes corporales y asistencia sanitaria del que sea beneficiario el becario y, en su caso, el cónyuge e hijo del becario siempre que no posean cobertura de la Seguridad Social, así como una dotación económica máxima, con carácter general, de 6.000 euros anuales.

Este último importe se elevará hasta un máximo de 18.000 euros anuales cuando la dotación económica tenga por objeto compensar gastos de transporte y alojamiento para la realización de estudios reglados del sistema educativo, hasta el nivel de máster incluido o equivalente. Cuando se trate de estudios en el extranjero dicho importe ascenderá a 21.000 euros anuales.

Si el objeto de la beca es la realización de estudios de doctorado, estará exenta la dotación económica hasta un importe máximo de 21.000 euros anuales o 24.600 euros anuales cuando se trate de estudios en el extranjero. A los efectos indicados en los párrafos anteriores, cuando la duración de la beca sea inferior al año natural la cuantía máxima exenta será la parte proporcional que corresponda.

2.º En el supuesto de becas para investigación gozará de exención la dotación económica derivada del programa de ayuda del que sea beneficiario el contribuyente.

3.º En el supuesto de becas para realización de estudios de doctorado y becas para investigación, la dotación económica exenta incluirá las

---

[2]   Nueva redacción de este apartado según el Art. 1º. Dos del Real Decreto 633/2015, de 10 de julio, por el que se modifican el Reglamento del Impuesto sobre la Renta de las Personas Físicas, aprobado por el Real Decreto 439/2007, de 30 de marzo, y el Reglamento del Impuesto sobre la Renta de no Residentes, aprobado por el Real Decreto 1776/2004, de 30 de julio.

ayudas complementarias que tengan por objeto compensar los gastos de locomoción, manutención y estancia derivados de la asistencia a foros y reuniones científicas, así como la realización de estancias temporales en universidades y centros de investigación distintos a los de su adscripción para completar, en ambos casos, la formación investigadora del becario[3].

Artículo 3. Exención de determinados premios literarios, artísticos y científicos.

1. A efectos de la exención prevista en el artículo 7.l) de la Ley del Impuesto, tendrá la consideración de premio literario, artístico o científico relevante la concesión de bienes o derechos a una o varias personas, sin contraprestación, en recompensa o reconocimiento al valor de obras literarias, artísticas o científicas, así como al mérito de su actividad o labor, en general, en tales materias.

2. 1.º El concedente del premio no podrá realizar o estar interesado en la explotación económica de la obra u obras premiadas. En particular, el premio no podrá implicar ni exigir la cesión o limitación de los derechos de propiedad sobre aquéllas, incluidos los derivados de la propiedad intelectual o industrial.

No se considerará incumplido este requisito por la mera divulgación pública de la obra, sin finalidad lucrativa y por un período de tiempo no superior a seis meses.

2.º En todo caso, el premio deberá concederse respecto de obras ejecutadas o actividades desarrolladas con anterioridad a su convocatoria.

No tendrán la consideración de premios exentos las becas, ayudas y, en general, las cantidades destinadas a la financiación previa o simultá-

---

[3]   Nueva redacción de este apartado según el Art. 1º. Uno del Real Decreto 1074/2017, de 29 de diciembre, por el que se modifican el Reglamento del Impuesto sobre la Renta de las Personas Físicas, aprobado por el Real Decreto 439/2007, de 30 de marzo, el Reglamento del Impuesto sobre Sociedades, aprobado por el Real Decreto 634/2015, de 10 de julio, y el Reglamento del Impuesto sobre Sucesiones y Donaciones, aprobado por el Real Decreto 1629/1991, de 8 de noviembre.

nea de obras o trabajos relativos a las materias citadas en el apartado 1 anterior.

3.º La convocatoria deberá reunir los siguientes requisitos:

a) Tener carácter nacional o internacional.

b) No establecer limitación alguna respecto a los concursantes por razones ajenas a la propia esencia del premio.

c) Que su anuncio se haga público en el Boletín Oficial del Estado o de la Comunidad Autónoma y en, al menos, un periódico de gran circulación nacional.

Los premios que se convoquen en el extranjero o por Organizaciones Internacionales sólo tendrán que cumplir el requisito contemplado en la letra b) anterior para acceder a la exención.

4.º La exención deberá ser declarada por el órgano competente de la Administración tributaria, de acuerdo con el procedimiento que apruebe el Ministro de Economía y Hacienda.

La declaración anterior habrá de ser solicitada, con aportación de la documentación pertinente, por:

a) La persona o entidad convocante del premio, con carácter general.

b) La persona premiada, cuando se trate de premios convocados en el extranjero o por Organizaciones Internacionales.

La solicitud deberá efectuarse con carácter previo a la concesión del premio o, en el supuesto de la letra b) anterior, antes del inicio del período reglamentario de declaración del ejercicio en que se hubiera obtenido.

Para la resolución del expediente podrá solicitarse informe del Departamento ministerial competente por razón de la materia o, en su caso, del órgano correspondiente de las Comunidades Autónomas.

El plazo máximo para notificar la resolución del procedimiento será de seis meses. Transcurrido el plazo para resolver sin que se haya notificado la resolución expresa, la solicitud podrá entenderse desestimada.

La declaración tendrá validez para sucesivas convocatorias siempre que estas no modifiquen los términos que hubieran sido tomados en consideración a efectos de conceder la exención.

En el supuesto en que las sucesivas convocatorias modificasen dichos términos, o se incumpla alguno de los requisitos exigidos para su aplicación, el mismo órgano de la Administración tributaria a que se refiere el primer párrafo de este número 4.º declarará la pérdida del derecho a su aplicación desde que dicha modificación o incumplimiento se produzca.

3. Cuando la Administración tributaria haya declarado la exención del premio, las personas a que se refiere la letra a) del número 4.º del apartado anterior, vendrán obligadas a comunicar a la Administración tributaria, dentro del mes siguiente al de concesión, la fecha de ésta, el premio concedido y los datos identificadores de quienes hayan resultado beneficiados por los mismos.

Artículo 4. Exención de las ayudas a los deportistas de alto nivel.

A efectos de lo previsto en el artículo 7.m) de la Ley del Impuesto, estarán exentas, con el límite de 60.100 euros anuales, las ayudas económicas de formación y tecnificación deportiva que cumplan los siguientes requisitos:

a) Que sus beneficiarios tengan reconocida la condición de deportistas de alto nivel, conforme a lo previsto en el Real Decreto 1467/1997, de 19 de septiembre, sobre deportistas de alto nivel.

b) Que sean financiadas, directa o indirectamente, por el Consejo Superior de Deportes, por la Asociación de Deportes Olímpicos, por el Comité Olímpico Español o por el Comité Paralímpico Español.

Artículo 5. Exención de las gratificaciones extraordinarias percibidas por la participación en misiones de paz o humanitarias.

A efectos de lo previsto en el artículo 7.o) de la Ley del Impuesto, estarán exentas las cantidades satisfechas por el Estado español a los miembros de misiones internacionales de paz o humanitarias por los siguientes motivos:

a) Las gratificaciones extraordinarias de cualquier naturaleza que respondan al desempeño de la misión internacional de paz o humanitaria.

b) Las indemnizaciones o prestaciones satisfechas por los daños personales que hubieran sufrido durante las mismas.

Artículo 6. Exención de los rendimientos percibidos por trabajos realizados en el extranjero.

1. Estarán exentos del Impuesto, de acuerdo con lo previsto en el artículo 7.p) de la Ley del Impuesto, los rendimientos del trabajo percibidos por trabajos efectivamente realizados en el extranjero, cuando concurran los siguientes requisitos:

1.º Que dichos trabajos se realicen para una empresa o entidad no residente en España o un establecimiento permanente radicado en el extranjero. En particular, cuando la entidad destinataria de los trabajos esté vinculada con la entidad empleadora del trabajador o con aquella en la que preste sus servicios, se entenderán que los trabajos se han realizado para la entidad no residente cuando de acuerdo con lo previsto en el apartado 5 del artículo 16 del texto refundido de la Ley del Impuesto sobre Sociedades pueda considerarse que se ha prestado un servicio intragrupo a la entidad no residente porque el citado servicio produzca o pueda producir una ventaja o utilidad a la entidad destinataria.

2.º Que en el territorio en que se realicen los trabajos se aplique un impuesto de naturaleza idéntica o análoga a la de este Impuesto y no se trate de un país o territorio calificado reglamentariamente como paraíso fiscal. Se considerará cumplido este requisito cuando el país o territorio en el que se realicen los trabajos tenga suscrito con España un convenio para evitar la doble imposición internacional que contenga cláusula de intercambio de información.

2. La exención tendrá un límite máximo de 60.100 euros anuales. Para el cálculo de la retribución correspondiente a los trabajos realizados en el extranjero, deberán tomarse en consideración los días que efectivamente el trabajador ha estado desplazado en el extranjero, así como las retribuciones específicas correspondientes a los servicios prestados en el extranjero.

Para el cálculo del importe de los rendimientos devengados cada día por los trabajos realizados en el extranjero, al margen de las retribuciones específicas correspondientes a los citados trabajos, se aplicará un criterio de reparto proporcional teniendo en cuenta el número total de días del año.

3. Esta exención será incompatible, para los contribuyentes destinados en el extranjero, con el régimen de excesos excluidos de tributación previsto en el artículo 9.A.3.b) de este Reglamento, cualquiera que sea su importe. El contribuyente podrá optar por la aplicación del régimen de excesos en sustitución de esta exención.

CAPÍTULO II
IMPUTACIÓN TEMPORAL

Artículo 7. Imputación temporal de rendimientos.

1. Los contribuyentes que desarrollen actividades económicas aplicarán a las rentas derivadas de dichas actividades, exclusivamente, los criterios de imputación temporal previstos en el texto refundido de la Ley del Impuesto sobre Sociedades y sus normas de desarrollo, sin perjuicio de lo previsto en el siguiente apartado. Asimismo, resultará aplicable lo previsto en los apartados 3 y 4 del artículo 14 de la Ley del Impuesto en relación con las rentas pendientes de imputar en los supuestos previstos en los mismos.

2.1.º Los contribuyentes que desarrollen actividades económicas y que deban cumplimentar sus obligaciones contables y registrales de acuerdo con lo previsto en los apartados 3, 4, 5 y 6 del artículo 68 de este Reglamento, podrán optar por el criterio de cobros y pagos para imputar temporalmente los ingresos y gastos de todas sus actividades económicas.

Dicho criterio se entenderá aprobado por la Administración tributaria, a efectos de lo previsto en el apartado 2 del artículo 19 del texto refundido de la Ley del Impuesto sobre Sociedades, por el solo hecho de así manifestarlo en la correspondiente declaración, y deberá mantenerse durante un plazo mínimo de tres años.

2.º La opción por el criterio señalado en este apartado perderá su eficacia si, con posterioridad a dicha opción, el contribuyente debiera cumplimentar sus obligaciones contables y registrales de acuerdo con lo previsto en el apartado 2 del artículo 68 de este Reglamento.

3.º Lo dispuesto en este apartado no será de aplicación si el contribuyente desarrollase alguna actividad económica por la que debiera cumplimentar sus obligaciones contables y registrales de acuerdo con lo previsto en el apartado 2 del artículo 68 de este Reglamento o llevase contabilidad de acuerdo a lo previsto en el Código de Comercio.

3. En el caso de los rendimientos derivados de la cesión de la explotación de los derechos de autor que se devenguen a lo largo de varios años, el contribuyente podrá optar por imputar el anticipo a cuenta de los mismos a medida que vayan devengándose los derechos.

4. En ningún caso, los cambios de criterio de imputación temporal o de método de determinación del rendimiento neto comportarán que algún gasto o ingreso quede sin computar o que se impute nuevamente en otro ejercicio.

TÍTULO II
DETERMINACIÓN DE LA CAPACIDAD ECONÓMICA SOMETIDA A GRAVAMEN

CAPÍTULO I
REGLAS GENERALES

Artículo 8. Concepto de valores o participaciones homogéneos.

A los exclusivos efectos de este Impuesto, se considerarán valores o participaciones homogéneos procedentes de un mismo emisor aquéllos que formen parte de una misma operación financiera o respondan a una unidad de propósito, incluida la obtención sistemática de financiación, sean de igual naturaleza y régimen de transmisión, y atribuyan a sus titulares un contenido sustancialmente similar de derechos y obligaciones.

No obstante, la homogeneidad de un conjunto de valores no se verá afectada por la eventual existencia de diferencias entre ellos en lo relativo a su importe unitario; fechas de puesta en circulación, de entrega material o de fijación de precios; procedimientos de colocación, incluida la existencia de tramos o bloques destinados a categorías específicas de inversores; o cualesquiera otros aspectos de naturaleza accesoria. En particular, la homogeneidad no resultará alterada por el fraccionamiento de la emisión en tramos sucesivos o por la previsión de ampliaciones.

CAPÍTULO II
DEFINICIÓN Y DETERMINACIÓN DE LA RENTA GRAVABLE

SECCIÓN 1.ª RENDIMIENTOS DEL TRABAJO

§2

Artículo 9. Dietas y asignaciones para gastos de locomoción y gastos normales de manutención y estancia.

A. Reglas generales:

1. A efectos de lo previsto en el artículo 17.1.d) de la Ley del Impuesto, quedarán exceptuadas de gravamen las asignaciones para gastos de locomoción y gastos normales de manutención y estancia en establecimientos de hostelería que cumplan los requisitos y límites señalados en este artículo.

2. Asignaciones para gastos de locomoción. Se exceptúan de gravamen las cantidades destinadas por la empresa a compensar los gastos de locomoción del empleado o trabajador que se desplace fuera de la fábrica, taller, oficina, o centro de trabajo, para realizar su trabajo en lugar distinto, en las siguientes condiciones e importes:

a) Cuando el empleado o trabajador utilice medios de transporte público, el importe del gasto que se justifique mediante factura o documento equivalente.

b) En otro caso, la cantidad que resulte de computar 0,26 euros por kilómetro recorrido[4], siempre que se justifique la realidad del desplazamiento, más los gastos de peaje y aparcamiento que se justifiquen.

3. Asignaciones para gastos de manutención y estancia. Se exceptúan de gravamen las cantidades destinadas por la empresa a compensar los gastos normales de manutención y estancia en restaurantes, hoteles y demás establecimientos de hostelería, devengadas por gastos en municipio distinto del lugar del trabajo habitual del perceptor y del que constituya su residencia.

---

[4]   Importe modificado por el Art. Único de la Orden HFP/792/2023, de 12 de julio, por la que se revisa la cuantía de las dietas y asignaciones para gastos de locomoción en el Impuesto sobre la Renta de las Personas Físicas.

§2

Salvo en los casos previstos en la letra b) siguiente, cuando se trate de desplazamiento y permanencia por un período continuado superior a nueve meses, no se exceptuarán de gravamen dichas asignaciones. A estos efectos, no se descontará el tiempo de vacaciones, enfermedad u otras circunstancias que no impliquen alteración del destino.

a) Se considerará como asignaciones para gastos normales de manutención y estancia en hoteles, restaurantes y demás establecimientos de hostelería, exclusivamente las siguientes:

1º. Cuando se haya pernoctado en municipio distinto del lugar de trabajo habitual y del que constituya la residencia del perceptor, las siguientes:

– Por gastos de estancia, los importes que se justifiquen. En el caso de conductores de vehículos dedicados al transporte de mercancías por carretera, no precisarán justificación en cuanto a su importe los gastos de estancia que no excedan de 15 euros diarios, si se producen por desplazamiento dentro del territorio español, o de 25 euros diarios, si corresponden a desplazamientos a territorio extranjero.

– Por gastos de manutención, 53,34 euros diarios, si corresponden a desplazamiento dentro del territorio español, o 91,35 euros diarios, si corresponden a desplazamientos a territorio extranjero.

2º. Cuando no se haya pernoctado en municipio distinto del lugar de trabajo habitual y del que constituya la residencia del perceptor, las asignaciones para gastos de manutención que no excedan de 26,67 ó 48,08 euros diarios, según se trate de desplazamiento dentro del territorio español o al extranjero, respectivamente.

En el caso del personal de vuelo de las compañías aéreas, se considerarán como asignaciones para gastos normales de manutención las cuantías que no excedan de 36,06 euros diarios, si corresponden a desplazamiento dentro del territorio español, o 66,11 euros diarios si corresponden a desplazamiento a territorio extranjero. Si en un mismo día se produjeran ambas circunstancias, la cuantía aplicable será la que corresponda según el mayor número de vuelos realizados.

A los efectos indicados en los párrafos anteriores, el pagador deberá acreditar el día y lugar del desplazamiento, así como su razón o motivo.

b) Tendrán la consideración de dieta exceptuada de gravamen las siguientes cantidades:

1º. El exceso que perciban los funcionarios públicos españoles con destino en el extranjero sobre las retribuciones totales que obtendrían en el supuesto de hallarse destinados en España, como consecuencia de la aplicación de los módulos y de la percepción de las indemnizaciones previstas en los artículos 4, 5 y 6 del Real Decreto 6/1995, de 13 de enero, por el que se regula el régimen de retribuciones de los funcionarios destinados en el extranjero, y calculando dicho exceso en la forma prevista en dicho Real Decreto, y la indemnización prevista en el artículo 25.1 y 2 del Real Decreto 462/2002, de 24 de mayo, sobre indemnizaciones por razón del servicio.

2º. El exceso que perciba el personal al servicio de la Administración del Estado con destino en el extranjero sobre las retribuciones totales que obtendría por sueldos, trienios, complementos o incentivos, en el supuesto de hallarse destinado en España. A estos efectos, el órgano competente en materia retributiva acordará las equiparaciones retributivas que puedan corresponder a dicho personal si estuviese destinado en España.

3º. El exceso percibido por los funcionarios y el personal al servicio de otras Administraciones Públicas, en la medida que tengan la misma finalidad que los contemplados en los artículos 4, 5 y 6 del Real Decreto 6/1995, de 13 de enero, por el que se regula el régimen de retribuciones de los funcionarios destinados en el extranjero o no exceda de las equiparaciones retributivas, respectivamente.

4º. El exceso que perciban los empleados de empresas, con destino en el extranjero, sobre las retribuciones totales que obtendrían por sueldos, jornales, antigüedad, pagas extraordinarias, incluso la de beneficios, ayuda familiar o cualquier otro concepto, por razón de cargo, empleo, categoría o profesión en el supuesto de hallarse destinados en España.

Lo previsto en esta letra será incompatible con la exención prevista en el artículo 6 de este Reglamento[5].

---

5   Nueva redacción del apartado 3 de la letra A) según la D.F. Tercera. Dos del Real Decreto 1804/2008, de 3 de noviembre, por el que se desarrolla la Ley 36/2006, de 29 de noviembre, de medidas para la prevención del fraude fiscal, se modifica el Re-

4. El régimen previsto en los apartados anteriores será también aplicable a las asignaciones para gastos de locomoción, manutención y estancia que perciban los trabajadores contratados específicamente para prestar sus servicios en empresas con centros de trabajo móviles o itinerantes, siempre que aquellas asignaciones correspondan a desplazamientos a municipio distinto del que constituya la residencia habitual del trabajador.

5. Las cuantías exceptuadas de gravamen en este artículo serán susceptibles de revisión por el Ministro de Economía y Hacienda, en la proporción en que se revisen las dietas de los funcionarios públicos.

6. Las asignaciones para gastos de locomoción, manutención y estancia que excedan de los límites previstos en este artículo estarán sujetas a gravamen.

B. Reglas especiales:

1. Cuando los gastos de locomoción y manutención no les sean resarcidos específicamente por las empresas a quienes presten sus servicios, los contribuyentes que obtengan rendimientos del trabajo que se deriven de relaciones laborales especiales de carácter dependiente podrán minorar sus ingresos, para la determinación de sus rendimientos netos, en las siguientes cantidades, siempre que justifiquen la realidad de sus desplazamientos:

a) Por gastos de locomoción:

Cuando se utilicen medios de transporte público, el importe del gasto que se justifique mediante factura o documento equivalente.

En otro caso, la cantidad que resulte de computar 0,26 euros por kilómetro recorrido[6], más los gastos de peaje y aparcamiento que se justifiquen.

b) Por gastos de manutención, los importes de 26,67 ó 48,08 euros diarios, según se trate de desplazamiento dentro del territorio español o al extranjero.

---

glamento para la aplicación del régimen fiscal de las entidades sin fines lucrativos y de los incentivos fiscales al mecenazgo, aprobado por el Real Decreto 1270/2003, y se modifican y aprueban otras normas tributarias.

[6] Importe modificado por el Art. Único de la Orden HFP/792/2023, de 12 de julio, por la que se revisa la cuantía de las dietas y asignaciones para gastos de locomoción en el Impuesto sobre la Renta de las Personas Físicas.

A estos efectos, los gastos de estancia deberán estar en todo caso resarcidos por la empresa y se regirán por lo previsto en la letra a) del apartado 3 de la letra A de este artículo.

2. Estarán exceptuadas de gravamen las cantidades que se abonen al contribuyente con motivo del traslado de puesto de trabajo a municipio distinto, siempre que dicho traslado exija el cambio de residencia y correspondan, exclusivamente, a gastos de locomoción y manutención del contribuyente y de sus familiares durante el traslado y a gastos de traslado de su mobiliario y enseres.

3. Estarán exceptuadas de gravamen las cantidades percibidas por los candidatos a jurado y por los jurados titulares y suplentes como consecuencia del cumplimiento de sus funciones, de acuerdo con lo previsto en el Real Decreto 385/1996, de 1 de marzo, por el que se establece el régimen retributivo e indemnizatorio del desempeño de las funciones del jurado, así como las percibidas por los miembros de las Mesas Electorales de acuerdo con lo establecido en la Orden Ministerial de 3 de abril de 1991, por la que se establece el importe de las dietas de los miembros de las Mesas Electorales.

Artículo 10. Gastos deducibles por cuotas satisfechas a sindicatos y Colegios profesionales.

Para la determinación del rendimiento neto del trabajo, serán deducibles las cuotas satisfechas a sindicatos. También serán deducibles las cuotas satisfechas a Colegios profesionales, cuando la colegiación tenga carácter obligatorio para el desempeño del trabajo, en la parte que corresponda a los fines esenciales de estas instituciones, con el límite de 500 euros anuales.

Artículo 11. Otros gastos deducibles[7].

1. Podrán deducir la cuantía de 2.000 euros anuales adicionales establecida en el segundo párrafo de la letra f) del artículo 19.2 de la Ley del

---

[7]   Nueva redacción según el Art. 1º. Tres del Real Decreto 633/2015, de 10 de julio, por el que se modifican el Reglamento del Impuesto sobre la Renta de las Personas Físicas, aprobado por el Real Decreto 439/2007, de 30 de marzo, y el Reglamen-

Impuesto, los contribuyentes desempleados e inscritos en una oficina de empleo que acepten un puesto de trabajo situado en un municipio distinto al de su residencia habitual, siempre que el nuevo puesto de trabajo exija el cambio de dicha residencia.

2. A efectos de la aplicación del límite previsto en el último párrafo de la letra f) del artículo 19.2 de la Ley del Impuesto, cuando el contribuyente obtenga en el mismo período impositivo rendimientos derivados de un trabajo que permita computar un mayor gasto deducible de los previstos en el segundo y tercer párrafo de dicha letra f) y otros rendimientos del trabajo, el incremento del gasto deducible se atribuirá exclusivamente a los rendimientos íntegros del trabajo señalados en primer lugar.

Artículo 12. Aplicación de la reducción del 30 por ciento a determinados rendimientos del trabajo[8].

1. Se consideran rendimientos del trabajo obtenidos de forma notoriamente irregular en el tiempo, exclusivamente, los siguientes:

a) Las cantidades satisfechas por la empresa a los empleados con motivo del traslado a otro centro de trabajo que excedan de los importes previstos en el artículo 9 de este Reglamento.

b) Las indemnizaciones derivadas de los regímenes públicos de Seguridad Social o Clases Pasivas, así como las prestaciones satisfechas por colegios de huérfanos e instituciones similares, en los supuestos de lesiones no invalidantes.

c) Las prestaciones satisfechas por lesiones no invalidantes o incapacidad permanente, en cualquiera de sus grados, por empresas y por entes públicos.

---

to del Impuesto sobre la Renta de no Residentes, aprobado por el Real Decreto 1776/2004, de 30 de julio.

[8] Nueva redacción según el Art. 1º. Cuatro del Real Decreto 633/2015, de 10 de julio, por el que se modifican el Reglamento del Impuesto sobre la Renta de las Personas Físicas, aprobado por el Real Decreto 439/2007, de 30 de marzo, y el Reglamento del Impuesto sobre la Renta de no Residentes, aprobado por el Real Decreto 1776/2004, de 30 de julio.

d) Las prestaciones por fallecimiento, y los gastos por sepelio o entierro que excedan del límite exento de acuerdo con el artículo 7.r) de la Ley del Impuesto, de trabajadores o funcionarios, tanto las de carácter público como las satisfechas por colegios de huérfanos e instituciones similares, empresas y por entes públicos.

e) Las cantidades satisfechas en compensación o reparación de complementos salariales, pensiones o anualidades de duración indefinida o por la modificación de las condiciones de trabajo.

f) Cantidades satisfechas por la empresa a los trabajadores por la resolución de mutuo acuerdo de la relación laboral.

g) Premios literarios, artísticos o científicos que no gocen de exención en este Impuesto. No se consideran premios, a estos efectos, las contraprestaciones económicas derivadas de la cesión de derechos de propiedad intelectual o industrial o que sustituyan a éstas.

Respecto de los citados rendimientos, la reducción prevista en el artículo 18.2 de la Ley del Impuesto únicamente será de aplicación cuando se imputen en único período impositivo.

2. Tratándose de rendimientos del trabajo procedentes de indemnizaciones por extinción de la relación laboral con un período de generación superior a dos años que se perciban de forma fraccionada, o de rendimientos distintos de los anteriores a los que se refiere la disposición transitoria vigesimoquinta de la Ley del Impuesto, sólo será aplicable la reducción del 30 por ciento prevista en el artículo 18.2. de la Ley del Impuesto, en caso de que el cociente resultante de dividir el número de años de generación, computados de fecha a fecha, entre el número de períodos impositivos de fraccionamiento, sea superior a dos.

3. La reducción prevista en el artículo 18.3 de la Ley del Impuesto resultará aplicable a las prestaciones en forma de capital consistentes en una percepción de pago único. En el caso de prestaciones mixtas, que combinen rentas de cualquier tipo con un único cobro en forma de capital, las reducciones referidas sólo resultarán aplicables al cobro efectuado en forma de capital.

SECCIÓN 2.ª RENDIMIENTOS DEL CAPITAL

SUBSECCIÓN 1.ª RENDIMIENTOS DEL CAPITAL INMOBILIARIO

§2

Artículo 13. Gastos deducibles de los rendimientos del capital inmobiliario.

Tendrán la consideración de gasto deducible para la determinación del rendimiento neto del capital inmobiliario todos los gastos necesarios para su obtención.

En particular, se considerarán incluidos entre los gastos a que se refiere el párrafo anterior:

a) Los intereses de los capitales ajenos invertidos en la adquisición o mejora del bien, derecho o facultad de uso o disfrute del que procedan los rendimientos, y demás gastos de financiación, así como los gastos de reparación y conservación.

A estos efectos, tendrán la consideración de gastos de reparación y conservación:

– Los efectuados regularmente con la finalidad de mantener el uso normal de los bienes materiales, como el pintado, revoco o arreglo de instalaciones.

– Los de sustitución de elementos, como instalaciones de calefacción, ascensor, puertas de seguridad u otros.

No serán deducibles por este concepto las cantidades destinadas a ampliación o mejora.

El importe total a deducir por los gastos previstos en este apartado a) no podrá exceder, para cada bien o derecho, de la cuantía de los rendimientos íntegros obtenidos.

El exceso se podrá deducir en los cuatro años siguientes, sin que pueda exceder, conjuntamente con los gastos por estos mismos conceptos correspondientes a cada uno de estos años, de la cuantía de los rendimientos íntegros obtenidos en cada uno de los mismos, para cada bien o derecho.

b) Los tributos y recargos no estatales, así como las tasas y recargos estatales, cualquiera que sea su denominación, siempre que incidan sobre los rendimientos computados o sobre los bienes o derechos productores de los mismos y no tengan carácter sancionador.

c) Las cantidades devengadas por terceros en contraprestación directa o indirecta o como consecuencia de servicios personales, tales como los de administración, vigilancia, portería o similares.

d) Los ocasionados por la formalización del arrendamiento, subarriendo, cesión o constitución de derechos y los de defensa de carácter jurídico relativos a los bienes, derechos o rendimientos.

e) Los saldos de dudoso cobro siempre que esta circunstancia quede suficientemente justificada. Se entenderá cumplido este requisito:

1.º Cuando el deudor se halle en situación de concurso.

2.º Cuando entre el momento de la primera gestión de cobro realizada por el contribuyente y el de la finalización del período impositivo hubiesen transcurrido más de seis meses, y no se hubiese producido una renovación de crédito.

Cuando un saldo dudoso fuese cobrado posteriormente a su deducción, se computará como ingreso en el ejercicio en que se produzca dicho cobro.

f) El importe de las primas de contratos de seguro, bien sean de responsabilidad civil, incendio, robo, rotura de cristales u otros de naturaleza análoga, sobre los bienes o derechos productores de los rendimientos.

g) Las cantidades destinadas a servicios o suministros.

h) Las cantidades destinadas a la amortización en las condiciones establecidas en el artículo siguiente de este Reglamento.

Artículo 14. Gastos de amortización de los rendimientos del capital inmobiliario.

1. Para la determinación del rendimiento neto del capital inmobiliario, tendrán la consideración de gasto deducible las cantidades destinadas a la amortización del inmueble y de los demás bienes cedidos con el mismo, siempre que respondan a su depreciación efectiva.

2. Se considerará que las amortizaciones cumplen el requisito de efectividad:

a) Tratándose de inmuebles: cuando, en cada año, no excedan del resultado de aplicar el 3 por ciento sobre el mayor de los siguientes valores:

el coste de adquisición satisfecho o el valor catastral, sin incluir en el cómputo el del suelo.

Cuando no se conozca el valor del suelo, éste se calculará prorrateando el coste de adquisición satisfecho entre los valores catastrales del suelo y de la construcción de cada año.

b) Tratándose de bienes de naturaleza mobiliaria, susceptibles de ser utilizados por un período superior al año y cedidos conjuntamente con el inmueble: cuando, en cada año, no excedan del resultado de aplicar a los costes de adquisición satisfechos los coeficientes de amortización determinados de acuerdo con la tabla de amortizaciones simplificada a que se refiere el artículo 30.1ª de este Reglamento.

3. En el caso de que los rendimientos procedan de la titularidad de un derecho o facultad de uso o disfrute, podrá amortizarse, con el límite de los rendimientos íntegros de cada derecho, su coste de adquisición satisfecho.

La amortización, en este supuesto, será el resultado de las reglas siguientes:

a) Cuando el derecho o facultad tuviese plazo de duración determinado, el que resulte de dividir el coste de adquisición satisfecho entre el número de años de duración del mismo.

b) Cuando el derecho o facultad fuese vitalicio, el resultado de aplicar al coste de adquisición satisfecho el porcentaje del 3 por ciento

Artículo 15. Rendimientos del capital inmobiliario obtenidos de forma notoriamente irregular en el tiempo[9].

A efectos de la aplicación de la reducción prevista en el artículo 23.3 de la Ley del Impuesto, se consideran rendimientos del capital inmobi-

---

[9]   Nueva redacción según el Art. 1º. Cinco del Real Decreto 633/2015, de 10 de julio, por el que se modifican el Reglamento del Impuesto sobre la Renta de las Personas Físicas, aprobado por el Real Decreto 439/2007, de 30 de marzo, y el Reglamento del Impuesto sobre la Renta de no Residentes, aprobado por el Real Decreto 1776/2004, de 30 de julio.

liario obtenidos de forma notoriamente irregular en el tiempo, exclusivamente, los siguientes, cuando se imputen en un único período impositivo:

a) Importes obtenidos por el traspaso o la cesión del contrato de arrendamiento de locales de negocio.

b) Indemnizaciones percibidas del arrendatario, subarrendatario o cesionario por daños o desperfectos en el inmueble.

c) Importes obtenidos por la constitución o cesión de derechos de uso o disfrute de carácter vitalicio.

Artículo 16[10].

SUBSECCIÓN 2.ª RENDIMIENTOS DEL CAPITAL MOBILIARIO

Artículo 17. Disposición parcial en contratos de seguro.

En el caso de disposición parcial en contratos de seguro, para calcular el rendimiento del capital mobiliario se considerará que la cantidad recuperada corresponde a las primas satisfechas en primer lugar incluida su correspondiente rentabilidad.

Artículo 18. Tributación de la rentabilidad obtenida hasta el momento de la constitución de las rentas diferidas.

A efectos de lo previsto en el primer párrafo del artículo 25.3.a) 4º de la Ley del Impuesto, la rentabilidad obtenida hasta la constitución de las rentas diferidas se someterá a gravamen de acuerdo con las siguientes reglas:

1) La rentabilidad vendrá determinada por la diferencia entre el valor actual financiero-actuarial de la renta que se constituye y el importe de las primas satisfechas.

---

[10]   Artículo suprimido por el Art. 1º. Seis del Real Decreto 633/2015, de 10 de julio, por el que se modifican el Reglamento del Impuesto sobre la Renta de las Personas Físicas, aprobado por el Real Decreto 439/2007, de 30 de marzo, y el Reglamento del Impuesto sobre la Renta de no Residentes, aprobado por el Real Decreto 1776/2004, de 30 de julio.

2) Dicha rentabilidad se repartirá linealmente durante los diez primeros años de cobro de la renta vitalicia. Si se trata de una renta temporal, se repartirá linealmente entre los años de duración de la misma con el máximo de diez años.

§2

Artículo 19. Requisitos exigibles a determinados contratos de seguro con prestaciones por jubilación e invalidez percibidas en forma de renta.

Para la aplicación de lo previsto en el segundo párrafo del artículo 25.3.a).4º de la Ley del Impuesto, habrán de concurrir los siguientes requisitos:

1.º Las contingencias por las que pueden percibirse las prestaciones serán las previstas en el artículo 8.6 del texto refundido de la Ley de Regulación de los Planes y Fondos de Pensiones, aprobado por el Real Decreto Legislativo 1/2002, de 29 de noviembre, en los términos establecidos para éstos.

2.º Se entenderá que se ha producido algún tipo de movilización de las provisiones del contrato de seguro cuando se incumplan las limitaciones que, en relación con el ejercicio de los derechos económicos, establecen la disposición adicional primera del texto refundido de la Ley de Regulación de los Planes y Fondos de Pensiones, y su normativa de desarrollo, respecto a los seguros colectivos que instrumenten compromisos por pensiones de las empresas.

Artículo 20. Gastos deducibles en determinados rendimientos del capital mobiliario.

Para la determinación del rendimiento neto del capital mobiliario derivado de la prestación de asistencia técnica, arrendamientos de bienes muebles, negocios o minas y subarrendamientos a los que se refiere el artículo 26.1.b) de la Ley del Impuesto, tendrán la consideración de gastos deducibles los previstos en los artículos 13 y 14 de este Reglamento. No será de aplicación el límite previsto para intereses y demás gastos de financiación y gastos de reparación y conservación.

Artículo 21. Rendimientos del capital mobiliario obtenidos de forma notoriamente irregular en el tiempo[11].

A efectos de la aplicación de la reducción prevista en el artículo 26.2. de la Ley del Impuesto, se consideran rendimientos del capital mobiliario obtenidos de forma notoriamente irregular en el tiempo, exclusivamente, los siguientes, cuando se imputen en un único período impositivo:

a) Importes obtenidos por el traspaso o la cesión del contrato de arrendamiento.

b) Indemnizaciones percibidas del arrendatario o subarrendatario por daños o desperfectos, en los supuestos de arrendamiento.

c) Importes obtenidos por la constitución o cesión de derechos de uso o disfrute de carácter vitalicio.

SECCIÓN 3.ª RENDIMIENTOS DE ACTIVIDADES ECONÓMICAS

SUBSECCIÓN 1.ª NORMAS GENERALES

Artículo 22. Elementos patrimoniales afectos a una actividad.

1. Se considerarán elementos patrimoniales afectos a una actividad económica desarrollada por el contribuyente, con independencia de que su titularidad, en caso de matrimonio, resulte común a ambos cónyuges, los siguientes:

a) Los bienes inmuebles en los que se desarrolle la actividad.

b) Los bienes destinados a los servicios económicos y socioculturales del personal al servicio de la actividad.

c) Cualesquiera otros elementos patrimoniales que sean necesarios para la obtención de los respectivos rendimientos.

---

[11]   Nueva redacción según el Art. 1º. Siete del Real Decreto 633/2015, de 10 de julio, por el que se modifican el Reglamento del Impuesto sobre la Renta de las Personas Físicas, aprobado por el Real Decreto 439/2007, de 30 de marzo, y el Reglamento del Impuesto sobre la Renta de no Residentes, aprobado por el Real Decreto 1776/2004, de 30 de julio.

§2

En ningún caso tendrán la consideración de elementos afectos a una actividad económica los activos representativos de la participación en fondos propios de una entidad y de la cesión de capitales a terceros y los destinados al uso particular del titular de la actividad, como los de esparcimiento y recreo.

2. Sólo se considerarán elementos patrimoniales afectos a una actividad económica aquellos que el contribuyente utilice para los fines de la misma.

No se entenderán afectados:

1.º Aquéllos que se utilicen simultáneamente para actividades económicas y para necesidades privadas, salvo que la utilización para estas últimas sea accesoria y notoriamente irrelevante de acuerdo con lo previsto en el apartado 4 de este artículo.

2.º Aquellos que, siendo de la titularidad del contribuyente, no figuren en la contabilidad o registros oficiales de la actividad económica que esté obligado a llevar el contribuyente, salvo prueba en contrario.

3. Cuando se trate de elementos patrimoniales que sirvan sólo parcialmente al objeto de la actividad, la afectación se entenderá limitada a aquella parte de los mismos que realmente se utilice en la actividad de que se trate. En este sentido, sólo se considerarán afectadas aquellas partes de los elementos patrimoniales que sean susceptibles de un aprovechamiento separado e independiente del resto. En ningún caso serán susceptibles de afectación parcial elementos patrimoniales indivisibles.

4. Se considerarán utilizados para necesidades privadas de forma accesoria y notoriamente irrelevante los bienes del inmovilizado adquiridos y utilizados para el desarrollo de la actividad económica que se destinen al uso personal del contribuyente en días u horas inhábiles durante los cuales se interrumpa el ejercicio de dicha actividad.

Lo dispuesto en el párrafo anterior no será de aplicación a los automóviles de turismo y sus remolques, ciclomotores, motocicletas, aeronaves o embarcaciones deportivas o de recreo, salvo los siguientes supuestos:

a) Los vehículos mixtos destinados al transporte de mercancías.

b) Los destinados a la prestación de servicios de transporte de viajeros mediante contraprestación.

c) Los destinados a la prestación de servicios de enseñanza de conductores o pilotos mediante contraprestación.

d) Los destinados a los desplazamientos profesionales de los representantes o agentes comerciales.

e) Los destinados a ser objeto de cesión de uso con habitualidad y onerosidad.

A estos efectos, se considerarán automóviles de turismo, remolques, ciclomotores y motocicletas los definidos como tales en el anexo del Real Decreto Legislativo 339/1990, de 2 de marzo, por el que se aprueba el texto articulado de la Ley sobre Tráfico, Circulación de Vehículos a Motor y Seguridad Vial, así como los definidos como vehículos mixtos en dicho anexo y, en todo caso, los denominados vehículos todo terreno o tipo «jeep».

Artículo 23. Valores de afectación y desafectación.

1. Las afectaciones a actividades económicas de bienes o derechos del patrimonio personal se realizarán por el valor de adquisición que según las normas previstas en los artículos 35.1 y 36 de la Ley del Impuesto tuvieran en dicho momento.

2. En las desafectaciones de bienes o derechos afectos a actividades económicas al patrimonio personal, se tomará a efectos de este Impuesto su valor contable en dicho momento, calculado de acuerdo con las amortizaciones que hubieran sido fiscalmente deducibles, computándose en todo caso la amortización mínima.

Artículo 24. Atribución de rentas.

A efectos de determinar el resultado de las actividades económicas de las entidades a que se refiere el artículo 87 de la Ley del Impuesto, el importe neto de la cifra de negocios previsto en el artículo 108 del texto refundido de la Ley del Impuesto sobre Sociedades, tendrá en cuenta exclusivamente el conjunto de las actividades económicas ejercidas por dichas entidades.

Artículo 25. Rendimientos de actividades económicas obtenidos de forma notoriamente irregular en el tiempo y rendimientos percibidos de forma fraccionada[12].

A efectos de la aplicación de la reducción prevista en el artículo 32.1 de la Ley del Impuesto, se consideran rendimientos de actividades económicas obtenidos de forma notoriamente irregular en el tiempo, exclusivamente, los siguientes, cuando se imputen en único período impositivo:

a) Subvenciones de capital para la adquisición de elementos del inmovilizado no amortizables.

b) Indemnizaciones y ayudas por cese de actividades económicas.

c) Premios literarios, artísticos o científicos que no gocen de exención en este Impuesto. No se consideran premios, a estos efectos, las contraprestaciones económicas derivadas de la cesión de derechos de propiedad intelectual o industrial o que sustituyan a éstas

d) Las indemnizaciones percibidas en sustitución de derechos económicos de duración indefinida.

Artículo 26. Reducción por el ejercicio de determinadas actividades económicas[13].

1. Para la aplicación de la reducción prevista en el artículo 32.2.1º de la Ley del Impuesto, será necesario el cumplimiento de los siguientes requisitos señalados en el 32.2.2º de la Ley del Impuesto y de las obligaciones formales previstas en el artículo 68 de este Reglamento.

---

[12]   Nueva redacción según el Art. 1º. Ocho del Real Decreto 633/2015, de 10 de julio, por el que se modifican el Reglamento del Impuesto sobre la Renta de las Personas Físicas, aprobado por el Real Decreto 439/2007, de 30 de marzo, y el Reglamento del Impuesto sobre la Renta de no Residentes, aprobado por el Real Decreto 1776/2004, de 30 de julio.

[13]   Nueva redacción según el Art. 1º. Nueve del Real Decreto 633/2015, de 10 de julio, por el que se modifican el Reglamento del Impuesto sobre la Renta de las Personas Físicas, aprobado por el Real Decreto 439/2007, de 30 de marzo, y el Reglamento del Impuesto sobre la Renta de no Residentes, aprobado por el Real Decreto 1776/2004, de 30 de julio.

2. A efectos de la aplicación de la reducción prevista en el artículo 32.2.1.º de la Ley del Impuesto, cuando el contribuyente opte por la tributación conjunta, tendrá derecho a la misma cuando individualmente cumpla con los requisitos señalados en el artículo 32.2.2º de la Ley del Impuesto. En este caso, la cuantía de la reducción a computar en la declaración conjunta será única, sin que su importe pueda ser superior al rendimiento neto de las actividades económicas de los miembros de la unidad familiar que cumplan individualmente los citados requisitos, y se calculará, al igual que la reducción prevista en el artículo 32.2.3º de la Ley del Impuesto, teniendo en cuenta las rentas de la unidad familiar.

Artículo 27. Métodos de determinación de los rendimientos de actividades económicas.

1. De acuerdo con lo previsto en el artículo 16.2 de la Ley del Impuesto, existirán los siguientes métodos de determinación de los rendimientos de actividades económicas:

1.º Estimación directa, que tendrá dos modalidades, normal y simplificada.

2.º Estimación objetiva.

2. Los contribuyentes aplicarán alguno de los métodos anteriores teniendo en cuenta los límites de aplicación y las reglas de incompatibilidad, renuncia y exclusión contenidas en los artículos siguientes.

SUBSECCIÓN 2.ª ESTIMACIÓN DIRECTA SIMPLIFICADA

Artículo 28. Ámbito de aplicación del método de estimación directa simplificada.

1. Los contribuyentes que ejerzan actividades económicas determinarán el rendimiento neto de todas sus actividades por la modalidad simplificada del método de estimación directa, siempre que:

a) No determinen el rendimiento neto de estas actividades por el método de estimación objetiva.

b) El importe neto de la cifra de negocios del conjunto de estas actividades, definido de acuerdo al artículo 191 del texto refundido de la

§2

Ley de Sociedades Anónimas, aprobado por el Real Decreto Legislativo 1564/1989, de 22 de diciembre, no supere los 600.000 euros anuales en el año inmediato anterior.

c) No renuncien a esta modalidad.

2. El importe neto de la cifra de negocios que se establece como límite para la aplicación de la modalidad simplificada del método de estimación directa, tendrá como referencia el año inmediato anterior a aquél en que deba aplicarse esta modalidad.

Cuando en el año inmediato anterior no se hubiese ejercido actividad alguna, se determinará el rendimiento neto por esta modalidad, salvo que se renuncie a la misma en los términos previstos en el artículo siguiente.

Cuando en el año inmediato anterior se hubiese iniciado una actividad, el importe neto de la cifra de negocios se elevará al año.

3. Los contribuyentes que determinen el rendimiento neto de alguna de sus actividades económicas por la modalidad normal del método de estimación directa, determinarán el rendimiento neto de todas sus actividades por la modalidad normal. No obstante, cuando se inicie durante el año alguna actividad económica por la que se renuncie a esta modalidad, la incompatibilidad a que se refiere el párrafo anterior no surtirá efectos para ese año respecto a las actividades que se venían realizando con anterioridad.

Artículo 29. Renuncia y exclusión al método de estimación directa simplificada.

1. La renuncia a la modalidad simplificada del método de estimación directa deberá efectuarse durante el mes de diciembre anterior al inicio del año natural en que deba surtir efecto. La renuncia tendrá efectos para un período mínimo de tres años. Transcurrido este plazo, se entenderá prorrogada tácitamente para cada uno de los años siguientes en que pudiera resultar aplicable la modalidad, salvo que en el plazo previsto en el párrafo anterior se revoque aquélla.

La renuncia así como su revocación se efectuarán de conformidad con lo previsto en el Real Decreto 1041/2003, de 1 de agosto, por el que se aprueba el Reglamento por el que se regulan determinados censos tributarios y se modifican otras normas relacionadas con la gestión del Impuesto sobre Actividades Económicas.

En caso de inicio de actividad, la renuncia se efectuará según lo previsto en el párrafo anterior.

2. Será causa determinante de la exclusión de la modalidad simplificada del método de estimación directa haber rebasado el límite establecido en el artículo anterior.

La exclusión producirá efectos desde el inicio del año inmediato posterior a aquel en que se produzca dicha circunstancia.

3. La renuncia o la exclusión de la modalidad simplificada del método de estimación directa supondrá que el contribuyente determinará durante los tres años siguientes el rendimiento neto de todas sus actividades económicas por la modalidad normal de este método.

Artículo 30. Determinación del rendimiento neto en el método de estimación directa simplificada[14].

El rendimiento neto de las actividades económicas, a las que sea de aplicación la modalidad simplificada del método de estimación directa, se determinará según las normas contenidas en los artículos 28 y 30 de la Ley del Impuesto, con las especialidades siguientes:

1.ª Las amortizaciones del inmovilizado material se practicarán de forma lineal, en función de la tabla de amortizaciones simplificada que se apruebe por el Ministro de Economía y Hacienda[15]. Sobre las cuantías de amortización que resulten de estas tablas serán de aplicación las normas

---

[14]   Nueva redacción según el Art. 1º. Diez del Real Decreto 633/2015, de 10 de julio, por el que se modifican el Reglamento del Impuesto sobre la Renta de las Personas Físicas, aprobado por el Real Decreto 439/2007, de 30 de marzo, y el Reglamento del Impuesto sobre la Renta de no Residentes, aprobado por el Real Decreto 1776/2004, de 30 de julio.

[15]   Tabla de amortización simplificada incluida en la **Orden de 27 de marzo 1998** que deberán aplicar los sujetos pasivos del Impuesto sobre la Renta de las Personas Físicas que ejerzan actividades empresariales o profesionales y determinen su rendimiento neto por la modalidad del régimen de estimación directa:

del régimen especial de empresas de reducida dimensión previstas en la Ley del Impuesto sobre Sociedades que afecten a este concepto[16].

§2

Grupo	Elementos patrimoniales	Coeficiente lineal máximo Porcentaje	Período máximo Años
1	Edificios y otras construcciones	3	68
2	Instalaciones, mobiliario, enseres y resto del inmovilizado material	10	20
3	Maquinaria	12	18
4	Elementos de transporte	16	14
5	Equipos para tratamiento de la información y sistemas y programas informáticos	26	10
6	Útiles y herramientas	30	8
7	Ganado vacuno, porcino, ovino y caprino	16	14
8	Ganado equino y frutales no cítricos	8	25
9	Frutales cítricos y viñedos	4	50
10	Olivar	2	100

«La tabla de amortización simplificada se aplicará conforme a las normas que, para el inmovilizado material, contienen los artículos 1.º y 2.º del Reglamento del Impuesto sobre Sociedades, aprobado por el Real Decreto 537/1997, de 14 de abril.»

[16] **Ley 27/2014, de 27 de noviembre, del Impuesto sobre Sociedades:**
Artículo 101. Ámbito de aplicación. Cifra de negocios.
1. Los incentivos fiscales establecidos en este capítulo se aplicarán siempre que el importe neto de la cifra de negocios habida en el período impositivo inmediato anterior sea inferior a 10 millones de euros.
2. Cuando la entidad fuere de nueva creación, el importe de la cifra de negocios se referirá al primer período impositivo en que se desarrolle efectivamente la actividad. Si el período impositivo inmediato anterior hubiere tenido una duración inferior al año, o la actividad se hubiere desarrollado durante un plazo también inferior, el importe neto de la cifra de negocios se elevará al año.
3. Cuando la entidad forme parte de un grupo de sociedades en el sentido del artículo 42 del Código de Comercio, con independencia de la residencia y de la obligación de formular cuentas anuales consolidadas, el importe neto de la cifra de negocios se referirá al conjunto de entidades pertenecientes a dicho grupo, teniendo en cuenta

§2

las eliminaciones e incorporaciones que correspondan por aplicación de la normativa contable. Igualmente se aplicará este criterio cuando una persona física por sí sola o conjuntamente con el cónyuge u otras personas físicas unidas por vínculos de parentesco en línea directa o colateral, consanguínea o por afinidad, hasta el segundo grado inclusive, se encuentren con relación a otras entidades de las que sean socios en alguna de las situaciones a que se refiere el artículo 42 del Código de Comercio, con independencia de la residencia de las entidades y de la obligación de formular cuentas anuales consolidadas.

4. Los incentivos fiscales establecidos en este capítulo también serán de aplicación en los tres períodos impositivos inmediatos y siguientes a aquél período impositivo en que la entidad o conjunto de entidades a que se refiere el apartado anterior, alcancen la referida cifra de negocios de 10 millones de euros, determinada de acuerdo con lo establecido en este artículo, siempre que las mismas hayan cumplido las condiciones para ser consideradas como de reducida dimensión tanto en aquél período como en los dos períodos impositivos anteriores a este último.

Lo establecido en el párrafo anterior será igualmente aplicable cuando dicha cifra de negocios se alcance como consecuencia de que se haya realizado una operación acogida al régimen fiscal establecido en el capítulo VIII del título VII de esta Ley, siempre que las entidades que hayan realizado tal operación cumplan las condiciones para ser consideradas como de reducida dimensión tanto en el período impositivo en que se realice la operación como en los dos períodos impositivos anteriores a este último.

Artículo 102. *Libertad de amortización.*

1. Los elementos nuevos del inmovilizado material y de las inversiones inmobiliarias, puestos a disposición del sujeto pasivo en el período impositivo en el que se cumplan las condiciones del artículo anterior, podrán ser amortizados libremente siempre que, durante los veinticuatro meses siguientes a la fecha del inicio del período impositivo en que los bienes adquiridos entren en funcionamiento, la plantilla media total de la empresa se incremente respecto de la plantilla media de los doce meses anteriores, y dicho incremento se mantenga durante un período adicional de otros veinticuatro meses.

La cuantía de la inversión que podrá beneficiarse del régimen de libertad de amortización será la que resulte de multiplicar la cifra de 120.000 euros por el referido incremento calculado con dos decimales.

Para el cálculo de la plantilla media total de la empresa y de su incremento se tomarán las personas empleadas, en los términos que disponga la legislación laboral, teniendo en cuenta la jornada contratada en relación a la jornada completa.

§2

La libertad de amortización será aplicable desde la entrada en funcionamiento de los elementos que puedan acogerse a ella.

2. El régimen previsto en el apartado anterior también será de aplicación a los elementos encargados en virtud de un contrato de ejecución de obra suscrito en el período impositivo siempre que su puesta a disposición sea dentro de los doce meses siguientes a su conclusión.

3. Lo previsto en los dos apartados anteriores será igualmente de aplicación a los elementos del inmovilizado material y de las inversiones inmobiliarias construidos por la propia empresa.

4. En el supuesto de que se incumpliese la obligación de incrementar o mantener la plantilla se deberá proceder a ingresar la cuota íntegra que hubiere correspondido a la cantidad deducida en exceso más los intereses de demora correspondientes.

El ingreso de la cuota íntegra y de los intereses de demora se realizará conjuntamente con la autoliquidación correspondiente al período impositivo en el que se haya incumplido una u otra obligación.

5. Lo previsto en este artículo también será de aplicación a los elementos nuevos del inmovilizado material y de las inversiones inmobiliarias objeto de un contrato de arrendamiento financiero, a condición de que se ejercite la opción de compra.

Artículo 103. *Amortización de los elementos nuevos del inmovilizado material y de las inversiones inmobiliarias y del inmovilizado intangible.*

1. Los elementos nuevos del inmovilizado material y de las inversiones inmobiliarias, así como los elementos del inmovilizado intangible, afectos en ambos casos a actividades económicas, puestos a disposición del contribuyente en el período impositivo en el que se cumplan las condiciones del artículo 101 de esta Ley, podrán amortizarse en función del coeficiente que resulte de multiplicar por 2 el coeficiente de amortización lineal máximo previsto en las tablas de amortización oficialmente aprobadas.

2. El régimen previsto en el apartado anterior también será de aplicación a los elementos encargados en virtud de un contrato de ejecución de obra suscrito en el período impositivo siempre que su puesta a disposición sea dentro de los doce meses siguientes a su conclusión.

3. Lo previsto en los dos apartados anteriores será igualmente de aplicación a los elementos del inmovilizado material, intangible y de las inversiones inmobiliarias construidos o producidos por la propia empresa.

4. El régimen de amortización previsto en este artículo será compatible con cualquier beneficio fiscal que pudiera proceder por razón de los elementos patrimoniales sujetos a la misma.

5. Los elementos del inmovilizado intangible a que se refieren el apartado 3 del artículo 13 de esta Ley, adquiridos en el período impositivo en el que se cumplan las

2.ª El conjunto de las provisiones deducibles y los gastos de difícil justificación se cuantificará aplicando el porcentaje del 5 por ciento sobre el rendimiento neto, excluido este concepto, sin que la cuantía resultante pueda superar 2.000 euros anuales. No obstante, no resultará de aplicación dicho porcentaje de deducción cuando el contribuyente opte por la aplicación de la reducción prevista en el artículo 26.1 de este Reglamento.

Artículo 31. Entidades en régimen de atribución.

1. La modalidad simplificada del método de estimación directa será aplicable para la determinación del rendimiento neto de las actividades económicas desarrolladas por las entidades a que se refiere el artículo 87 de la Ley del Impuesto, siempre que:

1.º Todos sus socios, herederos, comuneros o partícipes sean personas físicas contribuyentes por este Impuesto.

2.º La entidad cumpla los requisitos definidos en el artículo 28 de este Reglamento.

2. La renuncia a la modalidad deberá efectuarse por todos los socios, herederos, comuneros o partícipes, conforme a lo dispuesto en el artículo 29 de este Reglamento.

3. La aplicación de esta modalidad se efectuará con independencia de las circunstancias que concurran individualmente en los socios, herederos, comuneros o partícipes.

4. El rendimiento neto se atribuirá a los socios, herederos, comuneros o partícipes, según las normas o pactos aplicables en cada caso y, si éstos no constaran a la Administración en forma fehaciente, se atribuirá por partes iguales.

---

condiciones del artículo 101 de esta Ley, podrán deducirse en un 150 % del importe que resulte de aplicar dicho apartado.

SUBSECCIÓN 3.ª ESTIMACIÓN OBJETIVA

Artículo 32. Ámbito de aplicación del método de estimación objetiva[17].

1. El método de estimación objetiva se aplicará a cada una de las actividades económicas, aisladamente consideradas, que determine el Ministro de Economía y Hacienda, salvo que los contribuyentes renuncien a él o estén excluidos de su aplicación, en los términos previstos en los artículos 33 y 34 de este Reglamento.

2. De acuerdo con lo dispuesto en el artículo 31 de la Ley del Impuesto, este método no podrá aplicarse por los contribuyentes cuando concurra cualquiera de las siguientes circunstancias:

a) Que el volumen de rendimientos íntegros en el año inmediato anterior supere cualquiera de los siguientes importes:

a') Para el conjunto de sus actividades económicas, excepto las agrícolas, ganaderas y forestales, 150.000 euros anuales.

A estos efectos, se computará la totalidad de las operaciones con independencia de que exista o no obligación de expedir factura de acuerdo con lo dispuesto en el Reglamento por el que se regulan las obligaciones de facturación, aprobado por el Real Decreto 1619/2012, de 30 de noviembre.

Sin perjuicio del límite anterior, el método de estimación objetiva no podrá aplicarse cuando el volumen de los rendimientos íntegros del año inmediato anterior que corresponda a operaciones por las que estén obligados a expedir factura cuando el destinatario sea un empresario o profesional que actúe como tal, de acuerdo con lo dispuesto en el artículo 2.2.a) del Reglamento por el que se regulan las obligaciones de facturación, supere 75.000 euros anuales.

---

[17]   Nueva redacción según el Art. 1º. Once del Real Decreto 633/2015, de 10 de julio, por el que se modifican el Reglamento del Impuesto sobre la Renta de las Personas Físicas, aprobado por el Real Decreto 439/2007, de 30 de marzo, y el Reglamento del Impuesto sobre la Renta de no Residentes, aprobado por el Real Decreto 1776/2004, de 30 de julio.

b') Para el conjunto de sus actividades agrícolas y ganaderas, 250.000 euros anuales.

A estos efectos, sólo se computarán las operaciones que deban anotarse en el Libro registro de ventas o ingresos previsto en el artículo 68.7 del Reglamento de este Impuesto.

No obstante, a efectos de lo previsto en esta legra a) deberán computarse no solo las operaciones correspondientes a las actividades económicas desarrolladas por el contribuyente, sino también las correspondientes a las desarrolladas por el cónyuge, descendientes y ascendientes, así como por entidades en régimen de atribución de rentas en las que participen cualquiera de los anteriores, en las que concurran las siguientes circunstancias:

– Que las actividades económicas desarrolladas sean idénticas o similares. A estos efectos, se entenderán que son idénticas o similares las actividades económicas clasificadas en el mismo grupo en el Impuesto sobre Actividades Económicas.

– Que exista una dirección común de tales actividades, compartiéndose medios personales o materiales.

Cuando en el año inmediato anterior se hubiese iniciado una actividad, el volumen de ingresos se elevará al año.

b) Que el volumen de compras en bienes y servicios, excluidas las adquisiciones de inmovilizado, en el ejercicio anterior supere la cantidad de 150.000 euros anuales. En el supuesto de obras o servicios subcontratados, el importe de los mismos se tendrá en cuenta para el cálculo de este límite.

A estos efectos, deberán computarse no sólo las operaciones correspondientes a las actividades económicas desarrolladas por el contribuyente, sino también las correspondientes a las desarrolladas por el cónyuge, descendientes y ascendientes, así como por las entidades en régimen de atribución de rentas en las que participen cualquiera de los anteriores, en las que concurran las circunstancias señaladas en la letra a) anterior.

Cuando en el año inmediato anterior se hubiese iniciado una actividad, el volumen de compras se elevará al año.

c) Que las actividades económicas sean desarrolladas, total o parcialmente, fuera del ámbito de aplicación del Impuesto al que se refiere el artículo 4 de la Ley del Impuesto. A estos efectos, se entenderá que las

§2

actividades de transporte urbano colectivo y de viajeros por carretera, de transporte por autotaxis, de transporte de mercancías por carretera y de servicios de mudanzas, se desarrollan, en cualquier caso, dentro del ámbito de aplicación del Impuesto.

Artículo 33. Renuncia al método de estimación objetiva.

1. La renuncia al método de estimación objetiva podrá efectuarse:

a) Durante el mes de diciembre anterior al inicio del año natural en que deba surtir efecto. En caso de inicio de actividad, la renuncia se efectuará en el momento de presentar la declaración censal de inicio de actividad.

b) También se entenderá efectuada la renuncia al método de estimación objetiva cuando se presente en el plazo reglamentario la declaración correspondiente al pago fraccionado del primer trimestre del año natural en que deba surtir efectos en la forma dispuesta para el método de estimación directa.

En caso de inicio de actividad, se entenderá efectuada la renuncia cuando se efectúe en el plazo reglamentario el pago fraccionado correspondiente al primer trimestre del ejercicio de la actividad en la forma dispuesta para el método de estimación directa.

2. La renuncia al método de estimación objetiva supondrá la inclusión en el ámbito de aplicación de la modalidad simplificada del método de estimación directa, en los términos previstos en el apartado 1 del artículo 28 de este Reglamento.

3. La renuncia tendrá efectos para un período mínimo de tres años. Transcurrido este plazo se entenderá prorrogada tácitamente para cada uno de los años siguientes en que pudiera resultar aplicable el método de estimación objetiva, salvo que en el plazo previsto en el apartado 1.a) se revoque aquélla.

Si en el año inmediato anterior a aquel en que la renuncia al método de estimación objetiva deba surtir efecto, se superaran los límites que determinan su ámbito de aplicación, dicha renuncia se tendrá por no presentada.

4. La renuncia a que se refiere el apartado 1.a) así como la revocación, cualquiera que fuese la forma de renuncia, se efectuarán de conformidad con lo previsto en el Real Decreto 1041/2003, de 1 de agosto, por el que se aprueba el Reglamento por el que se regulan determinados censos

tributarios y se modifican otras normas relacionadas con la gestión del Impuesto sobre Actividades Económicas.

Artículo 34. Exclusión del método de estimación objetiva.

1. Será causa determinante de la exclusión del método de estimación objetiva la concurrencia de cualquiera de las circunstancias establecidas en el artículo 32.2 de este Reglamento o el haber superado los límites que se establezcan en la Orden ministerial que desarrolle el mismo.

La exclusión producirá efectos desde el inicio del año inmediato posterior a aquel en que se produzca dicha circunstancia.

2. También se considerarán causas de exclusión de este método la incompatibilidad prevista en el artículo 35 y las reguladas en los apartados 2 y 4 del artículo 36 de este Reglamento.

3. La exclusión del método de estimación objetiva supondrá la inclusión durante los tres años siguientes en el ámbito de aplicación de la modalidad simplificada del método de estimación directa, en los términos previstos en el apartado 1 del artículo 28 de este Reglamento.

Artículo 35. Incompatibilidad de la estimación objetiva con la estimación directa.

Los contribuyentes que determinen el rendimiento neto de alguna actividad económica por el método de estimación directa, en cualquiera de sus modalidades, determinarán el rendimiento neto de todas sus actividades económicas por dicho método, en la modalidad correspondiente.

No obstante, cuando se inicie durante el año alguna actividad económica no incluida o por la que se renuncie al método de estimación objetiva, la incompatibilidad a que se refiere el párrafo anterior no surtirá efectos para ese año respecto a las actividades que se venían realizando con anterioridad.

Artículo 36. Coordinación del método de estimación objetiva con el Impuesto sobre el Valor Añadido y el Impuesto General Indirecto Canario.

1. La renuncia al régimen especial simplificado o al régimen especial de la agricultura, ganadería y pesca del Impuesto sobre el Valor Añadido supondrá la renuncia al método de estimación objetiva por todas las actividades económicas ejercidas por el contribuyente.

2. La exclusión del régimen especial simplificado en el Impuesto sobre el Valor Añadido supondrá la exclusión del método de estimación objetiva por todas las actividades económicas ejercidas por el contribuyente.

3. La renuncia al régimen especial simplificado o al régimen especial de la agricultura y ganadería del Impuesto General Indirecto Canario supondrá la renuncia al método de estimación objetiva por todas las actividades económicas ejercidas por el contribuyente.

4. La exclusión del régimen especial simplificado del Impuesto General Indirecto Canario supondrá la exclusión del método de estimación objetiva por todas las actividades económicas ejercidas por el contribuyente.

Artículo 37. Determinación del rendimiento neto en el método de estimación objetiva[18].

1. Los contribuyentes determinarán, con referencia a cada actividad a la que resulte aplicable este método, el rendimiento neto correspondiente.

2. La determinación del rendimiento neto a que se refiere el apartado anterior se efectuará por el propio contribuyente, mediante la imputación a cada actividad de los signos, índices o módulos que hubiese fijado el Ministro de Economía y Hacienda.

Cuando se prevea en la Orden por la que se aprueban los signos, índices o módulos, para el cálculo del rendimiento neto podrán deducirse las amortizaciones del inmovilizado registradas. La cuantía deducible por este concepto será, exclusivamente, la que resulte de aplicar la tabla que, a estos efectos, apruebe el Ministro de Economía y Hacienda.

3. En los casos de iniciación con posterioridad al día 1 de enero o cese antes del día 31 de diciembre de las operaciones de una actividad acogida a este método, los signos, índices o módulos se aplicarán, en su caso, proporcionalmente al período de tiempo en que tal actividad se haya ejercido, por el contribuyente durante el año natural. Lo dispuesto en este apartado

---

[18]   §3

no será de aplicación a las actividades de temporada que se regirán por lo establecido en la correspondiente Orden ministerial.

4.1.º. Cuando el desarrollo de actividades económicas a las que resulte de aplicación este método se viese afectado por incendios, inundaciones u otras circunstancias excepcionales que afectasen a un sector o zona determinada, el Ministro de Economía y Hacienda podrá autorizar, con carácter excepcional, la reducción de los signos, índices o módulos.

2.º. Cuando el desarrollo de actividades económicas a las que resulte de aplicación este método se viese afectado por incendios, inundaciones, hundimientos o grandes averías en el equipo industrial, que supongan anomalías graves en el desarrollo de la actividad, los interesados podrán solicitar la reducción de los signos, índices o módulos en la Administración o Delegación de la Agencia Estatal de Administración Tributaria correspondiente a su domicilio fiscal, en el plazo de treinta días a contar desde la fecha en que se produzcan, aportando las pruebas que consideren oportunas y haciendo mención, en su caso, de las indemnizaciones a percibir por razón de tales anomalías. Acreditada la efectividad de dichas anomalías, se autorizará la reducción de los signos, índices o módulos que proceda.

Igualmente autorizará la reducción de los signos, índices o módulos cuando el titular de la actividad se encuentre en situación de incapacidad temporal y no tenga otro personal empleado. El procedimiento para reducir los signos, índices o módulos será el mismo que el previsto en el párrafo anterior.

La reducción de los signos, índices o módulos se tendrá en cuenta a efectos de los pagos fraccionados devengados con posterioridad a la fecha de la autorización.

3.º. Cuando el desarrollo de actividades económicas a las que resulte de aplicación este método se viese afectado por incendios, inundaciones, hundimientos u otras circunstancias excepcionales que determinen gastos extraordinarios ajenos al proceso normal del ejercicio de aquélla, los interesados podrán minorar el rendimiento neto resultante en el importe de dichos gastos. Para ello, los contribuyentes deberán poner dicha circunstancia en conocimiento de la Administración o Delegación de la Agencia Estatal de Administración Tributaria correspondiente a su domicilio fiscal, en el plazo de treinta días a contar desde la fecha en que se produzca, aportando, a tal efecto, la justificación correspondiente y haciendo mención, en su caso, de las indemnizaciones a percibir por razón de tales circunstancias.

§2

La Administración tributaria verificará la certeza de la causa que motiva la reducción del rendimiento y el importe de la misma.

5. La Orden ministerial en cuya virtud se fijen los signos, índices o módulos aplicables a cada actividad contendrá las instrucciones necesarias para su adecuado cómputo y deberá publicarse en el «Boletín Oficial del Estado» antes del 1 de diciembre anterior al período a que resulte aplicable.

La Orden ministerial podrá referirse a un período de tiempo superior al año, en cuyo caso se determinará por separado el método de cálculo del rendimiento correspondiente a cada uno de los años comprendidos.

Artículo 38. Actividades independientes.

1. A efectos de la aplicación del método de estimación objetiva, se considerarán actividades independientes cada una de las recogidas específicamente en las Órdenes ministeriales que regulen este método.

2. La determinación de las operaciones económicas incluidas en cada actividad deberá efectuarse de acuerdo con las normas del Impuesto sobre Actividades Económicas, en la medida en que resulten aplicables.

Artículo 39. Entidades en régimen de atribución.

1. El método de estimación objetiva será aplicable para la determinación del rendimiento neto de las actividades económicas desarrolladas por las entidades a que se refiere el artículo 87 de la Ley del Impuesto, siempre que todos sus socios, herederos, comuneros o partícipes sean personas físicas contribuyentes por este Impuesto.

2. La renuncia al método, que deberá efectuarse de acuerdo a lo dispuesto en el artículo 33 de este Reglamento, se formulará por todos los socios, herederos, comuneros o partícipes.

3. La aplicación de este método de estimación objetiva deberá efectuarse con independencia de las circunstancias que concurran individualmente en los socios, herederos, comuneros o partícipes.

No obstante, para la definición del ámbito de aplicación deberán computarse no sólo las operaciones correspondientes a las actividades económicas desarrolladas por la propia entidad en régimen de atribución, sino también las correspondientes a las desarrolladas por sus socios, herederos, comuneros o partícipes; los cónyuges, descendientes y ascendientes de éstos; así como por otras entidades en régimen de atribución de rentas en las que participen cualquiera de las personas anteriores, en las que concurran las circunstancias señaladas en el artículo 32.2.a) de este Reglamento.

4. El rendimiento neto se atribuirá a los socios, herederos, comuneros o partícipes, según las normas o pactos aplicables en cada caso y, si éstos no constaran a la Administración en forma fehaciente, se atribuirá por partes iguales.

SECCIÓN 4.ª GANANCIAS Y PÉRDIDAS PATRIMONIALES

Artículo 40. Determinación del valor de adquisición.

1. El valor de adquisición de los elementos patrimoniales transmitidos se minorará en el importe de las amortizaciones fiscalmente deducibles, computándose en todo caso la amortización mínima, con independencia de la efectiva consideración de ésta como gasto.

A estos efectos, se considerará como amortización mínima la resultante del período máximo de amortización o el porcentaje fijo que corresponda, según cada caso.

2. Tratándose de la transmisión de elementos patrimoniales afectos a actividades económicas, se considerará como valor de adquisición el valor contable, teniendo en cuenta las amortizaciones que hubieran sido fiscalmente deducibles, sin perjuicio de la amortización mínima a que se refiere el apartado anterior. Cuando los elementos patrimoniales hubieran sido afectados a la actividad después de su adquisición y con anterioridad al 1 de enero de 1999, se tomará como fecha de adquisición la que corresponda a la afectación.

Artículo 41. Exención por reinversión en vivienda habitual y en entidades de nueva o reciente creación[19].

1. Podrán gozar de exención las ganancias patrimoniales que se pongan de manifiesto en la transmisión de la vivienda habitual del contribuyente cuando el importe total obtenido se reinvierta en la adquisición de una nueva vivienda habitual, en las condiciones que se establecen en este artículo. Cuando para adquirir la vivienda transmitida el contribuyente hubiera utilizado financiación ajena, se considerará, exclusivamente a estos efectos, como importe total obtenido el resultante de minorar el valor de transmisión en el principal del préstamo que se encuentre pendiente de amortizar en el momento de la transmisión.

A estos efectos, se asimila a la adquisición de vivienda su rehabilitación, teniendo tal consideración las obras en la misma que cumplan cualquiera de los siguientes requisitos:

a) Que se trate de actuaciones subvencionadas en materia de rehabilitación de viviendas en los términos previstos en el Real Decreto 233/2013, de 5 de abril, por el que se regula el Plan Estatal de fomento del alquiler de viviendas, la rehabilitación edificatoria, y la regeneración y renovación urbanas, 2013-2016.

b) Que tengan por objeto principal la reconstrucción de la vivienda mediante la consolidación y el tratamiento de las estructuras, fachadas o cubiertas y otras análogas siempre que el coste global de las operaciones de rehabilitación exceda del 25 por ciento del precio de adquisición si se hubiese efectuado ésta durante los dos años inmediatamente anteriores al inicio de las obras de rehabilitación o, en otro caso, del valor de mercado que tuviera la vivienda en el momento de dicho inicio. A estos efectos, se descontará del precio de adquisición o del valor de mercado de la vivienda la parte proporcional correspondiente al suelo.

Para la calificación de la vivienda como habitual, se estará a lo dispuesto en el artículo 41 bis de este Reglamento.

---

[19]　　Nueva redacción según el Art. 2.Primero.Dos del Real Decreto 960/2013, de 5 de diciembre.

481   REAL DECRETO 439/2007, DE 30 DE MARZO   **Art. 41**

2. Podrán gozar de exención las ganancias patrimoniales que se pongan de manifiesto en la transmisión de acciones o participaciones por las que se hubiera practicado la deducción prevista en el artículo 68.1 de la Ley del Impuesto, siempre que el importe total obtenido por la transmisión se reinvierta en la adquisición de acciones o participaciones que cumplan los requisitos previstos en los números 2.º, 3.º y 5.º de dicho artículo, en las condiciones que se establecen en este artículo.

3. La reinversión del importe obtenido en la enajenación deberá efectuarse, de una sola vez o sucesivamente, en un período no superior a dos años desde la fecha de transmisión de la vivienda habitual o en un año desde la fecha de transmisión de las acciones o participaciones.

En particular, se entenderá que la reinversión se efectúa dentro de plazo cuando la venta de la vivienda habitual se hubiese efectuado a plazos o con precio aplazado, siempre que el importe de los plazos se destine a la finalidad indicada dentro del período impositivo en que se vayan percibiendo.

Cuando, conforme a lo dispuesto en los párrafos anteriores, la reinversión no se realice en el mismo año de la enajenación, el contribuyente vendrá obligado a hacer constar en la declaración del Impuesto del ejercicio en el que se obtenga la ganancia de patrimonio su intención de reinvertir en las condiciones y plazos señalados.

Igualmente darán derecho a la exención por reinversión las cantidades obtenidas en la enajenación que se destinen a satisfacer el precio de una nueva vivienda habitual que se hubiera adquirido en el plazo de los dos años anteriores a la transmisión de aquélla.

4. En el caso de que el importe de la reinversión fuera inferior al total obtenido en la enajenación, solamente se excluirá de gravamen la parte proporcional de la ganancia patrimonial que corresponda a la cantidad efectivamente invertida en las condiciones de este artículo.

5. El incumplimiento de cualquiera de las condiciones establecidas en este artículo determinará el sometimiento a gravamen de la parte de la ganancia patrimonial correspondiente.

En tal caso, el contribuyente imputará la parte de la ganancia patrimonial no exenta al año de su obtención, practicando autoliquidación

§2

complementaria, con inclusión de los intereses de demora, y se presentará en el plazo que medie entre la fecha en que se produzca el incumplimiento y la finalización del plazo reglamentario de declaración correspondiente al período impositivo en que se produzca dicho incumplimiento.

Artículo 41 bis. Concepto de vivienda habitual a efectos de determinadas exenciones[20].

1. A los efectos previstos en los artículos 7.t), 33.4.b), y 38 de la Ley del Impuesto se considera vivienda habitual del contribuyente la edificación que constituya su residencia durante un plazo continuado de, al menos, tres años.

No obstante, se entenderá que la vivienda tuvo el carácter de habitual cuando, a pesar de no haber transcurrido dicho plazo, se produzca el fallecimiento del contribuyente o concurran otras circunstancias que necesariamente exijan el cambio de domicilio, tales como celebración de matrimonio, separación matrimonial, traslado laboral, obtención del primer empleo, o cambio de empleo, u otras análogas justificadas.

2. Para que la vivienda constituya la residencia habitual del contribuyente debe ser habitada de manera efectiva y con carácter permanente por el propio contribuyente, en un plazo de doce meses, contados a partir de la fecha de adquisición o terminación de las obras.

No obstante, se entenderá que la vivienda no pierde el carácter de habitual cuando se produzcan las siguientes circunstancias:

Cuando se produzca el fallecimiento del contribuyente o concurran otras circunstancias que necesariamente impidan la ocupación de la vivienda, en los términos previstos en el apartado 1 de este artículo.

Cuando éste disfrute de vivienda habitual por razón de cargo o empleo y la vivienda adquirida no sea objeto de utilización, en cuyo caso el plazo antes indicado comenzará a contarse a partir de la fecha del cese.

Cuando la vivienda hubiera sido habitada de manera efectiva y permanente por el contribuyente en el plazo de doce meses, contados a

---

[20]   Artículo añadido por el Art. 2.Primero.Tres del Real Decreto 960/2013, de 5 de diciembre.

partir de la fecha de adquisición o terminación de las obras, el plazo de tres años previsto en el apartado anterior se computará desde esta última fecha.

3. A los exclusivos efectos de la aplicación de las exenciones previstas en los artículos 33.4. b) y 38 de la Ley del Impuesto, se entenderá que el contribuyente está transmitiendo su vivienda habitual cuando, con arreglo a lo dispuesto en este artículo, dicha edificación constituya su vivienda habitual en ese momento o hubiera tenido tal consideración hasta cualquier día de los dos años anteriores a la fecha de transmisión.

Artículo 42. Exención por reinversión de rentas vitalicias[21].

1. Podrán gozar de exención las ganancias patrimoniales que se pongan de manifiesto en la transmisión de elementos patrimoniales por contribuyentes mayores de 65 años, siempre que el importe total obtenido por la transmisión se destine a constituir una renta vitalicia asegurada a su favor, en las condiciones que se establecen en este artículo.

2. La renta vitalicia deberá constituirse en el plazo de seis meses desde la fecha de transmisión del elemento patrimonial.

No obstante, cuando la ganancia patrimonial esté sometida a retención y el valor de transmisión minorado en el importe de la retención se destine íntegramente a constituir una renta vitalicia en el citado plazo de seis meses, el plazo para destinar el importe de la retención a la constitución de la renta vitalicia se ampliará hasta la finalización del ejercicio siguiente a aquel en el que se efectúe la transmisión.

3. Para la aplicación de la exención se deberán cumplir además los siguientes requisitos:

---

[21]   Nueva redacción según el Art. 1º. Doce del Real Decreto 633/2015, de 10 de julio, por el que se modifican el Reglamento del Impuesto sobre la Renta de las Personas Físicas, aprobado por el Real Decreto 439/2007, de 30 de marzo, y el Reglamento del Impuesto sobre la Renta de no Residentes, aprobado por el Real Decreto 1776/2004, de 30 de julio.

a) El contrato de renta vitalicia deberá suscribirse entre el contribuyente, que tendrá condición de beneficiario, y una entidad aseguradora.

En los contratos de renta vitalicia podrán establecerse mecanismos de reversión o períodos ciertos de prestación o fórmulas de contraseguro en caso de fallecimiento una vez constituida la renta vitalicia.

b) La renta vitalicia deberá tener una periodicidad inferior o igual al año, comenzar a percibirse en el plazo de un año desde su constitución, y el importe anual de las rentas no podrá decrecer en más de un cinco por ciento respecto del año anterior.

c) El contribuyente deberá comunicar a la entidad aseguradora que la renta vitalicia que se contrata constituye la reinversión del importe obtenido por la transmisión de elementos patrimoniales, a efectos de la aplicación de la exención prevista en este artículo.

4. La cantidad máxima total cuya reinversión en la constitución de rentas vitalicias dará derecho a aplicar la exención será de 240.000 euros.

Cuando el importe reinvertido sea inferior al total obtenido en la enajenación, únicamente se excluirá de tributación la parte proporcional de la ganancia patrimonial obtenida que corresponda a la cantidad reinvertida.

Si como consecuencia de la reinversión del importe de una transmisión en una renta vitalicia se superase, considerando las reinversiones anteriores, la cantidad de 240.000 euros, únicamente se considerará reinvertido el importe de la diferencia entre 240.000 euros y el importe de las reinversiones anteriores.

Cuando, conforme a lo dispuesto en este artículo, la reinversión no se realice en el mismo año de la enajenación, el contribuyente vendrá obligado a hacer constar en la declaración del Impuesto del ejercicio en el que se obtenga la ganancia de patrimonio su intención de reinvertir en las condiciones y plazos señalados.

5. El incumplimiento de cualquiera de las condiciones establecidas en este artículo, o la anticipación, total o parcial, de los derechos económicos derivados de la renta vitalicia constituida, determinará el sometimiento a gravamen de la ganancia patrimonial correspondiente.

En tal caso, el contribuyente imputará la ganancia patrimonial no exenta al año de su obtención, practicando autoliquidación complementaria, con inclusión de los intereses de demora, y se presentará en el plazo que medie entre la fecha en que se produzca el incumplimiento y la finalización del plazo reglamentario de declaración correspondiente al período impositivo en que se produzca dicho incumplimiento.

CAPÍTULO III
RENTAS EN ESPECIE

Artículo 43. Entrega de acciones a trabajadores[22].

1. Estarán exentos los rendimientos del trabajo en especie previstos en el artículo 42.3.f) de la Ley del Impuesto correspondientes a la entrega de acciones o participaciones a los trabajadores en activo en los siguientes supuestos:

1.º La entrega de acciones o participaciones de una sociedad a sus trabajadores.

2.º Asimismo, en el caso de los grupos de sociedades en los que concurran las circunstancias previstas en el artículo 42 del Código de Comercio, la entrega de acciones o participaciones de una sociedad del grupo a los trabajadores, contribuyentes por este Impuesto, de las sociedades que formen parte del mismo subgrupo. Cuando se trate de acciones o participaciones de la sociedad dominante del grupo, la entrega a los trabajadores, contribuyentes por este Impuesto, de las sociedades que formen parte del grupo.

En los dos casos anteriores, la entrega podrá efectuarse tanto por la propia sociedad a la que preste sus servicios el trabajador, como por otra sociedad perteneciente al grupo o por el ente público, sociedad estatal o administración pública titular de las acciones.

---

[22]   Nueva redacción según el Art. 1º. Trece del Real Decreto 633/2015, de 10 de julio, por el que se modifican el Reglamento del Impuesto sobre la Renta de las Personas Físicas, aprobado por el Real Decreto 439/2007, de 30 de marzo, y el Reglamento del Impuesto sobre la Renta de no Residentes, aprobado por el Real Decreto 1776/2004, de 30 de julio.

2. La aplicación de lo previsto en el apartado anterior exigirá el cumplimiento de los siguientes requisitos:

1.º Que la oferta se realice en las mismas condiciones para todos los trabajadores de la empresa y contribuya a la participación de estos en la empresa. En el caso de grupos o subgrupos de sociedades, el citado requisito deberá cumplirse en la sociedad a la que preste servicios el trabajador al que le entreguen las acciones.

No obstante, no se entenderá incumplido este requisito cuando para recibir las acciones o participaciones se exija a los trabajadores una antigüedad mínima, que deberá ser la misma para todos ellos, o que sean contribuyentes por este Impuesto.

En el caso de entrega de acciones o participaciones concedidas a los trabajadores de una empresa emergente a las que se refiere la Ley 28/2022, de 21 de diciembre, de fomento del ecosistema de las empresas emergentes, no será necesario que la oferta se realice en las condiciones señaladas en los párrafos anteriores, debiendo efectuarse la misma dentro de la política retributiva general de la empresa y contribuir a la participación de los trabajadores en esta última[23].

2.º Que cada uno de los trabajadores, conjuntamente con sus cónyuges o familiares hasta el segundo grado, no tengan una participación, directa o indirecta, en la sociedad en la que prestan sus servicios o en cualquier otra del grupo, superior al 5 por ciento.

3.º Que los títulos se mantengan, al menos, durante tres años.

El incumplimiento del plazo a que se refiere el número 3.º anterior motivará la obligación de presentar una autoliquidación complementaria, con los correspondientes intereses de demora, en el plazo que medie entre

---

[23]   Nueva redacción del apartado 2.1.º según el Art. Primero.Uno del Real Decreto 1008/2023, de 5 de diciembre, por el que se modifican el Reglamento del Impuesto sobre la Renta de las Personas Físicas, aprobado por el Real Decreto 439/2007, de 30 de marzo, en materia de retribuciones en especie, deducción por maternidad, obligación de declarar, pagos a cuenta y régimen especial aplicable a trabajadores, profesionales, emprendedores e inversores desplazados a territorio español, y el Reglamento del Impuesto sobre Sociedades, aprobado por el Real Decreto 634/2015, de 10 de julio, en materia de retenciones e ingresos a cuenta.

la fecha en que se incumpla el requisito y la finalización del plazo reglamentario de declaración correspondiente al período impositivo en que se produzca dicho incumplimiento.

Artículo 44. Gastos de estudio para la capacitación o reciclaje del personal que no constituyen retribución en especie[24]**.**

No tendrán la consideración de retribuciones en especie, a efectos de lo previsto en el artículo 42.2.a) de la Ley del Impuesto, los estudios dispuestos por Instituciones, empresas o empleadores y financiados directamente por ellos para la actualización, capacitación o reciclaje de su personal, cuando vengan exigidos por el desarrollo de sus actividades o las características de los puestos de trabajo, incluso cuando su prestación efectiva se efectúe por otras personas o entidades especializadas. En estos casos, los gastos de locomoción, manutención y estancia se regirán por lo previsto en el artículo 9 de este Reglamento.

A efectos de lo dispuesto en el párrafo anterior, se entenderá que los estudios han sido dispuestos y financiados indirectamente por el empleador cuando se financien por otras empresas o entidades que comercialicen productos para los que resulte necesario disponer de una adecuada formación por parte del trabajador, siempre que el empleador autorice tal participación.

Artículo 45. Rendimientos del trabajo exentos por gastos por comedores de empresa[25]**.**

1. A efectos de lo previsto en el artículo 42.3.a) de la Ley del Impuesto, tendrán la consideración de entrega de productos a precios rebajados

---

[24]   Nueva redacción según el Art. 1º. Dos del Real Decreto 1074/2017, de 29 de diciembre, por el que se modifican el Reglamento del Impuesto sobre la Renta de las Personas Físicas, aprobado por el Real Decreto 439/2007, de 30 de marzo, el Reglamento del Impuesto sobre Sociedades, aprobado por el Real Decreto 634/2015, de 10 de julio, y el Reglamento del Impuesto sobre Sucesiones y Donaciones, aprobado por el Real Decreto 1629/1991, de 8 de noviembre.

[25]   Título y primer apartado modificados por el Art. 1º. Quince del Real Decreto 633/2015, de 10 de julio, por el que se modifican el Reglamento del Impuesto so

que se realicen en comedores de empresa las fórmulas directas e indirectas de prestación del servicio, admitidas por la legislación laboral, en las que concurran los siguientes requisitos:

1.º Que la prestación del servicio tenga lugar durante días hábiles para el empleado o trabajador.

2.º Que la prestación del servicio no tenga lugar durante los días que el empleado o trabajador devengue dietas por manutención exceptuadas de gravamen de acuerdo al artículo 9 de este Reglamento.

2. Cuando la prestación del servicio se realice a través de fórmulas indirectas, tendrán que cumplirse, además de los requisitos exigidos en el número anterior, los siguientes:

1.º La cuantía de las fórmulas indirectas no podrá superar 11 euros diarios. Si la cuantía diaria fuese superior, existirá retribución en especie por el exceso.

2.º Si para la prestación del servicio se entregasen al empleado o trabajador vales-comida o documentos similares, tarjetas o cualquier otro medio electrónico de pago se observará lo siguiente:

a) Deberán estar numerados, expedidos de forma nominativa y en ellos deberá figurar la empresa emisora y, cuando se entreguen en soporte papel, además, su importe nominal.

b) Serán intransmisibles y la cuantía no consumida en un día no podrá acumularse a otro día.

c) No podrá obtenerse, ni de la empresa ni de tercero, el reembolso de su importe.

d) Sólo podrán utilizarse en establecimientos de hostelería.

e) La Empresa que los entregue deberá llevar y conservar relación de los entregados a cada uno de sus empleados o trabajadores, con expresión de:

---

bre la Renta de las Personas Físicas, aprobado por el Real Decreto 439/2007, de 30 de marzo, y el Reglamento del Impuesto sobre la Renta de no Residentes, aprobado por el Real Decreto 1776/2004, de 30 de julio.

En el caso de vales-comida o documentos similares, número de documento, día de entrega e importe nominal.

En el caso de tarjetas o cualquier otro medio electrónico de pago, número de documento y cuantía entregada cada uno de los días con indicación de estos últimos[26].

§2

Artículo 46. Rendimientos del trabajo exentos por gastos por seguros de enfermedad[27].

Estarán exentos los rendimientos del trabajo en especie, de acuerdo con lo previsto en el artículo 42.3.c) de la Ley del Impuesto, correspondientes a las primas o cuotas satisfechas por las empresas a entidades aseguradoras para la cobertura de enfermedad, cuando se cumplan los siguientes requisitos y límites:

1. Que la cobertura de enfermedad alcance al propio trabajador, pudiendo además alcanzar a su cónyuge y descendientes.

2. Que las primas o cuotas satisfechas no excedan de 500 euros anuales por cada una de las personas señaladas en el apartado anterior o de 1.500 euros para cada una de ellas con discapacidad. El exceso sobre dichas cuantías constituirá retribución en especie.

---

[26]   Nueva redacción de este apartado según el Art. 1º. Tres del Real Decreto 1074/2017, de 29 de diciembre, por el que se modifican el Reglamento del Impuesto sobre la Renta de las Personas Físicas, aprobado por el Real Decreto 439/2007, de 30 de marzo, el Reglamento del Impuesto sobre Sociedades, aprobado por el Real Decreto 634/2015, de 10 de julio, y el Reglamento del Impuesto sobre Sucesiones y Donaciones, aprobado por el Real Decreto 1629/1991, de 8 de noviembre.

[27]   Nueva redacción según el Art. 1º. Cuatro del Real Decreto 1074/2017, de 29 de diciembre, por el que se modifican el Reglamento del Impuesto sobre la Renta de las Personas Físicas, aprobado por el Real Decreto 439/2007, de 30 de marzo, el Reglamento del Impuesto sobre Sociedades, aprobado por el Real Decreto 634/2015, de 10 de julio, y el Reglamento del Impuesto sobre Sucesiones y Donaciones, aprobado por el Real Decreto 1629/1991, de 8 de noviembre.

Artículo 46 bis. Fórmulas indirectas de pago del servicio público de transporte colectivo de viajeros[28].

1. A efectos de lo previsto en el artículo 42.3 e) de la Ley del Impuesto, tendrán la consideración de fórmulas indirectas de pago de cantidades a las entidades encargadas de prestar el servicio público de transporte colectivo de viajeros, la entrega a los trabajadores de tarjetas o cualquier otro de medio electrónico de pago que cumplan los siguientes requisitos:

1.º Que puedan utilizarse exclusivamente como contraprestación por la adquisición de títulos de transporte que permitan la utilización del servicio público de transporte colectivo de viajeros.

2.º La cantidad que se pueda abonar con las mismas no podrá exceder de 136,36 euros mensuales por trabajador, con el límite de 1.500 euros anuales.

3.º Deberán estar numeradas, expedidas de forma nominativa y en ellas deberá figurar la empresa emisora.

4.º Serán intransmisibles.

5.º No podrá obtenerse, ni de la empresa ni de tercero, el reembolso de su importe.

6.º La empresa que entregue las tarjetas o el medio electrónico de pago deberá llevar y conservar relación de las entregados a cada uno de sus trabajadores, con expresión de

a) Número de documento.

b) Cuantía anual puesta a disposición del trabajador[29].

---

[28] Artículo añadido por el Art. 1. Uno del Real Decreto 1788/2010, de 30 de diciembre, por el que se modifican los Reglamentos de los Impuestos sobre la Renta de las Personas Físicas, sobre Sociedades y sobre la Renta de no Residentes en materia de rentas en especie, deducción por inversión en vivienda y pagos a cuenta.

[29] Nueva redacción de este apartado según el Art. 1º. Diecisiete del Real Decreto 633/2015, de 10 de julio, por el que se modifican el Reglamento del Impuesto sobre la Renta de las Personas Físicas, aprobado por el Real Decreto 439/2007, de 30 de marzo, y el Reglamento del Impuesto sobre la Renta de no Residentes, aprobado por el Real Decreto 1776/2004, de 30 de julio.

2. En el supuesto de entrega de tarjetas o medios de pago electrónicos que no cumplan los requisitos previstos en el apartado 1 de este artículo, existirá retribución en especie por la totalidad de las cuantías puestas a disposición del trabajador. No obstante, en caso de incumplimiento de los límites señalados en el número 2.º del apartado 1 anterior, únicamente existirá retribución en especie por el exceso.

Artículo 47. Derechos de fundadores de sociedades.

Los derechos especiales de contenido económico que se reserven los fundadores o promotores de una sociedad como remuneración de servicios personales, cuando consistan en un porcentaje sobre los beneficios de la entidad, se valorarán, como mínimo, en el 35 por ciento del valor equivalente de capital social que permita la misma participación en los beneficios que la reconocida a los citados derechos.

Artículo 48. Precio ofertado.

A efectos de lo previsto en el artículo 43.1.1.º f) de la Ley del Impuesto se considerará precio ofertado al público, en las retribuciones en especie satisfechas por empresas que tienen como actividad habitual la realización de las actividades que dan lugar al mismo, el previsto en el artículo 13 de la Ley 26/1984, de 19 de julio, General para la Defensa de los Consumidores y Usuarios, deduciendo los descuentos ordinarios o comunes. Se considerarán ordinarios o comunes:

Los descuentos que sean ofertados a otros colectivos de similares características a los trabajadores de la empresa; los descuentos promocionales que tengan carácter general y se encuentren en vigor en el momento de satisfacer la retribución en especie; cualquier otro distinto a los anteriores siempre que no excedan del 15 por ciento ni de 1.000 euros anuales.

Artículo 48 bis. Reducción de la valoración de los rendimientos del trabajo en especie derivados de la cesión de uso de vehículos automóviles eficientes energéticamente[30]**.**

La valoración de los rendimientos del trabajo en especie correspondientes a la cesión de uso de vehículos automóviles resultante de lo dispuesto en el segundo párrafo de la letra b) del número 1.º del artículo 43 de la Ley del Impuesto, o en la letra f) del número 1.º del citado artículo, se reducirá en un 15 por ciento, cuando se trate de vehículos que cumpliendo los límites de emisiones Euro 6 previstos en el anexo I del Reglamento (CE) n.º 715/2007 del Parlamento Europeo y del Consejo, de 20 de junio de 2007, sobre la homologación de tipo de los vehículos de motor por lo que se refiere a las emisiones procedentes de turismos y vehículos comerciales ligeros (Euro 5 y Euro 6) y sobre el acceso a la información relativa a la reparación y el mantenimiento de los vehículos, sus emisiones oficiales de CO_2 no sean superiores a 120 g/km y el valor de mercado que correspondería al vehículo si fuera nuevo, antes de impuestos, no sea superior a 25.000 euros.

Dicha reducción será del 20 por ciento cuando, adicionalmente, se trate de vehículos híbridos o propulsados por motores de combustión interna que puedan utilizar combustibles fósiles alternativos (autogás –GLP– y Gas Natural) siempre que, en este caso, el valor de mercado a que se refiere el párrafo anterior no sea superior a 35.000 euros.

La reducción será del 30 por ciento cuando se trate de cualquiera de las siguientes categorías de vehículos:

1.º Vehículo eléctrico de batería (BEV).

2.º Vehículos eléctrico de autonomía extendida (E-REV).

3.º Vehículo eléctrico híbrido enchufable (PHEV) con una autonomía mínima de 15 kilómetros siempre que, en este caso, el valor de mercado

---

[30]   Artículo añadido por el Art. 1º. Dieciocho del Real Decreto 633/2015, de 10 de julio, por el que se modifican el Reglamento del Impuesto sobre la Renta de las Personas Físicas, aprobado por el Real Decreto 439/2007, de 30 de marzo, y el Reglamento del Impuesto sobre la Renta de no Residentes, aprobado por el Real Decreto 1776/2004, de 30 de julio.

que correspondería al vehículo si fuera nuevo, antes de impuestos, no sea superior a 40.000 euros

CAPÍTULO IV
BASE LIQUIDABLE

§2

Artículo 49. Planes de previsión asegurados.

1. A efectos de lo dispuesto en el párrafo b) del artículo 51.3 de la Ley del Impuesto, se entenderá que un contrato de seguro cumple el requisito de que la cobertura principal sea la de jubilación cuando se verifique la condición de que el valor de las provisiones matemáticas para jubilación y dependencia alcanzadas al final de cada anualidad representen al menos el triple de la suma de las primas pagadas desde el inicio del plan para el capital de fallecimiento e incapacidad.

2. Sólo se permitirá la disposición anticipada de los planes de previsión asegurados en los supuestos previstos en la normativa de planes de pensiones.

El derecho de disposición anticipada se valorará por el importe de la provisión matemática a la que no se podrán aplicar penalizaciones, gastos o descuentos.

No obstante, en el caso de que la entidad cuente con inversiones afectas, el derecho de disposición anticipada se valorará por el valor de mercado de los activos asignados.

3. El tomador de un plan de previsión asegurado podrá movilizar la totalidad o parte de su provisión matemática a otro u otros planes de previsión asegurados de los que sea tomador, o a uno o varios planes de pensiones del sistema individual o asociado de los que sea partícipe. Una vez alcanzada la contingencia, la movilización sólo será posible si las condiciones del plan lo permiten.

A tal fin, el tomador o beneficiario deberá dirigirse a la entidad aseguradora o gestora de destino acompañando a su solicitud la identificación del plan de previsión asegurado de origen desde el que se realizará la movilización y la entidad aseguradora de origen, así como, en su caso, el importe a movilizar. La solicitud incorporará una comunicación

§2

dirigida a la entidad aseguradora de origen para que ésta ordene el traspaso, e incluirá una autorización del tomador o beneficiario a la entidad aseguradora o entidad gestora de destino para que, en su nombre, pueda solicitar a la entidad aseguradora de origen la movilización de la provisión matemática, así como toda la información financiera y fiscal necesaria para realizarlo.

En el caso de que existan convenios o contratos que permitan gestionar las solicitudes de movilización a través de mediadores o de las redes comerciales de otras entidades, la presentación de la solicitud en cualquier establecimiento de éstos se entenderá realizada en la entidad aseguradora o gestora.

En el plazo máximo de dos días hábiles desde que la entidad aseguradora o entidad gestora de destino disponga de la totalidad de la documentación necesaria, ésta deberá, además de comprobar el cumplimiento de los requisitos establecidos reglamentariamente para dicha movilización, comunicar la solicitud a la entidad aseguradora de origen, con indicación, al menos, del plan de previsión asegurado de destino, entidad aseguradora de destino y datos de la cuenta a la que debe efectuarse la transferencia, o, en otro caso, indicación del plan de pensiones de destino, fondo de pensiones de destino al que esté adscrito, entidad gestora y depositaria del fondo de destino, y los datos de la cuenta a la que debe efectuarse la transferencia.

En un plazo máximo de cinco días hábiles a contar desde la recepción por parte de la entidad aseguradora de origen de la solicitud con la documentación correspondiente, esta entidad deberá ordenar la transferencia bancaria y remitir a la entidad aseguradora o gestora de destino toda la información financiera y fiscal necesaria para el traspaso.

En caso de que la entidad aseguradora de origen sea, a su vez, la aseguradora del plan de previsión asegurado de destino o la gestora del plan de pensiones de destino, el tomador deberá indicar en su solicitud el importe que desea movilizar, en su caso, y el plan de previsión asegurado destinatario del traspaso, o, en otro caso, el plan de pensiones destinatario y el fondo de pensiones de destino al que esté adscrito. La entidad aseguradora de origen deberá emitir la orden de transferencia en el plazo máximo de tres días hábiles desde la fecha de presentación de la solicitud.

Para la valoración de la provisión matemática se tomará fecha el día en que se haga efectiva la movilización. No obstante, el contrato de seguro podrá referir la valoración al día hábil anterior a la fecha en que se haga efectiva.

En el caso de que la entidad cuente con inversiones afectas, el valor de la provisión matemática a movilizar será el valor de mercado de los activos asignados.

No se podrán aplicar penalizaciones, gastos o descuentos al importe de esta movilización.

En los procedimientos de movilizaciones a que se refiere este apartado se autoriza que la transmisión de la solicitud de traspaso, la transferencia de efectivo y la transmisión de la información entre las entidades intervinientes, puedan realizarse a través del Sistema Nacional de Compensación Electrónica, mediante las operaciones que, para estos supuestos, se habiliten en dicho Sistema.

Para el cumplimiento de requisito previsto en el apartado 1 de este artículo, en los supuestos de movilización de un plan de previsión asegurado a otro plan de previsión asegurado o de un plan de pensiones a un plan de previsión asegurado, se computarán sólo las primas y la provisión matemática del nuevo contrato de seguro. A estos efectos, en el plan de previsión asegurado de origen, en el momento de la movilización también deberá cumplirse el requisito previsto en el apartado 1 de este artículo.

Artículo 50. Plazo de presentación de las autoliquidaciones complementarias en la disposición de derechos consolidados de sistemas de previsión social.

A efectos de lo previsto en los artículos 51.8 y 53.4 y en la disposición adicional undécima. Uno.5.c) de la Ley del Impuesto, las autoliquidaciones complementarias para reponer las reducciones en la base imponible indebidamente practicadas por la disposición anticipada de los derechos consolidados en sistemas de previsión social se presentarán en el plazo que medie entre la fecha de dicha disposición anticipada y la finalización del plazo reglamentario de declaración correspondiente al período impositivo en el que se realice la disposición anticipada.

Artículo 51. Excesos de aportaciones a los sistemas de previsión social[31].

Los partícipes, mutualistas o asegurados podrán solicitar que las cantidades aportadas que no hubieran podido ser objeto de reducción en la base imponible, según lo previsto en los artículos 52.2 y 53.1.c) y en la disposición adicional undécima.uno.5.b) de la Ley del Impuesto, lo sean en los cinco ejercicios siguientes.

La solicitud deberá realizarse en la declaración del Impuesto sobre la Renta de las Personas Físicas correspondiente al ejercicio en que las aportaciones realizadas no hubieran podido ser objeto de reducción por insuficiencia de base imponible o por exceder del límite porcentual establecido en el artículo 52.1 de la Ley del Impuesto.

La imputación del exceso se realizará respetando el límite máximo conjunto del artículo 52.1 de la Ley del Impuesto. A estos efectos, el límite de la letra b) del citado artículo operará por su importe total incrementado, con independencia de la procedencia de las aportaciones, sin incluir el límite adicional aplicable a las primas a seguros colectivos de dependencia satisfechas por la empresa.

Cuando concurran aportaciones realizadas en el ejercicio con aportaciones de ejercicios anteriores que no hayan podido ser objeto de reducción por insuficiencia de base imponible o por exceder del límite porcentual establecido en el artículo 52.1 de la Ley del Impuesto, se entenderán reducidas, en primer lugar, las aportaciones correspondientes a

---

[31] Nueva redacción según el Art. 1. Primero. Uno del Real Decreto 1039/2022, de 27 de diciembre, por el que se modifican el Reglamento del Impuesto sobre la Renta de las Personas Físicas, aprobado por el Real Decreto 439/2007, de 30 de marzo, y el Reglamento General de las actuaciones y los procedimientos de gestión e inspección tributaria y de desarrollo de las normas comunes de los procedimientos de aplicación de los tributos, aprobado por el Real Decreto 1065/2007, de 27 de julio.

años anteriores. Una vez aplicadas las reducciones de años anteriores, la reducción de las aportaciones realizadas en el ejercicio deberá respetar el límite máximo conjunto restante del artículo 52.1 de la Ley del Impuesto conforme a lo previsto en el párrafo anterior.

Los excesos correspondientes a primas de seguros colectivos de dependencia, a aportaciones a sistemas de previsión social constituidos a favor de personas con discapacidad, y a mutualidades de previsión social de deportistas profesionales se imputarán respetando sus límites propios previstos, respectivamente, en los artículos 52 y 53 y en el apartado Uno de la disposición adicional undécima de la Ley del Impuesto.

Artículo 52. Acreditación del número de socios, patrimonio y porcentaje máximo de participación en instituciones de inversión colectiva.

1. El número mínimo de accionistas exigidos en el artículo 94 de la Ley del Impuesto a las instituciones de inversión colectiva con forma societaria se determinará de la siguiente forma:

a) Para las instituciones de inversión colectiva incluidas en el apartado 1 del artículo 94, el número de accionistas que figure en el último informe trimestral, anterior a la fecha de transmisión o reembolso, que la institución haya remitido a la Comisión Nacional del Mercado de Valores de acuerdo con lo dispuesto en el artículo 25 del Reglamento de la Ley 35/2003, de 4 de noviembre, de Instituciones de Inversión Colectiva, aprobado por Real Decreto 1309/2005.

b) Para las instituciones de inversión colectiva incluidas en el apartado 2 del artículo 94, el número de accionistas que conste en la última comunicación anual a la Comisión Nacional del Mercado de Valores, anterior a la fecha de transmisión o reembolso, que se efectúe por una única entidad comercializadora con establecimiento en España designada a tal efecto por la institución de inversión colectiva o su gestora, referida a cada compartimento o subfondo registrado. A los efectos anteriores y de lo previsto en el siguiente apartado, esta comunicación deberá expresar el número total de accionistas de cada compartimento o subfondo, el patrimonio total de la institución, compartimento o subfondo, la fecha a la que se refieren los datos anteriores y tendrá un período máximo de validez de un año contado desde dicha fecha de referencia. La Comisión Nacional del Mercado de Valores hará pública dicha información y precisará los requisitos técnicos y procedimientos de comunicación de la información señalada en esta letra.

2. El contribuyente que quiera acogerse al régimen de diferimiento previsto en el artículo 94 de la Ley del Impuesto para las operaciones en las que intervenga alguna institución de inversión colectiva con forma societaria, deberá comunicar documentalmente, en el momento de ordenar la operación, a las entidades a través de las cuales se realicen las operaciones de transmisión o reembolso y adquisición o suscripción que no ha participado en algún momento dentro de los doce meses anteriores a la fecha de la operación en más del 5 por ciento del capital de la institución de inversión colectiva correspondiente. Las referidas entidades deberán conservar a disposición de la Administración tributaria durante el período de prescripción de las obligaciones tributarias la documentación comunicada por los contribuyentes.

TÍTULO III
MÍNIMO PERSONAL Y FAMILIAR

Artículo 53. Mínimo familiar por descendientes menores de tres años[32].

1. Cuando tenga lugar la adopción de un menor que hubiera estado en régimen de acogimiento, o se produzca un cambio en la situación del acogimiento, el incremento en el importe del mínimo por descendientes previsto en el apartado 2 del artículo 58 de la Ley del Impuesto se prac-

---

[32]   Número de párrafo y párrafo añadido según el Art. 1º. Cinco del Real Decreto 1074/2017, de 29 de diciembre, por el que se modifican el Reglamento del Impuesto sobre la Renta de las Personas Físicas, aprobado por el Real Decreto 439/2007, de 30 de marzo, el Reglamento del Impuesto sobre Sociedades, aprobado por el Real Decreto 634/2015, de 10 de julio, y el Reglamento del Impuesto sobre Sucesiones y Donaciones, aprobado por el Real Decreto 1629/1991, de 8 de noviembre.

ticará durante los períodos impositivos restantes hasta agotar el plazo máximo fijado en el citado artículo.

2. A efectos de lo dispuesto en el artículo 58 de la Ley del Impuesto se asimilarán a los descendientes aquellas personas vinculadas al contribuyente por razón de tutela y acogimiento en los términos previstos en la legislación civil o, fuera de los casos anteriores, a quienes tengan atribuida por resolución judicial su guarda y custodia.

TÍTULO IV
DEDUCCIONES DE LA CUOTA

CAPÍTULO I[33]
DEDUCCIÓN POR INVERSIÓN EN VIVIENDA HABITUAL

CAPÍTULO II
DEDUCCIÓN POR RENTAS OBTENIDAS EN CEUTA O MELILLA

Artículo 58. Rentas obtenidas en Ceuta o Melilla[34].

1. A efectos de la deducción prevista en el artículo 68.4 de la Ley del Impuesto, tendrán la consideración de rentas obtenidas en Ceuta o Melilla las siguientes:

a) Los rendimientos del trabajo derivados de prestaciones por desempleo y de aquellas a las que se refiere el artículo 17.2.a) de la Ley del Impuesto.

b) En el ejercicio de actividades económicas, se entenderá por operaciones efectivamente realizadas en Ceuta o Melilla aquellas que cierren en

---

[33]   Capítulo suprimido por el Art. 2. Primero. Cuatro del Real Decreto 960/2013, de 5 de diciembre.

[34]   Nueva redacción según el Art. 1º. Diecinueve del Real Decreto 633/2015, de 10 de julio, por el que se modifican el Reglamento del Impuesto sobre la Renta de las Personas Físicas, aprobado por el Real Decreto 439/2007, de 30 de marzo, y el Reglamento del Impuesto sobre la Renta de no Residentes, aprobado por el Real Decreto 1776/2004, de 30 de julio.

estos territorios un ciclo mercantil que determine resultados económicos o supongan la prestación de un servicio profesional en dichos territorios.

No se estimará que median dichas circunstancias cuando se trate de operaciones aisladas de extracción, fabricación, compra, transporte, entrada y salida de géneros o efectos en los mismos y, en general, cuando las operaciones no determinen por sí solas rentas.

c) Cuando se trate de actividades pesqueras y marítimas, serán de aplicación las reglas establecidas en el artículo 33 de la Ley del Impuesto sobre Sociedades.

d) Se entenderá que los rendimientos del capital mobiliario procedentes del arrendamiento de bienes muebles, negocios o minas, constituyen una renta obtenida en Ceuta o Melilla cuando el objeto del arrendamiento esté situado y se utilice efectivamente en dichos territorios.

2. A efectos de la aplicación de la deducción por las rentas a que se refiere el supuesto 2.º del artículo 68.4.3.º h) de la Ley del Impuesto, las entidades que obtengan rentas con derecho a la aplicación de la bonificación prevista en el apartado 6 del artículo 33 de la Ley del Impuesto sobre Sociedades deberán incluir en la memoria de las cuentas anuales la siguiente información:

a) Beneficios del ejercicio aplicados a reservas que procedan de rentas con derecho a la aplicación de la bonificación prevista en el apartado 6 del artículo 33 de la Ley del Impuesto sobre Sociedades.

b) Beneficios del ejercicio aplicados a reservas que procedan de rentas sin derecho a la aplicación de la referida bonificación.

c) Beneficios del ejercicio distribuidos entre los socios, con especificación del importe que corresponde a rentas con derecho a la aplicación de la referida bonificación.

d) En caso de distribución de dividendos con cargo a reservas, designación de la reserva aplicada de entre las dos a las que, por la clase de beneficios de los que procedan, se refieren las letras a) y b) anteriores.

Las menciones en la memoria anual continuarán efectuándose mientras existan reservas de las referidas en la letra a) anterior.

CAPÍTULO III
PÉRDIDA DEL DERECHO A DEDUCIR

Artículo 59. Pérdida del derecho a deducir.

1. Cuando, en períodos impositivos posteriores al de su aplicación se pierda el derecho, en todo o en parte, a las deducciones practicadas, el contribuyente estará obligado a sumar a la cuota líquida estatal y a la cuota líquida autonómica o complementaria devengadas en el ejercicio en que se hayan incumplido los requisitos, las cantidades indebidamente deducidas, más los intereses de demora a que se refiere el artículo 26.6 de la Ley 58/2003, de 17 de diciembre, General Tributaria.

2. Esta adición se aplicará de la siguiente forma:

a) Cuando se trate de la deducción por inversión en vivienda habitual aplicable a la cuota íntegra estatal o la deducción por inversión en empresas de nueva o reciente creación, se añadirá a la cuota líquida estatal la totalidad de las deducciones indebidamente practicadas.

b) Cuando se trate de las deducciones previstas en los apartados 2, 3 y 5 del artículo 68 de la Ley del Impuesto, se añadirá a la cuota líquida estatal el 50 por ciento de las deducciones indebidamente practicadas y a la cuota líquida autonómica o complementaria el 50 por ciento restante[35].

c) Cuando se trate de deducciones establecidas por la Comunidad Autónoma en el ejercicio de las competencias normativas previstas en el artículo 46.1 de la Ley 22/2009, de 18 de diciembre, por la que se regula el sistema de financiación de las Comunidades Autónomas de régimen común y Ciudades con Estatuto de Autonomía y se modifican determinadas normas tributarias, y del tramo autonómico de la deducción por inversión

---

[35]   Nueva redacción de esta letra según el Art. 1º. Veinte del Real Decreto 633/2015, de 10 de julio, por el que se modifican el Reglamento del Impuesto sobre la Renta de las Personas Físicas, aprobado por el Real Decreto 439/2007, de 30 de marzo, y el Reglamento del Impuesto sobre la Renta de no Residentes, aprobado por el Real Decreto 1776/2004, de 30 de julio.

en vivienda habitual, se añadirá a la cuota líquida autonómica la totalidad de las deducciones indebidamente practicadas[36].

TÍTULO V
DEDUCCIÓN POR MATERNIDAD

Artículo 60. Procedimiento para la práctica de la deducción por maternidad y su pago anticipado y para la aplicación del incremento de dicha deducción[37].

1. Las mujeres con hijos menores de tres años con derecho a la aplicación del mínimo por descendientes previsto en el artículo 58 de la Ley del Impuesto, que en el momento del nacimiento del menor perciban prestaciones contributivas o asistenciales del sistema de protección de desempleo, o que en dicho momento o en cualquier momento posterior estén dadas de alta en el régimen correspondiente de la Seguridad Social o mutualidad con un período mínimo, en este último caso, de 30 días cotizados, podrán aplicar la deducción por maternidad regulada en el apartado 1 del artículo 81 de Ley del Impuesto.

A efectos de lo dispuesto en el párrafo anterior, en los supuestos de adopción, acogimiento permanente o delegación de guarda para la convivencia se atenderá a la fecha de su inscripción en el Registro Civil en lugar de la fecha de nacimiento del menor. Cuando la inscripción no sea necesaria, se atenderá a la fecha de la resolución judicial o administrativa que la declare.

---

[36]   Nueva redacción de este apartado según el Art. 2. Primero. Cinco del Real Decreto 960/2013, de 5 de diciembre.

[37]   Nueva redacción según el Art. Primero.Dos del Real Decreto 1008/2023, de 5 de diciembre, por el que se modifican el Reglamento del Impuesto sobre la Renta de las Personas Físicas, aprobado por el Real Decreto 439/2007, de 30 de marzo, en materia de retribuciones en especie, deducción por maternidad, obligación de declarar, pagos a cuenta y régimen especial aplicable a trabajadores, profesionales, emprendedores e inversores desplazados a territorio español, y el Reglamento del Impuesto sobre Sociedades, aprobado por el Real Decreto 634/2015, de 10 de julio, en materia de retenciones e ingresos a cuenta.

El incremento de la deducción previsto en el apartado 2 del artículo 81 de la Ley del Impuesto se aplicará proporcionalmente al número de meses en que se cumplan de forma simultánea los requisitos de los apartados 1 y 2 del citado artículo. No obstante, en el período impositivo en que el hijo menor cumpla tres años, el número de meses de dicho ejercicio se ampliará, en caso de cumplimiento del resto de requisitos, a los meses posteriores al cumplimiento de dicha edad hasta el mes anterior a aquél en el que pueda comenzar el segundo ciclo de educación infantil.

El referido incremento tendrá como límite anual para cada hijo el importe anual total del gasto efectivo no subvencionado satisfecho en dicho período a la guardería o centro educativo en relación con ese hijo, sea o no por meses completos.

A efectos de determinar el importe total del gasto efectivo no subvencionado satisfecho, se considerará tanto el importe pagado por la madre o el contribuyente con derecho al referido incremento, como el satisfecho por el otro progenitor, adoptante, tutor, guardador con fines de adopción o acogedor.

2. A efectos del cómputo del número de meses para el cálculo del importe de la deducción o el incremento a que se refiere el apartado anterior se tendrán en cuenta las siguientes reglas:

1.ª La determinación de los hijos se realizará de acuerdo con su situación el último día de cada mes.

2.ª A los efectos del cálculo de la deducción, se computará el mes correspondiente al momento en el que se cumplan los requisitos previstos en el apartado 1 del artículo 81 de la Ley del Impuesto.

3.ª A los efectos del incremento de la deducción por maternidad, los meses a tomar en consideración serán exclusivamente aquéllos en los que los gastos abonados se efectúen por mes completo. A estos efectos, se entenderán incluidos los meses contratados por completo aun cuando parte de los mismos tengan el carácter de no lectivos.

3. Cuando tenga lugar la adopción de un menor que hubiera estado en régimen de acogimiento o de delegación de guarda para la convivencia preadoptiva, o se produzca un cambio en la situación del acogimiento, la deducción por maternidad se practicará durante el tiempo que reste hasta agotar el plazo máximo de los tres años a que se refiere el apartado 1 del artículo 81 de la Ley del Impuesto.

4. En el supuesto de existencia de varios contribuyentes con derecho a la aplicación de la deducción por maternidad o su incremento respecto del mismo acogido, menor cuya guarda ha sido delegada para la convivencia preadoptiva o tutelado, su importe se prorrateará entre ellos por partes iguales.

5. Los contribuyentes con derecho a la aplicación de la deducción por maternidad regulada en el apartado 1 del artículo 81 de la Ley del Impuesto podrán solicitar a la Agencia Estatal de Administración Tributaria su abono de forma anticipada, teniendo en cuenta que:

1.º La tramitación del abono anticipado se efectuará de acuerdo con el siguiente procedimiento:

a) La solicitud se presentará en el lugar, forma y plazo que determine la persona titular del Ministerio de Hacienda y Función Pública, quien podrá determinar los casos en los que se pueda formular por medios telemáticos o telefónicos. En el supuesto previsto en el apartado 4 de este artículo, las solicitudes deberán presentarse de forma simultánea.

b) La Agencia Estatal de Administración Tributaria, a la vista de la solicitud recibida, y de los datos obrantes en su poder, abonará de oficio de forma anticipada y a cuenta el importe de la deducción por maternidad. En el supuesto de que no procediera el abono anticipado de la deducción, notificará tal circunstancia al contribuyente con expresión de las causas que motivan la denegación.

c) El abono de la deducción de forma anticipada se efectuará, mediante transferencia bancaria, por la Agencia Estatal de Administración Tributaria mensualmente y sin prorrateos por un importe de 100 euros por cada hijo. La persona titular del Ministerio de Hacienda y Función Pública podrá autorizar el abono por cheque cruzado o nominativo cuando concurran circunstancias que lo justifiquen.

2.º Los contribuyentes con derecho al abono anticipado de la deducción por maternidad vendrán obligados a comunicar a la Administración tributaria las variaciones que afecten a su abono anticipado, así como cuando, por alguna causa o circunstancia sobrevenida, incumplan alguno de los requisitos para su percepción. La comunicación se efectuará utilizando el modelo que, a estos efectos, apruebe la persona titular del Ministerio de Hacienda y Función Pública, quien establecerá el lugar, forma y plazos de presentación, así como los casos en que dicha comunicación se pueda realizar por medios telemáticos o telefónicos.

3.º Cuando el importe de la deducción por maternidad no se correspondiera con el de su abono anticipado, los contribuyentes deberán regularizar tal situación en su declaración por este Impuesto. En el supuesto de contribuyentes no obligados a declarar deberán comunicar, a estos efectos, a la Administración tributaria la información que determine la persona titular del Ministerio de Hacienda y Función Pública, quien asimismo establecerá el lugar, forma y plazo de su presentación.

4.º No serán exigibles intereses de demora por la percepción, a través del abono anticipado y por causa no imputable al contribuyente, de cantidades superiores a la deducción por maternidad que corresponda.

Artículo 60 bis. Procedimiento para la práctica de las deducciones por familia numerosa o personas con discapacidad a cargo y su pago anticipado[38].

1. Las deducciones reguladas en el artículo 81 bis de la Ley del Impuesto se aplicarán, para cada contribuyente con derecho a las mismas, proporcionalmente al número de meses en que se cumplan de forma simultánea los requisitos previstos en el apartado 1 del citado artículo, y tendrán como límite para cada deducción las cotizaciones y cuotas a la Seguridad Social y Mutualidades de carácter alternativo devengadas en cada período impositivo con posterioridad al momento en que se cumplan tales requisitos.

---

[38]   Nueva redacción según el Art. Único. Dos del Real Decreto 1461/2018, de 21 de diciembre, por el que se modifica el Reglamento del Impuesto sobre la Renta de las Personas Físicas aprobado por el Real Decreto 439/2007, de 30 de marzo, en materia de deducciones en la cuota diferencial por circunstancias familiares, obligación de declarar, pagos a cuenta, rentas vitalicias aseguradas y obligaciones registrales.

§2

No obstante, si el contribuyente tuviera derecho a la deducción prevista en las letras a) o b) del apartado 1 del artículo 81 bis de la Ley del Impuesto respecto de varios ascendientes o descendientes con discapacidad, el citado límite se aplicará de forma independiente respecto de cada uno de ellos.

En caso de familias numerosas, los incrementos de la deducción a que se refiere la letra c) del apartado 1 del artículo 81 bis de la Ley del Impuesto no se tendrá en cuenta a efectos del citado límite.

A efectos del cálculo de este límite se computarán las cotizaciones y cuotas por sus importes íntegros sin tomar en consideración las bonificaciones que pudieran corresponder.

No resultará de aplicación el citado límite cuando se trate de contribuyentes que perciban las prestaciones a que se refiere el séptimo párrafo del apartado 1 del artículo 81 bis de la Ley del Impuesto.

2. A efectos del cómputo del número de meses para el cálculo del importe de la deducción a que se refiere el apartado anterior se tendrán en cuenta las siguientes reglas:

1.ª La determinación de la condición de familia numerosa, del estado civil del contribuyente, del número de hijos que exceda del número mínimo de hijos exigido para que la familia haya adquirido la condición de familia numerosa de categoría general o especial y de la situación de discapacidad, se realizará de acuerdo con su situación el último día de cada mes.

2.ª El requisito de alta en el régimen correspondiente de la Seguridad Social o Mutualidad se entenderá cumplido cuando esta situación se produzca en cualquier día del mes. Este requisito no será aplicable cuando se trate de contribuyentes que perciban las prestaciones a que se refiere el séptimo párrafo del apartado 1 del artículo 81 bis de la Ley del Impuesto.

3.ª Se entenderá cumplido el requisito de percibir las prestaciones a que se refiere el séptimo párrafo del apartado 1 del artículo 81 bis de la Ley del Impuesto cuando las mismas se perciban en cualquier día del mes.

3. Los contribuyentes con derecho a la aplicación de estas deducciones podrán solicitar a la Agencia Estatal de Administración Tributaria su abono de forma anticipada por cada uno de los meses en que perciban las prestaciones a que se refiere el séptimo párrafo del apartado 1 del artículo

81 bis de la Ley del Impuesto o estén dados de alta en la Seguridad Social o Mutualidad y coticen los plazos mínimos que a continuación se indican:

a) Trabajadores con contrato de trabajo a jornada completa, en alta durante al menos quince días de cada mes en el Régimen General o en los Regímenes especiales de la Minería del Carbón y de los Trabajadores del Mar.

b) Trabajadores con contrato de trabajo a tiempo parcial cuya jornada laboral sea de, al menos, el 50 por ciento de la jornada ordinaria en la empresa, en cómputo mensual, y se encuentren en alta durante todo el mes en los regímenes citados en el párrafo anterior.

c) En el caso de trabajadores por cuenta ajena en alta en el Sistema Especial para Trabajadores por Cuenta Ajena Agrarios incluidos en el Régimen General de la Seguridad Social cuando se hubiera optado por bases diarias de cotización, que realicen, al menos, diez jornadas reales en dicho período.

d) Trabajadores incluidos en los restantes Regímenes Especiales de la Seguridad Social no citados en los párrafos anteriores o mutualistas de las respectivas mutualidades alternativas a la Seguridad Social que se encuentren en alta durante quince días en el mes.

Para el abono anticipado de la deducción por cónyuge no separado legalmente con discapacidad, la cuantía de las rentas anuales a tomar en consideración serán las correspondientes al último periodo impositivo cuyo plazo de presentación de autoliquidación hubiera finalizado al inicio del ejercicio en el que se solicita su abono anticipado.

4. 1.º La tramitación del abono anticipado se efectuará de acuerdo con el siguiente procedimiento:

a) La solicitud se presentará en el lugar, forma y plazo que determine la Ministra de Hacienda, por cada contribuyente con derecho a deducción. No obstante, podrá optarse por presentar una solicitud colectiva por todos los contribuyentes que pudieran tener derecho a la deducción respecto de un mismo descendiente, ascendiente o familia numerosa. En este caso, deberá designarse como primer solicitante a un contribuyente que cumpla, en el momento de presentar la solicitud, los requisitos previstos en el apartado 1 del artículo 81 bis de la Ley del Impuesto.

Cada mes de enero se podrá modificar la modalidad de solicitud respecto de cada una de las deducciones.

Los solicitantes, el cónyuge no separado legalmente con discapacidad y los descendientes o ascendientes con discapacidad que se relacionen en la solicitud deberán disponer de número de identificación fiscal.

b) La Agencia Estatal de Administración Tributaria, a la vista de la solicitud recibida, y de los datos obrantes en su poder, abonará de oficio de forma anticipada y a cuenta el importe de cada deducción al solicitante. En el caso de que se hubiera efectuado una solicitud colectiva, el abono se efectuará a quien figure como primer solicitante.

En el supuesto de que no procediera el abono anticipado se notificará tal circunstancia al contribuyente con expresión de las causas que motivan la denegación.

c) El abono de la deducción de forma anticipada se efectuará mensualmente por la Agencia Estatal de Administración Tributaria, mediante transferencia bancaria, por importe de 100 euros por cada descendiente, ascendiente o familia numerosa a que se refiere el apartado 1 del artículo 81 bis de la Ley del Impuesto, si la solicitud fue colectiva. Dicho importe será de 200 euros si se trata de una familia numerosa de categoría especial. En los supuestos de familia numerosa, dicho importe se incrementará en 50 euros mensuales por cada uno de los hijos que formen parte de la familia numerosa, que exceda del número mínimo de hijos exigido para que dicha familia haya adquirido la condición de familia numerosa de categoría general o especial, según corresponda. En caso de solicitud individual, se abonará al solicitante la cantidad que resulte de dividir el importe que proceda de los indicados anteriormente entre el número de contribuyentes con derecho a la aplicación del mínimo respecto del mismo descendiente o ascendiente con discapacidad, o entre el número de ascendientes o hermanos huérfanos de padre y madre que formen parte de la misma familia numerosa, según proceda. El importe del abono mensual de la deducción de forma anticipada por cónyuge no separado legalmente con discapacidad será de 100 euros.

La Ministra de Hacienda podrá autorizar el abono por cheque cruzado o nominativo cuando concurran circunstancias que lo justifiquen.

2.º Los contribuyentes con derecho al abono anticipado de dichas deducciones vendrán obligados a comunicar a la Administración tributaria las variaciones que afecten a su abono anticipado, así como cuando, por alguna causa o circunstancia sobrevenida, incumplan alguno de los requisitos para su percepción. La comunicación se efectuará en el lugar, forma y plazo que determine la Ministra de Hacienda.

3.º Cuando el importe de cada una de las deducciones no se correspondiera con el de su abono anticipado, los contribuyentes deberán regularizar tal situación en su declaración por este Impuesto. En el supuesto de contribuyentes no obligados a declarar, tal regularización se efectuará mediante el ingreso de las cantidades percibidas en exceso en el lugar, forma y plazo que determine la Ministra de Hacienda.

4.º No serán exigibles intereses de demora por la percepción, a través del abono anticipado y por causa no imputable al contribuyente, de cantidades superiores a las deducciones reguladas en el artículo 81 bis de la Ley del Impuesto.

5. Cuando dos o más contribuyentes tengan derecho a la aplicación de alguna de las anteriores deducciones respecto de un mismo descendiente, ascendiente o familia numerosa, se podrá ceder el derecho a la deducción a uno de ellos. En este caso, a efectos del cálculo de la deducción, se aplicarán las siguientes reglas especiales:

a) El importe de la deducción no se prorrateará entre ellos sino que se aplicará íntegramente por el contribuyente en cuyo favor se hubiera cedido la deducción.

b) Se computarán los meses en que cualquiera de los contribuyentes que tuvieran derecho a la deducción cumpla los requisitos previstos en el apartado 1 de este artículo.

c) Se tendrán en cuenta de forma conjunta las cotizaciones y cuotas totales a la Seguridad Social y Mutualidades correspondientes a todos los contribuyentes que tuvieran derecho a la deducción. Lo dispuesto en esta letra no resultará de aplicación en el caso de que se hubiera cedido el derecho a la deducción a aquellos contribuyentes que perciban las prestaciones a que se refiere el séptimo párrafo del apartado 1 del artículo 81 bis de la Ley del Impuesto.

d) Los importes que, en su caso, se hubieran percibido anticipadamente, se considerarán obtenidos por el contribuyente en cuyo favor se hubiera cedido la deducción.

Cuando se hubiera optado por la percepción anticipada de la deducción presentando una solicitud colectiva, se entenderá cedido el derecho a la deducción en favor del primer solicitante. En los restantes casos, se entenderá cedido el derecho a la deducción en favor del contribuyente que aplique la deducción en su declaración, debiendo constar esta circunstancia en la declaración de todos los contribuyentes que tuvieran derecho a la deducción, salvo que el cedente sea un no obligado a declarar, en cuyo caso tal cesión se efectuará mediante la presentación del modelo en el lugar, forma y plazo que determine la Ministra de Hacienda.

6. Las comunidades autónomas y el Instituto de Mayores y Servicios Sociales estarán obligados a suministrar por vía electrónica a la Agencia Estatal de Administración Tributaria durante los diez primeros días de cada mes los datos de familias numerosas y discapacidad correspondientes al mes anterior.

El formato y contenido de la información serán los que, en cada momento, consten en la sede electrónica de la Agencia Estatal de Administración Tributaria en Internet.

TÍTULO VI
GESTIÓN DEL IMPUESTO

CAPÍTULO I
OBLIGACIÓN DE DECLARAR

Artículo 61. Obligación de declarar.

1. Los contribuyentes estarán obligados a presentar y suscribir declaración por este Impuesto en los términos previstos en el artículo 96 de la Ley del Impuesto. A efectos de lo dispuesto en el apartado 4 de dicho artículo, estarán obligados a declarar en todo caso los contribuyentes que tengan derecho a deducción por doble imposición internacional o que realicen aportaciones a patrimonios protegidos de las personas con discapacidad, planes de pensiones, planes de previsión asegurados, planes de previsión social empresarial, seguros de dependencia o mutualidades de previsión social que reduzcan la base imponible, cuando ejerciten tal derecho[39].

2. No tendrán que declarar, sin perjuicio de lo dispuesto en el apartado anterior, los contribuyentes que obtengan exclusivamente rendimientos del trabajo, del capital, de actividades económicas y ganancias patrimoniales, hasta un importe máximo conjunto de 1.000 euros anuales, y pérdidas patrimoniales de cuantía inferior a 500 euros, en tributación individual o conjunta.

No obstante lo anterior, estarán en cualquier caso obligadas a declarar todas aquellas personas físicas que en cualquier momento del período impositivo hubieran estado de alta, como trabajadores por cuenta propia, en el Régimen Especial de Trabajadores por Cuenta Propia o Autónomos, o en el Régimen Especial de la Seguridad Social de los Trabajadores del Mar.

3. Tampoco tendrán que declarar, sin perjuicio de lo dispuesto en los apartados anteriores, los contribuyentes que obtengan rentas procedentes exclusivamente de las siguientes fuentes, en tributación individual o conjunta:

A) Rendimientos íntegros del trabajo, con los siguientes límites:

1.º Con carácter general, 22.000 euros anuales, cuando procedan de un solo pagador. Este límite también se aplicará cuando se trate de contribuyentes que perciban rendimientos procedentes de más de un pagador y concurra cualquiera de las dos situaciones siguientes:

a) Que la suma de las cantidades percibidas del segundo y restantes pagadores, por orden de cuantía, no supere en su conjunto la cantidad de 1.500 euros anuales.

b) Que sus únicos rendimientos del trabajo consistan en las prestaciones pasivas a que se refiere el artículo 17.2.a) de la Ley del Impuesto y

---

[39]   Nueva redacción de este apartado según el Art. 1º. Veintiuno del Real Decreto 633/2015, de 10 de julio, por el que se modifican el Reglamento del Impuesto sobre la Renta de las Personas Físicas, aprobado por el Real Decreto 439/2007, de 30 de marzo, y el Reglamento del Impuesto sobre la Renta de no Residentes, aprobado por el Real Decreto 1776/2004, de 30 de julio.

§2

la determinación del tipo de retención aplicable se hubiera realizado de acuerdo con el procedimiento especial regulado en el artículo 89.A) de este reglamento.

2.º 15.000 euros anuales, cuando:

a) Procedan de más de un pagador, siempre que la suma de las cantidades percibidas del segundo y restantes pagadores, por orden de cuantía, superen en su conjunto la cantidad de 1.500 euros anuales.

b) Se perciban pensiones compensatorias del cónyuge o anualidades por alimentos diferentes de las previstas en el artículo 7, letra k), de la Ley del Impuesto.

c) El pagador de los rendimientos del trabajo no esté obligado a retener de acuerdo con lo previsto en el artículo 76 de este reglamento.

d) Cuando se perciban rendimientos íntegros del trabajo sujetos a los tipos fijos de retención previstos en los números 3.º y 4.º del artículo 80.1 de este reglamento.

B) Rendimientos íntegros del capital mobiliario y ganancias patrimoniales sometidos a retención o ingreso a cuenta, con el límite conjunto de 1.600 euros anuales.

Lo dispuesto en esta letra no será de aplicación respecto de las ganancias patrimoniales procedentes de transmisiones o reembolsos de acciones o participaciones de instituciones de inversión colectiva en las que la base de retención, conforme a lo establecido en el apartado 2 del artículo 97 de este reglamento, no proceda determinarla por la cuantía a integrar en la base imponible.

C) Rentas inmobiliarias imputadas a las que se refiere el artículo 85 de la Ley del Impuesto, rendimientos íntegros del capital mobiliario no sujetos a retención derivados de Letras del Tesoro y subvenciones para la adquisición de viviendas de protección oficial o de precio tasado y demás ganancias patrimoniales derivadas de ayudas públicas, con el límite conjunto de 1.000 euros anuales[40].

---

[40]   Nueva redacción de los apartados 2 y 3 según el art. Primero.Tres del Real Decreto 1008/2023, de 5 de diciembre, por el que se modifican el Reglamento del Impuesto sobre la Renta de las Personas Físicas, aprobado por el Real Decreto 439/2007, de

4. La presentación de la declaración, en los supuestos en que exista obligación de efectuarla, será necesaria para solicitar devoluciones por razón de los pagos a cuenta efectuados.

5. El Ministro de Economía y Hacienda aprobará los modelos de declaración y establecerá la forma, lugar y plazos de su presentación, así como los supuestos y condiciones de presentación de las declaraciones por medios telemáticos. Los contribuyentes deberán cumplimentar la totalidad de los datos solicitados en las declaraciones y acompañar los documentos y justificantes que se determinen.

El Ministro de Economía y Hacienda podrá establecer, por causas excepcionales, plazos especiales de declaración para un grupo determinado de contribuyentes o para los ámbitos territoriales que se determine.

6. En el caso de optar por tributar conjuntamente, la declaración será suscrita y presentada por los miembros de la unidad familiar mayores de edad, que actuarán en representación de los hijos integrados en ella, en los términos del artículo 45.1 de la Ley 58/2003, de 17 de diciembre, General Tributaria.

Artículo 62. Autoliquidación e ingreso.

1. Los contribuyentes que estén obligados a declarar por este Impuesto, al tiempo de presentar su declaración, deberán determinar la deuda tributaria correspondiente e ingresarla en el lugar, forma y plazos determinados por el Ministro de Economía y Hacienda.

Si, al tiempo de presentar la declaración, se hubiera solicitado la suspensión del ingreso de la totalidad o de parte de la deuda tributaria resultante de la autoliquidación, de acuerdo con lo establecido en el apartado 6 del artículo 97 de la Ley del Impuesto, se seguirá el procedimiento regulado en el mismo.

---

30 de marzo, en materia de retribuciones en especie, deducción por maternidad, obligación de declarar, pagos a cuenta y régimen especial aplicable a trabajadores, profesionales, emprendedores e inversores desplazados a territorio español, y el Reglamento del Impuesto sobre Sociedades, aprobado por el Real Decreto 634/2015, de 10 de julio, en materia de retenciones e ingresos a cuenta.

§2

La solicitud de suspensión se referirá al ingreso de alguna de las siguientes cuantías:

a) A la totalidad de la deuda tributaria, cuando la misma sea igual o inferior a la devolución resultante de la autoliquidación presentada por el cónyuge por este mismo Impuesto.

b) Al mismo importe que la devolución resultante de la autoliquidación presentada por el cónyuge, cuando la deuda tributaria sea superior.

2. Sin perjuicio de la posibilidad de aplazamiento o fraccionamiento del pago prevista en el artículo 65 de la Ley 58/2003, de 17 de diciembre, General Tributaria y desarrollado en los artículos 44 y siguientes del Reglamento General de Recaudación, aprobado por el Real Decreto 939/2005, de 29 de julio, el ingreso del importe resultante de la autoliquidación se podrá fraccionar, sin interés o recargo alguno, en dos partes: la primera, del 60 por ciento de su importe, en el momento de presentar la declaración, y la segunda, del 40 por ciento restante, en el plazo que se determine según lo establecido en el apartado anterior. La falta de ingreso en plazo de la primera fracción determinará el inicio del periodo ejecutivo para el importe total autoliquidado.

Para disfrutar de este beneficio será necesario que la declaración se presente dentro del plazo establecido y que en el mismo se hubiera ingresado el 60 por ciento de la deuda tributaria resultante de la autoliquidación. No podrá fraccionarse, según el procedimiento establecido en el párrafo anterior, el ingreso de las autoliquidaciones complementarias[41].

---

[41] Nueva redacción de este apartado según el Art. 6.1 del Real Decreto 249/2023, de 4 de abril, por el que se modifican el Reglamento General de Desarrollo de la Ley 58/2003, de 17 de diciembre, General Tributaria, en materia de revisión en vía administrativa, aprobado por el Real Decreto 520/2005, de 13 de mayo; el Reglamento General de Recaudación, aprobado por el Real Decreto 939/2005, de 29 de julio; el Reglamento General de las actuaciones y los procedimientos de gestión e inspección tributaria y de desarrollo de las normas comunes de los procedimientos de aplicación de los tributos, aprobado por el Real Decreto 1065/2007, de 27 de julio; el Reglamento del Impuesto sobre Sucesiones y Donaciones, aprobado por el Real Decreto 1629/1991, de 8 de noviembre; el

3. El pago de la deuda tributaria podrá realizarse mediante entrega de bienes integrantes del Patrimonio Histórico Español que estén inscritos en el Inventario General de Bienes Muebles o en el Registro General de Bienes de Interés Cultural, de acuerdo con lo dispuesto en el artículo 73 de la Ley 16/1985, de 25 de junio, del Patrimonio Histórico Español.

Artículo 63. Fraccionamiento en los supuestos de fallecimiento y de pérdida de la residencia en España.

1. En el caso del fallecimiento del contribuyente previsto en el artículo 14.4 de la Ley del Impuesto, todas las rentas pendientes de imputación deberán integrarse en la base imponible del último período impositivo que deba declararse por este Impuesto.

2. En el caso de que el contribuyente pierda su condición por cambio de residencia, de acuerdo con lo previsto en el primer párrafo del artículo 14.3 de la Ley del Impuesto, todas las rentas pendientes de imputación deberán integrarse en la base imponible correspondiente al último período que deba declararse por este Impuesto, practicándose, en su caso, autoliquidación complementaria, sin sanción, ni intereses de demora ni recargo alguno, en el plazo de tres meses desde que el contribuyente pierda su condición por cambio de residencia[42].

3. En estos supuestos, los sucesores del causante o el contribuyente podrán solicitar el fraccionamiento de la parte de deuda tributaria correspondiente a dichas rentas, calculada aplicando el tipo regulado en el artículo 80.2 de la Ley del Impuesto.

Reglamento del Impuesto sobre el Valor Añadido, aprobado por el Real Decreto 1624/1992, de 29 de diciembre; el Reglamento del Impuesto sobre la Renta de las Personas Físicas, aprobado por el Real Decreto 439/2007, de 30 de marzo, y el Reglamento del Impuesto sobre Sociedades, aprobado por el Real Decreto 634/2015, de 10 de julio.

[42]   Nueva redacción de este apartado según el Art. 2. Primero. Siete del Real Decreto 960/2013, de 5 de diciembre.

4. El fraccionamiento se regirá por las normas previstas en la sub-sección 2.ª de la sección 1.ª del capítulo I del título II del Reglamento General de Recaudación, aprobado por el Real Decreto 939/2005, de 29 de julio, con las siguientes especialidades:

a) Las solicitudes deberán formularse dentro del plazo reglamentario de declaración.

b) El solicitante deberá ofrecer garantía en forma de aval solidario de entidad de crédito o sociedad de garantía recíproca o certificado de seguro de caución, en los términos previstos en el Reglamento General de Recaudación.

c) En caso de concesión del fraccionamiento solicitado, la cuantía y el plazo de cada fracción se concederá en función de los períodos impositivos a los que correspondería imputar dichas rentas en caso de que el fallecimiento, o la pérdida de la condición de contribuyente no se hubiera producido, con el límite de cuatro años. La parte correspondiente a períodos que superen dicho límite se imputará por partes iguales durante el período de fraccionamiento.

Artículo 64. Borrador de declaración.

1. Los contribuyentes podrán solicitar la remisión de un borrador de declaración en los términos previstos en el artículo 98 de la Ley del Impuesto.

A tales efectos, la Administración tributaria podrá requerir a los contribuyentes la presentación de la información y documentos que resulten necesarios para su elaboración.

El Ministro de Economía y Hacienda determinará el lugar, plazo, forma y procedimiento de dicho requerimiento.

2. Cuando el contribuyente considere que el borrador de declaración no refleja su situación tributaria a efectos de este Impuesto, deberá presentar la correspondiente declaración, de acuerdo con lo dispuesto en el artículo 97 de la Ley del Impuesto.

No obstante, podrá instar la rectificación del borrador recibido cuando considere que han de añadirse datos personales o económicos no incluidos en el mismo o advierta que contiene datos erróneos o inexactos. En ningún caso, la rectificación podrá suponer la inclusión de rentas distintas de las enumeradas en el artículo 98 de la Ley del Impuesto.

Artículo 65. Devoluciones derivadas de la normativa del tributo.

1. A efectos de lo dispuesto en el artículo 103 de la Ley del Impuesto, la solicitud de devolución derivada de la normativa del tributo deberá efectuarse mediante la presentación de la correspondiente declaración, ya consista ésta en una autoliquidación o en el borrador de declaración suscrito o confirmado por el contribuyente.

2. Las devoluciones a que se refiere el artículo 103 de la Ley del Impuesto se realizarán por transferencia bancaria.

3. El Ministro de Economía y Hacienda podrá autorizar las devoluciones a que se refiere el apartado anterior por cheque cruzado o nominativo cuando concurran circunstancias que lo justifiquen.

Artículo 66. Liquidación provisional a no obligados a presentar declaración.

1. A los contribuyentes no obligados a presentar declaración conforme al artículo 96 de la Ley del Impuesto sólo se les practicará la liquidación provisional a que se refiere el artículo 102 de la Ley del Impuesto cuando los datos facilitados por el contribuyente al pagador de rendimientos del trabajo sean falsos, incorrectos o inexactos, y se hayan practicado, como consecuencia de ello, unas retenciones inferiores a las que habrían sido procedentes. Para la práctica de esta liquidación provisional sólo se computarán las retenciones efectivamente practicadas que se deriven de los datos facilitados por el contribuyente al pagador.

Igualmente, cuando soliciten la devolución que corresponda mediante la presentación de la oportuna autoliquidación o del borrador debidamente suscrito o confirmado, la liquidación provisional que pueda practicar la Administración tributaria no podrá implicar a cargo del contribuyente ninguna obligación distinta a la restitución de lo previamente devuelto más el interés de demora a que se refiere el artículo 26.6 de la Ley 58/2003, de 17 de diciembre, General Tributaria.

2. Lo dispuesto en el apartado anterior se entenderá sin perjuicio de la posterior comprobación o investigación que pueda realizar la Administración tributaria.

Artículo 67. Colaboración externa en la presentación y gestión de declaraciones.

1. La Agencia Estatal de Administración Tributaria podrá hacer efectiva la colaboración social en la presentación de declaraciones por este Impuesto a través de acuerdos con las Comunidades Autónomas y otras Administraciones públicas, con entidades, instituciones y organismos representativos de sectores o intereses sociales, laborales, empresariales o profesionales, o bien directamente con empresas, en relación con la facilitación de estos servicios a sus trabajadores.

2. Los acuerdos a que se refiere el apartado anterior podrán referirse, entre otros, a los siguientes aspectos:

a) Campañas de información y difusión.

b) Asistencia en la realización de declaraciones y en su cumplimentación correcta y veraz.

c) Remisión de declaraciones a la Administración tributaria.

d) Subsanación de defectos, previa autorización de los contribuyentes.

e) Información del estado de tramitación de las devoluciones de oficio, previa autorización de los contribuyentes.

3. La Agencia Estatal de Administración Tributaria proporcionará la asistencia técnica necesaria para el desarrollo de las indicadas actuaciones sin perjuicio de ofrecer dichos servicios con carácter general a los contribuyentes.

4. Mediante Orden del Ministro de Economía y Hacienda se establecerán los supuestos y condiciones en que las entidades que hayan suscrito los citados acuerdos podrán presentar por medios telemáticos declaraciones, autoliquidaciones o cualesquiera otros documentos exigidos por la normativa tributaria, en representación de terceras personas.

Dicha Orden podrá prever igualmente que otras personas o entidades accedan a dicho sistema de presentación por medios telemáticos en representación de terceras personas.

§2

Artículo 67 bis. Rectificación de autoliquidaciones[43].

1. Los contribuyentes deberán rectificar, completar o modificar las autoliquidaciones presentadas por este Impuesto mediante la presentación de una autoliquidación rectificativa, utilizando el modelo de declaración aprobado por la persona titular del Ministerio de Hacienda.

No obstante lo dispuesto en el párrafo anterior, cuando el motivo de la rectificación del obligado tributario sea exclusivamente la alegación razonada de una eventual vulneración por la norma aplicada en la autoliquidación previa de los preceptos de otra norma de rango superior legal, constitucional, de Derecho de la Unión Europea o de un Tratado o Convenio internacional se podrá instar la rectificación a través del procedimiento previsto en el artículo 120.3 de la Ley 58/2003, de 17 de diciembre, General Tributaria, y desarrollado en los artículos 126 a 128 del Reglamento General de las actuaciones y los procedimientos de gestión e inspección tributaria y de desarrollo de las normas comunes de los procedimientos de aplicación de los tributos, aprobado por Real Decreto 1065/2007, de 27 de julio. Si este motivo concurriese con otros de distinta naturaleza, por estos últimos el obligado tributario deberá presentar una autoliquidación rectificativa.

2. La autoliquidación rectificativa de una autoliquidación previa se podrá presentar antes de que haya prescrito el derecho de la Administración para determinar la deuda tributaria mediante liquidación o el derecho a solicitar la devolución que, en su caso, proceda. Cuando se presente fuera del plazo de declaración tendrá el carácter de extemporánea.

---

[43]   Nueva redacción según la D.F. 4ª del Real Decreto 117/2024, de 30 de enero, por el que se desarrollan las normas y los procedimientos de diligencia debida en el ámbito del intercambio automático obligatorio de información comunicada por los operadores de plataformas, y se modifican el Reglamento General de las actuaciones y los procedimientos de gestión e inspección tributaria y de desarrollo de las normas comunes de los procedimientos de aplicación de los tributos, aprobado por el Real Decreto 1065/2007, de 27 de julio, en transposición de la Directiva (UE) 2021/514 del Consejo de 22 de marzo de 2021 por la que se modifica la Directiva 2011/16/UE relativa a la cooperación administrativa en el ámbito de la fiscalidad, y otras normas tributarias.

3. En la autoliquidación rectificativa constará expresamente esta circunstancia y la obligación tributaria y período a que se refiere, así como la totalidad de los datos que deban ser declarados y otros que puedan establecerse en la Orden Ministerial reguladora del modelo de declaración aprobada por la persona titular del Ministerio de Hacienda, como los motivos de rectificación. A estos efectos, se incorporarán los datos incluidos en la autoliquidación presentada con anterioridad que no sean objeto de modificación, los que sean objeto de modificación y los de nueva inclusión.

4. La autoliquidación rectificativa podrá rectificar, completar o modificar la autoliquidación presentada con anterioridad. En particular:

a) Cuando de la rectificación efectuada resulte un importe a ingresar superior al de la autoliquidación anterior o una cantidad a devolver inferior a la anteriormente autoliquidada se aplicará el régimen previsto para las autoliquidaciones complementarias en el artículo 122.2 de la Ley 58/2003, de 17 de diciembre, General Tributaria, y su normativa de desarrollo.

b) En los casos no contemplados en la letra anterior, cuando del cálculo efectuado en la autoliquidación rectificativa resulte una cantidad a devolver, con la presentación de la autoliquidación rectificativa se entenderá solicitada la devolución, que se tramitará conforme al régimen del procedimiento previsto en los artículos 124 a 127 de la Ley 58/2003, de 17 de diciembre, General Tributaria, y su normativa de desarrollo, sin perjuicio de la obligación de abono de intereses de demora conforme a lo establecido en el apartado 3 del artículo 120 de dicha Ley.

El plazo para efectuar la devolución será de seis meses contados desde la finalización del plazo reglamentario para la presentación de la autoliquidación o, si éste hubiese concluido, desde la presentación de la autoliquidación rectificativa.

Si con la presentación de la autoliquidación previa se hubiera solicitado una devolución y ésta no se hubiera efectuado al tiempo de presentar la autoliquidación rectificativa, con la presentación de esta última se considerará finalizado el procedimiento iniciado mediante la presentación de la autoliquidación previa.

c) Cuando de la rectificación efectuada resulte una minoración del importe a ingresar de la autoliquidación previa y no proceda una cantidad a devolver, se mantendrá la obligación de pago hasta el límite del importe a ingresar resultante de la autoliquidación rectificativa.

Si la deuda resultante de la autoliquidación previa estuviera aplazada o fraccionada, con la presentación de la autoliquidación rectificativa se entenderá solicitada la modificación en las condiciones del aplazamiento o fraccionamiento conforme a lo previsto en el segundo párrafo del apartado 3 del artículo 52 del Reglamento General de Recaudación, aprobado por Real Decreto 939/2005, de 29 de julio.

5. La autoliquidación rectificativa no producirá efectos respecto a aquellos elementos que hayan sido regularizados mediante liquidación definitiva o provisional en los términos a que se refieren los apartados 2 y 3 del artículo 126 del Reglamento General de las actuaciones y los procedimientos de gestión e inspección tributaria y de desarrollo de las normas comunes de los procedimientos de aplicación de los tributos, aprobado por el Real Decreto 1065/2007, de 27 de julio, respectivamente.

CAPÍTULO II
OBLIGACIONES FORMALES, CONTABLES Y REGISTRALES

Artículo 68. Obligaciones formales, contables y registrales.

1. Los contribuyentes del Impuesto sobre la Renta de las Personas Físicas estarán obligados a conservar, durante el plazo máximo de prescripción, los justificantes y documentos acreditativos de las operaciones, rentas, gastos, ingresos, reducciones y deducciones de cualquier tipo que deban constar en sus declaraciones, a aportarlos juntamente con las declaraciones del Impuesto, cuando así se establezca y a exhibirlos ante los órganos competentes de la Administración tributaria, cuando sean requeridos al efecto.

2. Los contribuyentes que desarrollen actividades empresariales cuyo rendimiento se determine en la modalidad normal del método de estimación directa, estarán obligados a llevar contabilidad ajustada a lo dispuesto en el Código de Comercio.

3. No obstante lo dispuesto en el apartado anterior, cuando la actividad empresarial realizada no tenga carácter mercantil, de acuerdo con el

Código de Comercio, las obligaciones contables se limitarán a la llevanza de los siguientes libros registros:

    a) Libro registro de ventas e ingresos.

    b) Libro registro de compras y gastos.

    c) Libro registro de bienes de inversión.

4. Los contribuyentes que desarrollen actividades empresariales cuyo rendimiento se determine en la modalidad simplificada del método de estimación directa, estarán obligados a la llevanza de los libros señalados en el apartado anterior.

5. Los contribuyentes que ejerzan actividades profesionales cuyo rendimiento se determine en método de estimación directa, en cualquiera de sus modalidades, estarán obligados a llevar los siguientes libros registros:

    a) Libro registro de ingresos.

    b) Libro registro de gastos.

    c) Libro registro de bienes de inversión.

    d) Libro registro de provisiones de fondos y suplidos.

6. Los contribuyentes que desarrollen actividades económicas que determinen su rendimiento neto mediante el método de estimación objetiva deberán conservar, numeradas por orden de fechas y agrupadas por trimestres, las facturas emitidas de acuerdo con lo previsto en el Reglamento por el que se regulan las obligaciones de facturación, aprobado por el Real Decreto 1619/2012, de 30 de noviembre, y las facturas o justificantes documentales de otro tipo recibidos. Igualmente, deberán conservar los justificantes de los signos, índices o módulos aplicados de conformidad con lo que, en su caso, prevea la Orden Ministerial que los apruebe.

A efectos de lo previsto en la letra d) del artículo 32.2 de este Reglamento, los contribuyentes que realicen las actividades a que se refiere la citada letra d) deberán llevar un libro registro de ventas o ingresos[44].

7. Los contribuyentes acogidos a este método que deduzcan amortizaciones estarán obligados a llevar un libro registro de bienes de inversión. Además, por las actividades cuyo rendimiento neto se determine teniendo

---

[44]   Nueva redacción de este apartado según el Art. 2. Tercero. Dos del Real Decreto 960/2013, de 5 de diciembre.

en cuenta el volumen de operaciones habrán de llevar un libro registro de ventas o ingresos.

8. Las entidades en régimen de atribución de rentas que desarrollen actividades económicas, llevarán unos únicos libros obligatorios correspondientes a la actividad realizada, sin perjuicio de la atribución de rendimientos que corresponda efectuar en relación con sus socios, herederos, comuneros o partícipes.

9. Se autoriza al Ministro de Economía y Hacienda para determinar la forma de llevanza de los libros registro a que se refiere este artículo.

10. Los contribuyentes distintos de los previstos en el apartado 2 anterior estarán obligados a llevar los libros registros establecidos en los apartados anteriores de este artículo aun cuando lleven contabilidad ajustada a lo dispuesto en el Código de Comercio[45].

Artículo 69. Otras obligaciones formales de información[46].

1. Las entidades a que se refiere el artículo 68.1 de la Ley del Impuesto deberán presentar una declaración informativa sobre las certificaciones expedidas conforme a lo previsto en el número 5.º del citado artículo 68.1 en la que, además de sus datos de identificación, fecha de constitución e importe de los fondos propios, harán constar la siguiente información referida a los adquirentes de las acciones o participaciones:

a) Nombre y apellidos.

b) Número de identificación fiscal.

---

[45]   Nueva redacción de este apartado según el Art. Único. Cuatro del Real Decreto 1461/2018, de 21 de diciembre, por el que se modifica el Reglamento del Impuesto sobre la Renta de las Personas Físicas aprobado por el Real Decreto 439/2007, de 30 de marzo, en materia de deducciones en la cuota diferencial por circunstancias familiares, obligación de declarar, pagos a cuenta, rentas vitalicias aseguradas y obligaciones registrales.

[46]   Nueva redacción según el Art. 1º. Veintidós del Real Decreto 633/2015, de 10 de julio, por el que se modifican el Reglamento del Impuesto sobre la Renta de las Personas Físicas, aprobado por el Real Decreto 439/2007, de 30 de marzo, y el Reglamento del Impuesto sobre la Renta de no Residentes, aprobado por el Real Decreto 1776/2004, de 30 de julio.

c) Importe de la adquisición.

d) Fecha de adquisición.

e) Porcentaje de participación.

La presentación de esta declaración informativa se realizará en el mes de enero de cada año en relación con la suscripción de acciones o participaciones en el año inmediato anterior.

Esta declaración informativa se efectuará en la forma y lugar que determine el Ministro de Hacienda y Administraciones Públicas, quien podrá establecer los supuestos en que deberá presentarse en soporte directamente legible por ordenador o por medios telemáticos.

2. Las entidades beneficiarias de donativos a las que se refiere el artículo 68.3.b) de la Ley del Impuesto deberán remitir una declaración informativa sobre los donativos recibidos durante cada año natural, en la que, además de sus datos de identificación, harán constar la siguiente información referida a los donantes:

a) Nombre y apellidos.

b) Número de identificación fiscal.

c) Importe del donativo.

d) Indicación de si el donativo da derecho a la aplicación de alguna de las deducciones aprobadas por las Comunidades Autónomas.

La presentación de esta declaración informativa se realizará en el mes de enero de cada año, en relación con los donativos percibidos en el año inmediato anterior.

3. Las entidades aseguradoras o de crédito que comercialicen Planes de Ahorro a Largo Plazo deberán remitir una declaración informativa en la que, además de sus datos de identificación, harán constar la siguiente información referida a quienes hayan sido titulares del Plan de Ahorro a Largo Plazo durante el ejercicio:

a) Nombre, apellidos y número de identificación fiscal.

b) Identificación del Plan de Ahorro a Largo Plazo del que sea titular.

c) Fecha de apertura del Plan de Ahorro a Largo Plazo. En caso de haberse movilizado los recursos del Plan, se tomará la fecha original.

d) Aportaciones realizadas al Plan de Ahorro a Largo Plazo en el ejercicio, incluyendo en su caso las anteriores a la movilización del Plan.

e) Rendimientos del capital mobiliario positivos y negativos obtenidos en el ejercicio.

f) En caso de extinción del Plan de Ahorro a Largo Plazo, se hará constar la fecha de extinción, la totalidad de los rendimientos del capital mobiliario positivos y negativos obtenidos desde la apertura del Plan, y la base del pago a cuenta que, en su caso, deba realizarse.

La presentación de esta declaración informativa se realizará en el mes de febrero de cada año en relación con la información correspondiente al año inmediato anterior.

4. Las entidades aseguradoras que comercialicen las rentas vitalicias a que se refiere el artículo 42 de este Reglamento deberán remitir una declaración informativa en la que, además de sus datos de identificación, harán constar la siguiente información referida a los titulares de las rentas vitalicias:

a) Nombre, apellidos y número de identificación fiscal.

b) Identificación de la renta vitalicia, fecha de constitución y prima aportada.

c) En caso de anticipación, total o parcial, de los derechos económicos derivados de la renta vitalicia constituida, fecha de anticipación.

La presentación de esta declaración informativa se realizará en el mes de enero de cada año en relación con la información correspondiente al año inmediato anterior.

5. Las entidades que lleven a cabo operaciones de reducción de capital con devolución de aportaciones o de distribución de prima de emisión correspondiente a valores no admitidos a negociación en alguno de los mercados regulados de valores definidos en la Directiva 2004/39/CE del Parlamento Europeo y del Consejo, de 21 de abril de 2004, relativa a los mercados de instrumentos financieros, y representativos de la participación en fondos propios de sociedades o entidades, deberán presentar una declaración informativa relativa a las operaciones que, conforme a lo dispuesto en el artículo 75.3.h) de este Reglamento, no se hallen sometidas a retención, realizadas a favor de personas físicas, que incluya los siguientes datos:

a) Identificación completa de los socios o partícipes que reciban cualquier importe, bienes o derechos como consecuencia de dichas operaciones, incluyendo su número de identificación fiscal y el porcentaje de participación en la entidad declarante.

b) Identificación completa de las acciones o participaciones afectadas por la reducción o que ostenta el declarado en caso de distribución de prima de emisión, incluyendo su clase, número, valor nominal y, en su caso, código de identificación.

c) Fecha y bienes, derechos o importe recibidos en la operación.

d) Importe de los fondos propios que correspondan a las acciones o participaciones afectadas por la reducción de capital o que ostenta el declarado en caso de distribución de la prima de emisión, correspondiente al último ejercicio cerrado con anterioridad a la fecha de la reducción de capital o distribución de la prima de emisión y minorado en el importe de los beneficios repartidos con anterioridad a la fecha de la operación, procedentes de reservas incluidas en los citados fondos propios, así como en el importe de las reservas legalmente indisponibles incluidas en dichos fondos propios.

Adicionalmente, con independencia de la correspondiente declaración informativa que deben presentar las entidades a que se refieren los párrafos anteriores, los sujetos obligados a presentar la declaración informativa a que se refiere el artículo 42 del Reglamento General de las actuaciones y los procedimientos de gestión e inspección tributaria y de desarrollo de las normas comunes de los procedimientos de aplicación de los tributos, aprobado por Real Decreto 1065/2007, de 27 de julio, que intervengan en las operaciones de reducción de capital con devolución de aportaciones o de distribución de prima de emisión, deberán incluir en esta declaración informativa los datos identificativos de las entidades que han llevado a cabo estas operaciones y las fechas en que se han producido las mismas. La presentación de estas declaraciones informativas se realizará en el mes de enero de cada año en relación con la información correspondiente al año inmediato anterior[47].

---

[47] Nueva redacción de este apartado según el Art. 1º. Siete del Real Decreto 1074/2017, de 29 de diciembre, por el que se modifican el Reglamento del Impuesto sobre la Renta de las Personas Físicas, aprobado por el Real Decreto 439/2007,

6. Los órganos o entidades gestores de la Seguridad Social y las mutualidades deberán suministrar a la Agencia Estatal de Administración Tributaria información mensual y anual de sus afiliados o mutualistas, en el plazo que establezca el Ministro de Hacienda y Administraciones Públicas, en la que podrá exigirse que consten los siguientes datos:

a) Nombre, apellidos, número de identificación fiscal y número de afiliación de los mismos.

b) Régimen de cotización y período de alta.

c) Cotizaciones y cuotas totales devengadas.

7. Los datos obrantes en el Registro Civil relativos a nacimientos, adopciones y fallecimientos deberán suministrarse a la Agencia Estatal de Administración Tributaria en el lugar, forma, plazos y periodicidad que establezca el Ministro de Hacienda y Administraciones Públicas, quien podrá exigir, a estos efectos, que conste la siguiente información:

a) Nombre, apellidos y número de identificación fiscal de la persona a la que se refiere la información.

b) Nombre, apellidos y número de identificación fiscal de la madre y, en su caso, del padre en el caso de nacimiento, adopciones y fallecimientos de menores de edad.

8. Las entidades aseguradoras que comercialicen planes individuales de ahorro sistemático a los que se refiere la disposición adicional tercera de la Ley del Impuesto deberán presentar, en los treinta primeros días naturales del mes de enero del año inmediato siguiente, una declaración informativa en la que se harán constar los datos siguientes:

a) Nombre, apellidos y número de identificación fiscal de los tomadores.

b) Importe total de las primas satisfechas por los tomadores, indicando la fecha del pago de la primera prima.

c) En caso de anticipación, total o parcial, de los derechos económicos, el importe de la renta exenta comunicada en el momento de la constitución de la renta vitalicia.

---

de 30 de marzo, el Reglamento del Impuesto sobre Sociedades, aprobado por el Real Decreto 634/2015, de 10 de julio, y el Reglamento del Impuesto sobre Sucesiones y Donaciones, aprobado por el Real Decreto 1629/1991, de 8 de noviembre.

d) En caso de transformación de un contrato de seguro de vida en un plan individual de ahorro sistemático conforme a la disposición transitoria decimocuarta de la Ley del Impuesto, los datos previstos en las letras a) y b) anteriores, y la manifestación de que se cumple el requisito del límite anual máximo satisfecho en concepto de primas establecido en dicha disposición.

No obstante, en el caso de que la declaración se presente en soporte directamente legible por ordenador, el plazo de presentación finalizará el día 20 de febrero del año inmediato siguiente.

9. Las guarderías o centros de educación infantil autorizados a que se refiere el artículo 81.2 de la Ley del Impuesto, deberán presentar una declaración informativa sobre los menores y los gastos que den derecho a la aplicación del incremento de la deducción prevista en dicho artículo, en la que, además de sus datos de identificación y los correspondientes a la autorización del centro de educación infantil expedida por la administración educativa competente o, en su caso, la que resulte precisa para la apertura y funcionamiento de la actividad de custodia de menores en guarderías según las disposiciones normativas aplicables a este tipo de centros, harán constar la siguiente información:

a) Nombre, apellidos y fecha de nacimiento del menor y, en su caso, número de identificación fiscal del menor.

b) Nombre, apellidos y número de identificación fiscal de los progenitores, tutor, guardadores con fines de adopción o persona que tiene al menor en acogimiento.

c) Meses en los que el menor haya estado inscrito en dicha guardería o centro educativo por mes completo.

d) Gastos anuales pagados a la guardería o centro de educación infantil autorizado en relación con el menor.

e) Importes subvencionados que se abonen directamente a la guardería o centro de educación infantil autorizado correspondientes a los gastos referidos en la letra d) anterior.

La presentación de esta declaración informativa se realizará en el mes de enero de cada año en relación con la información correspondiente al año inmediato anterior.

10. Las declaraciones informativas a que se refieren los apartados anteriores se efectuarán en la forma y lugar que establezca la Ministra de Hacienda, quien podrá determinar el procedimiento y las condiciones en que proceda su presentación por medios telemáticos[48].

Artículo 70. Obligaciones de información de las entidades en régimen de atribución de rentas.

1. Las entidades en régimen de atribución de rentas mediante las que se ejerza una actividad económica, o cuyas rentas excedan de 3.000 euros anuales, deberán presentar anualmente una declaración informativa en la que, además de sus datos identificativos y, en su caso, los de su representante, deberá constar la siguiente información:

a) Identificación, domicilio fiscal y número de identificación fiscal de sus socios, herederos, comuneros o partícipes, residentes o no en territorio español, incluyéndose las variaciones en la composición de la entidad a lo largo de cada período impositivo.

En el caso de que alguno de los miembros de la entidad no sea residente en territorio español, identificación de quien ostente la representación fiscal del mismo de acuerdo con lo establecido en el artículo 10 del texto refundido de la Ley del Impuesto sobre la Renta de no Residentes, aprobado por el Real Decreto Legislativo 5/2004, de 5 de marzo.

Tratándose de entidades en régimen de atribución de rentas constituidas en el extranjero, se deberá identificar, en los términos señalados en este artículo, a los miembros de la entidad contribuyentes por este Impuesto o sujetos pasivos del Impuesto sobre Sociedades, así como a los miembros de la entidad contribuyentes por el Impuesto sobre la Renta

---

[48] Apartado modificado por el Art. Primero del Real Decreto 253/2025, de 1 de abril, por el que se modifican, en materia de obligaciones de información, el Reglamento del Impuesto sobre la Renta de las Personas Físicas, aprobado por el Real Decreto 439/2007, de 30 de marzo, y el Reglamento General de las actuaciones y los procedimientos de gestión e inspección tributaria y de desarrollo de las normas comunes de los procedimientos de aplicación de los tributos, aprobado por el Real Decreto 1065/2007, de 27 de julio. En vigor desde el 3 de abril de 2025.

de no Residentes respecto de las rentas obtenidas por la entidad sujetas a dicho Impuesto.

b) Importe total de las rentas obtenidas por la entidad y de la renta atribuible a cada uno de sus miembros, especificándose, en su caso:

1.º Ingresos íntegros y gastos deducibles por cada fuente de renta.

2.º Importe de las rentas de fuente extranjera, señalando el país de procedencia, con indicación de los rendimientos íntegros y gastos.

3.º En el supuesto a que se refiere el apartado 5 del artículo 89 de la Ley del Impuesto, identificación de la institución de inversión colectiva cuyas acciones o participaciones se han adquirido o suscrito, fecha de adquisición o suscripción y valor de adquisición de las acciones o participaciones, así como identificación de la persona o entidad, residente o no residente, cesionaria de los capitales propios.

c) Bases de las deducciones.

d) Importe de las retenciones e ingresos a cuenta soportados por la entidad y los atribuibles a cada uno de sus miembros.

e) Importe neto de la cifra de negocios de acuerdo con el artículo 191 del texto refundido de la Ley de Sociedades Anónimas, aprobado por el Real Decreto Legislativo 1564/1989, de 22 de diciembre.

2. Las entidades en régimen de atribución de rentas deberán notificar por escrito a sus miembros la información a que se refieren los párrafos b), c) y d) del apartado anterior. La notificación deberá ponerse a disposición de los miembros de la entidad en el plazo de un mes desde la finalización del plazo de presentación de la declaración a que se refiere el apartado 1 anterior.

3. El Ministro de Economía y Hacienda establecerá el modelo, el plazo, el lugar y la forma de presentación de la declaración informativa a que se refiere este artículo.

Artículo 71. Obligaciones de información de los contribuyentes que sean titulares de patrimonios protegidos.

Los contribuyentes que sean titulares de patrimonios protegidos regulados por la Ley 41/2003, de 18 de noviembre, de protección patrimonial de las personas con discapacidad y de modificación del Código Civil, de la

Ley de Enjuiciamiento Civil y de la normativa tributaria, y, en caso de incapacidad de aquellos, los administradores de dichos patrimonios, deberán remitir una declaración informativa sobre las aportaciones recibidas y las disposiciones realizadas durante cada año natural en la que, además de sus datos de identificación harán constar la siguiente información:

– Nombre, apellidos e identificación fiscal tanto de los aportantes como de los beneficiarios de las disposiciones realizadas.

– Tipo, importe e identificación de las aportaciones recibidas así como de las disposiciones realizadas.

La presentación de esta declaración informativa se realizará dentro del mes de enero de cada año, en relación con las aportaciones y disposiciones realizadas en el año inmediato anterior.

La primera declaración informativa que se presente deberá ir acompañada de copia simple de la escritura pública de constitución del patrimonio protegido en la que figure la relación de bienes y derechos que inicialmente lo constituyeron así como de la relación detallada de las aportaciones recibidas y disposiciones realizadas desde la fecha de constitución del patrimonio protegido hasta la de la presentación de esta primera declaración.

El Ministro de Economía y Hacienda establecerá el modelo, la forma y el lugar de presentación de la declaración informativa a que se refiere este artículo, así como los supuestos en que deberá presentarse en soporte legible por ordenador o por medios telemáticos.

CAPÍTULO III
ACREDITACIÓN DE LA CONDICIÓN DE PERSONA CON DISCAPACIDAD

Artículo 72. Acreditación de la condición de persona con discapacidad y de la necesidad de ayuda de otra persona o de la existencia de dificultades de movilidad.

1. A los efectos del Impuesto sobre la Renta de las Personas Físicas, tendrán la consideración de persona con discapacidad aquellos contribuyentes con un grado de minusvalía igual o superior al 33 por ciento.

El grado de minusvalía deberá acreditarse mediante certificado o resolución expedido por el Instituto de Migraciones y Servicios Sociales o el órgano competente de las Comunidades Autónomas. En particular, se considerará acreditado un grado de minusvalía igual o superior al 33 por ciento en el caso de los pensionistas de la Seguridad Social que tengan reconocida una pensión de incapacidad permanente total, absoluta o gran invalidez y en el caso de los pensionistas de clases pasivas que tengan reconocida una pensión de jubilación o retiro por incapacidad permanente para el servicio o inutilidad. Igualmente, se considerará acreditado un grado de minusvalía igual o superior al 65 por ciento, cuando se trate de personas cuya incapacidad sea declarada judicialmente, aunque no alcance dicho grado.

2. A efectos de la reducción por rendimientos del trabajo obtenidos por personas con discapacidad prevista en el artículo 20.3 de la Ley del Impuesto, los contribuyentes con discapacidad deberán acreditar la necesidad de ayuda de terceras personas para desplazarse a su lugar de trabajo o para desempeñar el mismo, o la movilidad reducida para utilizar medios de transporte colectivos, mediante certificado o resolución del Instituto de Migraciones y Servicios Sociales o el órgano competente de las Comunidades Autónomas en materia de valoración de las minusvalías, basándose en el dictamen emitido por los Equipos de Valoración y Orientación dependientes de las mismas.

CAPÍTULO IV
AUTOLIQUIDACIONES COMPLEMENTARIAS

Artículo 73. Plazo de presentación de autoliquidaciones complementarias.

1. Cuando el contribuyente pierda la exención de la indemnización por despido o cese a que se refiere el artículo 1 de este Reglamento, deberá presentar autoliquidación complementaria, con inclusión de los intereses de demora, en el plazo que medie entre la fecha en que vuelva a prestar servicios y la finalización del plazo reglamentario de declaración correspondiente al período impositivo en que se produzca dicha circunstancia.

2. A efectos de lo previsto en el artículo 33.5, letras e) y g) de la Ley del Impuesto, cuando el contribuyente realice la adquisición de los elementos patrimoniales o de los valores o participaciones homogéneos con posterioridad a la finalización del plazo reglamentario de declaración del período impositivo en el que computó la pérdida patrimonial derivada de la transmisión, deberá presentar autoliquidación complementaria, con inclusión de los intereses de demora, en el plazo que medie entre la fecha en que se produzca la adquisición y la finalización del plazo reglamentario de declaración correspondiente al período impositivo en que se realice dicha adquisición.

3[49].

TÍTULO VII
PAGOS A CUENTA

CAPÍTULO I
RETENCIONES E INGRESOS A CUENTA. NORMAS GENERALES

Artículo 74. Obligación de practicar retenciones e ingresos a cuenta del Impuesto sobre la Renta de las Personas Físicas.

1. Las personas o entidades contempladas en el artículo 76 de este Reglamento que satisfagan o abonen las rentas previstas en el artículo 75, estarán obligadas a retener e ingresar en el Tesoro, en concepto de pago a cuenta del Impuesto sobre la Renta de las Personas Físicas correspondiente al perceptor, de acuerdo con las normas de este Reglamento.

Igualmente existirá obligación de retener en las operaciones de transmisión de activos financieros y de transmisión o reembolso de acciones o participaciones de instituciones de inversión colectiva, en las condiciones establecidas en este Reglamento.

---

[49]   Apartado suprimido por el Art. 1º. Veintitrés del Real Decreto 633/2015, de 10 de julio, por el que se modifican el Reglamento del Impuesto sobre la Renta de las Personas Físicas, aprobado por el Real Decreto 439/2007, de 30 de marzo, y el Reglamento del Impuesto sobre la Renta de no Residentes, aprobado por el Real Decreto 1776/2004, de 30 de julio.

§2

2. Cuando las mencionadas rentas se satisfagan o abonen en especie, las personas o entidades mencionadas en el apartado anterior estarán obligadas a efectuar un ingreso a cuenta, en concepto de pago a cuenta del Impuesto sobre la Renta de las Personas Físicas correspondiente al perceptor, de acuerdo con las normas de este Reglamento.

3. A efectos de lo previsto en este Reglamento, las referencias al retenedor se entenderán efectuadas igualmente al obligado a efectuar ingresos a cuenta, cuando se trate de la regulación conjunta de ambos pagos a cuenta.

Artículo 75. Rentas sujetas a retención o ingreso a cuenta.

1. Estarán sujetas a retención o ingreso a cuenta las siguientes rentas:

a) Los rendimientos del trabajo.

b) Los rendimientos del capital mobiliario.

c) Los rendimientos de las siguientes actividades económicas:

Los rendimientos de actividades profesionales.

Los rendimientos de actividades agrícolas y ganaderas.

Los rendimientos de actividades forestales.

Los rendimientos de las actividades empresariales previstas en el artículo 95.6.2.º de este Reglamento que determinen su rendimiento neto por el método de estimación objetiva.

d) Las siguientes ganancias patrimoniales:

Las obtenidas como consecuencia de las transmisiones o reembolsos de acciones y participaciones representativas del capital o patrimonio de las instituciones de inversión colectiva.

Las derivadas de los aprovechamientos forestales de los vecinos en montes públicos.

Las derivadas de la transmisión de los derechos de suscripción previstas en las letras a) y b) del apartado 1 del artículo 37 de la Ley del Impuesto[50].

---

[50]　Nueva redacción de la letra d) apartado según el Art. 1º. Ocho del Real Decreto 1074/2017, de 29 de diciembre, por el que se modifican el Reglamento del Impuesto sobre la Renta de las Personas Físicas, aprobado por el Real Decreto 439/2007,

§2

2. También estarán sujetas a retención o ingreso a cuenta las siguientes rentas, independientemente de su calificación:

a) Los rendimientos procedentes del arrendamiento o subarrendamiento de inmuebles urbanos.

A estos efectos, las referencias al arrendamiento se entenderán realizadas también al subarrendamiento.

b) Los rendimientos procedentes de la propiedad intelectual, industrial, de la prestación de asistencia técnica, del arrendamiento de bienes muebles, negocios o minas, del subarrendamiento sobre los bienes anteriores y los procedentes de la cesión del derecho a la explotación del derecho de imagen.

c) Los premios que se entreguen como consecuencia de la participación en juegos, concursos, rifas o combinaciones aleatorias, estén o no vinculados a la oferta, promoción o venta de determinados bienes, productos o servicios.

3. No existirá obligación de practicar retención o ingreso a cuenta sobre las rentas siguientes:

a) Las rentas exentas y las dietas y gastos de viaje exceptuados de gravamen[51].

b) Los rendimientos de los valores emitidos por el Banco de España que constituyan instrumento regulador de intervención en el mercado monetario y los rendimientos de las Letras del Tesoro.

No obstante, las entidades de crédito y demás instituciones financieras que formalicen con sus clientes contratos de cuentas basadas en opera-

---

de 30 de marzo, el Reglamento del Impuesto sobre Sociedades, aprobado por el Real Decreto 634/2015, de 10 de julio, y el Reglamento del Impuesto sobre Sucesiones y Donaciones, aprobado por el Real Decreto 1629/1991, de 8 de noviembre.

[51]   Nueva redacción de esta letra según la Disposición Final Primera del Real Decreto 1074/2014, de 19 de diciembre, por el que se modifican el Reglamento de los Impuestos Especiales, aprobado por el Real Decreto 1165/1995, de 7 de julio, el Reglamento del Impuesto sobre los Gases Fluorados de Efecto Invernadero, aprobado por el Real Decreto 1042/2013, de 27 de diciembre, y el Reglamento del Impuesto sobre la Renta de las Personas Físicas, aprobado por el Real Decreto 439/2007, de 30 de marzo.

ciones sobre Letras del Tesoro estarán obligadas a retener respecto de los rendimientos obtenidos por los titulares de las citadas cuentas.

c) Las primas de conversión de obligaciones en acciones.

d) Los rendimientos de cuentas en el exterior satisfechos o abonados por establecimientos permanentes en el extranjero de entidades de crédito y establecimientos financieros residentes en España.

e) Los rendimientos derivados de la transmisión o reembolso de activos financieros con rendimiento explícito, siempre que cumplan los requisitos siguientes:

1.º Que estén representados mediante anotaciones en cuenta.

2.º Que se negocien en un mercado secundario oficial de valores español.

Las entidades financieras que intervengan en la transmisión, amortización o reembolso de tales activos financieros, estarán obligadas a calcular el rendimiento imputable al titular del valor e informar del mismo tanto al titular como a la Administración tributaria, a la que, asimismo, proporcionarán los datos correspondientes a las personas que intervengan en las operaciones antes enumeradas.

Se faculta al Ministro de Economía y Hacienda para establecer el procedimiento para hacer efectiva la exclusión de retención regulada en este párrafo.

No obstante lo señalado en este párrafo e), las entidades de crédito y demás instituciones financieras que formalicen con sus clientes contratos de cuentas basadas en operaciones sobre los valores anteriores estarán obligadas a retener respecto de los rendimientos obtenidos por los titulares de las citadas cuentas.

Igualmente, quedará sujeta a retención la parte del precio que equivalga al cupón corrido en las transmisiones de activos financieros efectuadas dentro de los treinta días inmediatamente anteriores al vencimiento del cupón, cuando se cumplan los siguientes requisitos:

1.º Que el adquirente sea una persona o entidad no residente en territorio español o sea sujeto pasivo del Impuesto sobre Sociedades.

2.º Que los rendimientos explícitos derivados de los valores transmitidos estén exceptuados de la obligación de retener en relación con el adquirente.

f) Los premios que se entreguen como consecuencia de juegos organizados al amparo de lo previsto en el Real Decreto-ley 16/1977, de 25 de febrero, por el que se regulan los aspectos penales, administrativos y fiscales de los juegos de suerte, envite o azar y apuestas, y demás normativa estatal y autonómica sobre el juego, así como aquellos cuya base de retención no sea superior a 300 euros.

g) Los rendimientos procedentes del arrendamiento o subarrendamiento de inmuebles urbanos en los siguientes supuestos:

1.º Cuando se trate de arrendamiento de vivienda por empresas para sus empleados.

2.º Cuando las rentas satisfechas por el arrendatario a un mismo arrendador no superen los 900 euros anuales.

3.º Cuando la actividad del arrendador esté clasificada en alguno de los epígrafes del grupo 861 de la Sección Primera de las Tarifas del Impuesto sobre Actividades Económicas, aprobadas por el Real Decreto Legislativo 1175/1990, de 28 de septiembre, o en algún otro epígrafe que faculte para la actividad de arrendamiento o subarrendamiento de bienes inmuebles urbanos, y aplicando al valor catastral de los inmuebles destinados al arrendamiento o subarrendamiento las reglas para determinar la cuota establecida en los epígrafes del citado grupo 861, no hubiese resultado cuota cero.

A estos efectos, el arrendador deberá acreditar frente al arrendatario el cumplimiento del citado requisito, en los términos que establezca el Ministro de Economía y Hacienda.

h) Los rendimientos procedentes de la devolución de la prima de emisión de acciones o participaciones y de la reducción de capital con devolución de aportaciones, salvo que procedan de beneficios no distribuidos, de acuerdo con lo previsto en el segundo párrafo del artículo 33.3 a) de la Ley del Impuesto.

No obstante, existirá obligación de practicar retención o ingreso a cuenta sobre los rendimientos del capital mobiliario a que se refiere el primer párrafo del artículo 94.1 c) de la Ley del Impuesto, así como sobre el importe de la prima de emisión a que se refiere el artículo 94.1 d) de la Ley del Impuesto procedente de sociedades de inversión de capital variable constituidas con arreglo a Ley de Instituciones de Inversión Colectiva.

Lo dispuesto en el párrafo anterior, resultará igualmente de aplicación cuando tales rendimientos procedan de los organismos de inversión colectiva previstos en el artículo 94.2 de la Ley del Impuesto.

i) Las ganancias patrimoniales derivadas del reembolso o transmisión de participaciones o acciones en instituciones de inversión colectiva, cuando, de acuerdo con lo establecido en el artículo 94 de la Ley del Impuesto, no proceda su cómputo[52].

j) Las ganancias patrimoniales derivadas del reembolso o transmisión de participaciones o acciones emitidas por las siguientes instituciones de inversión colectiva:

1.º Fondos cotizados y sociedades de inversión de capital variable índice cotizadas regulados por el artículo 79 del Reglamento de desarrollo de la Ley 35/2003, de 4 de noviembre, de instituciones de inversión colectiva, aprobado por el Real Decreto 1082/2012, de 13 de julio.

---

[52] Nueva redacción de esta letra según el Art. 6. Dos Real Decreto 249/2023, de 4 de abril, por el que se modifican el Reglamento General de Desarrollo de la Ley 58/2003, de 17 de diciembre, General Tributaria, en materia de revisión en vía administrativa, aprobado por el Real Decreto 520/2005, de 13 de mayo; el Reglamento General de Recaudación, aprobado por el Real Decreto 939/2005, de 29 de julio; el Reglamento General de las actuaciones y los procedimientos de gestión e inspección tributaria y de desarrollo de las normas comunes de los procedimientos de aplicación de los tributos, aprobado por el Real Decreto 1065/2007, de 27 de julio; el Reglamento del Impuesto sobre Sucesiones y Donaciones, aprobado por el Real Decreto 1629/1991, de 8 de noviembre; el Reglamento del Impuesto sobre el Valor Añadido, aprobado por el Real Decreto 1624/1992, de 29 de diciembre; el Reglamento del Impuesto sobre la Renta de las Personas Físicas, aprobado por el Real Decreto 439/2007, de 30 de marzo, y el Reglamento del Impuesto sobre Sociedades, aprobado por el Real Decreto 634/2015, de 10 de julio.

2.º Instituciones de inversión colectiva constituidas en el extranjero análogas a las mencionadas en el número 1.º anterior y distintas de las previstas en el artículo 95 de la Ley del Impuesto, ya coticen en un mercado regulado o en un sistema multilateral de negociación, cualquiera que sea la composición del índice que reproduzcan, repliquen o tomen como referencia, siempre que, además, el reembolso o transmisión no se realice en un mercado situado en un país o territorio considerado como jurisdicción no cooperativa[53].

4. Existirá obligación de efectuar un pago a cuenta cuando se produzcan los supuestos previstos en el apartado 6 de la disposición adicional vigésima sexta de la Ley del Impuesto, siempre que se hubieran obtenido rendimientos del capital mobiliario positivos a los que se les hubiera aplicado la exención prevista en la letra ñ) del artículo 7 de la Ley del Impuesto[54].

---

[53]   Letra añadida por el Art. 6. Dos Real Decreto 249/2023, de 4 de abril, por el que se modifican el Reglamento General de Desarrollo de la Ley 58/2003, de 17 de diciembre, General Tributaria, en materia de revisión en vía administrativa, aprobado por el Real Decreto 520/2005, de 13 de mayo; el Reglamento General de Recaudación, aprobado por el Real Decreto 939/2005, de 29 de julio; el Reglamento General de las actuaciones y los procedimientos de gestión e inspección tributaria y de desarrollo de las normas comunes de los procedimientos de aplicación de los tributos, aprobado por el Real Decreto 1065/2007, de 27 de julio; el Reglamento del Impuesto sobre Sucesiones y Donaciones, aprobado por el Real Decreto 1629/1991, de 8 de noviembre; el Reglamento del Impuesto sobre el Valor Añadido, aprobado por el Real Decreto 1624/1992, de 29 de diciembre; el Reglamento del Impuesto sobre la Renta de las Personas Físicas, aprobado por el Real Decreto 439/2007, de 30 de marzo, y el Reglamento del Impuesto sobre Sociedades, aprobado por el Real Decreto 634/2015, de 10 de julio

[54]   Apartado añadido por el Art. Único. Dos del Real Decreto 1003/2014, de 5 de diciembre, por el que se modifica el Reglamento del Impuesto sobre la Renta de las Personas Físicas, aprobado por el Real Decreto 439/2007, de 30 de marzo, en materia de pagos a cuenta y deducciones por familia numerosa o personas con discapacidad a cargo.

Artículo 76. Obligados a retener o ingresar a cuenta.

1. Con carácter general, estarán obligados a retener o ingresar a cuenta, en cuanto satisfagan rentas sometidas a esta obligación:

a) Las personas jurídicas y demás entidades, incluidas las comunidades de propietarios y las entidades en régimen de atribución de rentas.

b) Los contribuyentes que ejerzan actividades económicas, cuando satisfagan rentas en el ejercicio de sus actividades.

c) Las personas físicas, jurídicas y demás entidades no residentes en territorio español, que operen en él mediante establecimiento permanente.

d) Las personas físicas, jurídicas y demás entidades no residentes en territorio español, que operen en él sin mediación de establecimiento permanente, en cuanto a los rendimientos del trabajo que satisfagan, así como respecto de otros rendimientos sometidos a retención o ingreso a cuenta que constituyan gasto deducible para la obtención de las rentas a que se refiere el artículo 24.2 del texto refundido de la Ley del Impuesto sobre la Renta de no Residentes.

No se considerará que una persona o entidad satisface rentas cuando se limite a efectuar una simple mediación de pago.

Se entenderá por simple mediación de pago el abono de una cantidad por cuenta y orden de un tercero.

No tienen la consideración de operaciones de simple mediación de pago las que se especifican a continuación. En consecuencia, las personas y entidades antes señaladas estarán obligadas a retener e ingresar en los siguientes supuestos:

1.º Cuando sean depositarias de valores extranjeros propiedad de residentes en territorio español o tengan a su cargo la gestión de cobro de las rentas derivadas de dichos valores, siempre que tales rentas no hayan soportado retención previa en España.

2.º Cuando satisfagan a su personal prestaciones por cuenta de la Seguridad Social.

3.º Cuando satisfagan a su personal cantidades desembolsadas por terceros en concepto de propina, retribución por el servicio u otros similares.

4.º Tratándose de cooperativas agrarias, cuando distribuyan o comercialicen los productos procedentes de las explotaciones de sus socios.

2. En particular[55]:

a) Están obligados a retener las entidades residentes o los establecimientos permanentes en los que presten servicios los contribuyentes cuando se satisfagan a éstos rendimientos del trabajo por otra entidad, residente o no residente, vinculada con aquéllas en los términos previstos en el artículo 16 del texto refundido de la Ley del Impuesto sobre Sociedades, o por el titular en el extranjero del establecimiento permanente radicado en territorio español.

b) En las operaciones sobre activos financieros estarán obligados a retener:

1.º En los rendimientos obtenidos en la amortización o reembolso de activos financieros, la persona o entidad emisora. No obstante, en caso de que se encomiende a una entidad financiera la materialización de esas operaciones, el obligado a retener será la entidad financiera encargada de la operación.

Cuando se trate de instrumentos de giro convertidos después de su emisión en activos financieros, a su vencimiento estará obligado a retener el fedatario público o institución financiera que intervenga en su presentación al cobro.

2.º En los rendimientos obtenidos en la transmisión de activos financieros incluidos los instrumentos de giro a los que se refiere el apartado anterior, cuando se canalice a través de una o varias instituciones financieras, el banco, caja o entidad financiera que actúe por cuenta del transmitente.

---

[55] Nueva redacción de las letras e) y f) y adición de la letra i) según el Art. 1º. Nueve del Real Decreto 1074/2017, de 29 de diciembre, por el que se modifican el Reglamento del Impuesto sobre la Renta de las Personas Físicas, aprobado por el Real Decreto 439/2007, de 30 de marzo, el Reglamento del Impuesto sobre Sociedades, aprobado por el Real Decreto 634/2015, de 10 de julio, y el Reglamento del Impuesto sobre Sucesiones y Donaciones, aprobado por el Real Decreto 1629/1991, de 8 de noviembre.

A efectos de lo dispuesto en este apartado, se entenderá que actúa por cuenta del transmitente el banco, caja o entidad financiera que reciba de aquél la orden de venta de los activos financieros.

3.º En los casos no recogidos en los apartados anteriores, el fedatario público que obligatoriamente debe intervenir en la operación.

c) En las transmisiones de valores de la Deuda del Estado deberá practicar la retención la entidad gestora del Mercado de Deuda Pública en Anotaciones que intervenga en la transmisión.

d) En las transmisiones o reembolsos de acciones o participaciones representativas del capital o patrimonio de las instituciones de inversión colectiva, deberán practicar retención o ingreso a cuenta las siguientes personas o entidades:

1.º En el caso de reembolso de las participaciones de fondos de inversión, las sociedades gestoras, salvo por las participaciones registradas a nombre de entidades comercializadoras por cuenta de partícipes, respecto de las cuales serán dichas entidades comercializadoras las obligadas a practicar la retención o ingreso a cuenta[56].

2.º En el caso de recompra de acciones por una sociedad de inversión de capital variable cuyas acciones no coticen en bolsa ni en otro mercado o sistema organizado de negociación de valores, adquiridas por el contribuyente directamente o a través de comercializador a la sociedad, la propia sociedad, salvo que intervenga una sociedad gestora; en este caso, será esta.

3.º En el caso de instituciones de inversión colectiva domiciliadas en el extranjero, las entidades comercializadoras o los intermediarios facultados para la comercialización de las acciones o participaciones de aquellas y, subsidiariamente, la entidad o entidades encargadas de la colocación o distribución de los valores entre los potenciales suscriptores, cuando efectúen el reembolso.

4.º En el caso de gestoras que operen en régimen de libre prestación de servicios, el representante designado de acuerdo con lo dispuesto en el

---

[56]   Nueva redacción del número 1.º según el Art. 2. Tercero. Tres del Real Decreto 960/2013, de 5 de diciembre.

artículo 55.7 y la disposición adicional segunda de la Ley 35/2003, de 4 de noviembre, de instituciones de inversión colectiva.

5.º En los supuestos en los que no proceda la práctica de retención conforme a los párrafos anteriores, estará obligado a efectuar un pago a cuenta el socio o partícipe que efectúe la transmisión u obtenga el reembolso. El mencionado pago a cuenta se efectuará de acuerdo con las normas contenidas en los artículos 96, 97.1 y 98 de este Reglamento[57].

e) En las operaciones realizadas en España por entidades aseguradoras domiciliadas en otro Estado miembro del Espacio Económico Europeo que operen en España en régimen de libre prestación de servicios, estará obligada a practicar retención o ingreso a cuenta la entidad aseguradora.

f) En las operaciones realizadas en España por fondos de pensiones domiciliados en otro Estado miembro de la Unión Europea que desarrollen planes de pensiones de empleo sujetos a la legislación española, conforme a lo previsto en la Directiva 2003/41/CE del Parlamento Europeo y del Consejo, de 3 de junio de 2003, relativa a las actividades y la supervisión de fondos de pensiones de empleo, estará obligado a practicar retención o ingreso a cuenta el fondo de pensiones o, en su caso, la entidad gestora.

g) En los supuestos de reducción de capital social con devolución de aportaciones y distribución de la prima de emisión de acciones previstos en el segundo párrafo del artículo 75.3 h) de este Reglamento, deberán practicar retención o ingreso a cuenta:

1.º En el caso de sociedades de inversión de capital variable reguladas en la Ley de Instituciones de Inversión Colectiva, la propia sociedad.

2.º En el caso de instituciones de inversión colectiva a que se refiere el artículo 94.2 a) de la Ley del Impuesto, las entidades comercializadoras o los intermediarios facultados para la comercialización de las acciones o participaciones de aquellas y, subsidiariamente, la entidad o entidades encargadas de la colocación o distribución de los valores, que intervengan en el pago de las rentas.

---

[57]   Nueva redacción del número 5.º según el Art. 2. Tercero. Tres del Real Decreto 960/2013, de 5 de diciembre.

3.º En el caso de organismos de inversión colectiva previstos en el artículo 94.2 b) de la Ley del Impuesto, la entidad depositaria de los valores o que tenga encargada la gestión de cobro de las rentas derivadas de los mismos.

4.º En los supuestos en los que no proceda la práctica de retención o ingreso a cuenta conforme a los párrafos anteriores, estará obligado a efectuar un pago a cuenta el socio o partícipe que reciba la devolución de las aportaciones o la distribución de la prima de emisión. El mencionado pago a cuenta se efectuará de acuerdo con las normas contenidas en los artículos 90, 93.5 y 94.1 de este Reglamento[58].

h) En los supuestos previstos en el apartado 6 de la disposición adicional vigésima sexta de la Ley del Impuesto, estará obligada a efectuar el pago a cuenta que, en su caso, proceda, la entidad de crédito o aseguradora con la que el contribuyente tuviera contratado el plan de ahorro a largo plazo. El mencionado pago a cuenta se efectuará de acuerdo con las normas contenidas en los artículos 90.1, 93.7 y 94.3 de este Reglamento[59].

i) En las transmisiones de derechos de suscripción, estarán obligados a retener o ingresar a cuenta por este Impuesto, la entidad depositaria y, en su defecto, el intermediario financiero o el fedatario público que haya intervenido en la transmisión.

Artículo 77. Importe de la retención o ingreso a cuenta.

1. El importe de la retención será el resultado de aplicar a la base de retención el tipo de retención que corresponda, de acuerdo con lo previsto en el capítulo II siguiente. La base de retención será la cuantía total

---

[58] Letra g) añadida por el Art. 1. Cuatro del Real Decreto 1788/2010, de 30 de diciembre, por el que se modifican los Reglamentos de los Impuestos sobre la Renta de las Personas Físicas, sobre Sociedades y sobre la Renta de no Residentes en materia de rentas en especie, deducción por inversión en vivienda y pagos a cuenta.

[59] Letra h) añadida por el Art. Único. Tres del Real Decreto 1003/2014, de 5 de diciembre, por el que se modifica el Reglamento del Impuesto sobre la Renta de las Personas Físicas, aprobado por el Real Decreto 439/2007, de 30 de marzo, en materia de pagos a cuenta y deducciones por familia numerosa o personas con discapacidad a cargo.

que se satisfaga o abone, sin perjuicio de lo dispuesto en el artículo 93 para los rendimientos de capital mobiliario y en el artículo 97 para las ganancias patrimoniales derivadas de las transmisiones o reembolsos de acciones o participaciones de instituciones de inversión colectiva, de este Reglamento.

2. El importe del ingreso a cuenta que corresponda realizar por las retribuciones en especie será el resultado de aplicar al valor de las mismas, determinado según las normas contenidas en este Reglamento, el porcentaje que corresponda, de acuerdo con lo previsto en el capítulo III siguiente.

Artículo 78. Nacimiento de la obligación de retener o de ingresar a cuenta.

1. Con carácter general, la obligación de retener nacerá en el momento en que se satisfagan o abonen las rentas correspondientes.

2. En los supuestos de rendimientos del capital mobiliario y ganancias patrimoniales derivadas de la transmisión o reembolso de acciones y participaciones de instituciones de inversión colectiva, se atenderá a lo previsto, respectivamente, en los artículos 94 y 98 de este Reglamento.

3. En el caso de ganancias patrimoniales derivadas de la transmisión de derechos de suscripción, la obligación de practicar retención o ingreso a cuenta nacerá en el momento en que se formalice la transmisión, cualesquiera que sean las condiciones de cobro pactadas.

Cuando la mencionada obligación recaiga en la entidad depositaria, ésta practicará la retención o ingreso a cuenta en la fecha en que reciba el importe de la transmisión para su entrega al contribuyente»[60].

---

[60]   Nuevo apartado 3. según el Art. 1º. Diez del Real Decreto 1074/2017, de 29 de diciembre, por el que se modifican el Reglamento del Impuesto sobre la Renta de las Personas Físicas, aprobado por el Real Decreto 439/2007, de 30 de marzo, el Reglamento del Impuesto sobre Sociedades, aprobado por el Real Decreto 634/2015, de 10 de julio, y el Reglamento del Impuesto sobre Sucesiones y Donaciones, aprobado por el Real Decreto 1629/1991, de 8 de noviembre.

Artículo 79. Imputación temporal de las retenciones o ingresos a cuenta.

Las retenciones o ingresos a cuenta se imputarán por los contribuyentes al período en que se imputen las rentas sometidas a retención o ingreso a cuenta, con independencia del momento en que se hayan practicado.

CAPÍTULO II
CÁLCULO DE LAS RETENCIONES

SECCIÓN 1.ª RENDIMIENTOS DEL TRABAJO

Artículo 80. Importe de las retenciones sobre rendimientos del trabajo[61].

1. La retención a practicar sobre los rendimientos del trabajo será el resultado de aplicar a la cuantía total de las retribuciones que se satisfagan o abonen, el tipo de retención que corresponda de los siguientes:

1.º Con carácter general, el tipo de retención que resulte según el artículo 86 de este Reglamento.

2.º El determinado conforme con el procedimiento especial aplicable a perceptores de prestaciones pasivas regulado en el artículo 89.A de este Reglamento.

3.º El 35 % para las retribuciones que se perciban por la condición de administradores y miembros de los Consejos de Administración, de las Juntas que hagan sus veces y demás miembros de otros órganos representativos.

No obstante, cuando los rendimientos procedan de entidades cuyo importe neto de la cifra de negocios del último período impositivo finalizado con anterioridad al pago de los rendimientos sea inferior a 100.000 euros, el porcentaje de retención e ingreso a cuenta será del 19 por ciento. Si

---

[61]   Nueva redacción según el Art. Único. Cuatro del Real Decreto 1003/2014, de 5 de diciembre, por el que se modifica el Reglamento del Impuesto sobre la Renta de las Personas Físicas, aprobado por el Real Decreto 439/2007, de 30 de marzo, en materia de pagos a cuenta y deducciones por familia numerosa o personas con discapacidad a cargo.

dicho período impositivo hubiere tenido una duración inferior al año, el importe neto de la cifra de negocios se elevará al año.

4.º El 15 por ciento para los rendimientos derivados de impartir cursos, conferencias, coloquios, seminarios y similares, o derivados de la elaboración de obras literarias, artísticas o científicas, siempre que se ceda el derecho a su explotación.

No obstante lo anterior, el porcentaje de retención sobre los rendimientos del trabajo derivados de la elaboración de obras literarias, artísticas o científicas a que se refiere el párrafo anterior será del 7 por ciento cuando el volumen de tales rendimientos íntegros correspondiente al ejercicio inmediato anterior sea inferior a 15.000 euros y represente más del 75 por ciento de la suma de los rendimientos íntegros de actividades económicas y del trabajo obtenidos por el contribuyente en dicho ejercicio. Para la aplicación de este tipo de retención, los contribuyentes deberán comunicar al pagador de los rendimientos la concurrencia de dichas circunstancias, quedando obligado el pagador a conservar la comunicación debidamente firmada[62] [63].

5.º El 15 % para los atrasos que correspondan imputar a ejercicios anteriores, salvo cuando resulten de aplicación los tipos previstos en los números 3 ó 4 de este apartado.

2. Cuando se trate de rendimientos del trabajo obtenidos en Ceuta y Melilla que se beneficien de la deducción prevista en el artículo 68.4 de la Ley del Impuesto, se reducirán en un 60 por ciento:

a) El tipo de retención a que se refiere el artículo 86.1 de este Reglamento.

---

[62]   Nueva redacción de este número según el Art. Primero.Cuatro del Real Decreto 1008/2023, de 5 de diciembre, por el que se modifican el Reglamento del Impuesto sobre la Renta de las Personas Físicas, aprobado por el Real Decreto 439/2007, de 30 de marzo, en materia de retribuciones en especie, deducción por maternidad, obligación de declarar, pagos a cuenta y régimen especial aplicable a trabajadores, profesionales, emprendedores e inversores desplazados a territorio español, y el Reglamento del Impuesto sobre Sociedades, aprobado por el Real Decreto 634/2015, de 10 de julio, en materia de retenciones e ingresos a cuenta,

[63]   Véase §1 Art. 101. Tres.

b) Los tipos de retención previstos en los números 3.º, 4.º y 5.º del apartado anterior[64].

Artículo 81. Límite cuantitativo excluyente de la obligación de retener.

1. No se practicará retención sobre los rendimientos del trabajo cuya cuantía, determinada según lo previsto en el artículo 83.2 de este Reglamento, no supere el importe anual establecido en el cuadro siguiente en función del número de hijos y otros descendientes y de la situación del contribuyente:

Situación del contribuyente	N.º de hijos y otros descendientes		
	0 - Euros	1 - Euros	2 o más - Euros
1.ª Contribuyente soltero, viudo, divorciado o separado legalmente	—	17.644	18.694
2.ª Contribuyente cuyo cónyuge no obtenga rentas superiores a 1.500 euros anuales, excluidas las exentas	17.197	18.130	19.262
3.ª Otras situaciones	15.876	16.342	16.867

A efectos de la aplicación de lo previsto en el cuadro anterior, se entiende por hijos y otros descendientes aquéllos que dan derecho al mínimo por descendientes previsto en el artículo 58 de la Ley del Impuesto.

En cuanto a la situación del contribuyente, ésta podrá ser una de las tres siguientes:

---

[64] Nueva redacción de este apartado según el Art. Único. Seis del Real Decreto 1461/2018, de 21 de diciembre, por el que se modifica el Reglamento del Impuesto sobre la Renta de las Personas Físicas aprobado por el Real Decreto 439/2007, de 30 de marzo, en materia de deducciones en la cuota diferencial por circunstancias familiares, obligación de declarar, pagos a cuenta, rentas vitalicias aseguradas y obligaciones registrales.

§2

1.ª Contribuyente soltero, viudo, divorciado o separado legalmente. Se trata del contribuyente soltero, viudo, divorciado o separado legalmente con descendientes, cuando tenga derecho a la reducción establecida en el artículo 84.2.4.º de la Ley de Impuesto para unidades familiares monoparentales.

2.ª Contribuyente cuyo cónyuge no obtenga rentas superiores a 1.500 euros, excluidas las exentas. Se trata del contribuyente casado, y no separado legalmente, cuyo cónyuge no obtenga rentas anuales superiores a 1.500 euros, excluidas las exentas.

3.ª Otras situaciones, que incluye las siguientes:

a) El contribuyente casado, y no separado legalmente, cuyo cónyuge obtenga rentas superiores a 1.500 euros, excluidas las exentas.

b) El contribuyente soltero, viudo, divorciado o separado legalmente, sin descendientes o con descendientes a su cargo, cuando, en este último caso, no tenga derecho a la reducción establecida en el artículo 84.2.4.º de la Ley del Impuesto por darse la circunstancia de convivencia a que se refiere el párrafo segundo de dicho apartado.

c) Los contribuyentes que no manifiesten estar en ninguna de las situaciones 1.ª y 2.ª anteriores[65].

2. Los importes previstos en el cuadro anterior se incrementarán en 600 euros en el caso de pensiones o haberes pasivos del régimen de Seguridad Social y de Clases Pasivas y en 1.200 euros para prestaciones o subsidios por desempleo.

3. Lo dispuesto en los apartados anteriores no será de aplicación cuando correspondan los tipos fijos de retención, en los casos a los que se refiere el apartado 1, números 3º, 4º y 5º, del artículo 80 y los tipos mínimos de retención a los que se refiere el artículo 86.2 de este Reglamento[66].

---

[65]   Nueva redacción de este apartado según el Art. Único.Uno del Real Decreto 142/2024, de 6 de febrero, por el que se modifica el Reglamento del Impuesto sobre la Renta de las Personas Físicas, aprobado por el Real Decreto 439/2007, de 30 de marzo, en materia de retenciones e ingresos a cuenta.

[66]   Nueva redacción de este apartado según el Art. Único. Cuatro del Real Decreto 861/2008, de 23 de mayo, por el que se modifica el Reglamento del Impuesto sobre

Artículo 82. Procedimiento general para determinar el importe de la retención[67].

Para calcular las retenciones sobre rendimientos del trabajo, a las que se refiere el artículo 80.1.1.º de este Reglamento, se practicarán, sucesivamente, las siguientes operaciones:

1.ª Se determinará, de acuerdo con lo previsto en el artículo 83 de este Reglamento, la base para calcular el tipo de retención.

2.ª Se determinará, de acuerdo con lo previsto en el artículo 84 de este Reglamento, el mínimo personal y familiar para calcular el tipo de retención.

3.ª Se determinará, de acuerdo con lo previsto en el artículo 85 de este Reglamento, la cuota de retención.

4.ª Se determinará el tipo de retención, en la forma prevista en el artículo 86 de este Reglamento.

5.ª El importe de la retención será el resultado de aplicar el tipo de retención a la cuantía total de las retribuciones que se satisfagan o abonen, teniendo en cuenta las regularizaciones que procedan de acuerdo al artículo 87 de este Reglamento.

Artículo 83. Base para calcular el tipo de retención.

1. La base para calcular el tipo de retención será el resultado de minorar la cuantía total de las retribuciones del trabajo, determinada según lo dispuesto en el apartado siguiente, en los conceptos previstos en el apartado 3 de este artículo.

2. La cuantía total de las retribuciones del trabajo se calculará de acuerdo con las siguientes reglas:

---

la Renta de las Personas Físicas en materia de pagos a cuenta sobre los rendimientos del trabajo y de actividades económicas.

[67]   Nueva redacción del artículo según el Art. Único. Seis del Real Decreto 1003/2014, de 5 de diciembre, por el que se modifica el Reglamento del Impuesto sobre la Renta de las Personas Físicas, aprobado por el Real Decreto 439/2007, de 30 de marzo, en materia de pagos a cuenta y deducciones por familia numerosa o personas con discapacidad a cargo.

1.ª Regla general: Con carácter general, se tomará la suma de las retribuciones, dinerarias o en especie que, de acuerdo con las normas o estipulaciones contractuales aplicables y demás circunstancias previsibles, vaya normalmente a percibir el contribuyente en el año natural, a excepción de las contribuciones empresariales a los planes de pensiones, a los planes de previsión social empresarial y a las mutualidades de previsión social que reduzcan la base imponible del contribuyente, así como de los atrasos que corresponda imputar a ejercicios anteriores. A estos efectos, las retribuciones en especie se computarán por su valor determinado con arreglo a lo que establece el artículo 43 de la Ley del Impuesto, sin incluir el importe del ingreso a cuenta.

La suma de las retribuciones, calculada de acuerdo con el párrafo anterior, incluirá tanto las retribuciones fijas como las variables previsibles. A estos efectos, se presumirán retribuciones variables previsibles, como mínimo, las obtenidas en el año anterior, salvo que concurran circunstancias que permitan acreditar de manera objetiva un importe inferior.

2.ª Regla específica: Cuando se trate de trabajadores manuales que perciban sus retribuciones por peonadas o jornales diarios, consecuencia de una relación esporádica y diaria con el empleador, se tomará como cuantía de las retribuciones el resultado de multiplicar por 100 el importe de la peonada o jornal diario.

3. La cuantía total de las retribuciones de trabajo, dinerarias y en especie, calculadas de acuerdo al apartado anterior, se minorará en los importes siguientes:

a) En las reducciones previstas en el artículo 18, apartados 2 y 3, y disposiciones transitorias undécima y duodécima de la Ley del Impuesto.

Para la aplicación de lo previsto en el tercer párrafo del artículo 18.2 de la Ley del Impuesto, los rendimientos con período de generación superior a dos años a tener en cuenta por el pagador serán aquéllos a los que previamente hubiera aplicado la reducción prevista en dicho artículo para el cálculo del tipo de retención o ingreso a cuenta de dicho trabajador en los cinco períodos impositivos anteriores, salvo que el trabajador le comunique, en los términos previstos en el apartado 1 del artículo 88 de este Reglamento, que dicha reducción no se aplicó en su posterior autoliquidación por este Impuesto[68].

b) En las cotizaciones a la Seguridad Social, a las mutualidades generales obligatorias de funcionarios, detracciones por derechos pasivos y cotizaciones a colegios de huérfanos o entidades similares, a las que se refieren los párrafos a), b) y c) del artículo 19.2 de la Ley del Impuesto.

c) En los gastos a que se refiere la letra f) del artículo 19.2 de Ley del Impuesto. A estos efectos, dichos gastos tendrán como límite la cuantía total de las retribuciones de trabajo minorada exclusivamente en los importes previstos en las letras a) y b) anteriores.

d) Cuando el rendimiento neto del trabajo fuera inferior a 19.747,5 euros, en las siguientes cuantías:

1.º Si el rendimiento neto del trabajo es igual o inferior a 14.852 euros: 7.302 euros anuales.

2.º Si el rendimiento neto del trabajo es superior a 14.852 euros e igual o inferior a 17.673,52 euros: 7.302 euros menos el resultado de multiplicar por 1,75 la diferencia entre el rendimiento del trabajo y 14.852 euros anuales.

3.º Si el rendimiento neto del trabajo es superior a 17.673,52 euros e inferior a 19.747,5 euros: 2.364,34 euros menos el resultado de multiplicar por 1,14 la diferencia entre el rendimiento del trabajo y 17.673,52 euros anuales.

Para el cómputo de dicha reducción el pagador deberá tener en cuenta, exclusivamente, la cuantía del rendimiento neto del trabajo resultante de las minoraciones previstas en los párrafos a) y b) anteriores, sin que dicha reducción pueda ser superior a la cuantía de dicho rendimiento neto[69].

---

[68] Nueva redacción de esta letra según el Art. 1º. Veinticinco del Real Decreto 633/2015, de 10 de julio, por el que se modifican el Reglamento del Impuesto sobre la Renta de las Personas Físicas, aprobado por el Real Decreto 439/2007, de 30 de marzo, y el Reglamento del Impuesto sobre la Renta de no Residentes, aprobado por el Real Decreto 1776/2004, de 30 de julio.

[69] Nueva redacción de esta letra por el art. Único.Dos del Real Decreto 142/2024, de 6 de febrero, por el que se modifica el Reglamento del Impuesto sobre la Renta de

e) En el importe que proceda, según las siguientes circunstancias:

Cuando se trate de contribuyentes que perciban pensiones y haberes pasivos del régimen de Seguridad Social y de Clases Pasivas o que tengan más de dos descendientes que den derecho a la aplicación del mínimo por descendientes previsto en el artículo 58 de la Ley del Impuesto, 600 euros.

Cuando sean prestaciones o subsidios por desempleo, 1.200 euros.

Estas reducciones son compatibles entre sí.

f) Cuando el perceptor de rendimientos del trabajo estuviese obligado a satisfacer por resolución judicial una pensión compensatoria a su cónyuge, el importe de ésta podrá disminuir la cuantía resultante de lo dispuesto en los párrafos anteriores. A tal fin, el contribuyente deberá poner en conocimiento de su pagador, en la forma prevista en el artículo 88 de este Reglamento, dichas circunstancias[70].

Artículo 84. Mínimo personal y familiar para calcular el tipo de retención.

El mínimo personal y familiar para calcular el tipo de retención se determinará con arreglo a lo dispuesto en el título V de la Ley del Impuesto, aplicando las siguientes especialidades:

1º El retenedor no deberá tener en cuenta la circunstancia contemplada en el artículo 61.2ª de la Ley del Impuesto.

2º Los descendientes se computarán por mitad, excepto cuando el contribuyente tenga derecho, de forma exclusiva, a la aplicación de la totalidad del mínimo familiar por este concepto.

---

las Personas Físicas, aprobado por el Real Decreto 439/2007, de 30 de marzo, en materia de retenciones e ingresos a cuenta.

[70]   Nueva redacción de este apartado según el Art. Único. Siete del Real Decreto 1003/2014, de 5 de diciembre, por el que se modifica el Reglamento del Impuesto sobre la Renta de las Personas Físicas, aprobado por el Real Decreto 439/2007, de 30 de marzo, en materia de pagos a cuenta y deducciones por familia numerosa o personas con discapacidad a cargo.

Artículo 85. Cuota de retención[71].

1. Para calcular la cuota de retención se practicarán, sucesivamente, las siguientes operaciones:

1.º A la base para calcular el tipo de retención a que se refiere el artículo 83 de este Reglamento se le aplicarán los tipos que se indican en la siguiente escala:

Base para calcular el tipo de retención - Hasta euros	Cuota de retención - Euros	Resto base para calcular el tipo de retención - Hasta euros	Tipo aplicable - Porcentaje
0,00	0,00	12.450,00	19
12.450,00	2.365,50	7.750,00	24
20.200,00	4.225,50	15.000,00	30
35.200,00	8.725,50	24.800,00	37
60.000,00	17.901,50	240.000,00	45
300.000,00	125.901,50	En adelante	47

2.º La cuantía resultante se minorará en el importe derivado de aplicar al importe del mínimo personal y familiar para calcular el tipo de retención a que se refiere el artículo 84 de este Reglamento, la escala prevista en el número 1.º anterior, sin que pueda resultar negativa como consecuencia de tal minoración[72].

2. Cuando el perceptor de rendimientos del trabajo satisfaga anualidades por alimentos en favor de los hijos por decisión judicial sin derecho a

---

[71] Nueva redacción según el Art. Único. Ocho del Real Decreto 1003/2014, de 5 de diciembre, por el que se modifica el Reglamento del Impuesto sobre la Renta de las Personas Físicas, aprobado por el Real Decreto 439/2007, de 30 de marzo, en materia de pagos a cuenta y deducciones por familia numerosa o personas con discapacidad a cargo.

[72] Nueva redacción de este apartado según el Art. Único. Dos del Real Decreto 899/2021, de 19 de octubre, por el que se modifica el Reglamento del Impuesto sobre la Renta de las Personas Físicas, aprobado por el Real Decreto 439/2007, de 30 de marzo, en materia de reducciones en la base imponible por aportaciones a sistemas de previsión social y pagos a cuenta.

la aplicación por estos últimos del mínimo por descendientes previsto en el artículo 58 de la Ley del Impuesto, siempre que su importe sea inferior a la base para calcular el tipo de retención, para calcular la cuota de retención se practicarán, sucesivamente, las siguientes operaciones:

1.º Se aplicará la escala prevista en el número 1º del apartado anterior separadamente al importe de dichas anualidades y al resto de la base para calcular el tipo de retención.

2.º La cuantía total resultante se minorará en el importe derivado de aplicar la escala prevista en el número 1º del apartado anterior al importe del mínimo personal y familiar para calcular el tipo de retención incrementado en 1.980 euros anuales, sin que pueda resultar negativa como consecuencia de tal minoración.

A tal fin, el contribuyente deberá poner en conocimiento de su pagador, en la forma prevista en el artículo 88 de este Reglamento, dicha circunstancia.

3. Cuando el contribuyente obtenga una cuantía total de retribución, a la que se refiere el artículo 83.2 de este Reglamento, no superior a 35.200 euros anuales, la cuota de retención, calculada de acuerdo con lo previsto en los apartados anteriores, tendrá como límite máximo el resultado de aplicar el porcentaje del 43 por ciento a la diferencia positiva entre el importe de la cuantía total de retribución y el que corresponda, según su situación, de los mínimos excluidos de retención previstos en el artículo 81 de este Reglamento[73].

Artículo 85 bis[74].

---

[73]   Nueva redacción de este apartado según el Art. 1. Segundo. Dos del Real Decreto 1039/2022, de 27 de diciembre, por el que se modifican el Reglamento del Impuesto sobre la Renta de las Personas Físicas, aprobado por el Real Decreto 439/2007, de 30 de marzo, y el Reglamento General de las actuaciones y los procedimientos de gestión e inspección tributaria y de desarrollo de las normas comunes de los procedimientos de aplicación de los tributos, aprobado por el Real Decreto 1065/2007, de 27 de julio.

[74]   Artículo suprimido por el Art. Único. Nueve del Real Decreto 1003/2014, de 5 de diciembre, por el que se modifica el Reglamento del Impuesto sobre la Renta de

Artículo 86. Tipo de retención[75].

1. El tipo de retención será el resultante de multiplicar por 100 el cociente obtenido de dividir la cuota de retención por la cuantía total de las retribuciones a que se refiere el artículo 83.2 de este Reglamento, y se expresará con dos decimales.

Cuando la diferencia entre la base para calcular el tipo de retención y el mínimo personal y familiar para calcular el tipo de retención fuese cero o negativa, el tipo de retención será cero.

Cuando la cuantía total de las retribuciones a la que se refiere el artículo 83.2 de este Reglamento sea inferior a 33.007,2 euros y el contribuyente, de acuerdo con lo dispuesto en el artículo 88.1 de este Reglamento, hubiese comunicado a su pagador que destina cantidades para la adquisición o rehabilitación de su vivienda habitual utilizando financiación ajena por las que vaya a tener derecho a la deducción por inversión en vivienda habitual regulada en la disposición transitoria decimoctava de la Ley del Impuesto, el tipo de retención se reducirá en dos enteros, sin que pueda resultar negativo como consecuencia de tal minoración[76].

2. El tipo de retención resultante de lo dispuesto en el apartado anterior no podrá ser inferior al 2 por ciento cuando se trate de contratos o relaciones de duración inferior al año o deriven de una relación laboral especial de las personas artistas que desarrollan su actividad en las artes escénicas, audiovisuales y musicales, así como de las personas que realizan actividades técnicas o auxiliares necesarias para el desarrollo de dicha

---

las Personas Físicas, aprobado por el Real Decreto 439/2007, de 30 de marzo, en materia de pagos a cuenta y deducciones por familia numerosa o personas con discapacidad a cargo.

[75] Nueva redacción según el Art. 8. Tres del Real Decreto 1975/2008, de 28 de noviembre, sobre las medidas urgentes a adoptar en materia económica, fiscal, de empleo y de acceso a la vivienda.

[76] Nueva redacción de este apartado según el Art. Único. Diez del Real Decreto 1003/2014, de 5 de diciembre, por el que se modifica el Reglamento del Impuesto sobre la Renta de las Personas Físicas, aprobado por el Real Decreto 439/2007, de 30 de marzo, en materia de pagos a cuenta y deducciones por familia numerosa o personas con discapacidad a cargo.

actividad, ni inferior al 15 por ciento cuando los rendimientos del trabajo se deriven de relaciones laborales especiales de carácter dependiente. Los citados porcentajes serán el 0,8 por ciento y el 6 por ciento, respectivamente, cuando se trate de rendimientos del trabajo obtenidos en Ceuta y Melilla que se beneficien de la deducción prevista en el artículo 68.4 de la Ley del Impuesto.

No obstante, no serán de aplicación los tipos mínimos del 6 y 15 por ciento de retención a que se refiere el párrafo anterior a los rendimientos obtenidos por los penados en las instituciones penitenciarias ni a los rendimientos derivados de relaciones laborales de carácter especial que afecten a personas con discapacidad[77].

Artículo 87. Regularización del tipo de retención[78].

1. Procederá regularizar el tipo de retención en los supuestos a que se refiere el apartado 2 siguiente y se llevará a cabo en la forma prevista en el apartado 3 y siguientes de este artículo.

2. Procederá regularizar el tipo de retención en las siguientes circunstancias:

1.º Si al concluir el período inicialmente previsto en un contrato o relación el trabajador continuase prestando sus servicios al mismo empleador o volviese a hacerlo dentro del año natural.

2.º Si con posterioridad a la suspensión del cobro de prestaciones por desempleo se reanudase el derecho o se pasase a percibir el subsidio por desempleo, dentro del año natural.

---

[77]   Nueva redacción de este apartado según el Art. Único. Uno del Real Decreto 31/2023, de 24 de enero por el que se modifica el Reglamento del Impuesto sobre la Renta de las Personas Físicas aprobado por el Real Decreto 439/2007, de 30 de marzo, para dar cumplimiento a las medidas contenidas en el Estatuto del Artista en materia de retenciones.

[78]   Nueva redacción de los apartados 2, 3 y 4 de este artículo según el Art. Único. Once del Real Decreto 1003/2014, de 5 de diciembre, por el que se modifica el Reglamento del Impuesto sobre la Renta de las Personas Físicas, aprobado por el Real Decreto 439/2007, de 30 de marzo, en materia de pagos a cuenta y deducciones por familia numerosa o personas con discapacidad a cargo.

3.º Cuando en virtud de normas de carácter general o de la normativa sectorial aplicable, o como consecuencia del ascenso, promoción o descenso de categoría del trabajador o, por cualquier otro motivo, se produzcan durante el año variaciones en la cuantía de las retribuciones o de los gastos deducibles que se hayan tenido en cuenta para la determinación del tipo de retención que venía aplicándose hasta ese momento. En particular, cuando varíe la cuantía total de las retribuciones superando el importe máximo establecido a tal efecto en el último párrafo del artículo 86.1 de este Reglamento.

4.º Si en el curso del año natural el pensionista comenzase a percibir nuevas pensiones o haberes pasivos que se añadiesen a las que ya viniese percibiendo, o aumentase el importe de estas últimas.

5.º Cuando el trabajador traslade su residencia habitual a un nuevo municipio y resulte de aplicación el incremento de la cuantía de los gastos prevista en el artículo 19.2.f) de la Ley del Impuesto, por darse un supuesto de movilidad geográfica.

6.º Si en el curso del año natural se produjera un aumento en el número de descendientes o una variación en sus circunstancias, sobreviniera la condición de persona con discapacidad o aumentara el grado de minusvalía en el perceptor de rentas de trabajo o en sus descendientes, siempre que dichas circunstancias determinasen un aumento en el mínimo personal y familiar para calcular el tipo de retención.

7.º Cuando por resolución judicial el perceptor de rendimientos del trabajo quedase obligado a satisfacer una pensión compensatoria a su cónyuge o anualidades por alimentos en favor de los hijos sin derecho a la aplicación por estos últimos del mínimo por descendientes previsto en el artículo 58 de la Ley del Impuesto, siempre que el importe de estas últimas sea inferior a la base para calcular el tipo de retención.

8.º Si en el curso del año natural el cónyuge del contribuyente obtuviera rentas superiores a 1.500 euros anuales, excluidas las exentas.

9.º Cuando en el curso del año natural el contribuyente cambiara su residencia habitual de Ceuta o Melilla, Navarra o los Territorios Históricos del País Vasco al resto del territorio español o del resto del territorio español a las Ciudades de Ceuta o Melilla, o cuando el contribuyente adquiera su condición por cambio de residencia.

10.º Si en el curso del año natural se produjera una variación en el número o las circunstancias de los ascendientes que diera lugar a una variación en el mínimo personal y familiar para calcular el tipo de retención.

11.º Si en el curso del año natural el contribuyente destinase cantidades a la adquisición o rehabilitación de su vivienda habitual utilizando financiación ajena, por las que vaya a tener derecho a la deducción por inversión en vivienda habitual regulada en la disposición transitoria decimoctava de la Ley del Impuesto determinante de una reducción en el tipo de retención o comunicase posteriormente la no procedencia de esta reducción.

3. La regularización del tipo de retención se llevará a cabo del siguiente modo:

a) Se procederá a calcular una nueva cuota de retención, de acuerdo con el procedimiento establecido en el artículo 85 de este Reglamento, teniendo en cuenta las circunstancias que motivan la regularización.

b) Esta nueva cuota de retención se minorará en la cuantía de las retenciones e ingresos a cuenta practicados hasta ese momento.

En el supuesto de haberse reducido previamente el tipo de retención por aplicación de lo dispuesto en el último párrafo del apartado 1 del artículo 86 de este Reglamento, se tomará por cuantía de las retenciones e ingresos a cuenta practicados hasta ese momento la que hubiese resultado de no haber tomado en consideración dicha minoración.

En el supuesto de contribuyentes que adquieran su condición por cambio de residencia, de la nueva cuota de retención se minorarán las retenciones e ingresos a cuenta del Impuesto sobre la Renta de no Residentes practicadas durante el período impositivo en el que se produzca el cambio de residencia, así como las cuotas satisfechas por este Impuesto devengadas durante el período impositivo en el que se produzca el cambio de residencia.

c) El nuevo tipo de retención se obtendrá multiplicando por 100 el cociente obtenido de dividir la diferencia resultante de la letra b) anterior entre la cuantía total de las retribuciones a las que se refiere el artículo

83.2 de este Reglamento que resten hasta el final del año y se expresará con dos decimales.

§2

Cuando la diferencia entre la base para calcular el tipo de retención y el mínimo personal y familiar para calcular el tipo de retención fuese cero o negativa, el tipo de retención será cero.

En este caso no procederá restitución de las retenciones anteriormente practicadas, sin perjuicio de que el perceptor solicite posteriormente, cuando proceda, la devolución de acuerdo con lo previsto en la Ley del Impuesto.

Lo dispuesto en este párrafo se entenderá sin perjuicio de los mínimos de retención previstos en el artículo 86.2 de este Reglamento.

En el supuesto previsto en el último párrafo del apartado 1 del artículo 86 de este Reglamento, el nuevo tipo de retención se reducirá en dos enteros, sin que pueda resultar negativo como consecuencia de tal minoración.

4. Los nuevos tipos de retención se aplicarán a partir de la fecha en que se produzcan las variaciones a que se refieren los números 1.º, 2.º, 3.º y 4.º del apartado 2 de este artículo y a partir del momento en que el perceptor de los rendimientos del trabajo comunique al pagador las variaciones a que se refieren los números 5.º, 6.º, 7.º, 8.º, 9.º, 10.º y 11.º de dicho apartado, siempre y cuando tales comunicaciones se produzcan con, al menos, cinco días de antelación a la confección de las correspondientes nóminas, sin perjuicio de las responsabilidades en que el perceptor pudiera incurrir cuando la falta de comunicación de dichas circunstancias determine la aplicación de un tipo inferior al que corresponda, en los términos previstos en el artículo 107 de la Ley del Impuesto.

La regularización a que se refiere este artículo podrá realizarse, a opción del pagador, a partir del día 1 de los meses de abril, julio y octubre, respecto de las variaciones que, respectivamente, se hayan producido en los trimestres inmediatamente anteriores a estas fechas.

5. El tipo de retención, calculado de acuerdo con el procedimiento previsto en el artículo 82 de este Reglamento, no podrá incrementarse cuando se efectúen regularizaciones por circunstancias que exclusivamente determinen una disminución de la diferencia positiva entre la base para calcular el tipo de retención y el mínimo personal y familiar para calcular el tipo de retención o por quedar obligado el perceptor por resolución judicial a satisfacer anualidades por alimentos en favor de los hijos y resulte aplicable lo previsto en el apartado 2 del artículo 85 de este Reglamento.

Asimismo, en los supuestos de regularización por circunstancias que determinen exclusivamente un aumento de la diferencia positiva entre la base para calcular el tipo de retención y el mínimo personal y familiar para calcular el tipo de retención previa a la regularización, el nuevo tipo de retención aplicable no podrá determinar un incremento del importe de las retenciones superior a la variación producida en dicha magnitud.

En ningún caso, cuando se produzcan regularizaciones, el nuevo tipo de retención aplicable podrá ser superior al 47 por ciento. El citado porcentaje será el 19 por ciento cuando la totalidad de los rendimientos del trabajo se hubiesen obtenido en Ceuta y Melilla y se beneficien de la deducción prevista en el artículo 68.4 de la Ley del Impuesto[79].

Artículo 88. Comunicación de datos del perceptor de rentas del trabajo a su pagador[80].

1. Los contribuyentes deberán comunicar al pagador la situación personal y familiar que influye en el importe excepcionado de retener, en la determinación del tipo de retención o en las regularizaciones de éste, quedando obligado asimismo el pagador a conservar la comunicación debidamente firmada.

La comunicación a que se refiere el párrafo anterior también podrá efectuarse por medios telemáticos o electrónicos siempre que se garanticen la autenticidad del origen, la integridad del contenido, la conserva-

---

[79]   Nueva redacción de este apartado según el Art. Único. Tres del Real Decreto 899/2021, de 19 de octubre, por el que se modifica el Reglamento del Impuesto sobre la Renta de las Personas Físicas, aprobado por el Real Decreto 439/2007, de 30 de marzo, en materia de reducciones en la base imponible por aportaciones a sistemas de previsión social y pagos a cuenta.

[80]   Nueva redacción según el Art. 8. Cinco del Real Decreto 1975/2008, de 28 de noviembre, sobre las medidas urgentes a adoptar en materia económica, fiscal, de empleo y de acceso a la vivienda.

ción de la comunicación y la accesibilidad por parte de la Administración tributaria a la misma.

A efectos de poder aplicar la reducción del tipo de retención prevista en el último párrafo del artículo 86.1 de este Reglamento, el contribuyente deberá comunicar al pagador que está destinando cantidades para la adquisición o rehabilitación de su vivienda habitual utilizando financiación ajena, por las que vaya a tener derecho a la deducción por inversión en vivienda habitual regulada en la disposición transitoria decimoctava de la Ley del Impuesto, quedando igualmente obligado el pagador a conservar la comunicación debidamente firmada.

En el supuesto de que el contribuyente perciba rendimientos del trabajo procedentes de forma simultánea de dos o más pagadores, solamente podrá efectuar la comunicación a que se refiere el párrafo anterior cuando la cuantía total de las retribuciones correspondiente a todos ellos sea inferior a 33.007,2 euros. En el supuesto de que los rendimientos del trabajo se perciban de forma sucesiva de dos o más pagadores, sólo se podrá efectuar la comunicación cuando la cuantía total de la retribución sumada a la de los pagadores anteriores sea inferior a 33.007,2 euros.

En ningún caso procederá la práctica de esta comunicación cuando las cantidades se destinen a la construcción o ampliación de la vivienda.

El contenido de las comunicaciones se ajustará al modelo que se apruebe por Resolución del Departamento de Gestión Tributaria de la Agencia Estatal de Administración Tributaria[81].

2. La falta de comunicación al pagador de estas circunstancias personales y familiares o de su variación, determinará que aquél aplique el tipo de retención correspondiente sin tener en cuenta dichas circunstancias, sin perjuicio de las responsabilidades en que el perceptor pudiera incurrir cuando la falta de comunicación de dichas circunstancias determine la aplicación de un tipo inferior al que corresponda, en los términos previstos en el artículo 107 de la Ley del Impuesto.

---

[81]   Nueva redacción de este apartado según el Art. 2. Primero. Diez del Real Decreto 960/2013, de 5 de diciembre.

3. La comunicación de datos a la que se refiere el apartado anterior deberá efectuarse con anterioridad al día primero de cada año natural o del inicio de la relación, considerando la situación personal y familiar que previsiblemente vaya a existir en estas dos últimas fechas, sin perjuicio de que, de no subsistir aquella situación en las fechas señaladas, se proceda a comunicar su variación al pagador. No será preciso reiterar en cada ejercicio la comunicación de datos al pagador, en tanto no varíen las circunstancias personales y familiares del contribuyente.

La comunicación a que se refiere el segundo párrafo del apartado 1 de este artículo podrá efectuarse a partir del momento en que el contribuyente destine cantidades para la adquisición o rehabilitación de su vivienda habitual utilizando financiación ajena y surtirá efectos a partir de la fecha de la comunicación, siempre y cuando resten, al menos, cinco días para la confección de las correspondientes nóminas. No será preciso reiterar en cada ejercicio la comunicación en tanto no se produzcan variaciones en los datos inicialmente comunicados.

4. Las variaciones en las circunstancias personales y familiares que se produzcan durante el año y que supongan un menor tipo de retención, podrán ser comunicadas a efectos de la regularización prevista en el artículo 87 del presente Reglamento y surtirán efectos a partir de la fecha de la comunicación, siempre y cuando resten, al menos, cinco días para la confección de las correspondientes nóminas.

Cuando se produzcan variaciones en las circunstancias personales y familiares que supongan un mayor tipo de retención o deje de subsistir la circunstancia a que se refiere el segundo párrafo o se supere la cuantía a que se refiere el tercer párrafo, ambos del apartado 1 de este artículo, el contribuyente deberá comunicarlo a efectos de la regularización prevista en el artículo 87 del presente Reglamento en el plazo de diez días desde que tales situaciones se produzcan y se tendrán en cuenta en la primera nómina a confeccionar con posterioridad a esa comunicación, siempre y cuando resten, al menos, cinco días para la confección de la nómina.

5. Los contribuyentes podrán solicitar en cualquier momento de sus correspondientes pagadores la aplicación de tipos de retención superiores a los que resulten de lo previsto en los artículos anteriores, con arreglo a las siguientes normas:

a) La solicitud se realizará por escrito ante los pagadores, quienes vendrán obligados a atender las solicitudes que se les formulen, al menos, con cinco días de antelación a la confección de las correspondientes nóminas.

b) El nuevo tipo de retención solicitado se aplicará, como mínimo hasta el final del año y, en tanto no renuncie por escrito al citado porcentaje o no solicite un tipo de retención superior, durante los ejercicios sucesivos, salvo que se produzca variación de las circunstancias que determine un tipo superior.

6.[82].

Artículo 89. Procedimientos especiales en materia de retenciones e ingresos a cuenta.

A) Procedimiento especial para determinar el tipo de retención aplicable a contribuyentes perceptores de prestaciones pasivas.

1. Los contribuyentes cuyos únicos rendimientos del trabajo consistan en las prestaciones pasivas a las que se refiere el artículo 17.2.a) de la Ley del Impuesto, podrán solicitar a la Administración tributaria que determine la cuantía total de las retenciones aplicables a los citados rendimientos, de acuerdo con el procedimiento previsto en este artículo, siempre que se cumplan los siguientes requisitos:

a) Que las prestaciones se perciban en forma de renta.

b) Que el importe íntegro anual no exceda de 22.000 euros.

c) Que procedan de más de un pagador.

d) Que todos los pagadores estén obligados a practicar retención a cuenta.

2. La determinación del tipo de retención se realizará de acuerdo con el siguiente procedimiento especial:

a) El procedimiento se iniciará mediante solicitud del interesado en la que se relacionarán los importes íntegros de las prestaciones pasivas que

---

[82]   Apartado suprimido por el Art. 2. Tercero. Seis del Real Decreto 960/2013, de 5 de diciembre.

se percibirán a lo largo del año, así como la identificación de los pagadores. La solicitud se acompañará del modelo de comunicación al pagador de la situación personal y familiar del perceptor a que se refiere el artículo 88.1 de este Reglamento.

La solicitud se presentará durante los meses de enero y febrero de cada año y su contenido se ajustará al modelo que se apruebe por resolución del Director General de la Agencia Estatal de Administración Tributaria, quien establecerá el lugar de presentación y las condiciones en que será posible su presentación por medios telemáticos.

b) A la vista de los datos contenidos en la solicitud y en la comunicación de la situación personal y familiar, la Administración tributaria determinará, teniendo en cuenta la totalidad de las prestaciones pasivas y de acuerdo con lo dispuesto en los artículos 82, 83, 84, 85 y 86 de este Reglamento, el importe anual de las retenciones a practicar por cada pagador y entregará al contribuyente, en el plazo máximo de diez días, una comunicación destinada a cada uno de los respectivos pagadores, en la que figurará dicho importe.

El contribuyente deberá dar traslado de las citadas comunicaciones a cada uno de los pagadores antes del día 30 de abril, obteniendo y conservando constancia de dicho traslado.

En el supuesto de que, por incumplimiento de alguno de los requisitos anteriormente establecidos, no proceda la aplicación de este procedimiento, se comunicará dicha circunstancia al interesado por la Administración tributaria, con expresión de las causas que la motivan.

c) Cada uno de los pagadores, a la vista de la comunicación recibida del contribuyente conteniendo el importe total de las retenciones anuales a practicar, y teniendo en cuenta las prestaciones ya satisfechas y las retenciones ya practicadas, deberá determinar el tipo de retención aplicable a las prestaciones pendientes de satisfacer hasta el fin del ejercicio. El tipo de retención será el resultado de multiplicar por 100 el cociente obtenido de dividir la diferencia entre las retenciones anuales y las retenciones ya practicadas entre el importe de las prestaciones pendientes de satisfacer hasta el final del ejercicio. Dicho tipo de retención se expresará con dos decimales. El pagador deberá conservar la comunicación de la Administración tributaria aportada por el contribuyente.

El tipo de retención así determinado no podrá modificarse en el resto del ejercicio por nueva solicitud del contribuyente ni tampoco en el caso de que se produzca alguna de las circunstancias que, a tenor de lo dispuesto en el artículo 87 de este Reglamento, determinan la regularización del tipo de retención. No obstante, cuando a lo largo del período impositivo se produzca un aumento de las prestaciones a satisfacer por un mismo pagador, de forma que su importe total supere los 22.000 euros anuales, aquél calculará el tipo de retención aplicando el procedimiento general del artículo 82 de este Reglamento, practicando la correspondiente regularización[83].

3. El procedimiento a que se refieren los apartados anteriores tiene exclusivamente vigencia anual y será irrevocable por el contribuyente para el ejercicio respecto del que se haya solicitado, una vez que haya dado traslado a los pagadores de la comunicación remitida por la Administración tributaria.

No obstante, cada pagador, al inicio del ejercicio siguiente, aplicará provisionalmente el mismo tipo de retención que viniera aplicando al finalizar el ejercicio inmediato anterior, salvo renuncia expresa del contribuyente ante el respectivo pagador, durante los meses de noviembre y diciembre.

Una vez que el contribuyente traslade al pagador, de acuerdo con el procedimiento y plazos previstos en el apartado anterior, la comunicación de la Administración tributaria conteniendo el importe anual de las retenciones a practicar en el ejercicio, éste procederá a calcular el nuevo tipo de retención conforme a lo señalado en el párrafo c) del apartado 2 anterior.

---

[83]   Nueva redacción del apartado 2 de la letra A) según el Art. Único. Once del Real Decreto 861/2008, de 23 de mayo, por el que se modifica el Reglamento del Impuesto sobre la Renta de las Personas Físicas en materia de pagos a cuenta sobre los rendimientos del trabajo y de actividades económicas.

Si, en el plazo a que se refiere el párrafo b) del apartado 2 anterior, el contribuyente no trasladara al pagador la comunicación de la Administración tributaria citada en el párrafo anterior, éste deberá determinar el tipo de retención que resulte aplicable a la prestación por él satisfecha conforme al procedimiento general de determinación del tipo de retención contemplado en el artículo 82 de este Reglamento, practicando la correspondiente regularización.

4. El límite excluyente de la obligación de declarar de 22.000 euros anuales previsto en el artículo 96.3.a), párrafo 2.º, de la Ley del Impuesto, no resultará aplicable a los contribuyentes acogidos al régimen especial regulado en este artículo cuando se produzca alguna de las siguientes circunstancias:

a) Que a lo largo del ejercicio haya aumentado el número de los pagadores de las prestaciones pasivas respecto de los inicialmente comunicados por el contribuyente al formular su solicitud de aplicación del régimen especial.

b) Que el importe de las prestaciones efectivamente satisfechas por los pagadores difiera del comunicado inicialmente por el contribuyente al formular su solicitud. A estos efectos, se estimará que el importe de las prestaciones satisfechas no difiere de las comunicadas por el contribuyente cuando la diferencia entre ambas no supere la cuantía de 300 euros anuales.

c) Que durante el ejercicio se haya producido alguna otra de las circunstancias previstas en el artículo 87 de este Reglamento determinantes de un aumento del tipo de retención.

B) Procedimiento especial para determinar las retenciones e ingresos a cuenta sobre los rendimientos del trabajo en el supuesto de cambio de residencia.

1. Los trabajadores por cuenta ajena que no sean contribuyentes por este Impuesto, pero que vayan a adquirir dicha condición como consecuencia de su desplazamiento a territorio español, podrán comunicar a la Administración tributaria dicha circunstancia, mediante el modelo de comunicación que apruebe el Ministro de Economía y Hacienda, quien establecerá la forma, lugar y plazo para su presentación, así como la documentación que deba adjuntarse al mismo.

En la citada comunicación se hará constar la identificación del traba-jador y del pagador de los rendimientos del trabajo, la fecha de entrada en territorio español y la de comienzo de la prestación del trabajo en este territorio para ese pagador, así como la existencia de datos objetivos en esa relación laboral que hagan previsible que, como consecuencia de la misma, se produzca una permanencia en el territorio español superior a ciento ochenta y tres días, contados desde el comienzo de la prestación del trabajo en territorio español, durante el año natural en que se produce el desplazamiento o, en su defecto, en el siguiente.

2. La Administración tributaria, a la vista de la comunicación y do-cumentación presentadas, expedirá al trabajador, si procede, en el plazo máximo de los diez días hábiles siguientes al de presentación de la comu-nicación, un documento acreditativo en el que conste la fecha a partir de la cual se practicarán las retenciones por este Impuesto.

3. El trabajador entregará al pagador de los rendimientos de trabajo un ejemplar del documento expedido por la Administración tributaria, al objeto de que este último, a los efectos de la práctica de retenciones, le considere contribuyente del Impuesto sobre la Renta de las Personas Físi-cas a partir de la fecha que se indique en el mismo.

4. Recibido el documento, el obligado a retener, atendiendo a la fecha indicada, practicará retenciones conforme establece la normativa de este Impuesto, aplicando, en su caso, la regularización prevista en el artículo 87.2.9.º de este Reglamento[84].

5. Cuando el interesado no llegue a tener la condición de contribuyen-te por este Impuesto en el año del desplazamiento, en su declaración por el Impuesto sobre la Renta de no Residentes podrá deducir las retenciones practicadas a cuenta de este Impuesto.

---

[84]   Apartado 4 de la letra B) modificado el Art. Único. Doce del Real Decreto 1003/2014, de 5 de diciembre, por el que se modifica el Reglamento del Impuesto sobre la Ren-ta de las Personas Físicas, aprobado por el Real Decreto 439/2007, de 30 de marzo, en materia de pagos a cuenta y deducciones por familia numerosa o personas con discapacidad a cargo.

Asimismo, cuando hubiera resultado de aplicación lo previsto en el artículo 32 del texto refundido de la Ley del Impuesto sobre la Renta de no Residentes, y el trabajador no hubiera adquirido la condición de contribuyente por el Impuesto sobre la Renta de no Residentes en el año del desplazamiento al extranjero, las retenciones e ingresos a cuenta por dicho Impuesto tendrán la consideración de pagos a cuenta por el Impuesto sobre la Renta de las Personas Físicas.

SECCIÓN 2.ª RENDIMIENTOS DEL CAPITAL MOBILIARIO

Artículo 90. Importe de las retenciones sobre rendimientos del capital mobiliario.

1. La retención a practicar sobre los rendimientos del capital mobiliario será el resultado de aplicar a la base de retención el porcentaje del 19 por ciento[85].

2. Este tipo de retención se reducirá en un 60 por ciento cuando se trate de rendimientos a los que sea de aplicación la deducción prevista en el artículo 68.4 de la Ley del Impuesto, procedentes de sociedades a que se refiere la letra h) del número 3.º del citado artículo[86].

Artículo 91. Concepto y clasificación de activos financieros.

1. Tienen la consideración de activos financieros los valores negociables representativos de la captación y utilización de capitales ajenos, con independencia de la forma en que se documente.

---

[85]   Nueva redacción de este apartado según el Art. 1º.6 del Real Decreto 2004/2009, de 23 de diciembre, por el que se modifica el Reglamento del Impuesto sobre la Renta de las Personas Físicas en materia de pagos a cuenta.

[86]   Nueva redacción de este apartado según el Art. Único. Diez del Real Decreto 1461/2018, de 21 de diciembre, por el que se modifica el Reglamento del Impuesto sobre la Renta de las Personas Físicas aprobado por el Real Decreto 439/2007, de 30 de marzo, en materia de deducciones en la cuota diferencial por circunstancias familiares, obligación de declarar, pagos a cuenta, rentas vitalicias aseguradas y obligaciones registrales.

§2

2. Tendrán la consideración de activos financieros con rendimiento implícito aquéllos en los que el rendimiento se genere mediante diferencia entre el importe satisfecho en la emisión, primera colocación o endoso y el comprometido a reembolsar al vencimiento de aquellas operaciones cuyo rendimiento se fije, total o parcialmente, de forma implícita, a través de cualesquiera valores mobiliarios utilizados para la captación de recursos ajenos.

Se incluyen como rendimientos implícitos las primas de emisión, amortización o reembolso. Se excluyen del concepto de rendimiento implícito las bonificaciones o primas de colocación, giradas sobre el precio de emisión, siempre que se encuadren dentro de las prácticas de mercado y que constituyan ingreso en su totalidad para el mediador, intermediario o colocador financiero, que actúe en la emisión y puesta en circulación de los activos financieros regulados en esta norma.

Se considerará como activo financiero con rendimiento implícito cualquier instrumento de giro, incluso los originados en operaciones comerciales, a partir del momento en que se endose o transmita, salvo que el endoso o cesión se haga como pago de un crédito de proveedores o suministradores.

3. Tendrán la consideración de activos financieros con rendimiento explícito aquéllos que generan intereses y cualquier otra forma de retribución pactada como contraprestación a la cesión a terceros de capitales propios y que no esté comprendida en el concepto de rendimientos implícitos en los términos que establece el apartado anterior.

4. Los activos financieros con rendimiento mixto seguirán el régimen de los activos financieros con rendimiento explícito cuando el efectivo anual que produzcan de esta naturaleza sea igual o superior al tipo de referencia vigente en el momento de la emisión, aunque en las condiciones de emisión, amortización o reembolso se hubiese fijado, de forma implícita, otro rendimiento adicional. Este tipo de referencia será, durante cada trimestre natural, el 80 por ciento del tipo efectivo correspondiente al precio medio ponderado redondeado que hubiera resultado en la última subasta del trimestre precedente correspondiente a Bonos del Estado a tres años, si se tratara de activos financieros con plazo igual o inferior a cuatro años; a

Bonos del Estado a cinco años, si se tratara de activos financieros con plazo superior a cuatro años pero igual o inferior a siete, y a Obligaciones del Estado a 10, 15 ó 30 años, si se tratara de activos con plazo superior. En el caso de que no pueda determinarse el tipo de referencia para algún plazo, será de aplicación el del plazo más próximo al de la emisión planeada.

A efectos de lo dispuesto en este apartado, respecto de las emisiones de activos financieros con rendimiento variable o flotante, se tomará como interés efectivo de la operación su tasa de rendimiento interno, considerando únicamente los rendimientos de naturaleza explícita y calculada, en su caso, con referencia a la valoración inicial del parámetro respecto del cual se fije periódicamente el importe definitivo de los rendimientos devengados.

No obstante lo anterior, si se trata de deuda pública con rendimiento mixto, cuyos cupones e importe de amortización se calculan con referencia a un índice de precios, el porcentaje del primer párrafo será el 40 por ciento[87].

Artículo 92. Requisitos fiscales para la transmisión, reembolso y amortización de activos financieros.

1. Para proceder a la enajenación u obtención del reembolso de los títulos o activos financieros con rendimiento implícito y de activos financieros con rendimiento explícito que deban ser objeto de retención en el momento de su transmisión, amortización o reembolso, habrá de acreditarse la previa adquisición de los mismos con intervención de los fedatarios o instituciones financieras obligados a retener, así como el precio al que se realizó la operación.

Cuando un instrumento de giro se convierta en activo financiero después de su puesta en circulación, ya el primer endoso o cesión deberá hacerse a través de fedatario público o institución financiera, salvo que el mismo endosatario o adquirente sea una institución financiera. El fedatario o la institución financiera consignarán en el documento su

---

[87]   Párrafo añadido por la D.F. 3ª del Real Decreto 1042/2013, de 27 de diciembre.

carácter de activo financiero, con identificación de su primer adquirente o tenedor.

2. A efectos de lo dispuesto en el apartado anterior, la persona o entidad emisora, la institución financiera que actúe por cuenta de ésta, el fedatario público o la institución financiera que actúe o intervenga por cuenta del adquirente o depositante, según proceda, deberán extender certificación acreditativa de los siguientes extremos:

a) Fecha de la operación e identificación del activo.

b) Denominación del adquirente.

c) Número de identificación fiscal del citado adquirente o depositante.

d) Precio de adquisición.

De la mencionada certificación que se extenderá por triplicado, se entregarán dos ejemplares al adquirente, quedando otro en poder de la persona o entidad que certifica.

3. Las instituciones financieras o los fedatarios públicos se abstendrán de mediar o intervenir en la transmisión de estos activos cuando el transmitente no justifique su adquisición de acuerdo a lo dispuesto en este artículo.

4. Las personas o entidades emisoras de los activos financieros a los que se refiere este artículo no podrán reembolsar los mismos cuando el tenedor no acredite su adquisición previa mediante la certificación oportuna, ajustada a lo indicado en el apartado 2 anterior.

El emisor o las instituciones financieras encargadas de la operación que, de acuerdo con el párrafo anterior, no deban efectuar el reembolso al tenedor del título o activo deberán constituir por dicha cantidad depósito a disposición de la autoridad judicial.

La recompra, rescate, cancelación o amortización anticipada exigirá la intervención o mediación de institución financiera o de fedatario público, quedando la entidad o persona emisora del activo como mero adquirente en caso de que vuelva a poner en circulación el título.

5. El tenedor del título, en caso de extravío de un certificado justificativo de su adquisición, podrá solicitar la emisión del correspondiente duplicado de la persona o entidad que emitió tal certificación.

Esta persona o entidad hará constar el carácter de duplicado de ese documento, así como la fecha de expedición de ese último.

6. A los efectos previstos en este artículo, en los casos de transmisión lucrativa se entenderá que el adquirente se subroga en el valor de adquisición del transmitente, en tanto medie una justificación suficiente del referido coste.

Artículo 93. Base de retención sobre los rendimientos del capital mobiliario.

1. Con carácter general, constituirá la base de retención sobre los rendimientos del capital mobiliario la contraprestación íntegra exigible o satisfecha[88].

2. En el caso de amortización, reembolso o transmisión de activos financieros, constituirá la base de retención la diferencia positiva entre el valor de amortización, reembolso o transmisión y el valor de adquisición o suscripción de dichos activos. Como valor de adquisición se tomará el que figure en la certificación acreditativa de la adquisición. A estos efectos no se minorarán los gastos accesorios a la operación.

Sin perjuicio de la retención que proceda al transmitente, en el caso de que la entidad emisora adquiera un activo financiero emitido por ella, se practicará la retención e ingreso sobre el rendimiento que obtenga en cualquier forma de transmisión ulterior del título, excluida la amortización.

3. Cuando la obligación de retener tenga su origen en lo previsto en el último párrafo del artículo 75.3.e) de este Reglamento, constituirá la base de retención la parte del precio que equivalga al cupón corrido del valor transmitido.

4. Si a los rendimientos regulados en el apartado 4 del artículo 25 de la Ley del Impuesto les fuese de aplicación la reducción a que se refiere

---

[88]   Nueva redacción de este apartado según el Art. Único. Catorce del Real Decreto 1003/2014, de 5 de diciembre, por el que se modifica el Reglamento del Impuesto sobre la Renta de las Personas Físicas, aprobado por el Real Decreto 439/2007, de 30 de marzo, en materia de pagos a cuenta y deducciones por familia numerosa o personas con discapacidad a cargo.

el artículo 26.2 de la misma, la base de retención se calculará aplicando sobre la cuantía íntegra de tales rendimientos las reducciones que resulten aplicables.

5. En las percepciones derivadas de contratos de seguro y en las rentas vitalicias y otras temporales que tengan por causa la imposición de capitales, así como en los supuestos de reducción de capital social con devolución de aportaciones y distribución de la prima de emisión de acciones previstos en el segundo y tercer párrafo del artículo 75.3 h) de este Reglamento, la base de retención será la cuantía a integrar en la base imponible calculada de acuerdo a la Ley del Impuesto.

A estos efectos, cuando se perciba un capital diferido que corresponda total o parcialmente a primas satisfechas con anterioridad a 31 de diciembre de 1994, únicamente se tendrá en consideración lo dispuesto en la disposición transitoria cuarta de la Ley del Impuesto cuando, con anterioridad al momento en que nazca la obligación de retener, el contribuyente comunique a la entidad obligada a practicar la retención o ingreso a cuenta, por escrito o por cualquier otro medio de cuya recepción quede constancia, el importe total de los capitales diferidos a que se refiere el número 3.º de dicho precepto[89].

6. Cuando la obligación de retener tenga su origen en el ajuste secundario derivado de lo previsto en el artículo 18.11 de la Ley 27/2014, de 27 de noviembre, del Impuesto sobre Sociedades, constituirá la base de retención la diferencia entre el valor convenido y el valor de mercado[90].

---

[89]   Nueva redacción según el Art. 1º. Veintiséis del Real Decreto 633/2015, de 10 de julio, por el que se modifican el Reglamento del Impuesto sobre la Renta de las Personas Físicas, aprobado por el Real Decreto 439/2007, de 30 de marzo, y el Reglamento del Impuesto sobre la Renta de no Residentes, aprobado por el Real Decreto 1776/2004, de 30 de julio.

[90]   Nueva redacción de este apartado según el Art. Único. Catorce del Real Decreto 1003/2014, de 5 de diciembre, por el que se modifica el Reglamento del Impuesto sobre la Renta de las Personas Físicas, aprobado por el Real Decreto 439/2007, de 30 de marzo, en materia de pagos a cuenta y deducciones por familia numerosa o personas con discapacidad a cargo.

7. Cuando proceda la obligación de realizar el pago a cuenta previsto en el apartado 6 de la disposición adicional vigésima sexta de la Ley del Impuesto, constituirá la base del mismo el importe de los rendimientos del capital mobiliario positivos obtenidos durante la vigencia del plan a los que les hubiera resultado de aplicación la exención prevista en el artículo 7.ñ) de la Ley del Impuesto[91].

§2

Artículo 94. Nacimiento de la obligación de retener y de ingresar a cuenta sobre los rendimientos del capital mobiliario.

1. Con carácter general, las obligaciones de retener y de ingresar a cuenta nacerán en el momento de la exigibilidad de los rendimientos del capital mobiliario, dinerarios o en especie, sujetos a retención o ingreso a cuenta, respectivamente, o en el de su pago o entrega si es anterior.

En particular, se entenderán exigibles los intereses en las fechas de vencimiento señaladas en la escritura o contrato para su liquidación o cobro, o cuando de otra forma se reconozcan en cuenta, aun cuando el perceptor no reclame su cobro o los rendimientos se acumulen al principal de la operación, y los dividendos en la fecha establecida en el acuerdo de distribución o a partir del día siguiente al de su adopción a falta de la determinación de la citada fecha.

2. En el caso de rendimientos del capital mobiliario derivados de la transmisión, amortización o reembolso de activos financieros, la obligación de retener nacerá en el momento de la transmisión, amortización o reembolso.

La retención se practicará en la fecha en que se formalice la transmisión, cualesquiera que sean las condiciones de cobro pactadas.

3. La obligación de realizar, en su caso, el pago a cuenta a que se refiere el apartado 6 de la disposición adicional vigésima sexta nacerá en

---

[91]   Apartado añadido por el Art. Único. Catorce del Real Decreto 1003/2014, de 5 de diciembre, por el que se modifica el Reglamento del Impuesto sobre la Renta de las Personas Físicas, aprobado por el Real Decreto 439/2007, de 30 de marzo, en materia de pagos a cuenta y deducciones por familia numerosa o personas con discapacidad a cargo.

el momento en el que con anterioridad al plazo previsto en la letra ñ) del artículo 7 de la Ley del Impuesto se produzca cualquier disposición del capital resultante o se incumpla el límite de aportaciones previsto en la letra c) del apartado 1 de la citada disposición adicional[92].

SECCIÓN 3.ª RENDIMIENTOS DE ACTIVIDADES ECONÓMICAS

Artículo 95. Importe de las retenciones sobre rendimientos de actividades económicas.

1. Cuando los rendimientos sean contraprestación de una actividad profesional, se aplicará el tipo de retención del 15 por ciento sobre los ingresos íntegros satisfechos.

No obstante lo dispuesto en el párrafo anterior, en el caso de contribuyentes que inicien el ejercicio de actividades profesionales, el tipo de retención será del 7 por ciento en el período impositivo de inicio de actividades y en los dos siguientes, siempre y cuando no hubieran ejercido actividad profesional alguna en el año anterior a la fecha de inicio de las actividades.

Para la aplicación del tipo de retención previsto en el párrafo anterior, los contribuyentes deberán comunicar al pagador de los rendimientos la concurrencia de dicha circunstancia, quedando obligado el pagador a conservar la comunicación debidamente firmada.

El tipo de retención será del 7 por ciento en el caso de rendimientos satisfechos a:

a) Recaudadores municipales.

b) Mediadores de seguros que utilicen los servicios de auxiliares externos.

c) Delegados comerciales de la Sociedad Estatal Loterías y Apuestas del Estado.

---

[92] Apartado añadido por el Art. Único. Quince del Real Decreto 1003/2014, de 5 de diciembre, por el que se modifica el Reglamento del Impuesto sobre la Renta de las Personas Físicas, aprobado por el Real Decreto 439/2007, de 30 de marzo, en materia de pagos a cuenta y deducciones por familia numerosa o personas con discapacidad a cargo.

d) Contribuyentes que desarrollen actividades incluidas en los grupos 851, 852, 853, 861, 862, 864 y 869 de la sección segunda y en las agrupaciones 01, 02, 03 y 05 de la sección tercera, de las Tarifas del Impuesto sobre Actividades Económicas, aprobadas junto con la Instrucción para su aplicación por el Real Decreto Legislativo 1175/1990, de 28 de septiembre, o cuando la contraprestación de dicha actividad profesional derive de una prestación de servicios que por su naturaleza, si se realizase por cuenta ajena, quedaría incluida en el ámbito de aplicación de la relación laboral especial de las personas artistas que desarrollan su actividad en las artes escénicas, audiovisuales y musicales, así como de las personas que realizan actividades técnicas o auxiliares necesarias para el desarrollo de dicha actividad, siempre que, en cualquiera de los supuestos previstos en esta letra, el volumen de rendimientos íntegros del conjunto de tales actividades correspondiente al ejercicio inmediato anterior sea inferior a 15.000 euros y represente más del 75 por ciento de la suma de los rendimientos íntegros de actividades económicas y del trabajo obtenidos por el contribuyente en dicho ejercicio. Para la aplicación de este tipo de retención, los contribuyentes deberán comunicar al pagador de los rendimientos la concurrencia de dichas circunstancias, quedando obligado el pagador a conservar la comunicación debidamente firmada. Estos porcentajes se reducirán en un 60 por ciento cuando los rendimientos tengan derecho a la deducción en la cuota prevista en el artículo 68.4 de la Ley del Impuesto[93].

2. A efectos de lo dispuesto en el apartado anterior, se considerarán comprendidos entre los rendimientos de actividades profesionales:

a) En general, los derivados del ejercicio de las actividades incluidas en las Secciones Segunda y Tercera de las Tarifas del Impuesto sobre Actividades Económicas, aprobadas por el Real Decreto Legislativo 1175/1990, de 28 de septiembre.

---

[93]   Nueva redacción de este apartado según el Art. Único. Dos del Real Decreto 31/2023, de 24 de enero, por el que se modifica el Reglamento del Impuesto sobre la Renta de las Personas Físicas aprobado por el Real Decreto 439/2007, de 30 de marzo, para dar cumplimiento a las medidas contenidas en el Estatuto del Artista en materia de retenciones.

b) En particular, tendrán la consideración de rendimientos profesionales los obtenidos por:

1.º Los autores o traductores de obras, provenientes de la propiedad intelectual o industrial. Cuando los autores o traductores editen directamente sus obras, sus rendimientos se comprenderán entre los correspondientes a las actividades empresariales[94].

2.º Los comisionistas. Se entenderá que son comisionistas los que se limitan a acercar o a aproximar a las partes interesadas para la celebración de un contrato.

Por el contrario, se entenderá que no se limitan a realizar operaciones propias de comisionistas cuando, además de la función descrita en el párrafo anterior, asuman el riesgo y ventura de tales operaciones mercantiles, en cuyo caso el rendimiento se comprenderá entre los correspondientes a las actividades empresariales.

3.º Los profesores, cualquiera que sea la naturaleza de las enseñanzas, que ejerzan la actividad, bien en su domicilio, casas particulares o en academia o establecimiento abierto. La enseñanza en academias o establecimientos propios tendrá la consideración de actividad empresarial.

3. No se considerarán rendimientos de actividades profesionales las cantidades que perciban las personas que, a sueldo de una empresa, por las funciones que realizan en la misma vienen obligadas a inscribirse en sus respectivos colegios profesionales ni, en general, las derivadas de una relación de carácter laboral o dependiente. Dichas cantidades se comprenderán entre los rendimientos del trabajo.

4. Cuando los rendimientos sean contraprestación de una actividad agrícola o ganadera, se aplicarán los siguientes porcentajes de retención:

1.º Actividades ganaderas de engorde de porcino y avicultura: 1 por ciento.

2.º Restantes casos: 2 por ciento.

---

[94]   Véase §1 Art. 101.Nueve.

Estos porcentajes se aplicarán sobre los ingresos íntegros satisfechos, con excepción de las subvenciones corrientes y de capital y de las indemnizaciones.

A estos efectos se entenderán como actividades agrícolas o ganaderas aquellas mediante las cuales se obtengan directamente de las explotaciones productos naturales, vegetales o animales y no se sometan a procesos de transformación, elaboración o manufactura.

Se considerará proceso de transformación, elaboración o manufactura toda actividad para cuyo ejercicio sea preceptiva el alta en un epígrafe correspondiente a actividades industriales en las tarifas del Impuesto sobre Actividades Económicas.

Se entenderán incluidas entre las actividades agrícolas y ganaderas:

a) La ganadería independiente.

b) La prestación, por agricultores o ganaderos, de trabajos o servicios accesorios de naturaleza agrícola o ganadera, con los medios que ordinariamente son utilizados en sus explotaciones.

c) Los servicios de cría, guarda y engorde de ganado.

5. Cuando los rendimientos sean contraprestación de una actividad forestal, se aplicará el tipo de retención del 2 por ciento sobre los ingresos íntegros satisfechos, con excepción de las subvenciones corrientes y de capital y de las indemnizaciones.

6. 1.º Cuando los rendimientos sean contraprestación de una de las actividades económicas previstas en el número 2.º de este apartado y se determine el rendimiento neto de la misma con arreglo al método de estimación objetiva, se aplicará el tipo de retención del 1 por ciento sobre los ingresos íntegros satisfechos.

2.º Lo dispuesto en este apartado resultará de aplicación respecto de las actividades económicas clasificadas en los siguientes grupos y epígrafes de la Sección Primera de las Tarifas del Impuesto sobre Actividades Económicas:

§2

I.A.E.	Actividad económica
314 y 315	Carpintería metálica y fabricación de estructuras metálicas y calderería.
316.2, 3 ,4 y 9	Fabricación de artículos de ferretería, cerrajería, tornillería, derivados del alambre, menaje y otros artículos en metales N.C.O.P.
453	Confección en serie de prendas de vestir y sus complementos, excepto cuando su ejecución se efectúe mayoritariamente por encargo a terceros.
453	Confección en serie de prendas de vestir y sus complementos ejecutada directamente por la propia empresa, cuando se realice exclusivamente para terceros y por encargo.
463	Fabricación en serie de piezas de carpintería, parqué y estructuras de madera para la construcción.
468	Industria del mueble de madera.
474.1	Impresión de textos o imágenes.
501.3	Albañilería y pequeños trabajos de construcción en general.
504.1	Instalaciones y montajes (excepto fontanería, frío, calor y acondicionamiento de aire).
504.2 y 3	Instalaciones de fontanería, frío, calor y acondicionamiento de aire.
504.4, 5, 6, 7 y 8	Instalación de pararrayos y similares. Montaje e instalación de cocinas de todo tipo y clase, con todos sus accesorios. Montaje e instalación de aparatos elevadores de cualquier clase y tipo. Instalaciones telefónicas, telegráficas, telegráficas sin hilos y de televisión, en edificios y construcciones de cualquier clase. Montajes metálicos e instalaciones industriales completas, sin vender ni aportar la maquinaria ni los elementos objeto de instalación o montaje.
505.1, 2, 3 y 4	Revestimientos, solados y pavimentos y colocación de aislamientos.
505.5	Carpintería y cerrajería.
505.6	Pintura de cualquier tipo y clase y revestimientos con papel, tejido o plásticos y terminación y decoración de edificios y locales.
505.7	Trabajos en yeso y escayola y decoración de edificios y locales.
722	Transporte de mercancías por carretera.
757	Servicios de mudanzas.

3.º No procederá la práctica de la retención prevista en este apartado cuando, de acuerdo con lo dispuesto en el apartado 10 del artículo 99 de la Ley del Impuesto, el contribuyente que ejerza la actividad económica comunique al pagador que determina el rendimiento neto de la misma con arreglo al método de estimación directa, en cualquiera de sus modalidades.

En dichas comunicaciones se hará constar los siguientes datos:

a) Nombre, apellidos, domicilio fiscal y número de identificación fiscal del comunicante. En el caso de que la actividad económica se desarrolle a través de una entidad en régimen de atribución de rentas deberá comunicar, además, la razón social o denominación y el número de identificación fiscal de la entidad, así como su condición de representante de la misma.

b) Actividad económica que desarrolla de las previstas en el número 2.º anterior, con indicación del epígrafe del Impuesto sobre Actividades Económicas.

c) Que determina el rendimiento neto de dicha actividad con arreglo al método de estimación directa en cualquiera de sus modalidades.

d) Fecha y firma del comunicante.

e) Identificación de la persona o entidad destinataria de dicha comunicación.

Cuando con posterioridad el contribuyente volviera a determinar los rendimientos de dicha actividad con arreglo al método de estimación objetiva, deberá comunicar al pagador tal circunstancia, junto con los datos previstos en las letras a), b), d) y e) anteriores, antes del nacimiento de la obligación de retener.

En todo caso, el pagador quedará obligado a conservar las comunicaciones de datos debidamente firmadas.

4.º El incumplimiento de la obligación de comunicar correctamente los datos previstos en el número 3.º anterior tendrá las consecuencias tributarias derivadas de lo dispuesto en el artículo 107 de la Ley del Impuesto.

5.º Cuando la renuncia al método de estimación objetiva se produzca en la forma prevista en el artículo 33.1 b) de este Reglamento o en el tercer párrafo del artículo 33.2 del Reglamento del Impuesto sobre el Valor Añadido, aprobado por el Real Decreto 1624/1992, de 29 de diciembre, se entenderá que el contribuyente determina el rendimiento neto de su actividad económica con arreglo al método de estimación directa a partir de la fecha en la que se presente el correspondiente pago fraccionado por este Impuesto o la declaración-liquidación del Impuesto sobre el Valor Añadido.

SECCIÓN 4.ª GANANCIAS PATRIMONIALES

Artículo 96. Importe de las retenciones sobre ganancias patrimoniales derivadas de las transmisiones o reembolsos de acciones y participaciones de instituciones de inversión colectiva[95].

La retención a practicar sobre las ganancias patrimoniales derivadas de las transmisiones o reembolsos de acciones y participaciones de instituciones de inversión colectiva será el resultado de aplicar a la base de retención el porcentaje del 19 por ciento.

Artículo 97. Base de retención sobre las ganancias patrimoniales derivadas de transmisiones o reembolsos de acciones y participaciones de instituciones de inversión colectiva[96].

1. La base de retención sobre las ganancias patrimoniales derivadas de transmisiones o reembolsos de acciones o participaciones de instituciones de inversión colectiva será la cuantía a integrar en la base imponible calculada de acuerdo con la normativa reguladora del Impuesto sobre la Renta de las Personas Físicas.

A estos efectos, cuando las acciones o participaciones de instituciones de inversión colectiva se hubieran adquirido con anterioridad a 31 de diciembre de 1994, únicamente se tendrá en consideración lo dispuesto en la disposición transitoria novena de la Ley del Impuesto cuando, con anterioridad al momento en que nazca la obligación de retener, el contribuyente comunique a la entidad obligada a practicar la retención o ingreso

---

[95]   Nueva redacción según el Art. 1º. 7 del Real Decreto 2004/2009, de 23 de diciembre, por el que se modifica el Reglamento del Impuesto sobre la Renta de las Personas Físicas en materia de pagos a cuenta.

[96]   Nueva redacción de este artículo según el Art. 2. Tercero. Siete del Real Decreto 960/2013, de 5 de diciembre.

a cuenta, por escrito o por cualquier otro medio de cuya recepción quede constancia, el valor de transmisión a que se refiere la letra b) del apartado 1. 1.ª) de dicho precepto[97].

2. No obstante, cuando se trate de reembolsos de participaciones en fondos de inversión regulados por la Ley 35/2003, de 4 de noviembre, de instituciones de inversión colectiva, efectuados por partícipes que durante el período de tenencia de las participaciones objeto de reembolso hayan sido simultáneamente titulares de participaciones homogéneas registradas en otra entidad, o bien las participaciones a reembolsar procedan de uno, varios o sucesivos reembolsos o transmisiones de otras participaciones o acciones a los que se haya aplicado el régimen de diferimiento previsto en el segundo párrafo del artículo 94.1.a) de la Ley del Impuesto, cuando alguno de dichos reembolsos o transmisiones se haya realizado concurriendo igual situación de simultaneidad en las participaciones o acciones reembolsadas o transmitidas, la base de retención será la diferencia entre el valor de transmisión y el valor de adquisición de las participaciones que figuren en el registro de partícipes de la entidad con la que se efectúe el reembolso, debiendo considerarse reembolsadas las adquiridas en primer lugar de las existentes en dicho registro. Cuando en dicho registro existan participaciones procedentes de aplicación del régimen de diferimiento se estará a las fechas y valores de adquisición fiscales comunicados en la operación de traspaso.

Cuando concurran las circunstancias a las que se refiere el párrafo anterior, el partícipe quedará obligado a comunicarlo por escrito o por cualquier otro medio de cuya recepción quede constancia a la entidad obligada a practicar la retención o ingreso a cuenta con la que se efectúe el reembolso, incluso en el caso de que el mismo no origine base de retención, y, en tal caso, esta última deberá conservar dicha comunicación a disposición

---

[97]   Nueva redacción de este apartado según el Art. 1º. Veintiocho del Real Decreto 633/2015, de 10 de julio, por el que se modifican el Reglamento del Impuesto sobre la Renta de las Personas Físicas, aprobado por el Real Decreto 439/2007, de 30 de marzo, y el Reglamento del Impuesto sobre la Renta de no Residentes, aprobado por el Real Decreto 1776/2004, de 30 de julio.

de la Administración tributaria durante todo el período en que tenga registradas a nombre del contribuyente participaciones homogéneas a las reembolsadas y, como mínimo, durante el plazo de prescripción.

Lo dispuesto en este apartado se aplicará igualmente en el reembolso o transmisión de participaciones o acciones de instituciones de inversión colectiva domiciliadas en el extranjero, comercializadas, colocadas o distribuidas en territorio español, así como en la transmisión de acciones de sociedades de inversión reguladas en la Ley 35/2003.

Artículo 98. Nacimiento de la obligación de retener.

La obligación de retener nacerá en el momento en que se formalice la transmisión o reembolso de las acciones o participaciones de instituciones de inversión colectiva, cualesquiera que sean las condiciones de cobro pactadas.

Artículo 99. Importe de las retenciones sobre otras ganancias patrimoniales[98].

1. La retención a practicar sobre los premios en metálico será del 19 por ciento de su importe.

2. La retención a practicar sobre las ganancias patrimoniales derivadas de los aprovechamientos forestales de los vecinos en montes públicos será del 19 por ciento de su importe.

3. La retención a practicar sobre las ganancias patrimoniales derivadas de la transmisión de derechos de suscripción será el 19 por ciento sobre el importe obtenido en la operación o, en el caso de que el obligado a practicarla sea la entidad depositaria, sobre el importe recibido por ésta para su entrega al contribuyente[99].

---

[98] Nueva redacción según el Art. 1º.8 del Real Decreto 2004/2009, de 23 de diciembre, por el que se modifica el Reglamento del Impuesto sobre la Renta de las Personas Físicas en materia de pagos a cuenta.

[99] Apartado 3 añadido según el Art. 1º. Once del Real Decreto 1074/2017, de 29 de diciembre, por el que se modifican el Reglamento del Impuesto sobre la Renta de las Personas Físicas, aprobado por el Real Decreto 439/2007, de 30 de marzo, el Reglamento del Impuesto sobre Sociedades, aprobado por el Real Decreto 634/2015,

SECCIÓN 5.ª OTRAS RENTAS

Artículo 100. Importe de las retenciones sobre arrendamientos y subarrendamientos de inmuebles[100].

La retención a practicar sobre los rendimientos procedentes del arrendamiento o subarrendamiento de inmuebles urbanos, cualquiera que sea su calificación, será el resultado de aplicar el porcentaje del 19 por ciento sobre todos los conceptos que se satisfagan al arrendador, excluido el Impuesto sobre el Valor Añadido.

Este porcentaje se reducirá en el 60 por ciento cuando el inmueble urbano esté situado en Ceuta o Melilla, en los términos previstos en el artículo 68.4 de la Ley del Impuesto.

Artículo 101. Importe de las retenciones sobre derechos de imagen y otras rentas.

1. La retención a practicar sobre los rendimientos procedentes de la cesión del derecho a la explotación del derecho de imagen, cualquiera que sea su calificación, será el resultado de aplicar el tipo de retención del 24 por ciento sobre los ingresos íntegros satisfechos.

2. La retención a practicar sobre los rendimientos de los restantes conceptos previstos en el artículo 75.2.b) de este reglamento, cualquiera que sea su calificación, será el resultado de aplicar el tipo de retención del 19 por ciento sobre los ingresos íntegros satisfechos[101].

---

de 10 de julio, y el Reglamento del Impuesto sobre Sucesiones y Donaciones, aprobado por el Real Decreto 1629/1991, de 8 de noviembre.

100   Nueva redacción según el Art. Único. Doce del Real Decreto 1461/2018, de 21 de diciembre, por el que se modifica el Reglamento del Impuesto sobre la Renta de las Personas Físicas aprobado por el Real Decreto 439/2007, de 30 de marzo, en materia de deducciones en la cuota diferencial por circunstancias familiares, obligación de declarar, pagos a cuenta, rentas vitalicias aseguradas y obligaciones registrales.

101   Nueva redacción de este apartado según el Art. 1º.10 del Real Decreto 2004/2009, de 23 de diciembre, por el que se modifica el Reglamento del Impuesto sobre la Renta de las Personas Físicas en materia de pagos a cuenta.

No obstante, el porcentaje de retención e ingreso a cuenta sobre los rendimientos procedentes de la propiedad intelectual, cualquiera que sea su calificación, será del 15 por ciento, salvo cuando resulte de aplicación el tipo del 7 por ciento previsto en el número 4.º del apartado 1 del artículo 80 o en la letra d) del apartado 1 del artículo 95 de este reglamento. Igualmente, dicho porcentaje será del 7 por ciento cuando se trate de anticipos a cuenta derivados de la cesión de la explotación de derechos de autor que se vayan a devengar a lo largo de varios años[102].

CAPÍTULO III
INGRESOS A CUENTA

Artículo 102. Ingresos a cuenta sobre retribuciones en especie del trabajo.

1. La cuantía del ingreso a cuenta que corresponda realizar por las retribuciones satisfechas en especie se calculará aplicando a su valor, determinado conforme a las reglas del artículo 43.1 de la Ley del Impuesto, y mediante la aplicación, en su caso, del procedimiento previsto en la disposición adicional segunda de este Reglamento, el tipo que corresponda de los previstos en el artículo 80 de este Reglamento.

2. No existirá obligación de efectuar ingresos a cuenta respecto a las contribuciones satisfechas por los promotores de planes de pensiones, de planes de previsión social empresarial y de mutualidades de previsión social que reduzcan la base imponible.

---

[102] Nueva redacción de este apartado según el Art. Primero.Cinco del Real Decreto 1008/2023, de 5 de diciembre, por el que se modifican el Reglamento del Impuesto sobre la Renta de las Personas Físicas, aprobado por el Real Decreto 439/2007, de 30 de marzo, en materia de retribuciones en especie, deducción por maternidad, obligación de declarar, pagos a cuenta y régimen especial aplicable a trabajadores, profesionales, emprendedores e inversores desplazados a territorio español, y el Reglamento del Impuesto sobre Sociedades, aprobado por el Real Decreto 634/2015, de 10 de julio, en materia de retenciones e ingresos a cuenta.

Artículo 103. Ingresos a cuenta sobre retribuciones en especie del capital mobiliario.

1. La cuantía del ingreso a cuenta que corresponda realizar por las retribuciones satisfechas en especie se calculará aplicando el porcentaje previsto en la sección II del capítulo II anterior al resultado de incrementar en un 20 % el valor de adquisición o el coste para el pagador.

2. Cuando la obligación de ingresar a cuenta tenga su origen en el ajuste secundario derivado de lo previsto en el artículo 18.11 de la Ley 27/2014, de 27 de noviembre, del Impuesto sobre Sociedades, constituirá la base del ingreso a cuenta la diferencia entre el valor convenido y el valor de mercado[103].

Artículo 104. Ingresos a cuenta sobre retribuciones en especie de actividades económicas.

La cuantía del ingreso a cuenta que corresponda realizar por las retribuciones satisfechas en especie se calculará aplicando a su valor de mercado el porcentaje que resulte de lo dispuesto en la sección 3.ª del capítulo II anterior.

Artículo 105. Ingresos a cuenta sobre determinadas ganancias patrimoniales.

1. La cuantía del ingreso a cuenta que corresponda realizar por los premios satisfechos en especie, que constituyan ganancias patrimoniales, se calculará aplicando el porcentaje previsto en el artículo 99.1 del presente Reglamento al resultado de incrementar en un 20 por ciento el valor de adquisición o coste para el pagador.

2. La cuantía del ingreso a cuenta que corresponda realizar por las ganancias patrimoniales satisfechas en especie derivadas de los aprovechamientos forestales de los vecinos en montes públicos se calculará apli-

---

[103]   Nueva redacción de este apartado según el Art. Único. Dieciocho del Real Decreto 1003/2014, de 5 de diciembre, por el que se modifica el Reglamento del Impuesto sobre la Renta de las Personas Físicas, aprobado por el Real Decreto 439/2007, de 30 de marzo, en materia de pagos a cuenta y deducciones por familia numerosa o personas con discapacidad a cargo.

cando a su valor de mercado el porcentaje previsto en el artículo 99.2 de este Reglamento.

Artículo 106. Ingreso a cuenta sobre otras rentas.

La cuantía del ingreso a cuenta sobre las rentas en especie a las que se refieren los artículos 100 y 101 del presente Reglamento se calculará aplicando a su valor de mercado el porcentaje previsto en los mismos.

Artículo 107. Ingreso a cuenta sobre derechos de imagen[104].

El porcentaje para calcular el ingreso a cuenta que debe practicarse en el supuesto contemplado por el apartado 8 del artículo 92 de la Ley del Impuesto, será del 19 por ciento.

CAPÍTULO IV

OBLIGACIONES DEL RETENEDOR Y DEL OBLIGADO A INGRESAR A CUENTA

Artículo 108. Obligaciones formales del retenedor y del obligado a ingresar a cuenta.

1. El sujeto obligado a retener y practicar ingresos a cuenta deberá presentar, en los primeros veinte días naturales de los meses de abril, julio, octubre y enero, declaración de las cantidades retenidas y de los ingresos a cuenta que correspondan por el trimestre natural inmediato anterior, e ingresar su importe en el Tesoro Público.

No obstante, la declaración e ingreso a que se refiere el párrafo anterior se efectuará en los veinte primeros días naturales de cada mes, en relación con las cantidades retenidas y los ingresos a cuenta que correspondan por el mes inmediato anterior, cuando se trate de retenedores u obligados en los que concurran las circunstancias a que se refieren los números 1.º y 2.º del apartado 3 del artículo 71 del Reglamento del Impuesto sobre el Valor Añadido, aprobado por el Real Decreto 1624/1992, de 29 de diciembre.

---

[104]   Nueva redacción según el Art. 1º.11 del Real Decreto 2004/2009, de 23 de diciembre, por el que se modifica el Reglamento del Impuesto sobre la Renta de las Personas Físicas en materia de pagos a cuenta.

Lo dispuesto en el párrafo anterior resultará igualmente aplicable cuando se trate de retenedores u obligados a ingresar a cuenta que tengan la consideración de Administraciones públicas, incluida la Seguridad Social, cuyo último Presupuesto anual aprobado con anterioridad al inicio del ejercicio supere la cantidad de 6 millones de euros, en relación con las cantidades retenidas y los ingresos a cuenta correspondientes a las rentas a que se refieren los párrafos a) y c) del apartado 1 y el párrafo c) del apartado 2 del artículo 75 del presente Reglamento.

No obstante lo anterior, la retención e ingreso correspondiente, cuando la entidad pagadora del rendimiento sea la Administración del Estado y el procedimiento establecido para su pago así lo permita, se efectuará de forma directa.

El retenedor u obligado a ingresar a cuenta presentará declaración negativa cuando, a pesar de haber satisfecho rentas sometidas a retención o ingreso a cuenta, no hubiera procedido, por razón de su cuantía, la práctica de retención o ingreso a cuenta alguno. No procederá presentación de declaración negativa cuando no se hubieran satisfecho, en el período de declaración, rentas sometidas a retención e ingreso a cuenta[105].

2. El retenedor u obligado a ingresar a cuenta deberá presentar en los primeros veinte días naturales del mes de enero una declaración anual de las retenciones e ingresos a cuenta efectuados. No obstante, en el caso de que esta declaración se presente en soporte directamente legible por ordenador o haya sido generado mediante la utilización, exclusivamente, de los correspondientes módulos de impresión desarrollados, a estos efectos, por la Administración tributaria, el plazo de presentación será el comprendido entre el 1 de enero y el 31 de enero del año siguiente al del que corresponde dicha declaración.

§2

---

[105]   Nueva redacción de este apartado según el Art. 2. Tercero. Ocho del Real Decreto 960/2013, de 5 de diciembre.

En esta declaración, además de sus datos de identificación, podrá exigirse que conste una relación nominativa de los perceptores con los siguientes datos:

a) Nombre y apellidos.

b) Número de identificación fiscal.

c) Renta obtenida, con indicación de la identificación, descripción y naturaleza de los conceptos, así como del ejercicio en que dicha renta se hubiera devengado, incluyendo las rentas no sometidas a retención o ingreso a cuenta por razón de su cuantía, así como las dietas exceptuadas de gravamen y las rentas exentas.

No obstante, respecto de los rendimientos del trabajo exentos previstos en las letras a) y b) del artículo 42.3 de la Ley del Impuesto, únicamente se exigirán datos cuando para la prestación de los servicios se utilicen fórmulas indirectas[106].

d) Reducciones aplicadas con arreglo a lo previsto en los artículos 18, apartados 2 y 3, 26.2 y disposiciones transitorias undécima y duodécima de la Ley del Impuesto.

e) Gastos deducibles a que se refieren los artículos 19.2 y 26.1.a) de la Ley del Impuesto, a excepción de las cuotas satisfechas a sindicatos y colegios profesionales y los de defensa jurídica, siempre que hayan sido deducidos por el pagador de los rendimientos satisfechos.

f) Circunstancias personales y familiares e importe de las reducciones que hayan sido tenidas en cuenta por el pagador para la aplicación del porcentaje de retención correspondiente.

g) Importe de las pensiones compensatorias entre cónyuges y anualidades por alimentos que se hayan tenido en cuenta para la práctica de las retenciones.

---

[106] Nueva redacción de esta letra según el Art. 1º. Veintinueve del Real Decreto 633/2015, de 10 de julio, por el que se modifican el Reglamento del Impuesto sobre la Renta de las Personas Físicas, aprobado por el Real Decreto 439/2007, de 30 de marzo, y el Reglamento del Impuesto sobre la Renta de no Residentes, aprobado por el Real Decreto 1776/2004, de 30 de julio.

h) Que el contribuyente le ha comunicado que está destinando cantidades para la adquisición o rehabilitación de su vivienda habitual utilizando financiación ajena, por las que vaya a tener derecho a la deducción por inversión en vivienda habitual regulada en la disposición transitoria decimoctava de la Ley del Impuesto[107].

i) Retención practicada o ingreso a cuenta efectuado.

j) Cantidades reintegradas al pagador procedentes de rentas devengadas en ejercicios anteriores.

A las mismas obligaciones establecidas en los párrafos anteriores estarán sujetas las entidades domiciliadas residentes o representantes en España, que paguen por cuenta ajena rentas sujetas a retención o que sean depositarias o gestionen el cobro de las rentas de valores[108].

3. El retenedor u obligado a ingresar a cuenta deberá expedir en favor del contribuyente certificación acreditativa de las retenciones practicadas o de los ingresos a cuenta efectuados, así como de los restantes datos referentes al contribuyente que deben incluirse en la declaración anual a que se refiere el apartado anterior.

La citada certificación deberá ponerse a disposición del contribuyente con anterioridad a la apertura del plazo de declaración por este Impuesto.

A las mismas obligaciones establecidas en los párrafos anteriores estarán sujetas las entidades domiciliadas, residentes o representadas en España, que paguen por cuenta ajena rentas sujetas a retención o que sean depositarias o gestionen el cobro de rentas de valores.

4. Los pagadores deberán comunicar a los contribuyentes la retención o ingreso a cuenta practicado en el momento que satisfagan las rentas indicando el porcentaje aplicado, salvo en rendimientos de actividades económicas.

---

[107] Nueva redacción de esta letra según el Art. 2. Primero. Once del Real Decreto 960/2013, de 5 de diciembre.

[108] Nueva redacción de este apartado 2 según el Art. 8. Seis del Real Decreto 1975/2008, de 28 de noviembre, sobre las medidas urgentes a adoptar en materia económica, fiscal, de empleo y de acceso a la vivienda.

5. Las declaraciones a que se refiere este artículo se realizarán en los modelos que para cada clase de rentas establezca el Ministro de Economía y Hacienda, quien, asimismo, podrá determinar los datos que deben incluirse en las declaraciones, de los previstos en el apartado 2 anterior, estando obligado el retenedor u obligado a ingresar a cuenta a cumplimentar la totalidad de los datos así determinados y contenidos en las declaraciones que le afecten.

La declaración e ingreso se efectuarán en la forma y lugar que determine el Ministro de Economía y Hacienda, quien podrá establecer los supuestos y condiciones de presentación de las declaraciones por medios telemáticos y ampliar el plazo correspondiente a las declaraciones que puedan presentarse por esta vía, atendiendo a razones de carácter técnico, así como modificar la cuantía del Presupuesto anual y la naturaleza de las rentas a que se refiere el párrafo tercero del apartado 1 de este artículo.

6. La declaración e ingreso del pago a cuenta a que se refiere el apartado 3.º del artículo 76.2.d) de este Reglamento se efectuará en la forma, lugar y plazo que determine el Ministro de Economía y Hacienda.

CAPÍTULO V
PAGOS FRACCIONADOS

Artículo 109. Obligados al pago fraccionado.

1. Los contribuyentes que ejerzan actividades económicas estarán obligados a autoliquidar e ingresar en el Tesoro, en concepto de pago a cuenta del Impuesto sobre la Renta de las Personas Físicas, la cantidad que resulte de lo establecido en los artículos siguientes, sin perjuicio de las excepciones previstas en los apartados siguientes.

2. Los contribuyentes que desarrollen actividades profesionales no estarán obligados a efectuar pago fraccionado en relación con las mismas si, en el año natural anterior, al menos el 70 por ciento de los ingresos de la actividad fueron objeto de retención o ingreso a cuenta.

3. Los contribuyentes que desarrollen actividades agrícolas o ganaderas no estarán obligados a efectuar pago fraccionado en relación con las mismas si, en el año natural anterior, al menos el 70 por ciento de los

§2

ingresos procedentes de la explotación, con excepción de las subvenciones corrientes y de capital y de las indemnizaciones, fueron objeto de retención o ingreso a cuenta.

4. Los contribuyentes que desarrollen actividades forestales no estarán obligados a efectuar pago fraccionado en relación con las mismas si, en el año natural anterior, al menos el 70 por ciento de los ingresos procedentes de la actividad, con excepción de las subvenciones corrientes y de capital y de las indemnizaciones, fueron objeto de retención o ingreso a cuenta.

5. A efectos de lo dispuesto en los apartados 2, 3 y 4 anteriores, en caso de inicio de la actividad se tendrá en cuenta el porcentaje de ingresos que hayan sido objeto de retención o ingreso a cuenta durante el período a que se refiere el pago fraccionado.

Artículo 110. Importe del fraccionamiento[109].

1. Los contribuyentes a que se refiere el artículo anterior ingresarán, en cada plazo, las cantidades siguientes:

a) Por las actividades que estuvieran en el método de estimación directa, en cualquiera de sus modalidades, el 20 por ciento del rendimiento neto correspondiente al período de tiempo transcurrido desde el primer día del año hasta el último día del trimestre a que se refiere el pago fraccionado.

De la cantidad resultante por aplicación de lo dispuesto en esta letra se deducirán los pagos fraccionados que, en relación con estas actividades, habría correspondido ingresar en los trimestres anteriores del mismo año si no se hubiera aplicado lo dispuesto en la letra c) del apartado 3 de este artículo.

---

[109]   Nueva redacción según el Art. 1º.12 del Real Decreto 2004/2009, de 23 de diciembre, por el que se modifica el Reglamento del Impuesto sobre la Renta de las Personas Físicas en materia de pagos a cuenta.

b) Por las actividades que estuvieran en el método de estimación objetiva, el 4 por ciento de los rendimientos netos resultantes de la aplicación de dicho método en función de los datos-base del primer día del año a que se refiere el pago fraccionado o, en caso de inicio de actividades, del día en que éstas hubiesen comenzado.

No obstante, en el supuesto de actividades que tengan sólo una persona asalariada el porcentaje anterior será el 3 por ciento, y en el supuesto de que no disponga de personal asalariado dicho porcentaje será el 2 por ciento.

Cuando alguno de los datos-base no pudiera determinarse el primer día del año, se tomará, a efectos del pago fraccionado, el correspondiente al año inmediato anterior. En el supuesto de que no pudiera determinarse ningún dato-base, el pago fraccionado consistirá en el 2 por ciento del volumen de ventas o ingresos del trimestre.

c) Tratándose de actividades agrícolas, ganaderas, forestales o pesqueras, cualquiera que fuese el método de determinación del rendimiento neto, el 2 por ciento del volumen de ingresos del trimestre, excluidas las subvenciones de capital y las indemnizaciones.

2. Los porcentajes señalados en el apartado anterior se reducirán en un 60 por ciento para las actividades económicas que tengan derecho a la deducción en la cuota prevista en el artículo 68.4 de la Ley del Impuesto[110].

3. De la cantidad resultante por aplicación de lo dispuesto en los apartados anteriores, se podrán deducir, en su caso:

a) Las retenciones practicadas y los ingresos a cuenta efectuados correspondientes al período de tiempo transcurrido desde el primer día del año hasta el último día del trimestre al que se refiere el pago fraccionado, cuando se trate de:

---

[110]   Nueva redacción de este apartado según el Art. Único. Trece del Real Decreto 1461/2018, de 21 de diciembre, por el que se modifica el Reglamento del Impuesto sobre la Renta de las Personas Físicas aprobado por el Real Decreto 439/2007, de 30 de marzo, en materia de deducciones en la cuota diferencial por circunstancias familiares, obligación de declarar, pagos a cuenta, rentas vitalicias aseguradas y obligaciones registrales.

1.º Actividades profesionales que determinen su rendimiento neto por el método de estimación directa, en cualquiera de sus modalidades.

2.º Arrendamiento de inmuebles urbanos que constituya actividad económica.

3.º Cesión del derecho a la explotación de la imagen o del consentimiento o autorización para su utilización que constituya actividad económica, y demás rentas previstas en el artículo 75.2 b) del presente Reglamento.

b) Las retenciones practicadas y los ingresos a cuenta efectuados conforme a lo dispuesto en los artículos 95 y 104 de este Reglamento correspondientes al trimestre, cuando se trate de:

1.º Actividades económicas que determinen su rendimiento neto por el método de estimación objetiva. No obstante, cuando el importe de las retenciones e ingresos a cuenta soportados en el trimestre sea superior a la cantidad resultante por aplicación de lo dispuesto en las letras b) y c) del apartado 1 anterior, así como, en su caso, de lo dispuesto en el apartado 2 anterior, podrá deducirse dicha diferencia en cualquiera de los siguientes pagos fraccionados correspondientes al mismo período impositivo cuyo importe positivo lo permita y hasta el límite máximo de dicho importe.

2.º Actividades agrícolas, ganaderas o forestales no incluidas en el número 1. anterior.

c) Cuando la cuantía de los rendimientos netos de actividades económicas del ejercicio anterior sea igual o inferior a 12.000 euros, el importe que resulte del siguiente cuadro:

Cuantía de los rendimientos netos del ejercicio anterior – Euros	Importe de la minoración – Euros
Igual o inferior a 9.000...	100
Entre 9.000,01 y 10.000	75
Entre 10.000,01 y 11.000......................................	50
Entre 11.000,01 y 12.000......................................	25

Cuando el importe de la minoración prevista en esta letra sea superior a la cantidad resultante por aplicación de lo dispuesto en los apartados anteriores y en las letras a) y b) de este apartado, la diferencia podrá deducirse en cualquiera de los siguientes pagos fraccionados correspondientes al mismo período impositivo cuyo importe positivo lo permita y hasta el límite máximo de dicho importe[111].

d) Cuando los contribuyentes destinen cantidades para la adquisición o rehabilitación de su vivienda habitual utilizando financiación ajena, por las que vayan a tener derecho a la deducción por inversión en vivienda habitual regulada en la disposición transitoria decimoctava de la Ley del Impuesto, las cuantías que se citan a continuación:

1.º Tratándose de contribuyentes que ejerzan actividades que estuvieran en el método de estimación directa, en cualquiera de sus modalidades, cuyos rendimientos íntegros previsibles del período impositivo sean inferiores a 33.007,2 euros, se podrá deducir el 2 por ciento del rendimiento neto correspondiente al período de tiempo transcurrido desde el primer día del año hasta el último día del trimestre a que se refiere el pago fraccionado.

A estos efectos se considerarán como rendimientos íntegros previsibles del período impositivo los que resulten de elevar al año los rendimientos íntegros correspondientes al primer trimestre.

En ningún caso podrá practicarse una deducción por importe superior a 660,14 euros en cada trimestre.

2.º Tratándose de contribuyentes que ejerzan actividades que estuvieran en el método de estimación objetiva cuyos rendimientos netos resultantes de la aplicación de dicho método en función de los datos-base del primer día del año a que se refiere el pago fraccionado o, en caso de inicio de actividades, del día en que éstas hubiesen comenzado, sean inferiores

---

[111]   Nueva redacción de la letra c) del apartado 3 según el Art. Único. Diecinueve del Real Decreto 1003/2014, de 5 de diciembre, por el que se modifica el Reglamento del Impuesto sobre la Renta de las Personas Físicas, aprobado por el Real Decreto 439/2007, de 30 de marzo, en materia de pagos a cuenta y deducciones por familia numerosa o personas con discapacidad a cargo.

a 33.007,2 euros, se podrá deducir el 0,5 por ciento de los citados rendimientos netos. No obstante, cuando no pudiera determinarse ningún dato base se aplicará la deducción prevista en el número 3.º de esta letra sobre el volumen de ventas o ingresos del trimestre.

§2

3.º Tratándose de contribuyentes que ejerzan actividades agrícolas, ganaderas, forestales o pesqueras, cualquiera que fuese el método de determinación del rendimiento neto, cuyo volumen previsible de ingresos del período impositivo, excluidas las subvenciones de capital y las indemnizaciones sea inferior a 33.007,2 euros, se podrá deducir el 2 por ciento del volumen de ingresos del trimestre, excluidas las subvenciones de capital y las indemnizaciones.

A estos efectos se considerará como volumen previsible de ingresos del período impositivo el resultado de elevar al año el volumen de ingresos del primer trimestre, excluidas las subvenciones de capital y las indemnizaciones.

En ningún caso podrá practicarse una deducción por un importe acumulado en el período impositivo superior a 660,14 euros.

Las deducciones previstas en esta letra d) no resultarán de aplicación cuando los contribuyentes ejerzan dos o más actividades comprendidas en ordinales distintos, ni cuando perciban rendimientos del trabajo y hubiesen efectuado a su pagador la comunicación a que se refiere el párrafo segundo del artículo 88.1 de este Reglamento, ni cuando las cantidades se destinen a la construcción o ampliación de la vivienda[112] [113].

4. Los contribuyentes podrán aplicar en cada uno de los pagos fraccionados porcentajes superiores a los indicados.

---

[112]   Nueva redacción de este apartado según el Art. 1. Diez del Real Decreto 1788/2010, de 30 de diciembre, por el que se modifican los Reglamentos de los Impuestos sobre la Renta de las Personas Físicas, sobre Sociedades y sobre la Renta de no Residentes en materia de rentas en especie, deducción por inversión en vivienda y pagos a cuenta.

[113]   Nueva redacción de esta letra según el Art. 2. Primero. Doce del Real Decreto 960/2013, de 5 de diciembre.

5[114].

Artículo 111. Declaración e ingreso.

1. Los empresarios y profesionales estarán obligados a declarar e ingresar trimestralmente en el Tesoro Público las cantidades determinadas conforme a lo dispuesto en el artículo anterior en los plazos siguientes:

a) Los tres primeros trimestres, entre el día 1 y el 20 de los meses de abril, julio y octubre.

b) Cuarto trimestre, entre el día 1 y el 30 del mes de enero.

Cuando de la aplicación de lo dispuesto en el artículo anterior no resultasen cantidades a ingresar, los contribuyentes presentarán una declaración negativa.

2. El Ministro de Economía y Hacienda podrá prorrogar los plazos a que hace referencia este artículo, así como establecer supuestos de ingreso semestral con las adaptaciones que procedan de los porcentajes determinados en el artículo anterior.

3. Los contribuyentes presentarán las declaraciones ante el órgano competente de la Administración tributaria e ingresarán su importe en el Tesoro Público.

La declaración se ajustará a las condiciones y requisitos y el ingreso se efectuará en la forma y lugar que determine el Ministro de Economía y Hacienda.

Artículo 112. Entidades en régimen de atribución de rentas.

El pago fraccionado correspondiente a los rendimientos de actividades económicas obtenidos por entidades en régimen de atribución de rentas se efectuará por cada uno de los socios, comuneros o partícipes, en proporción a su participación en el beneficio de la entidad.

---

[114]   Apartado 5 suprimido por el Art. Único. Veinte del Real Decreto 1003/2014, de 5 de diciembre, por el que se modifica el Reglamento del Impuesto sobre la Renta de las Personas Físicas, aprobado por el Real Decreto 439/2007, de 30 de marzo, en materia de pagos a cuenta y deducciones por familia numerosa o personas con discapacidad a cargo.

TÍTULO VIII
REGÍMENES ESPECIALES[115]

CAPÍTULO I
RÉGIMEN ESPECIAL APLICABLE A LOS TRABAJADORES, PROFESIONALES, EMPRENDEDORES E INVERSORES DESPLAZADOS A TERRITORIO ESPAÑOL[116]

Artículo 113. Ámbito de aplicación[117].

1. Las personas físicas que adquieran su residencia fiscal en España como consecuencia de su desplazamiento a territorio español podrán optar por tributar por el Impuesto sobre la Renta de no Residentes, manteniendo la condición de contribuyentes por el Impuesto sobre la Renta de las Personas Físicas, cuando cumplan las condiciones previstas en el apartado 1 del artículo 93 de la Ley del Impuesto.

---

[115] Nueva redacción de este título según el Art. 1º. Treinta del Real Decreto 633/2015, de 10 de julio, por el que se modifican el Reglamento del Impuesto sobre la Renta de las Personas Físicas, aprobado por el Real Decreto 439/2007, de 30 de marzo, y el Reglamento del Impuesto sobre la Renta de no Residentes, aprobado por el Real Decreto 1776/2004, de 30 de julio.

[116] Nueva redacción del título de este Capítulo según el Art. Primero.Seis del Real Decreto 1008/2023, de 5 de diciembre, por el que se modifican el Reglamento del Impuesto sobre la Renta de las Personas Físicas, aprobado por el Real Decreto 439/2007, de 30 de marzo, en materia de retribuciones en especie, deducción por maternidad, obligación de declarar, pagos a cuenta y régimen especial aplicable a trabajadores, profesionales, emprendedores e inversores desplazados a territorio español, y el Reglamento del Impuesto sobre Sociedades, aprobado por el Real Decreto 634/2015, de 10 de julio, en materia de retenciones e ingresos a cuenta.

[117] Nueva redacción según el Art. Primero.Siete del Real Decreto 1008/2023, de 5 de diciembre, por el que se modifican el Reglamento del Impuesto sobre la Renta de las Personas Físicas, aprobado por el Real Decreto 439/2007, de 30 de marzo, en materia de retribuciones en especie, deducción por maternidad, obligación de declarar, pagos a cuenta y régimen especial aplicable a trabajadores, profesionales, emprendedores e inversores desplazados a territorio español, y el Reglamento del Impuesto sobre Sociedades, aprobado por el Real Decreto 634/2015, de 10 de julio, en materia de retenciones e ingresos a cuenta.

§2

2. A efectos de lo dispuesto en el artículo 93.1.b).3.º de la Ley del Impuesto, se calificará como actividad emprendedora aquella que sea innovadora y/o tenga especial interés económico para España y a tal efecto cuente con un informe favorable emitido por la Empresa Nacional de Innovación, SME (ENISA), en los términos establecidos en el artículo 70 de la Ley 14/2013, de 27 de septiembre, de apoyo a los emprendedores y su internacionalización, siendo necesario disponer de la autorización de residencia para actividad empresarial prevista en el artículo 69 de la Ley 14/2013, con carácter previo a su desplazamiento a territorio español. En el caso de ciudadanos de la Unión Europea y en el de aquellos extranjeros a los que les sea de aplicación el derecho de la Unión Europea por ser beneficiarios de los derechos de libre circulación y residencia deberán disponer de un informe favorable emitido por la Empresa Nacional de Innovación, SME (ENISA), calificando tal actividad como emprendedora, el cual será solicitado por el contribuyente a ENISA, a través de la Dirección General de Industria y de la Pequeña y Mediana Empresa, con carácter previo a su desplazamiento a territorio español. Este informe, de carácter preceptivo, será evacuado en el plazo de diez días hábiles desde que ENISA reciba la correspondiente solicitud.

Igualmente deberán disponer del informe señalado en el párrafo anterior los contribuyentes que hubieran optado por la aplicación de este régimen especial, si con posterioridad quieren iniciar una actividad económica que tenga carácter emprendedor distinta, en su caso, de aquella que motivó su desplazamiento a territorio español.

A efectos de lo dispuesto en el artículo 93.1.b).4.º de la Ley del Impuesto se entenderá como profesionales altamente cualificados a aquellos profesionales que cuenten con la titulación a la que se refiere el artículo 71 de la citada Ley 14/2013. En particular, se entenderá cumplida esta circunstancia cuando el contribuyente disponga de la autorización de residencia a que se refiere el citado artículo 71 de la Ley 14/2013, con carácter previo a su desplazamiento a territorio español.

Asimismo, a efectos de dicho precepto se considerará que se llevan a cabo actividades de formación, investigación, desarrollo e innovación cuando concurra alguno de los supuestos a que se refieren las letras a), b),

c) y d) del apartado 1 del artículo 72 de la citada Ley 14/2013. En particular, se entenderá cumplida esta circunstancia cuando el contribuyente disponga de la autorización de residencia prevista en el citado artículo 72 de la Ley 14/2013, con carácter previo a su desplazamiento a territorio español.

Conforme a lo dispuesto en la letra c) del apartado 1 del artículo 93 de la Ley del Impuesto, durante los períodos impositivos de aplicación de este régimen especial, las únicas actividades económicas que podrán desarrollar los contribuyentes acogidos al mismo son la actividad económica de carácter emprendedor, la prestación de servicios a empresas emergentes o las actividades de formación, investigación, desarrollo e innovación previstas en los números 3.º y 4.º del artículo 93.1.b) de la Ley del Impuesto.

3. También podrán optar por tributar por el Impuesto sobre la Renta de no Residentes, manteniendo la condición de contribuyentes por el Impuesto sobre la Renta de las Personas Físicas, las personas físicas que adquieran su residencia fiscal en España como consecuencia de su desplazamiento a territorio español cuando cumplan las condiciones previstas en el apartado 3 del artículo 93 de la Ley del Impuesto.

A estos efectos, tales contribuyentes se podrán desplazar a territorio español antes o después de que se desplace el contribuyente al que se refiere el apartado 1 anterior, siempre que, como consecuencia del referido desplazamiento, de ser anterior, estos no adquieran la residencia fiscal en España antes del primer período impositivo en el que a este le resulte de aplicación el régimen especial o, de ser posterior, no hubiera finalizado este último.

Artículo 114. Contenido del régimen especial de tributación por el Impuesto sobre la Renta de no Residentes[118].

1. La aplicación de este régimen especial implicará la determinación de la deuda tributaria del Impuesto sobre la Renta de las Personas Físicas

---

[118]   Nueva redacción según el Art. Primero.Ocho del Real Decreto 1008/2023, de 5 de diciembre, por el que se modifican el Reglamento del Impuesto sobre la Renta de las Personas Físicas, aprobado por el Real Decreto 439/2007, de 30 de marzo,

con arreglo a las normas establecidas en el texto refundido de la Ley del Impuesto sobre la Renta de no Residentes, aprobado por el Real Decreto Legislativo 5/2004, de 5 de marzo, para las rentas obtenidas sin mediación de establecimiento permanente con las especialidades previstas en el apartado 2 del artículo 93 de la Ley del Impuesto y en este artículo.

2. En particular, se aplicarán las siguientes reglas:

a) A efectos de lo dispuesto en la letra b) apartado 2 del artículo 93 de la Ley del Impuesto, no se entenderán obtenidos durante la aplicación del régimen especial los rendimientos que deriven de una actividad desarrollada con anterioridad a la fecha de desplazamiento a territorio español o con posterioridad a la fecha de la comunicación prevista en el apartado 5 del artículo 119 de este reglamento, sin perjuicio de su tributación cuando los citados rendimientos se entiendan obtenidos en territorio español conforme a lo establecido en el texto refundido de la Ley del Impuesto sobre la Renta de no Residentes.

b) La cuota diferencial será el resultado de minorar la cuota íntegra del Impuesto en:

a') Las deducciones en la cuota a que se refiere el artículo 26 del texto refundido de la Ley del Impuesto sobre la Renta de no Residentes. A los efectos previstos en el párrafo b) del citado artículo 26, además de los pagos a cuenta a que se refiere el apartado 3 siguiente, también resultarán deducibles las cuotas satisfechas a cuenta del Impuesto sobre la Renta de no Residentes.

b') La deducción por doble imposición internacional a que se refiere el artículo 80 de la Ley del Impuesto aplicable a los rendimientos del trabajo y de actividades económicas calificadas como actividad emprendedora obtenidos en el extranjero, con el límite del 30 por ciento de la parte de la cuota íntegra correspondiente a la totalidad de dichos rendimientos

---

en materia de retribuciones en especie, deducción por maternidad, obligación de declarar, pagos a cuenta y régimen especial aplicable a trabajadores, profesionales, emprendedores e inversores desplazados a territorio español, y el Reglamento del Impuesto sobre Sociedades, aprobado por el Real Decreto 634/2015, de 10 de julio, en materia de retenciones e ingresos a cuenta.

obtenidos en ese período impositivo. A estos efectos, para calcular el tipo medio efectivo de gravamen deberá tenerse en cuenta la cuota íntegra y la base liquidable, excluida, en ambos casos, la parte de las mismas correspondiente a las rentas a las que se refiere el artículo 25.1.f) del texto refundido de la Ley del Impuesto sobre la Renta de no Residentes.

3. Las retenciones e ingresos a cuenta en concepto de pagos a cuenta de este régimen especial se practicarán de acuerdo con lo establecido en la normativa del Impuesto sobre la Renta de no Residentes para rentas obtenidas sin mediación de establecimiento permanente. No obstante lo anterior, en el caso de rendimientos de actividades económicas solamente estarán sujetos a retención o ingresos a cuenta los rendimientos de actividades calificadas como profesionales.

El porcentaje de retención o ingreso a cuenta sobre rendimientos del trabajo será el 24 por ciento. No obstante, cuando las retribuciones satisfechas por un mismo pagador de rendimientos del trabajo durante el año natural excedan de 600.000 de euros, el porcentaje de retención aplicable al exceso será el 47 por ciento.

Cuando concurran las circunstancias previstas en el artículo 76.2.a) de este reglamento, estarán obligados a retener las entidades residentes o los establecimientos permanentes en los que presten servicios los contribuyentes, en relación con las rentas que estos obtengan en territorio español.

El cumplimento de las obligaciones formales previstas en el artículo 108 de este reglamento, por las retenciones e ingresos a cuenta a que se refiere el párrafo anterior, se realizará mediante los modelos de declaración previstos para el Impuesto sobre la Renta de no Residentes para las rentas obtenidas sin mediación de establecimiento permanente.

En el caso de rendimientos de actividades económicas sujetos a retención o ingresos a cuenta, en las facturas emitidas durante la aplicación de este régimen fiscal especial deberá consignarse el tipo de retención aplicable.

4. Los contribuyentes a los que resulte de aplicación este régimen especial estarán obligados a presentar y suscribir la declaración por el Impuesto sobre la Renta de las Personas Físicas, en el modelo especial que se apruebe por la persona titular del Ministerio de Hacienda y Función Pública, el cual establecerá la forma, el lugar y los plazos de su presentación, y cuyo contenido se ajustará a los modelos de declaración previstos para el Impuesto sobre la Renta de no Residentes.

Al tiempo de presentar su declaración, los contribuyentes deberán determinar la deuda tributaria correspondiente e ingresarla en el lugar, la forma y los plazos que determine la persona titular del Ministerio de Hacienda y Función Pública. Si resultara una cantidad a devolver, la devolución se practicará de acuerdo con lo señalado en el artículo 103 de la Ley del Impuesto.

5. A las transmisiones de bienes inmuebles situados en territorio español realizadas por los contribuyentes del Impuesto sobre la Renta de las Personas Físicas que opten por la aplicación de este régimen especial les resultará de aplicación lo previsto en el artículo 25.2 del texto refundido de la Ley del Impuesto sobre la Renta de no Residentes.

6. Los contribuyentes que obtengan rendimientos de actividades económicas deberán cumplir las obligaciones formales a las que se refiere el artículo 6 del Reglamento del Impuesto sobre la Renta de no Residentes, aprobado por el Real Decreto 1776/2004, de 30 de julio.

Artículo 115. Duración[119].

Este régimen especial se aplicará durante el período impositivo en el que el contribuyente adquiera su residencia fiscal en España, y durante los cinco períodos impositivos siguientes, o, en el caso de contribuyentes a los que se refiere el apartado 3 del artículo 93 de la Ley del Impuesto, hasta el último periodo impositivo en que el mismo resulte aplicable al

---

[119] Nueva redacción según el Art. Primero.Nueve del Real Decreto 1008/2023, de 5 de diciembre, por el que se modifican el Reglamento del Impuesto sobre la Renta de las Personas Físicas, aprobado por el Real Decreto 439/2007, de 30 de marzo, en materia de retribuciones en especie, deducción por maternidad, obligación de declarar, pagos a cuenta y régimen especial aplicable a trabajadores, profesionales, emprendedores e inversores desplazados a territorio español, y el Reglamento del Impuesto sobre Sociedades, aprobado por el Real Decreto 634/2015, de 10 de julio, en materia de retenciones e ingresos a cuenta.

contribuyente a que se refiere el apartado 1 del artículo 93 de la Ley del Impuesto, sin perjuicio de lo establecido en los artículos 117 y 118 de este reglamento.

A estos efectos, se considerará como período impositivo en el que se adquiere la residencia el primer año natural en el que, una vez producido el desplazamiento, la permanencia en territorio español sea superior a 183 días.

Artículo 116. Ejercicio de la opción[120].

1. El ejercicio de la opción de tributar por este régimen especial deberá realizarse mediante una comunicación individual de cada contribuyente dirigida a la Administración tributaria:

a) En el caso del contribuyente a que se refiere el apartado 1 del artículo 93 de la Ley del Impuesto, en el plazo máximo de seis meses desde la fecha de inicio de la actividad que conste en el alta en la Seguridad Social en España o en la documentación que le permita, en su caso, el mantenimiento de la legislación de Seguridad Social de origen o, en caso de que no fuera obligatoria el alta en la Seguridad Social, en el documento justificativo de la fecha de inicio de la actividad.

b) En el caso de los contribuyentes a los que se refiere el apartado 3 del artículo 93 de la Ley del Impuesto, en el plazo máximo de seis meses desde la fecha de su entrada en territorio español o en el plazo previsto en la letra a) anterior para el contribuyente a que se refiere el apartado 1 del artículo 93 de la Ley del Impuesto, si fuera mayor.

La determinación de la vinculación de estos contribuyentes con el contribuyente a que se refiere el citado apartado 1 del artículo 93 de la Ley

---

[120]   Nueva redacción según el Art. Primero.Diez del Real Decreto 1008/2023, de 5 de diciembre, por el que se modifican el Reglamento del Impuesto sobre la Renta de las Personas Físicas, aprobado por el Real Decreto 439/2007, de 30 de marzo, en materia de retribuciones en especie, deducción por maternidad, obligación de declarar, pagos a cuenta y régimen especial aplicable a trabajadores, profesionales, emprendedores e inversores desplazados a territorio español, y el Reglamento del Impuesto sobre Sociedades, aprobado por el Real Decreto 634/2015, de 10 de julio, en materia de retenciones e ingresos a cuenta.

del Impuesto, así como de la edad y situación de discapacidad de estos, se realizará atendiendo a la situación existente en el momento de ejercitar su opción por el régimen especial.

2. La opción se ejercitará mediante la presentación del modelo de comunicación a que se refiere el artículo 119 de este reglamento.

3. No podrán ejercitar esta opción los contribuyentes que se hubieran acogido al procedimiento especial para determinar las retenciones o ingresos a cuenta sobre los rendimientos del trabajo previsto en el artículo 89.B) de este reglamento.

Artículo 117. Renuncia al régimen[121].

1. Los contribuyentes que hubieran optado por este régimen especial podrán renunciar a su aplicación durante los meses de noviembre y diciembre anteriores al inicio del año natural en que la renuncia deba surtir efectos, mediante el modelo de comunicación previsto en el artículo 119 de este reglamento.

2. En el caso de trabajadores, la renuncia se efectuará de acuerdo con el siguiente procedimiento:

a) En primer lugar, presentará a su retenedor la comunicación de datos prevista en el artículo 88 de este reglamento, quien le devolverá una copia sellada de aquella.

b) En segundo lugar, presentará ante la Administración tributaria el modelo de comunicación previsto en el artículo 119 de este reglamento y adjuntará la copia sellada de la comunicación a que se refiere el párrafo anterior.

---

[121] Nueva redacción según el Art. Primero.Once del Real Decreto 1008/2023, de 5 de diciembre, por el que se modifican el Reglamento del Impuesto sobre la Renta de las Personas Físicas, aprobado por el Real Decreto 439/2007, de 30 de marzo, en materia de retribuciones en especie, deducción por maternidad, obligación de declarar, pagos a cuenta y régimen especial aplicable a trabajadores, profesionales, emprendedores e inversores desplazados a territorio español, y el Reglamento del Impuesto sobre Sociedades, aprobado por el Real Decreto 634/2015, de 10 de julio, en materia de retenciones e ingresos a cuenta.

3. En el caso de los contribuyentes a que se refiere el apartado 3 del artículo 93 de la Ley del Impuesto también podrán renunciar, de forma individual, a su aplicación, en el plazo y en los términos previstos en los apartados 1 y, en su caso, 2 anteriores.

4. Los contribuyentes que renuncien a este régimen especial no podrán volver a optar por su aplicación.

Artículo 118. Exclusión del régimen[122].

1. Los contribuyentes que hubieran optado por la aplicación de este régimen especial y que, con posterioridad al ejercicio de la opción, incumplan alguna de las condiciones determinantes de su aplicación quedarán excluidos de dicho régimen. La exclusión surtirá efectos en el período impositivo en que se produzca el incumplimiento.

2. Los contribuyentes excluidos del régimen deberán comunicar tal circunstancia a la Administración tributaria en el plazo de un mes desde el incumplimiento de las condiciones que determinaron su aplicación, mediante el modelo de comunicación a que se refiere el artículo 119 de este reglamento.

3. Las retenciones e ingresos a cuenta se practicarán con arreglo a las normas del Impuesto sobre la Renta de las Personas Físicas, desde el momento en que el contribuyente incumpla las condiciones para la aplicación de este régimen especial, salvo en el caso de rendimientos del trabajo, que se practicarán desde el momento en que el contribuyente comunique a su retenedor que ha incumplido dichas condiciones.

En particular, en el supuesto de obtener rendimientos del trabajo sometidos al procedimiento general de cálculo del tipo de retención, el

---

[122]   Nueva redacción según el Art. Primero.Doce del Real Decreto 1008/2023, de 5 de diciembre, por el que se modifican el Reglamento del Impuesto sobre la Renta de las Personas Físicas, aprobado por el Real Decreto 439/2007, de 30 de marzo, en materia de retribuciones en especie, deducción por maternidad, obligación de declarar, pagos a cuenta y régimen especial aplicable a trabajadores, profesionales, emprendedores e inversores desplazados a territorio español, y el Reglamento del Impuesto sobre Sociedades, aprobado por el Real Decreto 634/2015, de 10 de julio, en materia de retenciones e ingresos a cuenta.

contribuyente deberá presentar a su retenedor la comunicación de datos prevista en el artículo 88 de este reglamento, adjuntando copia de la comunicación a que se refiere el apartado anterior, calculándose el nuevo tipo de retención de acuerdo con lo previsto en el artículo 87 de este reglamento, teniendo en cuenta la cuantía total de las retribuciones anuales.

4. Los contribuyentes a que se refiere el apartado 3 del artículo 93 de la Ley del Impuesto quedarán conjuntamente excluidos de la aplicación de este régimen cuando incumplan la condición prevista en la letra d) del apartado 3 de dicho artículo o cuando se produzca la renuncia o la exclusión del régimen especial del contribuyente previsto en el apartado 1 del artículo 93 de la Ley del Impuesto.

Asimismo, cuando alguno de los contribuyentes a los que se refiere dicho apartado 3 incumpla alguna de las demás condiciones previstas en el mismo apartado para la aplicación del régimen especial, o de los requisitos de vinculación, edad o situación de discapacidad exigidos para la opción, quedará individualmente excluido de dicho régimen, pudiendo continuar el resto con la aplicación del régimen especial.

En ambos casos, la exclusión surtirá efectos en el período impositivo en que se produzca el incumplimiento o surta sus efectos la renuncia o exclusión del contribuyente previsto en el apartado 1 del artículo 93 de la Ley del Impuesto.

No se entenderán incumplidos los requisitos para la aplicación del régimen especial por la extinción del vínculo matrimonial por causa de divorcio o nulidad del matrimonio.

En los supuestos de incumplimiento, los contribuyentes excluidos del régimen deberán comunicar tal circunstancia a la Administración tributaria en el plazo y los términos previstos en el apartado 2 anterior. No obstante, cuando el contribuyente al que se refiere el apartado 1 del artículo 93 de la Ley del Impuesto hubiera comunicado la renuncia o exclusión a la Administración tributaria no será necesario que los contribuyentes previstos en el apartado 3 del citado artículo 93 comuniquen su exclusión del régimen a la Administración tributaria.

5. Los contribuyentes excluidos de este régimen especial no podrán volver a optar por su aplicación.

Artículo 119. Comunicaciones a la Administración tributaria y acreditación del régimen[123].

1. La opción por la aplicación del régimen se ejercitará mediante comunicación a la Administración tributaria, a través del modelo que apruebe la persona titular del Ministerio de Hacienda y Función Pública, quien establecerá la forma y el lugar de su presentación.

2. En la comunicación correspondiente al contribuyente previsto en el apartado 1 del artículo 93 de la Ley del Impuesto se hará constar, entre otros datos, la identificación del contribuyente, incluyendo su número de identificación fiscal y su nacionalidad, así como, en su caso, la del empleador del trabajador, la de la entidad correspondiente al administrador, la empresa emergente en la que presta servicios el profesional o la entidad donde se lleven a cabo las actividades de formación, investigación, desarrollo o innovación, la fecha de entrada en territorio español y la fecha de inicio de la actividad que conste en el alta en la Seguridad Social en España o en la documentación que permita, en su caso, el mantenimiento de la legislación de Seguridad Social de origen.

Asimismo, se adjuntará la documentación justificativa del alta en la Seguridad Social en España o de la documentación que permita el mantenimiento de la legislación de Seguridad Social de origen o, en caso de que no fuera obligatoria el alta en la Seguridad Social, documento justificativo de la fecha de inicio de la actividad, la autorización de residencia que corresponda, en su caso, y la siguiente documentación:

a) Cuando se inicie una relación laboral, ordinaria o especial, o estatutaria con un empleador en España, un documento justificativo emitido por el empleador en el que se exprese el reconocimiento de la relación laboral

---

[123]   Nueva redacción según el Art. Primero.Trece del Real Decreto 1008/2023, de 5 de diciembre, por el que se modifican el Reglamento del Impuesto sobre la Renta de las Personas Físicas, aprobado por el Real Decreto 439/2007, de 30 de marzo, en materia de retribuciones en especie, deducción por maternidad, obligación de declarar, pagos a cuenta y régimen especial aplicable a trabajadores, profesionales, emprendedores e inversores desplazados a territorio español, y el Reglamento del Impuesto sobre Sociedades, aprobado por el Real Decreto 634/2015, de 10 de julio, en materia de retenciones e ingresos a cuenta.

§2

o estatutaria con el contribuyente, la fecha de inicio de la actividad que conste en el alta en la Seguridad Social en España, el centro de trabajo y su dirección, así como la duración del contrato de trabajo.

b) Cuando se trate de un desplazamiento ordenado por su empleador, copia de la carta de desplazamiento del empleador, así como un documento justificativo emitido por este en el que se exprese la fecha de inicio de la actividad que conste en el alta en la Seguridad Social en España o en la documentación que permita, en su caso, el mantenimiento de la legislación de Seguridad Social de origen, el centro de trabajo y su dirección, así como la duración de la orden de desplazamiento.

c) Cuando, sin ser ordenado por el empleador, la actividad laboral se preste a distancia mediante el uso exclusivo de medios y sistemas informáticos, telemáticos y de telecomunicación, un documento justificativo emitido por el empleador en el que se exprese el reconocimiento de la relación laboral con el contribuyente, la fecha de inicio de la actividad que conste en el alta en la Seguridad Social en España o en la documentación que permita, en su caso, el mantenimiento de la legislación de Seguridad Social de origen, así como la duración estimada de la prestación de la actividad laboral en España.

d) Cuando se trate de desplazamientos como consecuencia de la adquisición de la condición de administrador de una entidad, un documento justificativo emitido por la entidad en el que se exprese la fecha de adquisición de la condición de administrador. En el caso de que la entidad tenga la consideración de entidad patrimonial en los términos previstos en el artículo 5.2 de la Ley del Impuesto sobre Sociedades, un documento emitido por la misma justificativo de que la participación del contribuyente en la entidad no determina la condición de entidad vinculada en los términos previstos en el artículo 18 de la Ley del Impuesto sobre Sociedades.

e) Cuando se trate de desplazamientos como consecuencia de la realización en España de una actividad económica calificada como actividad emprendedora, el informe favorable emitido por la Empresa Nacional de Innovación, SME (ENISA), el cual será solicitado directamente por el contribuyente a ENISA, a través de la Dirección General de Industria y de la Pequeña y Mediana Empresa, salvo que la autorización de residencia aportada sea la de residencia para emprendedores a que se refiere el artículo 69 de la Ley 14/2013.

f) Cuando se trate de desplazamientos como consecuencia de la realización en España de una actividad económica por parte de un profesional altamente cualificado que preste servicios a empresas emergentes en el sentido del artículo 3 de la Ley 28/2022, de 21 de diciembre, de fomento del ecosistema de empresas emergentes, documentación justificativa de la condición de profesional altamente cualificado, salvo que la autorización de residencia aportada sea la de profesional altamente cualificado a que se refiere el artículo 71 de la Ley 14/2013, la acreditación de la inscripción como empresa emergente en el Registro Mercantil o en el Registro de Cooperativas competente a la que preste servicio, salvo que exista un procedimiento habilitado para la comprobación online de esa circunstancia, así como un documento justificativo de la prestación de servicios a dicha empresa emergente.

g) Cuando se trate de desplazamientos como consecuencia de la realización en España de actividades de formación, investigación, desarrollo e innovación, un documento justificativo de la realización de esas actividades a que se refiere el artículo 113.2 de este reglamento, salvo que la autorización de residencia aportada sea la de formación, investigación, desarrollo e innovación a que se refiere el artículo 72 de la Ley 14/2013.

3. En la comunicación correspondiente a cada uno de los contribuyentes previstos en el apartado 3 del artículo 93 de la Ley del Impuesto, que opten por la aplicación del régimen especial, se hará constar, entre otros datos, la identificación del contribuyente solicitante, incluyendo su número de identificación fiscal, y la del contribuyente previsto en el apartado 1 de dicho artículo al que esté asociado, la identificación de la comunicación de la opción al régimen efectuada por este último, la clase de vinculación con el mismo, así como la fecha de entrada en territorio español.

Asimismo, se adjuntará la documentación que acredite la vinculación con el contribuyente del apartado 1 del artículo 93 de la Ley del Impuesto al que están asociados, que determine el derecho a la opción por el régimen especial.

§2

La situación de discapacidad se entenderá acreditada cuando se haya solicitado el correspondiente certificado o resolución expedido por el Instituto de Migraciones y Servicios Sociales o el órgano competente de las Comunidades Autónomas al que se refiere el artículo 72 de este reglamento, aunque dicho certificado o resolución no se hubiera emitido en el momento de ejercitar la opción. No obstante, la aplicación del régimen especial regulado en este capítulo quedará condicionada al reconocimiento de la situación de discapacidad.

4. La Administración tributaria, a la vista de la comunicación presentada, expedirá al contribuyente, si procede, en el plazo máximo de los diez días hábiles siguientes al de la presentación de la comunicación, un documento acreditativo en el que conste que el contribuyente ha optado por la aplicación de este régimen especial.

Dicho documento acreditativo servirá para justificar, ante las personas o entidades obligadas a practicar retención o ingreso a cuenta, su condición de contribuyente por este régimen especial, para lo cual les entregará un ejemplar del documento.

5. Cuando el contribuyente a que se refiere el apartado 1 del artículo 93 de la Ley del Impuesto o, en su caso, alguno de los contribuyentes previstos en el apartado 3 del mismo artículo, finalice su desplazamiento a territorio español sin perder la residencia fiscal en España en dicho ejercicio, a efectos de lo dispuesto en la letra a) del apartado 2 del artículo 114 de este reglamento deberá comunicar tal circunstancia a la Administración tributaria en el plazo de un mes desde que hubiera finalizado su desplazamiento a territorio español, mediante el modelo de comunicación previsto en el apartado 1 de este artículo.

Artículo 120. Certificado de residencia fiscal.

1. Los contribuyentes del Impuesto sobre la Renta de las Personas Físicas que opten por la aplicación de este régimen especial podrán solicitar el certificado de residencia fiscal en España regulado en la disposición adicional segunda de la Orden HAC/3626/2003, de 23 de diciembre, que figura en el anexo 9 de dicha orden.

2. El Ministro de Economía y Hacienda podrá señalar, a condición de reciprocidad, los supuestos en los que se emitirán certificados para acreditar la condición de residente en España, a los efectos de las disposiciones de un convenio para evitar la doble imposición suscrito por España, a los contribuyentes que hubieran optado por la aplicación de este régimen especial.

§2

CAPÍTULO II
GANANCIAS PATRIMONIALES POR CAMBIO DE RESIDENCIA[124]

Artículo 121. Plazo de declaración.

Las ganancias patrimoniales a que se refiere el artículo 95 bis de la Ley del Impuesto deberán integrarse en la base imponible correspondiente al último período que deba declararse por este Impuesto practicándose autoliquidación complementaria, sin sanción, ni intereses de demora ni recargo alguno, en el plazo de declaración del impuesto correspondiente al primer ejercicio en que el contribuyente no tuviera tal condición como consecuencia del cambio de residencia.

Artículo 122. Aplazamientos por desplazamientos temporales.

1. El aplazamiento de la deuda tributaria previsto en el apartado 4 del artículo 95 bis de la Ley del Impuesto se regirá por las normas previstas en el Reglamento General de Recaudación, aprobado por el Real Decreto 939/2005, de 29 de julio, con las siguientes especialidades:

a) Las solicitudes deberán formularse dentro del plazo de declaración a que se refiere el artículo 121 de este Reglamento, y en la solicitud deberá indicarse el país o territorio al que el contribuyente traslada su residencia.

b) El aplazamiento vencerá como máximo el 30 de junio del año siguiente a la finalización del plazo de los cinco ejercicios siguientes al

---

[124] Capítulo añadido por el Art. 1º. Treinta y seis del Real Decreto 633/2015, de 10 de julio, por el que se modifican el Reglamento del Impuesto sobre la Renta de las Personas Físicas, aprobado por el Real Decreto 439/2007, de 30 de marzo, y el Reglamento del Impuesto sobre la Renta de no Residentes, aprobado por el Real Decreto 1776/2004, de 30 de julio.

último que deba declararse por este impuesto. No obstante, si se hubiera ampliado el citado plazo conforme a lo dispuesto en el apartado 2 de este artículo, el vencimiento del aplazamiento se prorrogará hasta el 30 de junio del año siguiente a la finalización del nuevo plazo.

§2

c) En caso de que el desplazamiento se realice por motivos laborales, deberá aportarse un documento justificativo de la relación laboral que motiva el desplazamiento emitido por el empleador.

d) En caso de que el contribuyente transmita la titularidad de las acciones o participaciones con anterioridad a la finalización del plazo a que se refiere el apartado 4 del artículo 95 bis de la Ley del Impuesto, el aplazamiento vencerá en el plazo de dos meses desde la transmisión de las acciones o participaciones.

2. Cuando existan circunstancias que justifiquen un desplazamiento temporal por motivos laborales a un país o territorio que no tenga la consideración de paraíso fiscal cuya duración no permita al obligado tributario adquirir de nuevo la condición de contribuyente por este impuesto dentro del plazo de los cinco ejercicios siguientes al último que deba declararse por este impuesto, el obligado tributario podrá solicitar de la Administración tributaria la ampliación del citado plazo a efectos de prorrogar el vencimiento del aplazamiento previsto en el apartado anterior.

La solicitud deberá presentarse en plazo de los tres meses anteriores a la finalización de los cinco ejercicios siguientes al último que deba declararse por este impuesto.

En la solicitud deberán constar los motivos que justifiquen la prolongación del desplazamiento así como el período de tiempo que se considera necesario para adquirir de nuevo la condición de contribuyente por este impuesto y se acompañará de la justificación correspondiente.

A la vista de la documentación aportada, la Administración tributaria decidirá sobre la procedencia de la ampliación solicitada así como respecto de los ejercicios objeto de ampliación.

Podrán entenderse desestimadas las solicitudes de ampliación que no fuesen resueltas expresamente en el plazo de tres meses.

Artículo 123. Cambio de residencia a otros Estados de la Unión Europea.

1. La opción por la aplicación de las especialidades previstas en el apartado 6 del artículo 95 bis de la Ley del Impuesto en caso de que el cambio de residencia se produzca a otro Estado miembro de la Unión Europea, o del Espacio Económico Europeo con el que exista un efectivo intercambio de información tributaria, en los términos previstos en el apartado 4 de la disposición adicional primera de la Ley 36/2006, de 29 de noviembre, de medidas para la prevención del fraude fiscal, se ejercitará mediante comunicación a la Administración tributaria a través del modelo que apruebe el Ministro de Hacienda y Administraciones Públicas, quien establecerá la forma y el lugar de su presentación.

En la citada comunicación se hará constar, entre otros datos, los siguientes:

a) Identificación de las acciones o participaciones que dan lugar a las ganancias patrimoniales por cambio de residencia.

b) Valor de mercado de las acciones o participaciones a que se refiere el apartado 3 del artículo 95 bis de la Ley del Impuesto.

c) Estado al que se traslada la residencia, con indicación del domicilio, así como las posteriores variaciones en el domicilio.

La comunicación deberá presentarse en el plazo comprendido entre la fecha del desplazamiento y la fecha de finalización del plazo de declaración del Impuesto correspondiente al primer ejercicio en que el contribuyente no tuviera tal condición como consecuencia del cambio de residencia. Las variaciones de domicilio a que se refiere la letra c) anterior deberán comunicarse en el plazo de dos meses desde que se produzcan.

2. En los supuestos en que la ganancia patrimonial deba ser objeto de autoliquidación de acuerdo con lo dispuesto en la letra a) del apartado 6 del artículo 95 bis de la Ley del Impuesto, la autoliquidación se presentará en el plazo que media entre la fecha en que se produzca alguna de las circunstancias referidas en la citada letra a) del apartado 6 del artículo 95 bis de la Ley del Impuesto y el final del inmediato siguiente plazo de declaraciones por el impuesto, o en el plazo de declaración del impuesto correspondiente al primer ejercicio en que el contribuyente no tuviera tal condición como consecuencia del cambio de residencia, si este fuera posterior.

DISPOSICIONES ADICIONALES

Disposición adicional primera. Exención de las indemnizaciones por daños personales.

A los efectos de lo dispuesto en el artículo 7.d) de la Ley del Impuesto sobre la Renta de las Personas Físicas, las indemnizaciones pagadas con arreglo a lo dispuesto en el apartado 2 del artículo 1 del texto refundido de la Ley sobre responsabilidad civil y seguro en la circulación de vehículos a motor, aprobado por el Real Decreto Legislativo 8/2004, de 29 de octubre, y concordantes de su Reglamento, tendrán la consideración de indemnizaciones en la cuantía legalmente reconocida, a los efectos de su calificación como rentas exentas, en tanto sean abonadas por una entidad aseguradora como consecuencia de la responsabilidad civil de su asegurado.

Disposición adicional segunda. Acuerdos previos de valoración de las retribuciones en especie del trabajo personal a efectos de la determinación del correspondiente ingreso a cuenta del Impuesto sobre la Renta de las Personas Físicas.

1. Las personas o entidades obligadas a efectuar ingresos a cuenta como consecuencia de los rendimientos del trabajo en especie que satisfagan, podrán solicitar a la Administración tributaria la valoración de dichas rentas, conforme a las reglas del Impuesto, a los exclusivos efectos de determinar el ingreso a cuenta correspondiente.

2. La solicitud deberá presentarse por escrito antes de efectuar la entrega de bienes o prestación de servicios a que se refiera y se acompañará de una propuesta de valoración formulada por el solicitante.

Dicho escrito contendrá, como mínimo, lo siguiente:

a) Identificación de la persona o entidad solicitante.

b) Identificación y descripción de las entregas de bienes y prestaciones de servicios respecto de las cuales se solicita la valoración.

c) Valoración propuesta, con referencia a la regla de valoración aplicada y a las circunstancias económicas que hayan sido tomadas en consideración.

3. La Administración tributaria examinará la documentación referida en el punto anterior, pudiendo requerir a los solicitantes cuantos datos, informes, antecedentes y justificantes tengan relación con la propuesta.

Asimismo, los solicitantes podrán, en cualquier momento del procedimiento anterior al trámite de audiencia, presentar las alegaciones y aportar los documentos y justificantes que estimen oportunos.

Los solicitantes podrán proponer la práctica de las pruebas que entiendan pertinentes por cualquiera de los medios admitidos en Derecho. Asimismo, la Administración tributaria podrá practicar las pruebas que estime necesarias.

Tanto la Administración tributaria como los solicitantes podrán solicitar la emisión de informes periciales que versen sobre el contenido de la propuesta de valoración.

Una vez instruido el procedimiento y con anterioridad a la redacción de la propuesta de resolución, la Administración tributaria la pondrá de manifiesto a los solicitantes, junto con el contenido y las conclusiones de las pruebas efectuadas y los informes solicitados, quienes podrán formular las alegaciones y presentar los documentos y justificantes que estimen pertinentes en el plazo de quince días.

El procedimiento deberá finalizar en el plazo máximo de seis meses, contados desde la fecha en que la solicitud haya tenido entrada en cualquiera de los registros del órgano administrativo competente o desde la fecha de subsanación de la misma a requerimiento de la Administración tributaria. La falta de resolución de la Administración tributaria en el plazo indicado implicará la aceptación de los valores propuestos por el solicitante.

4. La resolución que ponga fin al procedimiento podrá:

a) Aprobar la propuesta formulada inicialmente por los solicitantes.

b) Aprobar otra propuesta alternativa formulada por los solicitantes en el curso del procedimiento.

c) Desestimar la propuesta formulada por los solicitantes.

§2

La resolución será motivada y, en el caso de que se apruebe, contendrá al menos las siguientes especificaciones:

a) Lugar y fecha de formalización.

b) Identificación de los solicitantes.

c) Descripción de las operaciones.

d) Descripción del método de valoración, con indicación de sus elementos esenciales y del valor o valores que se derivan del mismo, así como de las circunstancias económicas que deban entenderse básicas en orden a su aplicación, destacando las hipótesis fundamentales.

e) Período al que se refiere la propuesta. El plazo máximo de vigencia será de tres años.

f) Razones o motivos por los que la Administración tributaria aprueba la propuesta.

g) Indicación del carácter vinculante de la valoración.

5. La resolución que se dicte no será recurrible, sin perjuicio de los recursos y reclamaciones que puedan interponerse contra los actos de liquidación que se efectúen como consecuencia de la aplicación de los valores establecidos en la resolución.

6. La Administración tributaria y los solicitantes deberán aplicar la valoración de las rentas en especie del trabajo aprobadas en la resolución durante su plazo de vigencia, siempre que no se modifique la legislación o varíen significativamente las circunstancias económicas que fundamentaron la valoración.

7. El órgano competente para informar, instruir y resolver el procedimiento será el Departamento de Inspección Financiera y Tributaria de la Agencia Estatal de Administración tributaria.

Disposición adicional tercera. Información a los tomadores de los Planes de Previsión Asegurados y seguros de dependencia.

Sin perjuicio de las obligaciones de información establecidas en la normativa de seguros privados, mediante resolución de la Dirección General de Seguros y Fondos de Pensiones se establecerán las obligaciones de información que las entidades aseguradoras que comercialicen planes de previsión asegurados y seguros de dependencia deberán poner en conocimiento de los tomadores, con anterioridad a su contratación, sobre tipo de interés garantizado, plazos de cada garantía y gastos previstos, así como la información periódica que deberán remitir a los tomadores y aquélla que deba estar a disposición de los mismos.

Disposición adicional cuarta. Participaciones en fondos de inversión cotizados y acciones de sociedades de inversión de capital variable índice cotizadas[125].

El régimen de diferimiento previsto en el artículo 94.1.a).segundo párrafo de la Ley del Impuesto sobre la Renta de las Personas Físicas no resultará de aplicación cuando la transmisión o reembolso o, en su caso, la suscripción o adquisición tenga por objeto participaciones representativas del patrimonio de los fondos de inversión cotizados o acciones de las sociedades del mismo tipo a que se refiere el artículo 49 del Reglamento de la Ley 35/2003, de 4 de noviembre, de instituciones de inversión colectiva, aprobado por el Real Decreto 1309/2005, de 4 de noviembre.

Disposición adicional quinta. Planes Individuales de Ahorro Sistemático.

Los tomadores de los planes individuales de ahorro sistemático podrán, mediante decisión unilateral, movilizar su provisión matemática a otro plan individual de ahorro sistemático del que sean tomadores.

La movilización total o parcial de un plan de ahorro sistemático a otro seguirá, en cuanto le sea de aplicación el procedimiento dispuesto en el apartado 3 del artículo 49 y disposición transitoria octava de este Reglamento relativo a los planes de previsión asegurados.

Con periodicidad anual las entidades aseguradoras deberán comunicar a los tomadores de planes individuales de ahorro sistemático el valor de

---

[125]   Nueva redacción de esta disposición según el Art. 4. Dos del Real Decreto 749/2010, de 7 de junio, por el que se modifica el Reglamento de la Ley 35/2003, de 4 de noviembre, de Instituciones de Inversión Colectiva, aprobado por el Real Decreto 1309/2005, de 4 de noviembre, y otros reglamentos en el ámbito tributario.

los derechos de los que son titulares y trimestralmente poner a disposición de los mismos dicha información.

Disposición adicional sexta. Régimen fiscal del acontecimiento «Copa del América 2007.

La reducción del 65 por ciento prevista en el artículo 13 del Real Decreto 2146/2004, de 5 de noviembre, por el que se desarrollan las medidas para atender los compromisos derivados de la celebración de la XXXII edición de la Copa del América en la ciudad de Valencia, se aplicará a los contribuyentes del Impuesto sobre la Renta de las Personas Físicas sobre la cuantía del rendimiento neto del trabajo previsto en el artículo 19 o sobre la cuantía del rendimiento neto calculado de acuerdo con lo dispuesto en el artículo 30, ambos de la Ley del Impuesto, y una vez aplicada, en su caso, la reducción prevista en el artículo 32.1 de la Ley del Impuesto.

Disposición adicional séptima. Rendimientos del capital mobiliario a integrar en la renta del ahorro[126].

A los exclusivos efectos de lo establecido en el artículo 46 de la Ley 35/2006, de 28 de noviembre, del Impuesto sobre la Renta de las Personas Físicas y de modificación parcial de las leyes de los Impuestos sobre Sociedades, sobre la Renta de no Residentes y sobre el Patrimonio, se entenderá que no proceden de entidades vinculadas con el contribuyente los rendimientos del capital mobiliario previstos en el artículo 25.2 de la Ley 35/2006 satisfechos por las entidades previstas en el artículo 1.2 del Real Decreto Legislativo 1298/1986, de 28 de junio, sobre Adaptación del Derecho vigente en materia de Entidades de Crédito al de las Comunidades Europeas, cuando no difieran de los que hubieran sido ofertados a otros co-

---

[126]   Disposición Adicional añadida por la D.F. Tercera. Dos del Real Decreto 1804/2008, de 3 de noviembre, por el que se desarrolla la Ley 36/2006, de 29 de noviembre, de medidas para la prevención del fraude fiscal, se modifica el Reglamento para la aplicación del régimen fiscal de las entidades sin fines lucrativos y de los incentivos fiscales al mecenazgo, aprobado por el Real Decreto 1270/2003, y se modifican y aprueban otras normas tributarias.

lectivos de similares características a las de las personas que se consideran vinculadas a la entidad pagadora.

Disposición adicional octava. Movilización entre Planes de Ahorro a Largo Plazo[127].

§2

Conforme al apartado 5 de la disposición adicional vigesimosexta de la Ley del Impuesto, el titular de un Plan de Ahorro a Largo Plazo podrá movilizar íntegramente los derechos económicos del seguro individual de ahorro a largo plazo y los fondos constituidos en la cuenta individual de ahorro a largo plazo a otro Plan de Ahorro a Largo Plazo del que será titular, sin que ello implique la disposición de los recursos, a los efectos previstos en la letra ñ) del artículo 7 o en la letra b) del apartado 1 de la citada disposición adicional, en las siguientes condiciones:

No será posible la movilización en aquellos casos en los que sobre los derechos económicos o sobre los fondos recaiga algún embargo, carga, pignoración o limitación de disposición legal o contractual.

Para efectuar la movilización, el titular del Plan de Ahorro a Largo Plazo deberá dirigirse a la entidad aseguradora o de crédito de destino acompañando a su solicitud la identificación del Plan de Ahorro a Largo Plazo de origen desde el que se realizará la movilización y la entidad de origen. La solicitud incorporará una comunicación dirigida a la entidad de origen para que esta ordene el traspaso, e incluirá una autorización del titular del Plan de Ahorro a Largo Plazo a la entidad de destino para que, en su nombre, pueda solicitar a la entidad de origen la movilización, así como toda la información financiera y fiscal necesaria para realizarlo. En concreto, la entidad de origen deberá comunicar la fecha de apertura del Plan de Ahorro a Largo Plazo, las cantidades aportadas en el año en curso y, por separado, el importe total de los rendimientos de capital mobiliario

---

[127]   Disposición Adicional añadida por el Art. 1º. Treinta y siete del Real Decreto 633/2015, de 10 de julio, por el que se modifican el Reglamento del Impuesto sobre la Renta de las Personas Físicas, aprobado por el Real Decreto 439/2007, de 30 de marzo, y el Reglamento del Impuesto sobre la Renta de no Residentes, aprobado por el Real Decreto 1776/2004, de 30 de julio.

positivos y negativos que se hayan producido desde la apertura, incluidos los que pudieran producirse con ocasión de la movilización.

La entidad de destino deberá advertir al contribuyente, de forma expresa y destacada, que dependiendo de las condiciones específicas del contrato de seguro, de depósito o financiero en que se haya configurado el correspondiente Seguro Individual de Ahorro a Largo Plazo o Cuenta Individual de Ahorro a Largo Plazo, el importe de la movilización puede resultar inferior al importe garantizado por la entidad de origen.

En el caso de que existan convenios o contratos que permitan gestionar las solicitudes de movilización a través de mediadores o de las redes comerciales de otras entidades, la presentación de la solicitud en cualquier establecimiento de éstos se entenderá realizada en la entidad de destino.

En el plazo máximo de cinco días hábiles desde que la entidad de destino disponga de la totalidad de la documentación necesaria, ésta deberá, además de comprobar el cumplimiento de los requisitos establecidos reglamentariamente para dicha movilización, comunicar la solicitud a la entidad de origen, con indicación, al menos, del Plan de Ahorro a Largo Plazo de destino, entidad de destino y datos de la cuenta a la que debe efectuarse la transferencia.

En un plazo máximo de diez días hábiles a contar desde la recepción por parte de la entidad de origen de la solicitud con la documentación correspondiente, esta entidad deberá ordenar la transferencia bancaria y remitir a la entidad de destino toda la información financiera y fiscal necesaria para el traspaso.

No se podrán aplicar penalizaciones, gastos o descuentos al importe de esta movilización que se generen como consecuencia del propio traspaso de fondos. A estos efectos, tratándose de un Seguro Individual de Ahorro a Largo Plazo, los derechos económicos se valorarán por el importe de la provisión matemática o por el valor de mercado de los activos asignados.

En los procedimientos de movilizaciones a que se refiere esta disposición adicional se autoriza que la transmisión de la solicitud de traspaso, la transferencia de efectivo y la transmisión de la información entre las entidades intervinientes, puedan realizarse a través del Sistema Nacional de Compensación Electrónica, mediante las operaciones que, para estos supuestos, se habiliten en dicho Sistema.

Disposición adicional novena. Mecanismos de reversión, períodos ciertos de prestación o fórmulas de contraseguro sobre contratos de rentas vitalicias aseguradas[128].

En los supuestos en que existan mecanismos de reversión, períodos ciertos de prestación o fórmulas de contraseguro en caso de fallecimiento sobre contratos de rentas vitalicias aseguradas a que se refieren el apartado 3 del artículo 38 y la disposición adicional tercera de la Ley del Impuesto, deberán cumplirse los siguientes requisitos:

a) En el supuesto de mecanismos de reversión en caso de fallecimiento del asegurado, únicamente podrá existir un potencial beneficiario de la renta vitalicia que revierta.

b) En el supuesto de periodos ciertos de prestación, dichos períodos no podrán exceder de 10 años desde la constitución de la renta vitalicia.

c) En el supuesto de fórmulas de contraseguro, la cuantía total a percibir con motivo del fallecimiento del asegurado en ningún momento podrá exceder de los siguientes porcentajes respecto del importe destinado a la constitución de la renta vitalicia:

Años desde la constitución de la renta vitalicia	Porcentaje
1.º	95 por 100
2.º	90 por 100
3.º	85 por 100
4.º	80 por 100
5.º	75 por 100

---

[128]   Disposición Adicional añadida por el Art. Único. Catorce del Real Decreto 1461/2018, de 21 de diciembre, por el que se modifica el Reglamento del Impuesto sobre la Renta de las Personas Físicas aprobado por el Real Decreto 439/2007, de 30 de marzo, en materia de deducciones en la cuota diferencial por circunstancias familiares, obligación de declarar, pagos a cuenta, rentas vitalicias aseguradas y obligaciones registrales.

§2

Años desde la constitución de la renta vitalicia	Porcentaje
6.º	70 por 100
7.º	65 por 100
8.º	60 por 100
9.º	55 por 100
10.º en adelante	50 por 100

Disposición adicional décima. Reducción de los pagos a cuenta aplicables en el período impositivo 2023 a rendimientos obtenidos en la isla de La Palma[129].

En el período impositivo 2023, las referencias contenidas a Ceuta y Melilla en el título VII de este reglamento se entenderán igualmente efectuadas a la isla de La Palma.

DISPOSICIONES TRANSITORIAS

Disposición transitoria primera. Transmisiones de elementos patrimoniales afectos realizadas con anterioridad al 1 de enero de 1998.

1. Para la aplicación de lo dispuesto en el artículo 21.3 de la Ley 43/1995, de 27 de diciembre, del Impuesto sobre Sociedades, en la redacción vigente hasta 1 de enero de 2002, en la transmisión, con anterioridad a 1 de enero de 1998, de elementos patrimoniales afectos al ejercicio de actividades económicas desarrolladas por contribuyentes que determinasen su rendimiento neto mediante el método de estimación objetiva, se tomará

---

[129] Nueva disposición añadida por el Art. Primero.Catorce del Real Decreto 1008/2023, de 5 de diciembre, por el que se modifican el Reglamento del Impuesto sobre la Renta de las Personas Físicas, aprobado por el Real Decreto 439/2007, de 30 de marzo, en materia de retribuciones en especie, deducción por maternidad, obligación de declarar, pagos a cuenta y régimen especial aplicable a trabajadores, profesionales, emprendedores e inversores desplazados a territorio español, y el Reglamento del Impuesto sobre Sociedades, aprobado por el Real Decreto 634/2015, de 10 de julio, en materia de retenciones e ingresos a cuenta.

como período de amortización el período máximo de amortización según tablas oficialmente aprobadas vigentes en el momento de la reinversión.

2. El plazo de permanencia de los elementos patrimoniales afectos a actividades económicas desarrolladas por contribuyentes que determinasen su rendimiento neto mediante el método de estimación objetiva, al que se refiere el artículo 21.4 de la Ley 43/1995, de 27 de diciembre, del Impuesto sobre Sociedades, en la redacción vigente hasta 1 de enero de 2002, será, cuando la reinversión se hubiera efectuado con anterioridad al 1 de enero de 1998, de siete años, excepto que su vida útil, calculada según el período máximo de amortización según tablas oficialmente aprobadas en el momento de la reinversión, fuera inferior.

3. Los contribuyentes que determinasen su rendimiento neto por el método de estimación objetiva que se hubieran acogido a la exención por reinversión prevista en el artículo 127 de la Ley 43/1995, de 27 de diciembre, del Impuesto sobre Sociedades, en la redacción vigente hasta 1 de enero de 1999, deberán mantener afectos al desarrollo de su actividad económica los elementos patrimoniales objeto de la reinversión de acuerdo con las siguientes reglas:

1.ª Cuando la transmisión y la reinversión hubiera tenido lugar con anterioridad al 1 de enero de 1998, el plazo de permanencia del elemento patrimonial se determinará según el período máximo de amortización según tablas oficialmente aprobadas vigentes en el momento de la reinversión. También se entenderá cumplido el requisito de permanencia cuando el elemento patrimonial se hubiera mantenido durante los siete años siguientes al cierre del período impositivo en que venció el plazo de los tres años posteriores a la fecha de entrega o puesta a disposición del elemento patrimonial cuya transmisión originó la renta exenta.

2.ª Cuando la reinversión hubiera tenido lugar con posterioridad al 1 de enero de 1998, el período máximo de amortización al que se refiere la regla anterior se determinará de acuerdo con la tabla de amortización prevista en el artículo 37.2 de este Reglamento.

Disposición transitoria segunda. Reinversión de beneficios extraordinarios.

Los contribuyentes que, en períodos impositivos iniciados con anterioridad a 1 de enero de 2002, hubieran transmitido elementos patrimoniales afectos a las actividades económicas por ellos desarrolladas y hubieran optado por aplicar lo previsto en el artículo 21 de la Ley 43/1995, de 27 de diciembre, del Impuesto sobre Sociedades, en la redacción vigente hasta 1 de enero de 2002, integrarán el importe total de la ganancia patrimonial en la base imponible general de acuerdo con lo dispuesto en los artículos 36.2 de la Ley 40/1998, de 9 de diciembre, del Impuesto sobre la Renta de las Personas Físicas y otras normas tributarias, y 40 del Reglamento del Impuesto sobre la Renta de las Personas Físicas, aprobado por Real Decreto 214/1999, de 5 de febrero, según las redacciones vigentes hasta 1 de enero de 2003.

Disposición transitoria tercera. Regularización de deducciones por incumplimiento de requisitos[130].

1. Cuando, por incumplimiento de alguno de los requisitos establecidos, se pierda el derecho, en todo o en parte, a las deducciones aplicadas en períodos impositivos iniciados con anterioridad a 1 de enero de 2009, las cantidades indebidamente deducidas se sumarán a la cuota líquida estatal y a la cuota líquida autonómica, del ejercicio en que se produzca el incumplimiento, en el mismo porcentaje que, en su momento, se aplicó.

2. Cuando, en períodos impositivos posteriores al de su aplicación se pierda el derecho, en todo o en parte, a las deducciones practicadas por cuenta ahorro-empresa, el contribuyente estará obligado a sumar a la cuota líquida estatal y a la cuota líquida autonómica o complementaria devengadas en el ejercicio en que se hayan incumplido los requisitos, las cantidades indebidamente deducidas, más los intereses de demora a que

---

[130] Nueva redacción de esta disposición según el Art. 1º. Treinta y ocho del Real Decreto 633/2015, de 10 de julio, por el que se modifican el Reglamento del Impuesto sobre la Renta de las Personas Físicas, aprobado por el Real Decreto 439/2007, de 30 de marzo, y el Reglamento del Impuesto sobre la Renta de no Residentes, aprobado por el Real Decreto 1776/2004, de 30 de julio.

se refiere el artículo 26.6 de la Ley 58/2003, de 17 de diciembre, General Tributaria, en la forma prevista en la letra b) del apartado 2 del artículo 59 de este Reglamento, en su redacción en vigor a 31 de diciembre de 2014.

Disposición transitoria cuarta. Dividendos procedentes de sociedades transparentes y patrimoniales.

1. No existirá obligación de practicar retención o ingreso a cuenta del Impuesto sobre la Renta de las Personas Físicas respecto a los dividendos o participaciones en beneficios que procedan de períodos impositivos durante los cuales la entidad que los distribuye se hallase en régimen de transparencia fiscal, de acuerdo con lo establecido en la disposición transitoria decimoquinta del texto refundido de la Ley del Impuesto sobre Sociedades, aprobado por el Real Decreto Legislativo 4/2004, de 5 de marzo.

2. No existirá obligación de practicar retención o ingreso a cuenta del Impuesto sobre la Renta de las Personas Físicas respecto a los dividendos o participaciones en beneficios a que se refieren las letras a) y b) del apartado 1 del artículo 25 de la Ley del Impuesto que procedan de períodos impositivos durante los cuales a la entidad que los distribuye le haya sido de aplicación el régimen de las sociedades patrimoniales, de acuerdo con lo establecido en la disposición transitoria vigésima segunda del texto refundido de la Ley del Impuesto sobre Sociedades, aprobado por el Real Decreto Legislativo 4/2004, de 5 de marzo.

Disposición transitoria quinta. Régimen transitorio de las modificaciones introducidas en materia de retenciones sobre los rendimientos del capital mobiliario y sobre ganancias patrimoniales.

1. La obligación de retener en las transmisiones, amortizaciones o reembolsos de activos financieros con rendimiento explícito será aplicable a las operaciones formalizadas desde el 1 de enero de 1999.

En las transmisiones de activos financieros con rendimiento explícito emitidos con anterioridad a 1 de enero de 1999, en caso de no acreditarse el precio de adquisición, la retención se practicará sobre la diferencia entre el valor de emisión del activo y el precio de transmisión.

No se someterán a retención los rendimientos derivados de la transmisión, canje o amortización de valores de deuda pública emitidos con anterioridad a 1 de enero de 1999 que, con anterioridad a esta fecha, no estuvieran sujetos a retención.

2. Cuando se perciban, a partir de 1 de enero de 1999, rendimientos explícitos para los que, por ser la frecuencia de las liquidaciones superior a doce meses, se hayan efectuado ingresos a cuenta, la retención definitiva se practicará al tipo vigente en el momento de la exigibilidad y se regularizará atendiendo a los ingresos a cuenta realizados.

Disposición transitoria sexta. Retención aplicable a determinadas actividades económicas a las que resulta de aplicación el método de estimación objetiva.

No procederá la práctica de la retención prevista en el apartado 6 del artículo 96 de este Reglamento hasta que no finalice el plazo señalado en el apartado 1 de la disposición transitoria segunda de este Real Decreto.

Disposición transitoria séptima. Delimitación de las aportaciones a instrumentos de previsión social complementaria cuando concurran aportaciones anteriores y posteriores a 31 de diciembre de 2006.

A efectos de determinar la base de retención como consecuencia de la aplicación del apartado 2 de las disposiciones transitorias undécima y duodécima de la Ley del Impuesto sobre la Renta de las Personas Físicas, las entidades que gestionen los instrumentos previstos en dichas disposiciones transitorias deberán separar contablemente las primas o aportaciones realizadas así como la rentabilidad correspondiente que pudiera acogerse a este régimen transitorio, del resto de primas o aportaciones y su rentabilidad.

Asimismo, en los supuestos de movilización de derechos consolidados o económicos de dichos sistemas de previsión social se deberá comunicar la información prevista en el apartado anterior.

Disposición transitoria octava. Movilizaciones entre planes de previsión asegurados.

Las solicitudes de movilización de la provisión matemática entre planes de previsión asegurados formuladas hasta la entrada en vigor del artículo 49.3 de este Reglamento, se regirán por lo dispuesto en el artículo 49.3 del Reglamento del Impuesto sobre la Renta de las Físicas aprobado por Real Decreto 1775/2004, de 30 de julio.

Disposición transitoria novena. Ampliación del plazo de dos años para transmitir la vivienda habitual a efectos de la exención por reinversión, cuando previamente se hubiera adquirido otra vivienda en los ejercicios 2006, 2007 y 2008[131].

En aquellos casos en los que se adquiriera una nueva vivienda previamente a la transmisión de su vivienda habitual y dicha adquisición hubiera tenido lugar durante los ejercicios 2006, 2007 ó 2008, el plazo de dos años a que se refiere el último párrafo del apartado 2 del artículo 41 de este Reglamento para la transmisión de la vivienda habitual se ampliará hasta el día 31 de diciembre de 2010.

En los casos anteriores, se entenderá que el contribuyente está transmitiendo su vivienda habitual cuando se cumpla lo establecido en el apartado 4 del artículo 54 de este Reglamento, así como cuando la vivienda que se transmite hubiese dejado de tener la consideración de vivienda habitual por haber trasladado su residencia habitual a la nueva vivienda en cualquier momento posterior a la adquisición de ésta última.

Disposición transitoria décima. Ampliación del plazo de cuentas vivienda[132].

1. Los saldos de las cuentas vivienda a que se refiere el artículo 56 de este Reglamento, existentes al vencimiento del plazo de cuatro años desde

---

[131]   Disposición añadida por el Art. 8. Ocho del Real Decreto 1975/2008, de 28 de noviembre, sobre las medidas urgentes a adoptar en materia económica, fiscal, de empleo y de acceso a la vivienda.

[132]   Disposición añadida por el Art. 8. Nueve del Real Decreto 1975/2008, de 28 de noviembre, sobre las medidas urgentes a adoptar en materia económica, fiscal, de

su apertura y que por la finalización del citado plazo debieran destinarse a la primera adquisición o rehabilitación de la vivienda habitual del contribuyente en el período comprendido entre el día 1 de enero de 2008 y el día 30 de diciembre de 2010, podrán destinarse a dicha finalidad hasta el día 31 de diciembre de 2010 sin que ello implique la pérdida del derecho a la deducción por inversión en vivienda habitual.

Cuando el citado plazo de cuatro años haya vencido en el período comprendido entre el día 1 de enero de 2008 y la entrada en vigor de este real decreto y el titular de la cuenta vivienda hubiera dispuesto entre tales fechas con anterioridad a dicha entrada en vigor del saldo de la cuenta a que se refiere el párrafo anterior para fines distintos a la primera adquisición o rehabilitación de la vivienda habitual, la ampliación del plazo establecida en el párrafo anterior estará condicionada a la reposición de las cantidades dispuestas entre tales fechas, en la cuenta vivienda antigua o en una nueva, en caso de haber cancelado la cuenta anterior. Dicha reposición deberá efectuarse antes de 31 de diciembre de 2008.

2. En ningún caso las cantidades que se depositen en las cuentas vivienda una vez que haya transcurrido el plazo de cuatro años desde su apertura darán derecho a la aplicación de la deducción por inversión en vivienda habitual.

Disposición transitoria undécima. Minoración del tipo de retención por aplicación del régimen transitorio de deducción por inversión en vivienda habitual[133].

A efectos de la reducción de dos enteros del tipo de retención prevista en el artículo 86.1 de este Reglamento, no será necesario que reiteren la comunicación prevista en el artículo 88.1 de este Reglamento al mismo pagador los contribuyentes que, teniendo derecho a la aplicación de la reducción de dos enteros del tipo de retención, hubiesen comunicado esta circunstancia con anterioridad a 1 de enero de 2013.

---

empleo y de acceso a la vivienda.

[133] Nueva redacción de esta disposición según el Art. 2. Primero. Catorce del Real Decreto 960/2013, de 5 de diciembre.

Disposición transitoria duodécima. Deducción por inversión en vivienda habitual[134].

1. La deducción por inversión en vivienda habitual regulada en la disposición transitoria decimoctava de la Ley del Impuesto se aplicará conforme a lo dispuesto en el capítulo I del Título IV de este Reglamento, en la redacción en vigor a 31 de diciembre de 2012.

2. Los contribuyentes que por aplicación de lo establecido en la disposición transitoria decimoctava de la Ley del Impuesto ejerciten el derecho a la deducción por inversión en vivienda habitual, estarán obligados, en todo caso, a presentar declaración por este Impuesto.

Disposición transitoria decimotercera. Tipos de retención aplicables en 2015[135].

1. En el período impositivo 2015, la escala a la que se refiere el artículo 85 de este Reglamento será la prevista, según proceda, en el apartado 2 de la disposición adicional trigésima primera de la Ley del Impuesto.

2. En el período impositivo 2015, los porcentajes de pagos a cuenta previstos en los artículos 80.1, números 3.º y 4.º, 90, 95.1, 96, 99, 100, 101.2, 107 y 114.3 serán los previstos en el apartado 3 de la disposición adicional trigésima primera de la Ley del Impuesto.

3. Cuando se produzcan regularizaciones del tipo de retención conforme al artículo 87 de este Reglamento con anterioridad a 12 de julio, el nuevo tipo de retención aplicable no podrá ser superior al 47 por ciento. A partir de dicha fecha, el tipo máximo de retención resultante de las regularizaciones efectuadas será el 46 por ciento, salvo en el supuesto previsto en el último párrafo del apartado 2 de la disposición adicional trigésima

---

[134]   Disposición añadida por el Art. 2. Primero. Quince del Real Decreto 960/2013, de 5 de diciembre.

[135]   Nueva redacción de esta disposición según el Art. 1º. Treinta y nueve del Real Decreto 633/2015, de 10 de julio, por el que se modifican el Reglamento del Impuesto sobre la Renta de las Personas Físicas, aprobado por el Real Decreto 439/2007, de 30 de marzo, y el Reglamento del Impuesto sobre la Renta de no Residentes, aprobado por el Real Decreto 1776/2004, de 30 de julio.

primera, en el que el tipo del 47 por ciento resultará de aplicación hasta 31 de julio.

Los citados porcentajes serán, respectivamente, el 24 o el 23 por ciento, cuando la totalidad de los rendimientos del trabajo se hubiesen obtenido en Ceuta y Melilla y se beneficien de la deducción prevista en el artículo 68.4 de esta Ley.

Disposición transitoria decimocuarta. Reducción por movilidad geográfica en 2015 a efectos de retenciones[136].

A efectos de lo establecido en el apartado 3 del artículo 83 de este Reglamento, en los supuestos a que se refiere la disposición transitoria sexta de la Ley del Impuesto, la cuantía total de las retribuciones de trabajo se minorará en la reducción prevista en el apartado 1 del artículo 20 de la Ley del Impuesto en su redacción en vigor a 31 de diciembre de 2014 y no resultará de aplicación lo dispuesto en el segundo párrafo de la letra f) del apartado 2 del artículo 19 de la Ley del Impuesto. Para el cómputo de esta reducción el pagador deberá tener en cuenta, exclusivamente, la cuantía del rendimiento neto del trabajo resultante de las minoraciones previstas en los párrafos a) y b) del apartado 3 del artículo 83 de este Reglamento.

Disposición transitoria decimoquinta. Aplicación de lo dispuesto en las disposiciones transitorias cuarta y novena de la Ley del Impuesto respecto de obligaciones de retener que nazcan en el primer trimestre de 2015[137].

Cuando el nacimiento de la obligación de retener se produzca en el primer trimestre de 2015 y el sujeto obligado a retener deba presentar la

---

[136]   Disposición añadida por el Art. Único. Veintitrés del Real Decreto 1003/2014, de 5 de diciembre, por el que se modifica el Reglamento del Impuesto sobre la Renta de las Personas Físicas, aprobado por el Real Decreto 439/2007, de 30 de marzo, en materia de pagos a cuenta y deducciones por familia numerosa o personas con discapacidad a cargo.

[137]   Disposición añadida por el Art. Único. Veinticuatro del Real Decreto 1003/2014, de 5 de diciembre, por el que se modifica el Reglamento del Impuesto sobre la Renta de las Personas Físicas, aprobado por el Real Decreto 439/2007, de 30 de marzo,

declaración de las cantidades retenidas e ingresos a cuenta correspondiente a dicho trimestre en el plazo previsto en el párrafo primero del apartado 1 del artículo 108 de este Reglamento, la comunicación a la que se refieren el apartado 5 del artículo 93 y el apartado 1 del artículo 97, ambos de este Reglamento, podrá realizarse hasta el 10 de abril de 2015.

§2

Disposición transitoria decimosexta. Salario medio anual del conjunto de declarantes del impuesto[138].

En el caso de rendimientos del trabajo que deriven del ejercicio de opciones de compra sobre acciones o participaciones por los trabajadores a los que resulte de aplicación lo previsto en el apartado 4 de la disposición transitoria vigésima quinta de la Ley del Impuesto, a efectos de aplicar del límite previsto en el número 1.º de la letra b) del apartado 2 del artículo 18 de la Ley del Impuesto en su redacción en vigor a 31 de diciembre de 2014, la cuantía del salario medio anual del conjunto de declarantes del Impuesto será de 22.100 euros.

Disposición transitoria decimoséptima. Incumplimiento del requisito de mantenimiento de las acciones en los planes generales de entrega de opciones sobre acciones[139].

En los planes generales de entrega de opciones de compra sobre acciones o participaciones regulados en el artículo 18.2 de la Ley del Impuesto, en su redacción en vigor a 31 de diciembre de 2014, el incumplimiento del

---

en materia de pagos a cuenta y deducciones por familia numerosa o personas con discapacidad a cargo.

[138]   Disposición añadida por el Art. 1º. Cuarenta del Real Decreto 633/2015, de 10 de julio, por el que se modifican el Reglamento del Impuesto sobre la Renta de las Personas Físicas, aprobado por el Real Decreto 439/2007, de 30 de marzo, y el Reglamento del Impuesto sobre la Renta de no Residentes, aprobado por el Real Decreto 1776/2004, de 30 de julio.

[139]   Disposición añadida por el Art. 1º. Cuarenta y uno del Real Decreto 633/2015, de 10 de julio, por el que se modifican el Reglamento del Impuesto sobre la Renta de las Personas Físicas, aprobado por el Real Decreto 439/2007, de 30 de marzo, y el Reglamento del Impuesto sobre la Renta de no Residentes, aprobado por el Real Decreto 1776/2004, de 30 de julio.

requisito de mantenimiento de las acciones o participaciones adquiridas, al menos, durante tres años, motivará la obligación de presentar una autoliquidación complementaria, con inclusión de los intereses de demora, en el plazo que medie entre la fecha en que se incumpla el requisito y la finalización del plazo reglamentario de declaración correspondiente al período impositivo en que se produzca dicho incumplimiento.

Disposición transitoria decimoctava. Mecanismos de reversión, períodos ciertos de prestación o fórmulas de contraseguro sobre contratos de rentas vitalicias aseguradas anteriores a 1 de abril de 2019[140]**.**

Lo dispuesto en la disposición adicional novena de este Reglamento no resultará de aplicación a los contratos de seguros de vida cuya prestación se perciba en forma de renta vitalicia asegurada celebrados con anterioridad a 1 de abril de 2019.

Disposición transitoria decimonovena. Excesos de aportaciones a los sistemas de previsión social pendientes de reducción[141]**.**

Las aportaciones del contribuyente y las contribuciones imputadas por el promotor a los sistemas de previsión social que no hubieran sido objeto de reducción en la base imponible por insuficiencia de base imponible o por haber excedido del límite porcentual establecido en el artículo 52.1 de la Ley del Impuesto y se encuentren pendientes de reducción en la fe-

---

[140] Disposición añadida por el Art. Único. Quince del Real Decreto 1461/2018, de 21 de diciembre, por el que se modifica el Reglamento del Impuesto sobre la Renta de las Personas Físicas aprobado por el Real Decreto 439/2007, de 30 de marzo, en materia de deducciones en la cuota diferencial por circunstancias familiares, obligación de declarar, pagos a cuenta, rentas vitalicias aseguradas y obligaciones registrales.

[141] Nueva redacción de esta disposición según el Art. 1. Primero. Dos del Real Decreto 1039/2022, de 27 de diciembre, por el que se modifican el Reglamento del Impuesto sobre la Renta de las Personas Físicas, aprobado por el Real Decreto 439/2007, de 30 de marzo, y el Reglamento General de las actuaciones y los procedimientos de gestión e inspección tributaria y de desarrollo de las normas comunes de los procedimientos de aplicación de los tributos, aprobado por el Real Decreto 1065/2007, de 27 de julio.

cha de entrada en vigor del Real Decreto 1039/2022, de 27 de diciembre, podrán reducir la base imponible en los términos señalados en el artículo 51 de este reglamento.

Disposición transitoria vigésima. Plazo para el ejercicio de la opción por el régimen especial del artículo 93 de la Ley del Impuesto sobre la Renta de las Personas Físicas[142].

El plazo para el ejercicio de la opción por el régimen especial previsto en el artículo 93 de la Ley del Impuesto para los contribuyentes que adquieran su residencia fiscal en España en el período impositivo 2023, como consecuencia de un desplazamiento realizado a territorio español en 2022 o en 2023 antes de la entrada en vigor de la Orden por la que la persona titular del Ministerio de Hacienda y Función Pública apruebe el modelo de comunicación de la opción, será de seis meses desde la fecha de entrada en vigor de dicha Orden, salvo cuando el artículo 116 de este reglamento le otorgue un plazo superior.

En el supuesto de que el desplazamiento a que se refiere el párrafo anterior hubiera venido determinado por el inicio de una relación laboral, ordinaria o especial, o estatutaria con un empleador en España, por venir ordenado por su empleador o cuando sin ser ordenado, la actividad laboral se preste a distancia, o como consecuencia de la adquisición de la condición de administrador de una entidad, también podrán ejercer la opción por el citado régimen especial con anterioridad a la fecha de entrada en vigor de la Orden señalada en el párrafo anterior, aplicando a tal efecto el artículo 119 de este reglamento en su redacción vigente a 31 de diciembre de 2022.

---

[142]   Disposición añadida por el Art. Primera.Quince del Real Decreto 1008/2023, de 5 de diciembre, por el que se modifican el Reglamento del Impuesto sobre la Renta de las Personas Físicas, aprobado por el Real Decreto 439/2007, de 30 de marzo, en materia de retribuciones en especie, deducción por maternidad, obligación de declarar, pagos a cuenta y régimen especial aplicable a trabajadores, profesionales, emprendedores e inversores desplazados a territorio español, y el Reglamento del Impuesto sobre Sociedades, aprobado por el Real Decreto 634/2015, de 10 de julio, en materia de retenciones e ingresos a cuenta.

No obstante, en el caso de los trabajadores que presten a servicios a distancia a que se refiere el párrafo anterior deberán remitir a la Agencia Estatal de Administración Tributaria la documentación prevista en el artículo 119 de este reglamento, en el plazo establecido en el primer párrafo de este apartado.

Disposición transitoria vigesimoprimera. Cálculo del tipo de retención e ingreso a cuenta en el período impositivo 2024[143].

En el período impositivo 2024, para determinar el tipo de retención o ingreso a cuenta a practicar sobre los rendimientos del trabajo satisfechos con anterioridad a la entrada en vigor del Real Decreto 142/2024, de 6 de febrero, por el que se modifica el Reglamento del Impuesto sobre la Renta de las Personas Físicas, aprobado por el Real Decreto 439/2007, de 30 de marzo, en materia de retenciones e ingresos a cuenta, a los que resulte de aplicación el procedimiento general de retención a que se refiere el artículo 82 de este Reglamento, se tendrán en cuenta las cuantías previstas en el apartado 1 del artículo 81 y la reducción de la letra d) del apartado 3 del artículo 83 de este Reglamento en vigor a 31 de diciembre de 2023.

A partir de la entrada en vigor del Real Decreto 142/2024, de 6 de febrero, por el que se modifica el Reglamento del Impuesto sobre la Renta de las Personas Físicas, aprobado por el Real Decreto 439/2007, de 30 de marzo, en materia de retenciones e ingresos a cuenta, para calcular el tipo de retención o ingreso a cuenta aplicable a los rendimientos que se satisfagan o abonen a partir de dicha fecha, se tendrá en cuenta la nueva redacción en vigor del artículo 81 y de la letra d) del apartado 3 del artículo 83 de este Reglamento, regularizándose, si procede, el tipo de retención o ingreso a cuenta en los primeros rendimientos del trabajo que se satisfagan o abonen a partir de dicha fecha.

---

[143]   Disposición añadida por el Art. Único.Tres del Real Decreto 142/2024, de 6 de febrero, por el que se modifica el Reglamento del Impuesto sobre la Renta de las Personas Físicas, aprobado por el Real Decreto 439/2007, de 30 de marzo, en materia de retenciones e ingresos a cuenta.

No obstante, lo dispuesto en el párrafo anterior podrá realizarse, a opción del pagador, en los primeros rendimientos del trabajo que se satisfagan o abonen a partir del mes siguiente a la entrada en vigor del Real Decreto 142/2024, de 6 de febrero, por el que se modifica el Reglamento del Impuesto sobre la Renta de las Personas Físicas, aprobado por el Real Decreto 439/2007, de 30 de marzo, en materia de retenciones e ingresos a cuenta, en cuyo caso el tipo de retención o ingreso a cuenta a practicar sobre los rendimientos del trabajo satisfechos con anterioridad a esta fecha se determinará tomando en consideración lo dispuesto en el primer párrafo de esta disposición transitoria.

DISPOSICIÓN FINAL

Disposición final única. Autorización al Ministro de Economía y Hacienda.

Se autoriza al Ministro de Economía y Hacienda para dictar las disposiciones necesarias para la aplicación de este Reglamento.

§3
Orden HAC/1347/2024, de 28 de noviembre, por la que se desarrollan para el año 2025 el método de estimación objetiva del Impuesto sobre la Renta de las Personas Físicas y el régimen especial simplificado del Impuesto sobre el Valor Añadido

(BOE de 30 de noviembre de 2024)

El artículo 32 del Reglamento del Impuesto sobre la Renta de las Personas Físicas, aprobado por el Real Decreto 439/2007, de 30 de marzo, y el artículo 37 del Reglamento del Impuesto sobre el Valor Añadido, aprobado por el Real Decreto 1624/1992, de 29 de diciembre, establecen que el método de estimación objetiva del Impuesto sobre la Renta de las Personas Físicas y el régimen especial simplificado del Impuesto sobre el Valor Añadido se aplicarán a las actividades que determine el Ministro de Hacienda y Administraciones Públicas, en la actualidad, Ministra de Hacienda. Por tanto, la presente orden tiene por objeto dar cumplimiento para el ejercicio 2025 a los mandatos contenidos en los mencionados preceptos reglamentarios.

Esta orden mantiene la estructura de la Orden HFP/1359/2023, de 19 de diciembre, por la que se desarrollan para el año 2024 el método de estimación objetiva del Impuesto sobre la Renta de las Personas Físicas y el régimen especial simplificado del Impuesto sobre el Valor Añadido.

En relación con el Impuesto sobre la Renta de las Personas Físicas, se mantienen para el ejercicio 2025 la cuantía de los signos, índices o módulos, así como las instrucciones de aplicación, con la excepción del cambio que se produce en la tributación de la actividad de «producción del mejillón en batea», que pasa del anexo II al anexo I y la eliminación de la compensación del régimen especial de la agricultura, ganadería y pesca del Impuesto sobre el Valor Añadido en el cómputo de la magnitud excluyente basada en el volumen de ingresos para el conjunto de actividades agrícolas, forestales y ganaderas. Asimismo, como en años anteriores, se establece una reducción del 5 por ciento sobre el rendimiento neto de módulos aplicable a todos los contribuyentes que determinen el rendimiento neto de su actividad económica con arreglo al método de estimación objetiva.

Por lo que se refiere al Impuesto sobre el Valor Añadido, la presente orden también mantiene, para 2025, los módulos, así como las instrucciones para su aplicación, aplicables en el régimen especial simplificado en el año inmediato anterior.

No obstante, debe tenerse en cuenta que el artículo 2 del Real Decreto-ley 4/2024, de 26 de junio, por el que se prorrogan determinadas medidas para afrontar las consecuencias económicas y sociales derivadas de los conflictos en Ucrania y Oriente Próximo y se adoptan medidas urgentes en materia fiscal, energética y social, ha incluido al aceite de oliva entre los productos de primera necesidad que, de conformidad con lo establecido en el artículo 91.Dos.1.1º de la Ley 37/1992, de 28 de diciembre, del Impuesto sobre el Valor Añadido, desde el 1 de enero de 2025 y con carácter permanente, tributan al tipo reducido del 4 por ciento. De esta forma, se hace necesario revisar el índice de cuota devengada por operaciones corrientes de la actividad de procesos de transformación, elaboración o manufactura de productos naturales para la obtención de otros productos distintos a los anteriores, en relación con los aceites de oliva, segregando de dicha actividad una actividad específica para los aceites de oliva.

También, en relación. con dicho impuesto, la disposición adicional cuarta modifica la Orden HFP/1359/2023, de 19 de diciembre, por la que se desarrollan para el año 2024 el método de estimación objetiva del Impuesto sobre la Renta de las Personas Físicas y el régimen especial simplificado del Impuesto sobre el Valor Añadido, para incorporar la revisión de determinados módulos a fin de actualizar su importe en paralelo a la bajada de tipos impositivos dispuesta por el artículo 20 del Real Decreto-ley 8/2023, de 27 de diciembre, por el que se adoptan medidas para afrontar las consecuencias económicas y sociales derivadas de los conflictos en

Ucrania y Oriente Próximo, así como para paliar los efectos de la sequía, que prorrogó, desde 1 de enero de 2024 hasta 30 de junio de 2024, la aplicación del tipo del 0 por ciento el tipo impositivo del Impuesto sobre el Valor Añadido que recae sobre determinados productos básicos de alimentación (entre otros, leche, huevos, quesos, frutas, verduras, hortalizas, legumbres, tubérculos y cereales), así como la aplicación del tipo del 5 por ciento a las entregas de aceites de oliva y de semillas.

Posteriormente, el artículo 1 del Real Decreto-ley 4/2024, de 26 de junio, por el que se prorrogan determinadas medidas para afrontar las consecuencias económicas y sociales derivadas de los conflictos en Ucrania y Oriente Próximo y se adoptan medidas urgentes en materia fiscal, energética y social, prorrogó la mencionada aplicación del tipo del 0 por ciento hasta el 30 de septiembre de 2024 a los productos básicos de alimentación, incluyendo a los aceites de oliva y prorrogando la aplicación el tipo del 5 por ciento a las entregas de aceites de semillas; estableciendo, además, la aplicación del tipo del 2 por ciento desde el 1 de octubre hasta el 31 de diciembre de 2024, para las operaciones relativas a dichos bienes, con excepción de los aceites de semillas a los que sería de aplicación el tipo reducido del 7,5 por ciento durante dicho periodo.

A estos efectos, en el anexo I de la mencionada Orden HFP/1359/2023, de 19 de diciembre, se añade una nueva actividad, para los aceites de oliva y los aceites de semillas, segregándola de la actividad de procesos de transformación, elaboración o manufactura de productos naturales para la obtención de otros productos distintos a los anteriores, en la que estaba incluida.

Dicha disposición adicional cuarta contiene, asimismo, las reglas que deben tener en cuenta los sujetos pasivos afectados por la modificación introducida para determinar la cuota anual devengada por el régimen especial simplificado del Impuesto sobre el Valor Añadido en 2024.

Por último, la disposición adicional quinta incorpora, tanto para la determinación del rendimiento neto de 2024 en el Impuesto sobre la Renta de las Personas Físicas por contribuyentes que desarrollen actividades económicas con arreglo al método de estimación objetiva, como para el cálculo de la cuota anual del Impuesto sobre el Valor Añadido por empresarios o profesionales acogidos al régimen especial simplificado en 2024, cuando tales actividades se desarrolle en los términos municipales afectados por la Depresión Aislada en Niveles Altos (DANA) acontecida entre el 28 de octubre y el 4 de noviembre de 2024, la reducción del 25 por ciento del rendimiento neto de módulos y del importe de las cuotas devengadas por operaciones corrientes correspondientes a tales actividades aprobada por el Real Decreto-ley 7/2024, de 11 de noviembre, por el que se adoptan medidas urgentes para el impulso del Plan de respuesta inmediata, reconstrucción y relanzamiento frente a los daños causados por la Depresión Aislada en Niveles Altos (DANA) en diferentes municipios entre el 28 de octubre y el 4 de noviembre de 2024, todo ello sin perjuicio de la adopción de otras medidas que en relación al ejercicio 2025 pudieran determinarse en normas futuras.

De acuerdo con lo dispuesto en la Ley 39/2015, de 1 de octubre, del Procedimiento Administrativo Común de las Administraciones Públicas, la elaboración de esta orden se ha efectuado de acuerdo con los principios de necesidad, eficacia, proporcionalidad, seguridad jurídica, transparencia y eficiencia. En particular, se cumplen los principios de necesidad y eficacia jurídica por ser desarrollo de una norma legal y reglamentaria y el instrumento adecuado para dicho desarrollo. Se cumple también el principio de proporcionalidad al contener la regulación necesaria para conseguir los objetivos que justifican su aprobación. Respecto al principio de seguridad jurídica, se ha garantizado la coherencia del texto con el resto del ordenamiento jurídico nacional, generando un marco normativo estable, predecible, integrado, claro y de certidumbre que facilita su conocimiento y comprensión y, en consecuencia, la actuación y toma de decisiones de los diferentes sujetos afectados sin introducción de cargas administrativas innecesarias

En cuanto al principio de transparencia, sin perjuicio de su publicación oficial en el «Boletín Oficial del Estado», se ha garantizado mediante la publicación del proyecto de orden, así como de su Memoria de Análisis de Impacto Normativo, en el portal web del Ministerio de Hacienda, a efectos de que pudieran ser conocidos dichos textos en el trámite de audiencia e información pública por todos los ciudadanos. Por último, en relación

con el principio de eficiencia, la norma proyectada no implica la incorporación de nuevas cargas administrativas ni nuevos costes indirectos para
los ciudadanos, fomentando el uso racional de los recursos públicos y el
pleno respeto a los principios de estabilidad presupuestaria y sostenibilidad financiera.

En su virtud, dispongo:

Artículo 1. Actividades incluidas en el método de estimación objetiva y en el régimen especial simplificado.

1. De conformidad con los artículos 32 del Reglamento del Impuesto sobre la Renta de las Personas Físicas, aprobado por el Real Decreto
439/2007, de 30 de marzo, y 37 del Reglamento del Impuesto sobre el
Valor Añadido, aprobado por el artículo 1 del Real Decreto 1624/1992, de
29 de diciembre, el método de estimación objetiva del Impuesto sobre la
Renta de las Personas Físicas y el régimen especial simplificado del Impuesto sobre el Valor Añadido serán aplicables a las actividades o sectores
de actividad que a continuación se mencionan:

I.A.E.	ACTIVIDAD ECONÓMICA
División 0	Ganadería independiente.
---	Servicios de cría, guarda y engorde de ganado.
---	Otros trabajos, servicios y actividades accesorios realizados por agricultores o ganaderos que estén excluidos o no incluidos en el régimen especial de la agricultura, ganadería y pesca del Impuesto sobre el Valor Añadido.
---	Otros trabajos, servicios y actividades accesorios realizados por titulares de actividades forestales que estén excluidos o no incluidos en el régimen especial de la agricultura, ganadería y pesca del Impuesto sobre el Valor Añadido.
---	Aprovechamientos que correspondan al cedente en las actividades agrícolas desarrolladas en régimen de aparcería.
---	Aprovechamientos que correspondan al cedente en las actividades forestales desarrolladas en régimen de aparcería.

§3

I.A.E.	ACTIVIDAD ECONÓMICA
---	Procesos de transformación, elaboración o manufactura de productos naturales, vegetales o animales, que requieran el alta en un epígrafe correspondiente a actividades industriales en las Tarifas del Impuesto sobre Actividades Económicas y se realicen por los titulares de las explotaciones de las cuales se obtengan directamente dichos productos naturales.
419.1	Industrias del pan y de la bollería.
419.2	Industrias de la bollería, pastelería y galletas.
419.3	Industrias de elaboración de masas fritas.
423.9	Elaboración de patatas fritas, palomitas de maíz y similares.
642.1, 2 y 3	Elaboración de productos de charcutería por minoristas de carne.
642.5	Comerciantes minoristas matriculados en el epígrafe 642.5 por el asado de pollos.
644.1	Comercio al por menor de pan, pastelería, confitería y similares y de leche y productos lácteos.
644.2	Despachos de pan, panes especiales y bollería.
644.3	Comercio al por menor de productos de pastelería, bollería y confitería.
644.6	Comercio al por menor de masas fritas, con o sin coberturas o rellenos, patatas fritas, productos de aperitivo, frutos secos, golosinas, preparados de chocolate y bebidas refrescantes.
647.1	Comerciantes minoristas matriculados en el epígrafe 647.1 por el servicio de comercialización de loterías.
647.2 y 3	Comerciantes minoristas matriculados en el epígrafe 647.2 y 3 por el servicio de comercialización de loterías.
652.2 y 3	Comerciantes minoristas matriculados en el epígrafe 652.2 y 3 por el servicio de comercialización de loterías.
653.2	Comercio al por menor de material y aparatos eléctricos, electrónicos, electrodomésticos y otros aparatos de uso doméstico accionados por otro tipo de energía distinta de la eléctrica, así como muebles de cocina.
653.4 y 5	Comercio al por menor de materiales de construcción, artículos y mobiliario de saneamiento, puertas, ventanas, persianas, etc.
654.2	Comercio al por menor de accesorios y piezas de recambio para vehículos terrestres.
654.5	Comercio al por menor de toda clase de maquinaria (excepto aparatos del hogar, de oficina, médicos, ortopédicos, ópticos y fotográficos).

§3

I.A.E.	ACTIVIDAD ECONÓMICA
654.6	Comercio al por menor de cubiertas, bandas o bandajes y cámaras de aire para toda clase de vehículos, excepto las actividades de comercio al por mayor de los artículos citados.
659.3	Comerciantes minoristas matriculados en el epígrafe 659.3 por el servicio de recogida de negativos y otro material fotográfico impresionado para su procesado en laboratorio de terceros y la entrega de las correspondientes copias y ampliaciones.
659.4	Comerciantes minoristas matriculados en el epígrafe 659.4 por el servicio de publicidad exterior y comercialización de tarjetas de transporte público, tarjetas de uso telefónico y otras similares, así como loterías.
662.2	Comerciantes minoristas matriculados en el epígrafe 662.2 por el servicio de comercialización de loterías.
663.1	Comercio al por menor fuera de un establecimiento comercial permanente dedicado exclusivamente a la comercialización de masas fritas, con o sin coberturas o rellenos, patatas fritas, productos de aperitivo, frutos secos, golosinas, preparación de chocolate y bebidas refrescantes y facultado para la elaboración de los productos propios de churrería y patatas fritas en la propia instalación o vehículo.
671.4	Restaurantes de dos tenedores.
671.5	Restaurantes de un tenedor.
672.1, 2 y 3	Cafeterías.
673.1	Cafés y bares de categoría especial.
673.2	Otros cafés y bares.
675	Servicios en quioscos, cajones, barracas u otros locales análogos.
676	Servicios en chocolaterías, heladerías y horchaterías.
681	Servicio de hospedaje en hoteles y moteles de una o dos estrellas.
682	Servicio de hospedaje en hostales y pensiones.
683	Servicio de hospedaje en fondas y casas de huéspedes.
691.1	Reparación de artículos eléctricos para el hogar.
691.2	Reparación de vehículos automóviles, bicicletas y otros vehículos.
691.9	Reparación de calzado.
691.9	Reparación de otros bienes de consumo n.c.o.p. (excepto reparación de calzado, restauración de obras de arte, muebles, antigüedades e instrumentos musicales).

§3

I.A.E.	ACTIVIDAD ECONÓMICA
692	Reparación de maquinaria industrial.
699	Otras reparaciones n.c.o.p.
721.1 y 3	Transporte urbano colectivo y de viajeros por carretera.
721.2	Transporte por autotaxis.
722	Transporte de mercancías por carretera.
751.5	Engrase y lavado de vehículos.
757	Servicios de mudanzas.
849.5	Transporte de mensajería y recadería, cuando la actividad se realice exclusivamente con medios de transporte propios.
933.1	Enseñanza de conducción de vehículos terrestres, acuáticos, aeronáuticos, etc.
933.9	Otras actividades de enseñanza, tales como idiomas, corte y confección, mecanografía, taquigrafía, preparación de exámenes y oposiciones y similares n.c.o.p.
967.2	Escuelas y servicios de perfeccionamiento del deporte.
971.1	Tinte, limpieza en seco, lavado y planchado de ropas hechas y de prendas y artículos del hogar usados.
972.1	Servicios de peluquería de señora y caballero.
972.2	Salones e institutos de belleza.
973.3	Servicios de copias de documentos con máquinas fotocopiadoras.

2. La determinación de las operaciones económicas incluidas en cada actividad deberá efectuarse de acuerdo con las normas del Impuesto sobre Actividades Económicas.

Asimismo, se comprenderán en cada actividad las operaciones económicas que se incluyen expresamente en los anexos I y II de esta Orden, siempre que se desarrollen con carácter accesorio a la actividad principal.

Para las actividades recogidas en el anexo II de esta Orden, se considerará accesoria a la actividad principal aquella cuyo volumen de ingresos no supere el 40 por ciento del volumen correspondiente a la actividad principal. Para las actividades recogidas en el anexo I se estará al concepto que se indica en el artículo 3 de esta Orden.

Artículo 2. Actividades incluidas en el método de estimación objetiva.

1. De conformidad con el artículo 32 del Reglamento del Impuesto sobre la Renta de las Personas Físicas, aprobado por el Real Decreto 439/2007, de 30 de marzo, el método de estimación objetiva del Impuesto sobre la Renta de las Personas Físicas será aplicable, además, a las actividades a las que resulte de aplicación el régimen especial de la agricultura, ganadería y pesca o el del recargo de equivalencia del Impuesto sobre el Valor Añadido, que a continuación se mencionan:

§3

I.A.E.	ACTIVIDAD ECONÓMICA
---	Agrícola o ganadera susceptible de estar incluida en el régimen especial de la agricultura, ganadería y pesca del Impuesto sobre el Valor Añadido.
---	Actividad forestal susceptible de estar incluida en el régimen especial de la agricultura, ganadería y pesca del Impuesto sobre el Valor Añadido.
---	Producción de mejillón en batea.
641	Comercio al por menor de frutas, verduras, hortalizas y tubérculos.
642.1, 2, 3 y 4	Comercio al por menor de carne y despojos; de productos y derivados cárnicos elaborados, salvo casquerías.
642.5	Comercio al por menor de huevos, aves, conejos de granja, caza; y de productos derivados de los mismos.
642.6	Comercio al por menor, en casquerías, de vísceras y despojos procedentes de animales de abasto, frescos y congelados.
643.1 y 2	Comercio al por menor de pescados y otros productos de la pesca y de la acuicultura y de caracoles.
644.1	Comercio al por menor de pan, pastelería, confitería y similares y de leche y productos lácteos.
644.2	Despachos de pan, panes especiales y bollería.
644.3	Comercio al por menor de productos de pastelería, bollería y confitería.
644.6	Comercio al por menor de masas fritas, con o sin coberturas o rellenos, patatas fritas, productos de aperitivo, frutos secos, golosinas, preparados de chocolate y bebidas refrescantes.
647.1	Comercio al por menor de cualquier clase de productos alimenticios y de bebidas en establecimientos con vendedor.
647.2 y 3	Comercio al por menor de cualquier clase de productos alimenticios y bebidas en régimen de autoservicio o mixto en establecimientos cuya sala de ventas tenga una superficie inferior a 400 metros cuadrados.

I.A.E.	ACTIVIDAD ECONÓMICA
651.1	Comercio al por menor de productos textiles, confecciones para el hogar, alfombras y similares y artículos de tapicería.
651.2	Comercio al por menor de toda clase de prendas para el vestido y tocado.
651.3 y 5	Comercio al por menor de lencería, corsetería y prendas especiales.
651.4	Comercio al por menor de artículos de mercería y paquetería.
651.6	Comercio al por menor de calzado, artículos de piel e imitación o productos sustitutivos, cinturones, carteras, bolsos, maletas y artículos de viaje en general.
652.2 y 3	Comercio al por menor de productos de droguería, perfumería y cosmética, limpieza, pinturas, barnices, disolventes, papeles y otros productos para la decoración y de productos químicos, y de artículos para la higiene y el aseo personal.
653.1	Comercio al por menor de muebles.
653.2	Comercio al por menor de material y aparatos eléctricos, electrónicos, electrodomésticos y otros aparatos de uso doméstico accionados por otro tipo de energía distinta de la eléctrica, así como muebles de cocina.
653.3	Comercio al por menor de artículos de menaje, ferretería, adorno, regalo, o reclamo (incluyendo bisutería y pequeños electrodomésticos).
653.9	Comercio al por menor de otros artículos para el equipamiento del hogar n.c.o.p.
654.2	Comercio al por menor de accesorios y piezas de recambio para vehículos sin motor.
654.6	Comercio al por menor de cubiertas, bandas o bandajes y cámaras de aire para vehículos terrestres sin motor, excepto las actividades de comercio al por mayor de los artículos citados.
659.2	Comercio al por menor de muebles de oficina y de máquinas y equipos de oficina.
659.3	Comercio al por menor de aparatos e instrumentos médicos, ortopédicos, ópticos y fotográficos.
659.4	Comercio al por menor de libros, periódicos, artículos de papelería y escritorio y artículos de dibujo y bellas artes, excepto en quioscos situados en la vía pública.
659.4	Comercio al por menor de prensa, revistas y libros en quioscos situados en la vía pública.

§3

I.A.E.	ACTIVIDAD ECONÓMICA
659.6	Comercio al por menor de juguetes, artículos de deporte, prendas deportivas de vestido, calzado y tocado, armas, cartuchería y artículos de pirotecnia.
659.7	Comercio al por menor de semillas, abonos, flores y plantas y pequeños animales.
662.2	Comercio al por menor de toda clase de artículos, incluyendo alimentación y bebidas, en establecimientos distintos de los especificados en el grupo 661 y en el epígrafe 662.1.
663.1	Comercio al por menor fuera de un establecimiento comercial permanente de productos alimenticios, incluso bebidas y helados.
663.2	Comercio al por menor fuera de un establecimiento comercial permanente de artículos textiles y de confección.
663.3	Comercio al por menor fuera de un establecimiento comercial permanente de calzado, pieles y artículos de cuero.
663.4	Comercio al por menor fuera de un establecimiento comercial permanente de artículos de droguería y cosméticos y de productos químicos en general.
663.9	Comercio al por menor fuera de un establecimiento comercial permanente de otras clases de mercancías n.c.o.p.

§3

2. La determinación de las operaciones económicas incluidas en cada actividad deberá efectuarse de acuerdo con las normas del Impuesto sobre Actividades Económicas.

Asimismo, se comprenderán en cada actividad las operaciones económicas que se incluyen expresamente en los anexos I y II de esta Orden, siempre que se desarrollen con carácter accesorio a la actividad principal.

Para las actividades recogidas en el anexo II de esta Orden, se considerará accesoria a la actividad principal aquélla cuyo volumen de ingresos no supere el 40 por ciento del volumen correspondiente a la actividad principal. Para las actividades recogidas en el anexo I se estará al concepto que se indica en el artículo 3 de esta Orden.

Artículo 3. Magnitudes excluyentes.

1. No obstante lo dispuesto en los artículos 1 y 2 de esta Orden, el método de estimación objetiva del Impuesto sobre la Renta de las Personas Físicas y el régimen especial simplificado del Impuesto sobre el Valor

Añadido no serán aplicables a las actividades o sectores de actividad que superen las siguientes magnitudes:

a) Magnitud en función del volumen de ingresos para el conjunto de actividades económicas, excepto las agrícolas, ganaderas y forestales, el previsto, para el periodo impositivo 2025, en el apartado a') de la letra b) de la norma 3.ª del apartado 1 del artículo 31 de la Ley 35/2006, de 28 de noviembre, del Impuesto sobre la Renta de las Personas Físicas y de modificación parcial de las leyes de los Impuestos sobre Sociedades, sobre la Renta de no Residentes y sobre el Patrimonio, y en el primer guion del número 2.º del apartado dos del artículo 122 de la Ley 37/1992, 28 de diciembre, del Impuesto sobre el Valor Añadido.

A estos efectos, se computará la totalidad de las operaciones con independencia de que exista o no obligación de expedir factura de acuerdo con lo dispuesto en el Reglamento por el que se regulan las obligaciones de facturación, aprobado por el Real Decreto 1619/2012, de 30 de noviembre.

Sin perjuicio del límite anterior, el método de estimación objetiva no podrá aplicarse cuando el volumen de los rendimientos íntegros que corresponda a operaciones por las que estén obligados a expedir factura cuando el destinatario sea un empresario o profesional que actúe como tal, de acuerdo con lo dispuesto en el artículo 2.2.a) del Reglamento por el que se regulan las obligaciones de facturación, supere el previsto, a estos efectos, para el período impositivo 2025, en el apartado a') de la letra b) de la norma 3.ª del apartado 1 del artículo 31 de la Ley del Impuesto sobre la Renta de las Personas Físicas.

No obstante, a los efectos del método de estimación de estimación objetiva, deberán computarse no sólo las operaciones correspondientes a las actividades económicas desarrolladas por el contribuyente, sino también las correspondientes a las desarrolladas por el cónyuge, descendientes y ascendientes, así como por las entidades en régimen de atribución de rentas en las que participen cualquiera de los anteriores, en las que concurran las siguientes circunstancias:

– Que las actividades económicas desarrolladas sean idénticas o similares. A estos efectos, se entenderán que son idénticas o similares las actividades económicas clasificadas en el mismo grupo en el Impuesto sobre Actividades Económicas.

– Que exista una dirección común de tales actividades, compartiéndose medios personales o materiales.

Cuando se trate de entidades en régimen de atribución de rentas deberán computarse no sólo las operaciones correspondientes a las actividades económicas desarrolladas por la propia entidad en régimen de atribución, sino también las correspondientes a las desarrolladas por sus socios, herederos, comuneros o partícipes; los cónyuges, descendientes y ascendientes de éstos; así como por otras entidades en régimen de atribución de rentas en las que participen cualquiera de las personas anteriores, en las que concurran las circunstancias señaladas en el párrafo anterior.

§3

Cuando en el año inmediato anterior se hubiese iniciado una actividad, el volumen de ingresos se elevará al año.

b) Magnitud en función del volumen de ingresos para el conjunto de actividades agrícolas, forestales y ganaderas:

250.000 euros anuales de volumen de ingresos en las siguientes actividades:

«Ganadería independiente».

«Servicios de cría, guarda y engorde de ganado».

«Otros trabajos, servicios y actividades accesorios realizados por agricultores o ganaderos que estén excluidos o no incluidos en el régimen especial de la agricultura, ganadería y pesca del Impuesto sobre el Valor Añadido».

«Otros trabajos, servicios y actividades accesorios realizados por titulares de actividades forestales que estén excluidos o no incluidos en el régimen especial de la agricultura, ganadería y pesca del Impuesto sobre el Valor Añadido».

«Aprovechamientos que correspondan al cedente en las actividades agrícolas desarrolladas en régimen de aparcería».

«Aprovechamientos que correspondan al cedente en las actividades forestales desarrolladas en régimen de aparcería».

«Agrícola o ganadera susceptible de estar incluida en el régimen especial de la agricultura, ganadería y pesca del Impuesto sobre el Valor Añadido».

«Forestal susceptible de estar incluida en el régimen especial de la agricultura, ganadería y pesca del Impuesto sobre el Valor Añadido».

«Producción de mejillón en batea, con un máximo de 5 bateas en cualquier día del año.»

«Procesos de transformación, elaboración o manufactura de productos naturales, vegetales o animales, que requieran el alta en un epígrafe correspondiente a actividades industriales en las Tarifas del Impuesto sobre Actividades Económicas y se realicen por los titulares de las explotaciones de las cuales se obtengan directamente dichos productos naturales».

A estos efectos, sólo se computarán las operaciones que deban anotarse en el Libro registro de ventas o ingresos previsto en el apartado 7 del artículo 68 del Reglamento del Impuesto sobre la Renta de las Personas Físicas, aprobado por el Real Decreto 439/2007, de 30 de marzo, o en los libros registro previstos en el tercer párrafo del apartado 1 del artículo 40 y en el apartado 1 del artículo 47 del Reglamento del Impuesto sobre el Valor Añadido, aprobado por el Real Decreto 1624/1992, de 29 de diciembre.

Sin perjuicio de lo señalado en los párrafos anteriores de esta letra, las actividades «Otros trabajos, servicios y actividades accesorios realizados por agricultores y/o ganaderos que estén excluidos o no incluidos en el régimen especial de la agricultura, ganadería y pesca del Impuesto sobre el Valor Añadido» y «Otros trabajos, servicios y actividades accesorios realizados por titulares de actividades forestales que estén excluidos o no incluidos en el régimen especial de la agricultura, ganadería y pesca del Impuesto sobre el Valor Añadido» contempladas en el artículo 1 de esta Orden, sólo quedarán sometidas al método de estimación objetiva del Impuesto sobre la Renta de las Personas Físicas y, en su caso, al régimen especial simplificado del Impuesto sobre el Valor Añadido, si el volumen de ingresos conjunto imputable a ellas resulta inferior al correspondiente a las actividades agrícolas y/o ganaderas o forestales principales.

A los efectos del método de estimación objetiva, deberán computarse no sólo las operaciones correspondientes a las actividades económicas desarrolladas por el contribuyente, sino también las correspondientes a las desarrolladas por el cónyuge, descendientes y ascendientes, así como por las entidades en régimen de atribución de rentas en las que participen cualquiera de los anteriores, en las que concurran las circunstancias señaladas en la letra a) anterior.

Cuando se trate de entidades en régimen de atribución de rentas deberán computarse no sólo las operaciones correspondientes a las actividades económicas desarrolladas por la propia entidad en régimen de atribución, sino también las correspondientes a las desarrolladas por sus socios, herederos, comuneros o partícipes; los cónyuges, descendientes y ascendientes de éstos; así como por otras entidades en régimen de atribución de rentas en las que participen cualquiera de las personas anteriores, en las que concurran las circunstancias señaladas en la letra a) anterior.

Cuando en el año inmediato anterior se hubiese iniciado una actividad, el volumen de ingresos se elevará al año.

A efectos de lo dispuesto en las letras a) y b) anteriores, el volumen de ingresos incluirá la totalidad de los obtenidos en el conjunto de las mencionadas actividades, no computándose entre ellos las subvenciones corrientes o de capital ni las indemnizaciones, así como tampoco el Impuesto sobre el Valor Añadido y, en su caso, el recargo de equivalencia que grave la operación, para aquellas actividades que tributen por el régimen simplificado del Impuesto sobre el Valor Añadido.

c) Magnitud en función del volumen de compras en bienes y servicios. El previsto, para el período impositivo 2025, en la letra c) de la norma 3.ª del apartado 1 del artículo 31 de la Ley del Impuesto sobre la Renta de las Personas Físicas y en el número 3.º del apartado dos del artículo 122 de la Ley del Impuesto sobre el Valor Añadido, para el conjunto de todas las actividades económicas desarrolladas. Dentro de este límite se tendrán en cuenta las obras y servicios subcontratados y se excluirán las adquisiciones de inmovilizado.

A los efectos del método de estimación objetiva, deberán computarse no sólo las operaciones correspondientes a las actividades económicas desarrolladas por el contribuyente, sino también las correspondientes a las desarrolladas por el cónyuge, descendientes y ascendientes, así como por las entidades en régimen de atribución de rentas en las que participen cualquiera de los anteriores, en las que concurran las circunstancias señaladas en la letra a) anterior.

Cuando se trate de entidades en régimen de atribución de rentas deberán computarse no sólo las operaciones correspondientes a las actividades económicas desarrolladas por la propia entidad en régimen de atribución, sino también las correspondientes a las desarrolladas por sus socios, herederos, comuneros o partícipes; los cónyuges, descendientes y ascendientes de éstos; así como por otras entidades en régimen de atribución de rentas en las que participen cualquiera de las personas anteriores, en las que concurran las circunstancias señaladas en la letra a) anterior.

Cuando en el año inmediato anterior se hubiese iniciado una actividad, el volumen de compras se elevará al año.

d) Magnitudes específicas.

I.A.E.[1]	ACTIVIDAD ECONÓMICA	MAGNITUD
419.1	Industrias del pan y de la bollería.	6 personas empleadas
419.2	Industrias de la bollería, pastelería y galletas.	6 personas empleadas
419.3	Industrias de elaboración de masas fritas.	6 personas empleadas
423.9	Elaboración de patatas fritas, palomitas de maíz y similares.	6 personas empleadas
641	Comercio al por menor de frutas, verduras, hortalizas y tubérculos.	5 personas empleadas

---

[1]   Los epígrafes del I.A.E. han sido añadidos por los compiladores.

I.A.E.[1]	ACTIVIDAD ECONÓMICA	MAGNITUD
642.1, 2, 3 y 4	Comercio al por menor de carne y despojos; de productos y derivados cárnicos elaborados.	5 personas empleadas
642.5	Comercio al por menor de huevos, aves, conejos de granja, caza y de productos derivados de los mismos.	4 personas empleadas
642.6	Comercio al por menor, en casquerías, de vísceras y despojos procedentes de animales de abasto, frescos y congelados.	5 personas empleadas
643.1 y 2	Comercio al por menor de pescados y otros productos de la pesca y de la acuicultura y de caracoles.	5 personas empleadas
644.1	Comercio al por menor de pan, pastelería, confitería y similares y de leche y productos lácteos.	6 personas empleadas
644.2	Despachos de pan, panes especiales y bollería.	6 personas empleadas
644.3	Comercio al por menor de productos de pastelería, bollería y confitería.	6 personas empleadas
644.6	Comercio al por menor de masas fritas, con o sin coberturas o rellenos, patatas fritas, productos de aperitivo, frutos secos, golosinas, preparados de chocolate y bebidas refrescantes.	6 personas empleadas
647.1	Comercio al por menor de cualquier clase de productos alimenticios y de bebidas en establecimientos con vendedor.	5 personas empleadas
647.2 y 3	Comercio al por menor de cualquier clase de productos alimenticios y bebidas en régimen de autoservicio o mixto en establecimientos cuya sala de ventas tenga una superficie inferior a 400 metros cuadrados.	4 personas empleadas
651.1	Comercio al por menor de productos textiles, confecciones para el hogar, alfombras y similares y artículos de tapicería.	4 personas empleadas
651.2	Comercio al por menor de toda clase de prendas para el vestido y tocado.	5 personas empleadas
651.3 y 5	Comercio al por menor de lencería, corsetería y prendas especiales.	3 personas empleadas
651.4	Comercio al por menor de artículos de mercería y paquetería.	4 personas empleadas

§3

§3

I.A.E.[1]	ACTIVIDAD ECONÓMICA	MAGNITUD
651.6	Comercio al por menor de calzado, artículos de piel e imitación o productos sustitutivos, cinturones, carteras, bolsos, maletas y artículos de viaje en general.	5 personas empleadas
652.2 y 3	Comercio al por menor de productos de droguería, perfumería y cosmética, limpieza, pinturas, barnices, disolventes, papeles y otros productos para la decoración y de productos químicos, y de artículos para la higiene y el aseo personal.	4 personas empleadas
653.1	Comercio al por menor de muebles.	4 personas empleadas
653.2	Comercio al por menor de material y aparatos eléctricos, electrónicos, electrodomésticos y otros aparatos de uso doméstico accionados por otro tipo de energía distinta de la eléctrica, así como muebles de cocina.	3 personas empleadas
653.3	Comercio al por menor de artículos de menaje, ferretería, adorno, regalo, o reclamo (incluyendo bisutería y pequeños electrodomésticos).	4 personas empleadas
653.4 y 5	Comercio al por menor de materiales de construcción, artículos y mobiliario de saneamiento, puertas, ventanas, persianas, etc.	3 personas empleadas
653.9	Comercio al por menor de otros artículos para el equipamiento del hogar n.c.o.p.	3 personas empleadas
654.2	Comercio al por menor de accesorios y piezas de recambio para vehículos terrestres.	4 personas empleadas
654.5	Comercio al por menor de toda clase de maquinaria (excepto aparatos del hogar, de oficina, médicos, ortopédicos, ópticos y fotográficos).	3 personas empleadas
654.6	Comercio al por menor de cubiertas, bandas o bandajes y cámaras de aire para toda clase de vehículos.	4 personas empleadas
659.2	Comercio al por menor de muebles de oficina y de máquinas y equipos de oficina.	4 personas empleadas
659.3	Comercio al por menor de aparatos e instrumentos médicos, ortopédicos, ópticos y fotográficos.	3 personas empleadas

I.A.E.[1]	ACTIVIDAD ECONÓMICA	MAGNITUD
659.4	Comercio al por menor de libros, periódicos, artículos de papelería y escritorio y artículos de dibujo y bellas artes, excepto en quioscos situados en la vía pública.	3 personas empleadas
659.4	Comercio al por menor de prensa, revistas y libros en quioscos situados en la vía pública.	2 personas empleadas
659.6	Comercio al por menor de juguetes, artículos de deporte, prendas deportivas de vestido, calzado y tocado, armas, cartuchería y artículos de pirotecnia.	3 personas empleadas
659.7	Comercio al por menor de semillas, abonos, flores y plantas y pequeños animales.	4 personas empleadas
662.2	Comercio al por menor de toda clase de artículos, incluyendo alimentación y bebidas, en establecimientos distintos de los especificados en el grupo 661 y en el epígrafe 662.1.	3 personas empleadas
663.1	Comercio al por menor fuera de un establecimiento comercial permanente de productos alimenticios, incluso bebidas y helados.	2 personas empleadas
663.2	Comercio al por menor fuera de un establecimiento comercial permanente de artículos textiles y de confección.	2 personas empleadas
663.3	Comercio al por menor fuera de un establecimiento comercial permanente de calzado, pieles y artículos de cuero.	2 personas empleadas
663.4	Comercio al por menor fuera de un establecimiento comercial permanente de artículos de droguería y cosméticos y de productos químicos en general.	2 personas empleadas
663.9	Comercio al por menor fuera de un establecimiento comercial permanente de otras clases de mercancías n.c.o.p.	2 personas empleadas
671.4	Restaurantes de dos tenedores.	10 personas empleadas
671.5	Restaurantes de un tenedor.	10 personas empleadas
672.1, 2 y 3	Cafeterías.	8 personas empleadas
673.1	Cafés y bares de categoría especial.	8 personas empleadas

I.A.E.[1]	ACTIVIDAD ECONÓMICA	MAGNITUD
673.2	Otros cafés y bares.	8 personas empleadas
675	Servicios en quioscos, cajones, barracas u otros locales análogos.	3 personas empleadas
676	Servicios en chocolaterías, heladerías y horchaterías.	3 personas empleadas
681	Servicio de hospedaje en hoteles y moteles de una o dos estrellas.	10 personas empleadas
682	Servicio de hospedaje en hostales y pensiones.	8 personas empleadas
683	Servicio de hospedaje en fondas y casas de huéspedes.	8 personas empleadas
691.1	Reparación de artículos eléctricos para el hogar.	3 personas empleadas
691.2	Reparación de vehículos automóviles, bicicletas y otros vehículos.	5 personas empleadas
691.9	Reparación de calzado.	2 personas empleadas
691.9	Reparación de otros bienes de consumo n.c.o.p. (excepto reparación de calzado, restauración de obras de arte, muebles, antigüedades e instrumentos musicales).	2 personas empleadas
692	Reparación de maquinaria industrial.	2 personas empleadas
699	Otras reparaciones n.c.o.p.	2 personas empleadas
721.1 y 3	Transporte urbano colectivo y de viajeros por carretera.	5 vehículos cualquier día del año
721.2	Transporte por autotaxis.	3 vehículos cualquier día del año
722	Transporte de mercancías por carretera.	4 vehículos cualquier día del año
751.5	Engrase y lavado de vehículos.	5 personas empleadas
757	Servicios de mudanzas.	4 vehículos cualquier día del año
849.5	Transporte de mensajería y recadería, cuando la actividad se realice exclusivamente con medios de transporte propios.	5 vehículos cualquier día del año
933.1	Enseñanza de conducción de vehículos terrestres, acuáticos, aeronáuticos, etc.	4 personas empleadas

I.A.E.[1]	ACTIVIDAD ECONÓMICA	MAGNITUD
933.9	Otras actividades de enseñanza, tales como idiomas, corte y confección, mecanografía, taquigrafía, preparación de exámenes y oposiciones y similares n.c.o.p.	5 personas empleadas
967.2	Escuelas y servicios de perfeccionamiento del deporte.	3 personas empleadas
971.1	Tinte, limpieza en seco, lavado y planchado de ropas hechas y de prendas y artículos del hogar usados.	4 personas empleadas
972.1	Servicios de peluquería de señora y caballero.	6 personas empleadas
972.2	Salones e institutos de belleza.	6 personas empleadas
973.3	Servicios de copias de documentos con máquinas fotocopiadoras.	4 personas empleadas

§3

A los efectos del método de estimación objetiva, deberá computarse no sólo la magnitud específica correspondiente a la actividad económica desarrollada por el contribuyente, sino también las correspondientes a las desarrolladas por el cónyuge, descendientes y ascendientes, así como por las entidades en régimen de atribución de rentas en las que participen cualquiera de los anteriores, en las que concurran las circunstancias señaladas en la letra a) anterior.

Cuando se trate de entidades en régimen de atribución de rentas deberá computarse no sólo la magnitud específica correspondiente a la actividad económica desarrolladas por la propia entidad en régimen de atribución, sino también las correspondientes a las desarrolladas por sus socios, herederos, comuneros o partícipes; los cónyuges, descendientes y ascendientes de éstos; así como por otras entidades en régimen de atribución de rentas en las que participen cualquiera de las personas anteriores, en las que concurran las circunstancias señaladas en la letra a) anterior.

Para el cómputo de la magnitud que determine la inclusión en el método de estimación objetiva o, en su caso, del régimen simplificado se consideran las personas empleadas o vehículos o bateas que se utilicen para el desarrollo de la actividad principal y de cualquier actividad accesoria incluida en el régimen, de conformidad con los apartados 2 de los artículos 1 y 2 de esta Orden.

El personal empleado se determinará por la media ponderada correspondiente al período en que se haya ejercido la actividad durante el año inmediato anterior.

El personal empleado comprenderá tanto el no asalariado como el asalariado. A efectos de determinar la media ponderada se aplicarán exclusivamente las siguientes reglas:

Sólo se tomará en cuenta el número de horas trabajadas durante el período en que se haya ejercido la actividad durante el año inmediato anterior.

Se computará como una persona no asalariada la que trabaje en la actividad al menos 1.800 horas/año. Cuando el número de horas de trabajo al año sea inferior a 1.800, se estimará como cuantía de la persona no asalariada la proporción existente entre número de horas efectivamente trabajadas en el año y 1.800.

No obstante, el empresario se computará como una persona no asalariada. En aquellos supuestos en que pueda acreditarse una dedicación inferior a 1.800 horas/año por causas objetivas, tales como jubilación, incapacidad, pluralidad de actividades o cierre temporal de la explotación, se computará el tiempo efectivo dedicado a la actividad. En estos supuestos, para la cuantificación de las tareas de dirección, organización y planificación de la actividad y, en general, las inherentes a la titularidad de la misma, se computará al empresario en 0,25 personas/año, salvo cuando se acredite una dedicación efectiva superior o inferior.

Se computará como una persona asalariada la que trabaje el número de horas anuales por trabajador fijado en el convenio colectivo correspondiente o, en su defecto, 1.800 horas/año. Cuando el número de horas de trabajo al año sea inferior o superior, se estimará como cuantía de la persona asalariada la proporción existente entre el número de horas efectivamente trabajadas y las fijadas en el convenio colectivo o, en su defecto, 1.800.

En el primer año de ejercicio de la actividad se tendrá en cuenta el número de personas empleadas o vehículos o bateas al inicio de la misma.

Cuando en un año natural se superen las magnitudes indicadas en este artículo, el sujeto pasivo quedará excluido, a partir del año inmediato siguiente, del método de estimación objetiva del Impuesto sobre la Renta de las Personas Físicas y del régimen simplificado o del régimen de la agricultura, ganadería y pesca del Impuesto sobre el Valor Añadido, cuando resulten aplicables por estas actividades.

Los contribuyentes que por aplicación de lo dispuesto en este artículo queden excluidos del método de estimación objetiva del Impuesto sobre la Renta de las Personas Físicas, determinarán su rendimiento neto por la modalidad simplificada del método de estimación directa siempre que reúnan los requisitos establecidos en el artículo 28 del Reglamento del Impuesto y no renuncien a su aplicación.

2. Tampoco será de aplicación el método de estimación objetiva a las actividades económicas desarrolladas, total o parcialmente, fuera del ámbito de aplicación del Impuesto sobre la Renta de las Personas Físicas, al que se refiere el artículo 4 de la Ley 35/2006, de 28 de noviembre, del Impuesto sobre la Renta de las Personas Físicas y de modificación parcial de las leyes de los Impuestos sobre Sociedades, sobre la Renta de no Residentes y sobre el Patrimonio.

A estos efectos, se entenderá que las actividades de transporte urbano colectivo y de viajeros por carretera, de transporte por autotaxis, de transporte de mercancías por carretera y de servicios de mudanzas, se desarrollan, en cualquier caso, dentro del ámbito de aplicación del Impuesto sobre la Renta de las Personas Físicas.

Artículo 4. Aprobación de los signos, índices o módulos.

De conformidad con los artículos 32 del Reglamento del Impuesto sobre la Renta de las Personas Físicas y 38 y 42 del Reglamento del Impuesto sobre el Valor Añadido, se aprueban los signos, índices o módulos correspondientes al método de estimación objetiva del Impuesto sobre la Renta de las Personas Físicas, así como los índices y módulos del régimen especial simplificado del Impuesto sobre el Valor Añadido que serán aplicables durante el año 2025 a las actividades comprendidas en los artículos 1 y 2, que aparecen, junto con las instrucciones para su aplicación, en los Anexos I, II y III de la presente Orden.

Artículo 5. Plazos de renuncias o revocaciones al método de estimación objetiva.

Los contribuyentes del Impuesto sobre la Renta de las Personas Físicas que desarrollen actividades a las que sea de aplicación el método de estimación objetiva y deseen renunciar o revocar su renuncia para el año 2025, dispondrán para ejercitar dicha opción desde el día siguiente a la fecha de publicación de esta Orden en el «Boletín Oficial del Estado» hasta el 31 de diciembre del año 2024. La renuncia o revocación deberá efectuarse de acuerdo con lo previsto en el capítulo I del título II del Reglamento General de las actuaciones y los procedimientos de gestión e inspección tributaria y de desarrollo de las normas comunes de los procedimientos de aplicación de los tributos, aprobado por el Real Decreto 1065/2007, de 27 de julio.

No obstante lo anterior, también se entenderá efectuada la renuncia cuando se presente en el plazo reglamentario la declaración correspondiente al pago fraccionado del primer trimestre del año natural en que deba surtir efectos en la forma dispuesta para el método de estimación directa. En caso de inicio de la actividad, también se entenderá efectuada la renuncia cuando se efectúe en el plazo reglamentario el pago fraccionado correspondiente al primer trimestre de ejercicio de la actividad en la forma dispuesta para el método de estimación directa.

Artículo 6. Plazos de renuncias o revocaciones al régimen especial simplificado.

Los sujetos pasivos del Impuesto sobre el Valor Añadido que desarrollen actividades a las que sea de aplicación el régimen especial simplificado y deseen renunciar a él o revocar su renuncia para el año 2025, dispondrán para ejercitar dicha opción desde el día siguiente a la fecha de publicación de esta Orden en el «Boletín Oficial del Estado» hasta el 31 de diciembre del año 2024. La renuncia o revocación deberá efectuarse de acuerdo con lo previsto en el capítulo I del título II del Reglamento General de las actuaciones y los procedimientos de gestión e inspección tributaria y de desarrollo de las normas comunes de los procedimientos de aplicación de los tributos, aprobado por el Real Decreto 1065/2007, de 27 de julio.

No obstante lo anterior, también se entenderá efectuada la renuncia cuando se presente en plazo la declaración-liquidación correspondiente al primer trimestre del año natural en que deba surtir efectos aplicando el régimen general. En caso de inicio de la actividad, también se entenderá efectuada la renuncia cuando la primera declaración que deba presentar el sujeto pasivo después del comienzo de la actividad se presente en plazo aplicando el régimen general.

D.A. 1ª. Reducción en 2025 del rendimiento neto calculado por el método de estimación objetiva.

1. Los contribuyentes que determinen el rendimiento neto de sus actividades económicas por el método de estimación objetiva, podrán reducir el rendimiento neto de módulos obtenido en 2025 en un 5 por 100.

2. Cuando se trate de actividades incluidas en el anexo I de esta Orden, la reducción prevista en el apartado 1 anterior se aplicará sobre el rendimiento neto de módulos a que se refiere la instrucción 2.3 para la aplicación de los signos, índices o módulos en el Impuesto sobre la Renta de las Personas Físicas del anexo I de esta Orden.

El rendimiento neto de módulos, así calculado, se tendrá en cuenta para la aplicación de lo dispuesto en la instrucción 3 para la aplicación de los signos, índices o módulos en el Impuesto sobre la Renta de las Personas Físicas del anexo I de esta Orden.

3. Esta reducción se tendrá en cuenta para cuantificar el rendimiento neto a efectos de los pagos fraccionados correspondientes a 2025.

D.A. 2ª. Índices de rendimiento neto aplicables en 2025 por determinadas actividades agrícolas.

Los índices de rendimiento neto aplicables en el método de estimación objetiva del Impuesto sobre la Renta de las Personas Físicas en 2025 por las actividades agrícolas que se mencionan a continuación serán, en sustitución de los establecidos en el anexo I de esta Orden, los siguientes:

Actividad	Índice rendimiento neto
Uva de mesa	0,32
Flores y plantas ornamentales	0,32
Tabaco	0,26

§3

D.A. 3ª. Porcentajes aplicables en 2025 para el cálculo de la cuota devengada por operaciones corrientes en el régimen simplificado del Impuesto sobre el Valor Añadido para determinadas actividades ganaderas afectadas por crisis sectoriales.

Los porcentajes aplicables para el cálculo de la cuota devengada por operaciones corrientes en el régimen simplificado del Impuesto sobre el Valor Añadido en 2025 en las actividades que se mencionan a continuación serán los siguientes:

Servicios de cría, guarda y engorde de aves: 0,06625.

Actividad de apicultura: 0,070.

D.A. 4ª. Modificación de los módulos aprobados, a efectos del régimen especial simplificado del Impuesto sobre el Valor Añadido, por la Orden HFP/1359/2023, de 19 de diciembre, por la que se desarrollan para el año 2024 el método de estimación objetiva del Impuesto sobre la Renta de las Personas Físicas y el régimen especial simplificado del Impuesto sobre el Valor Añadido y cálculo de la cuota anual devengada del año 2024 del régimen especial simplificado del Impuesto sobre el Valor Añadido a realizar por los titulares de determinadas actividades.

1. Los módulos aprobados, a efectos del régimen especial simplificado del Impuesto sobre el Valor Añadido, por el anexo I de la Orden HFP/1359/2023, de 19 de diciembre, por la que se desarrollan para el año 2024 el método de estimación objetiva del Impuesto sobre la Renta de las Personas Físicas y el régimen especial simplificado del Impuesto sobre el Valor Añadido, para las actividades que se indican, serán los siguientes:

Actividad: ganadera de explotación intensiva de avicultura de huevos y, ganado ovino, caprino y bovino de leche.

§3

Índice de cuota devengada por operaciones corrientes: 0,00 (desde 1 de enero de 2024 hasta 30 de septiembre de 2024) y 0,02 (desde 1 de octubre de 2024 hasta 31 de diciembre de 2024).

Actividad: aprovechamientos que correspondan al cedente en las actividades agrícolas, desarrolladas en régimen de aparcería, dedicadas a la obtención de productos agrícolas no comprendidas en los apartados siguientes.

Índice de cuota devengada por operaciones corrientes: 0,00 (desde 1 de enero de 2024 hasta 30 de septiembre de 2024) y 0,02 (desde 1 de octubre de 2024 hasta 31 de diciembre de 2024).

Actividad: procesos de transformación, elaboración o manufactura de productos naturales para la obtención de queso.

Índice de cuota devengada por operaciones corrientes: 0,03102.

Actividad: procesos de transformación, elaboración o manufactura de productos naturales para la obtención de aceites de oliva y aceites de semillas.

Índice de cuota devengada por operaciones corrientes: 0,14104.

2. Los titulares de las actividades a que se refiere el apartado 1 anterior que tributen por el régimen especial simplificado del Impuesto sobre el Valor Añadido, al finalizar el año o al producirse el cese de la actividad, deberán calcular la cuota anual derivada del régimen simplificado, teniendo en cuenta, en su caso, el volumen total de ingresos, excluidas subvenciones corrientes o de capital, las indemnizaciones, así como el Impuesto sobre el Valor Añadido y, en su caso, el recargo de equivalencia que grave la operación, correspondientes al año natural, utilizando al efecto los módulos referidos en dicho apartado 1.

D.A. 5ª. Disposición adicional quinta. Reducción en 2024 del rendimiento neto calculado por el método de estimación objetiva del Impuesto sobre la Renta de las Personas Físicas y de la cuota devengada por operaciones corrientes del régimen especial simplificado del Impuesto sobre el Valor Añadido para actividades económicas desarrolladas en los términos municipales afectados por la Depresión Aislada en Niveles Altos (DANA) a que se refiere el Real Decreto-ley 6/2024,

de 5 de noviembre, por el que se adoptan medidas urgentes de respuesta ante los daños causados por la Depresión Aislada en Niveles Altos (DANA) en diferentes municipios entre el 28 de octubre y el 4 de noviembre de 2024.

1. Los contribuyentes del Impuesto sobre la Renta de las Personas Físicas que desarrollen actividades económicas en los términos municipales citados en el anexo del Real Decreto-ley 6/2024, de 5 de noviembre, por el que se adoptan medidas urgentes de respuesta ante los daños causados por la Depresión Aislada en Niveles Altos (DANA) en diferentes municipios entre el 28 de octubre y el 4 de noviembre de 2024, y determinen el rendimiento neto por el método de estimación objetiva, podrán reducir el rendimiento neto de módulos de 2024 correspondiente a tales actividades en un 25 por ciento.

La reducción prevista en el párrafo anterior se aplicará sobre el rendimiento neto de módulos resultante después de aplicar la reducción prevista en el apartado 1 de la disposición adicional primera de la Orden HFP/1359/2023, de 19 de diciembre, por la que se desarrollan para el año 2024 el método de estimación objetiva del Impuesto sobre la Renta de las Personas Físicas y el régimen especial simplificado del Impuesto sobre el Valor Añadido.

Para la determinación de la cuantía del pago fraccionado correspondiente al último trimestre de 2024, el rendimiento neto a efectos del pago fraccionado se reducirá en la parte proporcional del mismo que corresponda a las actividades económicas desarrolladas en los términos municipales afectados por la Depresión Aislada en Niveles Altos (DANA) a que se refiere el primer párrafo de este apartado.

2. Los sujetos pasivos del Impuesto sobre el Valor Añadido que desarrollen actividades empresariales o profesionales en los términos municipales citados en el anexo del Real Decreto-ley 6/2024, de 5 de noviembre, por el que se adoptan medidas urgentes de respuesta ante los daños causados por la Depresión Aislada en Niveles Altos (DANA) en diferentes municipios entre el 28 de octubre y el 4 de noviembre de 2024, y estén acogidos al régimen especial simplificado, podrán reducir en un 25 por ciento el importe de las cuotas devengadas por operaciones corrientes correspondiente a tales actividades en el año 2024.

D.F. Única. Entrada en vigor.

Esta Orden entrará en vigor el día siguiente al de su publicación en el «Boletín Oficial del Estado», con efectos para el año 2025.

Madrid, 28 de noviembre de 2024.- La Vicepresidenta Primera del Gobierno y Ministra de Hacienda, María Jesús Montero Cuadrado.

ANEXO I
ACTIVIDADES AGRÍCOLAS, GANADERAS Y FORESTALES
Signos, índices o módulos del método de estimación objetiva
del Impuesto sobre la Renta de las Personas Físicas

§3

Actividad: Agrícola dedicada a la obtención de remolacha azucarera y ganadera de explotación de ganado porcino de carne, de ganado bovino de carne, de ganado ovino de carne, de ganado caprino de carne, avicultura y cunicultura.

Índice de rendimiento neto: 0,13

Índice de rendimiento neto en el supuesto de transformación, elaboración o manufactura: 0,23

NOTA: A título indicativo se incluye la obtención de:
En la avicultura se encuentra comprendida la obtención de productos (carne y huevos) procedentes de pollos, gallinas, patos, faisanes, perdices, codornices, etc.

Actividad: Forestal con un «período medio de corta» superior a 30 años.

Índice de rendimiento neto: 0,13

Índice de rendimiento neto en el supuesto de transformación, elaboración o manufactura: 0,23

NOTA: A título indicativo se incluyen las especies arbóreas siguientes:
Castaño, abedul, fresno, arce, cerezo, aliso, nogal, pino albar (P. Sylvestris), pino laricio, abeto, pino de Oregón, cedro, pino carrasco, pino canario, pino piñonero, pino pinaster, ciprés, haya, roble (Q. robur, Q. petraea), encina, alcornoque y resto de quercíneas.

Actividad: Ganadera de explotación de ganado bovino de leche.

Índice de rendimiento neto: 0,20

Índice de rendimiento neto en el supuesto de transformación, elaboración o manufactura: 0,30.

Actividad: Agrícola dedicada a la obtención de cereales, cítricos, frutos secos, horticultura, patata, leguminosas, uva para vino de mesa sin denominación de origen, productos del olivo y hongos para el consumo humano y ganadera de explotación de ganado porcino de cría, de ganado bovino de cría, de ganado ovino de leche, de ganado caprino de leche y apicultura.

Índice de rendimiento neto: 0,26

Índice de rendimiento neto en el supuesto de transformación, elaboración o manufactura: 0,36

NOTA: A título indicativo se incluye la obtención de:
Cereales: Cereales grano excepto arroz (trigo, centeno, cebada, avena, maíz, sorgo, mijo, panizo, alpiste, escaña, triticale y trigo sarraceno, etc.).
Cítricos: Naranjo dulce, naranjo amargo, mandarino, limonero, pomelo, lima, bergamota, etc.
Frutos Secos: Nogal, avellano, almendro, castaño y otros frutales de cáscara (pistachos, piñones), etc.

Productos Hortícolas: Col repollo, col de Bruselas, coliflor, otras coles, acelga, apio, puerro, lechuga, escarola, espinaca, espárrago, endivia, cardo, otras hortalizas de hoja, tomate, alcachofa, pepino, pepinillo, berenjena, pimiento, calabaza, calabacín, otras hortalizas cultivadas por su fruto o su flor, remolacha de mesa, zanahoria, ajo, cebolla, cebolleta, nabo, rábano, otras hortalizas cultivadas por su raíz, bulbo o tubérculo, guisante verde, judía verde, haba verde, otras hortalizas con vaina, sandía, melón, fresa, fresón, piña tropical y otras frutas de plantas no perennes.

Leguminosas: Leguminosas grano (judías, lentejas, garbanzos, habas, guisantes, algarrobas, veza, yeros, almortas, alholvas, altramuces, etc.).

Productos del Olivo: Aceituna de mesa y aceituna de almazara.

§3

Actividad: Forestal con un «período medio de corta» igual o inferior a 30 años.

Índice de rendimiento neto: 0,26

Índice de rendimiento neto en el supuesto de transformación, elaboración o manufactura: 0,36

NOTA: A título indicativo se incluyen las especies arbóreas siguientes:
Eucalipto, chopo, pino insigne y pino marítimo.

Actividad: Agrícola dedicada a la obtención de arroz, uva para vino de mesa con denominación de origen, oleaginosas y otras actividades ganaderas no comprendidas expresamente en otros apartados y forestal dedicada a la extracción de resina.

Índice de rendimiento neto: 0,32

Índice de rendimiento neto en el supuesto de transformación, elaboración o manufactura: 0,42

NOTA: A título indicativo se incluye la obtención de:
Oleaginosas: Cacahuete, girasol, soja, colza y nabina, cártamo y ricino, etc.
Otras actividades ganaderas: Equinos, animales para peletería (visón, chinchilla, etc.), etc.

Actividad: Agrícola dedicada a la obtención de raíces, tubérculos, forrajes, algodón, frutos no cítricos, tabaco, otros productos agrícolas no comprendidos expresamente en otros apartados y servicios de cría, guarda y engorde de cualquier tipo de ganado.

Índice de rendimiento neto: 0,37

Índice de rendimiento neto en el supuesto de transformación, elaboración o manufactura: 0,47

NOTA: A título indicativo se incluye la obtención de:
Forrajes: Plantas forrajeras de escarda (nabo forrajero, remolacha forrajera, col forrajera, calabaza forrajera, zanahoria forrajera, etc.) y otras plantas forrajeras (alfalfa, cereal invierno forraje, maíz forrajero, veza, esparceta, trébol, vallico, haba forraje, zulla y otras).

Frutos no cítricos: Manzana para mesa, manzana para sidra, pera, membrillo, níspola, otros frutos de pepita (acerola, serba y otros), cereza, guinda, ciruela, albaricoque, melocotón y otros frutos de hueso, higo, granada, grosella, frambuesa, otros pequeños frutos y bayas (casis, zarzamora, mora, etc.), plátano, aguacate, chirimoya, kiwi y otros frutos tropicales y subtropicales (caquis, higo chumbo, dátil, guayaba, papaya, mango, lichis, excepto piña tropical).
Otros productos agrícolas: Lúpulo, caña de azúcar, azafrán, achicoria, pimiento para pimentón, viveros, flores y plantas ornamentales, etc.

§3

Actividad: Agrícola dedicada a la obtención de plantas textiles y uva de mesa, actividades accesorias realizadas por agricultores, ganaderos o titulares de actividades forestales.

Índice de rendimiento neto: 0,42

Índice de rendimiento neto en el supuesto de transformación, elaboración o manufactura: 0,52

NOTA: A título indicativo se incluye la obtención de:
Plantas textiles: Lino, cáñamo, etc.
NOTA: A título indicativo en las actividades accesorias se incluyen:
Agroturismo, artesanía, caza, pesca y, actividades recreativas y de ocio, en las que el agricultor o ganadero participe como monitor, guía o experto, tales como excursionismo, senderismo, rutas ecológicas, etc...

Actividad: Otros trabajos y servicios accesorios realizados por agricultores, ganaderos o titulares de actividades forestales y producción de mejillón en batea.

Índice de rendimiento neto: 0,56

Índices y módulos del Régimen Especial Simplificado del Impuesto sobre el Valor Añadido

Actividad: Ganadera de explotación intensiva de ganado porcino de carne y avicultura de carne.

Índice de cuota devengada por operaciones corrientes: 0,10

Actividad: Ganadera de explotación intensiva de avicultura de huevos y, ganado ovino, caprino y bovino de leche.

Índice de cuota devengada por operaciones corrientes: 0,04

Actividad: Ganadera de explotación intensiva de ganado bovino de carne y cunicultura.

Índice de cuota devengada por operaciones corrientes: 0,10

Actividad: Ganadera de explotación intensiva de ganado porcino de cría, bovino de cría y otras intensivas o extensivas no comprendidas expresamente en otros apartados.

Índice de cuota devengada por operaciones corrientes: 0,10

Actividad: Ganadera de explotación intensiva de ganado ovino y caprino de carne.

Índice de cuota devengada por operaciones corrientes: 0,10

Actividad: Servicios de cría, guarda y engorde de aves.

Índice de cuota devengada por operaciones corrientes: 0,09375

Actividad: Otros trabajos y servicios accesorios realizados por agricultores, ganaderos o titulares de actividades forestales que estén excluidos del régimen especial de la agricultura, ganadería y pesca del Impuesto sobre el Valor Añadido, y servicios de cría, guarda y engorde de ganado, excepto aves.

Índice de cuota devengada por operaciones corrientes: 0,10

Actividad: Actividades accesorias realizadas por agricultores, ganaderos o titulares de actividades forestales no incluidas en el régimen especial de la agricultura, ganadería y pesca del Impuesto sobre el Valor Añadido.

Índice de cuota devengada por operaciones corrientes: 0,21
NOTA: A título indicativo en las actividades accesorias se incluyen:
Agroturismo, artesanía, caza, pesca y, actividades recreativas y de ocio, en las que el agricultor, ganadero o titular de actividades forestales participe como monitor, guía o experto, tales como excursionismo, senderismo, rutas ecológicas, etc.

Actividad: Aprovechamientos que correspondan al cedente en las actividades agrícolas, desarrolladas en régimen de aparcería, dedicadas a la obtención de productos agrícolas no comprendidas en los apartados siguientes.

Índice de cuota devengada por operaciones corrientes: 0,04

Actividad: Aprovechamientos que correspondan al cedente en las actividades agrícolas, desarrolladas en régimen de aparcería, dedicadas a la obtención de forrajes.

Índice de cuota devengada por operaciones corrientes: 0,07625

Actividad: Aprovechamientos que correspondan al cedente en las actividades agrícolas, desarrolladas en régimen de aparcería, dedicadas a la obtención de plantas textiles y tabaco.

Índice de cuota devengada por operaciones corrientes: 0,21

Actividad: Aprovechamientos que correspondan al cedente en las actividades forestales, desarrolladas en régimen de aparcería.

Índice de cuota devengada por operaciones corrientes: 0,21

Actividad: Procesos de transformación, elaboración o manufactura de productos naturales para la obtención de queso.

Índice de cuota devengada por operaciones corrientes: 0,070

Actividad: Procesos de transformación, elaboración o manufactura de productos naturales para la obtención de vino de mesa.

Índice de cuota devengada por operaciones corrientes: 0,2675

Actividad: Procesos de transformación, elaboración o manufactura de productos naturales para la obtención de vino con denominación de origen.

Índice de cuota devengada por operaciones corrientes: 0,2675

Actividad: Procesos de transformación, elaboración o manufactura de productos naturales para la obtención de otros productos distintos a los anteriores.

Índice de cuota devengada por operaciones corrientes: 0,19625

Instrucciones para la aplicación de los signos, índices o módulos en el Impuesto sobre la Renta de las Personas Físicas

Rendimiento Anual

1. El rendimiento neto resultará de la suma de los rendimientos netos que correspondan a cada una de las actividades.

2. El rendimiento neto correspondiente a cada actividad se obtendrá aplicando el procedimiento establecido a continuación:

2.1. Fase 1: Rendimiento neto previo.

El rendimiento neto previo en el supuesto de actividades en que se realice la entrega de los productos naturales o los trabajos, servicios y actividades accesorios, se obtendrá multiplicando el volumen total de ingresos, incluidas las subvenciones corrientes o de capital y las indemnizaciones, de cada uno de los cultivos o explotaciones por el «índice de rendimiento neto» que corresponda a cada uno de ellos.

§3

Las ayudas directas desacopladas de la Política Agraria Común (ayuda básica a la renta para la sostenibilidad, ayuda redistributiva complementaria a la renta o ayuda complementaria para jóvenes agricultores) se acumularán a los ingresos procedentes de los cultivos o explotaciones del perceptor en proporción a sus respectivos importes. No obstante, cuando el perceptor de la ayuda directa hubiera obtenido ingresos por actividades agrícolas y ganaderas, distintos de la ayuda directa, por cuantía inferior al 25 por ciento del importe del total de los ingresos de tales actividades, el índice de rendimiento neto a aplicar sobre las ayudas directas será el 0,56.

El rendimiento neto previo en el supuesto de actividades en las que se sometan los productos naturales a transformación, elaboración o manufactura se obtendrá multiplicando el valor de los productos naturales utilizados en el proceso, a precio de mercado, por el «índice de rendimiento neto» previsto para estos supuestos. El rendimiento neto previo se determinará en el momento de incorporación de los productos naturales a los procesos de transformación elaboración o manufactura.

El procedimiento de cálculo previsto en el párrafo anterior se aplicará también a los productos sometidos a procesos de transformación, elaboración o manufactura en los años anteriores a 1998 que sean transmitidos a partir del 1 de enero del 2025. En estos casos, la determinación del rendimiento neto previo se producirá en el momento en que sean transmitidos los productos.

2.2. Fase 2: Rendimiento neto minorado.

El rendimiento neto minorado se obtiene deduciendo del anterior las cantidades que, en concepto de amortización del inmovilizado material e intangible correspondan a la depreciación efectiva que sufran los distintos elementos por funcionamiento, uso, disfrute u obsolescencia.

A estos efectos, la amortización se calculará de acuerdo con lo establecido en la letra b) del punto 2.2. de las instrucciones para la aplicación de los signos, índices o módulos en el Impuesto sobre la Renta de las Personas Físicas del Anexo II de esta Orden.

No obstante, los elementos patrimoniales del inmovilizado descritos a continuación, se amortizarán conforme a la siguiente Tabla:

Grupo	Descripción	Coeficiente lineal máximo – Porcentaje	Período máximo –
5	Batea	10%	12 años
6	Barco	10%	25 años
7	Vacuno, porcino, ovino y caprino	22%	8 años
8	Equino y frutales no cítricos	10%	17 años
9	Frutales cítricos y viñedos	5%	45 años
10	Olivar	3%	80 años

Cuando se trate de actividades forestales, para el cálculo del rendimiento neto minorado no se deducirán las amortizaciones.

2.3. Fase 3: Rendimiento neto de módulos.

Sobre el rendimiento neto minorado se aplicarán, cuando correspondan, los índices correctores que se establecen a continuación, obteniendo el rendimiento neto de módulos.

Los índices correctores se aplicarán en aquellas actividades que los tengan asignados expresamente y según las circunstancias, cuantía, orden e incompatibilidad que se indica a continuación, sobre el rendimiento neto minorado o, en su caso, sobre el rectificado por aplicación de los mismos:

a) Utilización de medios de producción ajenos en actividades agrícolas.

Cuando en el desarrollo de actividades agrícolas se utilicen exclusivamente medios de producción ajenos, sin tener en cuenta el suelo, y salvo en los casos de aparcería y figuras similares.

Índice: 0,75

b) Utilización de personal asalariado.

Cuando el coste del personal asalariado supere el porcentaje del volumen total de ingresos que se expresa, será aplicable el índice corrector que se indica.

Porcentaje	Índice
Más del 10 por 100	0,90
Más del 20 por 100	0,85
Más del 30 por 100	0,80
Más del 40 por 100	0,75

Cuando resulte aplicable el índice corrector de la letra a) anterior no podrá aplicarse el contenido en esta letra b).

c) Cultivos realizados en tierras arrendadas.

Cuando los cultivos se realicen, en todo o en parte, en tierras arrendadas.

Índice: 0,90 sobre los rendimientos procedentes de cultivos en tierras arrendadas.

Cuando no sea posible delimitar dichos rendimientos, se prorrateará en función del porcentaje que supongan las tierras arrendadas dedicadas a cada cultivo respecto a la superficie total, propia y arrendada, dedicada a ese cultivo.

d) Piensos adquiridos a terceros.

Cuando en las actividades ganaderas se alimente el ganado con piensos y otros productos para la alimentación adquiridos a terceros que representen más del 50 por 100 del importe de los consumidos.

Índice: 0,50.

A efectos de este índice, la valoración del importe de los piensos y otros productos propios se efectuará según su valor de mercado.

e) Agricultura ecológica.

Cuando la producción cumpla los requisitos establecidos en el Reglamento (CE) 834/2007, del Consejo de 28 de junio de 2007, sobre producción y etiquetado de los productos ecológicos y por el que se deroga el Reglamento (CEE) nº 2092/1991, en su normativa específica de desarrollo y en la normativa legal vigente de las correspondientes Comunidades Autónomas sobre producción ecológica y quede correspondientemente acreditado por su certificado de operador ecológico.

Índice: 0,95

f) Cultivos en tierras de regadío que utilicen, a tal efecto, energía eléctrica.

Cuando los cultivos se realicen, en todo o en parte, en tierras de regadío, siempre que el contribuyente, o la comunidad de regantes en la que participe, estén inscritos en el registro territorial correspondiente a la oficina gestora de impuestos especiales a que se refiere el artículo 102.2 de la Ley 38/1992, de 28 de diciembre, de Impuestos Especiales.

Índice: 0,75 sobre el rendimiento procedente de los cultivos realizados en tierras de regadío por energía eléctrica.

Cuando no sea posible delimitar dicho rendimiento, este índice se aplicará sobre el resultado de multiplicar el rendimiento procedente de todos los cultivos por el porcentaje que suponga la superficie de los cultivos en tierras de regadío que utilicen, a tal fin, energía eléctrica sobre la superficie total de la explotación agrícola.

g) Empresas cuyo rendimiento neto minorado no supere 9.447,91 euros.

Cuando el rendimiento neto minorado no supere 9.447,91 euros anuales y no se tenga derecho a la reducción regulada en el punto 3 siguiente.

Índice: 0,90

h) Índice aplicable a las actividades forestales.

Cuando se exploten fincas forestales gestionadas de acuerdo con planes técnicos de gestión forestal, ordenación de montes, planes dasocráticos o planes de repoblación forestal aprobados por la Administración forestal competente, siempre que el período de producción medio, según la especie de que se trate, determinado en cada caso por la Administración forestal competente, sea igual o superior a veinte años.

Índice: 0,80

A las actividades forestales únicamente le será aplicable el índice señalado en la letra h) anterior.

i) Índice aplicable a la actividad de producción de mejillón en batea.

Se aplicará el índice 0,90 cuando la actividad se desarrolle con 3 o 4 bateas.

Se aplicará el índice 0,85 cuando la actividad se desarrolle con 5 bateas.

A la actividad de producción de mejillón en batea únicamente le será aplicable el índice señalado en esta letra i).

3. Los agricultores jóvenes o asalariados agrarios podrán reducir el rendimiento neto de módulos correspondiente a su actividad agraria en un 25 por ciento durante los períodos impositivos cerrados durante los cinco años siguientes a su primera instalación como titulares de una explotación prioritaria, realizada al amparo de lo previsto en el Capítulo IV del Título I de la Ley 19/1995, de 4 de julio, de Modernización de las Explotaciones Agrarias, siempre que acrediten la realización de un plan de mejora de la explotación.

La reducción prevista en este punto se tendrá en cuenta a efectos de determinar la cuantía de los pagos fraccionados que deban efectuarse.

Pagos Fraccionados

4. Los pagos fraccionados se efectuarán trimestralmente en los plazos siguientes:

– Los tres primeros trimestres, entre el día 1 y el 20 de los meses de abril, julio y octubre.

– El cuarto trimestre, entre el día 1 y el 30 del mes de enero.

Cada pago trimestral consistirá en el 2 por 100 del volumen de ingresos del trimestre, excluidas las subvenciones de capital y las indemnizaciones.

El sujeto pasivo deberá presentar declaración-liquidación en la forma y plazos previstos, aunque no resulte cuota a ingresar.

Instrucciones para la aplicación de los índices y módulos en el Impuesto sobre el Valor Añadido

Normas generales

1. La cuota derivada de este régimen especial resultará de la suma de las cuotas que correspondan a cada una de las actividades incluidas en el mismo ejercidas por el sujeto pasivo.

Con carácter general, la liquidación del Impuesto sobre el Valor Añadido por la realización de cada actividad resultará de la diferencia entre «cuotas devengadas por operaciones corrientes» y «cuotas soportadas o satisfechas por operaciones corrientes» relativas a dicha actividad. El resultado será la «cuota derivada del régimen simplificado», y debe ser corregido, tal como se indica en el Anexo III, número 4 de esta Orden, con la adición de las cuotas correspondientes a las operaciones mencionadas en el apartado uno.B del artículo 123 de la Ley del Impuesto y la deducción de las cuotas soportadas o satisfechas por la adquisición o importación de activos fijos.

2. A efectos de lo indicado en el número 1 anterior, la cuota derivada del régimen simplificado correspondiente a cada actividad se cuantifica por medio del procedimiento establecido a continuación:

2.1 Cuota devengada por operaciones corrientes.

La cuota devengada por operaciones corrientes, en el supuesto de actividades en que se realice la entrega de los productos naturales o los trabajos, servicios y actividades accesorios, se obtendrá multiplicando el volumen total de ingresos, excluidas las subvenciones corrientes o de capital, las indemnizaciones así como el Impuesto sobre el Valor Añadido y, en su caso, el recargo de equivalencia que grave la operación, de cada uno de los cultivos o explotaciones por el «índice de cuota devengada por operaciones corrientes» que corresponda.

La cuota devengada por operaciones corrientes, en el supuesto de actividades en las que se sometan los productos naturales a transformación, elaboración o manufactura, se obtendrá multiplicando el valor de los productos naturales utilizados en el proceso, a precio de mercado, por el «índice de cuota devengada por operaciones corrientes» correspondiente. La imputación de la cuota devengada por operaciones corrientes en estas actividades se producirá en el momento en que los productos naturales sean incorporados a los citados procesos de transformación, elaboración o manufactura. No obstante, respecto de los productos sometidos a dichos procesos en ejercicios anteriores a 1998 que sean transmitidos a partir del 1 de enero del año 2025, la imputación de la cuota devengada por operaciones corrientes se producirá en el momento que sean transmitidos los productos obtenidos en los referidos procesos.

Cuando, en el ejercicio de las actividades descritas en el párrafo anterior se realicen entregas en régimen de depósito distinto de los aduaneros en aplicación de las letras a) y b) del apartado Quinto del Anexo de la Ley 37/1992, reguladora del Impuesto sobre el Valor Añadido, los índices y módulos no serán de aplicación en la medida en que se utilicen en la realización de operaciones exentas del Impuesto sobre el Valor Añadido.

2.2 Deducción de las cuotas soportadas o satisfechas por operaciones corrientes.

De la cuota devengada por operaciones corrientes podrán deducirse las cuotas soportadas o satisfechas por la adquisición o importación de bienes y servicios, distintos de los activos fijos, destinados al desarrollo de la actividad, en los términos establecidos en el Capítulo I del Título VIII de la Ley 37/1992, de 28 de diciembre, del Impuesto sobre el Valor Añadido y en el Reglamento del Impuesto, considerándose a estos efectos activos fijos los elementos del inmovilizado. También podrán ser deducidas las compensaciones agrícolas a que se refiere el artículo 130 de la Ley 37/1992, satisfechas por los sujetos pasivos por la adquisición de bienes o servicios a empresarios acogidos al régimen especial de la agricultura, ganadería y pesca. No obstante, será deducible el 1 por ciento del importe de la cuota devengada por operaciones corrientes en concepto de cuotas soportadas, por este mismo tipo de operaciones, de difícil justificación.

En el ejercicio de las deducciones a que se refiere el párrafo anterior se aplicarán las siguientes reglas:

§3

1.º No serán deducibles las cuotas soportadas por los servicios de desplazamiento o viajes, hostelería y restauración en el supuesto de empresarios o profesionales que desarrollen su actividad en local determinado. A estos efectos, se considerará local determinado cualquier edificación, excluyendo los almacenes, aparcamientos o depósitos cerrados al público.

2.º Las cuotas soportadas o satisfechas sólo serán deducibles en la declaración-liquidación correspondiente al último período impositivo del año en el que deban entenderse soportadas o satisfechas, por lo que, con independencia del régimen de tributación aplicable en años sucesivos, no procederá su deducción en un período impositivo posterior.

3.º Cuando se realicen adquisiciones o importaciones de bienes y servicios para su utilización en común en varias actividades por las que el empresario o profesional esté acogido a este régimen especial, la cuota a deducir en cada una de ellas será la que resulte del prorrateo en función de su utilización efectiva. Si no fuese posible aplicar dicho procedimiento, se imputarán por partes iguales a cada una de las actividades.

2.3 Cuota derivada del régimen simplificado.

El resultado de deducir de la cuota devengada por operaciones corrientes las cuotas soportadas o satisfechas por operaciones corrientes, en los términos indicados en el número 2.2 anterior, será la cuota derivada del régimen especial simplificado.

Cuotas trimestrales

3. El cálculo indicado en el número 2 anterior deberá efectuarlo el sujeto pasivo al término del ejercicio, si bien en las declaraciones-liquidaciones correspondientes a los tres primeros trimestres de cada año natural el sujeto pasivo realizará, durante los veinte primeros días naturales de los meses de abril, julio y octubre, el ingreso a cuenta de una parte de la cuota derivada del régimen simplificado.

Para cuantificar el importe a ingresar en tales declaraciones-liquidaciones, se estimará la cuota devengada por operaciones corrientes del trimestre, aplicando el «índice de cuota devengada por operaciones corrientes» correspondiente sobre el volumen total de ingresos del trimestre, excluidas subvenciones corrientes o de capital, las indemnizaciones así como el Impuesto sobre el Valor Añadido y, en su caso, el recargo de equivalencia que grave la operación, y sobre tal cuota devengada por operaciones corrientes se aplicarán los siguientes porcentajes:

Actividad	Porcentaje
Ganadera de explotación intensiva de ganado porcino de carne y avicultura de carne	12%
Ganadera de explotación intensiva de avicultura de huevos y, ganado ovino, caprino y bovino de leche	2%
Ganadera de explotación intensiva de ganado bovino de carne y cunicultura	24%
Ganadera de explotación intensiva de ganado porcino de cría, bovino de cría y otras intensivas o extensivas no comprendidas expresamente en otros apartados	32%
Ganadera de explotación intensiva de ganado ovino y caprino de carne	40%
Servicios de cría, guarda y engorde de aves	40%
Otros trabajos y servicios accesorios realizados por agricultores, ganaderos o titulares de actividades forestales que estén excluidos del régimen especial de la agricultura, ganadería y pesca del Impuesto sobre el Valor Añadido y, servicios de cría, guarda y engorde de ganado, excepto aves..	48%
Actividades accesorias realizadas por agricultores, ganaderos o titulares de actividades forestales no incluidas en el régimen especial de la agricultura, ganadería y pesca del Impuesto sobre el Valor Añadido..	80%
Aprovechamientos que correspondan al cedente en las actividades agrícolas, desarrolladas en régimen de aparcería, dedicadas a la obtención de productos agrícolas no comprendidos en los apartados siguientes	2%
Aprovechamientos que correspondan al cedente en las actividades agrícolas, desarrolladas en régimen de aparcería, dedicadas a la obtención de forrajes.............	28%
Aprovechamientos que correspondan al cedente en las actividades agrícolas, desarrolladas en régimen de aparcería, dedicadas a la obtención de plantas textiles y tabaco	44%
Aprovechamientos que correspondan al cedente en las actividades forestales, desarrolladas en régimen de aparcería	44%

§3

Actividad	Porcentaje
Procesos de transformación, elaboración o manufactura de productos naturales para la obtención de queso..	28%
Procesos de transformación, elaboración o manufactura de productos naturales para la obtención de vino de mesa...	80%
Procesos de transformación, elaboración o manufactura de productos naturales para la obtención de vino con denominación de origen	80%
Procesos de transformación, elaboración o manufactura de productos naturales para la obtención de aceites de oliva	80%
Procesos de transformación, elaboración o manufactura de productos naturales para la obtención de otros productos distintos a los anteriores	80%

No obstante, en el supuesto de actividades en las que se sometan los productos naturales a transformación, elaboración o manufactura, el citado porcentaje se aplicará sobre el resultado de multiplicar el «índice de cuota devengada por operaciones corrientes» correspondiente sobre el valor de los productos naturales utilizados en el trimestre por el precio de mercado.

Cuota anual

4. Al finalizar el año o al producirse el cese de la actividad, el sujeto pasivo deberá calcular la cuota anual derivada del régimen simplificado, teniendo en cuenta el volumen total de ingresos, excluidas subvenciones corrientes o de capital, las indemnizaciones, así como el Impuesto sobre el Valor Añadido y, en su caso, el recargo de equivalencia que grave la operación, correspondientes al año natural, según lo establecido en el punto 2 anterior.

5. En la última declaración-liquidación del ejercicio se hará constar la cuota anual derivada del régimen simplificado, detrayéndose de la misma las cantidades liquidadas en las declaraciones-liquidaciones de los tres primeros trimestres del ejercicio.

Si el resultado de la última declaración-liquidación del ejercicio fuera negativo, el sujeto pasivo podrá solicitar la devolución en la forma prevista en el artículo 115, apartado uno de la Ley del Impuesto, u optar por la compensación del saldo a su favor en las siguientes declaraciones-liquidaciones periódicas.

6. La declaración-liquidación correspondiente al último trimestre del año natural deberá presentarse durante los treinta primeros días naturales del mes de enero.

7. La liquidación de las cuotas correspondientes a las operaciones indicadas en el apartado uno.B del artículo 123 de la Ley del Impuesto y la deducción de las cuotas soportadas o satisfechas por la adquisición o importación de activos fijos se efectuará en la forma indicada en el Anexo III, número 4 de esta Orden Ministerial.

§3

ANEXO II
Otras actividades

*Signos, índices o módulos del método de estimación objetiva
del impuesto sobre la renta de las personas físicas*

Actividad: Industrias del pan y de la bollería.
Epígrafe I.A.E.: 419.1

Módulo	Definición	Unidad	Rendimiento anual por unidad antes de amortización Euros
1	Personal asalariado	Persona	6.248,22
2	Personal no asalariado	Persona	14.530,89
3	Superficie del local	Metro cuadrado	49,13
4	Superficie del horno	100 Decímetros cuadrados	629,86

Actividad: Industrias de la bollería, pastelería y galletas.
Epígrafe I.A.E. 419.2

Módulo	Definición	Unidad	Rendimiento anual por unidad antes de amortización Euros
1	Personal asalariado	Persona	6.657,63
2	Personal no asalariado	Persona	13.485,32
3	Superficie del local	Metro cuadrado	45,35
4	Superficie del horno	100 Decímetros cuadrados	541,68

NOTA: El rendimiento neto resultante de la aplicación de los signos o módulos anteriores incluye en su caso, el derivado de la fabricación y comercio al por menor de productos de pastelería salada y platos precocinados, siempre que estas actividades se desarrollen con carácter accesorio a la actividad principal.

Actividad: Industrias de elaboración de masas fritas.
Epígrafe I.A.E.: 419.3

Módulo	Definición	Unidad	Rendimiento anual por unidad antes de amortización Euros
1	Personal asalariado	Persona	4.238,96
2	Personal no asalariado	Persona	12.301,18
3	Superficie del local	Metro cuadrado	25,82

§3

Actividad: Elaboración de patatas fritas, palomitas de maíz y similares.
Epígrafe I.A.E.: 423.9

Módulo	Definición	Unidad	Rendimiento anual por unidad antes de amortización Euros
1	Personal asalariado	Persona	4.390,12
2	Personal no asalariado	Persona	12.723,18
3	Superficie del local	Metro cuadrado	26,45

Actividad: Comercio al por menor de frutas, verduras, hortalizas y tubérculos.
Epígrafe I.A.E.: 641

Módulo	Definición	Unidad	Rendimiento anual por unidad antes de amortización Euros
1	Personal asalariado	Persona	2.387,18
2	Personal no asalariado	Persona	10.581,66
3	Superficie del local independiente	Metro cuadrado	57,94
4	Superficie local no independiente	Metro cuadrado	88,18
5	Carga elementos de transporte	Kilogramo	1,01

Actividad: Comercio al por menor de carne y despojos; de productos y derivados cárnicos elaborados.
Epígrafe I.A.E.: 642.1, 2, 3 y 4

Módulo	Definición	Unidad	Rendimiento anual por unidad antes de amortización Euros
1	Personal asalariado	Persona	2.355,68
2	Personal no asalariado	Persona	10.991,07
3	Superficie del local independiente	Metro cuadrado	35,90
4	Superficie del local no independiente	Metro cuadrado	81,88
5	Consumo de energía eléctrica	100 Kwh	39,05

NOTA: El rendimiento neto derivado de la aplicación de los signos o módulos anteriores, incluye, en su caso, el derivado de la elaboración de platos precocinados, siempre que se desarrolle con carácter accesorio a la actividad principal.

Actividad: Comercio al por menor de huevos, aves, conejos de granja, caza; y de productos derivados de los mismos.
Epígrafe I.A.E.: 642.5

Módulo	Definición	Unidad	Rendimiento anual por unidad antes de amortización Euros
1	Personal asalariado	Persona	3.382,36
2	Personal no asalariado	Persona	11.337,49
3	Consumo de energía eléctrica	100 Kwh	25,19
4	Superficie del local independiente	Metro cuadrado	27,08
5	Superficie del local no independiente	Metro cuadrado	58,57

NOTA: El rendimiento neto derivado de la aplicación de los signos o módulos anteriores incluye, en su caso, el derivado del asado de pollos, siempre que se desarrolle con carácter accesorio a la actividad principal.

Actividad: Comercio al por menor, en casquerías, de vísceras y despojos procedentes de animales de abasto, frescos y congelados.
Epígrafe I.A.E.: 642.6

Módulo	Definición	Unidad	Rendimiento anual por unidad antes de amortización Euros
1	Personal asalariado	Persona	2.254,90
2	Personal no asalariado	Persona	11.098,14
3	Superficie del local independiente	Metro cuadrado	27,71
4	Superficie local no independiente	Metro cuadrado	69,28
5	Consumo de energía eléctrica	100 Kwh	35,90

Actividad: Comercio al por menor de pescados y otros productos de la pesca y de la acuicultura y de caracoles.
Epígrafe I.A.E.: 643.1 y 2

Módulo	Definición	Unidad	Rendimiento anual por unidad antes de amortización Euros
1	Personal asalariado	Persona	3.823,25
2	Personal no asalariado	Persona	13.296,36
3	Superficie del local independiente	Metro cuadrado	36,53
4	Superficie del local no independiente	Metro cuadrado	113,37
5	Consumo de energía eléctrica	100 Kwh	28,98

§3

§3

Actividad: Comercio al por menor de pan, pastelería, confitería y similares y de leche y productos lácteos.
Epígrafe I.A.E.: 644.1

Módulo	Definición	Unidad	Rendimiento anual por unidad antes de amortización Euros
1	Personal asalariado de fabricación	Persona	6.248,22
2	Resto personal asalariado	Persona	1.058,17
3	Personal no asalariado	Persona	14.530,89
4	Superficie del local de fabricación	Metro cuadrado	49,13
5	Resto superficie local independiente	Metro cuadrado	34,01
6	Resto superficie local no independiente	Metro cuadrado	125,97
7	Superficie del horno	100 Decímetros cuadrados	629,86

NOTA: El rendimiento neto resultante de la aplicación de los signos o módulos anteriores incluye, en su caso, el derivado de la fabricación y comercio al por menor de productos de pastelería salada y platos precocinados, de la degustación de los productos objeto de su actividad acompañados de cualquier tipo de bebidas, cafés, infusiones o solubles, las actividades de «catering» y del comercio al por menor de quesos, embutidos y emparedados, así como de loterías, siempre que estas actividades se desarrollen con carácter accesorio a la actividad principal.

Actividad: Despachos de pan, panes especiales y bollería.
Epígrafe I.A.E.: 644.2

Módulo	Definición	Unidad	Rendimiento anual por unidad antes de amortización Euros
1	Personal asalariado de fabricación	Persona	6.134,85
2	Resto personal asalariado	Persona	1.039,27
3	Personal no asalariado	Persona	14.266,34
4	Superficie del local de fabricación	Metro cuadrado	48,50
5	Resto superficie local independiente	Metro cuadrado	33,38
6	Resto superficie local no independiente	Metro cuadrado	125,97
7	Superficie del horno	100 Decímetros cuadrados	629,86

NOTA: El rendimiento neto resultante de la aplicación de los signos o módulos anteriores incluye, en su caso, el derivado de la comercialización de loterías, siempre que esta actividad se desarrolle con carácter accesorio a la actividad principal.

Actividad: Comercio al por menor de productos de pastelería, bollería y confitería.
Epígrafe I.A.E. 644.3

Módulo	Definición	Unidad	Rendimiento anual por unidad antes de amortización Euros
1	Personal asalariado de fabricación	Persona	6.367,89
2	Resto personal asalariado	Persona	1.014,08
3	Personal no asalariado	Persona	12.912,15
4	Superficie del local de fabricación	Metro cuadrado	43,46
5	Resto superficie local independiente	Metro cuadrado	34,01
6	Resto superficie local no independiente	Metro cuadrado	113,37
7	Superficie del horno	100 Decímetros cuadrados	522,78

NOTA: El rendimiento neto resultante de la aplicación de los signos o módulos anteriores incluye, en su caso, el derivado de la fabricación y comercio al por menor de productos de pastelería salada y platos precocinados, de la degustación de los productos objeto de su actividad acompañados de cualquier tipo de bebidas, cafés, infusiones o solubles, de las actividades de «catering» y del comercio al por menor de quesos, embutidos y emparedados, así como de loterías, siempre que estas actividades se desarrollen con carácter accesorio a la actividad principal.

Actividad: Comercio al por menor de masas fritas, con o sin coberturas o rellenos, patatas fritas, productos de aperitivos, frutos secos, golosinas, preparados de chocolate y bebidas refrescantes.
Epígrafe I.A.E.: 644.6

Módulo	Definición	Unidad	Rendimiento anual por unidad antes de amortización Euros
1	Personal asalariado de fabricación	Persona	6.852,88
2	Resto personal asalariado	Persona	2.254,90
3	Personal no asalariado	Persona	13.214,47
4	Superficie del local de fabricación	Metro cuadrado	27,71
5	Resto superficie local independiente	Metro cuadrado	21,41
6	Resto superficie local no independiente	Metro cuadrado	36,53

NOTA: El rendimiento neto resultante de la aplicación de los signos o módulos anteriores incluye, en su caso, el derivado de la comercialización de loterías, siempre que esta actividad se desarrolle con carácter accesorio a la actividad principal.

Actividad: Comercio al por menor de cualquier clase de productos alimenticios y de bebidas en establecimientos con vendedor.
Epígrafe I.A.E.: 647.1

Módulo	Definición	Unidad	Rendimiento anual por unidad antes de amortización Euros
1	Personal asalariado	Persona	1.026,67
2	Personal no asalariado	Persona	10.839,90
3	Superficie del local independiente	Metro cuadrado	20,15
4	Superficie del local no independiente	Metro cuadrado	68,65
5	Consumo de energía eléctrica	100 Kwh	8,81

NOTA: El rendimiento neto resultante de la aplicación de los signos o módulos anteriores incluye, en su caso, el derivado de la comercialización de loterías, siempre que esta actividad se desarrolle con carácter accesorio a la actividad principal.

Actividad: Comercio al por menor de cualquier clase de productos alimenticios y de bebidas en régimen de autoservicio o mixto en establecimientos cuya sala de ventas tenga una superficie inferior a 400 metros cuadrados.
Epígrafe I.A.E.: 647.2 y 3

Módulo	Definición	Unidad	Rendimiento anual por unidad antes de amortización Euros
1	Personal asalariado	Persona	1.788,80
2	Personal no asalariado	Persona	10.827,31
3	Superficie del local	Metro cuadrado	23,31
4	Consumo de energía eléctrica	100 Kwh	32,75

NOTA: El rendimiento neto resultante de la aplicación de los signos o módulos anteriores incluye, en su caso, el derivado de la comercialización de loterías, siempre que esta actividad se desarrolle con carácter accesorio a la actividad principal.

Actividad: Comercio al por menor de productos textiles, confecciones para el hogar, alfombras y similares y artículos de tapicería.
Epígrafe I.A.E.: 651.1

Módulo	Definición	Unidad	Rendimiento anual por unidad antes de amortización Euros
1	Personal asalariado	Persona	3.010,74
2	Personal no asalariado	Persona	13.812,85
3	Consumo de energía eléctrica	100 Kwh	38,42
4	Superficie del local independiente	Metro cuadrado	35,28
5	Superficie del local no independiente	Metro cuadrado	107,07

Actividad: Comercio al por menor de toda clase de prendas para el vestido y tocado.
Epígrafe I.A.E.: 651.2

Módulo	Definición	Unidad	Rendimiento anual por unidad antes de amortización Euros
1	Personal asalariado	Persona	2.569,83
2	Personal no asalariado	Persona	13.995,51
3	Superficie del local	Metro cuadrado	49,13
4	Consumo de energía eléctrica	100 Kwh	56,69

Actividad: Comercio al por menor de lencería, corsetería y prendas especiales.
Epígrafe I.A.E.: 651.3 y 5

Módulo	Definición	Unidad	Rendimiento anual por unidad antes de amortización Euros
1	Personal asalariado	Persona	2.198,21
2	Personal no asalariado	Persona	11.998,85
3	Superficie del local	Metro cuadrado	47,87
4	Consumo de energía eléctrica	100 Kwh	75,58

Actividad: Comercio al por menor de artículos de mercería y paquetería.
Epígrafe I.A.E.: 651.4

Módulo	Definición	Unidad	Rendimiento anual por unidad antes de amortización Euros
1	Personal asalariado	Persona	1.902,18
2	Personal no asalariado	Persona	10.291,93
3	Superficie del local	Metro cuadrado	28,98
4	Consumo de energía eléctrica	100 Kwh	58,57

§3

Actividad: Comercio al por menor de calzado, artículos de piel e imitación o productos sustitutivos, cinturones, carteras, bolsos, maletas y artículos de viaje en general.
Epígrafe I.A.E.: 651.6

Módulo	Definición	Unidad	Rendimiento anual por unidad antes de amortización Euros
1	Personal asalariado	Persona	3.130,41
2	Personal no asalariado	Persona	13.453,83
3	Superficie del local	Metro cuadrado	27,71
4	Consumo de energía eléctrica	100 Kwh	52,27

Actividad: Comercio al por menor de productos de droguería, perfumería y cosmética, limpieza, pinturas, barnices, disolventes, papeles y otros productos para la decoración y de productos químicos, y de artículos para la higiene y el aseo personal.
Epígrafe I.A.E.: 652.2 y 3

Módulo	Definición	Unidad	Rendimiento anual por unidad antes de amortización Euros
1	Personal asalariado	Persona	3.722,48
2	Personal no asalariado	Persona	12.786,18
3	Consumo de energía eléctrica	100 Kwh	31,49
4	Superficie del local independiente	Metro cuadrado	18,27
5	Superficie del local no independiente	Metro cuadrado	55,43

NOTA: El rendimiento neto resultante de la aplicación de los signos o módulos anteriores incluye en su caso, el derivado de la comercialización de loterías, siempre que esta actividad se desarrolle con carácter accesorio a la actividad principal.

§3

Actividad: Comercio al por menor de muebles.
Epígrafe I.A.E.: 653.1

Módulo	Definición	Unidad	Rendimiento anual por unidad antes de amortización Euros
1	Personal asalariado	Persona	4.075,20
2	Personal no asalariado	Persona	16.200,02
3	Consumo de energía eléctrica	100 Kwh	50,39
4	Superficie del local	Metro cuadrado	16,38

Actividad: Comercio al por menor de material y aparatos eléctricos, electrónicos, electrodomésticos y otros aparatos de uso doméstico accionados por otro tipo de energía distinta de la eléctrica, así como muebles de cocina.
Epígrafe I.A.E.: 653.2

Módulo	Definición	Unidad	Rendimiento anual por unidad antes de amortización Euros
1	Personal asalariado	Persona	2.884,77
2	Personal no asalariado	Persona	14.656,86
3	Consumo de energía eléctrica	100 Kwh	100,78
4	Superficie del local independiente	Metro cuadrado	36,53
5	Superficie del local no independiente	Metro cuadrado	113,37

Actividad: Comercio al por menor de artículos de menaje, ferretería, adorno, regalo, o reclamo (incluyendo bisutería y pequeños electrodomésticos).
Epígrafe I.A.E.: 653.3

Módulo	Definición	Unidad	Rendimiento anual por unidad antes de amortización Euros
1	Personal asalariado	Persona	3.709,88
2	Personal no asalariado	Persona	15.116,66
3	Consumo de energía eléctrica	100 Kwh	51,02
4	Superficie del local	Metro cuadrado	21,41

Actividad: Comercio al por menor de materiales de construcción, artículos y mobiliario de saneamiento, puertas, ventanas, persianas, etc.
Epígrafe I.A.E.: 653.4 y 5

Módulo	Definición	Unidad	Rendimiento anual por unidad antes de amortización Euros
1	Personal asalariado	Persona	3.061,12
2	Personal no asalariado	Persona	16.527,55
3	Consumo de energía eléctrica	100 Kwh	94,48
4	Superficie del local	Metro cuadrado	8,81

Actividad: Comercio al por menor de otros artículos para el equipamiento del hogar n.c.o.p.
Epígrafe I.A.E.: 653.9

Módulo	Definición	Unidad	Rendimiento anual por unidad antes de amortización Euros
1	Personal asalariado	Persona	4.950,71
2	Personal no asalariado	Persona	20.061,07
3	Consumo de energía eléctrica	100 Kwh	81,88
4	Superficie del local	Metro cuadrado	39,68

Actividad: Comercio al por menor de accesorios y piezas de recambio para vehículos terrestres.
Epígrafe I.A.E.: 654.2

Módulo	Definición	Unidad	Rendimiento anual por unidad antes de amortización Euros
1	Personal asalariado	Persona	3.098,92
2	Personal no asalariado	Persona	17.018,84
3	Consumo de energía eléctrica	100 Kwh	201,55
4	Potencia fiscal vehículo	CVF	617,26

§3

Actividad: Comercio al por menor de toda clase de maquinaria (excepto aparatos del hogar, de oficina, médicos, ortopédicos, ópticos y fotográficos).
Epígrafe I.A.E.: 654.5

Módulo	Definición	Unidad	Rendimiento anual por unidad antes de amortización Euros
1	Personal asalariado	Persona	9.422,71
2	Personal no asalariado	Persona	18.858,03
3	Consumo de energía eléctrica	100 Kwh	39,05
4	Potencia fiscal vehículo	CVF	132,27

Actividad: Comercio al por menor de cubiertas, bandas o bandajes y cámaras de aire para toda clase de vehículos, excepto las actividades de comercio al por mayor de los artículos citados.
Epígrafe I.A.E.: 654.6

Módulo	Definición	Unidad	Rendimiento anual por unidad antes de amortización Euros
1	Personal asalariado	Persona	2.746,19
2	Personal no asalariado	Persona	14.222,25
3	Consumo de energía eléctrica	100 Kwh	119,67
4	Potencia fiscal vehículo	CVF	377,92

Actividad: Comercio al por menor de muebles de oficina y de máquinas y equipos de oficina.
Epígrafe I.A.E.: 659.2

Módulo	Definición	Unidad	Rendimiento anual por unidad antes de amortización Euros
1	Personal asalariado	Persona	4.157,08
2	Personal no asalariado	Persona	16.521,25
3	Consumo de energía eléctrica	100 Kwh	56,69
4	Superficie del local	Metro cuadrado	17,01

Actividad: Comercio al por menor de aparatos e instrumentos médicos, ortopédicos, ópticos y fotográficos.
Epígrafe I.A.E.: 659.3

Módulo	Definición	Unidad	Rendimiento anual por unidad antes de amortización Euros
1	Personal asalariado	Persona	7.174,12
2	Personal no asalariado	Persona	19.273,74
3	Consumo de energía eléctrica	100 kwh	119,67
4	Potencia fiscal vehículo	CVF	1.070,76

NOTA: El rendimiento neto resultante de la aplicación de los signos o módulos anteriores incluye, en su caso, el derivado del servicio de recogida de negativos y otro material fotográfico impresionado para su procesado en laboratorio de terceros y la entrega de las correspondientes copias y ampliaciones, siempre que esta actividad se desarrolle con carácter accesorio a la actividad principal de comercio al por menor de aparatos e instrumentos fotográficos.

Actividad: Comercio al por menor de libros, periódicos, artículos de papelería y escritorio y artículos de dibujo y bellas artes, excepto en quioscos situados en la vía pública.
Epígrafe I.A.E.: 659.4

Módulo	Definición	Unidad	Rendimiento anual por unidad antes de amortización Euros
1	Personal asalariado	Persona	4.648,37
2	Personal no asalariado	Persona	17.176,30
3	Consumo de energía eléctrica	100 kwh	57,94
4	Superficie del local	Metro cuadrado	30,86
5	Potencia fiscal vehículo	CVF	535,38

NOTA: El rendimiento neto resultante de la aplicación de los signos o módulos anteriores incluye, en su caso, el derivado de la venta de artículos de escaso valor tales como dulces, artículos de fumador, etc., los servicios de comercialización de tarjetas de transporte público, tarjetas para uso telefónico y otras similares, así como loterías, siempre que estas actividades se desarrollen con carácter accesorio a la actividad principal.

§3

Actividad: Comercio al por menor de prensa, revistas y libros en quioscos situados en la vía pública.
Epígrafe I.A.E.: 659.4

Módulo	Definición	Unidad	Rendimiento anual por unidad antes de amortización Euros
1	Personal asalariado	Persona	3.476,83
2	Personal no asalariado	Persona	17.220,39
3	Consumo de energía eléctrica	100 Kwh	403,11
4	Superficie del local	Metro cuadrado	844,02

NOTA: El rendimiento neto resultante de la aplicación de los signos o módulos anteriores incluye, en su caso, el derivado de la venta de artículos de escaso valor tales como dulces, artículos de fumador, etc., los servicios de publicidad exterior y comercialización de tarjetas de transporte público, tarjetas para uso telefónico y otras similares, así como loterías, siempre que estas actividades se desarrollen con carácter accesorio a la actividad principal.

Actividad: Comercio al por menor de juguetes, artículos de deporte, prendas deportivas de vestido, calzado y tocado, armas, cartuchería y artículos de pirotecnia.
Epígrafe I.A.E.: 659.6

Módulo	Definición	Unidad	Rendimiento anual por unidad antes de amortización Euros
1	Personal asalariado	Persona	2.916,26
2	Personal no asalariado	Persona	13.258,56
3	Consumo de energía eléctrica	100 Kwh	138,57
4	Superficie del local	Metro cuadrado	32,75

Actividad: Comercio al por menor de semillas, abonos, flores y plantas y pequeños animales.
Epígrafe I.A.E. 659.7

Módulo	Definición	Unidad	Rendimiento anual por unidad antes de amortización Euros
1	Personal asalariado	Persona	4.988,50
2	Personal no asalariado	Persona	16.124,43
3	Potencia fiscal vehículo	CVF	258,24

Actividad: Comercio al por menor de toda clase de artículos, incluyendo alimentación y bebidas, en establecimientos distintos de los especificados en el Grupo 661 y en el epígrafe 662.1.
Epígrafe I.A.E.: 662.2

Módulo	Definición	Unidad	Rendimiento anual por unidad antes de amortización Euros
1	Personal asalariado	Persona	4.868,82
2	Personal no asalariado	Persona	9.429,01
3	Consumo de energía eléctrica	100 Kwh	28,98
4	Superficie del local	Metro cuadrado	37,79

NOTA: El rendimiento neto resultante de la aplicación de los signos o módulos anteriores incluye en su caso, el derivado de la comercialización de loterías, siempre que esta actividad se desarrolle con carácter accesorio a la actividad principal.

Actividad: Comercio al por menor fuera de un establecimiento comercial permanente de productos alimenticios, incluso bebidas y helados.
Epígrafe I.A.E.: 663.1

Módulo	Definición	Unidad	Rendimiento anual por unidad antes de amortización Euros
1	Personal asalariado	Persona	1.398,29
2	Personal no asalariado	Persona	13.989,21
3	Potencia fiscal vehículo	CVF	113,37

Actividad: Comercio al por menor fuera de un establecimiento comercial permanente de artículos textiles y de confección.
Epígrafe I.A.E.: 663.2

Módulo	Definición	Unidad	Rendimiento anual por unidad antes de amortización Euros
1	Personal asalariado	Persona	2.991,84
2	Personal no asalariado	Persona	13.982,91
3	Potencia fiscal vehículo	CVF	239,34

Actividad: Comercio al por menor fuera de un establecimiento comercial permanente de calzado, pieles y artículos de cuero.
Epígrafe I.A.E.: 663.3

Módulo	Definición	Unidad	Rendimiento anual por unidad antes de amortización Euros
1	Personal asalariado	Persona	2.613,92
2	Personal no asalariado	Persona	11.186,32
3	Potencia fiscal vehículo	CVF	151,16

Actividad: Comercio al por menor fuera de un establecimiento comercial permanente de artículos de droguería y cosméticos y de productos químicos en general.
Epígrafe I.A.E.: 663.4

Módulo	Definición	Unidad	Rendimiento anual por unidad antes de amortización Euros
1	Personal asalariado	Persona	3.678,39
2	Personal no asalariado	Persona	12.641,30
3	Potencia fiscal vehículo	CVF	113,37

Actividad: Comercio al por menor fuera de un establecimiento comercial permanente de otras clases de mercancías n.c.o.p.
Epígrafe I.A.E.: 663.9

Módulo	Definición	Unidad	Rendimiento anual por unidad antes de amortización Euros
1	Personal asalariado	Persona	5.448,29
2	Personal no asalariado	Persona	10.537,57
3	Potencia fiscal vehículo	CVF	283,44

Actividad: Restaurantes de dos tenedores.
Epígrafe I.A.E.: 671.4

Módulo	Definición	Unidad	Rendimiento anual por unidad antes de amortización Euros
1	Personal asalariado	Persona	3.709,88
2	Personal no asalariado	Persona	17.434,55
3	Potencia eléctrica	Kw. contratado	201,55
4	Mesas	Mesa	585,77
5	Máquinas tipo «A»	Máquina tipo «A»	1.077,06
6	Máquinas tipo «B»	Máquina tipo «B»	3.810,65

NOTA: El rendimiento neto resultante de la aplicación de los signos o módulos anteriores incluye, en su caso, el derivado de máquinas de recreo tales como billar, futbolín, dardos, etc..., así como de los expositores de cintas, vídeos, compact-disc, expendedores de bolas, etc..., máquinas de juegos infantiles, máquinas reproductoras de compact-disc y vídeos musicales, loterías, máquinas de apuestas deportivas y el servicio de uso de teléfono, siempre que se realicen con carácter accesorio a la actividad principal.

Actividad: Restaurantes de un tenedor.
Epígrafe I.A.E.: 671.5

Módulo	Definición	Unidad	Rendimiento anual por unidad antes de amortización Euros
1	Personal asalariado	Persona	3.602,80
2	Personal no asalariado	Persona	16.174,82
3	Potencia eléctrica	Kw.contratado	125,97
4	Mesas	Mesa	220,45
5	Máquinas tipo «A»	Máquina tipo «A»	1.077,06
6	Máquinas tipo «B»	Máquina tipo «B»	3.810,65

NOTA: El rendimiento neto resultante de la aplicación de los signos o módulos anteriores incluye, en su caso, el derivado de máquinas de recreo tales como billar, futbolín, dardos, etc..., así como de los expositores de cintas, vídeos, compact-disc, expendedores de bolas, etc..., máquinas de juegos infantiles, máquinas reproductoras de compact-disc y vídeos musicales, loterías, máquinas de apuestas deportivas y el servicio de uso de teléfono, siempre que se realicen con carácter accesorio a la actividad principal.

Actividad: Cafeterías.
Epígrafe I.A.E.: 672.1,2 y 3

Módulo	Definición	Unidad	Rendimiento anual por unidad antes de amortización Euros
1	Personal asalariado	Persona	1.448,68
2	Personal no asalariado	Persona	13.743,56
3	Potencia eléctrica	Kw.contratado	478,69
4	Mesas	Mesa	377,92
5	Máquinas tipo «A»	Máquina tipo «A»	957,39
6	Máquinas tipo «B»	Máquina tipo «B»	3.747,67

NOTA: El rendimiento neto resultante de la aplicación de los signos o módulos anteriores incluye, en su caso, el derivado de máquinas de recreo tales como billar, futbolín, dardos, etc..., así como de los expositores de cintas, vídeos, compact-disc, expendedores de bolas, etc..., máquinas de juegos infantiles, máquinas reproductoras de compact-disc y vídeos musicales, loterías, máquinas de apuestas deportivas y el servicio de uso de teléfono, siempre que se realicen con carácter accesorio a la actividad principal.

Actividad: Cafés y bares de categoría especial.
Epígrafe I.A.E.: 673.1

Módulo	Definición	Unidad	Rendimiento anual por unidad antes de amortización Euros
1	Personal asalariado	Persona	4.056,30
2	Personal no asalariado	Persona	15.538,66
3	Potencia eléctrica	Kw.contratado	321,23
4	Mesas	Mesa	233,04
5	Longitud de barra	Metro	371,62
6	Máquinas tipo «A»	Máquina tipo «A»	957,39
7	Máquinas tipo «B»	Máquina tipo «B»	2.903,66

NOTA: El rendimiento neto resultante de la aplicación de los signos o módulos anteriores incluye, en su caso, el derivado de máquinas de recreo tales como billar, futbolín, dardos, etc..., así como de los expositores de cintas, vídeos, compact-disc, expendedores de bolas, etc..., máquinas de juegos infantiles, máquinas reproducidoras de compact-disc y vídeos musicales, loterías, máquinas de apuestas deportivas y el servicio de uso de teléfono, siempre que se realicen con carácter accesorio a la actividad principal.

Actividad: Otros cafés y bares.
Epígrafe I.A.E.: 673.2

Módulo	Definición	Unidad	Rendimiento anual por unidad antes de amortización Euros
1	Personal asalariado	Persona	1.643,93
2	Personal no asalariado	Persona	11.413,08
3	Potencia eléctrica	Kw.contratado	94,48
4	Mesas	Mesa	119,67
5	Longitud de barra	Metro	163,76
6	Máquinas tipo «A»	Máquina tipo «A»	806,23
7	Máquinas tipo «B»	Máquina tipo «B»	2.947,75

NOTA: El rendimiento neto resultante de la aplicación de los signos o módulos anteriores incluye, en su caso, el derivado de máquinas de recreo tales como billar, futbolín, dardos, etc..., así como de los expositores de cintas, vídeos, compact-disc, expendedores de bolas, etc..., máquinas de juegos infantiles, máquinas reproducidoras de compact-disc y vídeos musicales, loterías, máquinas de apuestas deportivas y el servicio de uso de teléfono, siempre que se realicen con carácter accesorio a la actividad principal.

Actividad: Servicios en quioscos, cajones, barracas u otros locales análogos.
Epígrafe I.A.E.: 675

Módulo	Definición	Unidad	Rendimiento anual por unidad antes de amortización Euros
1	Personal asalariado	Persona	2.802,88
2	Personal no asalariado	Persona	14.461,60
3	Potencia eléctrica	Kw. Contratado	107,07
4	Superficie del local	Metro cuadrado	26,45

NOTA: El rendimiento neto resultante de la aplicación de los signos o módulos anteriores incluye en su caso, el derivado de la comercialización de loterías, siempre que esta actividad se desarrolle con carácter accesorio a la actividad principal.

Actividad: Servicios en chocolaterías, heladerías y horchaterías.
Epígrafe I.A.E.: 676

Módulo	Definición	Unidad	Rendimiento anual por unidad antes de amortización Euros
1	Personal asalariado	Persona	2.418,67
2	Personal no asalariado	Persona	20.016,97
3	Potencia eléctrica	Kw. contratado	541,68
4	Mesas	Mesa	220,45
5	Máquinas tipo «A»	Máquina tipo «A»	806,23

NOTA: El rendimiento neto derivado de la aplicación de los signos o módulos anteriores, incluye, en su caso, el derivado de las actividades de elaboración de chocolates, helados y horchatas, el servicio al público de helados, horchatas, chocolates, infusiones, café y solubles, bebidas refrescantes, así como productos de bollería, pastelería, confitería y repostería que normalmente se acompañan para la degustación de los productos anteriores, y de máquinas de recreo tales como balancines, caballitos, animales parlantes, etc..., así como de la comercialización de loterías, siempre que se desarrollen con carácter accesorio a la actividad principal.

Actividad: Servicio de hospedaje en hoteles y moteles de una o dos estrellas.
Epígrafe I.A.E.: 681

Módulo	Definición	Unidad	Rendimiento anual por unidad antes de amortización Euros
1	Personal asalariado	Persona	6.223,02
2	Personal no asalariado	Persona	20.438,98
3	Número de plazas	Plaza	371,62

NOTA: El rendimiento neto resultante de la aplicación de los signos o módulos anteriores incluye en su caso, el derivado de la comercialización de loterías, siempre que esta actividad se desarrolle con carácter accesorio a la actividad principal.

Actividad: Servicio de hospedaje en hostales y pensiones.
Epígrafe I.A.E.: 682

Módulo	Definición	Unidad	Rendimiento anual por unidad antes de amortización Euros
1	Personal asalariado	Persona	5.145,96
2	Personal no asalariado	Persona	17.541,62
3	Número de plazas	Plaza	270,85

Actividad: Servicio de hospedaje en fondas y casas de huéspedes.
Epígrafe I.A.E.: 683

Módulo	Definición	Unidad	Rendimiento anual por unidad antes de amortización Euros
1	Personal asalariado	Persona	4.478,31
2	Personal no asalariado	Persona	14.587,57
3	Número de plazas	Plaza	132,27

§3

Actividad: Reparación de artículos eléctricos para el hogar.
Epígrafe I.A.E.: 691.1

Módulo	Definición	Unidad	Rendimiento anual por unidad antes de amortización Euros
1	Personal asalariado	Persona	4.314,54
2	Personal no asalariado	Persona	15.538,66
3	Superficie del local	Metro cuadrado	17,01

Actividad: Reparación de vehículos automóviles, bicicletas y otros vehículos.
Epígrafe I.A.E.: 691.2

Módulo	Definición	Unidad	Rendimiento anual por unidad antes de amortización Euros
1	Personal asalariado	Persona	4.157,08
2	Personal no asalariado	Persona	17.094,42
3	Superficie del local	Metro cuadrado	27,08

NOTA: El rendimiento neto derivado de la aplicación de los signos o módulos anteriores incluye, en su caso, el derivado de las actividades profesionales relacionadas con los seguros del ramo del automóvil, siempre que se desarrollen con carácter accesorio a la actividad principal.

Actividad: Reparación de calzado.
Epígrafe I.A.E.: 691.9

Módulo	Definición	Unidad	Rendimiento anual por unidad antes de amortización Euros
1	Personal asalariado	Persona	1.845,50
2	Personal no asalariado	Persona	10.014,78
3	Consumo de energía eléctrica	100 Kwh	125,97

Actividad: Reparación de otros bienes de consumo n.c.o.p. (excepto reparación de calzado, restauración de obras de arte, muebles, antigüedades e instrumentos musicales).
Epígrafe I.A.E.: 691.9

Módulo	Definición	Unidad	Rendimiento anual por unidad antes de amortización Euros
1	Personal asalariado	Persona	4.094,10
2	Personal no asalariado	Persona	16.187,42
3	Superficie del local	Metro cuadrado	45,35

Actividad: Reparación de maquinaria industrial.
Epígrafe I.A.E.: 692

Módulo	Definición	Unidad	Rendimiento anual por unidad antes de amortización Euros
1	Personal asalariado	Persona	4.409,02
2	Personal no asalariado	Persona	18.146,29
3	Superficie del local	Metro cuadrado	94,48

Actividad: Otras reparaciones n.c.o.p.
Epígrafe I.A.E.: 699

Módulo	Definición	Unidad	Rendimiento anual por unidad antes de amortización Euros
1	Personal asalariado	Persona	3.703,58
2	Personal no asalariado	Persona	15.230,03
3	Superficie del local	Metro cuadrado	88,18

§3

Actividad: Transporte urbano colectivo y de viajeros por carretera.
Epígrafe I.A.E.: 721.1 y 3

Módulo	Definición	Unidad	Rendimiento anual por unidad antes de amortización Euros
1	Personal asalariado	Persona	2.981,02
2	Personal no asalariado	Persona	16.016,97
3	Número de asientos	Asiento	121,40

Actividad: Transporte por autotaxis.
Epígrafe I.A.E.: 721.2

Módulo	Definición	Unidad	Rendimiento anual por unidad antes de amortización Euros
1	Personal asalariado	Persona	1.346,27
2	Personal no asalariado	Persona	7.656,89
3	Distancia recorrida	1.000 Kilómetros	45,08

NOTA: El rendimiento neto resultante de la aplicación de los signos o módulos anteriores incluye, en su caso, el derivado de la prestación de servicios de publicidad que utilicen como soporte el vehículo, siempre que se desarrollen con carácter accesorio a la actividad principal.

Actividad: Transporte de mercancías por carretera.
Epígrafe I.A.E.: 722

Módulo	Definición	Unidad	Rendimiento anual por unidad antes de amortización Euros
1	Personal asalariado	Persona	2.728,59
2	Personal no asalariado	Persona	10.090,99
3	Carga vehículos	Tonelada	126,21

NOTA: El rendimiento neto resultante de la aplicación de los signos o módulos anteriores incluye, en su caso, el derivado de las actividades auxiliares y complementarias del transporte, tales como agencias de transportes, depósitos y almacenamiento de mercancías, etc..., siempre que se desarrollen con carácter accesorio a la actividad principal.

Actividad: Engrase y lavado de vehículos.
Epígrafe I.A.E.: 751.5

Módulo	Definición	Unidad	Rendimiento anual por unidad antes de amortización Euros
1	Personal asalariado	Persona	4.667,27
2	Personal no asalariado	Persona	19.191,86
3	Superficie del local	Metro cuadrado	30,23

Actividad: Servicios de mudanzas.
Epígrafe I.A.E.: 757

Módulo	Definición	Unidad	Rendimiento anual por unidad antes de amortización Euros
1	Personal asalariado	Persona	2.566,32
2	Personal no asalariado	Persona	10.175,13
3	Carga vehículos	Tonelada	48,08

Actividad: Transporte de mensajería y recadería, cuando la actividad se realice exclusivamente con medios de transporte propios.
Epígrafe I.A.E.: 849.5

Módulo	Definición	Unidad	Rendimiento anual por unidad antes de amortización Euros
1	Personal asalariado	Persona	2.728,59
2	Personal no asalariado	Persona	10.090,99
3	Carga vehículos	Tonelada	126,21

§3

Actividad: Enseñanza de conducción de vehículos terrestres, acuáticos, aeronáuticos, etc.
Epígrafe I.A.E.: 933.1

Módulo	Definición	Unidad	Rendimiento anual por unidad antes de amortización Euros
1	Personal asalariado	Persona	3.067,42
2	Personal no asalariado	Persona	20.596,45
3	Número de vehículos	Vehículo	774,72
4	Potencia fiscal vehículo	CVF	258,24

Actividad: Otras actividades de enseñanza, tales como idiomas, corte y confección, meca-nografía, taquigrafía, preparación de exámenes y oposiciones y similares n.c.o.p.
Epígrafe I.A.E.: 933.9

Módulo	Definición	Unidad	Rendimiento anual por unidad antes de amortización Euros
1	Personal asalariado	Persona	1.253,49
2	Personal no asalariado	Persona	15.727,62
3	Superficie del local	Metro cuadrado	62,36

Actividad: Escuelas y servicios de perfeccionamiento del deporte.
Epígrafe I.A.E.: 967.2

Módulo	Definición	Unidad	Rendimiento anual por unidad antes de amortización Euros
1	Personal asalariado	Persona	7.035,55
2	Personal no asalariado	Persona	14.215,95
3	Superficie del local	Metro cuadrado	34,01

Actividad: Tinte, limpieza en seco, lavado y planchado de ropas hechas y de prendas y artículos del hogar usados.
Epígrafe I.A.E.: 971.1

Módulo	Definición	Unidad	Rendimiento anual por unidad antes de amortización Euros
1	Personal asalariado	Persona	4.553,90
2	Personal no asalariado	Persona	16.773,19
3	Consumo de energía eléctrica	100 Kwh	45,98

Actividad: Servicios de peluquería de señora y caballero.
Epígrafe I.A.E. 972.1

Módulo	Definición	Unidad	Rendimiento anual por unidad antes de amortización Euros
1	Personal asalariado	Persona	3.161,90
2	Personal no asalariado	Persona	9.649,47
3	Superficie del local	Metro cuadrado	94,48
4	Consumo de energía eléctrica	100 Kwh	81,88

NOTA: El rendimiento neto resultante de la aplicación de los signos o módulos anteriores incluye, en su caso, el derivado del comercio al por menor de artículos de cosmética capilar y productos de peluquería, así como de los servicios de manicura, depilación, pedicura y maquillaje, siempre que estas actividades se desarrollen con carácter accesorio a la actividad principal.

Actividad: Salones e institutos de belleza.
Epígrafe I.A.E. 972.2

Módulo	Definición	Unidad	Rendimiento anual por unidad antes de amortización Euros
1	Personal asalariado	Persona	1.788,80
2	Personal no asalariado	Persona	14.896,21
3	Superficie del local	Metro cuadrado	88,18
4	Consumo de energía eléctrica	100 Kwh	55,43

§3

NOTA: El rendimiento neto resultante de la aplicación de los signos o módulos anteriores incluye, en su caso, el derivado del comercio al por menor de artículos de cosmética y belleza, siempre que este comercio se limite a los productos necesarios para la continuación de tratamientos efectuados en el salón.

Actividad: Servicios de copias de documentos con máquinas fotocopiadoras.
Epígrafe I.A.E.: 973.3

Módulo	Definición	Unidad	Rendimiento anual por unidad antes de amortización Euros
1	Personal asalariado	Persona	4.125,59
2	Personal no asalariado	Persona	17.044,03
3	Potencia eléctrica	Kw. contratado	541,68

NOTA: El rendimiento neto resultante de la aplicación de los signos o módulos anteriores incluye, en su caso, el derivado de los servicios de reproducción de planos y la encuadernación de sus trabajos, siempre que estas actividades se desarrollen con carácter accesorio a la actividad principal de servicios de copias de documentos con máquinas fotocopiadoras.

NOTA COMUN: El rendimiento neto resultante de la aplicación de los signos o módulos anteriores, incluye, en su caso, el derivado del comercio al por menor de labores de tabaco, realizado en régimen de autorizaciones de venta con recargo, incluso el desarrollado a través de máquinas automáticas.

Índices y Módulos del Régimen Especial Simplificado
del Impuesto sobre el Valor Añadido

Actividad: Industrias del pan y de la bollería.
Epígrafe I.A.E.: 419.1

Módulo	Definición	Unidad	Cuota devengada anual por unidad Euros
1	Personal empleado	Persona	1.693,54
2	Superficie del local	Metro cuadrado	7,09
3	Superficie del horno	100 Decímetros cuadrados	30,47

Cuota mínima por operaciones corrientes: 20% de la cuota devengada por operaciones corrientes.

NOTA: La cuota resultante de la aplicación de los signos, índices o módulos anteriores incluye la derivada del ejercicio de las actividades que faculta la nota del epígrafe 644.1 del I.A.E.

Actividad: Industrias de la bollería, pastelería y galletas
Epígrafe I.A.E.: 419.2

Módulo	Definición	Unidad	Cuota devengada anual por unidad Euros
1	Personal empleado	Persona	3.064,67
2	Superficie del local	Metro cuadrado	8,86
3	Superficie del horno	100 Decímetros cuadrados	59,34

Cuota mínima por operaciones corrientes: 30% de la cuota devengada por operaciones corrientes.

NOTA: La cuota resultante de la aplicación de los signos, índices o módulos anteriores incluye, en su caso, la derivada de la fabricación de pastelería «salada» y «platos precocinados», siempre que estas actividades se desarrollen con carácter accesorio a la actividad principal.
NOTA: La cuota resultante de la aplicación de los signos, índices o módulos anteriores incluye la derivada del ejercicio de las actividades que faculta la nota del epígrafe 644.3 del I.A.E.

Actividad: Industrias de elaboración de masas fritas.
Epígrafe I.A.E.: 419.3

Módulo	Definición	Unidad	Cuota devengada anual por unidad Euros
1	Personal empleado	Persona	2.550,92
2	Superficie del local	Metro cuadrado	10,63

Cuota mínima por operaciones corrientes: 32% de la cuota devengada por operaciones corrientes.

NOTA: La cuota resultante de la aplicación de los signos, índices o módulos anteriores incluye la derivada del ejercicio de las actividades que faculta la nota del epígrafe 644.6 del I.A.E.

§3

Actividad: Elaboración de patatas fritas, palomitas de maíz y similares.
Epígrafe I.A.E.: 423.9

Módulo	Definición	Unidad	Cuota devengada anual por unidad Euros
1	Personal empleado	Persona	2.550,92
2	Superficie del local	Metro cuadrado	10,63

Cuota mínima por operaciones corrientes: 32% de la cuota devengada por operaciones corrientes.

NOTA: La cuota resultante de la aplicación de los signos, índices o módulos anteriores incluye la derivada del ejercicio de las actividades que faculta la nota del epígrafe 644.6 del I.A.E.

Actividad: Elaboración de productos de charcutería por minoristas de carne.
Epígrafe I.A.E.: 642.1, 2 y 3

Módulo	Definición	Unidad	Cuota devengada anual por unidad Euros
1	Personal empleado	Persona	1.753,76
2	Superficie del local	Metro cuadrado	2,21

Cuota mínima por operaciones corrientes: 32% de la cuota devengada por operaciones corrientes.

NOTA: La cuota resultante de la aplicación de los signos o módulos anteriores, incluye, en su caso, la derivada de la elaboración de platos precocinados, siempre que se desarrolle con carácter accesorio a la actividad principal. NOTA: Se entiende por superficie del local, en este caso, la dedicada a la elaboración de productos de charcutería y platos precocinados.

Actividad: Comerciantes minoristas matriculados en el epígrafe 642.5 por el asado de pollos
Epígrafe I.A.E.: 642.5

Módulo	Definición	Unidad	Cuota devengada anual por unidad Euros
1	Personal empleado asado de pollos	Persona	673,16
2	Superficie del local	Metro cuadrado	13,29
3	Capacidad del asador	Pieza	62,89

Cuota mínima por operaciones corrientes: 32% de la cuota devengada por operaciones corrientes.

Actividad: Comercio al por menor de pan, pastelería, confitería y similares y de leche y productos lácteos.
Epígrafe I.A.E.: 644.1

Módulo	Definición	Unidad	Cuota devengada anual por unidad Euros
1	Personal empleado	Persona	2.090,35
2	Superficie del local	Metro cuadrado	8,86
3	Superficie del horno	100 Decímetros cuadrados	40,75
4	Importe total de las comisiones por loterías	Euro	0,21

Cuota mínima por operaciones corrientes: 20% de la cuota devengada por operaciones corrientes.

NOTA: La cuota resultante de la aplicación de los signos o módulos anteriores incluye, en su caso, la derivada de la fabricación de productos de pastelería salada y platos precocinados, la degustación de los productos objetos de su actividad acompañados de cualquier tipo de bebidas, cafés, infusiones o solubles y las actividades de «catering», así como de la comercialización de loterías, siempre que estas actividades se desarrollen con carácter accesorio a la actividad principal.

Actividad: Despachos de pan, panes especiales y bollería.
Epígrafe I.A.E.: 644.2

Módulo	Definición	Unidad	Cuota devengada anual por unidad Euros
1	Personal empleado	Persona	2.090,35
2	Superficie del local	Metro cuadrado	8,86
3	Superficie del horno	100 Decímetros cuadrados	40,75
4	Importe total de las comisiones por loterías	Euro	0,21

Cuota mínima por operaciones corrientes: 20% de la cuota devengada por operaciones corrientes.

NOTA: La cuota resultante de la aplicación de los signos, índices o módulos anteriores incluye exclusivamente la derivada de las actividades para las que faculta el epígrafe 644.2, exceptuando las que tributen por el régimen especial del recargo de equivalencia, así como la de la comercialización de loterías, siempre que esta actividad se desarrolle con carácter accesorio a la actividad principal.

Actividad: Comercio al por menor de productos de pastelería, bollería y confitería.
Epígrafe I.A.E.: 644.3

Módulo	Definición	Unidad	Cuota devengada anual por unidad Euros
1	Personal empleado	Persona	3.064,67
2	Superficie del local	Metro cuadrado	8,86
3	Superficie del horno	100 Decímetros cuadrados	59,34
4	Importe total de las comisiones por loterías	Euro	0,21

Cuota mínima por operaciones corrientes: 30% de la cuota devengada por operaciones corrientes.

NOTA: La cuota resultante de la aplicación de los signos o módulos anteriores incluye, en su caso, la derivada de la fabricación de productos de pastelería salada y platos precocinados, la degustación de los productos objetos de su actividad acompañados de cualquier tipo de bebidas, cafés, infusiones o solubles y las actividades de «catering», así como la de la comercialización de loterías, siempre que estas actividades se desarrollen con carácter accesorio a la actividad principal.

Actividad: Comercio al por menor de masas fritas, con o sin coberturas o rellenos, patatas fritas, productos de aperitivo, frutos secos, golosinas, preparados de chocolate y bebidas refrescantes.
Epígrafe I.A.E.: 644.6

Módulo	Definición	Unidad	Cuota devengada anual por unidad Euros
1	Personal empleado	Persona	2.550,92
2	Superficie del local	Metro cuadrado	10,63
3	Importe total de las comisiones por loterías	Euro	0,21

Cuota mínima por operaciones corrientes: 32% de la cuota devengada por operaciones corrientes.

NOTA: La cuota resultante de la aplicación de los signos, índices o módulos anteriores incluye exclusivamente la derivada de las actividades para las que faculta el epígrafe 644.6, exceptuando las que tributen por el régimen especial del recargo de equivalencia, así como la de la comercialización de loterías, siempre que esta actividad se desarrolle con carácter accesorio a la actividad principal.

Actividad: Reparación de artículos de su actividad efectuadas por comerciantes minoristas matriculados en el epígrafe 653.2
Epígrafe I.A.E.: 653.2

Módulo	Definición	Unidad	Cuota devengada anual por unidad Euros
1	Personal empleado reparación	Persona	5.819,91
2	Superficie taller reparación	Metro cuadrado	5,71

Cuota mínima por operaciones corrientes: 48% de la cuota devengada por operaciones corrientes.

NOTA: La cuota resultante de la aplicación de los signos, índices o módulos anteriores incluye exclusivamente la derivada de la reparación de los artículos de su actividad.

Actividad: Comercio al por menor de materiales de construcción, artículos y mobiliario de saneamiento, puertas, ventanas, persianas, etc.
Epígrafe I.A.E.: 653.4 y 5

Módulo	Definición	Unidad	Cuota devengada anual por unidad Euros
1	Personal empleado	Persona	12.317,71
2	Consumo de energía eléctrica	100 KWh	239,74
3	Superficie del local	Metro cuadrado	9,10

Cuota mínima por operaciones corrientes: 13% de la cuota devengada por operaciones corrientes.

Actividad: Comercio al por menor de accesorios y piezas de recambio para vehículos terrestres.
Epígrafe I.A.E.: 654.2

Módulo	Definición	Unidad	Cuota devengada anual por unidad Euros
1	Personal empleado	Persona	15.558,35
2	Consumo de energía eléctrica	100 KWh	272,80
3	Potencia fiscal vehículo	CVF	620,03

Cuota mínima por operaciones corrientes: 13% de la cuota devengada por operaciones corrientes.

Actividad: Comercio al por menor de toda clase de maquinaria (excepto aparatos del hogar, de oficina, médicos, ortopédicos, ópticos y fotográficos).
Epígrafe I.A.E.: 654.5

Módulo	Definición	Unidad	Cuota devengada anual por unidad Euros
1	Personal empleado	Persona	18.021,89
2	Consumo de energía eléctrica	100 KWh	74,41
3	Potencia fiscal vehículo	CVF	82,66

Cuota mínima por operaciones corrientes: 13% de la cuota devengada por operaciones corrientes.

Actividad: Comercio al por menor de cubiertas, bandas o bandajes y cámaras de aire para toda clase de vehículos.
Epígrafe I.A.E.: 654.6

Módulo	Definición	Unidad	Cuota devengada anual por unidad Euros
1	Personal empleado	Persona	14.152,98
2	Consumo de energía eléctrica	100 KWh	206,67
3	Potencia fiscal vehículo	CVF	372,02

Cuota mínima por operaciones corrientes: 13% de la cuota devengada por operaciones corrientes.

Actividad: Comerciantes minoristas matriculados en el epígrafe 659.3 por el servicio de recogida de negativos y otro material fotográfico impresionado para su procesado en laboratorio de terceros y la entrega de las correspondientes copias y ampliaciones.
Epígrafe I.A.E.: 659.3

Módulo	Definición	Unidad	Cuota devengada anual por unidad Euros
1	Personal empleado recogida material fotográfico	Persona	14.533,25
2	Superficie del local	Metro cuadrado	30,59

Cuota mínima por operaciones corrientes: 13% de la cuota devengada por operaciones corrientes.

Actividad: Comerciantes minoristas matriculados en el epígrafe 659.4 por el servicio de publicidad exterior y comercialización de tarjetas para el transporte público, tarjetas de uso telefónico y otras similares, así como loterías.
Epígrafe I.A.E.: 659.4

Módulo	Definición	Unidad	Cuota devengada anual por unidad Euros
1	Importe total de las comisiones o contraprestaciones percibidas por estas operaciones	Euro	0,21

Cuota mínima por operaciones corrientes: 75% de la cuota devengada por operaciones corrientes.

Actividad: Comerciantes minoristas matriculados en los epígrafes 647.1, 2 y 3, 652.2 y 3 y 662.2 por el servicio de comercialización de loterías.
Epígrafe I.A.E.: 647.1, 2 y 3, 652.2 y 3 y 662.2

Módulo	Definición	Unidad	Cuota devengada anual por unidad Euros
1	Importe total de las comisiones percibidas por estas operaciones	Euro	0,21

Cuota mínima por operaciones corrientes: 75% de la cuota devengada por operaciones corrientes.

Actividad: Comercio al por menor fuera de un establecimiento comercial permanente dedicado exclusivamente a la comercialización de masas fritas, con o sin coberturas o rellenos, patatas fritas, productos de aperitivo, frutos secos, golosinas, preparación de chocolate y bebidas refrescantes y facultado para la elaboración de los productos propios de churrería y patatas fritas en la propia instalación o vehículo
Epígrafe I.A.E.: 663.1

Módulo	Definición	Unidad	Cuota devengada anual por unidad Euros
1	Personal empleado	Persona	5.881,32
2	Potencia fiscal vehículo	CVF	43,40

Cuota mínima por operaciones corrientes: 20% de la cuota devengada por operaciones corrientes.

NOTA: La cuota resultante de la aplicación de los signos, índices o módulos anteriores incluye exclusivamente la derivada de la elaboración y simultáneo comercio de los productos fabricados y comercializados en la forma prevista en la nota del epígrafe 663.1 del I.A.E.

§3

Actividad: Restaurantes de dos tenedores.
Epígrafe I.A.E.: 671.4

Módulo	Definición	Unidad	Cuota devengada anual por unidad Euros
1	Personal empleado	Persona	2.993,81
2	Potencia eléctrica	Kw. contratado	150,57
3	Mesas	Mesa	168,29
4	Máquinas tipo «A»	Máquina tipo «A»	239,15
5	Máquinas tipo «B»	Máquina tipo «B»	841,46
6	Importe total de las comisiones por loterías y por máquinas de apuestas deportivas	Euro	0,21

Cuota mínima por operaciones corrientes: 13% de la cuota devengada por operaciones corrientes.

NOTA: La cuota resultante de la aplicación de los signos o módulos anteriores incluye, en su caso, la derivada de máquinas de recreo tales como billar, futbolín, dardos, etc..., así como de los expositores de cintas, vídeos, compact-disc, expendedores de bolas, etc..., máquinas de juegos infantiles, máquinas reproductoras de compact-disc y vídeos musicales, loterías, máquinas de apuestas deportivas y el servicio de uso de teléfono, siempre que se realicen con carácter accesorio a la actividad principal.

Actividad: Restaurantes de un tenedor.
Epígrafe I.A.E.: 671.5

Módulo	Definición	Unidad	Cuota devengada anual por unidad Euros
1	Personal empleado	Persona	2.400,36
2	Potencia eléctrica	Kw. contratado	70,86
3	Mesas	Mesa	124,00
4	Máquinas tipo «A»	Máquina tipo «A»	239,15
5	Máquinas tipo «B»	Máquina tipo «B»	841,46
6	Importe total de las comisiones por loterías y por máquinas de apuestas deportivas	Euro	0,21

Cuota mínima por operaciones corrientes: 20% de la cuota devengada por operaciones corrientes.

NOTA: La cuota resultante de la aplicación de los signos o módulos anteriores incluye, en su caso, la derivada de máquinas de recreo tales como billar, futbolín, dardos, etc..., así como de los expositores de cintas, vídeos, compact-disc, expendedores de bolas, etc..., máquinas de juegos infantiles, máquinas reproductoras de compact-disc y vídeos musicales, loterías, máquinas de apuestas deportivas y el servicio de uso de teléfono, siempre que se realicen con carácter accesorio a la actividad principal.

Actividad: Cafeterías.
Epígrafe I.A.E.: 672.1, 2 y 3

Módulo	Definición	Unidad	Cuota devengada anual por unidad Euros
1	Personal empleado	Persona	2.356,07
2	Potencia eléctrica	Kw. contratado	124,00
3	Mesas	Mesa	70,86
4	Máquinas tipo «A»	Máquina tipo «A»	221,43
5	Máquinas tipo «B»	Máquina tipo «B»	832,60
6	Importe total de las comisiones por loterías y por máquinas de apuestas deportivas	Euro	0,21

Cuota mínima por operaciones corrientes: 13% de la cuota devengada por operaciones corrientes.

NOTA: La cuota resultante de la aplicación de los signos o módulos anteriores incluye, en su caso, la derivada de máquinas de recreo tales como billar, futbolín, dardos, etc..., así como de los expositores de cintas, vídeos, compact-disc, expendedores de bolas, etc..., máquinas de juegos infantiles, máquinas reproductoras de compact-disc y vídeos musicales, loterías, máquinas de apuestas deportivas y el servicio de uso de teléfono, siempre que se realicen con carácter accesorio a la actividad principal.

§3

Actividad: Cafés y bares de categoría especial.
Epígrafe I.A.E.: 673.1

Módulo	Definición	Unidad	Cuota devengada anual por unidad Euros
1	Personal empleado	Persona	3.294,97
2	Potencia eléctrica	Kw. contratado	69,09
3	Mesas	Mesa	60,23
4	Longitud de la barra	Metro	77,95
5	Máquinas tipo «A»	Máquina tipo «A»	221,43
6	Máquinas tipo «B»	Máquina tipo «B»	655,45
7	Importe total de las comisiones por loterías y por máquinas de apuestas deportivas	Euro	0,21

Cuota mínima por operaciones corrientes: 6% de la cuota devengada por operaciones corrientes.

NOTA: la cuota resultante de la aplicación de los signos o módulos anteriores incluye, en su caso, la derivada de máquinas de recreo tales como billar, futbolín, dardos, etc..., así como de los expositores de cintas, vídeos, compact-disc, expendedores de bolas, etc..., máquinas de juegos infantiles, máquinas reproductoras de compact-disc y vídeos musicales, loterías, máquinas de apuestas deportivas y el servicio de uso de teléfono, siempre que se realicen con carácter accesorio a la actividad principal.

Actividad: Otros cafés y bares.
Epígrafe I.A.E.: 673.2

Módulo	Definición	Unidad	Cuota devengada anual por unidad Euros
1	Personal empleado	Persona	2.577,52
2	Potencia eléctrica	Kw. contratado	47,83
3	Mesas	Mesa	56,69
4	Longitud de la barra	Metro	62,89
5	Máquinas tipo «A»	Máquina tipo «A»	177,15
6	Máquinas tipo «B»	Máquina tipo «B»	655,45
7	Importe total de las comisiones por loterías y por máquinas de apuestas deportivas	Euro	0,21

Cuota mínima por operaciones corrientes: 6% de la cuota devengada por operaciones corrientes.

NOTA: La cuota resultante de la aplicación de los signos o módulos anteriores incluye, en su caso, la derivada de máquinas de recreo tales como billar, futbolín, dardos, etc..., así como de los expositores de cintas, vídeos, compact-disc, expendedores de bolas, etc..., máquinas de juegos infantiles, máquinas reproductoras de compact-disc y vídeos musicales, loterías, máquinas de apuestas deportivas y el servicio de uso de teléfono, siempre que se realicen con carácter accesorio a la actividad principal.

§3

Actividad: Servicios en quioscos, cajones, barracas u otros locales análogos.
Epígrafe I.A.E.: 675

Módulo	Definición	Unidad	Cuota devengada anual por unidad Euros
1	Personal empleado	Persona	4.357,86
2	Potencia eléctrica	Kw. contratado	50,48
3	Superficie del local	Metro cuadrado	4,06
4	Importe total de las comisiones por loterías	Euro	0,21

Cuota mínima por operaciones corrientes: 3% de la cuota devengada por operaciones corrientes.

NOTA: La cuota resultante de la aplicación de los signos, índices o módulos anteriores incluye, en su caso, la derivada de la comercialización de loterías, siempre que esta actividad se desarrolle con carácter accesorio a la actividad principal.

Actividad: Servicios en chocolaterías, heladerías y horchaterías.
Epígrafe I.A.E.: 676

Módulo	Definición	Unidad	Cuota devengada anual por unidad Euros
1	Personal empleado	Persona	3.817,55
2	Potencia eléctrica	Kw. contratado	141,72
3	Mesas	Mesa	46,05
4	Máquinas tipo «A»	Máquina tipo «A»	177,15
5	Importe total de las comisiones por loterías	Euro	0,21

Cuota mínima por operaciones corrientes: 20% de la cuota devengada por operaciones corrientes.

NOTA: La cuota resultante de la aplicación de los signos o módulos anteriores, incluye, en su caso, la derivada de las actividades de elaboración de chocolates, helados y horchatas, el servicio al público de helados, horchatas, chocolates, infusiones, café y solubles, bebidas refrescantes, así como productos de bollería, pastelería, confitería y repostería que normalmente se acompañan para la degustación de los productos anteriores, y de máquinas de recreo tales como balancines, caballitos, animales parlantes, etc..., así como de la comercialización de loterías, siempre que se desarrollen con carácter accesorio a la actividad principal.

§3

Actividad: Servicio de hospedaje en hoteles y moteles de una o dos estrellas.
Epígrafe I.A.E.: 681

Módulo	Definición	Unidad	Cuota devengada anual por unidad Euros
1	Personal empleado	Persona	2.604,09
2	Número de plazas	Plaza	53,14
3	Importe total de las comisiones por loterías	Euro	0,21

Cuota mínima por operaciones corrientes: 20% de la cuota devengada por operaciones corrientes.

NOTA: La cuota resultante de la aplicación de los signos, índices o módulos anteriores incluye, en su caso, la derivada de la comercialización de loterías, siempre que esta actividad se desarrolle con carácter accesorio a la actividad principal.

Actividad: Servicio de hospedaje en hostales y pensiones.
Epígrafe I.A.E.: 682

Módulo	Definición	Unidad	Cuota devengada anual por unidad Euros
1	Personal empleado	Persona	2.533,22
2	Número de plazas	Plaza	55,80

Cuota mínima por operaciones corrientes: 20% de la cuota devengada por operaciones corrientes.

Actividad: Servicio de hospedaje en fondas y casas de huéspedes.
Epígrafe I.A.E.: 683

Módulo	Definición	Unidad	Cuota devengada anual por unidad Euros
1	Personal empleado	Persona	1.762,62
2	Número de plazas	Plaza	29,22

Cuota mínima por operaciones corrientes: 30% de la cuota devengada por operaciones corrientes.

Actividad: Reparación de artículos eléctricos para el hogar.
Epígrafe I.A.E.: 691.1

Módulo	Definición	Unidad	Cuota devengada anual por unidad Euros
1	Personal empleado	Persona	5.819,91
2	Superficie del local	Metro cuadrado	5,71

Cuota mínima por operaciones corrientes: 48% de la cuota devengada por operaciones corrientes.

Actividad: Reparación de vehículos automóviles, bicicletas y otros vehículos.
Epígrafe I.A.E.: 691.2

Módulo	Definición	Unidad	Cuota devengada anual por unidad Euros
1	Personal empleado	Persona	8.556,27
2	Superficie del local	Metro cuadrado	16,54

Cuota mínima por operaciones corrientes: 30% de la cuota devengada por operaciones corrientes.

Actividad: Reparación de calzado.
Epígrafe I.A.E.: 691.9

Módulo	Definición	Unidad	Cuota devengada anual por unidad Euros
1	Personal empleado	Persona	3.000,89
2	Consumo de energía eléctrica	100 Kwh	36,37

Cuota mínima por operaciones corrientes: 48% de la cuota devengada por operaciones corrientes.

§3

Actividad: Reparación de otros bienes de consumo n.c.o.p. (excepto reparación de calzado, restauración de obras de arte, muebles, antigüedades e instrumentos musicales).
Epígrafe I.A.E.: 691.9

Módulo	Definición	Unidad	Cuota devengada anual por unidad Euros
1	Personal empleado	Persona	5.381,76
2	Superficie del local	Metro cuadrado	13,23

Cuota mínima por operaciones corrientes: 48% de la cuota devengada por operaciones corrientes.

Actividad: Reparación de maquinaria industrial.
Epígrafe I.A.E.: 692

Módulo	Definición	Unidad	Cuota devengada anual por unidad Euros
1	Personal empleado	Persona	9.721,90
2	Superficie del local	Metro cuadrado	53,75

Cuota mínima por operaciones corrientes: 30% de la cuota devengada por operaciones corrientes.

Actividad: Otras reparaciones n.c.o.p.
Epígrafe I.A.E.: 699

Módulo	Definición	Unidad	Cuota devengada anual por unidad Euros
1	Personal empleado	Persona	7.671,69
2	Superficie del local	Metro cuadrado	46,31

Cuota mínima por operaciones corrientes: 32% de la cuota devengada por operaciones corrientes.

Actividad: Transporte urbano colectivo y de viajeros por carretera.
Epígrafe I.A.E.: 721.1 y 3

Módulo	Definición	Unidad	Cuota devengada anual por unidad Euros
1	Personal empleado	Persona	1.700,62
2	Número de asientos	Asiento	79,72

Cuota mínima por operaciones corrientes: 1% de la cuota devengada por operaciones corrientes.

Actividad: Transporte por autotaxis.
Epígrafe I.A.E.: 721.2

Módulo	Definición	Unidad	Cuota devengada anual por unidad Euros
1	Personal empleado	Persona	903,46
2	Distancia recorrida	1.000 Kilómetros	8,78

Cuota mínima por operaciones corrientes: 10% de la cuota devengada por operaciones corrientes.

NOTA: La cuota resultante de la aplicación de los signos o módulos anteriores incluye, en su caso, la derivada de la prestación de servicios de publicidad que utilicen como soporte el vehículo siempre que se desarrollen con carácter accesorio a la actividad principal.

Actividad: Transporte de mercancías por carretera, excepto residuos.
Epígrafe I.A.E.: 722

Módulo	Definición	Unidad	Cuota devengada anual por unidad Euros
1	Personal empleado	Persona	4.149,99
2	Carga vehículos	Tonelada	388,55

Cuota mínima por operaciones corrientes: 10% de la cuota devengada por operaciones corrientes.

NOTA: La cuota resultante de la aplicación de los signos o módulos anteriores incluye, en su caso, la derivada de las actividades auxiliares y complementarias del transporte, tales como agencias de transportes, depósitos y almacenamiento de mercancías, etc., siempre que se desarrollen con carácter accesorio a la actividad principal.

NOTA: En los casos en que se realicen transportes de residuos y transportes de mercancías distintas de los mismos, los módulos aplicables a dichos sectores de la actividad se prorratearán en función de su utilización efectiva en cada uno. Asimismo, a cada sector de la actividad se le aplicará la cuota mínima por operaciones corrientes que le corresponda. La suma de dichas cuotas mínimas será la que se utilice para el cálculo de la cuota derivada del régimen simplificado del conjunto de la actividad.

Actividad: Transporte de residuos por carretera.
Epígrafe I.A.E.: 722

Módulo	Definición	Unidad	Cuota devengada anual por unidad Euros
1	Personal empleado	Persona	1.948,64
2	Carga vehículos	Tonelada	181,58

Cuota mínima por operaciones corrientes: 1% de la cuota devengada por operaciones corrientes.

NOTA: La cuota resultante de la aplicación de los signos o módulos anteriores incluye, en su caso, la derivada de las actividades auxiliares y complementarias del transporte, tales como agencias de transportes, depósitos y almacenamiento de mercancías, etc..., siempre que se desarrollen con carácter accesorio a la actividad principal.

NOTA: En los casos en que se realicen transportes de residuos y transportes de mercancías distintas de los mismos, los módulos aplicables a dichos sectores de la actividad se prorratearán en función de su utilización efectiva en cada uno. Asimismo, a cada sector de la actividad se le aplicará la cuota mínima por operaciones corrientes que le corresponda. La suma de dichas cuotas mínimas será la que se utilice para el cálculo de la cuota derivada del régimen simplificado del conjunto de la actividad.

Actividad: Engrase y lavado de vehículos.
Epígrafe I.A.E.: 751.5

Módulo	Definición	Unidad	Cuota devengada anual por unidad Euros
1	Personal empleado	Persona	8.556,27
2	Superficie del local	Metro cuadrado	16,54

Cuota mínima por operaciones corrientes: 30% de la cuota devengada por operaciones corrientes.

Actividad: Servicios de mudanzas.
Epígrafe I.A.E.: 757

Módulo	Definición	Unidad	Cuota devengada anual por unidad Euros
1	Personal empleado	Persona	5.712,43
2	Carga vehículos	Tonelada	256,27

Cuota mínima por operaciones corrientes: 10% de la cuota devengada por operaciones corrientes.

§3

Actividad: Transporte de mensajería y recadería, cuando la actividad se realice exclusivamente con medios de transporte propios.
Epígrafe I.A.E.: 849.5

Módulo	Definición	Unidad	Cuota devengada anual por unidad Euros
1	Personal empleado	Persona	4.149,99
2	Carga vehículos	Tonelada	388,55

Cuota mínima por operaciones corrientes: 10% de la cuota devengada por operaciones corrientes.

Actividad: Enseñanza de conducción de vehículos terrestres, acuáticos, aeronáuticos, etc.
Epígrafe I.A.E.: 933.1

Módulo	Definición	Unidad	Cuota devengada anual por unidad Euros
1	Personal empleado	Persona	3.000,89
2	Número de vehículos	Vehículo	256,27
3	Potencia fiscal vehículo	CVF	107,47

Cuota mínima por operaciones corrientes: 48% de la cuota devengada por operaciones corrientes.

NOTA: Los módulos anteriores no serán de aplicación en la medida en que se utilicen en la realización de operaciones exentas del Impuesto sobre el Valor Añadido por aplicación de lo previsto en el artículo 20.Uno.9º de la Ley 37/92.

Actividad: Otras actividades de enseñanza, tales como idiomas, corte y confección, mecanografía, taquigrafía, preparación de exámenes y oposiciones y similares n.c.o.p.
Epígrafe I.A.E.: 933.9

Módulo	Definición	Unidad	Cuota devengada anual por unidad Euros
1	Personal empleado	Persona	2.413,95
2	Superficie del local	Metro cuadrado	2,64

Cuota mínima por operaciones corrientes: 48% de la cuota devengada por operaciones corrientes.

NOTA: Los módulos anteriores no serán de aplicación en la medida en que se utilicen en la realización de operaciones exentas del Impuesto sobre el Valor Añadido por aplicación de lo previsto en el artículo 20.Uno.9º de la Ley 37/92.

§3

§3

Actividad: Escuelas y servicios de perfeccionamiento del deporte.
Epígrafe I.A.E.: 967.2

Módulo	Definición	Unidad	Cuota devengada anual por unidad Euros
1	Personal empleado	Persona	3.441,10
2	Superficie del local	Metro cuadrado	5,58

Cuota mínima por operaciones corrientes: 3% de la cuota devengada por operaciones corrientes.

Actividad: Tinte, limpieza en seco, lavado y planchado de ropas hechas y de prendas y artículos del hogar usados.
Epígrafe I.A.E.: 971.1

Módulo	Definición	Unidad	Cuota devengada anual por unidad Euros
1	Personal empleado	Persona	3.844,13
2	Consumo de energía eléctrica	100 Kwh	14,06

Cuota mínima por operaciones corrientes: 48% de la cuota devengada por operaciones corrientes.

Actividad: Servicios de peluquería de señora y caballero.
Epígrafe I.A.E.: 972.1

Módulo	Definición	Unidad	Cuota devengada anual por unidad Euros
1	Personal empleado	Persona	2.562,75
2	Superficie del local	Metro cuadrado	41,33
3	Consumo de energía eléctrica	100 Kwh	17,48

Cuota mínima por operaciones corrientes: 13% de la cuota devengada por operaciones corrientes.

NOTA: La cuota resultante de la aplicación de los signos o módulos anteriores incluye, en su caso, la derivada de servicios de manicura, depilación, pedicura y maquillaje, siempre que estas actividades se desarrollen con carácter accesorio a la actividad principal.

Actividad: Salones e institutos de belleza. **Epígrafe I.A.E.: 972.2**			
Módulo	Definición	Unidad	Cuota devengada anual por unidad Euros
1	Personal empleado	Persona	2.562,75
2	Superficie del local	Metro cuadrado	41,33
3	Consumo de energía eléctrica	100 Kwh	17,36
Cuota mínima por operaciones corrientes: 32% de la cuota devengada por operaciones corrientes.			

§3

Actividad: Servicios de copias de documentos con máquinas fotocopiadoras. **Epígrafe I.A.E.: 973.3**			
Módulo	Definición	Unidad	Cuota devengada anual por unidad Euros
1	Personal empleado	Persona	13.136,13
2	Potencia eléctrica	Kw. contratado	239,74
Cuota mínima por operaciones corrientes: 30% de la cuota devengada por operaciones corrientes.			
NOTA: La cuota resultante de la aplicación de los signos o módulos anteriores incluye, en su caso, la derivada de los servicios de reproducción de planos y la encuadernación de sus trabajos, siempre que estas actividades se desarrollen con carácter accesorio a la actividad principal de servicios de copias de documentos con máquinas fotocopiadoras.			

Instrucciones para la aplicación de los signos, índices o módulos en el Impuesto sobre la Renta de las Personas Físicas

Normas Generales

1. El rendimiento neto resultará de la suma de los rendimientos netos que correspondan a cada una de las actividades contempladas en este Anexo.

2. El rendimiento neto correspondiente a cada actividad se obtendrá aplicando el procedimiento establecido a continuación:

2.1. Fase 1: Rendimiento neto previo.

El rendimiento neto previo será la suma de las cuantías correspondientes a los signos o módulos previstos para la actividad. La cuantía de los signos o módulos, a su vez, se calculará multiplicando la cantidad asignada a cada unidad de ellos por el número de unidades del mismo empleadas, utilizadas o instaladas en la actividad. Cuando este número no sea un número entero se expresará con dos decimales.

En la cuantificación del número de unidades de los distintos signos o módulos se tendrán en cuenta las reglas siguientes:

1ª) Personal no asalariado. Personal no asalariado es el empresario. También tendrán esta consideración, su cónyuge y los hijos menores que convivan con él, cuando, trabajando efectivamente en la actividad, no constituyan personal asalariado de acuerdo con lo establecido en la regla siguiente.

Se computará como una persona no asalariada el empresario. En aquellos supuestos que pueda acreditarse una dedicación inferior a 1.800 horas/año por causas objetivas, tales como jubilación, incapacidad, pluralidad de actividades o cierre temporal de la explotación, se computará el tiempo efectivo dedicado a la actividad. En estos supuestos, para la cuantificación de las tareas de dirección, organización y planificación de la actividad y, en general, las inherentes a la titularidad de la misma, se computará al empresario en 0,25 personas/año, salvo cuando se acredite una dedicación efectiva superior o inferior.

Para el resto de personas no asalariadas se computará como una persona no asalariada la que trabaje en la actividad al menos mil ochocientas horas/año.

Cuando el número de horas de trabajo al año sea inferior a mil ochocientas, se estimará como cuantía de la persona no asalariada la proporción existente entre número de horas efectivamente trabajadas en el año y mil ochocientas.

El personal no asalariado con un grado de discapacidad igual o superior al 33% se computará al 75 por 100.

Cuando el cónyuge o los hijos menores tengan la condición de no asalariados se computarán al 50 por 100, siempre que el titular de la actividad se compute por entero, antes de aplicar, en su caso, la reducción prevista en el párrafo anterior, y no haya más de una persona asalariada. Esta reducción se practicará después de haber aplicado, en su caso, la correspondiente por grado de discapacidad igual o superior al 33%.

2ª) Personal asalariado: Persona asalariada es cualquier otra que trabaje en la actividad. En particular, tendrán la consideración de personal asalariado el cónyuge y los hijos menores del sujeto pasivo que convivan con él, siempre que, existiendo el oportuno contrato laboral y la afiliación al régimen general de la Seguridad Social, trabajen habitualmente y con continuidad en la actividad empresarial desarrollada por el contribuyente. No se computarán como personas asalariadas los alumnos de formación profesional específica que realicen el módulo obligatorio de formación en centros de trabajo.

Se computará como una persona asalariada la que trabaje el número de horas anuales por trabajador fijado en el convenio colectivo correspondiente o, en su defecto, mil ochocientas horas/año. Cuando el número de horas de trabajo al año sea inferior o superior, se estimará como cuantía de la persona asalariada la proporción existente entre el número de horas efectivamente trabajadas y las fijadas en el convenio colectivo o, en su defecto, mil ochocientas.

Se computará en un 60 por 100 al personal asalariado menor de diecinueve años y al que preste sus servicios bajo un contrato de aprendizaje o para la formación. Cuando el personal asalariado sea una persona con discapacidad, con grado de discapacidad igual o superior al 33 %, se computará en un 40 por 100. Estas reducciones serán incompatibles entre sí.

3ª) Superficie del local. Por superficie del local se tomará la definida en la Regla 14ª.1.F, letras a), b), c) y h) de la Instrucción para la aplicación de las Tarifas del Impuesto sobre Actividades Económicas, aprobada por Real Decreto Legislativo 1175/1990, de 28 de septiembre y en la disposición adicional cuarta, letra f), de la Ley 51/2002, de 27 de diciembre, de reforma de la Ley 39/1988, de 28 de diciembre, Reguladora de las Haciendas Locales.

4ª) Local independiente y local no independiente. Por local independiente se entenderá el que disponga de sala de ventas para atención al público. Por local no independiente se entenderá el que no disponga de la sala de ventas propia para atención al público por estar ubicado en el interior de otro local, galería o mercado.

A estos efectos se considerarán locales independientes aquellos que deban tributar según lo dispuesto en la Regla 14ª.1.F, letra h) de la Instrucción para la aplicación de las Tarifas del Impuesto sobre Actividades Económicas, aprobada por Real Decreto Legislativo 1175/1990, de 28 de septiembre.

5ª) Consumo de energía eléctrica. Por consumo de energía eléctrica se entenderá la facturada por la empresa suministradora. Cuando en la factura se distinga entre energía activa y reactiva, sólo se computará la primera.

6ª) Potencia eléctrica. Por potencia eléctrica se entenderá la contratada con la empresa suministradora de la energía.

7ª) Superficie del horno. Por superficie del horno se entenderá la que corresponda a las características técnicas del mismo.

8ª) Mesas. La unidad mesa se entenderá referida a la susceptible de ser ocupada por cuatro personas. Las mesas de capacidad superior o inferior aumentarán o reducirán la cuantía del módulo aplicable en la proporción correspondiente.

9ª) Número de habitantes. El número de habitantes será el de la población de derecho del municipio, constituida por el total de los residentes inscritos en el Padrón Municipal de Habitantes, presentes y ausentes. La condición de residentes se adquiere en el momento de realizar tal inscripción.

10ª) Carga del vehículo. La capacidad de carga de un vehículo o conjunto de vehículos será igual a la diferencia entre la masa total máxima autorizada determinada teniendo en cuenta las posibles limitaciones administrativas, que en su caso, se reseñen en las Tarjetas de Inspección Técnica, con el límite de cuarenta toneladas, y la suma de las taras correspondientes a los vehículos portantes (peso en vacío del camión, remolque, semirremolque y cabeza tractora), expresada, según proceda, en kilogramos o toneladas, estas últimas con dos cifras decimales.

En el caso de cabezas tractoras que utilicen distintos semirremolques su tara se evaluará en ocho toneladas como máximo.

Cuando el transporte se realice exclusivamente con contenedores, la tara de éstos se evaluará en tres toneladas.

11ª) Plazas. Por plazas se entenderá el número de unidades de capacidad de alojamiento del establecimiento.

12ª) Asientos. Por asientos se entenderá el número de unidades que figura en la Tarjeta de Inspección Técnica del vehículo, excluido el del conductor y el del guía.

13ª) Máquinas recreativas. Se considerarán máquinas recreativas tipo «A» o «B», las definidas como tales en los artículos 4º y 5º, respectivamente, del Reglamento de Máquinas Recreativas y de Azar, aprobado por Real Decreto 2110/1998, de 2 de octubre.

No se computarán, sin embargo, las que sean propiedad del titular de la actividad.

14ª) Potencia fiscal del vehículo. El módulo CVF vendrá definido por la potencia fiscal que figura en la Tarjeta de Inspección Técnica.

15ª) Longitud de la barra. A efectos del módulo longitud de la barra, se entenderá por barra el mostrador donde se sirven y apoyan las bebidas y alimentos solicitados por los clientes. Su longitud, que se expresará en metros, con dos decimales, se medirá por el lado del público y de ella se excluirá la zona reservada al servicio de camareros. Si existiesen barras auxiliares de apoyo adosadas a las paredes, pilares, etc., dispongan o no de taburetes, se incluirá su longitud para el cálculo del módulo.

2.2. Fase 2: Rendimiento neto minorado.

El rendimiento neto previo se minorará en el importe de los incentivos al empleo y la inversión, en la forma que se establece a continuación, dando lugar al rendimiento neto minorado.

a) Minoración por incentivos al empleo.

Para practicar la minoración por incentivos al empleo se tendrá en cuenta lo siguiente:

1º) Si en el año que se liquida hubiese tenido lugar un incremento del número de personas asalariadas, por comparación al año inmediato anterior, se calculará, en primer lugar, la diferencia entre el número de unidades del módulo «personal asalariado» correspondientes al año y el número de unidades de ese mismo módulo correspondientes al año inmediato anterior. A estos efectos, se tendrán en cuenta exclusivamente las personas asalariadas que se hayan computado en la Fase 1ª, de acuerdo con lo establecido en la Regla 2ª.

Si en el año anterior no se hubiese estado acogido al régimen de estimación objetiva, se tomará como número de unidades correspondientes a dicho año el que hubiese debido tomarse, de acuerdo a las normas contenidas en la Regla 2ª de la Fase anterior.

Si la diferencia resultase positiva, a ésta se aplicará el coeficiente 0,40. El resultado es el coeficiente por incremento del número de personas asalariadas.

Si la diferencia hubiese resultado positiva y, por tanto, hubiese procedido la aplicación del coeficiente 0,40, a dicha diferencia no se le aplicará la tabla de coeficientes por tramos que se señala a continuación.

2º) Además, a cada uno de los tramos del número de unidades del módulo que a continuación se indica se le aplicarán los coeficientes que se expresan en la siguiente tabla:

Tramo	Coeficiente
Hasta 1,00...	0,10
Entre 1,01 a 3,00..	0,15
Entre 3,01 a 5,00..	0,20
Entre 5,01 a 8,00..	0,25
Más de 8,00	0,30

Para cuantificar la minoración por incentivos al empleo, se procede de la siguiente forma:

– Se suma el coeficiente por incremento del número de personas asalariadas, si procede, y el de la tabla anterior, obteniéndose el coeficiente de minoración.

– Este coeficiente de minoración se multiplica por el «Rendimiento anual por unidad antes de amortización» correspondiente al módulo «personal asalariado». La cantidad anterior se minora del rendimiento neto previo.

b) Minoración por incentivos a la inversión.

Serán deducibles las cantidades que, en concepto de amortización del inmovilizado, material o intangible, correspondan a la depreciación efectiva que sufran los distintos elementos por funcionamiento, uso, disfrute u obsolescencia.

Se considerará que la depreciación es efectiva cuando sea el resultado de aplicar al precio de adquisición o coste de producción del elemento patrimonial del inmovilizado alguno de los siguientes coeficientes:

1º) El coeficiente de amortización lineal máximo.

2º) El coeficiente de amortización lineal mínimo que se deriva del período máximo de amortización.

3º) Cualquier otro coeficiente de amortización lineal comprendido entre los dos anteriormente mencionados.

La Tabla de Amortización es la siguiente:

Grupo	Descripción	Coeficiente lineal máximo	Período máximo
1	Edificios y otras construcciones..........................	5%	40 años
2	Útiles, herramientas, equipos para el tratamiento de la información y sistemas y programas informáticos	40%	5 años
3	Elementos de transporte y resto de inmovilizado material	25%	8 años
4	Inmovilizado intangible	15%	10 años

Será amortizable el precio de adquisición o coste de producción excluido, en su caso el valor residual.

En las edificaciones, no será amortizable la parte del precio de adquisición correspondiente al valor del suelo el cual, cuando no se conozca, se calculará prorrateando el precio de adquisición entre los valores catastrales del suelo y de la construcción en el año de adquisición.

La amortización se practicará elemento por elemento, si bien cuando se trate de elementos patrimoniales integrados en el mismo Grupo de la Tabla de Amortización, la amortización podrá practicarse sobre el conjunto de ellos, siempre que en todo momento pueda conocerse la parte de la amortización correspondiente a cada elemento patrimonial.

Los elementos patrimoniales de inmovilizado material empezarán a amortizarse desde su puesta en condiciones de funcionamiento y los de inmovilizado intangible desde el momento en que estén en condiciones de producir ingresos.

La vida útil no podrá exceder del período máximo de amortización establecido en la Tabla de Amortización.

En el supuesto de elementos patrimoniales del inmovilizado material que se adquieran usados, el cálculo de la amortización se efectuará sobre el precio de adquisición, hasta el límite resultante de multiplicar por dos la cantidad derivada de aplicar el coeficiente de amortización lineal máximo.

En el supuesto de cesión de uso de bienes con opción de compra o renovación, cuando por las condiciones económicas de la operación no existan dudas razonables de que se ejercitará una u otra opción, será deducible para el cesionario, en concepto de amortización, un importe equivalente a las cuotas de amortización que corresponderían a los citados bienes, aplicando los coeficientes previstos en la Tabla de Amortización, sobre el precio de adquisición o coste de producción del bien.

Los elementos de inmovilizado material nuevos, puestos a disposición del contribuyente en el ejercicio, cuyo valor unitario no exceda de 601,01 euros, podrán amortizarse libremente, hasta el límite de 3.005,06 euros anuales.

2.3. Fase 3: Rendimiento neto de módulos.

Sobre el rendimiento neto minorado se aplicarán, cuando corresponda, los índices correctores que se establecen a continuación, obteniéndose el rendimiento neto de módulos.

Incompatibilidades entre los índices correctores:

– En ningún caso será aplicable el índice corrector para empresas de pequeña dimensión (b.1) a las actividades para las que están previstos los índices correctores especiales enumerados en las letras a.2), a.3), a.4) y a.5).

– Cuando resulte aplicable el índice corrector para empresas de pequeña dimensión (b.1) no se aplicará el índice corrector de exceso (b.3).

– Cuando resulte aplicable el índice corrector de temporada (b.2) no se aplicará el índice corrector por inicio de nuevas actividades (b.4).

Los índices correctores se aplicarán según el orden que aparecen enumerados a continuación, siempre que no resulten incompatibles, sobre el rendimiento neto minorado o, en su caso, sobre el rectificado por aplicación de los mismos:

a) Índices correctores especiales.

Los índices correctores especiales sólo se aplicarán en aquellas actividades concretas que se citan a continuación:

a.1) Actividad de comercio al por menor de prensa, revistas y libros en quioscos situados en la vía pública:

Ubicación de los quioscos	Índice
Madrid y Barcelona	1,00
Municipios de más de 100.000 habitantes	0,95
Resto de municipios	0,80

Cuando, por ejercerse la actividad en varios municipios, exista la posibilidad de aplicar más de uno de los índices anteriores, se aplicará un único índice: el correspondiente al municipio de mayor población.

a.2) Actividad de transporte por autotaxis.

Población del municipio	Índice
Hasta 2.000 habitantes	0,75
De 2.001 hasta 10.000 habitantes	0,80
De 10.001 hasta 50.000 habitantes	0,85
De 50.001 hasta 100.000 habitantes	0,90
Más de 100.000 habitantes	1,00

Se aplicará el índice que corresponda al municipio en el que se desarrolla la actividad. Cuando por ejercerse la actividad en varios municipios, exista la posibilidad de aplicar más de uno de los índices anteriores, se aplicará un único índice: el correspondiente al municipio de mayor población.

a.3) Actividad de transporte urbano colectivo y de viajeros por carretera:

Se aplicará el índice 0,80 cuando el titular disponga de un único vehículo.

a.4) Actividades de transporte de mercancías por carretera y servicios de mudanzas:

Se aplicará el índice 0,80 cuando el titular disponga de un único vehículo.

Se aplicará el índice 0,90 cuando la actividad se realice con tractocamiones y el titular carezca de semirremolques. Cuando la actividad se desarrolle con un único tractocamión y sin semirremolques, se aplicará, exclusivamente, el índice 0,75.

b) Índices correctores generales.

Los índices correctores generales son aplicables a cualquiera de las actividades de este Anexo en las que concurran las circunstancias señaladas en cada caso.

b.1) Índice corrector para empresas de pequeña dimensión:

Se aplicará el índice que corresponda, en función de la población en que se desarrolle la actividad, cuando concurran todas y cada una de las circunstancias siguientes:

1º) Titular persona física.

2º) Ejercer la actividad en un solo local.

3º) No disponer de más de un vehículo afecto a la actividad y que éste no supere los 1.000 kilogramos de capacidad de carga.

4º) Sin personal asalariado.

Población del municipio	Índice
Hasta 2.000 habitantes...	0,70
De 2.001 hasta 5.000 habitantes...	0,75
Más de 5.000 habitantes...	0,80

Cuando, por ejercerse la actividad en varios municipios, exista la posibilidad de aplicar más de uno de los índices anteriores, se aplicará un único índice: el correspondiente al municipio de mayor población.

Cuando concurran las circunstancias señaladas en los números 1º), 2º) y 3º) del primer párrafo y, además, se ejerza la actividad con personal asalariado, hasta 2 trabajadores, se aplicará el índice 0,90, cualquiera que sea la población del municipio en el que se desarrolla la actividad.

b.2) Índice corrector de temporada:

Cuando la actividad tenga la consideración de actividad de temporada, se aplicará el índice de la tabla adjunta que corresponda en función de la duración de la temporada.

Tendrán la consideración de actividades de temporada las que habitualmente sólo se desarrollen durante ciertos días del año, continuos o alternos, siempre que el total no exceda de 180 días por año.

Duración de la temporada	Índice
Hasta 60 días	1,50
De 61 a 120 días	1,35
De 121 a 180 días	1,25

b.3) Índice corrector de exceso:

Cuando el rendimiento neto minorado, o en su caso, rectificado por aplicación de los índices anteriores de las actividades que a continuación se mencionan resulte superior a las cuantías que se señalan en cada caso, al exceso sobre dichas cuantías se le aplicará el índice 1,30.

I.A.E.[2]	Actividad económica	Cuantía Euros
419.1	Industrias del pan y de la bollería	41.602,30
419.2	Industrias de bollería, pastelería y galletas	33.760,53
419.3	Industrias de elaboración de masas fritas	19.670,55
423.9	Elaboración de patatas fritas, palomitas de maíz y similares	19.670,55
641	Comercio al por menor de frutas, verduras, hortalizas y tubérculos	16.867,67

---

[2]   Los epígrafes del I.A.E. han sido añadidos por los compiladores.

I.A.E.[2]	Actividad económica	Cuantía Euros
642.1, 2, 3 y 4	Comercio al por menor de carne, despojos, de productos y derivados cárnicos elaborados..	21.635,71
642.5	Comercio al por menor de huevos, aves, conejos de granja, caza; y de productos derivados de los mismos...................	20.136,65
642.6	Comercio al por menor en casquerías, de vísceras y despojos procedentes de animales de abasto, frescos y congelados...	16.237,81
643.1 y 2	Comercio al por menor de pescados y otros productos de la pesca y de la acuicultura y de caracoles...........................	24.551,97
644.1	Comercio al por menor de pan, pastelería, confitería y similares y de leche y productos lácteos	43.605,26
644.2	Despachos de pan, panes especiales y bollería..................	42.925,01
644.3	Comercio al por menor de productos de pastelería, bollería y confitería...	33.760,53
644.6	Comercio al por menor de masas fritas, con o sin coberturas o rellenos, patatas fritas, productos de aperitivo, frutos secos, golosinas, preparados de chocolate y bebidas refrescantes..	19.670,55
647.1	Comercio al por menor de cualquier clase de productos alimenticios y de bebidas en establecimientos con vendedor..	15.822,10
647.2 y 3	Comercio al por menor de cualquier clase de productos alimenticios y de bebidas en régimen de autoservicio o mixto en establecimientos cuya sala de ventas tenga una superficie inferior a 400 metros cuadrados	25.219,62
651.1	Comercio al por menor de productos textiles, confecciones para el hogar, alfombras y similares y artículos de tapicería	23.638,67
651.2	Comercio al por menor de toda clase de prendas para el vestido y tocado	24.848,00
651.3 y 5	Comercio al por menor de lencería, corsetería y prendas especiales..	19.626,46
651.4	Comercio al por menor de artículos de mercería y paquetería	14.862,05
651.6	Comercio al por menor de calzado, artículos de piel e imitación o productos sustitutivos, cinturones, carteras, bolsos, maletas y artículos de viaje en general.............................	24.306,32

I.A.E.[2]	Actividad económica	Cuantía Euros
652.2 y 3	Comercio al por menor de productos de droguería, perfumería y cosmética, limpieza, pinturas, barnices, disolventes, papeles y otros productos para la decoración y de productos químicos, y de artículos para la higiene y el aseo personal .	25.333,00
653.1	Comercio al por menor de muebles...................................	30.718,31
653.2	Comercio al por menor de material y aparatos eléctricos, electrónicos, electrodomésticos y otros aparatos de uso doméstico accionados por otro tipo de energía distinta de la eléctrica, así como muebles de cocina............................	26.189,61
653.3	Comercio al por menor de artículos de menaje, ferretería, adorno, regalo, o reclamo (incluyendo bisutería y pequeños electrodomésticos).....................................	24.470,09
653.4 y 5	Comercio al por menor de materiales de construcción, artículos y mobiliario de saneamiento, puertas, ventanas persianas, etc..	26.454,15
653.9	Comercio al por menor de otros artículos para el equipamiento del hogar n.c.o.p.	32.765,35
654.2	Comercio al por menor de accesorios y piezas de recambio para vehículos terrestres	32.815,74
654.5	Comercio al por menor de toda clase de maquinaria (excepto aparatos del hogar, de oficina, médicos, ortopédicos, ópticos y fotográficos)...............................	31.367,06
654.6	Comercio al por menor de cubiertas, bandas o bandajes y cámaras de aire para toda clase de vehículos...................	26.970,63
659.2	Comercio al por menor de muebles de oficina y de máquinas y equipos de oficina	30.718,31
659.3	Comercio al por menor de aparatos e instrumentos médicos, ortopédicos, ópticos y fotográficos	35.524,14
659.4	Comercio al por menor de libros, periódicos, artículos de papelería y escritorio y artículos de dibujo y bellas artes, excepto en quioscos situados en la vía pública	25.207,02
659.4	Comercio al por menor de prensa, revistas y libros en quioscos situados en la vía pública	28.860,22

§3

§3

I.A.E.[2]	Actividad económica	Cuantía Euros
659.6	Comercio al por menor de juguetes, artículos de deporte, prendas deportivas de vestido, calzado y tocado, armas, cartuchería y artículos de pirotecnia	24.948,78
659.7	Comercio al por menor de semillas, abonos, flores y plantas y pequeños animales...	23.978,80
662.2	Comercio al por menor de toda clase de artículos, incluyendo alimentación y bebidas, en establecimientos distintos de los especificados en el grupo 661 y en el epígrafe 662.1........	16.395,27
663.1	Comercio al por menor fuera de un establecimiento comercial permanente de productos alimenticios, incluso bebidas y helados	14.379,72
663.2	Comercio al por menor fuera de un establecimiento comercial permanente de artículos textiles y de confección	19.059,58
663.3	Comercio al por menor fuera de un establecimiento comercial permanente de calzado, pieles y artículos de cuero............	17.081,82
663.4	Comercio al por menor fuera de un establecimiento comercial permanente de artículos de droguería y cosméticos y de productos químicos en general	16.886,56
663.9	Comercio al por menor fuera de un establecimiento comercial permanente de otras clases de mercancías n.c.o.p.	18.354,14
671.4	Restaurantes de dos tenedores	51.617,08
671.5	Restaurantes de un tenedor	38.081,38
672.1, 2 y 3	Cafeterías	39.070,26
673.1	Cafés y bares de categoría especial	30.586,03
673.2	Otros cafés y bares..	19.084,78
675	Servicios en quioscos, cajones, barracas u otros locales análogos	16.596,83
676	Servicios en chocolaterías, heladerías y horchaterías..........	25.528,25
681	Servicio de hospedaje en hoteles y moteles de una y dos estrellas	61.512,19
682	Servicio de hospedaje en hostales y pensiones..................	32.840,94
683	Servicio de hospedaje en fondas y casas de huéspedes	16.256,70
691.1	Reparación de artículos eléctricos para el hogar................	21.585,33

I.A.E.[2]	Actividad económica	Cuantía Euros
691.2	Reparación de vehículos automóviles, bicicletas y otros vehículos...	33.729,04
691.9	Reparación de calzado	16.552,74
691.9	Reparación de otros bienes de consumo n.c.o.p. (excepto reparación de calzado, restauración de obras de arte, muebles antigüedades e instrumentos musicales)	24.803,91
692	Reparación de maquinaria industrial..................................	30.352,99
699	Otras reparaciones n.c.o.p.	23.607,18
721.1 y 3	Transporte urbano colectivo y de viajeros por carretera	35.196,62
722	Transporte de mercancías por carretera	33.640,86
751.5	Engrase y lavado de vehículos	28.280,74
757	Servicios de mudanzas	33.640,86
849.5	Transporte de mensajería y recadería, cuando la actividad se realice exclusivamente con medios de transporte propios....	33.640,86
933.1	Enseñanza de conducción de vehículos terrestres, acuáticos, aeronáuticos, etcétera	47.233,25
933.9	Otras actividades de enseñanza, tales como idiomas, corte y confección, mecanografía, taquigrafía, preparación de exámenes y oposiciones y similares n.c.o.p...........................	33.697,55
967.2	Escuelas y servicios de perfeccionamiento del deporte	37.067,30
971.1	Tinte, limpieza en seco, lavado y planchado de ropas hechas y de prendas y artículos del hogar usados	37.224,77
972.1	Servicios de peluquería de señora y caballero	18.051,81
972.2	Salones e institutos de belleza..	26.945,44
973.3	Servicios de copias de documentos con máquinas fotocopiadoras	24.192,95

b.4) Índice corrector por inicio de nuevas actividades.

El contribuyente que inicie nuevas actividades concurriendo las siguientes circunstancias:

– Que se trate de nuevas actividades cuyo ejercicio se inicie a partir del 1 de enero de 2024.

– Que no se trate de actividades de temporada.

– Que no se hayan ejercido anteriormente bajo otra titularidad o calificación.

– Que se realicen en local o establecimiento dedicados exclusivamente a dicha actividad, con total separación del resto de actividades empresariales o profesionales que, en su caso, pudiera realizar el contribuyente.

Tendrá derecho a aplicar los siguientes índices correctores:

Ejercicio	Índice
Primero	0,80
Segundo	0,90

Cuando el contribuyente sea una persona con discapacidad, con grado de discapacidad igual o superior al 33 %, los índices correctores aplicables serán:

Ejercicio	Índice
Primero	0,60
Segundo	0,70

Pagos Fraccionados

3. A efectos del pago fraccionado, los signos o módulos, así como los índices correctores aplicables inicialmente en cada período anual serán los correspondientes a los datos-base de la actividad referidos al día 1 de enero de cada año.

Cuando algún dato-base no pudiera determinarse el primer día del año, se tomará, a efectos del pago fraccionado, el que hubiese correspondido en el año anterior.

En el supuesto de actividades de temporada se tomará, a efectos del pago fraccionado, el número de unidades de cada módulo que hubiesen correspondido en el año anterior.

Cuando en el año anterior no se hubiese ejercido la actividad, los signos o módulos, así como los índices correctores aplicables inicialmente serán los correspondientes a los datos-base referidos al día en que se inicie.

Si los datos-base de cada signo o módulo no fuesen un número entero, se expresarán con dos cifras decimales.

Para cuantificar el rendimiento neto a efectos del pago fraccionado, el importe de las amortizaciones se obtendrá aplicando el coeficiente lineal máximo que corresponde a cada uno de los bienes amortizables existentes en la fecha de cómputo de los datos-base.

4. Los pagos fraccionados se efectuarán trimestralmente en los plazos siguientes:

– Los tres primeros trimestres, entre el día 1 y el 20 de los meses de abril, julio y octubre.

– El cuarto trimestre, entre el día 1 y el 30 del mes de enero.

Cada pago trimestral consistirá en el 4 por 100 de los rendimientos netos resultantes de la aplicación de las normas anteriores.

No obstante, en el supuesto de actividades que no tengan más de una persona asalariada el porcentaje anterior será el 3 por ciento, y en el supuesto de que no disponga de personal asalariado dicho porcentaje será el 2 por ciento.

Cuando no pudiera determinarse ningún dato-base conforme a lo dispuesto en el número anterior, el pago fraccionado consistirá en el 2 por 100 del volumen de ventas o ingresos del trimestre.

El contribuyente deberá presentar declaración-liquidación en la forma y plazos previstos, aunque no resulte cuota a ingresar.

5. En caso de inicio de la actividad con posterioridad a 1 de enero o de cese antes de 31 de diciembre o cuando concurran ambas circunstancias, el importe del pago fraccionado, se calculará de la siguiente forma:

1º) Se determinará el rendimiento neto que procedería por aplicación de lo dispuesto en el número 3 anterior.

2º) Por cada trimestre natural completo de actividad se ingresará el porcentaje del rendimiento neto correspondiente, según el punto 4 anterior.

3º) La cantidad a ingresar en el trimestre natural incompleto se obtendrá multiplicando la cantidad correspondiente a un trimestre natural completo por el cociente resultante de dividir el número de días naturales comprendidos en el período de ejercicio de la actividad en dicho trimestre natural por el número total de días naturales del mismo.

Cuando no pudiera determinarse ningún dato-base el día en que se inicie la actividad, el pago fraccionado consistirá en el 2 por 100 del volumen de ventas o ingresos del trimestre.

6. En las actividades de temporada, a efectos del pago fraccionado, se calculará el rendimiento neto anual conforme a lo dispuesto en el número 3 anterior.

El rendimiento diario resultará de dividir el anual por el número de días de ejercicio de la actividad en el año anterior.

En las actividades a que se refiere este número, el ingreso a realizar por cada trimestre natural resultará de multiplicar el número de días naturales en que se desarrolla la actividad durante dicho trimestre por el rendimiento diario y por el porcentaje correspondiente según el punto 4 anterior.

Rendimiento Anual

7. Al finalizar el año o al producirse el cese de la actividad o la terminación de la temporada, el contribuyente deberá calcular el promedio de los signos, índices o módulos relativos a todo el período en que haya ejercido la actividad durante dicho año natural, procediendo, asimismo, al cálculo del rendimiento neto que corresponda.

A efectos de determinar el rendimiento neto anual, el promedio se determinará en función de las horas, cuando se trate de personal asalariado y no asalariado, o días, en los restantes casos, de efectivo empleo, utilización o instalación, salvo para el consumo de energía eléctrica o distancia recorrida, en que se tendrán en cuenta, respectivamente, los kilovatios/hora consumidos o kilómetros recorridos. Si no fuese un número entero se expresará con dos cifras decimales.

Cuando exista una utilización parcial del módulo en la actividad o sector de actividad, el valor a computar será el que resulte de su prorrateo en función de su utilización efectiva. Si no fuese posible determinar ésta, se imputará por partes iguales a cada una de las utilizaciones del módulo.

Instrucciones para la aplicación de los índices y módulos en el Impuesto sobre el Valor Añadido

Normas generales

1. La cuota derivada de este régimen especial resultará de la suma de las cuotas que correspondan a cada una de las actividades incluidas en el mismo ejercidas por el sujeto pasivo.

Con carácter general, la liquidación del Impuesto sobre el Valor Añadido por la realización de cada actividad acogida al régimen especial simplificado resultará de la diferencia entre «cuotas devengadas por operaciones corrientes» y «cuotas soportadas o satisfechas por operaciones corrientes», relativas a dicha actividad, con un «importe mínimo» de cuota a ingresar. El resultado será la «cuota derivada del régimen simplificado», y debe ser corregido, como se indica en el Anexo III de esta Orden, con la adición de las cuotas correspondientes a las operaciones mencionadas en el apartado uno.B del artículo 123 de la Ley del Impuesto sobre el Valor Añadido y la deducción de las cuotas soportadas o satisfechas por la adquisición o importación de activos fijos.

2. A efectos de lo indicado en el número 1 anterior, la cuota correspondiente a cada actividad se cuantifica por medio del procedimiento establecido a continuación:

2.1 Cuota devengada por operaciones corrientes.

La cuota devengada por operaciones corrientes será la suma de las cuantías correspondientes a los módulos previstos para la actividad. La cuantía de los módulos, a su vez, se calculará multiplicando la cantidad asignada a cada uno de ellos por el número de unidades del mismo empleadas, utilizadas o instaladas en la actividad.

En la cuantificación del número de unidades de los distintos módulos se tendrán en cuenta las reglas establecidas en las Instrucciones para la aplicación de los signos, índices o módulos en el Impuesto sobre la Renta de las Personas Físicas y la que se establece a continuación:

Personal empleado. Como personas empleadas se considerarán tanto las no asalariadas, incluyendo el titular de la actividad, como las asalariadas.

2.2 Diferencia entre la cuota devengada y las cuotas soportadas por operaciones corrientes.

De la cuota devengada por operaciones corrientes podrán deducirse las cuotas soportadas o satisfechas por la adquisición o importación de bienes y servicios, distintos de los activos fijos, destinados al desarrollo de la actividad, en los términos establecidos en el Capítulo I del Título VIII de la Ley 37/1992, de 28 de diciembre, del Impuesto sobre el Valor Añadido y en el Reglamento del tributo, considerándose a estos efectos activos fijos los elementos del inmovilizado. También podrán ser deducidas las compensaciones agrícolas a que se refiere el artículo 130 de la Ley 37/1992, satisfechas por los sujetos pasivos por la adquisición de bienes o servicios a empresarios acogidos al régimen especial de la agricultura, ganadería y pesca. No obstante, será deducible el 1 por ciento del importe de la cuota devengada por operaciones corrientes, en concepto de cuotas soportadas de difícil justificación.

En el ejercicio de las deducciones a que se refiere el párrafo anterior se aplicarán las siguientes reglas:

1.º No serán deducibles las cuotas soportadas por los servicios de desplazamiento o viajes, hostelería y restauración en el supuesto de empresarios o profesionales que desarrollen su actividad en local determinado. A estos efectos, se considerará local determinado cualquier edificación, excluyendo los almacenes, aparcamientos o depósitos cerrados al público.

2.º Las cuotas soportadas o satisfechas sólo serán deducibles en la declaración-liquidación correspondiente al último período impositivo del año en el que deban entenderse soportadas o satisfechas, por lo que, con independencia del régimen de tributación aplicable en años sucesivos, no procederá su deducción en un período impositivo posterior.

3.º Cuando se realicen adquisiciones o importaciones de bienes y servicios para su utilización en común en varias actividades por las que el empresario o profesional esté acogido a este régimen especial, la cuota a deducir en cada una de ellas será la que resulte del prorrateo en función de su utilización efectiva. Si no fuese posible aplicar dicho procedimiento, se imputarán por partes iguales a cada una de las actividades.

2.3 Cuota derivada del régimen simplificado.

La cuota derivada del régimen simplificado será la mayor de las dos cantidades siguientes:

– La resultante del número 2.2 anterior.

En las actividades de temporada dicha cantidad se multiplicará por el índice corrector previsto en el número 6 siguiente.

– La cuota mínima, incrementada en el importe de las cuotas del Impuesto sobre el Valor Añadido o tributo similar soportadas fuera del territorio de aplicación del Impuesto, que hayan sido devueltas al sujeto pasivo en el ejercicio, y que correspondan a bienes o servicios adquiridos para ser utilizados en el desarrollo de la actividad acogida al régimen simplificado.

La citada cuota mínima resultará de aplicar el porcentaje, establecido para cada actividad, que figura en el Anexo II de esta Orden, sobre la cuota devengada por operaciones corrientes, definida en el número 2.1 anterior.

En las actividades de temporada dicha cuota mínima se multiplicará por el índice corrector previsto en el número 6 siguiente.

Cuotas trimestrales

3. El resultado de aplicar lo indicado en el número 2 anterior se calculará por el sujeto pasivo al término de cada ejercicio, si bien en las declaraciones-liquidaciones correspondientes a los tres primeros trimestres de cada año natural, el sujeto pasivo realizará, durante los veinte primeros días naturales de los meses de abril, julio y octubre, el ingreso a cuenta de una parte de la cuota derivada del régimen simplificado, que resultara de aplicar el porcentaje señalado a continuación para cada actividad, a la cuota devengada por operaciones corrientes, calculada de acuerdo con lo señalado en el número 2.1 anterior:

§3

I.A.E.	Actividad económica	Porcentaje
419.1	Industrias del pan y de la bollería.	6%
419.2	Industrias de la bollería, pastelería y galletas.	9%
419.3	Industrias de elaboración de masas fritas.	10%
423.9	Elaboración de patatas fritas, palomitas de maíz y similares.	10%
642.1, 2, 3	Elaboración de productos de charcutería por minoristas de carne.	10%
642.5	Comerciantes minoristas matriculados en el epígrafe 642.5 por el asado de pollos.	10%
644.1	Comercio al por menor de pan, pastelería, confitería y similares y de leche y productos lácteos.	6%
644.2	Despachos de pan, panes especiales y bollería.	6%
644.3	Comercio al por menor de productos de pastelería, bollería y confitería.	9%
644.6	Comercio al por menor de masas fritas, con o sin coberturas o rellenos, patatas fritas, productos de aperitivo, frutos secos, golosinas, preparados de chocolate y bebidas refrescantes.	10%
653.2	Comercio al por menor de material y aparatos eléctricos, electrónicos, electrodomésticos y otros aparatos de uso doméstico accionados por otro tipo de energía distinta de la eléctrica, así como muebles de cocina.	15%
653.4 y 5	Comercio al por menor de materiales de construcción, artículos y mobiliario de saneamiento, puertas, ventanas, persianas, etc.	4%
654.2	Comercio al por menor de accesorios y piezas de recambio para vehículos con motor.	4%
654.5	Comercio al por menor de toda clase de maquinaria (excepto aparatos del hogar, de oficina, médicos, ortopédicos, ópticos y fotográficos).	4%
654.6	Comercio al por menor de cubiertas, bandas o bandajes y cámaras de aire para vehículos terrestres con motor, excepto las actividades de comercio al por mayor de los artículos citados.	4%
659.3	Comerciantes minoristas matriculados en el epígrafe 659.3 por el servicio de recogida de negativos y otro material fotográfico impresionado para su procesado en laboratorio de terceros y la entrega de las correspondientes copias y ampliaciones.	4%

I.A.E.	Actividad económica	Porcentaje
663.1	Comercio al por menor fuera de un establecimiento comercial permanente dedicado exclusivamente a la comercialización de masas fritas, con o sin coberturas o rellenos, patatas fritas, productos de aperitivo, frutos secos, golosinas, preparación de chocolate y bebidas refrescantes y facultado para la elaboración de los productos propios de churrería y patatas fritas en la propia instalación o vehículo.	6%
671.4	Restaurantes de dos tenedores.	4%
671.5	Restaurantes de un tenedor.	6%
672.1, 2 y 3	Cafeterías.	4%
673.1	Cafés y bares de categoría especial.	2%
673.2	Otros cafés y bares.	2%
675	Servicios en quioscos, cajones, barracas u otros locales análogos.	1%
676	Servicios en chocolaterías, heladerías y horchaterías.	6%
681	Servicio de hospedaje en hoteles y moteles de una o dos estrellas.	6%
682	Servicio de hospedaje en hostales y pensiones.	6%
683	Servicio de hospedaje en fondas y casas de huéspedes.	9%
691.1	Reparación de artículos eléctricos para el hogar.	15%
691.2	Reparación de vehículos automóviles, bicicletas y otros vehículos.	9%
691.9	Reparación de calzado.	15%
691.9	Reparación de otros bienes de consumo n.c.o.p. (excepto reparación de calzado, restauración de obras de arte, muebles, antigüedades e instrumentos musicales).	15%
692	Reparación de maquinaria industrial.	9%
699	Otras reparaciones n.c.o.p.	10%
721.1 y 3	Transporte urbano colectivo y de viajeros por carretera.	1%
721.2	Transporte por autotaxis.	5%
722	Transporte de mercancías por carretera, excepto residuos.	5%
722	Transporte de residuos por carretera.	1%
751.5	Engrase y lavado de vehículos.	9%
757	Servicios de mudanzas.	5%

§3

I.A.E.	Actividad económica	Porcentaje
849.5	Transporte de mensajería y recadería, cuando la actividad se realice exclusivamente con medios de transporte propios.	5%
933.1	Enseñanza de conducción de vehículos terrestres, acuáticos, aeronáuticos, etc.	15%
933.9	Otras actividades de enseñanza, tales como idiomas, corte y confección, mecanografía, taquigrafía, preparación de exámenes y oposiciones y similares n.c.o.p.	15%
967.2	Escuelas y servicios de perfeccionamiento del deporte.	2%
971.1	Tinte, limpieza en seco, lavado y planchado de ropas hechas y de prendas y artículos del hogar usados.	15%
972.1	Servicios de peluquería de señora y caballero.	5%
972.2	Salones e institutos de belleza.	10%
973.3	Servicios de copias de documentos con máquinas fotocopiadoras.	9%

4. Para el cálculo del ingreso correspondiente a cada uno de los tres primeros trimestres, los módulos e índices correctores aplicables inicialmente en cada período anual serán los correspondientes a los datos-base del sector de actividad referidos al día 1 de enero de cada año.

Cuando algún dato-base no pudiera determinarse el primer día del año, se tomará el que hubiese correspondido en el año anterior. Esta misma regla se aplicará en el supuesto de actividades de temporada.

Cuando en el año anterior no se hubiese ejercido la actividad, los módulos e índices correctores aplicables inicialmente serán los correspondientes a los datos-base referidos al día en que se inicie.

Si los datos-base de cada módulo no fuesen un número entero, se expresarán con dos cifras decimales.

5. En caso de inicio de la actividad con posterioridad a 1 de enero o de cese antes de 31 de diciembre o cuando concurran ambas circunstancias, las cantidades a ingresar en los plazos indicados en el número 3 anterior se calcularán de la siguiente forma:

1.º) La cuota devengada por operaciones corrientes se determinará aplicando los módulos del sector de actividad que correspondan según lo establecido en el número 4 anterior.

2.º) Por cada trimestre natural completo de actividad se ingresará el porcentaje correspondiente a cada actividad que figura en el punto 3 anterior.

3.º) La cantidad a ingresar en el trimestre natural incompleto se obtendrá multiplicando la cuota correspondiente a un trimestre natural completo por el cociente resultante de dividir el número de días naturales comprendidos en el período de ejercicio de la actividad en dicho trimestre natural por el número total de días naturales del mismo.

6. En las actividades de temporada se calculará la cuota devengada por operaciones corrientes conforme a lo dispuesto en el número 4 anterior.

La cuota devengada diaria por operaciones corrientes resultará de dividir la cuota devengada anual por el número de días de ejercicio de la actividad en el año anterior.

En las actividades a que se refiere este número el ingreso a realizar por cada trimestre natural será el resultado de aplicar el porcentaje correspondiente a cada actividad, que figura en el número 3 anterior, al producto de multiplicar el número de días naturales en que se desarrolla la actividad durante dicho trimestre por la cuota devengada diaria por operaciones corrientes.

La cuota calculada según lo dispuesto en este número se incrementará por aplicación de los siguientes índices correctores:

– Hasta 60 días de temporada: 1,50.
– De 61 a 120 días de temporada: 1,35.
– De 121 a 180 días de temporada: 1,25.

Este índice se aplicará en función de la duración de la temporada.

Tendrán la consideración de actividades de temporada las que habitualmente sólo se desarrollen durante ciertos días del año, continuos o alternos, siempre que el total no exceda de 180 días por año.

En todas las actividades de temporada, el sujeto pasivo deberá presentar declaración-liquidación en la forma y plazos previstos en el Reglamento del Impuesto, aunque la cuota a ingresar sea de cero euros.

7. En el supuesto de actividades accesorias de carácter empresarial o profesional, se cuantificará el importe del ingreso trimestral aplicando la cantidad asignada para el módulo «Importe de las comisiones o contraprestaciones» sobre el total de los ingresos del trimestre procedentes de esa actividad accesoria.

Cuota Anual

8. Al finalizar el año o al producirse el cese de la actividad o la terminación de la temporada, para el cálculo de la cuota anual devengada y su reflejo en la última declaración-liquidación del ejercicio, el sujeto pasivo deberá calcular el promedio de los signos, índices o módulos relativos a todo el período en que haya ejercido la actividad durante dicho año natural.

9. El promedio de los signos, índices o módulos se determinará en función de las horas, cuando se trate de personal asalariado y no asalariado, o días, en los restantes casos, de efectivo empleo, utilización o instalación, salvo para el consumo de energía eléctrica o distancia recorrida, en que se tendrán en cuenta, respectivamente, los kilovatios/hora consumidos o kilómetros recorridos. Si no fuese un número entero se expresará con dos cifras decimales.

Cuando exista una utilización parcial del módulo en la actividad o sector de actividad, el valor a computar será el que resulte de su prorrateo en función de su utilización efectiva. Si no fuese posible determinar ésta, se imputará por partes iguales a cada una de las utilizaciones del módulo.

10. En la última declaración-liquidación del ejercicio se calculará la cuota derivada del régimen simplificado, conforme al procedimiento indicado en el número 2 anterior, detrayéndose las cantidades liquidadas en las declaraciones-liquidaciones de los tres primeros trimestres del ejercicio.

Si el resultado fuera negativo, el sujeto pasivo podrá solicitar la devolución en la forma prevista en el artículo 115, apartado uno, de la Ley del Impuesto, u optar por la compensación del saldo a su favor en las siguientes declaraciones-liquidaciones periódicas.

11. La declaración-liquidación correspondiente al último trimestre del año natural deberá presentarse durante los treinta primeros días naturales del mes de enero.

12. La liquidación de las cuotas correspondientes a las operaciones indicadas en el apartado uno.B del artículo 123 de la Ley del Impuesto y la deducción de las cuotas soportadas o satisfechas por la adquisición o importación de activos fijos se efectuará en la forma indicada en el Anexo III, número 4 de esta Orden Ministerial.

ANEXO III
NORMAS COMUNES A TODAS LAS ACTIVIDADES

Impuesto sobre la Renta de las Personas Físicas

1. Cuando el desarrollo de actividades empresariales o profesionales a las que resulte de aplicación este régimen se viese afectado por incendios, inundaciones, hundimientos o grandes averías en el equipo industrial, que supongan alteraciones graves en el desarrollo de la actividad, los interesados podrán solicitar la reducción de los signos, índices o módulos en la Administración o Delegación de la Agencia Estatal de Administración Tributaria correspondiente a su domicilio fiscal, en el plazo de treinta días a contar desde la fecha en que se produzcan, aportando las pruebas que consideren oportunas y haciendo mención, en su caso, de las indemnizaciones a percibir por razón de tales alteraciones. Acreditada la efectividad de dichas alteraciones, se podrá autorizar la reducción de los signos, índices o módulos que proceda.

Igualmente podrá autorizarse la reducción de los signos, índices o módulos cuando el titular de la actividad se encuentre en situación de incapacidad temporal y no tenga otro personal empleado. El procedimiento para reducir los signos, índices o módulos será el mismo que el previsto en el párrafo anterior.

La reducción de los signos, índices o módulos se tendrá en cuenta a efectos de los pagos fraccionados devengados con posterioridad a la fecha de la autorización.

2. Cuando el desarrollo de actividades empresariales o profesionales a las que resulte de aplicación este régimen se viese afectado por incendios, inundaciones, hundimientos u otras circunstancias excepcionales que determinen gastos extraordinarios ajenos al proceso normal del ejercicio de aquélla, los interesados podrán minorar el rendimiento neto resultante en el importe de dichos gastos. Para ello, los contribuyentes deberán poner dicha circunstancia en conocimiento de la Administración o Delegación de la Agencia Estatal de Administración Tributaria correspondiente a su domicilio fiscal, en el plazo de treinta días a contar desde la fecha en que se produzca, aportando, a tal efecto, la justificación correspondiente y haciendo mención, en su caso, de las indemnizaciones a percibir por razón de tales alteraciones. La Administración Tributaria verificará la certeza de la causa que motiva la reducción del rendimiento y el importe de la misma.

3. En las actividades recogidas en el Anexo II de esta Orden, el rendimiento neto de módulos se incrementará por otras percepciones empresariales, como las subvenciones corrientes y de capital.

Las prestaciones percibidas de la Seguridad Social tributarán como rendimientos del trabajo, de acuerdo con lo dispuesto en el artículo 17.2 a) de la Ley 35/2006.

Impuesto sobre el Valor Añadido

4. La cuota derivada del régimen simplificado deberá incrementarse en el importe de las cuotas devengadas por las operaciones a que se refiere el apartado uno.B del artículo 123 de la Ley del Impuesto sobre el Valor Añadido, y podrá reducirse en el importe de las cuotas soportadas o satisfechas por la adquisición o importación de los activos fijos destinados al desarrollo de la actividad. A estos efectos, se consideran activos fijos los elementos del inmovilizado y, en particular, aquéllos de los que se disponga en virtud de contratos de arrendamiento financiero con opción de compra, tanto si dicha opción es vinculante, como si no lo es.

Las cuotas correspondientes a las operaciones indicadas en el apartado uno.B del artículo 123 de la Ley del Impuesto (adquisiciones intracomunitarias de bienes, adquisiciones con inversión del sujeto pasivo y transmisiones de activos fijos) deberán reflejarse en la declaración-liquidación correspondiente al trimestre en el que se haya devengado el tributo. No obstante, el sujeto pasivo podrá liquidar tales cuotas en la declaración-liquidación correspondiente al último período de liquidación del ejercicio.

Las cuotas soportadas o satisfechas por la adquisición o importación de activos fijos podrán deducirse, con arreglo a las normas generales establecidas en el artículo 99 de la Ley del Impuesto, en la declaración-liquidación correspondiente al período de liquidación en que se hayan soportado o satisfecho o en las sucesivas, con las limitaciones establecidas en dicho artículo. No obstante, cuando el sujeto pasivo liquide en la declaración-liquidación del último período del ejercicio las cuotas correspondientes a adquisiciones intracomunitarias de activos fijos, o a adquisiciones de tales activos con inversión del sujeto pasivo, la deducción de dichas cuotas no podrá efectuarse en una declaración-liquidación anterior a aquella en que se liquiden tales cuotas.

En la declaración-liquidación correspondiente al último trimestre del ejercicio podrá asimismo efectuarse, en su caso, la regularización de la deducción de las cuotas soportadas o satisfechas antes de 1 de enero de 1998 por la adquisición o importación de bienes de inversión afectos a las actividades acogidas al régimen simplificado, conforme a lo dispuesto en el artículo 107 de la Ley reguladora del Impuesto sobre el Valor Añadido, en tanto que no haya transcurrido el período de regularización indicado en tal precepto. A estos efectos, se considerará que la prorrata de deducción de las actividades sometidas al régimen simplificado hasta el 1 de enero de 1998 fue cero, salvo respecto de las cuotas soportadas o satisfechas por la adquisición o importación de los inmuebles, buques y activos inmateriales excluidos del régimen hasta 1 de enero de 1998.

5. Cuando el desarrollo de actividades a las que resulte de aplicación el régimen simplificado se viese afectado por incendios, inundaciones, hundimientos o grandes averías en el equipo industrial que supongan alteraciones graves en el desarrollo de la actividad, los interesados podrán solicitar la reducción de los índices o módulos en la Administración o Delegación de la Agencia Estatal de Administración Tributaria correspondiente a su domicilio fiscal en el plazo de treinta días a contar desde la fecha en que se produzcan dichas circunstancias, aportando las pruebas que consideren oportunas. Acreditada la efectividad de dichas alteraciones ante la Administración Tributaria, se acordará la reducción de los índices o módulos que proceda.

Asimismo, conforme al mismo procedimiento indicado en el párrafo anterior, se podrá solicitar la reducción de los índices o módulos en los casos en que el titular de la actividad se encuentre en situación de incapacidad temporal y no tenga otro personal empleado.

§4
LEGISLACIÓN DE LA COMUNIDAD AUTÓNOMA VALENCIANA[1]

Ley 13/1997, de 23 de diciembre, por la que se regula el tramo autonómico del Impuesto sobre la Renta de las Personas Físicas y restantes tributos cedidos

(Diario Oficial de la Generalitat Valenciana nº 3153, de 31 de diciembre de 1997)

PREÁMBULO

I

La Ley 14/1996, de 30 de diciembre, de cesión de tributos del Estado a las Comunidades Autónomas y de medidas fiscales complementarias, en desarrollo de lo dispuesto en los artículos 157.1.a) de la Constitución y 10 y 11 de la Ley Orgánica 8/1980, de 22 de septiembre, de Financiación de las Comunidades Autónomas, en la redacción dada a estos dos últimos preceptos por la Ley Orgánica 3/1996, de 27 de diciembre, de modificación parcial de aquélla, pone en marcha el modelo de financiación autonómica aprobado para el quinquenio 1997-2001 por el Acuerdo 1/1996, de 23 de septiembre, del Consejo de Política Fiscal y Financiera de las Comunidades Autónomas, uno de cuyos principios vertebradores es la distribución de la responsabilidad fiscal dimanante de los tributos estatales entre la Hacienda del Estado y las de las distintas Comunidades Autónomas.

---

[1] Únicamente se reproducen aquellos artículos que afectan directamente a la liquidación del Impuesto sobre la Renta de las Personas Físicas.

La Ley 36/1997, de 4 de agosto, de modificación del régimen de cesión de tributos del Estado a la Comunidad Valenciana y de fijación del alcance y condiciones de dicha cesión, completa, por lo que a nuestra Comunidad se refiere, el marco normativo del citado modelo de financiación, dando para ello nueva redacción al apartado uno del artículo 52 del Estatuto de Autonomía.

Según se indica en la propia Exposición de Motivos de la Ley Orgánica 3/1996, de 27 de diciembre, y se reitera en la de la Ley 14/1996, de 30 de diciembre, la materialización del aludido principio de responsabilidad fiscal compartida se articula, fundamentalmente, a través de dos medidas. De un lado, se amplía el ámbito de la cesión de tributos a una parte del Impuesto sobre la Renta de las Personas Físicas, que pasa así a ser un impuesto parcialmente cedido; de otro, se atribuyen a las Comunidades Autónomas competencias normativas en relación con los tributos cedidos, incluyendo la mencionada parte del Impuesto sobre la Renta de las Personas Físicas.

En este contexto, la presente Ley tiene por objeto el ejercicio de las competencias normativas asumidas por nuestra Comunidad Autónoma en relación con los tributos cedidos, tanto en el ámbito del Impuesto sobre la Renta de las Personas Físicas como en el de los restantes tributos cedidos, cuya regulación también se efectúa.

II

Desde un punto de vista sustantivo, las distintas medidas recogidas en esta Ley resultan enmarcables dentro de la política social y económica del Gobierno Valenciano, cuya sensibilidad hacia los problemas que se suscitan en ámbitos tan fundamentales de nuestra convivencia como el de la familia, la tercera edad, las personas afectadas por algún tipo de discapacidad, los jóvenes, la vivienda, el medio ambiente o la cultura es manifiesta, constituyendo, además, un decidido apoyo a la solución de dichos problemas[2].

---

[2]   Nueva redacción de este párrafo según el Art. 15 de la Ley 8/2022, de 29 de diciembre, de medidas fiscales, de gestión administrativa y financiera, y de organización de la Generalitat.

Así, en el ámbito familiar, el número de nacimientos en nuestra Comunidad es escaso y su tendencia claramente decreciente. A ello hay que añadir la reducción del número medio de hijos que caracteriza actualmente a la unidad familiar. Se trata, sin duda, de factores que configuran un escenario demográfico merecedor de la atención del legislador autonómico valenciano.

Por otra parte, la tercera edad representa un estrato de nuestra población que, por su importancia específica, debe ser también destinatario de la acción legislativa tributaria de las Cortes Valencianas. De igual modo, especial atención merecen las personas con discapacidad, que desde los primeros momentos de la vigente etapa constitucional cuentan con normas destinadas a la protección de su específica situación socioeconómica y laboral. De conformidad con los criterios inspiradores de dichas normas, la presente Ley dispensa asimismo atención a estos ciudadanos, elevando la cuantía de los beneficios fiscales de los que actualmente disfrutan, además de crear otros de nuevo cuño. Conocidas son también las dificultades de nuestros jóvenes para acceder a su primera vivienda habitual[3].

En este mismo contexto de la vivienda, se aprecia la existencia de un efecto impositivo sobre las ayudas públicas que se otorgan con fines de adquisición o rehabilitación, que determina que parte de las cantidades percibidas por tal concepto acaben finalmente retornando al erario público en forma de imposición personal sobre la renta de sus perceptores, de la cual forman parte. Teniendo en cuenta, no obstante, que dichos perceptores son también beneficiarios de la deducción estatal por adquisición de vivienda habitual, de cuya base forma parte la subvención y que, en un porcentaje equivalente al grado de participación de la Hacienda Valenciana en el impuesto, minora la parte autonómica de su cuota íntegra, el mencionado efecto se ve paliado, en cierta medida, por la propia configuración de dicho tramo autonómico. En cualquier caso, si el sujeto pasivo es además beneficiario de la deducción contemplada en esta Ley a favor

---

[3]   Nueva redacción de este párrafo según el Art. 16 de la Ley 8/2022, de 29 de diciembre, de medidas fiscales, de gestión administrativa y financiera, y de organización de la Generalitat.

de los menores de 35 años que adquieren su primera vivienda habitual, la confluencia en el sujeto pasivo de las tres deducciones citadas determina que sea el propio impuesto el que, para rentas pertenecientes a un amplio espectro, elimine el citado efecto impositivo de forma autónoma, sin necesidad de instrumentar ajustes financieros.

Ha de tenerse presente, además, que una sociedad moderna no puede vivir de espaldas a los planteamientos finiseculares que conforman lo que se ha denominado la «reforma fiscal verde», a los cuales los vigentes ordenamientos tributarios todavía no dispensan la atención que, por su trascendencia en los distintos órdenes de la vida humana, sería deseable. Finalmente, la presente Ley constituye también el cauce adecuado para la instrumentación de aquellos beneficios fiscales que tienen por objeto el fomento del Patrimonio Cultural Valenciano, de acuerdo con las previsiones contenidas en la legislación específica reguladora de esta materia.

III

Desde el punto de vista formal, la presente Ley opta, por lo que al Impuesto sobre la Renta de las Personas Físicas se refiere, por la regulación de todos los elementos configuradores del tramo autonómico del impuesto, en un intento de clarificar la extensión y significado del mismo. En relación con los demás impuestos, sin embargo, al ser ya tradicional su vinculación a la Hacienda Valenciana, no resulta necesaria esta forma de proceder; por esta razón, en estos casos la Ley ejercita directamente las competencias asumidas por la Comunidad Autónoma, sin referencias a aspectos globales o de conjunto de tales tributos.

IV

En el Impuesto sobre la Renta de las Personas Físicas se establecen una serie de deducciones que son traducción al ámbito de este impuesto de la mayor parte de los fines sociales y económicos de la política del Gobierno Valenciano, a los que anteriormente se ha aludido.

Se crea así la deducción por el nacimiento del tercero y sucesivos hijos, de carácter novedoso en el ordenamiento tributario español, consistente en una cantidad fija por sujeto pasivo. Se trata de un beneficio fiscal del que podrán disfrutar todas las personas que durante el periodo impositivo adopten o tengan su tercer o posterior hijo. Se establecen, por otra parte, beneficios fiscales tanto para personas mayores de 65 años con reducida capacidad económica como para jóvenes de rentas bajas que accedan a su primera vivienda habitual, mediante la introducción de dos nuevas deducciones. En el primer caso la deducción consiste en una cuantía fija por sujeto pasivo y en el segundo en un determinado porcentaje del precio de adquisición de la vivienda.

Se permite también la deducción del coste fiscal que, en términos de imposición personal, supone la adquisición o rehabilitación de la vivienda habitual mediante fondos provenientes de ayudas públicas. Para ello se opta, por razones de sencillez, por la configuración de esta deducción como una determinada cuantía fija por cada perceptor de este tipo de ayudas. Imperativos de estricta técnica impositiva hacen necesario, sin embargo, establecer la subsidiariedad de la presente deducción respecto de la que opera a favor de menores de 35 años que adquieran su primera vivienda habitual.

De otro lado, a fin de contribuir al mantenimiento de nuestro patrimonio medioambiental, se permite la deducción de un determinado porcentaje de las donaciones efectuadas con fines ecológicos. Con el objeto, además, de preservar la finalidad de esta deducción, y, en definitiva, su efectividad, se exige también, cuando se trate de donaciones dinerarias, la afectación de las cantidades así obtenidas por los donatarios a la financiación de actividades relacionadas con la defensa y conservación del medio ambiente.

Finalmente, la contribución de la política fiscal autonómica al fomento de nuestro Patrimonio Cultural se traduce en una deducción a favor de las personas que donen, a cualquiera de las entidades a las que la presente Ley se refiere, bienes integrantes del citado patrimonio o cantidades para la conservación, reparación y restauración de dichos bienes.

En cualquier caso, se trata de deducciones que deben ser situadas en el contexto de la capacidad fiscal disponible, que es fruto del grado de participación de nuestra Comunidad en el impuesto y de las minoraciones que en la parte autonómica de la cuota íntegra del mismo deban practicarse como consecuencia de las deducciones estatales a las que el sujeto pasivo tenga derecho.

V

En relación con el resto de la tributación cedida, en el Impuesto sobre Sucesiones y Donaciones, de conformidad con la política autonómica en esta materia, se eleva en un 50% la cuantía de la reducción a favor de causahabientes con discapacidad. Se crea, por otra parte, una reducción nueva, de carácter, pues, netamente autonómico, cuyo objeto es favorecer la sucesión en el núcleo familiar de parcelas agrícolas de reducida dimensión, tan típicas de algunas zonas de nuestra geografía agraria[4].

En relación con la modalidad «Actos Jurídicos Documentados» del Impuesto sobre Transmisiones Patrimoniales y Actos Jurídicos Documentados, y como complemento de las medidas previstas en este ámbito en el tramo autonómico del Impuesto sobre la Renta de las Personas Físicas, se reduce el tipo de gravamen gradual que grava la expedición de las primeras copias de escrituras, cuando éstas documenten la adquisición de vivienda habitual.

El proyecto de ley ha sido sometido para consulta al Comité Económico y Social de la Comunidad Valenciana y al Consejo Jurídico Consultivo de la Comunidad Valenciana, de conformidad con lo dispuesto en el artículo 3.1.a) de la Ley 1/1993, de 7 de julio y artículo 10.2 de la Ley 10/1994, de 19 de diciembre.

---

[4]   Nueva redacción de este párrafo según el Art. 17 de la Ley 8/2022, de 29 de diciembre, de medidas fiscales, de gestión administrativa y financiera, y de organización de la Generalitat.

TÍTULO I
IMPUESTO SOBRE LA RENTA DE LAS PERSONAS FÍSICAS

CAPÍTULO I

Artículo 1. *Ámbito de aplicación*

1. Los contribuyentes del Impuesto sobre la Renta de las Personas Físicas que residan habitualmente en la Comunidad Valenciana tributarán por este concepto impositivo a la Hacienda Valenciana, en los términos señalados en el presente título. A estos efectos, se estará al concepto de residencia habitual recogido en la normativa estatal reguladora del impuesto.

2. Cuando las personas a las que se refiere el apartado anterior estén integradas en una unidad familiar y opten por tributar conjuntamente en el Impuesto sobre la Renta de las Personas Físicas, su tributación por este concepto impositivo a la Hacienda Valenciana se regirá por lo dispuesto en el capítulo III de este título.

3. En caso de que los contribuyentes que forman la unidad familiar tengan su residencia habitual en Comunidades distintas y opten por la tributación conjunta, resultarán de aplicación las normas recogidas en el capítulo III de este título siempre que resida habitualmente en la Comunidad Valenciana el miembro de la misma cuya base liquidable, de acuerdo con las reglas de individualización del impuesto, sea mayor.

CAPÍTULO II
TRIBUTACIÓN INDIVIDUAL

Artículo 2. *Escala autonómica*[5].

1. La escala autonómica de tipo de gravamen aplicable a la base liquidable general es la siguiente:

---

[5]   Nueva redacción según la D.F. 1ª.1 la Ley 9/2022, de 30 de diciembre, de Presupuestos de la Generalitat para el ejercicio 2023.

Base liquidable - Hasta euros	Cuota íntegra - Euros	Resto base liquidable - Hasta euros	Tipo aplicable - Porcentaje
0,00	0,00	12.000,00	9,00
12.000,00	1.080,00	10.000,00	12,00
22.000,00	2.280,00	10.000,00	15,00
32.000,00	3.780,00	10.000,00	17,50
42.000,00	5.530,00	10.000,00	20,00
52.000,00	7.530,00	10.000,00	22,50
62.000,00	9.780,00	10.000,00	25,00
72.000,00	12.280,00	28.000,00	26,50
100.000,00	19.700,00	50.000,00	27,50
150.000,00	33.450,00	50.000,00	28,50
200.000,00	47.700,00	En adelante	29,50

2. Dicha escala, de conformidad con lo establecido en la normativa estatal reguladora del impuesto, se aplicará a la base liquidable general, y la cuantía resultante se minorará en el importe derivado de aplicar la misma escala a la parte de la base liquidable general correspondiente al mínimo personal y familiar.

Artículo 2 bis. *Mínimo personal y familiar*[6].

1. Se establecen los siguientes importes para el mínimo del contribu-yente regulado en el artículo 57 de la Ley 35/2006, de 28 de noviembre, del Impuesto sobre la Renta de las Personas Físicas y de modificación parcial de las leyes de los impuestos sobre Sociedades, sobre la Renta de no Residentes y sobre el Patrimonio:

a) El mínimo del contribuyente será, con carácter general, de 6.105 euros anuales.

---

[6]   Artículo añadido por el Art. 3 del Decreto-Ley 14/2022, de 24 de octubre, del Con-sell, por el que se regula el tramo autonómico del IRPF y restantes tributos cedidos, para adecuar el gravamen del IRPF y de otras figuras tributarias al impacto de la inflación.

b) Cuando el contribuyente tenga una edad superior a 65 años, el mínimo se aumentará en 1.265 euros anuales; si la edad es superior a 75 años, el mínimo se aumentará adicionalmente en 1.540 euros anuales.

2. Se establecen los siguientes importes para el mínimo por descendientes regulado en el artículo 58 de la Ley 35/2006, de 28 de noviembre:

a) En los supuestos previstos en el apartado 1 del artículo 58 de la Ley 35/2006, de 28 de noviembre:

– 2.640 euros anuales por el primer descendiente.
– 2.970 euros anuales por el segundo.
– 4.400 euros anuales por el tercero.
– 4.950 euros anuales por el cuarto y siguientes.

b) En el supuesto contemplado en el apartado 2 del artículo 58 de la Ley 35/2006, de 28 de noviembre, el mínimo a que se refiere el apartado a anterior se aumentará en 3.080 euros anuales.

3. Se establecen los siguientes importes para el mínimo por ascendientes regulado en el artículo 59 de la Ley 35/2006, de 28 de noviembre:

a) En el supuesto previsto en el apartado 1 del artículo 59 de la Ley 35/2006, de 28 de noviembre, 1.265 euros anuales.

b) En el supuesto previsto en el apartado 2 del artículo 59 de la Ley 35/2006, de 28 de noviembre, el mínimo a que se refiere el apartado a anterior se aumentará en 1.540 euros anuales

4. Se establecen los siguientes importes para el mínimo por discapacidad regulado en el artículo 60 de la Ley 35/2006, de 28 de noviembre:

– 3.300 euros anuales cuando el contribuyente sea una persona con discapacidad.

– 9.900 euros anuales cuando el contribuyente sea una persona con discapacidad y acredite un grado de discapacidad igual o superior al 65%.

– En el supuesto previsto en el párrafo segundo del apartado 1 del artículo 60 de la Ley 35/2006, de 28 de noviembre, los mínimos regulados en este apartado se aumentarán en 3.300 euros anuales.

b) En los supuestos previstos en el apartado 2 del artículo 60 de la Ley 35/2006, de 28 de noviembre:

– 3.300 euros anuales por ascendientes o descendientes con discapacidad.

§4

– 9.900 euros anuales cuando los ascendientes o descendientes sean personas con discapacidad y acrediten un grado de discapacidad igual o superior al 65%.

– En el supuesto previsto en el párrafo segundo del apartado 2 del artículo 60 de la Ley 35/2006, de 28 de noviembre, los mínimos regulados en este apartado se aumentarán en 3.300 euros anuales.

Artículo 3. *Cuotas autonómicas*[7].

Artículo 3 bis. *Tramo autonómico de la deducción por inversión en vivienda habitual*[8].

Artículo 4. *Deducciones autonómicas*[9].

Uno. Las deducciones autonómicas a las que se refiere el artículo 46.1.c de la Ley 22/2009, de 18 de diciembre, por la que se regula el sistema de financiación de las Comunidades Autónomas de régimen común y Ciudades con Estatuto de Autonomía y se modifican determinadas normas tributarias, son las siguientes[10]:

a) Por nacimiento, adopción, delegación de guarda con fines de adopción o acogimiento familiar, las siguientes deducciones:

1) Por nacimiento o adopción durante el período impositivo por cada hijo o hija nacido o adoptado, siempre que el mismo cumpla, a su vez, los demás requisitos que den derecho a la aplicación del correspondiente

---

[7]   Artículo suprimido por el Art. 39 de la Ley 16/2010, de 27 de diciembre, de Medidas Fiscales, de Gestión Administrativa y Financiera, y de Organización de la Generalitat.

[8]   Artículo suprimido por el Art. 51 de la Ley 5/2013, de 23 de diciembre, de Medidas Fiscales, de Gestión Administrativa y Financiera, y de Organización de la Generalitat.

[9]   Nueva redacción según los Arts. 28, 29 y 30 de la Ley 16/2008, de 22 de diciembre, de Medidas Fiscales, de Gestión Administrativa y Financiera, y de Organización de la Generalitat.

[10] Nueva redacción del párrafo primero del apartado Uno según el Art. 40 de la Ley 16/2010, de 27 de diciembre, de Medidas Fiscales, de Gestión Administrativa y Financiera y de Organización de la Generalitat.

mínimo por descendientes establecido por la normativa estatal reguladora del impuesto, y que la suma de la base liquidable general y de la base liquidable del ahorro del contribuyente no sea superior a los límites establecidos en el párrafo primero del apartado cuatro de este artículo:

a. 600 euros si se trata del primero.

b. 750 euros si se trata del segundo.

c. 900 euros si se trata del tercero y sucesivos.

Esta deducción podrá ser aplicada también en los dos ejercicios posteriores al del nacimiento o adopción.

2) Por acogimiento familiar en cualquiera de sus modalidades, así como por la delegación de guarda con fines de adopción, previstas en los artículos 127 y 149 de la Ley 26/2018, de 21 de diciembre, de derechos y garantías de la infancia y la adolescencia, cuando tal situación comprenda la totalidad del periodo impositivo, las siguientes cantidades:

a. 600 euros si se trata del primer niño, niña o adolescente en régimen de acogimiento familiar o delegación de guarda con fines de adopción.

b. 750 euros si se trata del segundo.

c. 900 euros si se trata del tercero o sucesivos.

En el supuesto de que la duración del acogimiento o delegación sea inferior a la duración del período impositivo, se prorrateará dicha cantidad en función del número de días de duración dentro del período impositivo.

Para que puedan aplicarse los importes de las letras b) y c) anteriores será necesario que la primera y sucesivas personas computadas hayan permanecido acogidas o guardadas por el contribuyente durante más de ciento ochenta y tres días del período impositivo. En ningún caso, se computarán aquellas que hayan sido adoptadas durante dicho período impositivo por el contribuyente, sin perjuicio de la aplicación de la deducción establecida en el número 1 del artículo cuarto, apartado uno, letra a) de esta ley.

Para la aplicación de esta deducción se exige que la persona acogida o guardada cumpla, a su vez, los demás requisitos que den derecho a la aplicación del correspondiente mínimo por descendientes establecido por la normativa estatal reguladora del impuesto, y que la suma de la base liquidable general y de la base liquidable del ahorro del contribuyente no sea superior a los límites establecidos en el párrafo primero del apartado cuatro de este artículo.

Cuando más de un contribuyente declarante tenga derecho a la aplicación de las deducciones a las que se refiere esta letra a), su importe respectivo se prorrateará entre ellos por partes iguales.

La aplicación de estas deducciones resultará compatible con la de las recogidas en las letras b), c) y d) de este apartado uno[11].

b) Por nacimiento o adopción múltiples, durante el período impositivo, como consecuencia de parto múltiple o de dos o más adopciones constituidas en la misma fecha: 246 euros, siempre que los hijos nacidos o adoptados cumplan, a su vez, los demás requisitos que den derecho a la aplicación del correspondiente mínimo por descendientes establecido por la normativa estatal reguladora del impuesto, y que la suma de la base liquidable general y de la base liquidable del ahorro del contribuyente no sea superior a los límites establecidos en el párrafo primero del apartado cuatro de este artículo[12].

Cuando más de un contribuyente declarante tenga derecho a la aplicación de esta deducción, su importe se prorrateará entre ellos por partes iguales.

La aplicación de esta deducción resultará compatible con la de las recogidas en las letras a), c) y d) de este apartado Uno[13].

c) Por nacimiento, adopción, acogimiento o delegación de guarda, durante el período impositivo, de una persona con discapacidad física o sensorial con un grado de discapacidad igual o superior al 65 por 100, o

---

[11]   Nueva redacción de la letra a) según el Art. 22 de la Ley 5/2025, de 30 de mayo, de medidas fiscales, de gestión administrativa y financiera, y de organización de la Generalitat. En vigor desde el 1 de junio de 2025.

[12]   Nueva redacción del primer párrafo de la letra b) según el Art. 4.2. del Decreto-Ley 14/2022, de 24 de octubre, del Consell, por el que se regula el tramo autonómico del IRPF y restantes tributos cedidos, para adecuar el gravamen del IRPF y de otras figuras tributarias al impacto de la inflación.

[13]   Nueva redacción del párrafo segundo de la letra b) según el Art. 46.Dos de la Ley 7/2014, de 22 de diciembre, de Medidas Fiscales, de Gestión Administrativa y Financiera, y de Organización de la Generalitat.

intelectual o mental con un grado de discapacidad igual o superior al 33 por 100, siempre que la misma cumpla, a su vez, los demás requisitos que den derecho a la aplicación del correspondiente mínimo por descendientes establecido por la normativa estatal reguladora del impuesto, y que la suma de la base liquidable general y de la base liquidable del ahorro del contribuyente no sea superior a los límites establecidos en el párrafo primero del apartado cuatro de este artículo, la cantidad que proceda de entre las siguientes:

– 246 euros, cuando sea el único hijo o hija, o persona menor de edad acogida o con delegación de guarda con fines de adopción por el contribuyente que padezca dicha discapacidad.

– 303 euros, cuando conviva con otra persona que dé derecho a la aplicación de esta deducción.

Cuando más de un contribuyente declarante tenga derecho a la aplicación de esta deducción su importe se prorrateará entre ellos por partes iguales.

La aplicación de esta deducción resultará compatible con la de las recogidas en las letras a), b) y d) de este apartado Uno[14].

d) Por ostentar, a la fecha del devengo del impuesto, la condición de familia numerosa o monoparental, siempre que la suma de la base liquidable general y de la base liquidable del ahorro del contribuyente no sea superior a los límites establecidos en el párrafo primero del apartado cuatro de este artículo, cuando sea miembro de una familia numerosa o monoparental de categoría general, o, en el párrafo segundo del citado apartado cuatro, si lo es de una de categoría especial, la cantidad que proceda de entre las siguientes:

– 330 euros, cuando se trate de familia numerosa o monoparental de categoría general.

– 660 euros, cuando se trate de familia numerosa o monoparental de categoría especial.

---

[14]   Nueva redacción de la letra c) según el Art. 22 de la Ley 5/2025, de 30 de mayo, de medidas fiscales, de gestión administrativa y financiera, y de organización de la Generalitat. En vigor desde el 1 de junio de 2025.

Las condiciones necesarias para la consideración de familia numerosa y su clasificación por categorías se determinarán con arreglo a lo establecido en la Ley 40/2003, de 18 de noviembre, de Protección a las Familias Numerosas. En el caso de las familias monoparentales se hará de acuerdo con lo que establece el Decreto 19/2018, de 9 de marzo, del Consell, por el que se regula el reconocimiento de la condición de familia monoparental en la Comunitat Valenciana. Esta deducción se practicará por el contribuyente con quien convivan los restantes miembros de la familia que originen el derecho a la deducción. Cuando más de un contribuyente declarante del impuesto tenga derecho a la aplicación de esta deducción, su importe se prorrateará entre ellos por partes iguales.

La aplicación de esta deducción resulta compatible con la de las recogidas en las letras a), b) y c) de este apartado Uno[15].

e) Por las cantidades destinadas, durante el período impositivo, a la custodia no ocasional en guarderías y centros de primer ciclo de educación infantil de hijos e hijas o personas adoptadas, acogidas o con delegación de guarda con fines de adopción menores de 3 años: el 15 por 100 de las cantidades satisfechas, con un límite de 297 euros por cada una de ellas.

Serán requisitos para la práctica de esta deducción los siguientes:

1. Que las personas con el parentesco o función a que se refiere el primer párrafo desarrollen actividades por cuenta propia o ajena por las que perciban rendimientos del trabajo o de actividades económicas.

2. Que la suma de la base liquidable general y de la base liquidable del ahorro no sea superior a los límites establecidos en el párrafo primero del apartado cuatro de este artículo.

El límite de esta deducción se prorrateará por el número de días del periodo impositivo en que el niño o niña sea menor de 3 años.

---

[15]   Nueva redacción de la letra d) según el Art. 4.4 del Decreto-Ley 14/2022, de 24 de octubre, del Consell, por el que se regula el tramo autonómico del IRPF y restantes tributos cedidos, para adecuar el gravamen del IRPF y de otras figuras tributarias al impacto de la inflación.

Cuando dos contribuyentes declarantes tengan derecho a la aplicación de esta deducción por el mismo menor, su límite se prorrateará entre ellos por partes iguales[16].

f) Por conciliación del trabajo con la vida familiar: 460 euros por cada hijo o hija o persona acogida o con delegación de guarda con fines de adopción mayor de tres años y menor de cinco años.

Esta deducción corresponderá exclusivamente a la madre o acogedora y serán requisitos para su disfrute:

1. Que las personas que generen el derecho a su aplicación permitan la aplicación del correspondiente mínimo por descendientes establecido por la normativa estatal reguladora del impuesto.

2. Que la madre o acogedora realice una actividad por cuenta propia o ajena por la cual esté dada de alta en el régimen correspondiente de la Seguridad Social o mutualidad.

3. Que la suma de la base liquidable general y de la base liquidable del ahorro del contribuyente no sea superior a los límites establecidos en el párrafo primero del apartado cuatro de este artículo.

La deducción se calculará de forma proporcional al número de meses en que se cumplan los requisitos anteriores, entendiéndose a tal efecto que:

a) La determinación de las personas que den derecho a la aplicación de la deducción se realizará de acuerdo con su situación el último día de cada mes.

b) El requisito de alta en el régimen correspondiente de la Seguridad Social o mutualidad se cumple los meses en que esta situación se produzca en cualquier día del mes.

La deducción tendrá como límite las cotizaciones y cuotas totales a la Seguridad Social y mutualidades de carácter alternativo devengadas en cada periodo impositivo, y que, además, lo hubiesen sido desde el día en que el menor cumpla los tres años y hasta el día anterior al que cumpla los cinco años.

---

[16]   Nueva redacción de la letra e) según el Art. 22 de la Ley 5/2025, de 30 de mayo, de medidas fiscales, de gestión administrativa y financiera, y de organización de la Generalitat. En vigor desde el 1 de junio de 2025.

A efectos del cálculo de este límite se computarán las cotizaciones y cuotas por sus importes íntegros, sin tomar en consideración las bonificaciones que pudieran corresponder.

En los supuestos de adopción o guarda la deducción se podrá practicar, con independencia de la edad de la persona menor de edad, durante el cuarto y quinto años siguientes a la fecha de la inscripción en el Registro Civil.

En los supuestos de acogimiento familiar la deducción se podrá practicar, con independencia de la edad de la persona menor de edad, durante el cuarto y quinto año siguientes a la fecha de la resolución administrativa mediante la que se formalizó aquel, siempre que esté aún vigente el último día del periodo impositivo.

En caso de fallecimiento de la madre, o cuando la guardia y custodia se atribuya de forma exclusiva al padre, este tendrá derecho a la práctica de la deducción pendiente, siempre que cumpla los demás requisitos previstos para la aplicación de la presente deducción.

También tendrá derecho a la práctica de la deducción el acogedor en aquellos acogimientos en los que no hubiera acogedora.

Cuando existan varios contribuyentes declarantes con derecho a la aplicación de esta deducción con respecto a una misma persona, su importe se prorrateará entre ellos por partes iguales[17].

g) Para contribuyentes con discapacidad, con un grado de discapacidad igual o superior al 33%, de edad igual o superior a 65 años, siempre que la suma de la base liquidable general y de la base liquidable del ahorro del contribuyente no sea superior a los límites establecidos en el párrafo primero del apartado Cuatro de este artículo: 197 euros por cada contribuyente[18].

---

[17]   Nueva redacción de la letra f) según el Art. 22 de la Ley 5/2025, de 30 de mayo, de medidas fiscales, de gestión administrativa y financiera, y de organización de la Generalitat. En vigor desde el 1 de junio de 2025.

[18]   Nueva redacción del primer párrafo de la letra g) según el Art. 4.7 del Decreto-Ley 14/2022, de 24 de octubre, del Consell, por el que se regula el tramo autonómico

En cualquier caso, no procederá esta deducción si, como consecuencia de la situación de discapacidad contemplada en el párrafo anterior, el contribuyente percibe algún tipo de prestación que, de acuerdo con lo dispuesto en la normativa estatal reguladora del Impuesto sobre la Renta de las Personas Físicas, se halle exenta en el mismo.

La determinación de las circunstancias personales que deban tenerse en cuenta a los efectos de esta deducción se realizará atendiendo a la situación existente en la fecha del devengo del impuesto[19].

h) Por ascendientes mayores de 75 años, y por ascendientes mayores de 65 años que tengan discapacidad física o sensorial, con un grado de discapacidad igual o superior al 65%, o que tengan una discapacidad intelectual o mental[20], con un grado de discapacidad igual o superior al 33%, cuando, en ambos casos, convivan con el contribuyente y no tengan rentas anuales, excluidas las exentas, superiores a 8.000 euros: 197 euros por cada ascendiente en línea directa por consanguinidad, afinidad o adopción, siempre que la suma de la base liquidable general y de la base liquidable del ahorro no sea superior a los límites establecidos en el párrafo primero del apartado Cuatro de este artículo[21].

Para la aplicación de esta deducción se deberán tener en cuenta las siguientes reglas:

§4

---

del IRPF y restantes tributos cedidos, para adecuar el gravamen del IRPF y de otras figuras tributarias al impacto de la inflación.

[19]   Nueva redacción de la letra g) según el Art. 17.Seis del Decreto-ley 1/2012, de 5 de enero, del Consell, de medidas urgentes para la reducción del déficit en la Comunitat Valenciana.

[20]   Expresión modificada por el Art. 29 de la Ley 5/2025, de 30 de mayo, de medidas fiscales, de gestión administrativa y financiera, y de organización de la Generalitat. En vigor desde el 1 de junio de 2025.

[21]   Nueva redacción del primer párrafo de la letra h) según el Art. 4.8 del Decreto-Ley 14/2022, de 24 de octubre, del Consell, por el que se regula el tramo autonómico del I.R.P.F. y restantes tributos cedidos, para adecuar el gravamen del I.R.P.F. y de otras figuras tributarias al impacto de la inflación.

1º Cuando más de un contribuyente declarante tenga derecho a la aplicación de esta deducción respecto de los mismos ascendientes, su importe se prorrateará entre ellos por partes iguales.

No obstante, cuando los contribuyentes declarantes tengan distinto grado de parentesco con el ascendiente, la aplicación de la deducción corresponderá a los de grado más cercano, salvo que éstos no tengan rentas anuales, excluidas las exentas, superiores a 8.000 euros, en cuyo caso corresponderá a los del siguiente grado[22].

2º No procederá la aplicación de esta deducción cuando los ascendientes que generen el derecho a la misma presenten declaración por el Impuesto sobre la Renta de las Personas Físicas con rentas superiores a 1.800 euros.

3º La determinación de las circunstancias personales y familiares que deban tenerse en cuenta se realizará atendiendo a la situación existente en la fecha de devengo del Impuesto sobre la Renta de las Personas Físicas. No obstante, será necesario que los ascendientes convivan con el contribuyente, al menos, la mitad del período impositivo.

Entre otros casos, se considerará que conviven con el contribuyente los ascendientes discapacitados que, dependiendo del mismo, sean internados en centros especializados.

i) Por contratar de manera indefinida a personas afiliadas en el Sistema Especial de Empleados de Hogar del Régimen General de la Seguridad Social para el cuidado de personas: el 50% de las cuotas satisfechas por las cotizaciones efectuadas durante el periodo impositivo por los meses en cuyo último día se cumplan los siguientes requisitos:

a) Que el contribuyente tenga a su cargo a:

– una o varias personas de edad menor de 5 años nacidas, adoptadas o acogidas que cumplan los requisitos de convivencia y renta que den derecho a la aplicación del mínimo por descendentes establecido en la normativa estatal reguladora del impuesto;

---

[22]   Nueva redacción del apartado 1º según el Art. 46.Seis de la Ley 7/2014, de 22 de diciembre, de Medidas Fiscales, de Gestión Administrativa y Financiera, y de Organización de la Generalitat.

– una o varias personas ascendentes en línea directa, por consanguinidad, afinidad o adopción, mayores de 75 años, o de 65 años si tienen la consideración de personas con discapacidad física, orgánica o sensorial con un grado igual o superior al 65%; o con discapacidad cognitiva, psicosocial, intelectual o del desarrollo con un grado igual o superior al 33% y cumplan los requisitos de convivencia y renta que den derecho a la aplicación del mínimo por ascendientes establecido en la normativa estatal reguladora del impuesto.

b) Que los contribuyentes desarrollen actividades por cuenta propia o ajena por las cuales perciban rendimientos del trabajo o de actividades económicas.

La suma de la base liquidable general y de la base liquidable del ahorro del contribuyente no deberá ser superior a los límites establecidos en el párrafo primero del apartado cuatro de este artículo.

El límite de la deducción será de 660 euros en caso de que el contribuyente tenga a su cargo un menor, y de 1.100 euros en el supuesto de que sean dos menores o más o se trate de familias monoparentales, de acuerdo con lo que establece el Decreto 19/2018, de 9 de marzo, del Consell, por el que se regula el reconocimiento de la condición de familia monoparental en la Comunitat Valenciana.

Cuando el contribuyente tenga a su cargo un ascendiente el límite será de 330 euros, aumentando a 550 euros en el supuesto de que sean dos o más.

Cuando dos contribuyentes tengan derecho a la aplicación de esta deducción, su límite se prorrateará entre ellos por partes iguales.

Esta deducción resultará incompatible con las establecidas en las letras e), f) y h) de este apartado[23].

j) Por obtención de rentas derivadas de arrendamientos de vivienda, cuya renta no supere el precio de referencia de los alquileres privados de

---

[23]   Nueva redacción de la letra i) según el Art. 4.9 del Decreto-Ley 14/2022, de 24 de octubre, del Consell, por el que se regula el tramo autonómico del IRPF y restantes tributos cedidos, para adecuar el gravamen del IRPF y de otras figuras tributarias al impacto de la inflación.

la Comunitat Valenciana: el 5% de los rendimientos íntegros en el periodo impositivo, siempre que se cumplan los requisitos siguientes:

1) El rendimiento íntegro derive de contratos de arrendamiento de vivienda, de conformidad con la legislación de arrendamientos urbanos, iniciados durante el periodo impositivo.

2) En el caso de que la vivienda hubiese estado arrendada con anterioridad por una duración inferior a tres años, la persona inquilina no coincida con la establecida en el contrato anterior.

3) La renta mensual pactada no supere el precio de referencia de los alquileres privados de la Comunitat Valenciana.

4) Se haya constituido antes de la finalización del periodo impositivo el depósito de la fianza a la que se refiere la legislación de arrendamientos urbanos, a favor de la Generalitat.

La base máxima anual de esta deducción se establece en 3.300 euros[24].

k) Por cantidades destinadas a la primera adquisición de su vivienda habitual por contribuyentes de edad igual o inferior a 35 años a la fecha de devengo del impuesto: el 5% de las cantidades satisfechas durante el período impositivo por la primera adquisición de vivienda que constituya o vaya a constituir la residencia habitual del contribuyente, excepción hecha de la parte de las mismas correspondiente a intereses. A estos efectos, se estará al concepto de vivienda habitual y de adquisición de la misma recogidos en la normativa estatal reguladora del impuesto.

La suma de la base liquidable general y de la base liquidable del ahorro del contribuyente no deberá ser superior a los límites establecidos en el párrafo primero del apartado cuatro de este artículo.

La aplicación de esta deducción resultará compatible con la de las recogidas en las letras j) y l) de este apartado Uno[25].

---

[24]   Nueva redacción de la letra j) según el Art. 4.10 del Decreto-Ley 14/2022, de 24 de octubre, del Consell, por el que se regula el tramo autonómico del IRPF y restantes tributos cedidos, para adecuar el gravamen del IRPF y de otras figuras tributarias al impacto de la inflación.

[25]   Nueva redacción de la letra k) según el Art. 4.11 del Decreto-Ley 14/2022, de 24 de octubre, del Consell, por el que se regula el tramo autonómico del IRPF y restantes

l) Por cantidades destinadas a la adquisición de vivienda habitual por personas con discapacidad física o sensorial, con un grado de discapacidad igual o superior al 65%, o discapacidad intelectual o mental[26], con un grado de discapacidad igual o superior al 33%: el 5% de las cantidades satisfechas, durante el período impositivo, por la adquisición de la vivienda que constituya o vaya a constituir la residencia habitual del contribuyente, excepción hecha de la parte de las mismas correspondiente a intereses. A estos efectos, se estará al concepto de vivienda habitual y de adquisición de la misma recogidos en la normativa estatal reguladora del impuesto.

La suma de la base liquidable general y de la base liquidable del ahorro del contribuyente no deberá ser superior a los límites establecidos en el párrafo primero del apartado cuatro de este artículo.

La aplicación de esta deducción resultará compatible con la de las recogidas en las letras j) y k) de este apartado Uno[27].

m) Por cantidades destinadas a la adquisición o rehabilitación de vivienda habitual, procedentes de ayudas públicas, la cantidad que proceda de entre las siguientes:

– 112 euros por cada contribuyente, siempre que este haya efectivamente destinado, durante el período impositivo, a la adquisición o rehabilitación de la vivienda que constituya o vaya a constituir su residencia habitual, cantidades procedentes de una subvención a tal fin concedida por la Generalitat, con cargo a su propio presupuesto o al del Estado. En el caso de que, por aplicación de las reglas de imputación temporal de ingresos de la normativa estatal reguladora del impuesto, dichas ayudas se imputen como ingreso por el contribuyente en varios ejercicios, el importe

----

tributos cedidos, para adecuar el gravamen del IRPF y de otras figuras tributarias al impacto de la inflación.

[26]   Expresión modificada por el Art. 29 de la Ley 5/2025, de 30 de mayo, de medidas fiscales, de gestión administrativa y financiera, y de organización de la Generalitat. En vigor desde el 1 de junio de 2025.

[27]   Nueva redacción de la letra l) según el Art. 4.12 del Decreto-Ley 14/2022, de 24 de octubre, del Consell, por el que se regula el tramo autonómico del IRPF y restantes tributos cedidos, para adecuar el gravamen del IRPF y de otras figuras tributarias al impacto de la inflación.

de la deducción se prorrateará entre los ejercicios en que se produzca tal imputación.

– La cantidad que resulte de aplicar el tipo medio de gravamen general autonómico sobre la cuantía de la ayuda pública, siempre que el contribuyente haya efectivamente destinado, durante el período impositivo, a la adquisición o rehabilitación de la vivienda que constituya o vaya a constituir su residencia habitual, las cantidades procedentes de la ayuda pública a tal fin concedida por la Generalitat, con cargo a su propio presupuesto o al del Estado, en el ámbito de la rehabilitación edificatoria y regeneración y renovación urbana en aquellos barrios o conjuntos de edificios y viviendas que precisen la demolición y sustitución de sus edificios, la reurbanización de sus espacios libres o la revisión de sus equipamientos y dotaciones, incluyendo en su caso el realojo temporal de los residentes. A estos efectos, se estará al concepto de vivienda habitual y de adquisición y rehabilitación de la misma recogido en la normativa estatal reguladora del impuesto.

En ningún caso podrán ser beneficiarios de esta deducción los contribuyentes que se hubieran aplicado por dichas cantidades procedentes de ayudas públicas alguna de las deducciones contempladas en las letras k) y l) de este mismo apartado[28].

n) Por arrendamiento o pago por la cesión de uso de la vivienda habitual, sobre las cantidades satisfechas en el periodo impositivo, siempre que figure de manera separada en el recibo que se le emita por la entidad titular la parte que se corresponda con este concepto[29]:

– El 20%, con el límite de 800 euros.

---

[28]   Nueva redacción de la letra m) según el Art. 4.13 del Decreto-Ley 14/2022, de 24 de octubre, del Consell, por el que se regula el tramo autonómico del IRPF y restantes tributos cedidos, para adecuar el gravamen del IRPF y de otras figuras tributarias al impacto de la inflación.

[29]   Nueva redacción de este párrafo según la D.F. 3ª.2 de la Ley 3/2023, de 13 de abril, de viviendas colaborativas de la Comunitat Valenciana.

– El 25%, con el límite de 950 euros, si el arrendatario reúne una de las siguientes condiciones, o del 30%, con el límite de 1.100 euros, si reúne dos o más:

• Tener una edad igual o inferior a 35 años.

• Tener reconocido un grado de discapacidad física o sensorial igual o superior al 65%, o discapacidad intelectual o mental[30], superior al 33%.

• Tener la consideración de víctima de violencia de género según lo dispuesto en la Ley 7/2012, de 23 de noviembre, de la Generalitat, integral contra la violencia sobre la mujer en el ámbito de la Comunitat Valenciana.

Serán requisitos para el disfrute de esta deducción los siguientes:

1.º Que se trate del arrendamiento de la vivienda habitual del contribuyente, ocupada efectivamente por el mismo, siempre que la fecha del contrato sea posterior al 23 de abril de 1998 y su duración sea igual o superior a un año. A estos efectos, se estará al concepto de vivienda habitual recogido en la normativa estatal reguladora del impuesto.

2.º Que, durante al menos la mitad del periodo impositivo, ni el contribuyente ni ninguno de los miembros de su unidad familiar sean titulares, de manera individual o conjuntamente, de la totalidad del pleno dominio o de un derecho real de uso o disfrute constituido sobre otra vivienda distante a menos de 50 kilómetros de la vivienda arrendada, salvo que exista una resolución administrativa o judicial que les impida su uso como residencia. No se computará como otra vivienda la que su titular ceda a la Entidad Valenciana de Vivienda y Suelo para la cesión en alquiler social cuando la persona cedente sea mayor de 65 años y pase a ser usuaria de una vivienda colaborativa, de interés social, en régimen de cesión de uso[31].

En el caso de tratarse de una mujer víctima de violencia de género, a efectos de la aplicación de esta deducción, se considerará que no forma parte de la unidad familiar el cónyuge agresor no separado legalmente.

---

[30]   Expresión modificada por el Art. 29 de la Ley 5/2025, de 30 de mayo, de medidas fiscales, de gestión administrativa y financiera, y de organización de la Generalitat. En vigor desde el 1 de junio de 2025.

[31]   Nueva redacción de este apartado según la D.F. 3ª.2 de la Ley 3/2023, de 13 de abril, de viviendas colaborativas de la Comunitat Valenciana.

Tampoco computará el inmueble que la contribuyente compartía con la persona agresora como residencia habitual.

3.º Que el contribuyente no tenga derecho por el mismo período impositivo a ninguna deducción por inversión en vivienda habitual.

4.º Que la suma de la base liquidable general y de la base liquidable del ahorro no sea superior a los límites establecidos en el párrafo primero del apartado cuatro de este artículo.

Esta deducción resultará compatible con la recogida en la letra ñ) de este apartado.

El límite de esta deducción se prorrateará por el número de días en que permanezca vigente el arrendamiento dentro del periodo impositivo y en que se cumplan las circunstancias personales requeridas para la aplicación de los distintos porcentajes de deducción. Cuando dos o más contribuyentes declarantes del impuesto tengan derecho a la aplicación de esta deducción por una misma vivienda, el límite se prorrateará entre ellos por partes iguales. Esto último será de aplicación, en particular, en el supuesto de cónyuges sujetos al régimen económico matrimonial de gananciales que hayan satisfecho las rentas con cargo a bienes comunes, con independencia de quien figure en el contrato de arrendamiento[32].

ñ) Por el arrendamiento de una vivienda, como consecuencia de la realización de una actividad, por cuenta propia o ajena, en municipio distinto de aquel en el que el contribuyente residía con anterioridad: el 10% de las cantidades satisfechas en el periodo impositivo, con el límite de 224 euros[33].

Para tener derecho al disfrute de esta deducción será necesario el cumplimiento de los siguientes requisitos:

---

[32]   Nueva redacción del último párrafo de esta letra n) según el Art. 12 de la Ley 7/2023, de 26 de diciembre, de medidas fiscales, de gestión administrativa y financiera, y de organización de la Generalitat.

[33]   Nueva redacción del primer párrafo de la letra ñ) según el Art. 4.15 del Decreto-Ley 14/2022, de 24 de octubre, del Consell, por el que se regula el tramo autonómico del IRPF y restantes tributos cedidos, para adecuar el gravamen del IRPF y de otras figuras tributarias al impacto de la inflación.

1º Que la vivienda arrendada, radicada en la Comunitat Valenciana, diste más de 50 kilómetros de aquella en la que el contribuyente residía inmediatamente antes del arrendamiento.

2º Que las cantidades satisfechas en concepto de arrendamiento no sean retribuidas por el empleador.

3º Que la suma de la base liquidable general y de la base liquidable del ahorro no sea superior a los límites establecidos en el párrafo primero del apartado Cuatro de este artículo.

El límite de esta deducción se prorrateará por el número de días en que permanezca vigente el arrendamiento dentro del periodo impositivo y, además, cuando dos o más contribuyentes declarantes del impuesto tengan derecho a la aplicación de esta deducción por una misma vivienda, el límite se prorrateará entre ellos por partes iguales.

Esta deducción resultará compatible con la recogida en la letra n) de este apartado[34].

o) Los contribuyentes podrán deducirse un 40% del importe de las cantidades invertidas en instalaciones realizadas en la vivienda habitual del contribuyente o en instalaciones colectivas del edificio donde este figure, si están destinadas a alguna de las finalidades que se indican a continuación:

a) Instalaciones de autoconsumo eléctrico, según lo establecido en el artículo 9.1 de la Ley 24/2013, de 16 de diciembre, del sector eléctrico y la normativa que la desarrolla, que hayan sido inscritas en el Registro administrativo de autoconsumo de la Comunidad Valenciana.

b) Instalaciones de producción de energía térmica a partir de la energía solar fotovoltaica o eólica, para electrificación de viviendas aisladas de la red eléctrica de distribución, que cuenten con el certificado de instalaciones eléctricas de baja tensión diligenciado por el organismo competente.

c) Instalaciones de producción de energía térmica a partir de la energía solar, de la biomasa o de la energía geotérmica para generación de agua

---

[34]   Nueva redacción de la letra ñ) según el Art. 22 de la Ley 7/2021, de 29 de diciembre, de la Generalitat, de medidas fiscales, de gestión administrativa y financiera y de organización de la Generalitat 2022.

caliente sanitaria, calefacción o climatización. Cuando sea preceptivo, deberán haber sido dadas de alta en el registro del certificado de la instalación gestionado por el órgano competente de la Comunitat Valenciana.

No darán derecho a practicar esta deducción aquellas instalaciones que sean de carácter obligatorio en virtud de la aplicación del Real decreto 314/2006, de 17 de marzo, por el que se aprueba el Código técnico de la edificación (CTE).

Esta deducción podrá aplicarse a las inversiones realizadas en las viviendas que constituyan segundas residencias, siempre que estas no se encuentren relacionadas con el ejercicio de una actividad económica, de conformidad con la normativa estatal reguladora del impuesto, si bien en este supuesto el porcentaje de deducción será del 20%.

A efectos de esta deducción, se tendrá que ajustar al concepto de vivienda contenida en la normativa autonómica reguladora de la vivienda.

Las viviendas tendrán que estar situadas en el territorio de la Comunitat Valenciana.

La base de esta deducción estará constituida por las cantidades efectivamente satisfechas en el ejercicio por el contribuyente, mediante los medios de pago relacionados en la disposición adicional dieciséis de esta ley.

La base máxima anual de esta deducción se establece en 8.800 euros por vivienda y ejercicio. La parte de la inversión apoyada, en su caso, con subvenciones públicas no dará derecho a deducción.

Las cantidades correspondientes al periodo impositivo no deducidas por insuficiencia de cuota íntegra podrán aplicarse en las liquidaciones de los periodos impositivos que concluyan en los cuatro años inmediatos y sucesivos.

En el caso de conjuntos de viviendas en régimen de propiedad horizontal en las que se lleven a cabo estas instalaciones de forma compartida, siempre que tengan cobertura legal, esta deducción podrá ser aplicada por cada uno de los contribuyentes individualmente según el coeficiente de participación que corresponda a la vivienda, siempre que cumpla con el resto de requisitos establecidos.

Para aplicar la deducción se tendrán que conservar los justificantes de gasto y de pago, los cuales tendrán que cumplir lo dispuesto en su normativa de aplicación[35].

p) Por donaciones con finalidad ecológica: El 20 por ciento para los primeros 250 euros y el 25 por ciento para el resto del importe de las donaciones efectuadas durante el período impositivo en favor de cualquiera de las siguientes entidades:

1) La Generalitat y las Corporaciones Locales de la Comunitat Valenciana. A estos efectos, cuando la donación consista en dinero las cantidades recibidas quedarán afectas en el presupuesto del donatario a la financiación de programas de gasto que tengan por objeto la defensa y conservación del medio ambiente. De conformidad con ello, en el estado de gastos del presupuesto de cada ejercicio se consignará crédito en dichos programas por un importe como mínimo igual al de las donaciones percibidas durante el ejercicio inmediatamente anterior.

2) Las entidades públicas dependientes de cualquiera de las Administraciones Territoriales citadas en el número 1) anterior cuyo objeto social sea la defensa y conservación del medio ambiente. Las cantidades recibidas por estas entidades quedarán sometidas a las mismas reglas de afectación recogidas en el citado número 1.

3) Las entidades sin fines lucrativos reguladas en los apartados a y b del artículo 2 de la Ley 49/2002, de 23 de diciembre, de Régimen fiscal de las entidades sin fines lucrativos y de los incentivos fiscales al mecenazgo, siempre que su fin exclusivo sea la defensa del medio ambiente y se hallen inscritas en los correspondientes registros de la Comunitat Valenciana[36].

---

[35]   Nueva redacción de la letra o) con efectos para los periodos impositivos terminados a partir de 1 de enero de 2023, según la Disposición transitoria única del Decreto-Ley 14/2022, de 24 de octubre, del Consell, por el que se regula el tramo autonómico del I.R.P.F. y restantes tributos cedidos, para adecuar el gravamen del I.R.P.F. y de otras figuras tributarias al impacto de la inflación.

[36]   Nueva redacción de la letra p) según el Art. 23 de la Ley 5/2025, de 30 de mayo, de medidas fiscales, de gestión administrativa y financiera, y de organización de la Generalitat. En vigor desde el 1 de junio de 2025.

q) Por donaciones relativas al patrimonio cultural valenciano el 20 por ciento para los primeros 250 euros y el 25 por ciento para el resto del valor de:

1) Las donaciones puras y simples efectuadas durante el período impositivo de bienes que, formando parte del patrimonio cultural valenciano, se hallen inscritos en el inventario general del citado patrimonio, de acuerdo con la normativa legal autonómica vigente, siempre que se realicen a favor de cualquiera de las entidades contempladas en el apartado a, siempre que estas entidades persigan fines de interés cultural, b, c, d, e y f del apartado primero del artículo 3 de la Ley 20/2018, de 25 de julio, del mecenazgo cultural, científico y deportivo no profesional en la Comunitat Valenciana y de las objetivamente comparables del apartado 2 del mencionado artículo.

2) Las cantidades dinerarias donadas a cualquiera de las entidades a las que se refiere el número 1 anterior para la conservación, reparación y restauración de los bienes que, formando parte del patrimonio cultural valenciano, se hallen inscritos en su inventario general, siempre que se trate de donaciones para la financiación de programas de gasto o actuaciones que tengan por objeto la conservación, reparación y restauración de los mencionados bienes. A estos efectos, cuando la persona donataria sea la Generalitat o una de sus entidades públicas de carácter cultural, el importe recibido en cada ejercicio quedará afecto, como crédito mínimo, al programa de gastos de los presupuestos del ejercicio inmediatamente posterior que tengan por objeto la conservación, reparación y restauración de obras de arte y, en general, de bienes con valor histórico, artístico y cultural.

3) Las cantidades dinerarias destinadas por las personas titulares de bienes pertenecientes al patrimonio cultural valenciano, inscritos en el inventario general del mismo, a la conservación, reparación y restauración de los citados bienes.[37]

r) Por donaciones destinadas al fomento del valenciano: el 20 por ciento para los primeros 250 euros y el 25 por ciento para el resto del importe

---

[37]   Nueva redacción de la letra q) según el Art. 23 de la Ley 5/2025, de 30 de mayo, de medidas fiscales, de gestión administrativa y financiera, y de organización de la Generalitat. En vigor desde el 1 de junio de 2025.

de las donaciones de importes dinerarios efectuadas durante el periodo impositivo en favor de las siguientes entidades:

1) La Generalitat, los organismos públicos y el sector público instrumental de la Generalitat.

2) Las entidades locales de la Comunitat Valenciana, sus organismos públicos, fundaciones y consorcios de ellas dependientes.

3) Las universidades públicas y privadas establecidas en la Comunitat Valenciana.

4) Los centros superiores de enseñanzas artísticas de la Comunitat Valenciana.

5) Las entidades inscritas el último día del periodo impositivo en el Censo de entidades de fomento del valenciano.

A estos efectos, cuando la persona donataria sea la Generalitat o una de sus entidades públicas, el importe recibido en cada ejercicio quedará afecto, como crédito mínimo, a programas de gasto de los presupuestos del ejercicio inmediatamente posterior que tengan por objeto el fomento de la lengua valenciana[38].

s) Por donaciones o cesiones de uso o comodatos para otros fines de carácter cultural, científico o deportivo no profesional:

1) Se establece una deducción del 25 por ciento de las cuantías en que se valoren las donaciones o los préstamos de uso o comodato efectuadas a proyectos o actividades culturales, científicas o deportivas no profesionales declarados o considerados de interés social, distintas a las descritas en las letras q) y r), realizadas a favor de las personas y entidades beneficiarias del artículo 3 de la Ley 20/2018, de 25 de julio, del mecenazgo cultural, científico y deportivo no profesional en la Comunitat Valenciana.

No obstante, en el caso de que el contribuyente se aplique la deducción prevista en la letra a) del apartado 3 del artículo 68 de la Ley 35/2006, de 28 de noviembre, del Impuesto sobre la Renta de las Personas

---

[38]   Nueva redacción de la letra r) según el Art. 23 de la Ley 5/2025, de 30 de mayo, de medidas fiscales, de gestión administrativa y financiera, y de organización de la Generalitat. En vigor desde el 1 de junio de 2025.

Físicas, los primeros 250 euros del valor de la donación disfrutarán de una deducción del 20 por ciento.

2) La base de las deducciones por donaciones realizadas será:

a) En las donaciones dinerarias, su importe.

b) En las donaciones de bienes o derechos, el valor contable que tuviesen en el momento de la transmisión y, en su defecto, el valor determinado conforme a las normas del impuesto sobre el patrimonio.

c) En la constitución de un derecho real de usufructo sobre bienes inmuebles, el importe anual que resulte de aplicar, en cada uno de los períodos impositivos de duración del usufructo, el 4 por ciento del valor catastral, determinándose proporcionalmente al número de días que corresponda en cada período impositivo.

d) En la constitución de un derecho real de usufructo sobre valores, el importe anual de los dividendos o intereses percibidos por la persona usufructuaria en cada uno de los períodos impositivos de duración del usufructo.

e) En la constitución de un derecho real de usufructo sobre bienes y derechos, el importe anual resultante de aplicar el interés legal del dinero de cada ejercicio al valor del usufructo determinado en el momento de su constitución conforme a las normas del impuesto sobre transmisiones patrimoniales y actos jurídicos documentados.

f) En las donaciones de bienes de interés cultural, bienes inventariados no declarados de interés cultural, bienes de relevancia local o de obras de arte de calidad garantizada, la valoración efectuada por la Junta de Valoración de Bienes del Patrimonio Cultural Valenciano. En el caso de los bienes culturales que no formen parte del patrimonio cultural valenciano, la junta valorará, asimismo, la suficiencia de la calidad de la obra.

3) El valor determinado de acuerdo con lo dispuesto en el apartado anterior, tendrá como límite máximo el valor normal en el mercado del bien o derecho transmitido en el momento de su transmisión.

4) La base de las deducciones por préstamos de uso o comodato será el importe anual que resulte de aplicar, en cada uno de los periodos impositivos de duración del préstamo, el 4% a la valoración del bien efectuada por la Junta de Valoración de Bienes del Patrimonio Cultural Valenciano,

determinándose proporcionalmente al número de días que corresponda en cada período impositivo.

En el caso de que se trate de préstamos de uso o de comodato de locales para la realización de proyectos o actividades, se aplicará el 4% por ciento del valor catastral, proporcionalmente al número de días que corresponda de cada período impositivo[39].

t) Por contribuyentes con dos o más descendientes: el 10% del importe de la cuota íntegra autonómica, en tributación individual o conjunta, una vez deducidas de la misma las minoraciones para determinar la cuota líquida autonómica, excluida la presente deducción, a las que se refiere la normativa estatal reguladora del impuesto.

Serán requisitos para la aplicación de esta deducción los siguientes:

1) Que los descendientes generen a favor del contribuyente el derecho a la aplicación del correspondiente mínimo por descendientes establecido por la normativa estatal reguladora del impuesto.

2) Que la suma de las siguientes bases imponibles no sea superior a 30.000 euros:

a) Las de los contribuyentes que tengan derecho, por los mismos descendientes, a la aplicación del mínimo por descendientes.

b) Las de los propios descendientes que dan derecho al citado mínimo.

c) Las de todos los miembros de la unidad familiar que tributen conjuntamente con el contribuyente y que no se encuentren incluidos en las dos letras anteriores[40].

u) Deducción por el incremento de los costes de la financiación ajena en la inversión de la vivienda habitual.

---

[39] Nueva redacción de la letra s) según el Art. 23 de la Ley 5/2025, de 30 de mayo, de medidas fiscales, de gestión administrativa y financiera, y de organización de la Generalitat. En vigor desde el 1 de junio de 2025.

[40] Nueva redacción de la letra t) según el Art. 7 del Decreto-Ley 14/2022, de 24 de octubre, del Consell, por el que se regula el tramo autonómico del IRPF y restantes tributos cedidos, para adecuar el gravamen del IRPF y de otras figuras tributarias al impacto de la inflación.

Los contribuyentes que satisfagan sumas en concepto de intereses derivados de un préstamo constituido para la adquisición o rehabilitación de la vivienda que constituya o vaya a constituir su residencia habitual, o para la adecuación de esta por razón de discapacidad, podrán deducirse el 50% de la diferencia positiva entre las cantidades abonadas durante el periodo impositivo y las satisfechas durante el año anterior, siempre que no hubieran aplicado la deducción estatal por inversión en vivienda habitual, con el límite de 100 euros.

En el supuesto de que el préstamo hubiera sido constituido durante el año natural anterior al periodo impositivo, los intereses satisfechos durante ese año se restarán del resultado de prorratear el importe de los intereses satisfechos durante el periodo impositivo por el cociente derivado de dividir entre 360 el número de días transcurridos desde el día siguiente a la fecha de la concesión del préstamo y el último día de año de concesión, sin que pueda resultar de este cálculo un importe superior a los efectivamente satisfechos en este ejercicio.

La suma de la base liquidable general y de la base liquidable del ahorro del contribuyente no deberá ser superior a los límites establecidos en el párrafo primero del apartado cuatro de este artículo.

A los efectos de la presente deducción, se estará a los conceptos de vivienda habitual y de adquisición, rehabilitación y adecuación por razón de discapacidad de la vivienda habitual recogidos en la normativa estatal reguladora del impuesto[41].

v) Por cantidades destinadas a la adquisición de material escolar: 110 euros por hijo o hija o persona acogida o con delegación de guarda con fines de adopción que, a la fecha del devengo del impuesto, se encuentre escolarizada en educación primaria, educación secundaria obligatoria o en unidades de educación especial en un centro público o privado concertado.

Serán requisitos para el disfrute de esta deducción los siguientes:

---

[41]   Nueva redacción de la letra u) según el Art. 5 del Decreto-Ley 14/2022, de 24 de octubre, del Consell, por el que se regula el tramo autonómico del IRPF y restantes tributos cedidos, para adecuar el gravamen del IRPF y de otras figuras tributarias al impacto de la inflación.

1. Que las personas que den derecho a la aplicación de la deducción den derecho, a su vez, a la aplicación del correspondiente mínimo por descendientes establecido por la normativa estatal reguladora del impuesto.

2. Que el contribuyente se encuentre en situación de desempleo e inscrito como demandante de empleo en un servicio público de empleo.

Cuando los padres, acogedores o guardadores vivan juntos esta circunstancia podrá cumplirse por su pareja.

3. Que la suma de la base liquidable general y de la base liquidable del ahorro no sea superior a los límites establecidos en el párrafo primero del apartado cuatro de este artículo.

Cuando dos contribuyentes declarantes tengan derecho a la aplicación de esta deducción, su importe se prorrateará entre ellos por partes iguales.

El importe de esta deducción se prorrateará por el número de días del periodo impositivo en los que se cumpla el requisito del anterior apartado 2 y, en el caso de acogimiento o delegación de guarda, el número de días efectivos que se haya mantenido dicha situación. A estos efectos, cuando los acogedores o guardadores que vivan juntos cumplan dicho requisito, se tendrá en cuenta la suma de los días de ambos, con el límite del periodo impositivo[42].

w) Deducción por obras de conservación o mejora de la calidad, sostenibilidad y accesibilidad en la vivienda habitual, efectuadas en el período.

Los contribuyentes cuya suma de la base liquidable general y de la base liquidable del ahorro no sea superior a los límites establecidos en el párrafo primero del apartado cuatro del artículo cuarto de esta ley, podrán deducirse por las obras realizadas durante el ejercicio en la vivienda habitual de la que sean propietarios o titulares de un derecho real de uso y disfrute, o en el edificio en la que esta se encuentre, siempre que tengan por objeto su conservación o la mejora de la calidad, sostenibilidad y accesibilidad, en los términos previstos por los planes estatales de fomento del alquiler de viviendas, la rehabilitación edificatoria y la regeneración y

---

[42]   Nueva redacción de la letra v) según el Art. 22 de la Ley 5/2025, de 30 de mayo, de medidas fiscales, de gestión administrativa y financiera, y de organización de la Generalitat. En vigor desde el 1 de junio de 2025.

renovación urbanas que estén vigentes a fecha de devengo y, además, den cumplimiento a lo dispuesto en la normativa autonómica en materia de accesibilidad, rehabilitación, diseño y calidad en la vivienda[43].

El importe de la deducción ascenderá al 20 por ciento de las cantidades satisfechas en el periodo impositivo por las obras realizadas. El importe de la deducción ascenderá hasta un 50% de las cantidades satisfechas en el mismo período impositivo por las obras realizadas dirigidas a mejorar la accesibilidad de personas con un grado de discapacidad igual o superior al 33%.

No darán derecho a practicar esta deducción:

a) Las obras que se realicen en plazas de garaje, jardines, parques, piscinas e instalaciones deportivas y otros elementos análogos, excepto si se trata de obras dirigidas a mejorar la accesibilidad de personas con un grado de discapacidad igual o superior al 33%.

b) Las inversiones para el aprovechamiento de fuentes de energía renovables en la vivienda habitual a las que resulte de aplicación la deducción prevista en la letra o del apartado uno del artículo cuarto de esta ley.

c) La parte de la inversión financiada con subvenciones públicas.

Será requisito para la aplicación de esta deducción la identificación, mediante su número de identificación fiscal, de las personas o entidades que realicen materialmente las obras.

La base de esta deducción estará constituida por las cantidades satisfechas, mediante tarjeta de crédito o débito, transferencia bancaria, cheque nominativo o ingreso en cuentas en entidades de crédito, a las personas o entidades que realicen tales obras. En ningún caso darán derecho a practicar estas deducciones las cantidades satisfechas mediante entregas de dinero de curso legal.

La base máxima anual de esta deducción será de 5.500 euros[44].

---

[43] Nueva redacción de este párrafo según el Art. 13 de la Ley 7/2023, de 26 de diciembre, de medidas fiscales, de gestión administrativa y financiera, y de organización de la Generalitat.

[44] Nueva redacción del penúltimo párrafo de la letra w) según el Art. 4.17 del Decreto-Ley 14/2022, de 24 de octubre, del Consell, por el que se regula el tramo autonó-

Cuando concurran varios contribuyentes declarantes con derecho a practicar la deducción respecto de una misma vivienda, la base máxima anual de deducción se ponderará para cada uno de ellos en función de su porcentaje de titularidad en el inmueble[45].

x) Deducción por cantidades destinadas a abonos culturales.

Los contribuyentes con rentas inferiores a 50.000 € podrán deducirse el 21% de las cantidades satisfechas por la adquisición de abonos culturales de empresas o instituciones adheridas al convenio específico suscrito con Culturarts Generalitat sobre el Abono Cultural Valenciano. A estos efectos, se entenderá por renta del contribuyente que adquiera los abonos culturales la suma de su base liquidable general y de su base liquidable del ahorro. La base máxima de la deducción a estos efectos será de 165 € por periodo impositivo[46].

y) El 10% de las cantidades destinadas por el contribuyente durante el periodo impositivo a la adquisición de vehículos nuevos pertenecientes a las categorías incluidas en la Orden 5/2020, de 8 de junio, de la Conselleria de Política Territorial, Obras Públicas y Movilidad, por la cual se aprueban las bases reguladoras para el otorgamiento de subvenciones para la adquisición o electrificación de bicicletas urbanas y vehículos eléctricos de movilidad personal siempre que la suma de su base liquidable general y de su base liquidable del ahorro no sea superior a los límites establecidos en el párrafo primero del apartado cuatro de este artículo.

§4

---

mico del IRPF y restantes tributos cedidos, para adecuar el gravamen del IRPF y de otras figuras tributarias al impacto de la inflación.

[45]   Nueva redacción de la letra w) según el Art. 29 de la Ley 7/2021, de 29 de diciembre, de la Generalitat, de medidas fiscales, de gestión administrativa y financiera y de organización de la Generalitat 2022.

[46]   Nueva redacción de la letra x) según el Art. 4.18 del Decreto-Ley 14/2022, de 24 de octubre, del Consell, por el que se regula el tramo autonómico del IRPF y restantes tributos cedidos, para adecuar el gravamen del IRPF y de otras figuras tributarias al impacto de la inflación.

La base máxima de la deducción estará constituida por el importe máximo subvencionable para cada tipo de vehículo, de acuerdo con la mencionada Orden 5/2020, de 8 de junio, incrementado en un 10%, del que se excluirá la parte de la adquisición financiada con subvenciones o ayudas públicas.

Por periodo impositivo cada contribuyente podrá deducirse las cantidades destinadas a la adquisición de un único vehículo[47].

z) 1. Los contribuyentes podrán deducir en la cuota íntegra autonómica, y con límite de 6.600 euros, el 30% de las cantidades invertidas durante el ejercicio en la suscripción y desembolso de acciones o participaciones sociales como consecuencia de acuerdos de constitución o de ampliación de capital de sociedades anónimas, de responsabilidad limitada y sociedades laborales o de aportaciones voluntarias u obligatorias efectuadas por los socios a las sociedades cooperativas, siempre que se cumplan los siguientes requisitos[48]:

a) No ha de tratarse de acciones o participaciones en una entidad a través de la cual se ejerza la misma actividad que se venía ejerciendo anteriormente mediante otra titularidad.

b) La entidad en la cual hay que materializar la inversión tiene que cumplir los siguientes requisitos:

1. Tiene que tener el domicilio social y fiscal en la Comunidad Valenciana y mantenerlo durante los tres años siguientes a la constitución o ampliación.

2. Tiene que ejercer una actividad económica durante los tres años siguientes a la constitución o ampliación. A tal efecto, no tiene que tener por actividad principal la gestión de un patrimonio mobiliario o inmobi-

---

[47]   Nueva redacción de la letra y) según el Art. 4.19 del Decreto-Ley 14/2022, de 24 de octubre, del Consell, por el que se regula el tramo autonómico del IRPF y restantes tributos cedidos, para adecuar el gravamen del IRPF y de otras figuras tributarias al impacto de la inflación.

[48]   Nueva redacción del primer párrafo del punto 1 de la letra z) según el Art. 4.20 del Decreto-Ley 14/2022, de 24 de octubre, del Consell, por el que se regula el tramo autonómico del IRPF y restantes tributos cedidos, para adecuar el gravamen del IRPF y de otras figuras tributarias al impacto de la inflación.

liario, de acuerdo con lo dispuesto en el artículo 4.8°. Dos. a) de la Ley 19/1991, de 6 de junio, del impuesto sobre el patrimonio.

3. Tiene que contar, como mínimo, con una persona ocupada con contrato laboral y a jornada completa, dada de alta en el régimen general de la Seguridad Social durante los tres años siguientes a la constitución o ampliación.

4. En caso de que la inversión se hubiera realizado mediante una ampliación de capital o de nuevas aportaciones, la sociedad debe de haber sido constituida en los tres años anteriores a la fecha de esta ampliación, siempre que, además, durante los veinticuatro meses siguientes a la fecha del inicio del periodo impositivo del impuesto sobre sociedades en que se hubiera realizado la inversión, su plantilla media se incremente, al menos, en una persona respecto a la plantilla media existente los doce meses anteriores y que este incremento se mantuviera durante un periodo adicional otros veinticuatro meses.

Para el cálculo de la plantilla media total de la empresa y de su incremento, se tomarán las personas empleadas, en los términos en que disponga la legislación laboral, teniendo en cuenta la jornada contratada en relación con la jornada completa.

Los requisitos contenidos en los números 3 y 4 no serán exigibles para las sociedades laborales ni para las sociedades cooperativas de trabajo asociado.

c) Las operaciones en que sea aplicable la deducción tienen que formalizarse en escritura pública, en la cual tiene que especificarse la identidad de los inversores y el importe de la inversión respectiva. No obstante, en el caso de las sociedades cooperativas y excepto en los supuestos de constitución, no será necesaria la formalización en escritura pública, debiéndose justificar la suscripción y desembolso de las aportaciones obligatorias o voluntarias al capital social realizadas por las personas socias mediante una certificación firmada por quien ostente la secretaría de la cooperativa, con el visto bueno de la presidencia de la misma y con las firmas legitimadas notarialmente; cuando se hayan efectuado por la misma persona socia varias suscripciones o desembolsos durante el ejercicio, será suficiente con que se expida una única certificación, en la que consten todas las fechas de suscripción y desembolso[49].

d) Las participaciones adquiridas tienen que mantenerse en el patrimonio del contribuyente durante un periodo mínimo de los tres años siguientes a la constitución o ampliación.

2. La deducción regulada en el número 1 podrá incrementarse en un 15% adicional, con límite de 9.900 euros, cuando, además de cumplir los requisitos anteriores, las entidades receptoras de fondos cumplan alguna de las siguientes condiciones[50]:

– Acrediten ser pequeñas y medianas empresas innovadoras a los efectos del Real decreto 475/2014, de 13 de junio, sobre bonificaciones en la cotización a la Seguridad Social del personal investigador, o estén participadas por universidades u organismos de investigación.

– Tengan su domicilio fiscal en algún municipio en riesgo de despoblamiento.

3. En el supuesto de que el contribuyente carezca de cuota íntegra autonómica suficiente para aplicarse la totalidad o parte de la presente deducción en el periodo en que se genere el derecho a su aplicación, el importe no deducido podrá aplicarse en los tres períodos impositivos siguientes hasta agotar, en su caso, su importe total[51].

aa) Por residir habitualmente en un municipio en riesgo de despoblamiento: 330 euros.

El importe anterior se incrementará en 132, 198 o 264 euros en el caso de que el contribuyente tenga derecho a la aplicación del mínimo por

---

[49] Nueva redacción de la letra c) de esta deducción según el Art. 14 de la Ley 7/2023, de 26 de diciembre, de medidas fiscales, de gestión administrativa y financiera, y de organización de la Generalitat.

[50] Nueva redacción del primer párrafo del punto 2 de la letra z) según el Art. 4.21 del Decreto-Ley 14/2022, de 24 de octubre, del Consell, por el que se regula el tramo autonómico del IRPF y restantes tributos cedidos, para adecuar el gravamen del IRPF y de otras figuras tributarias al impacto de la inflación.

[51] Letra z) añadida por el Art. 41 de la Ley 3/2020, de 30 de diciembre, de la Generalitat, de medidas fiscales, de gestión administrativa y financiera y de organización de la Generalitat.

descendientes establecido por la normativa estatal reguladora del impuesto por una, dos o tres o más personas, respectivamente. La aplicación de estos importes adicionales será incompatible, para el mismo descendiente o asimilado, con las deducciones establecidas en las letras a), b) y c) del presente apartado. Cuando dos o más contribuyentes tengan derecho a la aplicación del mínimo por descendientes por una misma persona estos importes adicionales se prorratearán entre ellos por partes iguales.

A estos efectos se estará al concepto de residencia habitual recogido en la normativa estatal reguladora del impuesto[52].

ab) Por las cantidades satisfechas en el periodo impositivo por mujeres con una edad comprendida entre 40 y 45 años en tratamientos de fertilidad realizados en clínicas o centros autorizados: 100 euros.

La suma de la base liquidable general y de la base liquidable del ahorro del contribuyente no será superior a los límites establecidos en el párrafo primero del apartado cuatro de este artículo[53].

ac) Por las cantidades satisfechas en el periodo impositivo en gastos de la siguiente naturaleza:

1. Para el tratamiento y cuidado de las personas afectadas por enfermedades crónicas de alta complejidad y las denominadas «raras», hasta 100 euros. En el supuesto de que se trate de una familia numerosa o monoparental, la deducción será de hasta 150 euros.

2. Destinados al tratamiento y cuidado de personas diagnosticadas de daño cerebral adquirido o de la enfermedad de alzhéimer, hasta 100 euros. En el supuesto de que se trate de una familia numerosa o monoparental, la deducción será de hasta 150 euros.

---

[52]   Nueva redacción de la letra aa) según el Art. 4.22 del Decreto-Ley 14/2022, de 24 de octubre, del Consell, por el que se regula el tramo autonómico del IRPF y restantes tributos cedidos, para adecuar el gravamen del IRPF y de otras figuras tributarias al impacto de la inflación.

[53]   Letra ab) añadida por el Art. 6 del Decreto-Ley 14/2022, de 24 de octubre, del Consell, por el que se regula el tramo autonómico del IRPF y restantes tributos cedidos, para adecuar el gravamen del IRPF y de otras figuras tributarias al impacto de la inflación.

3. Derivados de la adquisición de productos, servicios y tratamientos vinculados a la salud bucodental de carácter no estético, el 30 % de los gastos generados. El importe máximo de la deducción será de 150 euros.

4. Relacionados con la atención a personas afectadas por cualquier patología relacionada con la salud mental, el 30 % de los gastos generados. El importe máximo de la deducción será de 150 euros.

5. Destinados a la adquisición de lentes graduadas, lentes graduadas con montura no premontadas, lentes de contacto y soluciones de mantenimiento, el 30% de los gastos generados. El importe máximo de la deducción será de 100 euros[54].

Los anteriores conceptos serán compatibles entre sí.

El límite de deducción se establecerá por contribuyente y los desembolsos podrán ir destinados al tratamiento del contribuyente, su cónyuge y aquellas personas que den derecho a la aplicación de los mínimos familiares por descendientes y ascendientes. Cuando dos contribuyentes declarantes tengan derecho a la aplicación de esta deducción por el hecho de desembolsar los gastos relacionados con los tratamientos o cuidados recibidos por otras personas, la base de la deducción se prorrateará entre ellos por partes iguales.

No se integrarán en la base de la deducción las primas satisfechas por seguros médicos ni el importe de las prestaciones médicas que sean reintegrables por la seguridad social o las entidades que la sustituyan.

Tampoco se incluirán en la base de la deducción las cantidades satisfechas a asociaciones sin ánimo de lucro declaradas de utilidad pública que disfruten de la deducción por donativos y otras aportaciones reguladas en el apartado 3 del artículo 68 de la Ley 35/2006, de 28 de noviembre, del impuesto sobre la renta de las personas físicas y de modificación parcial de las leyes de los impuestos sobre sociedades, sobre la renta de no residentes y sobre el patrimonio.

---

[54]   Apartado 5 modificado por el Art. 24 de la Ley 5/2025, de 30 de mayo, de medidas fiscales, de gestión administrativa y financiera, y de organización de la Generalitat. En vigor desde el 1 de junio de 2025.

Serán requisitos para la aplicación de la deducción:

a) Que la suma de la base liquidable general y de la base de ahorro no sea superior a 32.000 euros en tributación individual y a 48.000 euros en caso de tributación conjunta. Los límites de deducción se aplicarán a los contribuyentes cuya suma de la base liquidable general y de la base liquidable del ahorro sea inferior a 29.000 euros, en tributación individual, o inferior a 45.000 euros, en tributación conjunta.

Cuando la suma de la base liquidable general y de la base liquidable del ahorro del contribuyente esté comprendida entre 29.000 y 32.000 euros, en tributación individual, o entre 45.000 y 48.000 euros, en tributación conjunta, el importe de los límites de deducción será el siguiente:

– En tributación individual, el resultado de multiplicar los límites de deducción por un porcentaje obtenido de la aplicación de la siguiente fórmula: 100 × (1 – el coeficiente resultante de dividir por 3.000 la diferencia entre la suma de la base liquidable general y del ahorro del contribuyente y 29.000).

– En tributación conjunta, el resultado de multiplicar los límites de deducción por un porcentaje obtenido de la aplicación de la siguiente fórmula: 100 × (1 – el coeficiente resultante de dividir por 3.000 la diferencia entre la suma de la base liquidable general y del ahorro del contribuyente y 45.000).

b) Que los servicios recibidos como consecuencia de tratamientos médicos sean prestados por establecimientos, centros, servicios o profesionales sanitarios inscritos en el Registro General de Centros, Servicios y Establecimientos Sanitarios o en el Registro Estatal de Profesionales Sanitarios.

c) Que se puedan acreditar las adquisiciones de bienes o servicios mediante la correspondiente factura, la cual deberá indicar el concepto deducido y el justificante de pago por alguno de los medios previstos en la disposición adicional decimosexta de la presente ley. A los efectos de su revisión por la administración tributaria, deberán acompañarse los antecedentes anteriores de un informe emitido por un facultativo competente

§4

que permita inequívocamente su correcta clasificación en alguna de las categorías de gasto previstas para esta deducción[55].

ad) Por las cantidades satisfechas en el periodo impositivo en gastos asociados a la práctica del deporte y actividades saludables: el 30% con el límite de 150 euros de importe de la deducción.

Si el declarante es mayor de sesenta y cinco años o tiene una discapacidad igual o superior al 33%, el porcentaje de deducción será del 50% y el importe máximo de la deducción será de 150 euros.

Si el declarante es mayor de setenta y cinco años o tiene una discapacidad igual o superior al 65%, el porcentaje de deducción será del 100% y el importe máximo de la deducción será de 150 euros.

El límite de deducción se establecerá por contribuyente y los desembolsos podrán ir destinados a actividades desarrolladas por el contribuyente, su cónyuge y aquellas personas que den derecho a la aplicación de los mínimos familiares por descendientes y ascendientes.

Cuando dos contribuyentes declarantes tengan derecho a la aplicación de esta deducción por corresponder a gastos relacionados con otras personas, la base de la deducción se prorrateará entre ellos por partes iguales.

Serán requisitos para la aplicación de la deducción:

a) Que la suma de la base liquidable general y de la base de ahorro no sea superior a 32.000 euros en tributación individual y a 48.000 euros en caso de tributación conjunta. El límite de deducción se aplicará a los contribuyentes cuya suma de la base liquidable general y de la base liquidable del ahorro sea inferior a 29.000 euros, en tributación individual, o inferior a 45.000 euros, en tributación conjunta.

Cuando la suma de la base liquidable general y de la base liquidable del ahorro del contribuyente esté comprendida entre 29.000 y 32.000 euros, en tributación individual, o entre 45.000 y 48.000 euros, en tributación conjunta, el importe del límite de deducción será el siguiente:

– En tributación individual, el resultado de multiplicar el límite de deducción por un porcentaje obtenido de la aplicación de la siguiente fór-

---

[55]   Letra ac) añadida por el Art. 15 de la Ley 7/2023, de 26 de diciembre, de medidas fiscales, de gestión administrativa y financiera, y de organización de la Generalitat.

mula: 100 × (1 – el coeficiente resultante de dividir por 3.000 la diferencia entre la suma de la base liquidable general y del ahorro del contribuyente y 29.000).

– En tributación conjunta, el resultado de multiplicar el límite de deducción por un porcentaje obtenido de la aplicación de la siguiente fórmula: 100 × (1 – el coeficiente resultante de dividir por 3.000 la diferencia entre la suma de la base liquidable general y del ahorro del contribuyente y 45.000).

b) Darán derecho a deducción las cantidades satisfechas en concepto de:

– Cuotas de pertenencia o adhesión satisfechas a gimnasios, clubes deportivos, federaciones deportivas, grupos de recreación deportiva, secciones deportivas o de recreación deportiva de otras entidades no deportivas, agrupaciones de recreación deportiva, asociaciones de federaciones y sociedades anónimas deportivas.

– Adquisición del equipamiento obligatorio para la práctica del deporte federado.

– Servicios personales de entrenamiento prestados por técnicos y entrenadores deportivos.

– Servicios personales prestados por traumatólogos, dietistas-nutricionistas, fisioterapeutas, podólogos o técnicos superiores en Dietética.

c) Que se puedan acreditar las adquisiciones de bienes o servicios mediante la correspondiente factura, y el justificante de pago por alguno de los medios previstos en la disposición adicional decimosexta de la presente ley[56].

Dos. La aplicación de las deducciones recogidas en las letras j), k), l), m) y o) del apartado uno precedente requerirá que el importe comprobado del patrimonio del contribuyente al finalizar el periodo impositivo exceda del valor que arrojase su comprobación al comienzo del mismo en, al menos, la cuantía de las inversiones realizadas. A estos efectos, no se computarán los incrementos o disminuciones de valor experimentados durante

---

[56]   Letra ad) añadida por el Art. 16 de la Ley 7/2023, de 26 de diciembre, de medidas fiscales, de gestión administrativa y financiera, y de organización de la Generalitat.

el citado periodo impositivo por los bienes que al final del mismo sigan formando parte del patrimonio del contribuyente. Asimismo, la base de las deducciones a las que se refieren los números 2 y 3 de la letra q), la letra r) y la letra s) del citado apartado uno no podrá superar el 30 por cien de la base liquidable del contribuyente[57].

Tres. a) Para tener derecho a las deducciones contempladas en la letra p), en los números 1 y 2 de la letra q), en la letra r) y en la letra s), todas ellas del apartado uno anterior, se deberá acreditar la efectividad de la donación efectuada, así como el valor de la misma, mediante certificación expedida por la persona o entidad donataria, que deberá contener, al menos, los siguientes extremos:

1) Nombre y apellidos o denominación social y número de identificación fiscal, tanto del donante como de la persona o entidad donataria.

2) Mención expresa de que la persona o entidad donataria se encuentra incluida entre los beneficiarios del mecenazgo cultural del artículo 3 de la ley de la Generalitat vigente, del mecenazgo cultural, científico y deportivo no profesional en la Comunitat Valenciana.

3) Fecha e importe de la donación cuando esta sea dineraria.

4) Fecha e importe de la valoración de la donación en el supuesto de donaciones no dinerarias.

5) Fecha, importe de la valoración y duración en el caso de la constitución de un derecho real de usufructo o de un préstamo de uso o comodato.

6) Destino que la persona o entidad beneficiaria dará a la donación recibida o al objeto del derecho real de usufructo o al recibido en préstamo de uso o comodato.

7) En el caso de donaciones no dinerarias, constitución de un derecho real de usufructo o préstamo de uso o comodato, documento público u otro documento que acredite la entrega del bien donado, la constitución del derecho de usufructo o del préstamo de uso o comodato.

---

[57]   Nueva redacción de este apartado según la D.F. 1ª.4. de la Ley 20/2018, de 25 de julio, del mecenazgo cultural, científico y deportivo no profesional en la Comunitat Valenciana.

8) En relación con las donaciones a que se refiere el número 1 de la letra q), se deberá indicar el número de identificación que en el Inventario General del Patrimonio Cultural Valenciano corresponda al bien donado.

Cuando se trate de donaciones cuyo beneficiario sea la Generalitat, sus organismos públicos, las fundaciones del sector público y los consorcios adscritos a la misma, a los que se refiere el párrafo segundo del número 2 de la letra q), se admitirá, en sustitución del certificado de la entidad donataria, certificación de la conselleria con competencia en materia tributaria.

En cualquier caso, la revocación de la donación determinará la obligación de ingresar las cuotas correspondientes a los beneficios disfrutados en el periodo impositivo en el que dicha revocación se produzca, más los intereses de demora que procedan, en la forma establecida por la normativa estatal reguladora del impuesto sobre la renta de las personas físicas.

b) Para tener derecho a las deducciones sobre el préstamo de uso o comodato de bienes de interés cultural, de bienes inventariados no declarados de interés cultural, de bienes de relevancia local o de obras de arte de calidad garantizada, así como de locales para la realización de proyectos o actividades culturales, científicas o deportivas no profesionales declaradas o consideradas de interés social, se deberá acreditar mediante la certificación expedida por la persona o entidad comodataria, que deberá contener, al menos, los siguientes extremos:

1) Nombre y apellidos o denominación social y número de identificación fiscal tanto del comodante como del comodatario.

2) Mención expresa de que la persona o entidad comodataria se encuentra incluida entre los beneficiarios del mecenazgo cultural contemplados en el artículo 3 de la ley de la Generalitat vigente, del mecenazgo cultural, científico y deportivo no profesional en la Comunitat Valenciana.

3) Fecha en que se produjo la entrega del bien y plazo de duración del préstamo de uso o comodato.

4) Importe de la valoración del préstamo de uso o comodato.

5) Documento público u otro documento auténtico que acredite la constitución del préstamo o comodato.

6) Destino que la persona o entidad comodataria dará al bien objeto del préstamo de uso[58].

Cuatro. A los efectos de lo dispuesto en los subapartados 1 y 2 del párrafo primero de la letra a), en el párrafo primero de la letra b), en el párrafo primero de la letra c), en el párrafo primero de la letra d), cuando el contribuyente pertenezca a una familia numerosa o monoparental de categoría general; en el punto 2 del párrafo segundo de la letra e), en el punto 3 del párrafo segundo de la letra f), en el párrafo primero de la letra g), en el párrafo primero de la letra h), en el párrafo sexto de la letra i), en el segundo párrafo de las letras k) y l), en el punto 4.º del párrafo segundo de la letra n), en el punto 3.º del párrafo segundo de la letra ñ), el cuarto párrafo de la letra u, en el punto 3 del párrafo segundo de la letra v), en el párrafo segundo de la letra w), en el párrafo primero de la letra y) y en el párrafo segundo de la letra ab) del apartado uno del artículo cuarto de esta ley la suma de la base liquidable general y de la base liquidable del ahorro no podrá ser superior a los 30.000 euros, en tributación individual, o a 47.000 euros, en tributación conjunta.

A los efectos de lo dispuesto en el párrafo primero de la letra d del apartado uno del artículo cuarto de esta ley, cuando el contribuyente pertenezca a una familia numerosa o monoparental de categoría especial, la suma de la base liquidable general y de la base liquidable del ahorro no podrá ser superior a 35.000 euros, en tributación individual, o a 58.000 euros, en tributación conjunta.

Cinco. 1. En los supuestos a los que se refiere el párrafo primero del apartado cuatro de este artículo, los importes y límites de deducción se aplicarán a los contribuyentes cuya suma de la base liquidable general y de la base liquidable del ahorro sea inferior a 27.000 euros, en tributación individual, o inferior a 44.000 euros, en tributación conjunta.

Cuando la suma de la base liquidable general y de la base liquidable del ahorro del contribuyente esté comprendida entre 27.000 y 30.000 euros,

---

[58]　Nueva redacción de este apartado según la D.F. 1ª.5. de la Ley 20/2018, de 25 de julio, del mecenazgo cultural, científico y deportivo no profesional en la Comunitat Valenciana.

en tributación individual, o entre 44.000 y 47.000 euros, en tributación conjunta, los importes y límites de deducción serán los siguientes:

a) En tributación individual, el resultado de multiplicar el importe o límite de deducción por un porcentaje obtenido de la aplicación de la siguiente fórmula: 100 × (1 – el coeficiente resultante de dividir por 3.000 la diferencia entre la suma de la base liquidable general y del ahorro del contribuyente y 27.000).

b) En tributación conjunta, el resultado de multiplicar el importe o límite de deducción por un porcentaje obtenido de la aplicación de la siguiente fórmula: 100 × (1 – el coeficiente resultante de dividir por 3.000 la diferencia entre la suma de la base liquidable general y del ahorro del contribuyente y 44.000).

2. En el supuesto al que se refiere el párrafo segundo del apartado cuatro de este artículo, el importe de deducción se aplicará a los contribuyentes cuya suma de la base liquidable general y de la base liquidable del ahorro sea inferior a 31.000 euros, en tributación individual, o inferior a 54.000 euros, en tributación conjunta.

Cuando la suma de la base liquidable general y de la base liquidable del ahorro del contribuyente esté comprendida entre 31.000 y 35.000 euros, en tributación individual, o entre 54.000 y 58.000 euros, en tributación conjunta, los importes y límites de deducción serán los siguientes:

a) En tributación individual, el resultado de multiplicar el importe o límite de deducción por un porcentaje obtenido de la aplicación de la siguiente fórmula: 100 × (1 – el coeficiente resultante de dividir por 4.000 la diferencia entre la suma de la base liquidable general y del ahorro del contribuyente y 31.000).

b) En tributación conjunta, el resultado de multiplicar el importe o límite de deducción por un porcentaje obtenido de la aplicación de la siguiente fórmula: 100 × (1 – el coeficiente resultante de dividir por 4.000 la diferencia entre la suma de la base liquidable general y del ahorro del contribuyente y 54.000[59].

---

[59]   Nueva redacción de los apartados Cuatro y Cinco del art. 4 según el Art. 8 del Decreto-Ley 14/2022, de 24 de octubre, del Consell, por el que se regula el tramo

Seis. A los efectos de esta ley, para que un municipio sea considerado en riesgo de despoblamiento deberá ser beneficiario del Fondo de Cooperación Municipal para la lucha contra el despoblamiento de los municipios de la Comunitat Valenciana en el ejercicio presupuestario en el que se produzca el devengo del impuesto, o en el anterior, por cumplir los requisitos establecidos en la Ley 5/2023, de 13 de abril, integral de medidas contra el despoblamiento y por la equidad territorial en la Comunitat Valenciana[60] [61].

§4

autonómico del IRPF y restantes tributos cedidos, para adecuar el gravamen del IRPF y de otras figuras tributarias al impacto de la inflación.

[60] Nueva redacción de este apartado según el Art. 25 de la Ley 5/2025, de 30 de mayo, de medidas fiscales, de gestión administrativa y financiera, y de organización de la Generalitat. Con efectos desde el 1 de enero de 2024.

[61] **Decreto Ley 12/2024, de 12 de noviembre, del Consell, de medidas fiscales de apoyo a las personas afectadas por las inundaciones producidas por la DANA de octubre de 2024 (modificado por la D.F. 1ª del Decreto Ley 17/2024). En vigor desde el 13 de noviembre de 2024.**
Artículo 4. Deducción autonómica por destinar cantidades a paliar los daños materiales sobre la vivienda habitual derivados del temporal.
1. Para los períodos impositivos terminados en los años 2024 y 2025 será de aplicación una deducción del 100% de los gastos de reparación acometidos para hacer frente a los daños causados de forma directa y determinante por el temporal en viviendas habituales que estén situadas en el ámbito territorial de este decreto ley siempre que la suma de la base liquidable general y de la base liquidable del ahorro no sea superior a los 45.000 euros, en tributación individual, o a 60.000 euros, en tributación conjunta.
2. La base de esta deducción estará constituida por las cantidades satisfechas mediante tarjeta de crédito o débito, transferencia bancaria, cheque nominativo o ingreso en cuentas en entidades de crédito con la finalidad de hacer frente a los gastos de reparación de daños de la vivienda habitual y de los elementos comunes del inmueble donde esta radique en el importe que no estuviera cubierto por contratos de seguro en vigor. No se consideran incluidas en la misma las cantidades destinadas a la adquisición de enseres domésticos de primera necesidad.
En el supuesto de que los contribuyentes hayan percibido ayudas públicas destinadas para hacer frente a los mismos gastos, deberá descontarse de la base de la deducción el importe recibido. En el supuesto de que las ayudas hayan sido percibidas por unidades familiares o de convivencia constituidas por varios contribuyentes, la ayuda a descontar de la base de la deducción se imputará por partes iguales.

3. El importe máximo de la deducción será de 2.000 euros siempre que la suma de la base liquidable general y de la base liquidable del ahorro sea inferior a 40.000 euros, en tributación individual, o inferior a 55.000 euros, en tributación conjunta. Cuando la suma de la base liquidable general y de la base liquidable del ahorro del contribuyente esté comprendida entre 40.000 y 45.000 euros, en tributación individual, o entre 55.000 y 60.000 euros, en tributación conjunta, los importes y límites de deducción serán los siguientes:

a) En tributación individual, el resultado de multiplicar el importe máximo de la deducción por un porcentaje obtenido de la aplicación de la siguiente fórmula: 100 × (1 − el coeficiente resultante de dividir por 5.000 la diferencia entre la suma de la base liquidable general y del ahorro del contribuyente y 40.000).

b) En tributación conjunta, el resultado de multiplicar el importe máximo de la deducción por un porcentaje obtenido de la aplicación de la siguiente fórmula: 100 × (1 − el coeficiente resultante de dividir por 5.000 la diferencia entre la suma de la base liquidable general y del ahorro del contribuyente y 55.000).

Cuando dos contribuyentes declarantes tengan derecho a la aplicación de esta deducción, su importe se prorrateará entre ellos por partes iguales.

4. No darán derecho a practicar esta deducción los gastos e inversiones destinados a la reparación y conservación de inmuebles o partes de los mismos afectos al desarrollo de actividades económicas, ni las cantidades satisfechas mediante entregas de dinero de curso legal.

5. En el supuesto de que el contribuyente carezca de cuota íntegra autonómica suficiente para aplicar la totalidad o parte de la presente deducción en el periodo en que se genere dicho derecho, el importe no deducido podrá trasladarse a los cuatro períodos impositivos siguientes hasta agotar, en su caso, su importe total.

Artículo 5. Deducción en el IRPF por aportaciones a los fondos propios de entidades que desarrollen actividades económicas.

1. Los contribuyentes podrán deducir en la cuota íntegra autonómica con el límite por contribuyente de 9.900 euros, el 45% de las cantidades invertidas, desde el día de entrada en vigor de la presente norma hasta el 31 de diciembre de 2025, en la suscripción y desembolso de acciones o participaciones sociales como consecuencia de acuerdos de constitución o de ampliación de capital de sociedades anónimas, de responsabilidad limitada y sociedades laborales o de aportaciones voluntarias u obligatorias efectuadas por los socios a las sociedades cooperativas, siempre que se cumplan los siguientes requisitos:

a) La entidad en la cual hay que materializar la inversión tiene que cumplir los siguientes requisitos:

§4

1. Deberá tener su domicilio social y fiscal dentro del ámbito territorial del presente decreto ley y mantenerlo durante los tres años siguientes a la constitución o ampliación. En el caso de empresas ya existentes en el momento de aprobación de esta disposición, dicha circunstancia debería cumplirse el 29 de octubre de 2024.

2. En el caso de que sea una entidad ya existente en el momento de entrada en vigor del presente decreto ley deberá haber solicitado un Expediente de Regulación Temporal de Empleo (ERTE) para sus trabajadores y trabajadoras como consecuencia del temporal.

3. En el supuesto de que se trate de una entidad de nueva creación, no ha de tratarse de acciones o participaciones en una entidad a través de la cual se ejerza la misma actividad que se venía ejerciendo anteriormente mediante otra titularidad.

4. Deberá ejercer una actividad económica durante los tres años siguientes a la constitución o ampliación. A estos efectos, no se entenderán comprendidas las entidades cuya actividad principal consista en la gestión de un patrimonio mobiliario o inmobiliario, de acuerdo con lo dispuesto en el artículo 4.8.dos.a) de la Ley 19/1991, de 6 de junio, del Impuesto sobre el Patrimonio, en ninguno de los períodos impositivos de la entidad concluidos con anterioridad a la transmisión de la participación.

5. Tendrá que contar, como mínimo, con una persona ocupada con contrato laboral y a jornada completa, o varias personas siempre que la suma de sus jornadas laborales sea, al menos, equivalente a una completa, dadas de alta en el régimen general de la Seguridad Social, durante los tres años siguientes a la constitución o ampliación, salvo si se trata de sociedades laborales o sociedades cooperativas de trabajo asociado.

b) Las operaciones en que sea aplicable la deducción tienen que formalizarse en escritura pública, en la cual tiene que especificarse la identidad de los inversores y el importe de la respectiva inversión. No obstante, en el caso de las sociedades cooperativas y excepto en los supuestos de constitución, no será necesaria la formalización en escritura pública, debiéndose justificar la suscripción y desembolso de las aportaciones obligatorias o voluntarias al capital social realizadas por las personas socias mediante una certificación firmada por quien ostente la secretaría de la cooperativa, con el visto bueno de la presidencia de la misma y con las firmas legitimadas notarialmente; cuando se hayan efectuado por la misma persona socia varias suscripciones o desembolsos durante el periodo comprendido entre el día de entrada en vigor de la presente disposición hasta el 31 de diciembre de 2025, será suficiente con que se expida una única certificación, en la que consten todas las fechas de suscripción y desembolso.

CAPÍTULO III
TRIBUTACIÓN CONJUNTA

Artículo 5. *Opción por la tributación conjunta*[62].

Las normas recogidas en este capítulo resultarán aplicables a aquellos contribuyentes que, hallándose integrados en una unidad familiar, hayan optado por la tributación conjunta, de acuerdo con la normativa estatal reguladora del Impuesto.

Artículo 6. *Escala autonómica*[63].

La escala autonómica de tipos de gravamen aplicable a la base liquidable general, correspondiente a la unidad familiar cuyos miembros hayan optado por la tributación conjunta, será la establecida en el artículo Segundo de la presente Ley.

§4

---

c) Las participaciones adquiridas deberán mantenerse en el patrimonio del contribuyente durante un periodo mínimo de los tres años siguientes a la constitución o ampliación.

2. La base de la deducción no podrá superar el 30 por cien de la base liquidable del contribuyente.

3. La deducción deberá practicarse en el período impositivo en el que se realice la aportación. No obstante, en el supuesto de que el contribuyente carezca de cuota íntegra autonómica suficiente para aplicar la totalidad o parte de la presente deducción en el periodo en que se genere dicho derecho, el importe no deducido podrá trasladarse a los tres períodos impositivos siguientes hasta agotar, en su caso, su importe total.

4. La aplicación de la presente deducción resultará incompatible con la regulada en la letra z del artículo 4. Uno de la Ley 13/1997, de 23 de diciembre, por la que se regula el tramo autonómico del Impuesto sobre la Renta de las Personas Físicas y restantes tributos cedidos, respecto de la misma entidad receptora de las aportaciones.

[62]   Nueva redacción según el Art. 15 de la Ley 9/2001, de 27 de diciembre, de Medidas Fiscales, de Gestión Administrativa y Financiera, y de Organización de la Generalitat Valenciana.

[63]   Nueva redacción según el Art. 27 de la Ley 14/2007, de 26 de diciembre, de Medidas Fiscales, de Gestión Administrativa y Financiera, y de Organización de la Generalitat.

Artículo 7. *Deducciones autonómicas.*

Sin perjuicio de lo dispuesto en los subapartados 1 y 2 del párrafo primero de la letra a), en el párrafo primero de la letra b), en el párrafo primero de la letra c), en el párrafo primero de la letra d), en el punto 2 del párrafo segundo de la letra e), en el punto 3 del párrafo segundo de la letra f), en el párrafo primero de la letra g), en el párrafo primero de la letra h), en el punto 5 del párrafo segundo de la letra n), en el punto 4 del párrafo segundo de la letra ñ), en la subapartado a) del párrafo tercero de la letra o), y en el número 3 del párrafo segundo de la letra v) del apartado uno del artículo cuarto de esta ley, y salvo que expresamente se disponga otra cosa en la presente ley, los importes y límites cuantitativos de las deducciones en la cuota autonómica establecidos a efectos de la tributación individual se aplicarán en idéntica cuantía en la tributación conjunta, sin que proceda su elevación o multiplicación en función del número de miembros de la unidad familiar.

(----)

DISPOSICIONES ADICIONALES

(----)

D.A. 16ª. *Requisitos de las entregas de importes dinerarios para la aplicación de determinados beneficios fiscales.*

La aplicación de las deducciones en la cuota y de las reducciones en la base imponible a las que se refieren las letras e), k), l), m), n), ñ), o), p), q), r), s), v), w), x), y) y z) del apartado uno del artículo cuarto; los números 1.º, 2.º, 6.º y 7.º del artículo diez bis y las letras c) y d) de la disposición adicional 17 de la presente ley queda condicionada a que la entrega de los importes dinerarios derivada del acto o negocio jurídico que de derecho a la aplicación de aquellas se realice mediante tarjeta de crédito o débito, transferencia bancaria, cheque nominativo o ingreso en cuentas en entidades de crédito.

D.A. 17ª.

Con efectos desde el 1 de enero de 2020 los contribuyentes podrán deducirse de la cuota íntegra autonómica:

a) La cantidad que resulte de aplicar el tipo medio de gravamen general autonómico sobre la cuantía de las cantidades procedentes de las ayudas públicas concedidas por la Generalitat en virtud del Decreto ley 3/2020, de 10 de abril, de adopción de medidas urgentes para establecer ayudas económicas en los trabajadores y las trabajadoras afectados por un ERTE, y a los cuales han reducido la jornada laboral por conciliación familiar con motivo de la declaración del estado de alarma por la crisis sanitaria provocada por la Covid-19 que hayan sido integradas en la base imponible del contribuyente.

b) La cantidad que resulte de aplicar el tipo medio de gravamen general autonómico sobre la cuantía de las cantidades procedentes de las ayudas públicas concedidas por la Generalitat en virtud de la Orden 5/2020, de 8 de junio, de la Conselleria de Política Territorial, Obras Públicas y Movilidad, por la cual se aprueban las bases reguladoras para el otorgamiento de subvenciones para la adquisición o electrificación de bicicletas urbanas y vehículos eléctricos de movilidad personal.

c) El 20% para los primeros 150 euros y el 25% del valor restante para las donaciones de importes dinerarios efectuadas durante el periodo impositivo dirigidas a financiar programas de investigación, innovación y desarrollo científico o tecnológico en el campo del tratamiento y prevención de las infecciones producidas por el Covid-19 que sean efectuadas en favor de las siguientes entidades:

a. La Administración de la Generalitat Valenciana y las entidades instrumentales que dependen de esta.

b. Las entidades sin finalidad lucrativa a que hacen referencia los artículos 2 y 3 de la Ley 49/2002, de 23 de diciembre, de régimen fiscal de las entidades sin finalidades lucrativas y de los incentivos fiscales al mecenazgo, siempre que el fin exclusivo o principal que persigan sea la investigación, el desarrollo científico o tecnológico, o la innovación, en el territorio de la Comunidad Valenciana.

c. Las universidades públicas, los institutos públicos de investigación y los centros tecnológicos situados en la Comunidad Valenciana.

d) El 20% para los primeros 150 euros y el 25% para el importe restante de las donaciones efectuadas durante el periodo impositivo, sea en metálico o en especie, para contribuir a la financiación de los gastos ocasionados por la crisis sanitaria, de acuerdo con el artículo 4 del Decreto ley 4/2020, de 17 de abril, del Consell, de medidas extraordinarias de gestión económico-financiera para hacer frente a la crisis producida por la Covid-19.

(----)

DISPOSICIONES TRANSITORIAS

D.T. 1ª. *Aplicación del tramo autonómico de la deducción por inversión en vivienda habitual a los contribuyentes a los que se refiere la disposición transitoria decimoctava de la Ley 35/2006, de 28 de noviembre, del Impuesto sobre la Renta de las Personas Físicas y de modificación parcial de las leyes de los Impuestos sobre Sociedades, sobre la Renta de no Residentes y sobre el Patrimonio.*

El tramo autonómico de la deducción por inversión en vivienda habitual aplicable a los contribuyentes a los que se refiere la Disposición transitoria decimoctava de la Ley 35/2006, de 28 de noviembre, del Impuesto sobre la Renta de las Personas Físicas y de modificación parcial de las leyes de los Impuestos sobre Sociedades, sobre la Renta de no Residentes y sobre el Patrimonio será el establecido por el artículo tercero bis de esta ley en su redacción a 31 de diciembre de 2012[64].

DISPOSICIONES FINALES

D.F. 1ª. *Habilitación a la Ley de Presupuestos.*

Mediante Ley de Presupuestos de la Generalitat Valenciana podrán modificarse los tipos de gravamen, escalas, cuantías fijas, porcentajes

---

[64] Disposición transitoria 1ª añadida por el Art. 71 de la Ley 5/2013, de 23 de diciembre, de Medidas Fiscales, de Gestión Administrativa y Financiera, y de Organización de la Generalitat.

y, en general, demás elementos cuantitativos regulados en la presente Ley.

D.F. 2ª. *Habilitación normativa.*

Uno. Corresponde al Conseller competente en materia de Hacienda, mediante Orden:

1. La determinación de los supuestos y condiciones en que los obligados tributarios y las entidades a las que se refiere el artículo 92 de la Ley 58/2003, de 17 de diciembre, General Tributaria podrán presentar por medios telemáticos declaraciones, autoliquidaciones, comunicaciones, solicitudes y cualquier otro documento con trascendencia tributaria, así como los supuestos y condiciones en que dicha presentación deberá realizarse mediante medios telemáticos.

2. La aprobación y publicación, en relación con la comprobación de valores en el ámbito de los impuestos sobre Transmisiones Patrimoniales y Actos Jurídicos Documentados y sobre Sucesiones y Donaciones, de los coeficientes multiplicadores a los que se refiere la letra b) del apartado 1 del artículo 57 de la Ley General Tributaria.

En la comprobación de valores de bienes distintos de los inmuebles, corresponde igualmente al conseller competente en materia de Hacienda la determinación del registro oficial de carácter fiscal en el que se contengan los valores a los que resulten de aplicación los coeficientes a los que se refiere el párrafo anterior de este apartado 2.

3. El establecimiento de honorarios estandarizados de los peritos terceros en las tasaciones periciales contradictorias a los efectos de los impuestos sobre Transmisiones Patrimoniales y Actos Jurídicos Documentados y sobre Sucesiones y Donaciones. La aceptación de la designación como perito tercero determinará, asimismo, la aceptación de tales honorarios aprobados por la Generalitat.

4. La determinación de los supuestos y condiciones en los que se debe aportar documentación complementaria junto con la presentación de la autoliquidación por los impuestos sobre transmisiones patrimoniales y ac-

tos jurídicos documentados y sobre sucesiones y donaciones, así como el alcance de dicha documentación[65].

Dos. Sin perjuicio de lo dispuesto en el apartado Uno, se habilita al Consell para que, a propuesta del conseller competente en materia de Hacienda y mediante Decreto, dicte cuantas normas resulten necesarias en desarrollo de esta Ley.

D.F. 3ª. *Entrada en vigor.*

La presente Ley entrará en vigor el día 1 de enero de 1998.

---

[65]   Subapartado añadido por el Art. 53 de la Ley 7/2014, de 22 de diciembre, de Medidas Fiscales, de Gestión Administrativa y Financiera, y de Organización de la Generalitat.

ÍNDICE DE VOCES

O

- **OBJETO DEL IMPUESTO**
  - Caracterización §1 Art. 2

- **OBLIGACIÓN DE DECLARAR**
  - Véase «Declaraciones»

- **OBLIGACIONES FORMALES**
  - Caracterización §1 Art. 104, 105; §2 Art. 68
  - De información:
    * Entidades aseguradoras §2 Art. 68.5, 68.6, 68.9
    * Entidades en atribución de rentas §2 Art. 70
    * Otras obligaciones de información §1 Art. 105.2; §2 Art. 69
    * Paraísos fiscales §1 D.A. 13ª.2
    * Registro Civil §2 Art. 68.8
    * Seguridad Social y mutualidades §2 Art. 68.7
    * Sociedades gestoras de instituciones de inversión colectiva §1 D.A. 13ª.1
    * Titulares de patrimonios protegidos §2 Art. 71
  - Del retenedor §1 Art. 105.1; §2 Art. 108
  - Véase «Ingresos a cuenta»
  - Véase «Pagos fraccionados»
  - Véase «Retenciones»

- **ONCE (ORGANIZACIÓN NACIONAL DE CIEGOS DE ESPAÑA)**
  - Véase «Deducciones de la cuota íntegra. Donativos y donaciones»
  - Véase «Gravamen especial sobre premios»

- **OPCIONES Y FUTUROS (MERCADOS)**
  - Ganancias y pérdidas patrimoniales §1 Art. 37.1.m)

- **OPCIONES SOBRE ACCIONES**
  - Como rendimientos irregulares del trabajo §1 Art. 18.3

- **OPERACIONES A PLAZO**
  - Imputación temporal §1 Art. 14.2.d)

- **OPERACIONES DE CAPITALIZACIÓN**
  - Rendimientos íntegros del capital mobiliario §1 Art. 25.3

- **OPERACIONES EN DIVISAS**
  - Imputación temporal §1 Art. 14.2.e)

- **OPERACIONES VINCULADAS**
  - Concepto y caracterización §1 Art. 41

- **ORDEN JURISDICCIONAL**
  - Caracterización §1 Art. 108

P

- **PAGOS A CUENTA**
  - Obligación de practicar pagos a cuenta §1 Art. 99; §2 Art. 74
  - Obligaciones formales del retenedor, del obligado a practicar ingresos a cuenta y otras §1 Art. 105; §2 Art. 108
  - Véase «Ingresos a cuenta»
  - Véase «Pagos fraccionados»
  - Véase «Retenciones»

- **PAGOS FRACCIONADOS**
  - Actividades agrícolas, ganaderas, forestales y pesqueras §1 D.A. 6ª; §2 Art. 110.1.c); §3 AI.3-4, AIII.1
  - Actividades económicas en estimación directa §2 Art. 110.1.a), 110.3, 110.4
  - Actividades económicas en estimación objetiva §2 Art. 110.1.b), 110.4; §3 AII.3-6, AIII.1
  - Atribución de Rentas §2 Art. 112
  - Ceuta y Melilla §2 Art. 110.2
  - Declaración e ingreso §2 Art. 111; §3 AI 4, AII 4
  - Obligados §1 Art. 99.7; §2 Art. 109
    * Excepción en actividades agrícolas, ganaderas y forestales §2 Art. 109.3 y 4
    * Excepción en actividades profesionales §2 Art. 109.2

- **PAÍS VASCO**
  - Caracterización §1 Art. 4.2